Rainer Funk   Mut zum Menschen

Rainer Funk

Mut zum Menschen

Erich Fromms Denken und Werk,
seine humanistische Religion und Ethik

Mit einem Nachwort
von Erich Fromm

Deutsche Verlags-Anstalt

CIP-Kurztitelaufnahme der Deutschen Bibliothek

Funk, Rainer
Mut zum Menschen : Erich Fromms Denken u. Werk,
seine humanist. Religion u. Ethik. –
Stuttgart : Deutsche Verlags-Anstalt, 1978.
   ISBN 3–421–01858–8 kart.
   ISBN 3–421–01847–2 geb.

© 1978 Deutsche Verlags-Anstalt GmbH, Stuttgart
Verantwortlicher Lektor: Ursel Locke
Typographische Gestaltung: Günter Saur
Gesamtherstellung: Friedrich Pustet, Regensburg
Printed in Germany

Nur in dem Maße, in dem die Lebenspraxis
von ihren Widersprüchen und ihrer Irrationalität befreit wird,
kann auch das Weltbild der Wahrheit entsprechen.

Erich Fromm*

* Anatomie der menschlichen Destruktivität,
Stuttgart 1974, 208
(Einfügung des Autors in die deutsche Textversion)

Inhaltsverzeichnis

Teil I:
**Die sozialpsychologischen Erkenntnisse und die philosophisch-
anthropologischen Gedanken Erich Fromms**

Vorbemerkungen:

1. Kursiv gesetzter Text dient ausschließlich der besseren Gliederung.
2. In Zitaten kursiv oder gesperrt Gedrucktes wird grundsätzlich nicht respektiert.
3. Die Vornamen von Autoren werden bei Titelangaben gekürzt wiedergegeben.
4. In Klammern gesetzte Ziffern – z. B. (55/3) – beziehen sich auf die im Quellenverzeichnis den einzelnen Titeln von Erich Fromm vorgesetzten Nummern. Die erste Ziffer gibt das Jahr der Erstpublikation an.
5. Im Quellen- und Literaturverzeichnis aufgeführte Arbeiten werden in den Anmerkungen nur mit Angabe von Verfasser und Titel zitiert.
6. Seitenzahlangaben, die durch »siehe oben/unten S.« gekennzeichnet sind, beziehen sich immer auf die Seiten der vorliegenden Arbeit. Ansonsten entfällt die Abkürzung »S.«.

Vorwort

Wenn es gilt, einer Arbeit über Erich Fromm ein Wort voranzustellen, so sollte es ein programmatisches und typisches zugleich sein: für ihn wie für den, der sich mit ihm und seinem Denken befaßt. Es lautet: »Des-Illusionierung«, »Ent-Täuschung«. In Andersens Märchen »Des Kaisers neue Kleider« entdeckt das Kind, daß der Kaiser nackt ist und daß seine prächtigen Kleider lediglich Gebilde der Phantasie sind. Dem Kaiser die Kleider wegzunehmen, seine Untertanen zu enttäuschen, indem ihnen die Täuschung weggenommen wird, und beide, Kaiser wie Untertanen, zu Menschen zu machen und ihnen zu ihrem Menschsein Mut zuzusprechen, dies ist das wissenschaftliche und ethische Interesse Erich Fromms, das sein persönliches Leben und sein literarisches Werk durchzieht. Wer sich mit dem Werk Erich Fromms auseinandersetzt, kann nicht umhin, das eigene erkenntnisleitende Interesse an seinem auszurichten, wenn er ihm gerecht werden will.

Ein erstes Erkenntnisziel ist deshalb ein möglichst umfassendes Verständnis der Erkenntnisse und Ansichten Erich Fromms. Die vorliegende Arbeit referiert nach einigen biographischen und bibliographischen Daten in Teil I seinen sozialpsychologischen Ansatz (1.) und die Charakterologie (2.), die als empirische Erkenntnisse für alle weiteren Überlegungen und Ansichten grundlegend sind, sowie die philosophisch-anthropologischen und geschichtsphilosophischen Reflexionen zur Natur bzw. zur Geschichte des Menschen (3.). Teil II handelt vom Humanismus Erich Fromms. Hier werden die humanistische Religionskritik und Religion kritisch aufgezeigt (4.) und die humanistische Ethik zur Darstellung gebracht (5.1 – 5.3); außerdem wird die Relevanz der humanistischen Ethik für eine theologische Ethik untersucht (5.4). In diesem letzten Abschnitt artikuliert sich das zweite Erkenntnisziel: die mögliche Bedeutung der Erkenntnisse und (humanistischen) Gedanken Erich Fromms für eine theologische Ethik.

Die Beschäftigung mit den empirischen Erkenntnissen und humanistischen Ansichten Erich Fromms motiviert zu dem weiteren Erkenntnisziel, ihn aus seinen geistesgeschichtlichen Abkünften zu verstehen. Teil III versucht dies in zwei Abschnitten. Im ersten werden mit Moses Maimonides, Hermann Cohen,

Schneur Salman und Karl Marx vier Quellen seines Denkens vorgestellt (6.).
Im zweiten Abschnitt (7.) wird der Versuch unternommen, die Einsichten vornehmlich aus der kritischen Würdigung seiner humanistischen Religion (4.)
und die Daten aus dem Aufweis der Quellen seines Denkens (6.) fruchtbar zu
machen. Es wird gezeigt, daß das Frommsche Denken einer bestimmten
Denkform, nämlich einer besonderen Form dialektischen Denkens verpflichtet ist. Ein solches Unterfangen mag fragwürdig erscheinen, weil es immer die
Gefahr von Etikettierung und Abstempelung in sich trägt und weil solche Plakatierungen dem lebendigen Denken Erich Fromms zuwiderlaufen. Daß der
Aufweis der dialektischen Denkform zu keiner Zwangsjacke für Erich Fromm
wird, sondern im Gegenteil sein Denken darin richtig interpretiert und ein vertieftes Verständnis ermöglicht wird, bestätigt er selbst.
Der Erkenntniswert der Suche nach Denkformen zeigt sich auch in Teil IV bei
der Darstellung der Haben-Sein-Alternative. In diesem letzten Teil sind die
verschiedenen vorhergehenden Teile zusammengefaßt, weil die Frage »Haben
oder Sein?« der gemeinsame Nenner seines wissenschaftlichen und religiös-ethischen Humanismus ist. Den darstellenden Abschnitten zum charakterologischen und religiösen Begriff der Haben-Sein-Alternative (8.) folgt eine kritische Würdigung seines Humanismus in Form von Überlegungen zu einem
Dialog christlicher Theologen mit Erich Fromm (9.). Der Schwerpunkt bei
diesen Überlegungen liegt auf einem möglichst schlüssigen Verständnis der
Eigenart des Frommschen Humanismus, um – ein viertes Erkenntnisziel –
Anstöße für die Auseinandersetzung mit seinem Humanismus zu geben. Für
die theologische und theologisch-ethische Auseinandersetzung wird dies abschließend mit Hilfe einiger Fragen versucht, die um das Selbstverständnis und
die Verhältnisbestimmung von Theologie und Mystik kreisen.
Daß sich die vorliegende Arbeit sehr intensiv mit Fragen des Religionsbegriffs,
des religiösen Ethos und der Mystik beschäftigt, ist sachlich begründet. Ein
tieferes Verständnis der Frommschen Erkenntnisse und Gedanken ist nur auf
dem Hintergrund des ihm eigenen Humanismus möglich. Dieser Humanismus
ist religionskritisch aus religiös-ethischen Gründen. Eben darin ist das Besondere zu sehen. Und um dieser Eigenart gerecht zu werden, bedarf es der Behandlung religionsphilosophischer und theologisch-ethischer Fragen.
Die Schwierigkeiten, mit denen bei einem solchen Unterfangen zu rechnen ist,
sind groß. Läßt man sich nämlich auf das Denken und Werk Erich Fromms
ein, dann partizipiert man an den Schwierigkeiten, die sich aus den Sachfragen
selbst ergeben. Um seinem Denken gerecht zu werden und um schließlich zu
einem Urteil zu kommen, müßte man in all den verschiedenen Disziplinen und
Wissenschaften kompetent sein. Es ist ein Verdienst Erich Fromms, daß er in
Zeiten zunehmender Spezialisierung der Einzelwissenschaften eine Gesamtschau des Menschen und seiner Geschichte wagt und die verschiedensten Wissenschaftszweige einander zuordnet. Für den aber, der solches nachvollziehen
und kritisieren will, wird sein wissenschaftliches Werk zu einer Aufgabe, die
er nie befriedigend lösen kann. So kommt es, daß in der vorliegenden Arbeit

Erkenntnisse aus den verschiedensten Disziplinen referiert werden und daß interpretiert und Stellung genommen wird, ohne daß der Autor in der Mehrzahl der Bereiche eine qualifizierte Fachkompetenz aufweisen könnte. Dies gilt für die human- und sozialwissenschaftlichen Disziplinen im Zusammenhang mit Erich Fromms Sozialpsychologie und Charakterologie ebenso wie für Fragen etwa im Bereich der Philosophie, des Marxismus, der östlichen und westlichen Mystiken und der allgemeinen Humanismus-Diskussion.

Um Nachsicht muß auch gebeten werden, daß teils aus Gründen mangelnder Kompetenz, teils aus Raumgründen und wegen sachlicher Gesichtspunkte zwei sein Denken prägende Größen aus der Geistesgeschichte nicht in extenso behandelt werden: Meister Eckhart und Baruch de Spinoza. Im Zusammenhang mit diesen Schwierigkeiten ergibt sich eine weitere Einschränkung. Auf eine Konfrontation der Erkenntnisse und Ansichten Erich Fromms mit den in den einzelnen Disziplinen gängigen Meinungen muß in der Regel verzichtet werden, obwohl es z. B. sicher aufschlußreich wäre, Erich Fromms philosophische Anthropologie mit der von Max Scheler, Arnold Gehlen oder Helmut Plessner zu vergleichen.

Ein besonderes Problem stellt die Literatur dar, die sich mit Erich Fromm auseinandersetzt. Im deutschen Sprachraum ist die wissenschaftliche Rezeption noch so sehr in den Anfängen, daß es gerechtfertigt und notwendig erscheint, mit der vorliegenden Arbeit erstmals eine umfassende Darstellung der Erkenntnisse und Gedanken Erich Fromms zu bieten. Die starke wissenschaftliche Resonanz des Denkens von Erich Fromm im Englisch sprechenden Raum zeichnet sich mehr durch Quantität und Aufmachung als durch Qualität und kritische Distanz aus. Soweit die Sekundärliteratur erreichbar und es wert ist, wird sie berücksichtigt. Im Literaturverzeichnis sind die Titel entsprechend gekennzeichnet, je nachdem, ob es sich um eine Monographie, einen Aufsatz oder eine Rezension handelt.

Ein Grund für die insgesamt geringe wissenschaftliche Auseinandersetzung mit den Gedanken Erich Fromms kann in dem Vorurteil des heutigen Wissenschaftsbetriebs gesehen werden, eine unmittelbar ansprechende und überzeugende Weise des Schreibens müsse ein Indiz für Unwissenschaftlichkeit sein. Ein anderer Grund ist demgegenüber berechtigter: Obwohl gerade die vorliegende Arbeit den Erweis dafür bringen will, daß Erich Fromms Denken sich aus seiner humanistischen Grundüberzeugung als einem Erfahrungswert stringent entwickeln und bis ins Detail als Konsequenz dieses Ansatzes verstehen läßt, leidet seine eigene Darstellung immer wieder an einem uneinheitlichen und ungenauen Begriffsgebrauch und an einem zu geringen systematischen Interesse. Beide Desiderate sind aber für eine wissenschaftliche Diskussion wichtig.

Die zuletzt genannten Schwierigkeiten geben den Anlaß, bei den referierenden Ausführungen weitgehend die Quellen selbst zu Wort kommen zu lassen. Dies gilt nicht nur für die Quellen des Frommschen Denkens, sondern vor allem für sein Denken selbst. Insoweit sich dieses Denken literarisch niedergeschlagen hat, werden die Zitate den Originalfassungen entnommen, d. h. es werden die Schriften ab etwa 1940 nach der englischen Fassung zitiert und – um dem Leser entgegenzukommen – ins Deutsche übersetzt. (Leider ist kein Verlaß auf die meisten Übersetzungen der in deutscher Fassung erhältlichen Ausgaben.) Außerdem wird versucht, auf möglichst viele Fundorte zu den jeweiligen Problemen im Opus Fromm hinzuweisen. Das Quellenverzeichnis ist zugleich die derzeit umfassendste Fromm-Bibliographie.

Die für das Gelingen dieser Arbeit entscheidende Quelle ist freilich der persönliche Gesprächskontakt mit Erich Fromm. Seit über vier Jahren verfolgt Erich Fromm mit engagiertem Interesse das Werden dieser Arbeit. Intensive Gespräche und ein halbjähriger Aufenthalt bei ihm selbst korrigierten manche Fehlinterpretationen seiner schriftlichen Äußerungen, lenkten die Aufmerksamkeit auf jene Fragen und Dimensionen der Erfahrung, die ein tieferes Verstehen möglich machen und erbrachten Klarheit über jene Probleme und Ansatzpunkte, die für eine wissenschaftliche Auseinandersetzung fruchtbringend sind.

An erster Stelle gebührt deshalb Erich Fromm selbst Dank: für seine Bereitschaft zum Dialog und für seine Offenheit bei allen Gesprächen; für die Mühe, die er sich für das Gelingen dieser Arbeit gemacht hat; für die Toleranz gegenüber manchen auch unqualifizierten Infragestellungen und für die immer wieder wahrgenommene Gastfreundschaft. Alfons Auer gilt der Dank für die wissenschaftliche Begleitung der vorliegenden Untersuchung. Seine unermüdliche Sorge um Aufbau und Ausrichtung dieser Arbeit, aber auch um Klarheit der Sprache und des Stils, vor allem aber seine aufrichtige und herzliche Art trugen wesentlich zum Gelingen bei. Für hilfreiche Anregungen und Gespräche zu Fragen des Neuen Testaments und neutestamentlicher Exegese ist Herbert Leroy, für die Korrektur der Übersetzungen aus dem Englischen ist Mechtild und Hartmut Raffel zu danken. Der Deutschen Verlags-Anstalt Stuttgart, insbesondere der Lektorin Ursel Locke, sei für ihr freundliches Entgegenkommen bei der Drucklegung und Veröffentlichung gedankt. Margot Adrion und Renate Oetker gebührt besonderer Dank dafür, daß sie mitgeholfen haben, Korrektur zu lesen.

Tübingen, im November 1977   Rainer Funk

Einleitung:
Erich Fromms Leben und Werk

Erich Fromm wurde als »einer der einflußreichsten und bekanntesten Psycho-
analytiker in Amerika« bezeichnet.[1] »Von allen psychoanalytischen Theoreti-
kern, die versucht haben, gegenüber Freud ein den Problemen des gegenwärtigen Lebens adäquateres System zu formulieren, war keiner so schöpferisch
oder einflußreich wie Erich Fromm.«[2] Einer seiner schärfsten Kritiker, John
Homer Schaar, muß gestehen, daß seine Schriften »seinen Namen in jeder
ernsthaften Diskussion über moderne soziale Probleme prominent gemacht
haben«[3].

Die wissenschaftliche Auseinandersetzung mit den Gedanken und Erkenntnissen Erich Fromms ist vor allem an der steigenden Zahl der Dissertationen
ablesbar. Ihre Autoren kommen aus den verschiedensten wissenschaftlichen
Disziplinen und wollen die Relevanz der Frommschen Erkenntnisse für ihr je
eigenes Interessengebiet eruieren.[4] Diese Breite des Interesses an Erich
Fromm spiegelt die Breite seines Schaffens und Denkens wider.

Eine kurze *Skizze seines Lebensweges* und seiner geistigen Abkünfte sei dem
Aufweis seines literarischen Werkes vorangestellt.[5] Erich Fromm wurde am

---

1 J. S. Glen, *Erich Fromm: A Protestant Critique*, 11. – Die Computertechnik ermöglicht neuerdings ein vages Urteil über die Publizität eines Autors anhand von Listen aller Rezensionen, die
zu einer Neuerscheinung angefertigt wurden. Für den amerikanischen Raum vgl. hierzu G. C.
Tarbert (Ed.), Book Review Index. – Außerdem gibt es inzwischen großangelegte Indices, in denen nachgewiesen wird, wenn ein Autor bei einem anderen zitiert wird. Für die USA vgl. den *Social Sciences Citation Index* 1970 ff.
2 E. Z. Friedenberg, *Neo-Freudianism and Erich Fromm*, 305.
3 J. H. Schaar, *Escape from Authority*, 3.
4 Vgl. die im Literaturverzeichnis mit M gekennzeichneten Titel. Der größte Teil dieser Titel sind
Dissertationen. – Neuerdings ist sogar in der Sowjetunion ein wachsendes Interesse an der Auseinandersetzung mit Erich Fromm feststellbar. Die Arbeiten sind allerdings meist apologetischer
Natur. So lautet der Titel der Arbeit von V. I. Dobren'kov »*Neofreudianismus und die Suche nach
der Wahrheit. Die Illusionen und Irrtümer von Erich Fromm*«.
5 Die nachfolgenden biographischen Notizen sind entnommen: E. Fromm, *Beyond the Chains
of Illusion* (62/1), 3–12; ders., *Im Namen des Lebens* (74/2); ders. und R. I. Evans, *Dialogue with
Erich Fromm* (66/6), 56f.; B. Landis und E. S. Tauber (Eds.), *In the Name of Life*, X–XIV; E. Z.
Friedenberg, *Neo-Freudianism and Erich Fromm*, 306f.; M. Birnbach, *Neo-Freudian Social Phi-*

23. März 1900 als einziges Kind orthodoxer jüdischer Eltern in Frankfurt am Main geboren. Seine Eltern kennzeichnet er als »sehr neurotisch«, sich selbst als »ein wahrscheinlich ziemlich unerträgliches neurotisches Kind«[6]. Die tiefste Prägung erfuhr er durch den von seinen Eltern wie auch von ihm bis zu seinem 26. Lebensjahr praktizierten jüdischen Glauben. Sein Vater entstammte einer alten rabbinischen Familie. Erich Fromm selbst beschäftigte sich intensiv mit den Schriften des Alten Testaments. Hier faszinierten ihn besonders die Propheten Jesaja, Amos und Hosea wegen ihrer Verheißungen eines universalen Friedens. Als Jugendlicher lernte er bei Rabbi J. Horowitz den Talmud kennen; während seines Studiums war er Schüler von Schneur Rabinkov in Heidelberg sowie von Nehemia Nobel und Ludwig Krause in Frankfurt. Der Einfluß dieser Lehrer auf ihn ist insofern von weittragender Bedeutung, als sich die sozialistische Ausrichtung von Rabinkov und die mystische von Nobel thematisch in den Schriften und Interessengebieten von Erich Fromm niedergeschlagen haben.

Als für sein späteres Interesse an Sigmund Freud und der Psychoanalyse entscheidendes Kindheitserlebnis nennt Erich Fromm den Freitod, durch den eine 25-jährige Freundin der Familie erreichen wollte, zusammen mit ihrem kurz zuvor verstorbenen und von ihr übermäßig geliebten Vater begraben zu werden.[7] Die Fragen, die sich an dieses Ereignis für den Zwölfjährigen knüpften, bestimmen zehn Jahre später seine Freud-Studien. Darüber hinaus ist wohl ein Zusammenhang feststellbar zwischen jenem Erlebnis und Erich Fromms Neuinterpretation des Ödipus-Komplexes, seiner abgrundtiefen Skepsis gegenüber allen irrationalen und symbiotischen Abhängigkeitsverhältnissen bis hin zur Statuierung der These von der Alternative eines biophilen oder nekrophilen Lebensentwurfes.

Erich Fromms Sympathie für die Propheten und ihre messianischen Visionen von einem harmonischen Zusammenleben der Völker wurde durch die Ereignisse des 1. Weltkriegs zutiefst erschüttert; er nahm mehr und mehr eine skeptische Position gegenüber allen offiziellen Doktrinen und selbstherrlichen nationalen Siegesprophezeiungen ein. »Als 1918 der Krieg zu Ende ging, war ich ein tief aufgewühlter junger Mensch, der von der Frage besessen war, wie der Krieg möglich sein konnte, der den verzehrenden Wunsch hatte, die Unvernünftigkeit des menschlichen Massenverhaltens zu verstehen, und der leidenschaftlich nach Frieden und internationalem Verständnis begehrte. Außerdem war ich gegenüber allen offiziellen Ideologien und Erklärungen äußerst mißtrauisch geworden und von der Überzeugung durchdrungen, daß man ›an allem zweifeln müsse‹.«[8]

Dieses kritische politische Interesse wurde durch die Bekanntschaft mit den

losophy, 234; Munzinger Archiv. Internationales Biographisches Archiv; H. J. Schultz, Humanist ohne Illusionen.
6 E. Fromm und R. I. Evans, Dialogue with Erich Fromm (66/6), 56.
7 Vgl. E. Fromm, Beyond the Chains of Illusion (62/1), 4.
8 E. Fromm, Beyond the Chains of Illusion (62/1), 9.

Werken von Karl Marx vertieft. In den Werken von Karl Marx sah er »den Schlüssel zum Verständnis der Geschichte und die Säkularisierung eines radikalen Humanismus, wie er in den messianischen Visionen alttestamentlicher Propheten ausgedrückt war«[9].

Die wissenschaftliche Laufbahn Erich Fromms nahm – entsprechend seinen Fragestellungen – mit dem Studium der Fächer Psychologie, Philosophie und Soziologie ihren Anfang. Nach zwei Semestern in Frankfurt studierte er ab 1919 in Heidelberg bei Alfred Weber, Karl Jaspers und Heinrich Rickert. Bereits 1922 promovierte er mit einer Arbeit über die soziopsychologische Struktur von drei jüdischen Diasporagemeinden – den Karaim, den Chassidim und den Reformjuden – zum Dr. phil.[10] Weitere Studien in Psychiatrie und Psychologie folgten in München. 1926 heiratete er Frieda Reichmann, die für einige Jahre seine Lebensgefährtin wurde. In München absolvierte er von 1926 bis 1929 ein psychoanalytisches Training bei Dr. Landauer und Dr. Wittenberg; ab 1929 war Erich Fromm Schüler von Hans Sachs und Theodor Reik am psychoanalytischen Institut in Berlin. 1930 gründete er mit anderen das Süddeutsche Institut für Psychoanalyse in Frankfurt am Main. Ebenfalls ab 1930 war er Mitglied und Dozent am Institut für Sozialforschung der Universität Frankfurt, aus dem die sog. »Frankfurter Schule« hervorging. Er vertrat dort die Psychoanalyse.[11]

Um das Jahr 1926 machte Erich Fromm die für sein Denken wichtige Bekanntschaft mit dem Buddhismus, der Jahrzehnte später die intensive Beschäftigung mit den Werken Daisetz T. Suzukis über Zen-Buddhismus folgte. Erich Fromms Wertung der Religion, seine Kritik an jedem Verweis auf irrationale Offenbarung und Autorität und seine Vorliebe für die Verbindung von Vernunfterkenntnis und Mystik haben hier eine wesentliche Prägung erhalten.

---

9 B. Landis und E. S. Tauber (Eds.), *In the Name of Life,* XI.

10 E. Fromm, *Das jüdische Gesetz* (22/1).

11 Die Bedeutung, die Erich Fromm als Mitglied des »Frankfurter Instituts für Sozialforschung« erlangt hat, scheint vor allem von Max Horkheimer nach Erich Fromms Ausscheiden aus dem Institut gegen Ende der dreißiger Jahre bewußt ignoriert worden zu sein. Es wäre eine verdienstvolle Aufgabe für einen Historiker, diese Geschichtsklitterung aufzudecken. Max Horkheimer selbst hat die Zugehörigkeit Erich Fromms so sehr verdrängt, daß er 1969 in einem Gespräch mit Oskar Hersche (M. Horkheimer, *Verwaltete Welt,* 11) auf die Frage der personellen Zusammensetzung des Instituts um 1930 antworten konnte: »Es waren eine Reihe von Menschen da, ich nenne natürlich zuerst Friedrich Pollack, dann Franz Borkenau, Henryk Grossmann, Karl August Wittfogel, Leo Löwenthal, Karl Korsch, Gerhard Meyer, Kurt Mandelbaum, von denen außer Leo Löwenthal alle von Grünberg angestellt waren. Alle haben in der damaligen Reihe des Instituts Bücher veröffentlicht. Außerdem gehörte zum Institut, wenn auch nur lose damit verbunden, aber immerhin doch fundiert, ein Kreis von Psychoanalytikern. Denn es war uns schon bewußt, daß Soziologie und Psychoanalyse zusammenarbeiten mußten. Dieser Gruppe gehörten Karl Landauer und Heinrich Meng, Erich Fromm und einige andere an, die Seminare über Psychoanalyse abhielten, die zwar nicht an der Universität, aber am Institut für Sozialforschung stattfanden.« Nun war Erich Fromm weder nur lose mit dem Institut verbunden noch zählte er zu den Mitgliedern, die »unter ferner liefen«. Vielmehr lud ihn Max Horkheimer 1930 ein, als Fachmann für

Schließlich fällt in diese Zeit der Jahre vor 1930 die Bekanntschaft mit dem Buch *Das Mutterrecht* von Johann Jakob Bachofen (1815–1887). Die Einsichten Bachofens in den Zusammenhang von matriarchalischer bzw. patriarchalischer Gesellschaftsstruktur und kulturellen und psychischen Phänomenen beeinflußten einen beträchtlichen Teil der über Sigmund Freud hinausführenden Gedanken Erich Fromms zum Prägungskonnex von Gesellschaft und psychischer Struktur.

Die Forschertätigkeit Erich Fromms bezog sich von nun an auf die Synthese dieser verschiedenen Einsichten und Wissenschaftszweige. »Ich wollte die Gesetze, die das Leben des Individuums beherrschen, und die Gesetze der Gesellschaft – das heißt der Menschen in ihrem gesellschaftlichen Dasein – beurteilen. Ich versuchte die dauerhafte Wahrheit in den Begriffen Freuds gegen jene Annahmen abzugrenzen, die revisionsbedürftig waren. Ich versuchte dasselbe mit der Theorie von Marx und versuchte schließlich zu einer Synthese zu gelangen, die sich aus dem Verständnis und der Kritik beider Denker ergab.«[12]

Erich Fromm entwickelte für diese Aufgabe eine eigene sozialpsychologische Methode, die sich – im Gegensatz zu der Wilhelm Reichs und Herbert Marcuses – im Laufe der Zeit immer stärker von den Sexualtheorien Sigmund Freuds lossagte. Überblickt man das umfangreiche literarische Werk Erich Fromms, so kann man feststellen, daß alle späteren Werke Explikationen und – wenn

---

Psychoanalyse zu den vier Mitgliedern der Kerngruppe des Instituts zu zählen und Mitarbeiter auf Lebenszeit zu werden. Erich Fromm übernahm diese Aufgabe auch und arbeitete in den folgenden Jahren an der Untersuchung über die autoritäre Charakterstruktur der deutschen Arbeiter und Angestellten vor Hitler (*The Authoritarian Character Structure of German Workers and Employees Before Hitler* [36/3]). Diese Untersuchung ist noch nicht veröffentlicht (sie liegt vollständig bei Erich Fromm vor und soll noch publiziert werden); sie wurde jedoch (mit Absicht?) so gut wie nicht mehr erwähnt, von Fritz Pollack wurde ihre Existenz wegen angeblich abhanden gekommener Fragebogen gar bezweifelt.

Warum die wissenschaftlichen Leistungen Erich Fromms in der »Frankfurter Schule« in Vergessenheit geraten sollten, mag in der eigenartigen Behandlung von Dissidenten durch jene Mitglieder des Instituts, die damals die Leitung inne hatten, eine Erklärung finden. Das Interesse, Erich Fromm vergessen zu machen, muß jedoch auch an das Interesse gekoppelt gewesen sein, die marxistischen Methoden und psychoanalytischen Erkenntnisse der Untersuchung über die autoritäre Charakterstruktur der deutschen Arbeiter und Angestellten vor Beginn des Dritten Reiches nicht mehr wahr haben zu wollen. Gerade bei Max Horkheimer gibt es Anzeichen dafür, daß er bereits während seines Aufenthaltes in den USA eine Wendung (oder Rückkehr?) vom Marxistischen ins Bürgerliche vollzogen hat, aus lauter Angst, als linker Marxist zu gelten, wo dies nicht opportun war. (So kam es denn auch, daß z. B. statt Marxistische Theorie »kritische Theorie« und statt kapitalistischer Gesellschaft »entfremdete Gesellschaft« gesagt werden sollte.)

Etwas mehr Gerechtigkeit widerfährt Erich Fromm bei der Beurteilung seiner wissenschaftlichen Leistung während seiner Mitgliedschaft beim »Frankfurter Institut für Sozialforschung« durch Alfred Schmidt in dessen Einleitung zum Nachdruck der »Zeitschrift für Sozialforschung« (a.a.O. 31[+]–37[+]), obwohl auch hier nicht mehr als eine Analyse eines Aufsatzes von Erich Fromm geboten wird. – Zur »Frankfurter Schule« vgl. auch M. Jay, *The Dialectical Imagination. A History of the Frankfurt School and the Institute of Social Research 1923–1950*; P. V. Zima, *L'Ecole de Francfort*.

12 E. Fromm, *Beyond the Chains of Illusion* (62/1), 9.

auch weitreichende – Modifikationen dieser geistigen Ursprünge und metho-
dologischen Entdeckungen sind.

Die Herrschaft des Nationalsozialismus zwang das Frankfurter Institut für Sozialforschung in die Emigration zunächst nach Genf und ab 1934 an die Columbia University in New York. Erich Fromm folgte nach einem längeren
Krankheitsaufenthalt in Davos 1934 einer Einladung des Chicago Psychoanalytic Institute zu einer Reihe von Vorlesungen. Als das Institut für Sozialforschung in New York eine neue Heimat gefunden hatte, siedelte er nach New
York über und nahm neben seiner psychoanalytischen Praxis die Arbeit am
Institut für Sozialforschung wieder auf. In New York traf er mit Karen Horney,
Clara Thompson, Harry Stack Sullivan und William Silverberg zusammen.[13]
Von 1935 bis 1939 hatte er eine Gastprofessur an der Columbia University
in New York inne. Die Verbindung mit dem Institut für Sozialforschung dau-
erte bis gegen Ende der dreißiger Jahre, als vor allem Max Horkheimer und
Herbert Marcuse seiner Weiterentwicklung der Freudschen Trieblehre wider-
sprachen und Herbert Marcuse ihn als »Neo-Freudianer« oder »neo-Freudianischen Revisionisten« bezichtigte.[14] Erich Fromm entwickelte seine Gedanken eigenständig weiter; sie blieben zwar in ihrer Betonung der »Kultur« in
einer gewissen Nähe zu den anderen sog. »Neo-Freudianern« Karen Horney,
Harry Stack Sullivan und Abram Kardiner stehen[15]; doch hat sich Erich
Fromm von diesen auch wieder deutlich distanziert.[16]

---

13 Vgl. M. R. Green, *Her Life,* 358f.
14 H. Marcuse, *Eros and Civilisation,* 238; neuerdings erscheint die *Kritik des Neo-Freudianischen Revisionismus* als Epilog unter dem Titel *Triebstruktur und Gesellschaft. Ein philosophischer
Beitrag zu Sigmund Freud,* 234–269. – Der Streit zwischen Herbert Marcuse und Erich Fromm
wurde sehr heftig geführt und hat bis heute verschiedentlich seinen literarischen Niederschlag gefunden. Vgl. E. Fromm *The Human Implications of Instinctivistic »Radicalism«* (55/2); ders., *A
Counter-Rebuttal to Herbert Marcuse* (56/4); ders., *The Crisis of Psychoanalysis* (70/1), 25–31;
O. Schatz (Hrsg.), *Der Friede im nuklearen Zeitalter,* 227f.; E. Fromm, *The Anatomy of Human
Destructiveness* (73/1), 463f. Anm. 24; ders., *To Have or to Be* (76/1), 75.
15 Zur inzwischen umfangreichen Literatur über die »Neo-Freudianer« vgl. bes. C. Thompson,
Die Psychoanalyse; dies., *Interpersonal Psychoanalysis,* bes. 95–99. 361–366; M. Birnbach,
Neo-Freudian Social Philosophy; E. Z. Friedenberg, *Neo-Freudianism and Erich Fromm;*
W. Herberg, *Freud, The Revisionists, and Social-Reality;* J. Rattner, *Psychologie der zwischenmenschlichen Beziehungen;* R. Wiegand, *Gesellschaft und Charakter;* Th. W. Adorno, *Die revidierte Psychoanalyse.*
16 E. Fromm, *The Crisis of Psychoanalysis* (70/1), 31 Anm.: »Es ist zwar üblich, Horney, Sullivan und mich zusammen als ›kulturalistische‹ oder ›neo-freudianische‹ Schule zu bezeichnen,
doch erscheint diese Klassifizierung kaum gerechtfertigt. Trotz der Tatsache, daß wir befreundet
waren, zusammen arbeiteten und gewisse Ansichten, insbesondere hinsichtlich einer kritischen
Einstellung zur Libido-Theorie, teilten, waren die Unterschiede zwischen uns größer als die Ähn-
lichkeiten, vor allem in bezug auf den ›kulturellen‹ Gesichtspunkt. Horney und Sullivan dachten
über Kultur im traditionell anthropologischen Sinn, während ich von einer dynamischen Analyse
der wirtschaftlichen, politischen und psychologischen Kräfte ausging, die die Grundlage der Gesellschaft bilden.« – Vgl. ders., *The Heart of Man* (64/1), 14; ders. und R. I. Evans, *Dialogue with
Erich Fromm* (66/6), 58f.
Die Reserviertheit vor allem gegenüber Karen Horney hat ihren Grund auch in den Richtungs-
kämpfen innerhalb der Psychoanalyse während der Kriegsjahre in den USA. Während Erich

Während der Kriegsjahre versuchte Erich Fromm, die amerikanische Öffentlichkeit über die wirklichen Absichten des nationalsozialistischen Systems aufzuklären. 1945 gründete er mit anderen das William Alanson White Institute of Psychiatry, Psychoanalysis and Psychology und war von 1946 bis 1950 dessen Chairman of the Faculty and Chairman of the Training Committee. In der Zeit von 1945 bis 1947 war er zugleich Psychologieprofessor an der Michigan University und zwischen 1948 und 1950 Gastprofessor an der Yale University. Von 1941 bis 1949 war er außerdem Mitglied der Faculty of Bennington College; 1948 wurde er Adjunct-Professor für Psychoanalyse an der New Yorker University. 1940 heiratete Erich Fromm ein zweites Mal und wurde amerikanischer Staatsbürger. Auf den Rat des Arztes hin, seiner kranken Frau einen Lebensraum zu ermöglichen, der in einer klimatisch günstigeren Zone liegt, siedelte Erich Fromm 1949 von Bennington nach Mexico über, wo er eine Professur an der National Autonomous University of Mexico übernahm und die Abteilung Psychoanalyse an der Medical School der Universität eröffnete. Hier lehrte er bis zu seiner Emeritierung im Jahr 1965 und ist heute noch Honorar-Professor der Universität. Neben seinen Lehrverpflichtungen in Mexico nahm Erich Fromm seine Aufgaben am William Alanson White Institute wahr, dozierte als Psychologie-Professor 1957 bis 1961 an der Michigan State University und ab 1962 als Adjunct-Professor of Psychology an der Graduate Division of Arts and Sciences an der New York University. Trotz dieser umfangreichen Lehrtätigkeit betrieb er seine psychoanalytische Praxis weiter (insgesamt über 45 Jahre), war in zahlreichen Fällen als Supervisor und Lehranalytiker tätig[17] und nahm mit anderen zusammen über Jahre hinweg in Mexico an sozialpsychologischen Feldforschungen teil.

Ein leidenschaftliches Interesse zeigte Erich Fromm seit seiner Kindheit an der Politik. Mitte der fünfziger Jahre trat er in die Amerikanische Sozialistische Partei ein und versuchte (allerdings vergeblich), die Partei durch ein neues Programm zu profilieren.[18] Vom Temperament her weiß sich Erich Fromm nicht für eine praktische politische Tätigkeit geschaffen. Dennoch hat er im Amerika des Antikommunismus erhebliche Aufklärungsarbeit über die gegenwärtigen Möglichkeiten und Absichten der Sowjetunion geleistet;[19] er

---

Fromm 1941 noch mit Karen Horney und anderen gegen das New Yorker Psychoanalytische Institut opponierte und wesentlich zur Gründung der American Association for the Advancement of Psychoanalysis beitrug, kam es – auch aus persönlichen Gründen – 1943 zum Bruch mit Karen Horney. Erich Fromm bildete mit Clara Thompson, Harry Stack Sullivan und anderen einen New Yorker Zweig der von der William Alanson White Psychiatric Foundation getragenen Washington School of Psychiatry. Vgl. hierzu M. R. Green, *Her Life*, 361–366.

17 Vgl. M. Norell et al., *Reminiscences of Supervision with Erich Fromm*.

18 Vgl. E. Fromm, *Let Man Prevail – A Socialist Manifesto and Program* (60/3); ders., *The Basis of Socialist Humanism* (60/8).

19 Diese Aufklärungsarbeit hat sich vor allem in seinem Buch *May Man Prevail? An Inquiry into the Facts and Fictions of Foreign Policy* (61/1) niedergeschlagen. Er versucht in diesem Buch, die Angst vor der russischen Aggression als Fiktion zu demaskieren und erreicht dies durch eine Analyse der gegenwärtigen kommunistischen Gesellschaftsstruktur. – Noch 1974 schrieb Erich

propagiert heute einen sozialistischen Humanismus, der sowohl dem westlichen Kapitalismus als auch dem Sozialismus sowjet-kommunistischer Prägung eine Absage erteilt und mit dem Sozialismus-Verständnis der jugoslawischen »Praxis«-Gruppe sympathisiert.[20]
Sein stärkstes politisches Interesse lag und liegt noch heute in der internationalen Friedensbewegung, das durch die Erkenntnis motiviert ist, daß die gegenwärtige geschichtliche Situation darüber entscheidet, ob die Menschheit sich selbst vernünftig in den Griff bekommt, oder ob sie der Vernichtung durch einen Atomkrieg zum Opfer fällt.[21] Er ist Mitbegründer von SANE, »der wichtigsten amerikanischen Friedensbewegung, die neben ihrem Kampf gegen das atomare Wettrüsten führend am Kampf gegen den Vietnamkrieg beteiligt war«[22]. Ein letztes großes politisches Engagement war sein Einsatz für Senator Eugene McCarthy während der Kampagne um die Präsidentschaftsnominierung im Jahre 1968.[23]. Seit seiner Emeritierung im Jahre 1965 konzentriert Erich Fromm seine Arbeitskraft vor allem auf das Schreiben. Das besondere Schonklima des Tessins hat ihn seit ein paar Jahren wieder nach Europa zurückgeführt. Abseits von Betriebsamkeit und Hektik lebt er heute zusammen mit seiner Frau Annis in Muralto. Die Abgeschiedenheit eines Lebens am Lago Maggiore bedeutet für ihn allerdings nicht, daß seine engagierte Teilnahme an den gegenwärtigen Zeitfragen und Menschheitsproblemen geringer geworden wäre. Seine literarische Produktivität und Produktion der letzten Jahre überzeugt vom Gegenteil.

Überblickt man das *literarische Schaffen* Erich Fromms, so fallen die immense Vielfalt und Breite seines Interesses und Forschens auf. Die soziologisch ausgerichtete Dissertation des Zweiundzwanzigjährigen untersucht beim Diasporajudentum die durch das Gesetz gewährleistete »Korrelation zwischen Gesellschaftskörper und der ihm aufgegebenen (religiösen) Idee«[24]. Ein paar kleinere Aufsätze zwischen 1926 und 1930 zeigen Erich Fromm als einen orthodoxen Freudianer.[25] Die Abhandlung »Die Entwicklung des Christusdogmas. Eine psychoanalytische Studie zur sozialpsychologischen Funktion der Religion« aus dem Jahr 1930 beweist erneut sein Interesse an der Relevanz

---

Fromm auf Vermittlung von Senator Fulbright ein Gutachten zur Entspannungspolitik für ein Hearing des US-Senats-Ausschusses für Auswärtige Beziehungen, das sich mit den Beziehungen zu kommunistischen Staaten befaßt; vgl. E. Fromm, *Remarks on the Policy of Détente* (75/4).
20 Zum Sozialismusbegriff bei Erich Fromm vgl. bes. E. Fromm (Ed.), *Socialist Humanism* (65/1).
21 Vgl. E. Fromm, *The Case for Unilateral Disarmament* (60/4); ders., *Afterword* (61/3); ders., *May Man Prevail?* (61/1); ders. und M. Maccoby, *A Debate on the Question of Civile Defense* (62/2); E. Fromm, *Zur Theorie und Strategie des Friedens* (70/6); ders., *Epilogue* (70/3).
22 H. J. Schultz, *Humanist ohne Illusionen*, 37.
23 Vgl. das Vorwort zur deutschen Ausgabe von *The Revolution of Hope* (71/1).
24 E. Fromm, *Das jüdische Gesetz* (22/1), 237. Vgl. zum folgenden die chronologisch geordnete Fromm-Bibliographie dieser Arbeit.
25 So sehr deutlich der kleine Aufsatz *Dauernde Nachwirkung eines Erziehungsfehlers* (26/1).

der Religion und der religiösen Idee für die gesellschaftliche und kulturelle Wirklichkeit. In dieser Schrift entwickelt er erstmals »seine« Methode der sozialpsychologischen Analyse dieser Phänomene. Diese Methode distanziert sich sowohl von einer vulgär-marxistischen Basis-Überbau-Theorie als auch von einer psychologisierenden Kulturanalyse Freudscher Prägung.

Die nun folgenden Aufsätze explizieren die Methode der »analytischen Sozialpsychologie«.[26] Die Erkenntnis der Bedeutung der Mutterrechtstheorie Johann Jakob Bachofens und Robert Briffaults spielt dabei eine besondere Rolle. Sozusagen die Probe aufs Exempel stellen die Untersuchungen über Autorität und Familie mit Hilfe dieser sozialpsychologischen Methode dar.[27]

Nach einigen literarisch ruhigen Jahren erscheint 1941 Erich Fromms erste größere sozialpsychologische Monographie *Escape from Freedom*. Das Werk zeigt aufgrund einer Analyse des Bezugs zwischen der reformatorischen Theologie und der Entwicklung des Frühkapitalismus die Unfähigkeit des modernen Menschen auf, die gewonnene »Freiheit-von« als eine »Freiheit-zu« zu schätzen; statt dessen entfliehe der moderne Mensch der Freiheit und begebe sich in autoritäre Abhängigkeitsverhältnisse, in Zerstörungsstreben und Konformismus. Die in diesem Buch vorgenommene Anwendung der Erkenntnisse auf die Situation im Nazi-Deutschland findet in der amerikanischen Öffentlichkeit ein großes Echo, während die soziologische Interpretation der Reformation zum Teil scharfe Kritiken auf den Plan ruft.[28]

Die folgenden Jahre sind gekennzeichnet durch ein intensives Bemühen, die Zusammenhänge von sozio-ökonomischen Strukturen einerseits und menschlichen Bedürfnissen als psychischen Notwendigkeiten im Orientierungsprozeß der Assimilierung und Sozialisation andererseits zu durchleuchten. Erich Fromm entwickelt hierbei eine Charakterologie, die die Freudsche Libido-Theorie aus ihrer Verengung des Menschenbildes heraus- und weiterführt und die zugleich die ethische Relevanz der je verschiedenen Charakter-Orientierungen anzeigt. Die Ergebnisse dieser Forschungen sind in dem wohl zentralen Werk *Man for Himself. An Inquiry into the Psychology of Ethics* niedergelegt.

Die Fortsetzung von *Escape from Freedom* und *Man for Himself* erfolgt in dem 1955 erschienenen Werk *The Sane Society*. Hier werden aus der Perspektive einer humanistischen Ethik die sozio-ökonomischen Gründe aufgezeigt, die das Glücken des menschlichen Lebens heute hindern. Eine Analyse der modernen kapitalistischen und bürokratischen Gesellschaftsstruktur weist die universalen Entfremdungsphänomene des modernen Menschen auf, die nur durch eine fundamentale Veränderung der ökonomischen, politischen und kulturellen Verhältnisse in Richtung auf einen demokratischen und humanistischen Sozialismus hin überwunden werden können.

---

26 Vgl. bes. E. Fromm, *Über Methode und Aufgabe einer Analytischen Sozialpsychologie* (32/1).
27 Vgl. E. Fromm, *Sozialpsychologischer Teil* (36/1), und oben S. 19f. Anm. 11.
28 Vgl. hierzu besonders die Rezensionen von Th. H. Gill, A. T. Boisen, L. B. Hill, P. Mullahey, M. F. A. Montagu, L. Wirth und E. E. Hadley in der Zeitschrift »Psychiatry«.

Neben diesen drei Werken, die sich alle durch eine Fülle von Einzelbeobachtungen und -erkenntnissen auszeichnen, verfaßt Erich Fromm in den fünfziger und sechziger Jahren eine ganze Reihe von Monographien, in denen die geistigen Horizonte seines Denkens klarer hervortreten. Bereits 1950 erscheint eine kleinere Schrift mit dem Titel *Psychoanalyse und Religion,* in der er sein von der Psychoanalyse und vom Buddhismus her geprägtes Verständnis einer humanistischen Religion näher darlegt. Ein Jahr danach folgt eine Abhandlung über Märchen, Mythen und Träume[29] als universale und wahrheitsoffenbarende Phänomene menschlichen Seins.

Erich Fromms Bestseller wird das kleine Buch *The Art of Loving,* das im Jahr 1956 erstmals erscheint und das allein bis 1970 in 17 Sprachen übersetzt und im englischen Sprachraum über 1,5 millionenmal verkauft wurde. In Ihm zeigt er am Begriff der »produktiven Liebe« die Konsequenzen einer humanistischen Ethik für das Verständnis von Selbstliebe, Nächstenliebe und Bruderliebe auf.

In drei weiteren Büchern[30] würdigt Erich Fromm Sigmund Freud und Karl Marx und versucht zugleich, seine Position ihnen gegenüber aufzuzeigen. Von besonderer Bedeutung ist sein Buch *Marx's Concept of Man,* weil Erich Fromm mit ihm die Frühschriften von Karl Marx erstmals in den Vereinigten Staaten bekannt macht. Die Bedeutung, die die Religion für das Glücken des Menschseins und für die Zukunft des Menschen hat, wird in zwei weiteren Werken verdeutlicht: In seinem Beitrag *Psychoanalysis and Zen-Buddhism* spiegelt sich seine Beschäftigung mit dem Zen-Buddhismus wider. Sein Buch *You Shall Be as Gods,* eine »radikale Interpretation des Alten Testaments und seiner Tradition«,[31] plädiert für eine nicht-theistische Religion. Er entwickelt hierfür eine geschichtsphilosophische Sicht, die die Geschichte Gottes mit dem Menschen, wie sie im Alten Testament ihren literarischen Niederschlag gefunden hat, als einen Prozeß sieht, in dem der Mensch mehr und mehr zu sich selbst kommt. Die Idee »Gott« wird identisch mit dem totalen Bei-sich-Sein des Menschen und der Glaube an einen Offenbarungsgott darf nur so verstanden werden, daß er eine Etappe auf dem Weg zu einer sich selbst entwerfenden »humanistischen Religion« ist.[32]

Seit etwa zehn Jahren wendet sich das Interesse Erich Fromms vor allem zwei Fragekomplexen zu. Der eine betrifft die historisch entscheidende Frage, ob der Mensch wieder Herr seiner Produkte werden kann oder an einer übertechnisierten Industriewelt zugrunde geht. Dieser Frage widmen sich seine Schrif-

---

29 E. Fromm, *The Forgotten Language* (51/1); vgl. auch ders., *Der Traum ist die Sprache des universalen Menschen* (72/1).
30 *Sigmund Freud's Mission* (59/1); – *Marx's Concept of Man* (61/2); – *Beyond the Chains of Illusion* (62/1).
31 So der Untertitel von *You Shall Be as Gods* (66/1).
32 Zu den neuesten Aussagen über die Funktion von »Religion« vgl. E. Fromm, *Einige postmarxsche und post-freudsche Gedanken über Religion und Religiosität* (72/2); ders., *Fromm contra Auer* (75/6), und den letzten Teil von *To Have or to Be* (76/1).

ten zur Politik, speziell zur Atomrüstung und Friedensbewegung[33], sowie das 1968 in New York erschienene Buch *The Revolution of Hope. Toward a Humanized Technology*, das in gewisser Weise als Fortsetzung von *The Sane Society* gelten kann. Der zweite Fragenkomplex kreist um das Problem von Möglichkeit und Wirklichkeit eines Verfallssyndroms des einzelnen Menschen und der gesamten Menschheit. Von den vor allem in *Man for Himself* explizierten Arten nicht-produktiven Lebens ausgehend, wird in *The Heart of Man. Its Genius for Good and Evil* die Polarität möglicher Lebensausrichtung aufgrund charakterlicher Prägung systematisiert. Die damit zusammenhängenden Fragen nach dem Gegensatz von Instinkt und Charakter, nach einem von der Verhaltensforschung postulierten inhärenten menschlichen Destruktionstrieb und der so in Frage gestellten potentiellen Gutheit des Menschen (samt der davon abhängenden Infragestellung des Humanismus) haben etwa fünf Jahre die Richtung seiner Forschertätigkeit bestimmt. Die Ergebnisse dieser Untersuchungen finden sich in *The Anatomy of Human Destructiveness* zusammengefaßt.

Die neueste Publikation *To Have or to Be* kann als Versuch einer Synthese von sozialpsychologischen Erkenntnissen und humanistischer Religion und Ethik angesehen werden. Mit der Alternative von Haben und Sein macht Erich Fromm zwei grundsätzlich verschiedene Ausrichtungen menschlicher Existenz namhaft und verknüpft die Fülle seiner Einsichten in die Psyche des einzelnen und der Gesellschaft mit der Tradition humanistischer Religionen und bedeutender Gestalten der Geschichte.

Erich Fromm wird immer wieder vorgeworfen, daß er zu viel »spekuliere« und zu wenig wissenschaftliche Fakten sprechen lasse.[34] Dieser Vorwurf hat wohl seinen Grund in der Tatsache, daß Erich Fromm Quellen teilweise nur global zitiert und geistesgeschichtliche Traditionen zu einzelnen Fragen literarisch nur wenig reflektiert. Hinzu kommt, daß seine Sprache klar und unkompliziert ist, ohne daß dadurch allerdings etwas von der Tiefe der Problemstellung und der Erkenntnisse verlorengeht. Man darf Erich Fromm glauben, wenn er von sich behauptet: »Weder in dieser noch in irgendeiner anderen meiner Schriften findet sich auch nur eine einzige theoretische Schlußfolgerung über die Psyche des Menschen, die nicht auf einer kritischen Beobachtung des menschlichen Verhaltens beruht, wie sie im Laufe meiner psychoanalytischen Tätigkeit angestellt wurde.«[35] Gleiches gilt für die mit Hilfe seiner sozialpsychologischen Methode eruierten Erkenntnisse von Charakterstrukturen: Eine auf fünfjäh-

---

33 Siehe oben S. 23 Anm. 21.
34 So z. B. M. McGrath, *An Examination of Erich Fromm's Ethics with Implications for Philosophy of Education*, 59 f.; – M. Birnbach, *Neo-Freudian Social Philosophy*, 191 f.: »Man hat das Gefühl, daß in den konstruktiven Teilen seiner Schriften er mehr verbalisiert als analysiert: die Stimme, mit der er spricht, ist mehr die des Propheten als die des Wissenschaftlers . . .«. Zu diesem Votum vgl. auch B. R. Betz, *An Analysis of the prophetic Character of the Dialectical Rhetoric of Erich Fromm*.
35 E. Fromm, *Beyond the Chains of Illusion* (62/1), 10.

rigen Feldforschungen basierende Studie über den Gesellschafts-Charakter in einem mexikanischen Dorf[36] überzeugt durch die weitgehende Kongruenz von ermitteltem Befund und Theorie.

Der Vorwurf der unwissenschaftlichen Spekulation wurzelt deshalb kaum in der kritisierten unexakten Forschertätigkeit. Er kommt vielmehr aus der Auseinandersetzung mit positivistischen Strömungen, die sich nur mit exakt nachweisbaren materialen Erkenntnissen innerhalb einer Disziplin begnügen. Für Erich Fromm darf eine verantwortete wissenschaftliche Betätigung nicht davon absehen, wozu sie Wissenschaft treibt. Sie darf auch nicht an dem Bemühen einer Zusammenschau von Erkenntnissen der verschiedenen Disziplinen vorbeigehen; und sie darf schließlich nicht unbekümmert gegenüber der ethischen Relevanz ihrer Erkenntnisse bleiben. Wissenschaft bedarf deshalb eines Orientierungsrahmens, der letztlich nicht direkt aus den Erkenntnissen einer einzelnen humanwissenschaftlichen Disziplin deduzierbar ist.

---

36 E. Fromm und M. Maccoby, *Social Character in a Mexican Village* (70/11). – Methodisch korrespondiert diese Felduntersuchung mit Erich Fromms großer sozialpsychologischen Studie aus den dreißiger Jahren *The Authoritarian Character Structure of German Workers and Employees Before Hitler* (36/3).

Teil I:
Die sozialpsychologischen Erkenntnisse und die philosophisch-anthropologischen Gedanken Erich Fromms

1 Die Sozialpsychologie

1.1 Die Infragestellungen des Freudschen Menschenbildes

1.1.1 Die Prägung des Menschen durch die sozio-ökonomischen Verhältnisse. Die sozialpsychologische Methode

Für Erich Fromm gibt es keinen Zweifel: Sigmund Freud »ist der Gründer einer wahrhaft wissenschaftlichen Psychologie, und seine Entdeckung unbewußter Prozesse und der dynamischen Natur der Charakterzüge ist ein einzigartiger Beitrag zur Wissenschaft vom Menschen, der für alle Zeit das Bild vom Menschen verändert hat«[1]. Doch ist die Psychoanalyse Freuds eben nur ein »Beitrag« zur Wissenschaft vom Menschen, und die Kritik Erich Fromms an Sigmund Freud bezieht sich gerade auf den Anspruch Freuds, den Menschen (natur-)wissenschaftlich, und das heißt hier: psychoanalytisch, bestimmen zu können.

Die Psychoanalyse hat nämlich »als Motor menschlichen Verhaltens Triebregungen und Bedürfnisse nachgewiesen, die von den physiologisch verankerten, selbst nicht unmittelbar beobachtbaren ›Trieben‹ gespeist werden«[2]. Zunächst hat Sigmund Freud zwei Gruppen von Trieben angenommen: die Selbsterhaltungstriebe und die Sexualtriebe.[3] Letztere werden durch eine ihnen innewohnende Energie, die Libido, gespeist, die von relativ konstanter Qualität ist. »Diese Libido verursacht eine schmerzhafte Spannung, die nur

---

1 E. Fromm, *Beyond the Chains of Illusion* (62/1), 12. – Zur Freud-Rezeption und Freud-Kritik durch Erich Fromm aus der Perspektive von Psychoanalytikern vgl. bes. die Darstellungen bei R. G. Mandolini Guardo, *De Freud a Fromm, Historia general del Psicoanalisis*, 418–466; D. Wyss, *Die tiefenpsychologischen Schulen von den Anfängen bis zur Gegenwart* 188–195; E. Wiesenhütter, *Freud und seine Kritiker*, 53–58; F. Heigl, *Die humanistische Psychoanalyse Erich Fromms.*
2 E. Fromm, *Über Methode und Aufgabe einer analytischen Sozialpsychologie* (32/1), 28.
3 Später entwickelte Freud eine andere Polarität von Trieben, nämlich den Lebenstrieb (Eros) und den Todestrieb (Destrudo). Für den hier vorgenommenen Aufweis kann diese Änderung der Freudschen Trieblehre außer Betracht bleiben. Siehe jedoch unten die Diskussion um den Todestrieb S. 77 f.

durch den Akt der körperlichen Entspannung verringert wird; diese Befreiung von einer schmerzhaften Spannung bezeichnet Freud als ›Lust‹ . . . Diese Dynamik, die von Spannung zu Entspannung und erneuter Spannung, von Schmerz zu Lust und wieder zu Schmerz führt, nannte Freud das ›Lustprinzip‹.«[4] Es ist für den Menschen so zentral, daß es ihn wesentlich bestimmt, und das heißt, daß der Mensch primär die Tendenz zu maximaler lustbringender Abfuhr der Triebspannungen hat. Deshalb – so Sigmund Freud – entwickelt der Mensch sein soziales Wesen, Kultur, Religion, Wissenschaft usw. erst sekundär und damit modifikatorisch auf dem Wege der Reaktionsbildung oder Sublimierung im Gegenüber mit dem dem Lustprinzip der je einzelnen Individuen entgegenstehenden »Realitätsprinzip«, das die Erfordernisse der Realität und der Gesellschaft verkörpert und Verzicht oder Aufschub von Lust zugunsten der Vermeidung größerer Unlust oder der Gewinnung künftiger größerer Lust fordert.[5] Können beide Prinzipien nicht in ein erträgliches Gleichgewicht gebracht werden, so stellen sich als Folge neurotische oder psychotische Erscheinungen ein. »Die aktive und passive Anpassung biologischer Tatbestände, der Triebe, an soziale Tatbestände ist die Kernauffassung der Psychoanalyse.«[6]

Diese Erkenntnis wird von Sigmund Freud in verschiedener Hinsicht nicht konsequent weitergedacht. Zwar befaßt er sich vor allem in seinen Spätwerken[7] stärker mit den gesellschaftlichen Bedingungen für die Genese der psychischen Struktur und Ausprägung, doch bleibt für ihn der Mensch ein vom Lustprinzip bestimmtes und vom Realitätsprinzip eingeschränktes und modifiziertes selbstgenügsames Individuum.

Der erste Einwand Erich Fromms gegen diese Sicht des Menschen betrifft die Unbekümmertheit, mit der Sigmund Freud die Gesellschaft in ihrer Struktur und in ihren Anforderungen als gegeben ansieht.[8] Für Erich Fromm geht es darum, die je gegebene Gesellschaftsstruktur im Sinne von Karl Marx als durch die ökonomischen Verhältnisse bedingt in Frage zu stellen. Ist aber ein solcher Prägungszusammenhang konstatierbar, dann erhebt sich die Frage, ob nicht auch die psychische Struktur – via Familie als »die psychische Agentur der Gesellschaft«[9] – von den sozio-ökonomischen Verhältnissen geprägt wird, so daß diesen gegenüber der libidinösen Energie primär die formende Funktion zukommt. Es bestimmt dann nicht die Triebstruktur das Wesen und die

---

4 E. Fromm, *Beyond the Chains of Illusion* (62/1), 31 f.; vgl. auch ders., *The Anatomy of Human Destructiveness* (73/1), 443–445.

5 Vgl. E. Fromm, *Beyond the Chains of Illusion* (62/1), 31 f.; ders., *Über Methode und Aufgabe einer analytischen Sozialpsychologie* (32/1), 29.

6 A.a.O., 31.

7 Vgl. vor allem *Die Zukunft einer Illusion* und *Das Unbehagen in der Kultur*, Ges. Werke XIV.

8 Wirklich kritisch ist Sigmund Freuds Position eigentlich nur gegenüber der zeitgenössischen Sexualmoral. Vgl. E. Fromm, *The Human Implications of Instinctivistic »Radicalism«* (55/2), bes. 344.

9 Vgl. bes. E. Fromm, *Sozialpsychologischer Teil* (36/1), 88 f.; ders., *Über Methode und Aufgabe einer analytischen Sozialpsychologie* (32/1), 35 f.

Verhaltensweisen des Menschen; vielmehr kommt »im Wechselspiel des Auf-
einanderwirkens der psychischen Antriebe und der ökonomischen Bedingungen . . . letzteren ein Primat zu«[10]. Erich Fromm statuiert diese Prävalenz der
»sozialökonomischen« Struktur gegenüber der libidinösen Triebstruktur im
Zusammenhang mit der Entwicklung seiner sozialpsychologischen Methode,
die – äußerlich gesehen – eine Kombination von Marxscher Gesellschaftstheorie und Freudscher Psychoanalyse ist. Konkret geht es dabei um die Anwendung der psychoanalytischen Erkenntnisse auf gesellschaftliche Erscheinungen. Den Versuchen Sigmund Freuds, Theodor Reiks und anderer, die die
gesellschaftlichen Größen nur durch ähnliche psychische Mechanismen und
Gesetzmäßigkeiten wie beim Individuum strukturiert sehen und die die psychische Struktur gesellschaftlicher Größen in Analogie zu den individuellen
psychischen Strukturgesetzmäßigkeiten analysieren, hält Erich Fromm entgegen, daß die psychische Struktur gesellschaftlicher Größen aus ihrer sozialen
Struktur, das heißt aus der »ökonomisch-sozialen Situation« zu verstehen ist.[11]
Der Unterschied liegt also nicht in der psychoanalytischen Methode selbst,
sondern im Mangel eines soziologischen Ausgangspunkts, der dann allerdings
auch methodologisch relevant wird. Dieser Unterschied im Verständnis der
psychischen Struktur gesellschaftlicher Größen wird am Beispiel der Frommschen Neu-Interpretation des Ödipus-Komplexes deutlich.[12]
In der Psychologie Sigmund Freuds ist die Phase des Ödipuskomplexes von
zentraler Bedeutung für das Glücken menschlichen Reifens. Der Junge entwickelt gegenüber seiner Mutter sexuelle Wünsche, die zugleich gegenüber
dem Vater als Rivalen und Rächer Haß bedingen. Das Durchleben dieser
Phase ermöglicht erst die weitere psychische Reifung: den Aufbau des Über-
Ichs, die Entwicklung von Schuldgefühlen und Gewissen, die Fähigkeit zu ech-
ter Liebe usw. Neurotische Erscheinungen im späteren Leben sind wesentlich
auf ein Scheitern der ödipalen Phase zurückzuführen.
Gegenüber dieser Sicht Sigmund Freuds wendet Erich Fromm ein: »Die Ver-
absolutierung des Ödipus-Komplexes führte Freud dazu, die Entwicklung der
gesamten Menschheit auf diesen Mechanismus des Vaterhasses und der daraus
resultierenden Reaktionen zu basieren[13], ohne daß dem materiellen Lebensprozeß der untersuchten Gruppe Beachtung geschenkt würde.«[14] Eben dies

10 A.a.O., 39.
11 Vgl. a.a.O., 37f.
12 Vgl. zum Folgenden: E. Fromm, *Ödipus in Innsbruck* (30/4); ders., Introduction, in: P. Mullahy, *Oedipus: Myth and Complex* (48/1), sowie das Werk von P. Mullahy selbst; *E. Fromm, The
Oedipus Complex and the Oedipus Myth* (49/2); ders., *The Forgotten Language* (51/1), 196–231;
– R. de la Fuente-Muniz, *Fromm's Approach to the Study of Personality,* 13f.; E. Fromm, *Sigmund
Freud's Mission* (59/1), 10–18; M. Birnbach, *Neo-Freudian Social Philosophy,* 46–48; E. Fromm
et al., *The Oedipus Complex: Comments in ›The Case of Little Hans‹* (66/13); E. Fromm, *The Anatomy of Human Destructiveness* (73/1), 358–365.
13 Vgl. S. Freud, *Totem und Tabu,* Ges. Werke IX.
14 E. Fromm, *Über Methode und Aufgabe einer analytischen Sozialpsychologie* (32/1), 38.

aber ermöglichten die Untersuchungen vor allem von Johann Jakob Bachofen über das Mutterrecht. [15] Ausgehend von der Deutung der griechischen Mythologie und Religion als Ausdruck eines Umbruchs von einer mutterrechtlich zu einer vaterrechtlich organisierten und bestimmten Gesellschaftsstruktur und Religion interpretiert Erich Fromm[16] den Ödipus-Mythos aus der gesamten Trilogie (König Ödipus, Ödipus auf Kolonos und Antigone) »nicht als Symbol der inzestuösen Liebe zwischen Mutter und Sohn«, »sondern als Symbol der Rebellion des Sohnes gegen die Autorität des Vaters in der patriarchalischen Familie«[17].

Vergleichende kulturanthropologische Untersuchungen[18] bestätigten diese Interpretation dahingehend, daß die Ödipus-Komplex-Phase innerhalb der psychischen Entwicklung tatsächlich vorrangig nur in deutlich patriarchalisch geprägten Gesellschaftsstrukturen zu finden ist, und zwar eben primär als Ausdruck eines Autoritätskonfliktes und erst sekundär als sexuell-inzestuöse Fixierung.

Sigmund Freud hat diesen Erkenntnissen zufolge nicht nur seine phylogenetischen Kenntnisse falsch interpretiert. Für die Ödipus-Komplex-Interpretation besagen sie auch eine Kritik an der ontogenetischen Interpretation der ödipalen Entwicklungsphase beim Kind: Die sexuell-inzestuöse Fixierung des Kindes spielt zwar faktisch oft eine große Rolle, doch ist die durch die patriarchalische Gesellschaftsstruktur provozierte Auseinandersetzung zwischen dem Gehorsamsanspruch des Vaters und den entgegengesetzten Interessen des Kindes das den Ödipus-Komplex erst produzierende Moment.[19] Schließlich aber, und darauf kommt es in diesem Zusammenhang gerade an, machen diese Erkenntnisse klar, daß die psychische Struktur des einzelnen wie auch gesellschaftlicher Größen nur richtig erkannt wird, wenn sie aus ihrer sozialen

---

15 J. J. Bachofen, *Das Mutterrecht.* – Vgl. die Arbeiten von L. H. Morgan, *Systems of Consanguinity and Affinity; ders., Ancient Society;* R. Briffault, *The Mothers.* – E. Fromm, *Robert Briffaults Werk über das Mutterrecht* (33/3); ders., *Die sozialpsychologische Bedeutung der Mutterrechtstheorie* (34/1); ders., *The Significance of the Theory of Mother Right for Today* (70/4). A. Turel, *Bachofen – Freud. Zur Emanzipation des Mannes vom Reich der Mütter.* – Zur Wirkungsgeschichte von Bachofens »*Mutterrecht*« vgl. H.-J. Heinrichs (Hrsg.), *Materialien zu Bachofens »Das Mutterrecht«.*

16 Ausführlich in: E. Fromm, *The Oedipus Complex and the Oedipus Myth* (49/2).

17 A.a.O., 338.

18 Z. B. von Bronislaw Malinowski, Ruth Benedict und Margaret Mead.

19 So sagt E. Fromm, *Die sozialpsychologische Bedeutung der Mutterrechtstheorie* (34/1), 221, »daß der patrizentrische Typ durch einen Komplex charakterisiert ist, in dem strenges Über-Ich, Schuldgefühle, gefügige Liebe gegenüber der väterlichen Autorität, Herrschlust gegenüber Schwächeren, Akzeptieren von Leiden als Strafe für eigene Schuld und gestörte Glücksfähigkeit dominierend sind. Der matrizentrische Komplex hingegen ist durch ein Gefühl optimistischen Vertrauens in eine unbedingte mütterliche Liebe, geringes Schuldgefühl, geringe Stärke des Über-Ichs und stärkere Glücks- und Genußfähigkeit gekennzeichnet – bei gleichzeitiger Idealbildung im Sinne der Entwicklung der mütterlichen Qualitäten des Mitleids und der Liebe zu Schwachen und Hilfsbedürftigen.«

Struktur (das heißt hier: aus dem Prägungszusammenhang einer matriarchalischen bzw. patriarchalischen Gesellschaftsstruktur[20]) verstanden wird. Für die Analyse gesellschaftlicher Phänomene ergibt sich folgende sozialpsychologische Methode: »Die sozialpsychologischen Erscheinungen sind aufzufassen als Prozesse der aktiven und passiven Anpassung des Triebapparates an die sozial-ökonomische Situation. Der Triebapparat selbst ist – in gewissen Grundlagen – biologisch gegeben, aber weitgehend modifizierbar; den ökonomischen Bedingungen kommt die Rolle als primär formende Faktoren zu. Die Familie ist das wesentlichste Medium, durch das die ökonomische Situation ihren formenden Einfluß auf die Psyche des einzelnen ausübt. Die Sozialpsychologie hat die gemeinsamen – sozial relevanten – seelischen Haltungen und Ideologien – und insbesondere deren unbewußte Wurzeln – aus der Einwirkung der ökonomischen Bedingungen auf die libidinösen Bestrebungen zu erklären.«[21]

Wenn aber den ökonomischen Bedingungen die Rolle der primär formenden Faktoren zukommt, dann ergibt sich auch eine von Sigmund Freud abweichende Sicht der psychischen Gegebenheiten. Erich Fromm zeigt auf, »daß eine seelische Instanz wie das Über-Ich und das Ich, ein Mechanismus wie die Verdrängung, Impulse wie die sado-masochistischen, welche das Fühlen, Denken und Handeln des Menschen in so entscheidender Weise bedingen, nicht etwa ›natürliche‹ Gegebenheiten sind, sondern daß sie selbst von der Lebensweise des Menschen, letzten Endes von der Produktionsweise und der daraus resultierenden gesellschaftlichen Struktur jeweils mit bedingt sind«[22].

1.1.2 Die Prägung des Menschen durch die Beziehung zur Welt. Die Sicht der Charaktergenese

Erich Fromms These, daß die seelischen Instanzen, Mechanismen und Strukturen durch die sozio-ökonomischen Verhältnisse geprägt werden, wurde in der Lehre von der Charaktergenese weiterentwickelt. Der Charakter erfährt

---

20 Vgl. zur Kritik Erich Fromms an Sigmund Freuds ontogenetischer Interpretation des Ödipus-Komplexes: E. Fromm, *The Oedipus Complex and the Oedipus Myth* (49/2), 356–358, und P. Mullahy, *Oedipus Myth and Complex*, 277f. – In therapeutischer Hinsicht hat diese Auffassung Erich Fromms wesentliche Konsequenzen. So betont Erich Fromm, *The Oedipus Complex and the Oedipus Myth* (49/2), 358: »Während Freud annimmt, daß der Konflikt, der aus den inzestuösen Strebungen des Kindes entspringt, seine Wurzeln in der Natur des Kindes hat und deshalb unvermeidlich ist, glauben wir, daß in einer kulturellen Situation, in der der Respekt vor der Integrität jedes Individuums – also auch jedes Kindes – realisiert ist, der Ödipus-Komplex der Vergangenheit angehört.« Eine weitere Konsequenz ergibt sich für das Selbstverständnis und die gegenseitige Zuordnung der Geschlechtsrollen von Mann und Frau. Vgl. hierzu den die Ansichten Fromms referierenden Aufsatz von Rainer Funk: *Der Fluch, kein Mann zu sein. Psychoanalyse im Widerstreit.*
21 E. Fromm, *Über Methode und Aufgabe einer analytischen Sozialpsychologie* (32/1), 39f.
22 E. Fromm, *Sozialpsychologischer Teil* (36/1), 92.

seine Prägung nicht von den Stufen der Libido-Entwicklung, sondern er ist eine seelische Größe, die durch die verschiedenen Weisen, in denen sich der Mensch zur Welt in Beziehung setzt, zustande kommt. Formal betrachtet geht es um den Gegensatz zwischen Sigmund Freuds biologisch und Erich Fromms soziologisch orientierter Sicht einer Charakterologie. Für beide gilt gleichermaßen die Voraussetzung, »daß dem Verhalten Charakterzüge zugrunde liegen, die aus eben diesem Verhalten gefolgert werden müssen«[23]. Einig sind sich beide auch darin, »daß die grundlegende Größe im Charakter (fundamental entity in character) nicht der einzelne Charakterzug ist, sondern die gesamte Charakter-Organisation, aus der eine Reihe von einzelnen Charakterzügen folgen«[24].

Der entscheidende Unterschied zwischen Sigmund Freud und Erich Fromm liegt im Verständnis der Charaktergenese. Sigmund Freuds Charaktertheorie geht von zwei Beobachtungen aus[25]: Zum einen stellt Freud fest, daß es sich bei den Charakterzügen um relativ beständige leidenschaftliche Strebungen handelt, die nicht einfach wie anerzogene Verhaltensweisen wieder abgestreift werden können. Zum anderen kam Sigmund Freud zu der Überzeugung, daß alle angeborenen Leidenschaften, außer dem Streben nach Selbsterhaltung, ihre Wurzeln im sexuell-libidinösen Begehren haben.[26] Beide Beobachtungen verband Sigmund Freud in seiner Libido-Theorie und »erklärte die verschiedenartigsten Charakterzüge als Sublimierungen verschiedener prägenitaler Libidoformen (oder als Reaktionsbildungen gegen sie)«[27]. »Die Libido sollte sich aus primitiven prägenitalen Formen zur reifen genitalen Zielstrebigkeit entwickeln, und die Spielarten der Charaktere wären dann Abkömmlinge dieser verschiedenen Entwicklungsstufen der Libido.«[28]

Am ausführlichsten wurde die Theorie zunächst für die Züge des analen Cha-

---

23 E. Fromm, *Man for Himself* (47/1), 57.

24 A.a.O.

25 Vgl. zum Folgenden bes. E. Fromm, *Über psychoanalytische Charakterkunde und ihre Anwendung zum Verständnis der Kultur* (49/3).

26 Vgl. E. Fromm, *Über psychoanalytische Charakterkunde und ihre Anwendung zum Verständnis der Kultur* (49/3), 81 f.; ders., *The Anatomy of Human Destructiveness* (73/1), 79 f.

27 E. Fromm, *Über psychoanalytische Charakterkunde und ihre Anwendung zum Verständnis der Kultur* (49/3), 82. Vgl. C. Thompson, *Die Psychoanalyse*, 76 f.: »Bei der Bildung des Charakters kann nach Freud der Libido dreierlei zustoßen. Ein Teil der Libido, der auf einem vorgenitalen Zustand beharrt, kann unverändert durch das ganze Leben des Erwachsenen erhalten bleiben. Das Ergebnis eines solchen Vorgangs wurde als Perversion angesprochen und nicht für eine wirkliche Charakterentwicklung gehalten. Die beiden anderen Möglichkeiten sind die Entwicklung von Reaktionsbildungen gegen den Trieb und Sublimierung des Triebes. Diese beiden letzteren Arten sind für den Charakter verantwortlich, und man nahm an, dies sei der Weg, auf dem menschliche Wesen heranreifen. Da der Mensch vor allem für eine Kreatur der Libido gehalten wurde, sollte er ein soziales Wesen erst durch den Vorgang der Reaktionsbildung und der Sublimierung werden.«

28 E. Fromm, *Über psychoanalytische Charakterkunde und ihre Anwendung zum Verständnis der Kultur* (49/3), 82.

rakters aufgezeigt, den Sigmund Freud mit »pedantisch, sparsam und hartnäckig« umschreibt. Er tritt dort auf, wo die anale Phase der Libido-Entwicklung durch besondere Schwierigkeiten bei der sogenannten Sauberkeitserziehung gekennzeichnet war.[29] Charakterzüge wie Geiz, Pünktlichkeit, Ordentlichkeit und Eigensinn sind dann nicht zufällige Eigenschaften, sondern sind in der während der analen Phase entwickelten spezifischen Triebstruktur eines Individuums verankert.[30] Entsprechend können auch für die anderen Phasen der Libido-Entwicklung die jeweiligen typischen Charakterzüge ermittelt werden.

Erich Fromm entwickelt demgegenüber eine völlig andere Sicht. Für ihn ist die Entwicklung des Charakters weder primär an die Libido-Entwicklung und deren Sublimationserscheinungen bzw. Reaktionsbildungen gebunden, noch stimmt er einer aus dieser Theorie resultierenden ursächlichen Zuordnung von Charakterstruktur und erogenen Zonen (Mund, Anus, Genital . . .) zu.[31] Der Charakter wird nicht durch die verschiedenen Phasen der Libido-Entwicklung geformt, sondern durch die verschiedenen Arten, in denen sich ein Mensch zur Welt in Beziehung setzt: »1. durch Aneignung und Assimilierung der Dinge und 2. indem er sich zu den Menschen (und zu sich selbst) in Beziehung setzt«[32]. Die erste Art nennt Erich Fromm den Assimilierungsprozeß (process of assimilation), die zweite Art den Prozeß der Sozialisation (process of socialization).[33]

Wie die Ausführungen zu Erich Fromms sozialpsychologischer Methode gezeigt haben, macht er diesen folgenreichen Neuansatz, weil er den sozioökonomischen Verhältnissen gegenüber den libidinösen Strebungen die Rolle der primär formenden Faktoren zuschreibt.[34] Die in dieser Grundentscheidung liegende Kritik am Freudschen Menschenbild läßt Erich Fromms Neuansatz im Verständnis der Charaktergenese nur als logische Konsequenz erscheinen: »Freud betrachtet den Menschen grundsätzlich als Einheit, als ein in sich geschlossenes System, von Natur ausgestattet mit bestimmten, physiologisch bedingten Trieben, und interpretiert die Entwicklung seines Charakters als eine Reaktion auf Befriedigungen bzw. Verhinderungen dieser Triebe. Demgegenüber ist meiner (Fromms) Meinung nach der fundamentale Zugang zur menschlichen Persönlichkeit das Verstehen der Beziehung des Menschen zur Welt, zu den anderen, zur Natur und zu sich selbst. Ich glaube, daß der Mensch primär ein soziales Wesen ist und nicht, wie Freud annimmt, ein primär selbstgenügsames, das erst sekundär der anderen bedarf, um seine instinktiven Bedürfnisse zu befriedigen. In diesem Sinn glaube ich, daß Indivi-

---

29 Vgl. C. Thompson, *Die Psychoanalyse*, 78.
30 Vgl. E. Fromm, Sozialpsychologischer Teil (36/1), 113–115.
31 Vgl. E. Fromm, *Escape from Freedom* (41/1), 291.
32 E. Fromm, *Man for Himself* (47/1), 58.
33 Vgl. a.a.O.
34 Siehe oben S. 32f.

dual-Psychologie grundsätzlich Sozial-Psychologie oder, wie es Sullivan ausdrückt, Psychologie der zwischenmenschlichen Beziehungen ist; das Schlüsselproblem der Psychologie ist das der besonderen Art der Bezogenheit des Individuums zur Welt, nicht das der Befriedigung oder Vereitelung einzelner Instinktwünsche. Das Problem der instinkthaften Triebe des Menschen muß als ein Teil des Gesamtproblems seiner Bezogenheit zur Welt und nicht als das Problem der menschlichen Persönlichkeit schlechthin verstanden werden. Deshalb sind bei meinem Ansatz die Bedürfnisse und Wünsche, die sich um die Beziehung des Individuums zu anderen drehen, etwa Liebe, Haß, Zärtlichkeit, Symbiose, die grundlegenden psychologischen Phänomene, während sie bei Freud nur sekundäre Folge von Frustrationen und Befriedigungen instinktiver Bedürfnisse sind.«[35]

Charakter wird deshalb von Erich Fromm definiert als »die (relativ gleichbleibende) Form, in welche die menschliche Energie[36] im Assimilierungs- und Sozialisationsprozeß geleitet wird«[37].

1.2 Der »Gesellschafts-Charakter« als Medium zwischen der sozio-ökonomischen Struktur und den in einer Gesellschaft vorherrschenden Ideen und Idealen

Wenn der Charakter des Menschen durch die sozio-ökonomischen Verhältnisse geprägt wird, dann ist zu fragen, in welchem »Medium« sich die Vermittlung zwischen sozio-ökonomischen Verhältnissen und seelisch-geistigen Erscheinungen vollzieht.

Einen ersten Impuls zur Lösung dieser Frage bekam Erich Fromm durch die

---

35 E. Fromm, *Escape from Freedom* (41/1), 290. – Der von Sigmund Freud beobachtete Zusammenhang zwischen Charakterzügen und erogenen Zonen während der Libido-Entwicklung ist für Erich Fromm nicht hinfällig. Ein solcher Zusammenhang besteht tatsächlich, doch ist er nicht ursächlich; vielmehr sind die Charakterzüge Ausdruck der auf dem Wege der Assimilierung und Sozialisation erworbenen Charakter-Orientierungen. Vgl. z. B. E. Fromm und R. I. Evans, *Dialogue with Erich Fromm* (66/6), 3 f.; C. Thompson, *Die Psychoanalyse,* 84; ausführlicher bei E. Fromm, *Sex and Character* (48/2), 47–58.

36 Erich Fromm vermeidet hier bewußt den in seinen Frühschriften verwendeten und von Sigmund Freud übernommenen Begriff der »libidinösen Kräfte«, um zum Ausdruck zu bringen, daß sein Verständnis von Charakter von der Libido-Theorie Sigmund Freuds unabhängig ist. Der Begriff »menschliche Energie« (human energy) wird kurz nach diesem Zitat als »psychic energy« spezialisiert und kommt damit in die Nähe des Verständnisses von »psychischer Energie« bei C. G. Jung. In einer Anmerkung bei der Übersetzung seines Aufsatzes *Über Methode und Aufgabe einer analytischen Sozialpsychologie* (32/1) in (70/1), 136, spricht Erich Fromm statt von »libidinösen Kräften« (libidinal forces) von »leidenschaftlichen Kräften« (passionate forces).

37 E. Fromm, *The Heart of Man* (64/1), 59; vgl. ders., *The Anatomy of Human Destructiveness* (73/1), 226: ». . . der Charakter ist das relativ gleichbleibende System aller nichtinstinktiven Triebe (strivings), durch die sich der Mensch zur menschlichen und natürlichen Welt in Beziehung setzt«.

Marxsche Unterscheidung zwischen »konstanten Trieben« (nach Karl Marx fallen in diese Kategorie der Geschlechtstrieb und der Hunger), die von den gesellschaftlichen Bedingungen nur in Form und Richtung verändert werden können, und den »relativen Trieben« oder »Begierden«, die ihren Ursprung nur einem bestimmten Typ der gesellschaftlichen Organisation verdanken.[38] »Marx verband hier bereits die relativen Begierden mit der Gesellschaftsstruktur und mit den Bedingungen von Produktion und Kommunikation und schuf so die Grundlage für eine dynamische Psychologie, die die meisten menschlichen Begierden – und damit einen großen Teil der menschlichen Motive – als durch den Produktionsprozeß bestimmt begreift.«[39] Erkennbar und wissenschaftlich greifbar wird eine solche Prägung erst mit Hilfe der sozialpsychologischen Methode, die aus der genauen Erkenntnis des Lebensschicksals einer Gruppe Einsicht in die dieser Gruppe gemeinsame Triebstruktur[40] gewinnt. »Der Wert sozialpsychologischer Einsichten kann also nicht darin liegen, daß wir einen Einblick in die psychische Eigenart des einzelnen Gruppenmitglieds bekommen, sondern nur darin, daß wir jene Tendenzen feststellen, deren überragende Bedeutung darin liegt, daß sie als gemeinsame eine entscheidende Rolle in der gesellschaftlichen Entwicklung spielen.«[41] Diese Tendenzen oder »gewisse den Mitgliedern einer Gruppe gemeinsame psychische Haltungen«[42] wurden von Erich Fromm, solange er Anhänger der Freudschen Libido-Theorie war, hauptsächlich mit dem Begriff »libidinöse Struktur« bezeichnet: »Die libidinöse Struktur einer Gesellschaft ist das Medium, in dem sich die Einwirkung der Ökonomie auf die eigentlich menschlichen, seelisch-geistigen Erscheinungen vollzieht.«[43] Seit der Abkehr von Sigmund Freuds Libido-Theorie und der Entwicklung einer eigenständigen Sicht

---

38 Vgl. E. Fromm, *Marx's Contribution to the Knowledge of Man* (68/10), 65.
39 A.a.O.
40 Der Begriff »Triebstruktur« ist hier noch im Rahmen der Freudschen Libido-Theorie zu verstehen.
41 E. Fromm, *Die Entwicklung des Christusdogmas* (30/1), hier zitiert nach dem Wiederabdruck in (63/1) 11. – Erich Fromm hat in diesem sozialpsychologischen Erstlingswerk den Versuch gemacht, die »Ideen und Ideologien« – hier den Glauben an Jesus Christus bis zum Nizänischen Dogma – aus den Menschen und deren sozialen und wirtschaftlichen Bedingungen zu verstehen und nicht die Menschen von ihren »Ideen und Ideologien« her zu interpretieren. Die psychoanalytische Deutung der Entwicklung des Christusdogmas wird also im Gegensatz zu allen bisherigen Versuchen (z. B. Th. Reik, *Dogma und Zwangsidee*) erst aus der Analyse der »sozial-ökonomischen Situation jener sozialen Gruppen, die die christliche Lehre annahmen und weitergaben«, möglich. Und erst die Kenntnis der so geprägten psychischen Gemeinsamkeiten dieser Gruppe erlaubt ein adäquates Verstehen der »Ideen und Ideologien«. Vgl. E. Fromm, *The Dogma of Christ* (63/1), VIIf.
42 E. Fromm, *Die Entwicklung des Christusdogmas* (30/1) in (63/1), 15.
43 E. Fromm, *Über Methode und Aufgabe einer analytischen Sozialpsychologie* (32/1), 53; vgl. ders., *Die psychoanalytische Charakterologie und ihre Bedeutung für die Sozialpsychologie* (32/2), bes. 267 f.; ders., *To Have or to Be* (76/1), 133.

der Charaktergenese spricht Erich Fromm nicht mehr von »libidinöser Struktur«, sondern von »Gesellschafts-Charakter«[44] (social character).[45] Um die gemeinsamen psychischen Haltungen einer Gesellschaft zu erklären, bedarf es der Annahme eines Formungsprozesses der psychischen Energie. »Dieser Prozeß der Umformung von allgemeiner psychischer Energie in eine spezifisch psycho-soziale Energie wird durch den Gesellschafts-Charakter vermittelt.«[46] Erich Fromm versteht unter »Gesellschafts-Charakter« »den Kern der Charakterstruktur, den die meisten Mitglieder einer Kultur gemeinsam haben, im Gegensatz zum individuellen Charakter, in dem Menschen, die zur gleichen Kultur gehören, jeweils verschieden sind«[47]. Das Interesse bezieht sich also nicht auf die individuellen Eigentümlichkeiten, durch die sich jeder Mensch vom anderen unterscheidet und die durch zufällige Faktoren der Geburt (konstitutionelle Faktoren wie z. B. Temperament) und der speziellen Lebenserfahrung bedingt sind.[48] Vielmehr gibt die Erforschung des Gesellschafts-Charakters darüber Auskunft, »wie menschliche Energie in einer gegebenen sozialen Ordnung kanalisiert ist und als eine produktive Kraft wirkt«[49]. Verläuft die Energie der meisten Menschen einer gesellschaftlichen Gruppe in der gleichen Richtung, so folgt daraus, daß ihre Motivationen dieselben sind und daß sie für dieselben Ideen und Ideale empfänglich sind.[50] Formal betrachtet ist der Gesellschafts-Charakter so etwas wie der »Treib-

---

44 Da die Bezeichnung »sozialer Charakter« im Deutschen mißverständlich ist, weil mit ihr ein altruistischer Charakterzug assoziiert wird, in Wirklichkeit aber der Charakter einer Gesellschaft, also der Gesellschafts-Charakter, gemeint ist, wird entgegen Erich Fromms eigener deutscher Formulierung hier das englische »social character« mit »Gesellschafts-Charakter« wiedergegeben.

45 Vgl. zum Folgenden bes.: E. Fromm, *Escape from Freedom* (41/1), 277–299; ders., *Sex and Character* (48/2); ders., *Über psychoanalytische Charakterkunde und ihre Anwendung zum Verständnis der Kultur* (49/3); ders., *The Human Implications of Instinctivistic »Radicalism«* (55/2); ders., *The Sane Society* (55/1), 78–83; ders., *Beyond the Chains of Illusion* (62/1), 78–87; ders., *The Application of Humanist Psychoanalysis to Marx's Theory* (65/3); E. Fromm und M. Maccoby, *Social Character in a Mexican Village* (70/11), 16–19 und 230–236; E. Fromm, *To Have or to Be* (76/1), 133–135; ders., *The Anatomy of Human Destructiveness* (73/1), 252 f. – Aus der Sekundärliteratur seien beispielhaft genannt: G. B. Hammond, *Man in Estrangement,* 25–31; M. Birnbach, *Neo-Freudian Social Philosophy,* 81–83; D. Riesman, *Die einsame Masse,* 30 f.; U. Eßbach-Kreuzer, *Die Theorien des Sozialcharakters in den Arbeiten von Erich Fromm.* – Als negative Kritiken: J. H. Schaar, *Escape from Authority,* 89–98; O. Fenichel, *Psychoanalytic Remarks in Fromm's Book »Escape from Freedom«,* 260–277; R. Wiegand, *Psychoanalyse und Gesellschaft bei Erich Fromm.* Im Vollbesitz der Urteilsfähigkeit über Erich Fromms Denken wähnt sich Agnes Heller in ihrem Aufsatz *Aufklärung und Radikalismus – Kritik der psychologischen Anthropologie Fromms* – ob zu Recht, muß angesichts der mangelhaften Differenzierungen, mancher Unterstellungen und der aufdringlichen Etikettierungen bezweifelt werden.

46 E. Fromm, *The Anatomy of Human Destructiveness* (73/1), 253.

47 E. Fromm, *Sex and Character* (48/2), 309; ebenso: ders., *Über psychoanalytische Charakterkunde und ihre Anwendung zum Verständnis der Kultur* (49/3), 84; ders., *Beyond the Chains of Illusion* (62/1), 78 und öfter.

48 Vgl. z. B. E. Fromm und M. Maccoby, *Social Character in a Mexican Village* (70/11), 20.

49 E. Fromm, *The Sane Society* (55/1), 278.

50 Vgl. E. Fromm, *Beyond the Chains of Illusion* (62/1), 77 f.

riemen zwischen der ökonomischen Struktur der Gesellschaft und den herrschenden Ideen«[51]. Dabei ist es »nicht nur die ›ökonomische Basis‹, die einen gewissen Gesellschafts-Charakter schafft, der seinerseits wieder gewisse Ideen hervorbringt. Die Ideen, die einmal entstanden sind, beeinflussen auch den Gesellschafts-Charakter und indirekt die sozio-ökonomische Struktur.«[52] Der Gesellschafts-Charakter vermittelt also nach beiden Richtungen.[53] Die Vorstellung vom Gesellschafts-Charakter läßt sich demnach mit folgendem Schema verdeutlichen:[54]

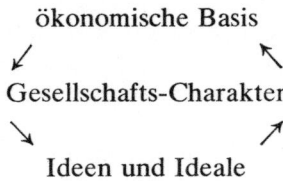

Die eigentliche Bedeutung des Gesellschafts-Charakters ergibt sich daraus, daß mit der Vorstellung vom Gesellschafts-Charakter ein neues Verständnis der gesellschaftlichen Prozesse möglich wird. Erich Fromm weist seine Funktion auf: »Jede Gesellschaft hat einen bestimmten Aufbau und handelt auf eine bestimmte Weise, die durch die Anzahl objektiver Gegebenheiten notwendig wird. Solche Gegebenheiten sind die Produktionsweise und die Güterverteilung, welche ihrerseits von den Rohmaterialien und Herstellungstechniken, vom Klima usw. abhängen, sowie von politischen und geographischen Faktoren und kulturellen Traditionen und Einflüssen, denen die Gesellschaft ausgesetzt ist. Es gibt keine Gesellschaft als solche, sondern nur bestimmte Sozialstrukturen, welche sich in verschiedenen und feststellbaren Weisen auswirken. Obgleich sich diese Sozialstrukturen im Laufe der Geschichte ändern,

51 A.a.O., 78.
52 E. Fromm, *Beyond the Chains of Illusion* (62/1), 86f.
53 Die Annahme einer Vermittlungsfunktion des Gesellschafts-Charakters stellt zugleich einen Lösungsversuch Erich Fromms für das im Marxismus heftig diskutierte Problem der Vermittlung von Basis und Überbau dar. Erich Fromm betont ausdrücklich, daß »beim Begriff des Gesellschafts-Charakters die Beziehung zwischen ökonomischer Basis und dem Überbau in ihrer Wechselbeziehung verstanden wird (E. Fromm und M. Maccoby, *Social Character in a Mexican Village* [70/11], 18 Anm.); vgl. auch E. Fromm, *The Application of Humanist Psychoanalysis to Marx's Theory* (65/3), 212; zur Aufnahme dieses Lösungsversuches vgl. A. Schaff, *Marxismus und das menschliche Individuum,* 53–57 und 130f. – Erich Fromm hat dieses Modell des Gesellschafts-Charakters wiederholt angewandt: in den historischen Analysen des Zusammenhangs von Protestantismus und beginnendem Kapitalismus (in *Escape from Freedom* [41/1]) und in bezug auf das 19. und 20. Jahrhundert (in *The Sane Society* [55/1]); prinzipiell in gleicher Weise, jedoch noch im Rahmen der Freudschen Libido-Theorie formuliert, ist auch die Abhandlung *Die Entwicklung des Christusdogmas* (30/1) ausgeführt.
54 Vgl. E. Fromm, *The Application of Humanist Psychoanalysis to Marx's Theory* (65/3), 212; ders., *Beyond the Chains of Illusion* (62/1), 87.

sind sie während eines bestimmten geschichtlichen Zeitabschnittes doch relativ beständig, und eine Gesellschaft kann nur bestehen, insofern sie sich innerhalb des Rahmens dieser bestimmten Struktur bewegt. Die Mitglieder der Gesellschaft und/oder ihrer verschiedenen Klassen und Stände haben sich derart zu verhalten, daß sie in dem von der Gesellschaft geforderten Sinne funktionieren. Die Aufgabe des Gesellschafts-Charakters besteht darin, die Energien der Mitglieder einer Gesellschaft so zu formen, daß ihr Verhalten nicht mehr einer bewußten Entscheidung bedarf, ob sie sich dem Sozialgefüge einordnen sollen oder nicht; daß die Menschen vielmehr so handeln wollen, wie sie handeln sollen, und daß sie gleichzeitig darin eine Genugtuung finden, sich gemäß den Errungenschaften der Kultur zu verhalten. Mit anderen Worten: der Gesellschafts-Charakter hat die Aufgabe, die menschlichen Energien so zu formen, daß sie das reibungslose Funktionieren einer gegebenen Gesellschaft garantieren.«[55]

Dem einzelnen, der als Mitglied einer bestimmten Gesellschaft durch den dieser Gesellschaft eigenen Charakter geprägt ist, wird also die je neue Konfrontation mit den Anforderungen der Gesellschaft erspart, weil er so zu denken, fühlen und handeln wünscht, wie er es muß (und dabei glücklich ist, weil dieses Verhalten, psychologisch gesehen, befriedigt[56]). Für den Bestand der Gesellschaft und die sie bedingende ökonomische Basis ist der Gesellschafts-Charakter der wesentlich stabilisierende (»systemerhaltende«) Faktor, weil »die Energien der Menschen derart geformt sind, daß sie zu produktiven und für den Bestand dieser Gesellschaft unverzichtbaren Kräften werden«[57].

Die Prägung des Gesellschafts-Charakters eines Menschen oder einer Gesellschaft geschieht – wie im einzelnen auch immer[58] – wesentlich durch die sozio-ökonomischen Verhältnisse der vorgegebenen Gesellschaft. Dennoch sind

---

55 E. Fromm, *Über psychoanalytische Charakterkunde und ihre Anwendung zum Verständnis der Kultur* (49/3), 84 f. – Vgl. ders., *Beyond the Chains of Illusion* (62/1), 78 f.; ders., *The Sane Society* (55/1), 79.

56 Vgl. E. Fromm, *Escape from Freedom* (41/1), 282 f. – Dieses Moment der Befriedigung, daß jemand, der vom Gesellschafts-Charakter seiner Sozialgruppe bestimmt ist, das zu tun wünscht, was er tun muß, erklärt auch, warum Menschen in sie unterdrückenden politischen Gesellschaftsformen dennoch – ja unter Umständen gerade eben – zufrieden sein können, wenn auch mit Hilfe von Ideologie und Gehirnwäsche. Und umgekehrt, wo man die gesellschaftlichen Verhältnisse verändern will, erklärt die Funktion des Gesellschafts-Charakters, warum zum Beispiel das Bewußtsein der Klassen-Situation und der Fortschritt des Sozialismus in den kommunistischen Staaten eben nicht gleichsam automatisch den verändernden Effekt bringen, den sich solche Marxisten erhoffen. Vgl. E. Fromm, *The Application of Humanist Psychoanalysis to Marx's Theory* (65/3), 211 f.

57 E. Fromm, *Escape from Freedom* (41/1), 283.

58 Der Widerspruch zwischen der soziologischen Erkenntnis, daß die Charakterstruktur durch die Rolle geformt wird, die das Individuum in der Kultur zu spielen hat, und der psychoanalytischen Erkenntnis, wonach der Charakter eines Menschen seine wesentliche Prägung in der Kindheit erfährt, das Kind aber in diesen Jahren kaum mit Kultur und Gesellschaft in Berührung kommt, löst sich, wenn die Familie als die »psychische Agentur der Gesellschaft« gesehen wird. Die Familie erfüllt diese Aufgabe auf zwei Weisen: zunächst durch den Einfluß, den der Charakter

der Möglichkeit dieser Prägung dort Grenzen gesetzt, wo es um fundamentale Bedürfnisse des Menschen, die sich aus seiner Natur ergeben, geht.

Betrachtet man die bestimmenden Faktoren bei der Entstehung des Gesellschafts-Charakters, so kann man ein Zusammenspiel folgender Momente beobachten:[59]

1. gesellschaftliche und ökonomische Faktoren, denen, weil sie nur schwer zu verändern sind, ein gewisses Übergewicht zukommt;
2. religiöse, politische und philosophische Ansichten (»Ideen und Ideale«), die zwar im Gesellschafts-Charakter wurzeln, diesen jedoch auch wieder bestimmen und stabilisieren;
3. schließlich spielen aber grundlegende menschliche Bedürfnisse wie das nach Bezogenheit, Verwurzeltsein, Transzendenz usw., die alle notwendig vom Menschen befriedigt werden müssen und für das Glücken menschlichen Lebens unverzichtbar sind, eine aktive Rolle in diesem Zusammenspiel.[60]

Solange nun dieses Zusammenspiel harmonisch und stabil bleibt, hat der Gesellschafts-Charakter eine vorwiegend stabilisierende Funktion. Ändern sich jedoch die Bedingungen derart, daß eine Diskrepanz zwischen den den Gesellschafts-Charakter bestimmenden Faktoren und dem vorgegebenen Gesellschafts-Charakter entsteht, so wird der Gesellschafts-Charakter zu einem Element der Desintegration statt der Integration, – »zum Sprengstoff statt zum Mörtel des Sozialgefüges«[61].

Die Vorstellung des Gesellschafts-Charakters erklärt also, »wie psychische Energie überhaupt transformiert wird in eine spezifische Form von psychischer Energie, die jede Gesellschaft zu ihrem eigenen Bestand (functioning) braucht«[62]. Gesellschafts-Charakter umfaßt »den funktionellen Aspekt des

---

der Eltern auf die Charakterbildung des Kindes ausübt, und zum anderen durch die Erziehungsmethoden, wie sie in einer Kultur üblich sind. Vgl. E. Fromm, *Über psychoanalytische Charakterkunde und ihre Anwendung zum Verständnis der Kultur* (49/3), 86 f.; ders., *The Sane Society* (55/1), 82.

59 Vgl. E. Fromm, *Über psychoanalytische Charakterkunde und ihre Anwendung zum Verständnis der Kultur* (49/3), 85 f.

60 Zur Statuierung und Begründung dieser Bedürfnisse des Menschen vgl. unten S. 89–96. – Vgl. E. Fromm, *Beyond the Chains of Illusion* (62/1), 81: »Wenn eine soziale Ordnung die elementaren menschlichen Bedürfnisse über eine gewisse Schwelle hinaus vernachlässigt oder verhindert, werden die Mitglieder einer solchen Gesellschaft versuchen, die soziale Ordnung zu verändern, damit sie ihren menschlichen Bedürfnissen besser entspricht. Wenn diese Veränderung nicht möglich ist, wird die Folge wahrscheinlich sein, daß so eine Gesellschaft aus Mangel an Lebenskraft und aufgrund ihrer zersetzenden Wirkung zusammenbricht.«

61 E. Fromm, *Über psychoanalytische Charakterkunde und ihre Anwendung zum Verständnis der Kultur* (49/3), 86. – Vgl. ders., *The Application of Humanist Psychoanalysis to Marx's Theory* (65/3), 213: »Soziale Veränderung und Revolution werden nicht nur durch neue Produktivkräfte, die im Widerspruch zu überkommenen Formen der sozialen Organisation stehen, verursacht, sondern auch durch den Konflikt zwischen inhumanen sozialen Bedingungen und unveränderlichen menschlichen Bedürfnissen.« Vgl. a.a.O., 219.

62 E. Fromm und M. Maccoby, *Social Character in a Mexican Village* (70/11), 17.

Charakters, den Teil der Charakterstruktur, der für den Fortschritt und die Art des Handelns innerhalb einer Kultur oder Gesellschaft verantwortlich ist«[63]. Ein Mißverstehen dieser Bedeutung des Gesellschafts-Charakters ist die Ursache für manche Fehlinterpretation der Frommschen Sozialpsychologie.[64] Erich Fromms gesamtes sozialpsychologisches Forschen zielt darauf ab, verschiedene Arten des Gesellschafts-Charakters aus dem Kontext der ihn bestimmenden Faktoren zu eruieren und mit Zielvorstellungen eines humanistischen Menschenbildes und Geschichtsbildes zu konfrontieren – mit Zielvorstellungen, die selbst wesentlich von den Ergebnissen seiner sozialpsychologischen Analysen bestimmt sind.

---

63 E. Fromm in der Diskussion zu *Über psychoanalytische Charakterkunde und ihre Anwendung zum Verständnis der Kultur* (49/3), 90.

64 Eine Fehlinterpretation von Erich Fromms Sozialpsychologie ist fast durchgängig bei der deutschsprachigen Fromm-Rezeption und -Kritik feststellbar. So möchte Ronald Wiegand unter dem Titel *Gesellschaft und Charakter* die soziologischen Implikationen der Neopsychoanalyse »von Erich Fromm über Karen Horney zu Harry Stack Sullivan« (!) aufzeigen. Doch statt Erich Fromms eigenständige Entwicklung der sozialpsychologischen Methode zu verfolgen und zu würdigen, konstatiert er eine »analytische Befangenheit Erich Fromms gegenüber dem religiösen Erleben« und begreift diese »als die Nachwirkung seiner stark religiösen Kindheit . . ., die offenbar auch in der psychoanalytischen Ausbildung Fromms nicht völlig abgeklärt (!) worden ist« (a.a.O., 34). Diese wenig qualifizierte und nirgends nachweisbare Behauptung – Ronald Wiegand nennt sie »gewiß (!) keine unstatthafte Argumentation« (a.a.O.) – wird zum Angelpunkt für die weitere Beurteilung Erich Fromms, die zum Teil in pure Unterstellungen entartet (etwa a.a.O., 50 oder 341). Die Häufigkeit der Behauptung (a.a.O., 47, 49, 334f., 340f., und ders., *Psychoanalyse und Gesellschaft bei Erich Fromm*) vermag freilich ihre tendenziöse Eigenart nicht aufzuheben, sondern erlaubt höchstens Rückschlüsse auf ein unverantwortliches wissenschaftliches Arbeiten. Zu einem ähnlichen Ergebnis führt die Lektüre von Bruno W. Reimanns *Psychoanalyse und Gesellschaftstheorie*. Die polemischen Verunglimpfungen (vgl. etwa a.a.O., 111f.) und offensichtlichen Verfälschungen der Erkenntnisse Erich Fromms schließen sich der Kritik Herbert Marcuses an (vgl. oben S. 21 Anm. 14) und basieren auf einem prinzipiellen Un- und Mißverständnis dessen, was Erich Fromm mit »Charakter« und »Gesellschafts-Charakter« meint. Es wundert deshalb nicht, wenn für Bruno W. Reimann Erich Fromms Versuch, »die Deformationsprozesse der kapitalistischen Gesellschaft zu rekonstruieren, . . . abstrakt (bleibt), weil er auf einer Verfälschung der psychoanalytischen Theorie beruht und mangels stringenter analytischer Kategorien eben nicht die negative Vermittlung der konkreten Menschennatur mit restriktiven Herrschafts- und Gesellschaftsmustern ausweisen kann . . . Fromms Ansatz erlaubt es nicht, die tiefenpsychischen Prägungen und Deformationen des gesellschaftlichen Subjekts unter oppressiven Gesellschaftsverhältnissen zu fassen. Dies ist nur möglich, wenn die Kategorie des Unbewußten nicht preisgegeben wird und das Unbewußte, unter Bewahrung der libidinösen Komponente, als ein gesellschaftlich vermitteltes Potential rekonstruiert wird« (a.a.O., 112f.)! Ganz vom Bekenntnis zu Wilhelm Reich ist die Kritik Erich Fromms bei Helmut Dahmer bestimmt. Vgl. etwa H. Dahmer, *Psychoanalyse als kritische Theorie;* ders., *Libido und Gesellschaft. Studien über Freud und die Freudsche Linke.*

Im Gegensatz zu den genannten deutschsprachigen Interpretationen der Frommschen Sozialpsychologie, die sämtlich den Charakterbegriff mißverstehen und deshalb ein Zerrbild der sozialpsychologischen Methode Erich Fromms tradieren, zeichnet sich die Untersuchung von Predrag Vranicki im 2. Band seiner *Geschichte des Marxismus* (a.a.O., 865–877) erfreulicherweise dadurch aus, daß sie Erich Fromms Aussagen ohne Vorurteil zu verstehen versucht. Ebensolches Bemühen gilt, trotz der kritischen Distanz in der Wertung, für U. Eßbach-Kreuzer, *Die Theorie des Sozialcharakters in den Arbeiten von Erich Fromm.*

1.3 Zusammenfassung: Die Kritik am Freudschen Menschenbild

Das Menschenbild Sigmund Freuds kann als ein physiologisch-mechanisches umschrieben werden:»Freuds Mensch ist der chemisch-dynamisch getriebene und gesteuerte ›l'homme machine‹.«[65] Das Mechanistische in diesem Menschenbild hat seinen augenfälligsten Ausdruck in Sigmund Freuds Trieblehre gefunden. Der Mensch wird als eine primär in sich geschlossene Einheit gesehen, die von zwei Kräften instinkthaft getrieben wird: von den Selbsterhaltungs- oder Ich-Trieben und von den sexuellen Trieben, wobei Sexualität bei Sigmund Freud alles Sinnliche umfaßt.[66] Diese beiden Grundtriebe sind in chemisch-physiologischen Prozessen verankert und haben von dorther ihre Eigengesetzlichkeit; sie verlangen phasenhaft nach optimaler Befriedigung. Der Mensch, wird er als ein durch die Dynamik seiner Libido-Entwicklung gesteuertes Wesen gesehen, ist primär unbezogen: Er steht primär in keiner Bezogenheit zu den Menschen, die ihn umgeben, zu Gesellschaft, Kultur und Geschichte. Sein »soziales Wesen« ist als Produkt seines Strebens nach optimaler Befriedigung erst ein sekundäres Phänomen. Der Mensch muß die anderen (Mutter, Vater und andere Bezugspersonen) als Objekte gebrauchen; er »wird von seinen Trieben gleichsam zur Bezogenheit gezwungen«[67], um zur Befriedigung seiner eigenen libidinösen Interessen zu kommen. Erst die Einschränkung seiner libidinösen Interessen durch die zu ihrer Befriedigung gebrauchten Bezugspersonen produziert auf dem Wege der Sublimierung und Reaktionsbildung soziale Haltungen, die ein fruchtbares Zusammenleben, Kultur und Geschichte ermöglichen. Sozialität, Charaktereigenschaften, Gesellschaft, kulturelle Erscheinungen wie Kunst, Religion, Technik, Wissenschaft sind demnach phylogenetisch und ontogenetisch Produkte eines physiologisch determinierten Triebgeschehens – sind damit »nichts anderes als« Verhinderungen des primär libidinösen Strebens nach Befriedigung. Das im Lustprinzip formulierte primäre Streben nach Befriedigung ist auf dem Bedürfnis nach Beseitigung von Unlust, das heißt auf einer Not, einem Mangel aufgebaut.[68] Einerseits bedingt dieses Prinzip des Mangels, daß Lust für Sigmund Freud nicht die aus der Fülle geborene Tendenz zur Intensivierung und Steigerung menschlichen Erlebens ist, sondern Notwendigkeit eines physiologisch determinierten Prozesses. Andererseits werden damit z. B. Liebe und Zärtlichkeit zu Überfluß-Phänomenen deklariert, die in seinem System keine

---

65 E. Fromm, *Philosophische Anthropologie und Psychoanalyse* (70/2), 85: vgl. zum Folgenden auch: ders., *Escape from Freedom* (41/1), 289–296; ders., *Sigmund Freud's Mission* (59/1), 95–104; ders. *The Human Implications of Instinctivistic »Radicalism«* (55/2); ders., *A Counter-Rebuttal to Herbert Marcuse* (56/4); R. de la Fuente Muniz, *Fromm's Approach to the Study of Personality*, 7–14.
66 Zur Revidierung dieser Trieblehre durch die Einführung eines Todestriebes vgl. unten S. 46–48 und 77f.
67 E. Fromm, *Philosophische Anthropologie und Psychoanalyse* (70/2) 85.
68 Vgl. *Philosophische Anthropologie und Psychoanalyse* (70/2), 87; E. Fromm, *Escape from Freedom* (41/1), 294f.

Rolle spielen können und dürfen. So sehr also die Bezeichnung Lustprinzip auf Erfüllung, Freude, Glück verweist, so wenig können diese Zielvorstellungen realisiert werden, weil das den Menschen bestimmende Lustprinzip im Freudschen Verständnis ein Prinzip des Mangels ist.

Eng damit verknüpft ist bei Sigmund Freud die Ablehnung einer Sicht des Menschen als eines moralisch guten Wesens.[69] »Der Mensch entwickelt sich ausschließlich unter dem Einfluß seines Selbstinteresses, (das) optimale Befriedigung seiner libidinösen Triebe – immer unter der Bedingung, daß sie nicht sein Selbsterhaltungsinteresse gefährden« (Realitätsprinzip) – verlangt.[70] Die den Menschen treibende Kraft ist sein Egoismus. Gewissen ist nicht ein konstruktiver Impetus zum Altruismus, sondern nur die Internalisierung des Realitätsprinzips, das die egoistischen libidinösen Strebungen nach Befriedigung verhindern hilft.

Das in diesem Menschenbild implizierte Geschichtsbild ist sowohl durch einen Fortschrittsoptimismus als auch durch einen tragischen Aspekt gekennzeichnet.[71] Die Fähigkeit des Menschen zur Triebunterdrückung ermöglicht eine fortschreitende geistig-seelische Entwicklung des Menschen auf mehr Kultur und Kulturerrungenschaften hin. Sigmund Freud, der im Gegensatz zu Herbert Marcuse bei der Alternative Triebbefriedigung oder partielle Triebunterdrückung und dadurch Kultur für partielle Triebunterdrückung plädiert, hegt einen Fortschrittsoptimismus, der als tragisches Moment zugleich die Notwendigkeit des Verzichts und der Versagung in sich trägt. Denn es kann für ihn keine freie Gesellschaft geben, sondern nur eine zivilisierte, die durch Triebunterdrückung erkauft wird.

Eine fundamentale Änderung dieses Geschichtsbildes und auch des Menschenbildes bewirkte Sigmund Freuds Einführung des Todestriebes in die Trieblehre. Der Todestrieb wird als die Wurzel menschlicher Destruktivität nach innen und außen angesehen.[72] Wohl auch unter dem Eindruck der Katastrophe des 1. Weltkrieges postulierte Sigmund Freud anstelle der bisherigen Ich- und libidinösen Triebe einen Gegensatz zwischen Lebenstrieben oder Eros (sowohl Ich-Triebe als auch Sexualtriebe umfassend) und Todestrieb. Sigmund Freud kam zu der Überzeugung[73], daß es im Menschen einen Trieb

---

69 Vgl. E. Fromm, *Philosophische Anthropologie und Psychoanalyse* (70/2), 93 f.
70 A.a.O., 93.
71 Vgl. a.a.O., 100 f.
72 Vgl. a.a.O., 88 f.
73 Vgl. E. Fromm and R. I. Evans, *Dialogue with Erich Fromm* (66/6), 67 f. – Sigmund Freud entwickelt seine neue Sicht vor allem in *Jenseits des Lustprinzips,* Ges. Werke Band XIII. Dort behauptet er, es gäbe phylogenetisch ein Prinzip, das damit beschäftigt sei, einen früheren Zustand wiederherzustellen und schließlich das organische Leben auf seine ursprüngliche Form anorganischer Existenz zurückzuführen. – »Wenn es wahr ist, daß – in unvordenklicher Zeit und auf unvorstellbare Weise – einmal aus unbelebter Materie das Leben hervorgegangen ist, so muß nach unserer Voraussetzung damals ein Trieb entstanden sein, der das Leben wieder aufheben, den unorganischen Zustand wieder herstellen will. Erkennen wir in diesem Trieb die Selbstdestruktion unserer Annahme wieder, so dürfen wir diese als Ausdruck eines Todestriebes erfassen, der in

gibt, der den im Dienste der Lebenserhaltung stehenden Trieben gleichwertig gegenübersteht, so daß beide Triebe als Tendenzen ständig im Menschen arbeiten, sich bekämpfen und vermischen, »bis endlich der Todestrieb sich als die stärkere Kraft erweist und im Tode des Individuums seinen Triumph feiert«[74]. Wesentlicher und deshalb auch kritisch zu befragender Punkt in dieser neuen Theorie ist die Annahme, daß die mit dem Todestrieb gegebene Zerstörungstendenz in der Natur des Menschen begründet ist, also ein biologisch gegebener Faktor ist, der allem Leben inhärent sein soll.[75] Die Konsequenzen aus dieser Triebtheorie für das Menschenbild hat Sigmund Freud selbst nur teilweise und zögernd gezogen, weil er sich über die Verifizierung dieser Hypothese selbst unklar war[76] und die Verbindung mit seiner bisherigen, von der Libido-Theorie geprägten Trieblehre nicht mehr leisten konnte. Dennoch sind die nachfolgend genannten Aspekte des geänderten Menschenbildes erkennbar.

Das Selbstgenügsame und Antisoziale des von der Libido-Theorie her definierten Menschen wird nun zum aggressiven und destruktiven Naturell des Menschen: »Homo homini lupus«.[77] Die offensichtlichen Realitäten abgrundtiefen Hasses, irrationaler Zerstörungswut und destruktiver Aggressivität finden eine Erklärung, die nur scheinbar eine Lösung ist. In Wirklichkeit bedeutet diese Erklärung, daß der Mensch bei der Aufgabe, sich selbst zu bestimmen, resignieren muß. »Aufgrund seiner instinktivistischen Orientierung und auch einer tiefen Überzeugung vom Bösesein der menschlichen Natur neigt Freud dazu, alle ›idealen‹ Motive im Menschen als das Resultat von etwas ›Gemeinem‹ auszulegen«[78], so daß der Mensch vor sich selbst scheitern muß und jedes Streben nach konstruktiven Werten, nach Liebe, Wahrheit, Freiheit, Recht letztlich Illusion und verlorene Liebesmühe ist. »Der Mensch ist nur das Schlachtfeld, auf dem Lebens- und Todestrieb miteinander kämpfen. Er kann sich nie von der tragischen Alternative, entweder sich selbst oder andere zerstören zu müssen, befreien.«[79]

Auch das Bild von der Geschichte der Menschheit und die Sicht von Gesell-

---

keinem Lebensprozeß vermißt werden kann« (S. Freud, *Neue Folge der Vorlesungen zur Einführung in die Psychoanalyse*, Ges. Werke Band XV, 114). – Zur neuerlichen Auseinandersetzung Erich Fromms mit Sigmund Freuds Trieblehre vgl. die unter Anmerkung 75 gemachten Angaben.

74 E. Fromm, *Philosophische Anthropologie und Psychoanalyse* (70/2), 88 f.

75 Vgl. hierzu den Appendix »Freud's Theory of Aggressiveness and Destructiveness« in E. Fromm, *The Anatomy of Human Destructiveness* (73/1), 439–478.

76 Die Schwierigkeit der Verifizierung besteht wohl gerade darin, daß Sigmund Freud zwar Lebens- und Todestrieb als biologische, der Natur des Menschen inhärente Größen sehen will, jedoch die physiologische Basis für eine solche Annahme nicht aufweisen kann, während er in der bisherigen Libido-Theorie gerade die Verankerung im Chemisch-Physiologischen und die Fixierung der Libido-Entwicklung an körperliche erogene Zonen als Beleg für die Richtigkeit der Libido-Theorie anführen konnte. Vgl. E. Fromm, *The Present Crisis of Psychoanalysis* (67/4), 72 f.

77 Vgl. S. Freud, *Das Unbehagen in der Kultur*, Ges. Werke Band XIV, 471.

78 E. Fromm, *Escape from Freedom* (41/1), 294.

79 E. Fromm, *Philosophische Anthropologie und Psychoanalyse* (70/2), 101.

schaft und Kultur erhalten einen tragischen Zug. Sigmund Freud selbst bekennt: »Infolge dieser primären Feindseligkeit der Menschen gegeneinander ist die Kulturgesellschaft beständig vom Zerfall bedroht.«[80] Für Erich Fromm wurde »der skeptische Aufklärer, getroffen vom Zusammenbruch einer ihm vertrauten Welt . . . zum totalen Skeptiker, der das Schicksal des Menschen in der Geschichte als schlechthin tragisch ansah«[81].

Die Gründe für Erich Fromms Kritik am Freudschen Menschen- und Geschichtsbild sind mannigfaltig. Ein paar der wichtigsten Argumente mögen zusammenfassend genannt sein. Bei der Frage nach der Erkenntnis der Natur des Menschen und der sozialen Prozesse ist Erich Fromms vom Marxismus und der Soziologie her geprägter sozialpsychologischer Ansatzpunkt grundlegend. Im Gegensatz zu Sigmund Freud geht Erich Fromm von der »soziobiologischen« Frage aus: »Welche Art von Bindung zur Welt, zu Personen und Dingen muß – und kann – der Mensch entwickeln, um mit seiner spezifischen Ausstattung und der Natur der Welt um ihn herum zu überleben?«[82] Diese Frage setzt bereits im Ansatz voraus, daß der Mensch ein primär soziales Wesen ist, phylogenetisch und ontogenetisch von den sozialen Bedingungen, in denen er lebt, geprägt. »Die ideologischen, religiösen, ökonomischen und politischen Kräfte, die im sozialen Prozeß ihre Wirkung entfalten, haben eine ihnen eigene Dynamik. Als ein Produkt des Menschen schaffen sie auch den Menschen.«[83]

Der wesentliche Unterschied zu Sigmund Freud liegt deshalb in Erich Fromms andersartiger Sicht der psychischen Energie und ihrer Funktion bei der Prägung des Menschen. Für Sigmund Freud ist die Libido eine psychische Energie, die sich als Instinkt in einer ihr eigenen und physiologisch bedingten Gesetzmäßigkeit entwickelt, so daß die Charakterentwicklung des Menschen an die Stufenentwicklung und die psychische Energie der Libido gebunden ist und die sozialen Prozesse von dieser abhängig sind. Erich Fromm dagegen sieht das Spezifische des Menschen in einer relativen Unabhängigkeit von Instinkten. Der Libido-Theorie stellt Erich Fromm die Sicht eines individuellen und Gesellschafts-Charakters gegenüber, die ein neues Verständnis der sozialen Prozesse und damit auch der Prägung des Menschen ermöglicht.

Eine weitere, bisher noch kaum referierte, wichtige Einsicht Erich Fromms führte noch grundsätzlicher zur Kritik an Sigmund Freud: Die Analyse des Gesellschafts-Charakters bestimmter sozio-ökonomischer Strukturen mit ihren entsprechenden Ideen und Ideologien ergab zugleich eine Kriteriologie für die Beurteilung des Welt-, Geschichts- und Menschenbildes, durch das Sigmund Freuds psychoanalytische Erkenntnisse mitgeprägt sind.[84]

---

80 S. Freud, *Das Unbehagen in der Kultur,* Ges. Werke Band XIV, 471.
81 E. Fromm, *Philosophische Anthropologie und Psychoanalyse* (70/2, 102).
82 E. Fromm und M. Maccoby, *Social Character in a Mexican Village* (70/11), 13.
83 R. de la Fuente-Muniz, *Fromm's Approach to the Study of Personality,* 8.
84 Vgl. E. Fromm, *Philosophische Anthropologie und Psychoanalyse* (70/2); ders., *Sigmund Freud's Mission* (59/1), 95–104; ders., *The Heart of Man* (64/1), 48–51.

So erkennt Erich Fromm, um wenigstens ein Beispiel zu nennen, in Sigmund Freuds Bild vom Menschen als einem primär isolierten, egoistischen Wesen, das zum Zweck optimaler Befriedigung erst zur Bezogenheit gezwungen wird, eine Parallele zum »homo oeconomicus« der bürgerlichen Marktwirtschaft des 19. Jahrhunderts, der die Befriedigung wirtschaftlicher Bedürfnisse nur durch den Austausch auf dem Warenmarkt finden kann. »In beiden Varianten bleibt der Mensch dem anderen wesentlich ein Fremder, mit ihm nur verbunden durch das gemeinsame Ziel der Befriedigung.«[85]

Schließlich ist Sigmund Freuds Theorie eines Dualismus von Lebens- und Todestrieb Gegenstand einer anhaltenden Kritik durch Erich Fromm.[86] Zum einen wendet sich Erich Fromm gegen die undifferenzierte Wertung von Feindschaft, Aggression, Zerstörung und Sadismus – von Phänomenen, die nicht alle unter dem Todestrieb subsumiert werden können, weil zum Beispiel reaktive Aggressivität ganz im Dienste der Lebenserhaltung steht. Zum anderen aber, und weitaus wichtiger, ist die Kritik an der Instinkthaftigkeit des Todestriebes. Der Todestrieb ist für Erich Fromm keine biologische Notwendigkeit: Während der Lebenstrieb als das biologisch normale Ziel der Entwicklung anzusehen ist, muß der Todestrieb als Ausdruck des Fehlschlagens der normalen Entwicklung betrachtet werden »und in diesem Sinne als ein pathologischer, wenn auch tief verwurzelter Trieb«[87]. Die Affinität zum Toten ist deshalb eine sekundäre pathologische Erscheinung[88], die dann auftritt, wenn die Lebensbedingungen eine biophile Entfaltung unmöglich machen.[89] »Den einzigen grundlegenden biologischen Trieb, den Erich Fromm beim Menschen anerkennt, ist der Trieb zu leben und zu wachsen.«[90]

Mit diesem Votum ist Erich Fromms Kritik am Begriff des Instinkts überhaupt ausgesprochen. Diese Kritik wird bei der Frommschen Sicht des Charakters als eines Substitutes für den animalischen Instinkt und bei der Auseinandersetzung mit der von der Verhaltensforschung provozierten Debatte um einen Aggressionstrieb offenbar werden.[91]

---

85 E. Fromm, *Philosophische Anthropologie und Psychoanalyse* (70/2), 85.
86 Sehr ausführlich in *The Anatomy of Human Destructiveness* (73/1), 439–478.
87 E. Fromm, *The Anatomy of Human Destructiveness* (73/1), 462.
88 Vgl. E. Fromm, *Zur Theorie und Strategie des Friedens* (70/6), 30 und 24; ders., *The Heart of Man* (64/1), 48–51.
89 E. Fromm, *The Heart of Man* (64/1), 50: »Dieser Dualismus . . . existiert zwischen der primären und grundlegendsten Tendenz des Lebens – dem Lebenserhaltungstrieb – und seinem Widerspruch, der in Erscheinung tritt, wenn der Mensch dieses Ziel nicht erreichen kann.«
90 R. de la Fuente-Muniz, *Fromm's Approach to the Study of Personality*, 8.
91 Siehe unten S. 53–55 und 183–187.

2 Die Charakterlehre

2.1 Der dynamische Begriff des Charakters

Für Erich Fromm ist Charakter jener konstitutive Teil der Persönlichkeit, der im Gegensatz zu den inhärenten, angeborenen psychischen Qualitäten erworben und geprägt ist. »Die Differenz zwischen ererbten und erworbenen Qualitäten ist im großen ganzen gleichbedeutend mit der Differenz zwischen Temperament, Talenten und allen konstitutionell gegebenen psychischen Qualitäten einerseits und dem Charakter andererseits.«[1] Der Begriff Charakter wird also hier ausschließlich für solche psychischen Qualitäten verwendet, die als Reaktion auf Ereignisse im Leben erworben wurden. Er unterscheidet sich damit sowohl vom Wortgebrauch in der Alltagssprache als auch vom Verständnis mancher anderer Wissenschaftszweige.[2]
Eine wichtige Unterscheidung ist die *Differenz zwischen Charakter und Temperament.* »Temperament bezieht sich auf die Art und Weise einer Reaktion, ist konstitutionell und unveränderlich. Charakter ist wesentlich geprägt durch die Erfahrungen einer Person, vor allem durch die Erfahrungen in den ersten Jahren des Lebens, und bis zu einem gewissen Maß durch Erkenntnisse und neue Arten von Erfahrungen veränderlich.«[3] Im Gegensatz zum Temperament, das verrät, ob jemand cholerisch, melancholisch oder phlegmatisch bzw. sanguinisch reagiert, erhellen erst der Charakter und die Situation, worauf sich (inhaltlich) die Reaktion bezieht.[4] Der Charakter gibt somit Auskunft über die Art der Bezogenheit (relatedness) des Menschen zur Welt, zu anderen Men-

---

1 E. Fromm, *Man for Himself* (47/1), 50.
2 Vgl. a.a.O., 51–53; C. Thompson, *Die Psychoanalyse,* 75 f. – Vgl. auch E. Fromm, *Aggressivität wurzelt im Charakter* (74/6). – Dieser Aufsatz, der auf einem unter dem Titel *Aggression und Charakter* (75/1) veröffentlichten Gespräch Erich Fromms mit Adelbert Reif basiert, kann als knappe und leicht verständliche Darstellung der Frommschen Charakterologie gelten. Erstmals systematisch wurde die Charakterologie von Erich Fromm in *Man for Himself* (47/1) dargestellt. Sie deckt sich mit den Ausführungen in *The Anatomy of Human Destructiveness* (73/1), 219–230, 251–254.
3 E. Fromm, *Man for Himself* (47/1), 52.
4 Vgl. P. Mullahy, *Oedipus Myth and Complex,* 258–260.

schen und zu sich selbst, und ist von dieser Bezogenheit geprägt. Erich Fromm nennt diese Art der Bezogenheit »Orientierungen« (orientations). Wenn sich demnach z. B. ein cholerischer Mensch von einer grausamen Erscheinung angezogen fühlt, dann ist die Tatsache, daß er schnell und streng reagiert, seinem Temperament zuzuschreiben, während die Tatsache, daß er sich hier angezogen fühlt, auf seine sadistische Charakter-Orientierung zurückzuführen ist.

Eine weitere grundsätzliche *Differenzierung* ist die *zwischen Charakter und Verhalten*. Aus einer behavioristischen Sicht ist das Verhalten »das letzte erreichbare und zugleich wissenschaftlich ausreichende Datum bei der Erforschung des Menschen. Von diesem Standpunkt aus sind Verhaltensweisen und Charakterzüge identisch, und von einem positivistischen Standpunkt aus mag sogar der Begriff ›Charakter‹ in der wissenschaftlichen Sprache nicht legitim sein.«[5]

Entgegen dieser Sicht einer »oberflächlichen« Gleichsetzung von Charakterzug und Verhaltensweise kommt gerade der Psychoanalyse das Verdienst zu, hinter dem äußeren Verhalten je verschiedene – bewußte und vor allem unbewußte – Motivationszusammenhänge erkannt zu haben, so daß »das gleiche Verhalten sehr verschiedenen Motiven entspringen kann, während natürlich die gleichen Motive auch Anlaß zu einem sehr vielfarbigen Verhalten sein können«[6]. Der entscheidend andere Ansatz der Psychoanalyse wird in ihrem Vorwurf gegen jeden Behaviorismus deutlich: Dieser »nimmt nicht zur Kenntnis, daß ›Verhalten‹ selbst, losgelöst von der sich verhaltenden Person, nicht adäquat beschrieben werden kann«[7].

Der Unterschied zwischen Verhaltensweise und Charakterzug liegt nun gerade darin, daß es zwar Verhaltensweisen gibt, die wesentlich als momentane oder eingeübte Angleichung an die fordernden Umstände angesehen werden müssen, daß aber typische, sich durchhaltende Verhaltensweisen – und um die geht es vor allem dem sog. »Behaviorismus« – erst richtig verstanden und gedeutet werden können, wenn sie als Charakterzüge gesehen werden, die ihre Wirkung auch dann fortsetzen, wenn sie sich unter veränderten Umständen für den sich in dieser Weise typisch verhaltenden Menschen nachteilig auswirken. Erich Fromm unterscheidet deshalb auch terminologisch strikt zwischen Verhaltensweisen und Charakterzügen. Er reserviert den Begriff Verhaltensweise für die »adaptive Antwort auf eine gegebene soziale Situation, (die) wesentlich ein Lernergebnis ist«[8]. Demgegenüber ist für den Charakterzug typisch, daß er sich in den verschiedensten sozialen Situationen durchhält.[9] Die Tatsache dieser sogenannten »dynamischen« Qualität von Charakterzügen

---

5 E. Fromm und M. Maccoby, *Social Character in a Mexican Village* (70/11), 8; vgl. E. Fromm, *Man for Himself* (47/1), 54f.; ders., *The Anatomy of Human Destructiveness* (73/1), 43f.

6 D. Riesman, *Psychological Types and National Character*, 332.

7 E. Fromm, *The Anatomy of Human Destructiveness* (73/1), 43.

8 E. Fromm und M. Maccoby, *Social Character in a Mexican Village* (70/11), 11.

9 Diese Einsicht in den Unterschied zwischen der Verhaltensweise und dem diese Verhaltens-

läßt vermuten, daß der Charakterzug selbst nur ein – mit psychischer Energie geladener – Teil eines ganzen Charakter-Syndroms, oder wie Erich Fromm zumeist sagt, eines Charakter-Systems oder einer Charakterstruktur ist.[10] Es war Sigmund Freud, der *die dynamische Qualität des Charakters* wahrnahm und in der Charakterstruktur eines Menschen die spezifische Form erkannte, durch die in der Entwicklung des Lebens psychische Energie kanalisiert wird. Die psychische Energie einzelner Charakterzüge leitete Sigmund Freud vom Sexualtrieb ab. Er verband also seine Charakterologie mit der Libido-Theorie und »interpretierte die dynamische Natur der Charakterzüge als Ausdruck ihrer libidinösen Quelle«[11]. Die Verbindung mit der Libido-Theorie brachte es mit sich, daß der einzelne Charakterzug aus der gesamten Charakter-Organisation verstanden werden muß.

Im Unterschied zu Sigmund Freud schreibt Erich Fromm dem Menschen eine primäre Bezogenheit zur Welt, zu anderen Menschen und zu sich selbst zu. Aus diesem Ansatz bei der vorgängigen Bezogenheit des Menschen muß nun auch die Charaktergenese verstanden werden. Die Charakterzüge sind demnach keine Sublimierungen und Reaktionsbildungen der verschiedenen Formen des Sexualtriebs, sondern müssen als ein Syndrom verstanden werden, »das aus einer spezifischen Organisation oder . . . Charakter-Orientierung (orientation of character) resultiert«[12].

---

weise bestimmenden Charakterzug hat wesentliche Konsequenzen für eine ethische Beurteilung. Es kommt dann nämlich nicht darauf an, einen Menschen nach seinem äußeren Verhalten zu beurteilen (und eventuell zu verurteilen) und auf bestimmte Verhaltensweisen hin zu erziehen; vielmehr ist die Diagnose des hinter der Verhaltensweise liegenden Charakterzugs für die ethische Beurteilung entscheidend und sind nicht die Verhaltensweisen, sondern die diese bestimmenden Charakterzüge Gegenstand der Pädagogik.

10 Zu den Begriffen »dynamisch« bzw. »Syndrom« vgl. E. Fromm, *Escape from Freedom* (41/1), 162f.; ders., *Man for Himself* (47/1), 56; C. J. Sahlin, *An Analysis of the Writings of Erich Fromm and Their Implications for Adult Education*, 122–125. – Zum Begriff »System« vgl. E. Fromm, *The Anatomy of Human Destructiveness* (73/1), 79.

11 E. Fromm, *Man for Himself* (47/1), 57.

12 A.a.O. – Für die historische Entwicklung dieser Erich Fromm eigenen Sicht von Charakter ist besonders sein Aufsatz *Selfishness and Self-Love* (39/2) zu beachten. Hier entwickelt er am Beispiel von Liebe und Haß das »Prinzip«, daß z. B. Liebe und Haß »Aktualisierungen einer konstanten Bereitschaft sind« (a.a.O., 520). Damit postuliert er, daß »der Charakter eine Struktur von zahlreichen Bereitschaften . . . ist, die immer präsent sind und aktualisiert, jedoch nicht verursacht werden durch einen äußeren Stimulus« (a.a.O., 521). Im Gegensatz zu Sigmund Freud nimmt er jedoch zu diesem Zeitpunkt bereits an, daß zwar einige dieser Bereitschaften in biologisch gegebenen Instinkten wurzeln, »viele andere aber erwachsen sind als Reaktion auf die individuellen und sozialen Erfahrungen des Individuums« (a.a.O.).
Die Unterscheidung zwischen Charakterzügen und den diese bestimmenden Charakter-Orientierungen kommt in Erich Fromms Benennung der Charakterzüge als »Leidenschaften« (passions) zu wenig zum Tragen. Darum wird der an Baruch de Spinoza ausgerichtete Gebrauch der Begriffe »rationale« bzw. »irrationale Leidenschaften« für Charakterzüge, die einer produktiven bzw. nicht-produktiven Charakter-Orientierung entsprechen, hier nicht aufgegriffen. Vgl. E. Fromm, *The Anatomy of Human Destructiveness* (73/1), 5, 263–267.
Daß die Rede von den »Leidenschaften« dazu verleitet, den Bezug zur Charakterologie zu vergessen, zeigt der Aufsatz von Hans Peter Balmer *Befreiung von Destruktivität? Erich Fromm in der*

Jeder Mensch muß sich im Prozeß der Assimilierung und Sozialisation in irgendeiner Weise »in Beziehung« setzen (»orientieren«). Die spezifische Form seiner Bezogenheit drückt sich in seinem Charakter aus und ist zugleich Ausdruck seines Charakters. »Diese Orientierungen, durch die sich das Individuum in Beziehung zur Welt setzt, konstituieren den Kern (core) seines Charakters«, so daß der »Charakter definiert werden kann als die (relativ gleichbleibende) Form, in die menschliche Energie im Prozeß der Assimilierung und Sozialisation kanalisiert wird«[13].

Im Unterschied zu Verhaltensweisen als adaptiven und erlernten Antworten auf eine gegebene soziale Situation sind also *Charakterzüge Teile* eines dynamischen Systems, nämlich *der Charakterstruktur* (system-character; character structure).[14] Die Charakterzüge ändern sich nur insoweit, als die Charakterstruktur sich ändert. Die Charakterstruktur als ganze ist aber durch die gesamte soziale Konfiguration geprägt, d. h. »sie ist das Ergebnis einer dynamischen Wechselbeziehung zwischen der Struktur des Menschen (system man) (mit den aus der Natur des Menschen resultierenden Bedürfnissen, Möglichkeiten und Einschränkungen) und der Gesellschaftsstruktur (system society), in der er lebt«[15].

Die Bedeutung des Charakters für den Menschen wird erst richtig erkannt, wenn *der Charakter als Substitut für den tierischen Instinkt* und dessen Funktionen gesehen wird. Da Charakter die relativ gleichbleibende Form ist, in der menschliche Energie kanalisiert wird, so hat diese Kanalisierung eine äußerst wichtige biologische Funktion. Die Charakterstruktur kann dann nämlich als »menschliches Substitut für den Instinktapparat des Tieres angesehen werden«[16]. Gerade der Vergleich mit der Tierwelt macht die Eigenart des Menschen offenbar. Das Tier, mit einem angeborenen Instinktapparat ausgestattet, hat zwei Möglichkeiten: Entweder es paßt sich veränderten Verhältnissen autoplastisch an und ist in Harmonie mit der Natur, oder es stirbt aus. Im Gegensatz dazu entstand der Mensch genau an dem Punkt der Evolution, wo

---

Debatte um die menschliche Aggression. Dieser Autor spricht zwar von Erich Fromms Charakterlehre (a.a.O., 494 f.), scheint jedoch ihre Bedeutung nicht erkannt zu haben, sonst könnte er nicht sagen: »Im Zentrum stehen die Fragen, die sich mit der Frommschen Affektenlehre(!) stellen: Ist die Scheidung der Leidenschaften in ›rationale‹ und ›irrationale‹ nach dem Kriterium der Objektbezogenheit (!) durchzuhalten? . . .« (a.a.O., 497). Bei so viel Mißverständnis des sozialpsychologischen Ansatzes von Erich Fromms Charakterologie nimmt es kein Wunder, daß Hans Peter Balmer gegen Erich Fromm ungeniert für eine nekrophile Schau menschlichen Lebens plädiert und mit Georges Bataille auf ein »Bedürfnis nach Zerstörung und Verlust« (a.a.O., 500) setzt: »Batailles Dialektik begreift im Tod den ›höchsten Sinn der Erotik‹, nämlich die Vorwegnahme der letzten und höchsten Grenzüberschreitung . . . Leidenschaft, die ›Exuberanz der Erotik‹, ist nie ohne Gewaltsamkeit . . .« (a.a.O., 501).

13 E. Fromm, *Man for Himself* (47/1), 59; vgl. auch oben S. 38 und S. 38 Anm. 37.

14 Vgl. E. Fromm und M. Maccoby, *Social Character in a Mexican Village* (70/11), 11.

15 A.a.O. – Die Vokabel »system« in »system-character«, »system-man« und »system-society« wird hier mit »Struktur« übersetzt, wie es die dem Zitat nachfolgenden Sätze (a.a.O., 12) nahelegen. Vgl. auch E. Fromm, *The Anatomy of Human Destructiveness* (73/1), 79.

16 E. Fromm, *Man for Himself* (47/1), 59.

durch Vergrößerung der Gehirnmasse ein alloplastisches Verhalten zur Umwelt möglich wurde und deshalb die instinktive Adaption an die Umwelt auf ein Minimum absank. Der Charakter muß die Funktionen des Instinktes übernehmen und wird so »zur zweiten Natur des Menschen«[17].

So vage und unscheinbar sich diese These anläßt, so folgenreich ist sie. Zunächst bedeutet sie die konsequente Ablösung von der Freudschen Trieblehre, in der der Mensch instinkthaft durch die Entwicklung des Sexualtriebes geprägt wird. Sie erteilt zugleich aber auch einem behavioristischen Denken eine Absage, das die menschlichen Verhaltensweisen als bedingte Reflexe verstehen will. Und sie hat schließlich ihren größten Widersacher in der von der Analyse tierischen Verhaltens bestimmten Verhaltensforschung, wenn es z. B. um die Frage des Aggressionsverhaltens – als eines dem Menschen vom Tier überkommenen inhärenten Verhaltens – und das daraus gefolgerte Menschenbild geht.[18]

Die Bestimmung des Charakters als eines Substituts für den tierischen Instinkt macht die Funktionen des menschlichen Charakters deutlich.[19] Der Charakter übernimmt dann nämlich die Aufgabe, Entscheidungen, in die jeder Mensch dauernd und unter Umständen sehr plötzlich gestellt ist, so weit zu determinieren, daß nicht je neu ein bewußter Akt des Abwägens erforderlich ist. Er stabilisiert die menschlichen Reaktionsweisen und sorgt für die innere Konsistenz menschlichen Denkens, Fühlens und Handelns. (Darum auch der Sprachgebrauch, daß jemand »Charakter hat«, seinem Charakter »treu« ist bzw. im negativen Fall »charakterlos« ist.)

Der Charakter hat weiterhin eine selektive Funktion bezüglich der Ideen und Werte eines Menschen. Schließlich aber ist der Charakter die Basis für die Anpassung an die Gesellschaft. Er ist durch die Familie als »psychische Agentur der Gesellschaft« geprägt. Als »Gesellschafts-Charakter« ist er funktional für die gesellschaftlichen Prozesse und den Bestand des Individuums in einer je spezifisch gearteten Gesellschaft.[20]

Wird Charakter als »relativ« beständige Form bestimmt, so unterscheidet er sich in einer weiteren Hinsicht vom Instinkt. Sicherlich sind auch beim Frommschen Verständnis von Charakter die ersten Lebensjahre für die Prägung der Charakterstruktur ausschlaggebend.[21] Das schließt aber eine Änderung der Charakterstruktur und der von ihr abhängigen Charakterzüge keineswegs aus. Im Gegenteil, das andere Verständnis der Charaktergenese und

---

17 Vgl. E. Fromm, *The Anatomy of Human Destructiveness* (73/1) z. B. 111, 227.

18 Siehe unten S. 183–187.

19 Vgl. zum Folgenden vor allem: E. Fromm, *Man for Himself* (47/1), 59–61; E. Fromm und M. Maccoby, *Social Character in a Mexican Village* (70/11), 12f.; E. Fromm, *The Anatomy of Human Destructiveness* (73/1), 251–253.

20 Siehe oben S. 38–44.

21 Gerade auch wegen dieser Erkenntnis lag es für Sigmund Freud nahe, seine Charakterlehre von einem instinkthaften Triebgeschehen her zu bestimmen.

die Unabhängigkeit von instinktiven Verhaltensmustern bedeuten, daß eine Flexibilität der Charakterstruktur bis ins hohe Alter angenommen werden kann.[22] Ändern sich nämlich die Umstände, die als Faktoren die Charakterstruktur in spezifischer Weise geprägt und andere Charakter-Orientierungen zurückgedrängt haben, so können gerade die neuen Verhältnisse eine Änderung der Charakterstruktur mit sich bringen, die eine bislang latente Orientierung dominant werden läßt.[23]

2.2 Die Charakter-Orientierungen

Die Charakterzüge eines Menschen und einer gesellschaftlichen Gruppe entsprechen einer spezifischen Orientierung der Charakterstruktur (Charakter-Orientierung). Um den Aufweis verschiedener solcher Charakter-Orientierungen soll es im Folgenden gehen. Die Bezeichnung »Orientierung« verrät bereits, daß die Feststellung, ein Mensch oder eine Gruppe habe eine bestimmte Charakter-Orientierung, nicht bedeutet, daß diese Orientierung exklusiv bestimmend sei. Vielmehr ist »der Charakter einer gegebenen Person gewöhnlich eine Mischung von allen oder von einigen dieser Orientierungen, von denen eine Orientierung jedoch dominant ist«[24]. Die je dominante Orientierung muß daher (in Anlehnung an Max Weber) als »Ideal-Typus« verstanden werden. Sie ist also nicht einfach die Beschreibung des Charakters eines bestimmten Individuums.[25] Erich Fromm spricht deshalb nicht nur von Orientierungen der Charakterstruktur oder, kurz, von Charakter-Orientierungen, sondern auch von Charakter-Typen.

Gemäß der Unterscheidung von Assimilierung (als Beziehung zu den Dingen) und Sozialisation (als zwischenmenschliche Beziehung) soll es zunächst um die Orientierungen im Prozeß der Assimilierung gehen.

2.2.1 Die Orientierungen im Prozeß der Assimilierung[26]

Erich Fromm unterscheidet sowohl im Prozeß der Assimilierung als auch im Prozeß der Sozialisation zwischen produktiven und nicht-produktiven Ori-

---

22 Vgl. hierzu bes.: E. Fromm, *The Psychological Problem of Aging* (66/7).
23 Vgl. bes. E. Fromm und M. Maccoby, *Social Character in a Mexican Village* (70/11), 21–23.
– Von dieser Möglichkeit der Änderung hängt jede psychotherapeutische Bemühung ab. Ebenso wäre jede Reform der sozialen Struktur letztlich sinnlos, wenn sie nicht mehr auf die Charakterstruktur der Betroffenen einwirken könnte.
24 E. Fromm, *Man for Himself* (47/1), 61; vgl. a.a.O. 78, sowie unten S. 75 f.
25 Während Erich Fromm, *Man for Himself* (47/1), 61, eigens anmerkt, daß die Orientierungen als Ideal-Typen zu verstehen sind, die jedoch keine »Beschreibung des Charakters irgendeiner gegebenen Person« sind, sind die Ideal-Typen doch auch nicht als utopische Größen zu verstehen. Ähnlich wie bei Krankheitsbildern in der Medizin gibt es den Ideal-Typus dort in der Realität, wo eine Orientierung eine eindeutige Dominanz gewinnt.
26 Vgl. hierzu E. Fromm, *Man for Himself* (47/1) 62–82; ders. und R. I. Evans, *Dialogue with*

entierungen. Diese Trennung dient zunächst der deutlicheren Erhebung der Orientierungen. In den realen Individuen und Gesellschaften ist jedoch immer eine Mischung beider Arten von Orientierung vorhanden, die durch die jeweilige Dominanz gekennzeichnet ist und gerade deshalb eine solche ideal-typische Klassifizierung erlaubt. Die folgende Darstellung der nicht-produktiven Orientierungen folgt Erich Fromm auch darin, daß zunächst vor allem die negativen Aspekte dieser Orientierungen aufgezeigt werden.[27]

2.2.1.1 Die nicht-produktiven Orientierungen

Erich Fromm unterscheidet fünf verschiedene Orientierungen im Assimilierungsprozeß, die jeweils als nicht-produktiv zu kennzeichnen sind: die rezeptive (receptive), die ausbeuterische (exploitative), die hortende (hoarding), die marketing (marketing) und die nekrophil-destruktive (necrophilic-destructive) Orientierung.

»Bei der *rezeptiven Orientierung* meint der Mensch, daß die ›Quelle alles Guten‹ außerhalb von ihm liege, und er glaubt, daß der einzige Weg, das zu bekommen, was man braucht – sei es etwas Materielles oder Zuneigung, Liebe, Wissen, Freude – der ist, das Gewünschte von dieser außerhalb liegenden Quelle zu erhalten.«[28] Im religiösen Bereich erwarten solche Menschen alles von Gott, im zwischenmenschlichen Bereich sind sie immer auf etwas angewiesen, was andere ihnen geben, so daß sie, auf sich selbst gestützt, nie zufrieden leben können und kaum entscheidungsfähig, dafür aber anhänglich und loyal sind. Essen und Trinken haben bei ihnen einen großen Stellenwert.

Die rezeptive Orientierung spielt auch in unserer Kultur des 20. Jahrhunderts eine dominante Rolle. Der »homo consumens«[29] als Orientierung des Gesellschafts-Charakters unserer Tage ist der ewige Säugling, heißen nun die Konsumartikel Zigaretten, Alkohol, Sex, oder Bücher, Vorlesungen, Bildergale-

---

Erich Fromm (66/6), 2–12; E. Fromm und M. Maccoby, *Social Character in a Mexican Village* (70/11), 69–71; – M. McGrath, *An Examination of Erich Fromm's Ethics with Implications for Philosophy of Adult Education*, 21–32; C. J. Sahlin, *An Analysis of the Writings of Erich Fromm*, 129–140.

27 Die Frage, wie Erich Fromm auf die folgenden Orientierungen kommt, ist nicht leicht zu beantworten. Er selbst deduziert sie einfach von den denkbaren Möglichkeiten, wie man sich nicht-produktiv zur Welt in Beziehung setzen kann: »Ich kann die Dinge bekommen, indem ich sie passiv erhalte (receptive); ich kann sie bekommen, indem ich sie mir mit Gewalt nehme (exploitative); ich kann sie bekommen, indem ich sie horte (hoarding); . . . ich kann sie durch Tausch bekommen (marketing)« (E. Fromm und R. I. Evans, *Dialogue with Erich Fromm* [66/6], 3). Die Nähe der ersten drei Orientierungen zu Sigmund Freuds prägenitalen Charakter-Typen ist deutlich: Die rezeptive Orientierung korrespondiert mit Freuds oral-rezeptivem Charakter; die ausbeuterische mit dem oral-sadistischen und die hortende mit dem analen Charakter. Dagegen hat die marketing Orientierung kein Äquivalent in Sigmund Freuds Charakterologie, während die destruktiv-nekrophile Orientierung wiederum eine Nähe zum analen Charakter hat. Vgl. zu Letzterem E. Fromm, *The Anatomy of Human Destructiveness* (73/1), 348f.

28 E. Fromm, *Man for Himself* (47/1), 62.

29 Vgl. E. Fromm, *Konsumidiotismus* (70/8), 91–93.

rien oder Fernsehen. Alles, womit man in Beziehung tritt, wird auf rezeptivem Weg eingenommen. »Ich erwarte, daß andere mich füttern, wenn ich nett zu ihnen bin«[30], ist das Leitmotiv dieser Orientierung.

Ähnlich wie die rezeptive erwartet auch die *ausbeuterische Orientierung*, daß alles Gute von außen kommt. Der Unterschied besteht jedoch darin, »daß der ausbeuterische Typus nicht erwartet, die Dinge von anderen als Geschenk zu erhalten, sondern sich die Dinge von anderen mit Gewalt oder durch List holt«[31]. Nach dem Motto »Gestohlene Früchte sind am süßesten« treten solche Menschen immer dort auf den Plan, wo sie sich etwas holen können, was ihnen nicht zusteht: sie brechen in Ehen ein, stehlen als Kleptomane oder leben wissenschaftlich nur von Plagiaten. Mißtrauen, Zynismus, Neid und Eifersucht sind weitere Kennzeichen so orientierter Menschen. Ihr ganzes Leben basiert auf der Überzeugung, daß sie selbst nichts produzieren können. In primitiven Kulturen würde diese Orientierung Kannibalismus genannt werden. Im Gegensatz zur rezeptiven Orientierung ist die ausbeuterische in unserem Jahrhundert weniger oft dominant, wenn auch zum Beispiel die gegenwärtige kapitalistische Wirtschaft vom System her wesentlich auf Ausbeutung angelegt ist.

Die *hortende Orientierung* »bewirkt, daß Menschen wenig Vertrauen in etwas Neues haben, das sie von der Außenwelt bekommen könnten; sie schaffen sich ein Gefühl der Sicherheit, indem sie horten und sparen . . .«[32] Alle Dinge werden unter dem Gesichtspunkt des Habens und Besitzens gesehen. So ist Liebe gleich Inbesitznahme, aber niemals gleich Verschenken. Durch Geiz, Eigensinn, aber auch durch Ordentlichkeit und Pünktlichkeit werden alle von außen kommenden Infragestellungen abgewehrt. Ordnung und Sicherheit sind die höchsten Werte, »Keine Experimente!« und »Es gibt nichts Neues unter der Sonne« sind die Wahlsprüche dieser Orientierung.

Die hortende Orientierung hatte als Gesellschafts-Charakter wohl ihren genuinsten Sitz im Leben des Mittelstandes und der Oberschicht der Gesellschaft im 18. und 19. Jahrhundert. Besitzlust und Spareifer waren Notwendigkeiten des wirtschaftlichen Fortschritts zu Zeiten des Privatkapitalismus, während sie heute nur noch im Kleinbürgertum eine gewisse Dominanz haben können.[33]

Obwohl der Tausch einer der ältesten Mechanismen der Wirtschaft ist, avancierte die vom Tausch-Geschehen her geprägte *marketing Orientierung* erst in unserem Jahrhundert zu einer die Beziehung zur Welt dominant bestimmenden Orientierung. Sie ist heute gekennzeichnet nicht vom Gebrauchswert, sondern vom Mechanismus Angebot – Nachfrage und erstreckt sich über den Warenmarkt hinaus auf den Personenmarkt. Der von der marketing Orientierung dominant bestimmte Mensch setzt sich dadurch in Beziehung zur Welt,

30 E. Fromm und R. I. Evans, *Dialogue with Erich Fromm* (66/6), 4.
31 E. Fromm, *Man for Himself* (47/1), 64.
32 A.a.O., 65.
33 Vgl. E. Fromm, *The Sane Society* (55/1), 91 f.

daß er immer fragt, wie er sich am besten verkauft, das heißt: Er muß sich immer daran messen, ob und wie er am besten von anderen akzeptiert wird, und er muß das tun, denken und fühlen, was der Markt ihm vorschreibt. Während die bisher aufgezeigten Orientierungen auf Erhalten, Nehmen und Bewahren auswaren, ist der Assimilierungsprozeß des marketing orientierten Menschen durch Tauschen gekennzeichnet.

Die marketing Orientierung ist der Gesellschafts-Charakter der gegenwärtigen westlichen Industriekultur schlechthin. Sie drückt sich in einer zunehmenden Entfremdung des Menschen von sich, seiner Arbeit und Umwelt aus, weil nicht mehr der Mensch Herr über sich, seine Produkte und Fähigkeiten ist, sondern die Produkte und die Fähigkeiten als Gegenstand von Angebot und Nachfrage den Menschen beherrschen.[34] Der moderne Mensch empfindet sich gleichzeitig als Ware und als Verkäufer dieser Ware.

Gegenüber den bisher besprochenen nicht-produktiven Orientierungen besteht die Eigenart der marketing Orientierung darin, »daß keine spezifische und gleichbleibende Art der Bezogenheit entwickelt wird, sondern daß die Unbeständigkeit der Haltungen die einzige sich durchhaltende Qualität dieser Orientierung ist[35].«

Erst neuerdings[36] hat Erich Fromm eine weitere Orientierung präzisiert, die er wegen ihrer zerstörerischen Eigenart *nekrophil-destruktive Orientierung* nennt, womit nicht eine sexuelle Perversion gemeint ist, sondern der Hang zu allem Unlebendigen und Zerstörerischen.[37] Im Prozeß der Assimilierung ist der Nekrophil-Destruktive an allem Unorganischen, Dinghaften orientiert. »Der nekrophil Orientierte ist ein Mensch, der sich von allem, das nicht lebendig, sondern tot ist, angezogen und fasziniert fühlt: Leichen, Verfall, Kot,

---

34 Vgl. bes. E. Fromm, *The Sane Society* (55/1), wo sich Erich Fromm gerade mit diesem Faktum der Entfremdung des Menschen von sich, seiner Arbeit und seiner Natur in der gegenwärtigen Industriekultur kritisch auseinandersetzt; ebenso, jedoch weiterführend: E. Fromm, *The Revolution of Hope* (68/1).

35 E. Fromm, *Man for Himself* (47/1), 77. – David Riesman, *Die einsame Masse*, hat deshalb mit Recht den Menschen in der gegenwärtigen westlichen Industriekultur als einen »other-directed« Menschen bezeichnet.

36 Vor allem in: *The Heart of Man* (64/1), 37–61 und 108–114; ders., *Creators and Destroyers* (64/7), 22–25; ders., *Prophets and Priests* (67/2), bes. 77f.; ders. und R. I. Evans, *Dialogue with Erich Fromm* (66/6), 11f.; E. Fromm, *The Anatomy of Human Destructiveness* (73/1), 330–358. – Die meisten Interpreten Erich Fromms übersehen, daß diese von ihm im Zusammenhang einer weiteren Systematisierung des Sozialisationsprozesses aufgewiesene Orientierung ihre Relevanz auch für den Prozeß der Assimilierung hat, wenn sie auch noch einmal anders geartet ist als die anderen nicht-produktiven Orientierungen.

37 Diese Bezeichnung übernahm Erich Fromm von dem spanischen Philosophen Unamuno. Vgl. E. Fromm, *The Anatomy of Human Destructiveness* (73/1), 330f. – Die Erfahrungen der psychoanalytischen Praxis bestätigten Erich Fromm, daß es tatsächlich Menschen gibt, die auf das Tote und alles Unlebendige hin orientiert sind.
Was die Beziehung dieser nekrophil-destruktiven Orientierung zu Sigmund Freuds analem Charakter-Typus (in seiner negativen Ausprägung) und zur Theorie des Todestriebs betrifft, vgl. E. Fromm, *The Heart of Man* (64/1), 39, 48–55; ders. und R. I. Evans, *Dialogue with Erich Fromm* (66/6), 11f.; C. J. Sahlin, *An Analysis of the Writings of Erich Fromm*, 95–97.

Schmutz.«[38] Er lebt in der Vergangenheit, pflegt Gefühle, die er gestern hatte, und ist ein ergebener Anhänger von »Recht und Ordnung«. Weil er das Tote liebt, liebt er auch die Gewalt, die ja darauf abzielt, Leben einzuschränken und zu vernichten. »Alle lebendigen Prozesse, Gefühle und Gedanken werden in Dinge umgewandelt. Eher Gedächtnis als Erfahrung, eher Haben als Sein – darauf kommt es ihm an.«[39] Er spricht mit Vorliebe von Krankheiten, von Schwierigkeiten, Unfällen und Todesfällen.

Als Gesellschafts-Charakter wird die nekrophile Destruktivität für Erich Fromm heute besonders deutlich in der Aufrüstung zu einem nuklearen Krieg. Allein das Unsinnige, Berechnungen über die Millionenzahl von Toten bei einem Atomkrieg anzustellen, ist eigentlich nur bei einem Gesellschafts-Charakter verständlich, bei dem »Menschen sich nicht vor einer totalen Vernichtung fürchten, weil sie das Leben nicht lieben«[40]. Unabhängig von dieser Frage nach Leben und Tod der Menschheit ist der Mensch in unserer bürokratisierten industriellen Kultur ein »homo mechanicus«[41], der glaubt, alle Beziehungen zur Welt mechanisieren zu können, und das gerade deshalb, um dem direkten spontanen und produktiven Kontakt aus dem Wege gehen zu können. Er mechanisiert folglich alle Beziehungen, um auf diese Weise Gewalt über sie zu haben und spontan-schöpferische Elemente jeder Beziehung niederhalten zu können. »Nekrophilie ist eine fundamentale Orientierung; sie ist die einzige Antwort auf das Leben, die in völligem Gegensatz zum Leben steht.«[42]

2.2.1.2 Die produktive Orientierung

Zwar entsprechen Sigmund Freuds Vorstellungen vom genitalen Charakter formal betrachtet der produktiven Orientierung in Erich Fromms Charakterlehre[43]; Erich Fromm ist aber bemüht, das, was Produktivität heißt, sehr exakt zu umschreiben. Er füllt damit nicht nur eine Lücke in Sigmund Freuds Beschreibung des »reifen« Charakters, sondern stellt bereits eine wichtige Verbindung zwischen psychoanalytischen und sozialpsychologischen Einsichten und einer Anthropologie her. Es soll deshalb zunächst *der Begriff der Produktivität* untersucht werden.[44]

---

38 E. Fromm, *The Heart of Man* (64/1), 39. Vgl. die Definition in: ders., *The Anatomy of Human Destructiveness* (73/1), 332.
39 E. Fromm, *The Heart of Man* (64/1), 41.
40 E. Fromm, *The Heart of Man* (64/1), 56. Vgl. E. Fromm, *The Case for Unilateral Disarmament* (60/4); ders. und M. Maccoby, *A Debate on the Question of Civile Defense* (62/2); E. Fromm, *The Anatomy of Human Destructiveness* (73/1), 345–348.
41 Vgl. E. Fromm, *The Heart of Man* (64/1), 57f.
42 A.a.O., 45.
43 Vgl. hierzu: E. Fromm, *Man for Himself* (47/1), 82–84; ders. und R. I. Evans, *Dialogue with Erich Fromm* (66/6), 13f.; J. H. Schaar, *Escape from Authority*, 102–104.
44 Vgl. zum Folgenden: E. Fromm, *Escape from Freedom* (41/1), 256–263; ders., *Man for Himself* (47/1), 84–88; ders., *Marx's Concept of Man* (61/2), 26–30; ders., *The Heart of Man* (64/1), 30–32 (hier in Parallele zum Begriff »Potenz«); ders., *Marx's Contribution to the Knowledge of*

Eine erste Präzisierung dessen, was Produktivität meint, ist von Erich Fromm mit den Begriffen »Spontaneität« und »spontane Aktivität« (spontaneous activity) versucht worden. »Spontane Aktivität ist die freie Aktivität des Selbst und impliziert psychologisch, was die lateinische Wurzel des Wortes, sponte, wörtlich bedeutet: aus freien Stücken.«[45] Der geistesgeschichtliche Hintergrund für das Wort »spontane Aktivität« ist freilich ein anderer, der durch die Übersetzung in »activity« und von dort her in »Aktivität« verdeckt ist, nämlich der der »Tätigkeit«. Für Hegel ist der Mensch er selbst nur durch tätige Bezogenheit zur Welt.[46] Karl Marx, dessen Menschenbild im Denken Hegels wurzelt und von dessen Begriff der »Selbsttätigkeit« her Erich Fromm ganz offensichtlich seinen Begriff der Produktivität bestimmt, sieht den Menschen nur bei sich, wenn er sich tätig zu den anderen Menschen und zur Natur verhält.[47]

Gerade im Unterschied zum Tier, das unmittelbar eins ist mit seiner Lebenstätigkeit, macht der Mensch »seine Lebenstätigkeit selbst zum Gegenstand seines Wollens und seines Bewußtseins. Er hat bewußte Lebenstätigkeit.«[48] Und wo diese Lebenstätigkeit oder Selbst-Tätigkeit nicht dahingehend realisiert wird, daß der Mensch produktiv ist, sondern wo er rezeptiv oder passiv bleibt, ist er von sich entfremdet[49], nicht bei sich, der Natur, den anderen Menschen. »So ist ›Selbst-Tätigkeit‹ nichts weniger als Freiheit, Freiheit im Sinne von freiwilliger und ungezwungener Tätigkeit, stimuliert durch die eigenen tiefsten inneren Bedürfnisse.«[50]

Auf dem Hintergrund dieses Verständnisses von Tätigkeit entwickelt dann Erich Fromm zuerst seine Begriffe »Spontaneität« bzw. »spontane Aktivität« (im Sinne von Tätigkeit)[51], die in seiner Schrift »Man for Himself« zu den Begriffen »Produktivität« und »produktive Orientierung« ausgeweitet werden. Hier grenzt er die Bedeutung dieser Begriffe zunächst negativ ab.[52] Produktivität ist nicht mit künstlerischer Kreativität identisch, insofern als künstlerische Kreativität spezielle Begabungen voraussetzt, während zur Produktivität jeder Mensch fähig ist, sofern er nicht geistig oder seelisch verkrüppelt ist.[53] Produktivität meint vor allem auch nicht Aktivität im modernen Sinne von Aktivismus oder von Agieren. (Auch der Hypnotisierte agiert, ohne daß er selbst es ist,

Man (68/10) in (70/1) bes. 68–70; ders. und R. I. Evans, Dialogue with Erich Fromm (66/6), 24 f.; E. Fromm und M. Maccoby, Social Character in a Mexican Village (70/11), 71–73; – M. McGrath, An Examination of Erich Fromm's Ethics, 51–53; H. Marcuse, Triebstruktur und Gesellschaft, 254 f.

45 E. Fromm, Escape from Freedom (41/1), 258.
46 Vgl. E. Fromm, Marx's Concept of Man (61/2), 29.
47 Vgl. E. Fromm, Marx's Contribution to the Knowledge of Man (68/10) in (70/1), 68.
48 K. Marx, MEGA I, 3, 88.
49 Zum Begriff »Entfremdung« siehe unten S. 105–116.
50 M. Fritzhand, Marx's Ideal of Man, 161 f.
51 Vgl. Escape from Freedom (41/1), 256–263.
52 Vgl. E. Fromm, Man for Himself (47/1), 85–90.
53 Zur Frage der Kreativität vgl. E. Fromm, The Creative Attitude (59/3).

der »tätig« ist; vielmehr agiert der Hypnotiker durch ihn.) In gleicher Weise unproduktiv sind Aktivitäten als Reaktionen auf Angst, Unterwerfung, Abhängigkeit oder irrationale Leidenschaften wie Geiz, Masochismus, Neid, Eifersucht und andere Formen der Gier. In all diesen Fällen sind Menschen zwar aktiv, jedoch nicht produktiv. Produktivität ist nämlich – ganz im Gegensatz zum landläufigen Verständnis – keine Aktivität, die »notwendig zu praktischen Ergebnissen führt«, sondern eine »Haltung (attitude), eine Art der Reaktion und Orientierung gegenüber der Welt und sich selbst im Prozeß des Lebens«[54]. Sie ist identisch mit Biophilie.[55] Produktivität ist deshalb die Realisierung der dem Menschen eigenen Kräfte, der Gebrauch seiner Fähigkeiten und seiner Macht, wobei es gerade nicht um »Macht-über«, sondern um »Macht-zu« (im Sinne einer Fähigkeit zu) geht. »Die Fähigkeit des Menschen, von seinen Kräften (powers) produktiven Gebrauch zu machen, ist seine Potenz.«[56] Von diesem Begriff der Produktivität her ist nun *die produktive Orientierung* im Prozeß der Assimilierung bestimmbar. »Die Welt außerhalb des Menschen kann auf zwei Weisen erfahren werden: reproduzierend, indem die Wirklichkeit wahrgenommen wird in der gleichen Weise wie ein Film, der eine Wiedergabe der photographierten Dinge ist . . .; und generativ (im Sinne von produzierend-erzeugend), indem die Wirklichkeit in das Subjekt aufgenommen, belebt und das neue Material durch die spontane Tätigkeit der eigenen Geistes- und Gefühlskräfte neu erschaffen wird.«[57] Ist die generative Art der Erfahrung von Welt verkümmert, so ergibt sich eine Bezogenheit zur Welt, die man stolz »Realismus« nennt, die in Wirklichkeit aber nicht über die äußerliche Wahrnehmung hinauskommt und unfähig ist, die Wahrnehmung von innen her mit allen Fasern der Er-lebnisfähigkeit zu be-leben und neu zu schaffen. Fehlt jedoch die reproduzierende Wahrnehmungsfähigkeit, so ist der Mensch auf pure Imagination angewiesen. Ein solcher Mensch ist aber psychotisch erkrankt und für die Gesellschaft untauglich.

Bei der produktiven Orientierung stellen die reproduzierenden und die generativen Fähigkeiten zwei Pole dar, die in ihrer Interaktion die dynamische Quelle der Produktivität sind.[58]

---

54 E. Fromm, *Man for Himself* (47/1), 87.
55 Siehe unten S. 77f.
56 E. Fromm, *Man for Himself* (47/1), 88; vgl. ders., *The Heart of Man* (64/1), 31.
57 E. Fromm, *Man for Himself* (47/1), 88.
58 Diese Differenzierung zwischen reproduzierenden und generativen Fähigkeiten hat eine bei Erich Fromm wichtige Differenzierung zwischen »Intelligenz« (intelligence) und »Vernunft« (reason) zur Folge. Intelligenz »bedeutet, die Dinge als gegeben nehmen wie sie sind und Kombinationen anstellen, um ihre Handhabung zu erleichtern . . . Vernunft hingegen strebt nach Verstehen; sie versucht herauszufinden, was unter der Oberfläche ist, den Kern, das Wesen der Wirklichkeit, die uns umgibt, zu erkennen . . . Vernunft erfordert Bezogenheit und ein Gefühl des Selbst« (sense of self) (E. Fromm, *The Sane Society* [55/1], 170). – Vgl. E. Fromm, *Man for Himself* (47/1), 102f.; ders., *Values, Psychology, and Human Existence* (59/2) bes. 159–161; P. A. Bertocci und R. M. Millard, *Personality and the Good*, 84–86.

Gegenüber einer »realistischen« Orientierung ist die produktive Orientierung dadurch gekennzeichnet, daß der Mensch »fähig ist, sich zur Welt zu beziehen, indem er sie so wie sie ist wahrnimmt und zugleich, durch seine eigenen Kräfte belebt und bereichert, begreift«[59].

Das, was die produktive Orientierung hervorbringt, sind nicht vorrangig materielle Dinge, Kunstwerke oder Gedankensysteme. »Der weitaus wichtigste Gegenstand der Produktivität ist der Mensch selbst.«[60] Denn alles, was zwischen Empfängnis und Tod eines Menschen stattfindet, ist ein Geburtsprozeß der eigenen Möglichkeiten und Fähigkeiten. Im Gegensatz zum körperlichen Reifen, das bei günstigen Bedingungen gleichsam von alleine vor sich geht, bedarf es für die Entwicklung der seelischen und geistigen Fähigkeiten eines Menschen der produktiven Tätigkeit, so daß erst die produktive Orientierung im Assimilierungs- und Sozialisationsprozeß die im Menschen unentfaltet liegenden Möglichkeiten und Fähigkeiten hervorbringt. Die produktive Bezogenheit zur Welt (als Tätigkeit) impliziert und evoziert also zugleich die Bezogenheit des Menschen zu sich selbst und den anderen und ist ein wesentlicher Faktor im Individuationsprozeß.[61]

2.2.2 Die Orientierungen im Prozeß der Sozialisation

Die Charakterstruktur eines Menschen wird nicht nur durch den Prozeß der Assimilierung, sondern auch durch den Prozeß der Sozialisation geprägt. Es geht im Folgenden um die möglichen Arten zwischenmenschlicher Bezogenheit. Wie beim Assimilierungsprozeß ist zunächst zwischen nicht-produktiven und produktiven Orientierungen zu unterscheiden.

---

59 E. Fromm, *Man for Himself* (47/1), 90. – Erich Fromm sieht sich hier in der Tradition des Denkens des Deutschen Idealismus, des von Karl Marx und des Zen-Buddhismus, die alle versuchen, die Subjekt-Objekt-Spaltung zu überwinden. »Der Gegenstand ist ein Gegenstand, er hört jedoch auf, Gegenstand zu sein, und durch diese neue Einstellung wird der Mensch eins mit dem Gegenstand, obgleich er selbst und der Gegenstand zwei bleiben« (E. Fromm, *Marx's Concept of Man* [61/2], 33, Anm. 22). – K. Marx, MEGA I,3, 119: »Das Auge ist zum menschlichen Auge geworden, wie sein Gegenstand zu einem gesellschaftlichen, menschlichen, vom Menschen für den Menschen herrührenden Gegenstand geworden ist. Die Sinne . . . verhalten sich zu der Sache um der Sache willen, aber die Sache selbst ist ein gegenständliches menschliches Verhalten, zu sich selbst und zum Menschen umgekehrt.« – Im Zen-Buddhismus wie auch in der westlichen Mystik wird das gleiche im Begriff der »Erfahrung« ausgedrückt: Ich sehe »die Welt wie sie ist und, indem ich sie als meine Welt erfahre, wird sie durch mein kreatives Greifen nach ihr geschaffen und verwandelt, so daß sie aufhört eine fremde Welt ›dort drüben‹ zu sein und zu meiner Welt wird« (E. Fromm, *Psychoanalysis and Zen Buddhism* [60/1], 91 f.). Vgl. auch G. B. Hammond, *Man in Estrangement*, 69–71.
60 E. Fromm, *Man for Himself* (47/1), 91.
61 Der vor allem von Carl Gustav Jung geprägte Begriff der Individuation als positiv zu wertende Selbstverwirklichung wird von Erich Fromm nicht in dieser Bedeutung gebraucht. Zwar spricht er in *Escape from Freedom* positiv von »Selbstverwirklichung« (self-realization [41/1], 257), doch mit der Entwicklung des Gedankens eines Wachstums- und Verfallssyndroms (E. Fromm, *The Heart of Man* [64/1]) wird deutlich, daß Individuation potentiell auch negativ möglich ist. Vgl. auch E. Fromm und R. I. Evans, *Dialogue with Erich Fromm* (66/6), 24 f.

2.2.2.1 Die nicht-produktiven Orientierungen

Die Darstellung der Orientierungen im Sozialisationsprozeß wird erschwert durch die Tatsache, daß Erich Fromm seit seiner Schrift »Escape from Freedom« (1941) wiederholt die einzelnen Orientierungen präzisiert und auch ergänzt hat.[62] Eine grundsätzliche Differenzierung hält sich jedoch durch: nicht-produktive zwischenmenschliche Bezogenheit kann entweder symbiotisch-unfrei – sei es masochistisch, sei es sadistisch – sein, oder aber sie kommt gar nicht erst zustande, weil das Individuum distanziert entweder indifferent-konformistisch, destruktiv oder narzißtisch lebt. Die erste Art ist also durch Symbiose (symbiosis) gekennzeichnet und umfaßt die masochistische und sadistische Orientierung (masochism and sadism) in autoritären Abhängigkeitsverhältnissen; zu den durch Distanz ausgezeichneten Orientierungen gehören die konformistische (indifference), die nekrophil-destruktive (necrophilic destructiveness) und die narzißtische (narcissism) Orientierung.

Wenn Erich Fromm von *symbiotischer Bezogenheit* spricht, dann bedeutet Symbiose hierbei »die Vereinigung eines individuellen Selbst mit einem anderen Selbst (oder irgendeiner Macht außerhalb des eigenen Selbst) in der Weise, daß jedes dieser beiden Selbst die Integrität seines eigenen Selbst verlieren muß, und sich das eine vom anderen völlig abhängig macht.«[63] Diese Möglichkeit der nicht-produktiven Orientierung realisieren zwei zunächst völlig entgegengesetzte Bezugsverhältnisse: die masochistische und die sadistische zwischenmenschliche Bezogenheit.[64]

Die masochistische Orientierung ist die passive Form der symbiotischen Bezogenheit. Hier macht sich der Mensch zu einem Teil einer anderen Person, die ihn führt, leitet und beschützt und ohne die er nicht mehr leben kann. »Die Macht jener Person, der man sich unterwirft, ist übersteigert, mag sie nun ein Mensch oder ein Gott sein. Der andere ist alles, ich bin nichts, außer so viel, daß ich ein Teil des anderen bin, und als Teil an der Größe, der Macht und der Sicherheit des anderen partizipiere.«[65]

Die Unterwerfungs-Orientierung äußert sich in mannigfachen Formen. Am häufigsten zeigt sie sich in Gefühlen der Inferiorität, der Ohnmacht und per-

---

62 Die wichtigsten Quellen, die im Vergleich auch die inhaltlichen Präzisierungen und Erweiterungen erkenntlich werden lassen, sind: E. Fromm, *Sozialpsychologischer Teil* (36/1), bes. 110–128; ders., *Escape from Freedom* (41/1), 136–206; ders., *Man for Himself* (47/1), 107–112; ders., *The Heart of Man* (64/1), 37–94; ders. und R. I. Evans, *Dialogue with Erich Fromm* (66/6), 16–24; E. Fromm und M. Maccoby, *Social Character in a Mexican Village* (70/11), 73–76; E. Fromm, *The Anatomy of Human Destructiveness* (73/1), bes. 268–299, 330–368.

63 E. Fromm, *Escape from Freedom* (41/1), 158.

64 Entsprechend dem Ansatz des Denkens von Erich Fromm, die Bezogenheit des Menschen zur Welt, zu den anderen und zu sich selbst zum Ausgangspunkt zu nehmen, werden die Begriffe Masochismus und Sadismus nicht exklusiv als sexuelle Perversionen verstanden. Vielmehr gilt umgekehrt: Sexueller Masochismus und Sadismus können Ausdruck von masochistischer und sadistischer Bezogenheit sein. Erich Fromm spricht darum auch z. B. von »moralischem Masochismus« oder »masochistischem Charakter« (*Escape from Freedom* [41/1], 148).

65 E. Fromm, *The Art of Loving* (56/1), 16.

sönlicher Bedeutungslosigkeit. Das Besondere daran ist, daß derart orientierte Menschen unbewußt getrieben werden, sich klein und schwach zu machen. Bisweilen drückt sich diese Neigung in permanenten Bekenntnissen der Schwäche und der Schwere des Lebens aus. Meistens wird die Neigung, sich als Schwacher einer starken Person zu unterwerfen, rationalisiert: »als Liebe oder Treue, Minderwertigkeitsgefühle als adäquater Ausdruck des faktischen Zukurzgekommenseins, das Leiden als ausschließliche Folge von Umständen, die sich nicht ändern lassen.«[66] In extremen Fällen wird die Neigung, sich wie ein kleines Kind äußeren Mächten zu unterwerfen, zur Sucht, sich weh zu tun und leiden zu machen, um Schutz und Fürsorge des Mächtigen als der symbiotischen Bezugsperson zu garantieren, auch wenn diese Unterwerfung gar nicht mehr bewußt ist. Die Formen solcher masochistischer Selbstschädigung reichen von Selbstanklagen über Tendenzen, psychisch krank zu werden, Unfälle zu produzieren, in Prüfungen blockiert zu sein, bis hin zu provokativen kriminellen Taten und Süchten als Selbstmord auf Raten.[67]

Der gemeinsame Nenner aller Formen der masochistischen Orientierung ist die Unfähigkeit selbst zu sein, auf eigenen Füßen zu stehen, die eigene Freiheit, die zugleich Alleinsein bedeutet, produktiv als »Freiheit-zu« zu gebrauchen.[68] Statt dessen bindet sich der masochistisch Orientierte an eine Autorität, um sein persönliches Selbst so zum Verschwinden zu bringen, daß er den Konflikt des Selbstsein-Sollens nicht mehr spürt, sein Selbst also aufgeben und von Schmerz und Qual überwältigt werden kann. Der masochistisch Orientierte löst also die Angst vor dem Alleinsein, das mit der »Freiheit-von« gegeben ist, dadurch, daß er sich selbst erniedrigt, leidet und sich verkriecht.[69] »Schmerz und Leiden sind nicht etwas, was er sich wünscht, sondern der Preis, den er für ein Ziel zahlt, das er mit aller Gewalt zu erreichen trachtet.«[70]

Aus der Perspektive des sich symbiotisch Bindenden bedeutet die Unterwerfung unter eine Autorität – auch wenn ihm davon nichts bewußt wird – den Versuch, als Teil eines größeren, mächtigeren Ganzen (eines anderen Menschen, einer Institution, Gottes, des Volkes usw., oder internalisiert: des Gewissens, einer Zwangsidee usw.) an dessen Macht und Überlegenheit partizi-

---

66 E. Fromm, *Escape from Freedom* (41/1), 143. – Vgl. zum Folgenden a.a.O., 142f.
67 Gerade diese selbstzerstörerischen Formen der masochistischen Orientierung machen die gemeinsame Wurzel und die Nähe von Masochismus und Sadismus deutlich. Diese Nähe besteht in der Ambivalenz jeder Art von symbiotischer Bezogenheit. Die Feindseligkeit (hostility) von Masochismus und Sadismus unterscheidet sich darin, daß sie im Sadismus bewußter ist und sich unmittelbar in die Tat umsetzt, während sie sich im Masochismus, meist unbewußt, auf nur mittelbare Weise äußert. – Vgl. E. Fromm, *Escape from Freedom* (41/1), 159.
68 In E. Fromm, *Escape from Freedom* (!) (41/1) werden die nicht-produktiven Orientierungen deshalb als Fluchtmechanismen verstanden, die dort einspringen, wo Menschen unfähig sind, ihre »Freiheit-von« als »Freiheit-zu« zu realisieren. Der Fluchtmechanismus der symbiotischen Bezogenheit wird dabei »authoritarianism« genannt.
69 Vgl. E. Fromm, *Escape from Freedom* (41/1), 152f.
70 A.a.O., 154f.

64

pieren zu können, also selbst gleich mächtig und überlegen zu sein.[71] Die masochistische (wie die sadistische) Orientierung ist als Gesellschafts-Charakter die ideale Voraussetzung für faschistische und totalitäre Systeme[72], weil diese Einstellung zur Autorität »sowohl das Bedürfnis nach Verminderung der Angst als auch nach Größe und Macht« befriedigt.[73]

Die sadistische Orientierung ist die aktive Form der symbiotischen Bezogenheit. Der Unterschied zur masochistischen Orientierung besteht darin, »daß die sadistische Person befiehlt, ausbeutet, verletzt, erniedrigt, während sich die masochistische Person befehlen, ausbeuten, verletzen und erniedrigen läßt«[74]. Beide Formen haben gemeinsam, daß sie eine Vereinigung ohne Unabhängigkeit und Integrität suchen, so daß der Sadist genauso vom Masochisten abhängig ist wie der Masochist vom Sadisten, ja daß, wenn auch meist in je verschiedenen Bezugsfeldern, jeder Sadist zugleich ein Masochist ist und umgekehrt.[75]

Die innere Verwandtschaft besagt nun nicht, daß auch die Erscheinungsweisen eine Ähnlichkeit zeigen. Die sadistische Orientierung ist nämlich gerade durch ihre zerstörerischen und andere schädigenden Tendenzen von der masochistischen Orientierung unterschieden. Erich Fromm differenziert zwischen drei Formen der sadistischen Orientierung: Eine erste Form besteht darin, »andere von sich selbst abhängig zu machen und über sie absolute und uneingeschränkte Macht zu haben, um sie zu nichts anderem als zu Mitteln, ›Ton in des Töpfers Hand‹ zu machen. Eine andere besteht aus dem Drang, nicht nur über andere in dieser absoluten Weise zu herrschen, sondern sie auszubeuten, sie zu benützen, zu bestehlen, auszuhöhlen und sozusagen alles Eßbare an ihnen zu inkorporieren . . . Eine dritte Form der sadistischen Orientierung ist der Wunsch, andere leiden zu machen oder sie leiden zu sehen. Dieses Leiden kann physisch sein, äußert sich aber häufiger in geistig-seelischem Leiden. Ihr Ziel ist, andere aktiv zu verletzen, zu demütigen, in Verlegenheit zu bringen, oder sie in peinlichen und demütigenden Situationen zu sehen.«[76]

Weil solche sadistischen Tendenzen sozial weitaus nicht so harmlos sind wie

---

71 Vgl. a.a.O., 155f.
72 Vgl. Erich Fromms Arbeiten im Institut für Sozialforschung: *Sozialpsychologischer Teil* (36/1); *Geschichte und Methoden der Erhebungen* (36/2); *The Authoritarian Character Structure of German Workers and Employees Before Hitler* (36/3). – Eine detaillierte »Psychology of Nazism« enthält auch E. Fromm, *Escape from Freedom* (41/1), 207–239, wo sich Erich Fromm auf die Ergebnisse der letztgenannten Untersuchung stützt. Vgl. auch den Hinweis in E. Fromm, *Escape from Freedom* (41/1), 212, Anm. 3.
73 E. Fromm, *Sozialpsychologischer Teil* (36/1), 123.
74 E. Fromm, *The Art of Loving* (56/1), 17.
75 Vgl. a.a.O., 16f.; E. Fromm, *Escape from Freedom* (41/1), 158f. – So reagierte Hitler Menschen gegenüber in erster Linie auf sadistische Weise, seinem Schicksal, der Geschichte und den »höheren Mächten« der Natur gegenüber jedoch auf masochistische Weise. Vgl. E. Fromm *The Art of Loving* (56/1), 17, sowie die Analyse des Charakters von Adolf Hitler in E. Fromm, *The Anatomy of Human Destructiveness* (73/1), 369–433.
76 E. Fromm, *Escape from Freedom* (41/1), 144. – Vgl. auch die weniger systematische Darstellung in E. Fromm, *The Anatomy of Human Destructiveness* (73/1), 288–292.

die entsprechenden masochistischen, sind sie meist stärker bewußt und werden oft mit völlig entgegengesetzten Begründungen verdeckt. Einige solcher verbalisierter Rationalisierungen seien – entsprechend den drei Formen – genannt: »Ich befehle dir, weil ich weiß, was für dich am besten ist« (etwa als Erziehungsmaxime von Eltern heranwachsender Jugendlicher, um die symbiotische Fixierung der Eltern an die Kinder zu prolongieren); – »ich habe so viel für dich getan, daß ich nun dazu berechtigt bin, dir alles zu nehmen, was ich nur will« (etwa um ausbeuterische Ansprüche gegenüber Untergebenen in der Arbeitswelt geltend zu machen); – »ich habe Unrecht erfahren, – also ist mein Wunsch, weh zu tun, nur eine berechtigte Vergeltungsmaßnahme, denn Strafe muß sein!«[77]

Allen Formen sadistischer Orientierung ist die Leidenschaft gemeinsam, »absolute und uneingeschränkte Herrschaft über ein lebendes Wesen auszuüben, sei dies ein Tier, ein Kind, ein Mann oder eine Frau«[78]. Erniedrigung und Versklavung sind Mittel dazu. Das Ziel der Beherrschung anderer wird aber dort am besten erreicht, wo der andere leidend gemacht wird; »denn es gibt keine größere Macht über eine andere Person, als ihr Schmerz zuzufügen, sie zu zwingen, Leid auf sich zu nehmen, ohne sich dagegen wehren zu können.«[79]

Das Bedürfnis des sadistisch Orientierten nach Beherrschung anderer hat seine tiefste Wurzel wie beim masochistisch Orientierten in einer Unfähigkeit, seine Freiheit zu leben. Statt dessen bindet er sich an andere und kann nur bestehen, wenn er über andere Macht ausüben kann. Das nicht-produktive Moment sowohl der sadistischen als auch der masochistischen Orientierung liegt in der symbiotischen Bezogenheit dieser Menschen zueinander, bei der der eine vom anderen lebt und abhängig ist.

Betrachtet man die Beziehung zwischen den Orientierungen im Assimilierungsprozeß und denen im Sozialisationsprozeß, so ergibt sich: Die rezeptive Orientierung im Assimilierungsprozeß entspricht der masochistischen im Sozialisationsprozeß, und die ausbeuterische Orientierung entspricht der oral-sadistischen, während die hortende Orientierung mit einer anal-sadistischen Orientierung zu parallelisieren ist.[80]

Ist das Charakteristikum der symbiotischen Bezogenheit ein enges Aufeinanderverwiesensein, so sind die nun folgenden nicht-produktiven Orientierungen im Sozialisationsprozeß durch ein Sich-Zurückziehen (withdrawal), d. h. *durch eine Distanz gekennzeichnete Bezogenheiten*, die den anderen als Bedrohung empfinden.[81] Im einzelnen handelt es sich um die konformistische, die nekrophil-destruktive und die narzißtische Orientierung.

---

77 Vgl. E. Fromm, *Escape from Freedom* (41/1), 144f.
78 E. Fromm, *The Anatomy of Human Destructiveness* (73/1), 288f.
79 E. Fromm, *Escape from Freedom* (41/1), 157.
80 Vgl. E. Fromm, *Man for Himself* (47/1), 111. – Die Unterscheidung in oral- und analsadistische Orientierung wurde aufgrund eines Vorschlags im Gespräch mit Erich Fromm getroffen.
81 Erich Fromm gebraucht als Abstraktionsbegriff für diese Gruppe von nicht-produktiven Orientierungen das Wort »withdrawal« = Sich-zurückziehen (*Man for Himself* [47/1], 111), das hier

Mit der *konformistischen Orientierung*[82] hat die moderne Gesellschaft eine in dieser Weise neue Art der zwischenmenschlichen Bezogenheit hervorgebracht, die wegen ihrer Verbreitung von großer Bedeutung ist, wegen ihrer Verschleierung durch Illusionen jedoch kaum von jemandem erkannt wird. Wie alle nicht-produktiven Orientierungen ist auch diese dadurch ausgezeichnet, daß das individuelle Selbst aufhört, es selbst zu sein. Statt dessen »adoptiert es gänzlich die Art von Persönlichkeit, die ihm von den kulturellen Vorbildern angeboten wird, so daß der Mensch exakt so wird, wie alle anderen sind und erwarten, daß er ist«[83]. Das individuelle Selbst zieht sich dadurch zurück, daß es sich den anderen konformistisch gleichmacht, zum Automaten wird und sich damit seiner »Freiheit-zu«, die zugleich als Allein- und Isoliertsein empfunden wird, in ein Nicht-Verschiedensein (indifference) entzieht, das dann »oft begleitet ist von einem kompensatorischen Gefühl des Selbstdünkels«[84].

Die Ebenen, auf denen sich die konformistische Orientierung zeigt, sind so zahlreich wie die Bezugspunkte eines Individuums zur Gesellschaft und deren Kultur. Sie reichen von der Mode bis zu den Theorien über Gleichheit als Uniformität in der Frauenrechtsbewegung.[85] Das Zwingende des »Man« dieser Orientierung läßt einen weiteren Aspekt konformistischer Bezogenheit deutlich werden: Während früher die Anpassung an sichtbare Autoritäten wie Staat, Kirche, Eltern, Schule, Moralkodizes einen ebenso sichtbaren Konformismus verlangten, hat die Autorität in der Mitte des 20. Jahrhunderts ihr Gesicht verändert. Sie wurde zur anonymen und unsichtbaren Autorität, die eben deshalb so zwingend ist, weil sie unsichtbar und damit unangreifbar geworden ist. Einzige Autorität ist hier das Man; und dieses kann heißen »Profit, ökonomische Notwendigkeit, Markt, gesunder Menschenverstand, öffentliche Meinung, – was ›man‹ tut, denkt, fühlt.«[86]

Die in der konformistischen Orientierung implizierte Unterwerfung unter anonyme Autoritäten macht nun auch verständlich, warum diese Orientierung, obwohl sie eine Unterwerfung und Aufgabe des individuellen Selbst ist, den-

---

in Ermangelung eines geeigneten deutschen Wortes mit dem von Erich Fromm auch verwendeten Wort »distance« = Distanz wiedergegeben wird.

82 Im Englischen wird diese Orientierung »indifferent« genannt, abgeleitet von »indifference« als dem emotionalen Äquivalent dieser Orientierung (vgl. E. Fromm *Man for Himself* [47/1], 110f.). Gemeint ist damit eine Orientierung, die sich als »automaton conformity« gibt, so daß hier wegen des nicht gleichsinnigen deutschen Wortes »indifferent« diese Orientierung »konformistisch« genannt wird. – Vgl. zum Folgenden bes.: E. Fromm, *Escape from Freedom* (41/1), 185–206; ders., *The Sane Society* (55/1), 152–163; ders., *The Art of Loving* (56/1), 10–15.

83 E. Fromm, *Escape from Freedom* (41/1), 185f.

84 E. Fromm und M. Maccoby, *Social Character in a Mexican Village* (70/11), 74.

85 Vgl. bes. E. Fromm, *The Art of Loving* (56/1), 11–13; dort sind auch konformistische Tendenzen früherer Kulturepochen beschrieben (a.a.O., 8–10).

86 E. Fromm, *The Sane Society* (55/1), 152f.; vgl. ders. und R. I. Evans, *Dialogue with Erich Fromm* (66/6), 21f.

noch die Kraft hat, Menschen Sicherheit und sogar Selbstdünkel zu geben. Ähnlich wie bei der masochistischen Orientierung partizipiert der sich durch Konformismus dem Diktat der anonymen Autoritäten Unterwerfende an der – durch die Anonymität noch gesteigerten – Macht dieser Autoritäten; er ist sozusagen selbst die Macht des Man.[87] Schließlich erklärt das Anonym-Gewordensein der zum Konformismus zwingenden Autoritäten auch, warum die Mehrheit der Menschen in unserer Gesellschaft dieser Orientierung folgt und doch eben diese Menschen der festen Überzeugung sind, Individualitäten zu sein, die frei denken, fühlen und handeln, wie sie wollen. Zum einen gibt »man« sich der Illusion hin, die (relative) Freiheit von äußeren Autoritäten habe erst Individualität und Selbstverantwortung ermöglicht, nur weil die äußeren Autoritäten ihren zwingenden Konformismus nicht mehr entfalten können. Zum anderen wird das in der konformistischen Orientierung sich ausdrückende Bestimmtsein durch anonyme Autoritäten als Interessiertheit, soziale Haltung, Mitten-im-Leben-Stehen, individuelle Note, produktiver Lebensentwurf usw. rationalisiert, und zwar zum größten Teil durch die anonymen Autoritäten selbst. In Wirklichkeit wird mit solchen Rationalisierungen freilich nur der Verlust des individuellen Selbst verdeckt und die konformistische Orientierung verschleiert, die wie ihr Pendant im Assimilierungsprozeß, nämlich die marketing Orientierung, nicht-produktiv ist, weil sie auf tieferer emotionaler Ebene ein Losgelöstsein von den anderen Menschen bedeutet.[88]

Kann die konformistische Orientierung mehr die passive Form dieser durch Distanz gekennzeichneten Bezogenheit genannt werden, so ist *die nekrophil-destruktive Orientierung* deren aktive Form. Zunächst ist jedoch zu klären, was Erich Fromm unter Destruktivität versteht.[89]

Es ist zwischen drei Formen destruktiven Handelns zu unterscheiden, die je verschieden motiviert sind: die reaktive oder defensive Aggression, die sadistisch-grausame Destruktivität und die nekrophile Destruktivität.[90] Die reak-

---

87 Vgl. E. Fromm, *Values, Psychology, and Human Existence* (59/2), 151–164, bes. 159: »Anstelle der vor-individualistischen Klan-Identität entwickelt sich eine neue Herden-Identität, in der das Identitätserleben auf dem Gefühl beruht, ohne in-Frage gestellt zu werden, zu der Masse zu gehören.«
88 Vgl. E. Fromm, *Man for Himself* (47/1), 112.
89 Vgl. zum Folgenden bes.: E. Fromm, *Escape from Freedom* (41/1), 159 und 179f.; ders., *Zur Theorie und Strategie des Friedens* (70/6), 22–29; ders., *Epilogue* (70/3), 191; ders., *The Anatomy of Human Destructiveness* (73/1), 325–368.
90 Vgl. E. Fromm, *Zur Theorie und Strategie des Friedens* (70/6). E. Fromm, *The Anatomy of Human Destructiveness* (73/1), stellt alle drei Formen destruktiven Handelns ausführlich dar; er unterscheidet zwischen zwei malignen Formen destruktiven Handelns: der Destruktivität, die sich durch Grausamkeit auszeichnet, und der Nekrophilie, die eine andere – durch Nekrophilie bestimmte – Form der Destruktivität ist. Zur besseren Unterscheidung werden hier die Bezeichnungen »nekrophile Destruktivität« (für den absolut gebrauchten Terminus »Nekrophilie«) und »nekrophil-destruktive Orientierung« (im Gegensatz zur sadistisch-destruktiven Orientierung) gebraucht.

tive oder defensive Aggression steht im Dienste des Lebens und tritt dort auf den Plan, wo die vitalen Lebensinteressen eines Menschen bedroht werden.[91] Ganz anderer Art ist die nur dem Menschen eigene sadistisch-grausame Destruktivität. Sie gebraucht Gewalt, um den anderen zu beherrschen und sich einzuverleiben. Das Objekt der destruktiven Handlung darf dabei nicht zugrunde gehen, weil es zur Symbiose gebraucht wird. Diese Destruktivität ist also nur Mittel zum Zweck. Davon ist nochmals völlig verschieden die wiederum nur dem Menschen eigene nekrophile Destruktivität, die auf Zerstörung des Objekts ausgerichtet ist, weil der nekrophil Handelnde durch alles, was tot, was Verfall, Krankheit, Nicht-Leben und Nicht-Wachsen ist, angezogen wird. Um diese nekrophile Destruktivität geht es, wenn von nekrophil-destruktiver Orientierung im Sozialisationsprozeß gesprochen wird. Sie ist im Gegensatz zur reaktiven Aggression zutiefst irrational, d. h. die nekrophil-destruktive Orientierung entspringt einer Leidenschaft im Menschen, die immer darauf aus ist zu zerstören und die im allgemeinen auch ihre Objekte findet. Und wenn aus irgendeinem Grunde keine Objekte gefunden werden können, so macht sie sich selbst zum Objekt mit dem Ergebnis schwerer Krankheiten oder gar des Selbstmords.

Die nekrophil-destruktive Orientierung ist von allen Orientierungen die sozial und individuell schädlichste. Sie ist kaum bewußt und meist nur in ihren Rationalisierungen erkennbar. Aufopfernde Liebe, strenge Pflichterfüllung, Gewissensruf, Patriotismus, persönliche Ehre, Rassenbewußtsein, Verteidigungsbereitschaft sind nur einige Beispiele für die Versuche einer Verschleierung nekrophil-destruktiver Orientierung gegen sich selbst und gegen andere. Der Zweck solcher Rationalisierungen ist immer der gleiche: Die irrationalen destruktiven Impulse sollen als reaktive Aggression oder als hohe sittliche Anstrengungen ausgegeben werden.[92]

Die nekrophil-destruktive Orientierung ist ein – wenn auch negativer und in höchstem Maße nicht-produktiver – Versuch, die Aufgabe der Bezogenheit zu anderen und zu sich selbst zu leisten. Die Notwendigkeit der Bezogenheit selbst resultiert aus dem dem Mensch eigenen Alleinsein und der damit verbundenen Machtlosigkeit. Der nekrophil-destruktiv Orientierte glaubt dieser Situation dadurch zu entkommen, daß er die möglichen Bezugsobjekte zu vernichten trachtet. Der »Lösungs«-Versuch der nekrophil-destruktiven Orientierung wird dabei von zwei weiteren Momenten mitbestimmt, die ihre Wurzeln ebenfalls in der isolierten und machtlosen Situation des Menschen haben, von der Angst und der Vereitelung (thwarting) des Lebens.[93]

---

91 Zur Auseinandersetzung mit Konrad Lorenz und anderen Ethologen bezüglich eines Aggressionstriebes bzw. Aggressionsverhaltens siehe a.a.O. und unten S. 183–187.
92 Vgl. hierzu etwa die Schärfe der Auseinandersetzung um die Reform des Abtreibungsparagraphen, die manchmal mehr von der destruktiven Charakterstruktur der Kämpfer für ein »Recht auf Leben« oder für das »Recht auf den eigenen Bauch« verrät als vernünftiges Argumentieren.
93 Vgl. hierzu E. Fromm, *Escape from Freedom* (41/1), 181f.

Jede Isolierung wird als Bedrohung der vitalen Lebensinteressen empfunden und produziert Angst, deren Abwehr normalerweise eine aggressive Haltung gegenüber den bedrohenden Objekten bedingt. Wird diese Haltung nicht überwunden (z. B. durch die liebende Zuwendung dieser Objekte), so manifestiert sich eine konstante, d. h. alle Lebensbezüge bestimmende Neigung zur Destruktivität. Die Vereitelung des Lebens resultiert aus einer inneren Blockade in der Realisierung der sinnlichen, gefühlsmäßigen und intellektuellen Fähigkeiten, die durch kulturelle, religiöse, moralische Tabus bezüglich Genuß und Freude am Leben gesteigert wird. Die Folge ist eine zwischenmenschliche Bezogenheit, die nekrophil-destruktiv orientiert ist, weil sie keine Liebe zum Leben entwickeln konnte und kann. »Destruktivität ist die Folge ungelebten Lebens.«[94] Die nekrophil-destruktive Orientierung hat im Sozialisationsprozeß ihre Parallele in der gleichnamigen Orientierung des Assimilierungsprozesses.

Eine letzte nicht-produktive Orientierung im Sozialisationsprozeß ist *die narzißtische Orientierung*.[95] Sie ist gegenüber den nicht-symbiotischen Orientierungen durch ein höheres Maß an Distanz (withdrawal) ausgezeichnet. Im Unterschied zur konformistischen und nekrophil-destruktiven Orientierung anerkennt der narzißtisch Orientierte nur seine eigene innere Welt als real an und ist unfähig, die Welt und andere »objektiv« so zu erkennen und zu erfahren, wie sie sind.

Erich Fromm hat diese Orientierung in ihrer fundamentalen Bedeutung erst relativ spät durch die Neuinterpretation des Freudschen Verständnisses von Narzißmus erkannt.[96] Sigmund Freud unterscheidet zwischen »primärem« und »sekundärem Narzißmus«[97]. »Unter ›primärem Narzißmus‹ versteht Freud das Phänomen, daß alle Libido des Säuglings sich nur auf sich selbst und noch nicht auf Objekte außerhalb seiner selbst erstreckt; er nimmt an, daß im Prozeß der Reifung die Libido sich nach außen wendet, daß sie sich aber in krankhaften Zuständen wieder von den Objekten löst und auf die eigene Person zurückgenommen wird (›sekundärer Narzißmus‹).«[98] Durch die Verbin-

---

94 E. Fromm, *Escape from Freedom* (41/1), 184.
95 Vgl. zum Folgenden bes.: E. Fromm, *The Sane Society* (55/1), 34–36; ders., *The Heart of Man* (64/1), 62–94; ders. und R. I. Evans, *Dialogue with Erich Fromm* (66/6), 68–70; E. Fromm und M. Maccoby, *Social Character in a Mexican Village* (70/11), 74–76; E. Fromm, *Einige post-marxsche und post-freudsche Gedanken über Religion und Religiosität* (72/2), 475; ders., *The Anatomy of Human Destructiveness* (73/1), 200–205.
96 Ein kurzer Hinweis auf die Möglichkeit einer narzißtischen Orientierung findet sich in E. Fromm, *Escape from Freedom* (41/1), 185, doch wird hier der Narzißmus als ein Fluchtmechanismus aus der Freiheit abgetan, der nur für die Individualpsychologie von Interesse sei. – Die ersten Reflexionen über Narzißmus finden sich in E. Fromm, *The Sane Society* (55/1), 34–36; sie werden dann in E. Fromm, *The Heart of Man* (64/1) expliziert.
97 Vgl. S. Freud, *Zur Einführung des Narzißmus*, Ges. Werke Band X, 138–170; ders., *Die Libidotheorie und der Narzißmus*, Ges. Werke Band XI, 427–446; ders., *Totem und Tabu*, Ges. Werke Band IX, 109–111.
98 E. Fromm, *Einige post-marxsche und post-freudsche Gedanken über Religion und Religiosität* (72/2), 475.

dung mit der Libido-Theorie bleibt der sekundäre Narzißmus auf krankhafte, meist psychotische Erscheinungen eingeschränkt. Erich Fromm erkennt diesen sekundären Narzißmus jedoch als für viele »normale« Menschen in ihrer zwischenmenschlichen Bezogenheit typisch.

»Narzißmus kann man . . . als einen Zustand der Erfahrung beschreiben, bei dem ein Mensch nur sich selbst, seinen Körper, seine Bedürfnisse, seine Gefühle, seine Gedanken, sein Eigentum, alles und jedes, was zu ihm gehört, als wirklich real erlebt, während jedes und alles, das nicht Teil seiner Person oder Gegenstand seiner Bedürfnisse ist, uninteressant ist, nicht wirklich real ist und nur intellektuell wahrgenommen wird, während es vom Affektiven her ohne Gewicht und Farbe bleibt.«[99] Solche Menschen kennen nur eine einzige Realität wirklich, nämlich die ihrer eigenen Gedanken, Gefühle und Bedürfnisse. »Die Welt außerhalb wird nicht objektiv, d. h. als in ihren eigenen Ausdrucksformen, Bedingungen und Bedürfnissen existierend erfahren und wahrgenommen.«[100] Deshalb kann der narzißtisch Orientierte z. B. nie ein Werturteil abgeben, das sich an dem zu Bewertenden mißt, weil er nur sich und das, was er denkt und fühlt, kennt. Aus demselben Grund ist er überempfindlich bei jeder noch so fairen Kritik an ihm.[101] Seine Nicht-Bezogenheit zur Welt außerhalb von ihm wird in einer Selbst-Überschätzung kompensiert, die es ihm ermöglicht, nur noch für sich selbst, seinen Körper, seinen Besitz, seine Krankheiten, seine Schuld, seine Schönheit, seine Tugend usw. zu leben. »Wenn ich ›groß‹ bin wegen irgendeiner Qualität, die ich habe, und nicht weil ich etwas zustande bringe, brauche ich weder zu jemandem noch zu etwas bezogen sein.«[102] Das einzige, was ein solcher Mensch darstellt, ist ein aufgeblasenes Ich, das nur sich selber pflegen darf.[103]

Die narzißtische Orientierung ist nicht nur bei einzelnen Individuen, sondern auch als »gesellschaftlicher Narzißmus« in einer Gruppe, Klasse, Rasse, Nation zu finden. In Verbindung mit destruktiven Tendenzen bildet er die Quelle von Gewalttätigkeit, Völkermord und Krieg.[104] Die Analyse des Gruppen-Narzißmus zeitigt ganz ähnliche Ergebnisse wie die des einzelnen narzißtisch Orientierten. Die Gemeinsamkeit besteht vor allem in der Unfähigkeit, die Realität objektiv zu sehen sowie in der permanenten Sorge, die Überlegenheit der eigenen Gruppe, Rasse, Religion usw. mit Hilfe von allerlei Ideologien

---

99 E. Fromm, *The Anatomy of Human Destructiveness* (73/1), 201.

100 E. Fromm, *The Sane Society* (55/1), 36.

101 Vgl. hierzu und zu den Folgen der Kritik am narzißtisch Orientierten E. Fromm, *The Heart of Man* (64/1), 74–77.

102 E. Fromm, *The Heart of Man* (64/1), 77.

103 Dieser Narzißmus ist zwar solipsistisch und xenophobisch, muß aber nicht identisch sein mit dem, was man gewöhnlich »Egoismus« nennt, weil Egoismus im Unterschied zum Narzißmus meist gerade nicht blind ist für die objektive Realität, sondern aus der richtigen Erkenntnis der Ansprüche des anderen heraus bewußt den eigenen Vorteil sucht. Vgl. E. Fromm, *The Heart of Man* (64/1), 70 Anm. 9. – Ähnliches ist zu sagen, wenn der Narzißmus als biologische Funktion des Selbsterhalts rationalisiert wird. Vgl. a.a.O., 72 f.

104 Vgl. den geschichtlichen Überblick a.a.O., 78–85.

herauszustellen.[105] Die narzißtische Orientierung ist wohl die ausgeprägteste nicht-produktive Orientierung im Sozialisationsprozeß, weil sie eigentlich die Bezogenheit zu den anderen zugunsten einer reinen Ich-Bezogenheit ersetzt und deshalb an der Aufgabe des Menschen, sich mit der Welt und den Menschen in Beziehung zu setzen, total vorbeigeht.

2.2.2.2 Die produktive Orientierung[106]

Die bisher aufgezeigten nicht-produktiv genannten Orientierungen haben das Paradoxon menschlicher Existenz deutlich werden lassen, »daß der Mensch Nähe und zugleich Unabhängigkeit, Einssein mit anderen und zugleich Bewahrung seiner Einmaligkeit und Besonderheit suchen muß«[107]. Dieses Zugleich wird nur in einer produktiven Orientierung zur Welt (d. h. zur Natur, zu anderen Menschen und zu sich selbst) ermöglicht. Produktivität bedeutet dabei, daß der Mensch die ihm eigenen und möglichen Fähigkeiten zu tätiger und kreativer Bezogenheit realisiert.[108] »Im Bereich des Denkens drückt sich die produktive Orientierung in der adäquaten Erfassung der Welt durch die Vernunft aus. Im Bereich des Handelns findet sie ihren Ausdruck in schöpferischer Tätigkeit . . . Im Bereich des Gefühlslebens ist die produktive Orientierung ausgedrückt in der Liebe, welche die Erfahrung des Einsseins mit einer anderen Person, mit allen Menschen und mit der Natur beinhaltet, unter der Bedingung, daß der Mensch sein Gefühl der Integrität und Unabhängigkeit beibehält.«[109]

Da die produktive Orientierung im Bereich des Handelns bereits aufgezeigt wurde[110], soll es im Folgenden um die produktiven Orientierungen der Liebe (love) und der Vernunft (reason) gehen, die zwar nur zwei verschiedene Formen derselben produktiven Bezogenheit darstellen, jedoch als Ausdruck zweier verschiedener Kräfte im Menschen, nämlich des Gefühls (feeling) und des Denkens (thinking) getrennt zu behandeln sind.

Wenn auch heute für alle möglichen Neigungen, Sympathien, Abhängigkeiten und Besessenheiten das Wort »Liebe« zu Unrecht gebraucht wird und unabhängig von diesem Mißbrauch des Wortes Liebe jeder Mensch *die Fähigkeit zur produktiven Liebe* grundsätzlich hat, so ist doch »ihre Realisierung . . . eine der schwierigsten Leistungen«[111]. Die Schwierigkeit beginnt bereits dort, wo versucht wird, Merkmale produktiver Liebe aufzuzählen. Kriterien für produktive Liebe sind weder die Objekte der Liebe noch die Intensität und Qualität der Liebe. Vielmehr sind es gewisse grundlegende Elemente, die für jede

---

105 Vgl. E. Fromm, *The Heart of Man* (64/1), 85–87.
106 Vgl. zum Folgenden bes.: E. Fromm, *Man for Himself* (47/1), 96–107; ders., *The Sane Society* (55/1), 31–34; ders., *The Art of Loving* (56/1).
107 E. Fromm, *Man for Himself* (47/1), 96 f.
108 Vgl. das zum Begriff »Produktivität« Ausgeführte oben S. 60 f.
109 E. Fromm, *The Sane Society* (55/1), 32.
110 Siehe oben S. 61 f.
111 E. Fromm, *Man for Himself* (47/1), 98.

Form produktiver Liebe typisch sind, nämlich Fürsorge (care), Verantwortungsgefühl (responsibility), Achtung (respect) und wissendes Verstehen (knowledge). Sie bestimmen die produktive Liebe, egal ob es nun um die Liebe der Mutter zu ihrem Kind, um die Liebe zur Menschheit, um die erotische Liebe zwischen zwei Menschen, um die Nächstenliebe oder um die Selbstliebe geht.[112] »Fürsorge und Respekt zeigen an, daß Liebe eine Aktivität (im Sinne von »produktiver Tätigkeit«) und keine Leidenschaft ist, die den Menschen überwältigt, und auch kein Affekt, durch den man mitgerissen wird.«[113] Gerade das Kennzeichen »Verantwortung« (responsibility) macht klar, daß mit Liebe keine von außen auferlegte Pflicht gemeint sein kann, sondern eine von innen kommende »Antwort« (response) auf die ausgesprochenen und nicht ausgesprochenen Bedürfnisse eines anderen Menschen.[114]

So sehr Fürsorge und Verantwortungsgefühl unverzichtbare Momente produktiver Liebe sind, kann Liebe immer noch in Herrschsucht und Besitzgier ausarten, wenn nicht als weitere Momente die Achtung vor dem anderen und das wissende Verstehen des anderen hinzukommen. Achtung ist allerdings nur möglich, wenn der Liebende frei ist, den anderen so zu sehen, wie er in seiner Individualität und Einzigartigkeit ist, und ihn nicht gebraucht und ausnützt. Achtung setzt also das wissende Verstehen des anderen voraus. Das Schwergewicht liegt dabei auf »Verstehen« im Sinne von Sich-in-den-anderen-Hineinversetzen, in seine Bedürfnisse, Ängste, Grenzen und Fähigkeiten.[115] Alle vier Merkmale produktiver Liebe sind voneinander abhängig und bedingen sich gegenseitig. »Sie sind ein Syndrom von Haltungen (attitudes), die in der reifen Person vorhanden sind.«[116]

Die Fähigkeit zu produktivem Denken, Vernunft genannt, ermöglicht dem Menschen, »durch die Oberfläche zu dringen und das Wesen seines Erkenntnisobjektes zu verstehen, indem er sich tätig zu ihm in Beziehung setzt«[117]. Dieser Beschreibung liegt die Unterscheidung zwischen Vernunft (reason) und Intelligenz (intelligence) zugrunde.[118] Während Intelligenz die Dinge nur

---

112 Vgl. E. Fromm, *Man for Himself* (47/1), 98. – Zu den einzelnen Objekten produktiver Liebe vgl. E. Fromm, *The Art of Loving* (56/1): Liebe zwischen Eltern und Kind: 32–38; Bruderliebe: 39–41; Mutterliebe: 41–44; erotische Liebe: 44–48; Selbstliebe: 48–53; Gottesliebe: 53–69. Diese Kriteriologie produktiver Liebe macht zugleich einen fundamentalen Unterschied zum Freudschen Verständnis von Liebe deutlich. Die Libido-Theorie setzt nämlich eine fixierte Quantität von Energie voraus, die nur alternativ eingesetzt werden kann. »Dementsprechend gibt es für einen Menschen nur die Alternative, andere und nicht sich selbst zu lieben, oder sich selbst zu lieben und so selbstisch zu sein und unfähig, andere zu lieben« (R. de la Fuente-Muniz, *Fromm's Approach to the Study of Personality,* 11).
113 E. Fromm, *Man for Himself* (47/1), 98.
114 Vgl. E. Fromm, *The Art of Loving* (56/1), 23.
115 Vgl. E. Fromm, *Man for Himself* (47/1), 101; ders., *The Art of Loving* (56/1), 23–27.
116 E. Fromm, *The Art of Loving* (56/1), 27. – Zur Unterscheidung zwischen kindlicher und erwachsen-reifer Liebe und der Entwicklung der Fähigkeit zur Liebe vgl. a.a.O., 32–34.
117 E. Fromm, *Man for Himself* (47/1), 97; vgl. zum Folgenden a.a.O., 102–107 und die S. 61 Anm. 58 genannten Werke.
118 Vgl. oben S. 61 Anm. 58.

unter dem Aspekt ihres Erscheinens und des daraus erkennbaren Gebrauchs-wertes sieht, »schließt Vernunft eine dritte Dimension ein, die Tiefendimen-sion, die das Wesen der Dinge und Entwicklungsvorgänge erreicht«[119]. Das Eindringen in den Gegenstand besagt zweierlei: Vom Subjekt des Erkenntnis-prozesses her bedeutet es ein Interesse (im Wortsinne), also ein existentielles Engagiertsein und ein Sich-in-Beziehung-Setzen; zum anderen aber besagt es ein Sich-bestimmen-Lassen durch das Objekt und die im Objekt liegende Na-tur, um sein Wesen, seine verdeckten Zusammenhänge und seinen tieferen Sinn zu erkennen. Das Objekt wird also nicht »als etwas Totes verstanden, als etwas, das von einem selbst und vom eigenen Leben losgelöst ist . . . Im Ge-genteil, das Subjekt ist an seinem Objekt stark interessiert, und je enger die Bindung ist, desto fruchtbarer ist das Denken.«[120]

Produktives Denken (Vernunft) ermöglicht Objektivität, weil es beides ver-bindet: vom Subjekt ausgehendes Interesse am Objekt und die Achtung des Denkenden vor seinem Objekt. Die Achtung vor dem Objekt, so wie es ist, impliziert, daß der Beob-achtende sein Objekt immer in der Totalität seiner Erscheinung ernstnimmt und nicht einzelne Aspekte isoliert, ohne das Ganze zu sehen (wie es die Intelligenz tut). Objektivität als Achtung vor dem Objekt, so wie es ist, bedeutet schließlich auch, daß das erkennende Subjekt sich der besonderen Konstellationen bewußt wird, in denen es am Objekt interessiert ist.[121] »Objektivität heißt nicht, sich von etwas distanzieren, sondern vor etwas Achtung haben.«[122] Nur so ist produktives Denken, ist Vernunft möglich. Es entspricht in seiner Eigenart der produktiven Liebe und dem produktiven Handeln. Produktive Vernunft und Liebe als Ausdruck und Kennzeichen pro-duktiver Tätigkeit sind Zentralbegriffe von Erich Fromms Charakterologie, Anthropologie, Religion und Ethik.

2.2.3 Die Affinität und die Mischungen der verschiedenen Orientierungen[123]

Der Aufweis der verschiedenen Orientierungsmöglichkeiten im Prozeß der Assimilierung und Sozialisation hat immer wieder *die Affinität der Orientie-rungen* deutlich werden lassen. Sie werden im Folgenden der Übersichtlichkeit halber schematisch dargestellt. Die Zuordnung folgt hierbei den bisherigen Ausführungen und unterscheidet sich in einigen Punkten von den von Erich Fromm in *Man for Himself* vorgenommenen Zuordnungen.[124]

---

119 E. Fromm, *Man for Himself* (47/1), 102.
120 A.a.O., 103.
121 Erich Fromm wendet sich hier also sowohl gegen eine Subjektivität, bei der das Denken nicht vom Objekt kontrolliert wird, als auch gegen eine Objektivität, die jedes engagierte Interesse aus-schließen will. Vgl. E. Fromm, *Man for Himself* (47/1), 105.
122 A.a.O.
123 Vgl. zum Folgenden vor allem: E. Fromm, *Man for Himself* (47/1), 78–82 und 112–117; ders. und M. Maccoby, *Social Character in a Mexican Village* (70/11), 77–80.
124 Die Modifikationen gegenüber E. Fromm, *Man for Himself* (47/1), 111, gründen auf Ge-

Zuordnung der Orientierungen im Assimilierungs- und Sozialisationsprozeß:

Orientierungen	im Assimilierungsprozeß	im Sozialisationsprozeß
nonproductive	receptive ——————— exploitative ———————— hoarding ———————— marketing ————————— necrophilic- destructive	masochism ———— *symbiosis* oral ⟍ sadism (authori- anal ⟋ tarian) indifference necrophilic- *with-* destructiveness *drawal* (narcissism)
productive	working ———————	loving, reasoning

Man würde die Charakterlehre Erich Fromms mißverstehen, wollte man die einzelnen Orientierungen bereits als die Größe ansehen, die den Charakter eines Menschen ausmacht. Die aufgezeigten Orientierungen sind insofern letzte Grundrichtungen menschlicher Bezogenheit, als sich Charakterzüge und Verhaltensweisen eines Menschen wesentlich von der je zugrunde liegenden Orientierung her bestimmen. Die einzelnen Orientierungen sind vor allem von Bedeutung für die Erforschung des Gesellschafts-Charakters und der Faktoren, die diesen bestimmen.

Die genannten Orientierungen sind als Ideal-Typen im Sinne Max Webers zu verstehen, so daß nie eine einzelne Orientierung den Menschen bestimmt, sondern bei jedem Individuum eine *Mischung aller Orientierungen* gegeben ist und alles darauf ankommt, in welchem Mischungsverhältnis die Orientierungen vorliegen und welche Dominanz in einem Individuum (oder auch einer gesellschaftlichen Gruppe) herrscht.

Zunächst ist zu unterscheiden zwischen Mischungen der nicht-produktiven Orientierungen unter sich und Mischungen zwischen nicht-produktiven und produktiven Orientierungen.[125] Für erstere ist zusammenfassend zu sagen, daß fast immer Mischungen zwischen rezeptiver und ausbeuterischer Orientierung gegeben sind. Eine weitere Mischungstendenz besteht zwischen der konformistischen (als passiver Teil) und der nekrophil-destruktiven Orientierung (als aktiver Teil). Schließlich ist eine relativ häufige Verbindung von hortender und nekrophiler bzw. narzißtischer und nekrophil-destruktiver Orientierung konstatierbar. Was die Mischung zwischen nicht-produktiven Orientierungen und produktiver Orientierung betrifft, so ist zunächst festzustellen, daß »es keinen Menschen gibt, dessen Orientierung ausschließlich

---

sprächen mit Erich Fromm und legitimieren sich teilweise durch die Überlegungen in E. Fromm, *The Anatomy of Human Destructiveness* (73/1), 348f. und 462f.

125 Die Affinität von Orientierungen im Assimilierungs- und Sozialisationsprozeß ist hier nicht als Mischung zu verstehen, sondern als selbstverständliche Voraussetzung für die Mischungen, entsprechend den zwei verschiedenen Möglichkeiten der Beziehung zur Welt.

produktiv ist, und keinen, dem Produktivität grundsätzlich abgeht«[126]. Entscheidend ist jedoch das jeweilige Gewicht von produktiver und nicht-produktiver Orientierung in der Charakterstruktur. Das Gewicht der produktiven Orientierung bestimmt die Qualität der nicht-produktiven Orientierungen. Ist jemand so wenig produktiv orientiert, daß seine nicht-produktiven Orientierungen überwiegen, dann kommt diejenige nicht-produktive Orientierung in ihren negativen Aspekten zur Dominanz, die in der Mischung der nicht-produktiven Orientierungen eine Vorrangstellung hat. Ein Mensch handelt, denkt, fühlt dann z. B. tatsächlich vorwiegend nekrophil-destruktiv. Je größer aber das »Gewicht« der produktiven Orientierung ist, desto weniger negativ wirken sich die nicht-produktiven Orientierungen aus. Jede nicht-produktive Orientierung hat nämlich neben ihren bisher beschriebenen negativen Aspekten auch positive, die dann in den Vordergrund treten, wenn die produktive Orientierung dominant ist. So wird z. B.[127] das Aggressive in der ausbeuterischen und sadistischen Orientierung zur positiven Fähigkeit, Initiativen zu ergreifen; der Arrogante wird zum Selbstbewußten. Oder der Indifferente wird zum Toleranten, der Intellektualist zum Intelligenten. Welche Charakterzüge einen Menschen auszeichnen, ist also determiniert vom Grad der produktiven Orientierung. Hinzu kommt, daß die jeweilige Orientierung sich verschieden stark in den Ebenen des Handelns, Fühlens und Denkens auswirken kann. »Berücksichtigt man im Bild der Persönlichkeit außerdem die verschiedenen Temperamente und Begabungen, so ist leicht ersichtlich, daß die Konfiguration dieser Basiselemente zu einer endlosen Zahl von Variationen in der Persönlichkeit beiträgt.«[128]

2.3 Das Wachstums- und das Verfallssyndrom[129]

Die Deskription der verschiedenen Charakter-Orientierungen, ihrer Affinitäten und ihrer Mischungen hat offenbar gemacht, daß es bei aller Vielfalt der Kombinationsmöglichkeiten so etwas wie zwei Tendenzen der Charakter-Orientierungen gibt. Die eine Tendenz ist auf die höchstmögliche Realisierung der Liebe zum Leben ausgelegt; die andere Tendenz zielt auf die Verhinderung des Lebens und ist destruktiver Art. Diese Beobachtung veranlaßte Erich Fromm, Voraussetzungen und Bedingungen für die Entwicklung dieser gegensätzlichen Tendenzen näher zu untersuchen, die Bestimmungsfaktoren ihrer Intensität zu erhellen und die Korrelation beider Tendenzen zu präzisieren. Das Ergebnis dieser Forschungen ist die Statuierung eines Wachstums- und eines Verfallssyndroms. Das Verfallssyndrom bildet sich dabei jedoch erst als

---

126 E. Fromm, *Man for Himself* (47/1), 113.
127 Vgl. die ausführlichen Tabellen in E. Fromm, *Man for Himself* (47/1), 115 f.
128 E. Fromm, *Man for Himself* (47/1), 117.
129 Vgl. hierzu vor allem E. Fromm, *The Heart of Man* (64/1), 37–114.

Folge des Scheiterns des Wachstumssyndroms; es ist also mit diesem nicht gleichursprünglich. Formal betrachtet handelt es sich bei diesen Untersuchungen um eine Präzisierung der Orientierungen im Sozialisationsprozeß und um deren Systematisierung auf zwei Grundorientierungen, nämlich auf das Wachstums- bzw. Verfallssyndrom (syndrom of growth and syndrom of decay) hin.

2.3.1 Biophilie und Nekrophilie und ihre Beziehung zu Sigmund Freuds Lebens- und Todestrieb

Ausgehend von der Beobachtung, daß alles, was lebt, vom biologischen Prinzip des Wachstums bestimmt ist, kommt Erich Fromm mit »der von vielen Biologen und Philosophen gemachten Annahme (überein), daß es eine inhärente Qualität aller lebenden Substanz ist, zu leben und seine Existenz zu erhalten«[130], d. h. gegen den Tod zu kämpfen. Dieser Kampf um die Existenz bedingt zwar eine reaktive Aggression, wenn sich ein Lebewesen wehren muß, um zu überleben. Auf der anderen Seite aber besagt Erhalt der Existenz auch, daß aller lebenden Substanz die Tendenz innewohnt, sich zu integrieren und zu vereinen. »Der Zyklus des Lebens ist der von Vereinigung, Geburt und Wachstum.«[131] Diese auch dem Menschen inhärente Tendenz nennt Erich Fromm Biophilie (biophilia), Liebe zum Leben und Lebendigen. »Die volle Entfaltung der Biophilie wird in der produktiven Orientierung gefunden.«[132] Dieser Liebe zum Lebendigen steht die Liebe zum Toten, die Nekrophilie (necrophilia) entgegen, wie sie bereits in ihrem Wesen und in ihren Erscheinungsformen beschrieben wurde.[133] Ihr Wesen ist die Liebe zu allem, was tot ist und nicht wächst, zu allem Unorganischen, Dinghaften und Mechanischen.[134] Die Nähe der Biophilie und Nekrophilie zu dem, was Sigmund Freud mit Lebens- und Todestrieb meint, liegt auf der Hand. Dennoch unterscheiden sich beide Theorien fundamental.[135] Es stimmt zwar, daß die Affinität zum Lebendigen und die Affinität zum Toten ein grundlegender Widerspruch im Menschen selbst sind. Dennoch beruht diese Dualität nach Erich Fromm nicht auf zwei gleichursprünglichen, biologisch verankerten Trieben, die relativ konstant sind und sich so lange bekämpfen, bis die Liebe zum Toten die Liebe zum Lebendigen (Eros) besiegt. Vielmehr handelt es sich um eine Dualität »zwischen der primären und höchst fundamentalen Tendenz zum Lebendigen – Leben zu erhalten (Lebenserhaltungstrieb) – und ihrem Widerspruch, der dann entsteht, wenn der Mensch die Tendenz zum Leben verfehlt. In dieser

---

130 E. Fromm, *The Heart of Man* (64/1), 45.
131 A.a.O., 46.
132 A.a.O., 46f.
133 Siehe oben S. 58f. und 68–70.
134 Vgl. E. Fromm, *The Heart of Man* (64/1), 37–45.
135 Vgl. zum Folgenden a.a.O., 48–55; ders., *The Anatomy of Human Destructiveness* (73/1), 439–478, sowie oben S. 46–49.

Sicht ist der ›Todestrieb‹ ein malignes Phänomen, das wächst und sich in einem Ausmaß durchsetzt, wie es dem Eros nicht gelingt.«[136] Die Erscheinungen, die Sigmund Freud dem Wirken des Todestriebes anlastet, sind demnach nicht Teil primärer biologischer Gegebenheiten, denen jeder Mensch notwendig unterliegt, sondern eine sekundäre Möglichkeit psychopathologischer Entwicklung, die erst gar nicht eintritt bzw. nicht eine konkurrierende Größe wird, wenn sich die primäre Möglichkeit einer Liebe zum Lebendigen unter geeigneten Bedingungen entwickeln kann.

Der wesentliche Unterschied zwischen dem Freudschen und dem Frommschen Verständnis ist hierin zu sehen: Bei der Theorie Sigmund Freuds ist die Stärke von Lebens- und Todestrieb jeweils konstant, und die Umwelteinflüsse können nur darauf Einfluß nehmen, ob sich der Todestrieb mehr gegen die eigene Person oder gegen andere richtet. Für Erich Fromm hängt sowohl die Entwicklung der Nekrophilie überhaupt als auch die Intensität ihrer Wirkmächtigkeit von nicht-biologischen Faktoren ab. »Die wichtigste Bedingung für die Entwicklung der Liebe zum Lebendigen beim Kind ist sein Zusammensein mit Menschen, die das Leben lieben.«[137] Die Prägung durch diese Kontaktpersonen geschieht dabei weniger durch ausdrückliche Bekundungen der Lebensliebe als vielmehr auch durch die nicht-verbalen und unreflektierten Möglichkeiten der Kommunikation wie z. B. durch Gebärden oder Tonfall. Die Kontaktpersonen müssen also in ihrer Charakterstruktur selbst biophil sein. Aus dieser grundsätzlichen Bedingung resultieren spezielle pädagogische Postulate wie Wärme, herzlicher Kontakt, Freiheit und Schutz vor Drohungen, eine Lebensführung, die voller Anregungen ist usw.[138]

Eine entscheidende Rolle bei der Entwicklung der Biophilie spielen die sozialen Verhältnisse. »Liebe zum Lebendigen kann sich am besten in einer Gesellschaft entwickeln, wo folgende Voraussetzungen gegeben sind: Sicherheit in dem Sinne, daß die materiellen Grundbedingungen für ein menschenwürdiges Leben nicht bedroht sind; Gerechtigkeit in dem Sinne, daß niemand Mittel zum Zweck für andere werden kann; und Freiheit in dem Sinne, daß jeder die Möglichkeit hat, ein aktives und verantwortliches Glied der Gesellschaft zu sein.«[139] Diese individuellen und gesellschaftlichen Bedingungen und nicht, wie Sigmund Freud annahm, zwei biologische, der Natur des Menschen inhärente und seine Entwicklung strikt determinierende Triebe, entscheiden darüber, ob ein Mensch in seiner Charakterstruktur biophil oder nekrophil orientiert ist.[140]

---

136 E. Fromm, *The Heart of Man* (64/1), 50.
137 A.a.O., 51. – Vgl. B. Landis, *Fromm's Theory of Biophilia – Necrophilia.*
138 Vgl. E. Fromm, *The Heart of Man* (64/1), 51; ders., *Foreword* (60/6); ders., *Essay* (70/7).
139 E. Fromm, *The Heart of Man* (64/1), 52f. – Zum Verhältnis der nekrophilen und biophilen Orientierung zu Sigmund Freuds analem bzw. genitalem Charakter vgl. E. Fromm, *The Heart of Man* (64/1), 53–55; bezüglich der sozialen Bedingungen für eine nekrophile Charakterentwicklung in unserer gegenwärtigen Industriegesellschaft vgl. a.a.O., 55–61.
140 Siehe oben S. 49.

2.3.2 Narzißmus und inzestuöse Symbiose

Narzißmus und inzestuöse Symbiose wurden bereits als Orientierungen im Sozialisationsprozeß erörtert, letztere unter dem Begriff der symbiotischen Bezogenheit als masochistische und sadistische Orientierung.[141] Ihr Spezifikum – darum das jetzige Interesse an ihnen – liegt in ihrer entscheidenden Bedeutung für eine progredierende oder regredierende Entwicklung im Leben eines Menschen wie auch von Gruppen. Erich Fromm hat sie deshalb als Komponenten im Verfallssyndrom eingereiht.

Der Narzißmus eines erwachsenen Menschen beruht auf einem Mißlingen des Entwicklungsprozesses vom sog. primären Narzißmus des Kleinkindes zu einer Objektbezogenheit, die erst eine produktive Bezogenheit des Menschen zur Natur, zu den anderen Menschen und zu sich selbst ermöglicht.[142] Nun wird gerade beim Narzißmus deutlich, daß es ihn in seiner extremen Form selten gibt. Er tritt vielmehr in allen möglichen Abstufungen auf von stark malignen Formen des Nur-um-sich-selbst-Kreisens über weniger maligne Formen der Koppelung mit produktiver Tätigkeit bis hin zur Fähigkeit zur Nächsten-, Fremden- und Menschheitsliebe.[143] Ontogenetisch und phylogenetisch ist die Intensität des individuellen bzw. gesellschaftlichen Narzißmus Maßstab der Regression auf frühere Entwicklungsstufen. Umgekehrt sind Nächsten- und Menschheitsliebe Ausdruck der Progression und Überwindung des individuellen und gesellschaftlichen Narzißmus. So arbeitet der Narzißmus in seinen malignen Formen gegen Leben und Wachstum und zugunsten von Destruktion und Tod und ist deshalb eine wesentliche Komponente im Verfallssyndrom.

Ähnliches ist von der letzten Orientierung zu sagen, von der inzestuösen Symbiose (incestuous symbiosis).[144] Sie beruht auf einer inzestuösen Fixierung. Diese erfährt jedoch bei Erich Fromm eine Interpretation, die über die von Sigmund Freud im Zusammenhang mit dem Ödipus-Komplex erarbeitete hinausgeht. Zwar gibt es in jedem Kind inzestuöse Strebungen, doch sind diese nicht primär das Ergebnis sexueller Wünsche und nicht an eine bestimmte – nämlich die ödipale – Phase der Libido-Entwicklung gebunden, »sondern konstituieren eine der fundamentalsten Tendenzen im Menschen: den Wunsch, an eine alles beschützende Figur gebunden zu bleiben, die Angst, frei zu sein, und die Furcht, mit der der Mensch sich selbst hilflos gemacht hat.«[145] Der Begriff »Mutter« ist hier zunächst wörtlich zu verstehen, insofern die Mutter genetisch die erste Personifikation der Macht ist, die beschützt und Sicherheit garantiert. Im Verlauf der psychischen Entwicklung wird sie ersetzt und ergänzt durch die mütterlichen Elemente Familie, Klan, Blut, Nation, Kirche, politische Partei, oder auch – archaisch – durch Natur, Erde, Meer

---

141 Siehe oben S. 63–66 und 70–72.
142 Vgl. oben S. 70–72.
143 Vgl. E. Fromm, *The Heart of Man* (64/1), 77.
144 Vgl. zum Folgenden a.a.O., 95–108.
145 E. Fromm und M. Maccoby, *Social Character in a Mexican Village* (70/11), 77.

usw. Jeder Mensch hat in sich die Tendenz, an eine mütterliche Person oder an ein Äquivalent gebunden zu bleiben. Er gerät damit in Konflikt mit der fundamentaleren Tendenz in ihm, geboren zu werden, sich vorwärts zu entwickeln und zu wachsen. Gelingt dies nicht, so setzt sich die regressive Tendenz der symbiotischen Bezogenheit durch; sie wird dann die Quelle von Haß, Destruktivität und Irrationalität und begründet sowohl die sadistische wie die masochistische Orientierung.[146] Die inzestuöse Mutterbindung impliziert nämlich nicht nur Liebe und Geborgenheit, sondern meistens auch Angst, die sich aus der Abhängigkeit und Unfreiheit dieser Bindung ergibt, vor allem dann, wenn die »Mutter« selbst nekrophil orientiert ist.

Inwieweit Formen der Mutterbindung gut- oder bösartig sind, hängt vom Grad der Regression ab. Die malignen Formen, in denen das Scheitern des Menschen an seiner Aufgabe, unabhängig und selbständig zu werden, zum Ausdruck kommt, nennt Erich Fromm inzestuöse Symbiose.[147] In der extremsten regressiven Form wünscht das Unbewußte die Rückkehr in den Mutterleib, um auf diese Weise die totale Harmonie mit der Natur wiederzufinden, gibt aber damit gleichzeitig auch die eigene Individualität und den Wunsch zu leben auf.

2.3.3 Die Konvergenz innerhalb des Wachstums- und Verfallssyndroms und die Korrelation der Syndrome[148]

Die Beschreibungen der Nekrophilie, des Narzißmus und der inzestuösen Symbiose als Komponenten des Verfallssyndroms legen nahe, daß diese Komponenten um so stärker ineinander übergehen, je bösartiger sie auftreten, während sie in weniger malignen Formen durchaus voneinander unterschieden werden können und oft auch nur einzeln im Menschen auftreten. Je archaischer jedoch die Form einer solchen Orientierung im Verfallssyndrom auftritt und je größer die Regression ist, desto mehr verschmelzen die drei Orientierungen zu einem Verfallssyndrom, das den Menschen dann so total bestimmt, daß seine ganze Persönlichkeit davon geprägt ist.[149] Umgekehrt ist diese Kon-

---

146 Vgl. E. Fromm, *The Heart of Man* (64/1), 107f. – E. Fromm und M. Maccoby, *Social Character in a Mexican Village* (70/11), 77: »Das patriarchalische Äquivalent zur Mutterbindung, die gehorsame Unterwerfung unter den Vater, hat ähnliche Auswirkungen, obwohl es den Anschein hat, daß die Tiefe und Intensität der Fixierung auf die Mutter und die Furcht vor ihr größer ist. In der Tat, es gibt viele klinische Gründe für die Annahme, daß die Unterwerfung unter den Vater ein Versuch ist, der inzestuösen Regression zu entfliehen.« Vgl. E. Fromm, *The Heart of Man* (64/1), 103f.

147 Vgl. E. Fromm, *The Heart of Man* (64/1), 100–102.

148 Vgl. zum Folgenden: E. Fromm, *The Heart of Man* (64/1), 108–114.

149 Im Gegensatz zu Sigmund Freuds Ansicht, daß die krankhafteste Form der Orientierung dort gegeben ist, wo der Mensch auf die früheste Phase der Libido-Entwicklung regrediert, also auf die oral-rezeptive, vertritt Erich Fromm aufgrund seiner eigenen klinischen Beobachtungen die Meinung, daß das Maß des Pathologischen nicht von der Evolutionsphase der Libido-Entwicklung abhängig ist. Vielmehr kann auf jeder Stufe der Entwicklung der Mensch ins Pathologische regre-

vergenz auch bei den Gegenorientierungen konstatierbar. Progrediert ein Mensch zur Biophilie, zur Nächsten- und Fremdenliebe, so konvergieren diese Orientierungen in ein Wachstumssyndrom, das die höchste Fülle und Produktivität menschlichen Lebens darstellt.

Je stärker die Orientierungen in ein Syndrom konvergieren, desto mehr schließen sie sich gegenseitig aus. Ein vom Wachstumssyndrom bestimmter Mensch wird also unfähig sein, sich nekrophil, narzißtisch oder symbiotisch mit den anderen Menschen in Beziehung zu setzen. Gleiches gilt vom Verfallssyndrom. So sehr aber das eine Syndrom das andere ausschließt, so gilt doch, daß das Verfallssyndrom erst die Folge eines nicht entwickelten, aber dem Menschen a priori eigenen Wachstumssyndroms ist. Bereits 1941 erkannte Erich Fromm, daß »das Ausmaß der Destruktivität proportional ist . . . zu dem Ausmaß, in dem Lebensentfaltung vereitelt ist«, daß aber Destruktivität erst »die Folge ungelebten Lebens« ist.[150] Die damals für die Korrelation von Destruktivität und Lebensentfaltung aufgestellte These gilt auch für die anderen Orientierungen und für das Wachstums- und Verfallssyndrom selbst. Erich Fromm faßt das Bisherige in einer Skizze zusammen.[151]

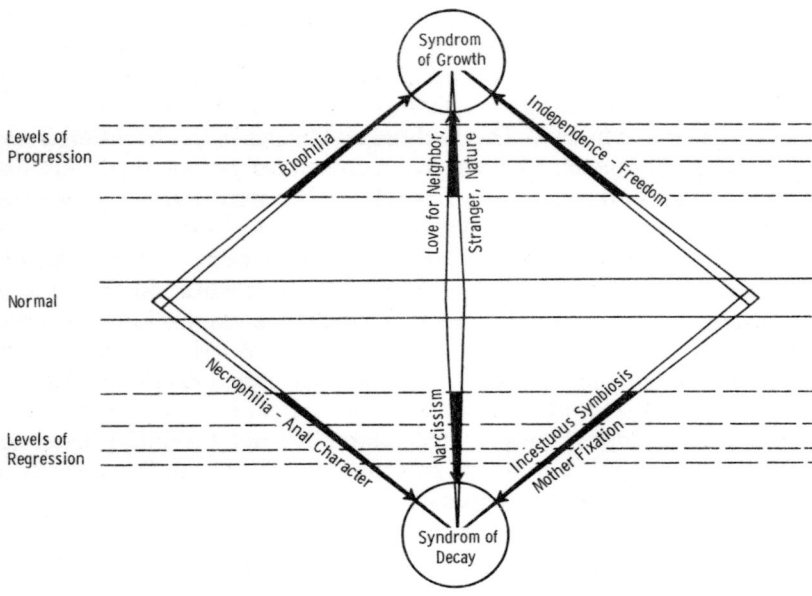

dieren, und das Maß des Krankhaften hängt nur vom Maß der Regression innerhalb der jeweiligen Orientierung ab. Vgl. hierzu a.a.O., 111–113.

150 E. Fromm, *Escape from Freedom* (41/1), 183 f.

151 E. Fromm, *The Heart of Man* (64/1), 114. Zur Weiterentwicklung der Alternative von Biophilie und Nekrophilie bzw. von Wachstums- und Verfallssyndrom in den Modi des Seins und des Habens vgl. den letzten Teil dieser Arbeit.

3 Die Ansichten zur Natur und Geschichte des Menschen

3.1 Die Natur des Menschen

Bei den bisherigen Ausführungen zur Charakterlehre Erich Fromms mußte immer wieder auf Voraussetzungen, die nur postuliert werden konnten und sich nicht direkt aus der klinischen Beobachtung ergaben, zurückgegriffen werden. Zwar weisen zum Beispiel die Analysen menschlicher Bezogenheit auf die Notwendigkeit solcher Bezogenheit überhaupt hin. Doch läßt sich aus der Analyse der klinischen Beobachtung allein weder eine solche Notwendigkeit noch eine Klassifizierung bezüglich positiver oder negativer Art der Bezogenheit stringent erschließen. Die Richtigkeit klinischer Beobachtung erweist sich erst dort, wo einerseits die Voraussetzungen für die Analyse bestimmter Phänomene und Verhaltensweisen reflektiert werden und wo andererseits diese Voraussetzungen durch die Analyse selbst wieder korrigiert werden. Nur im ständigen Wechselspiel zwischen dem philosophisch-anthropologischen Entwurf und der fortlaufenden Korrektur dieses Entwurfs durch die analytische Arbeit nach den Methoden der jeweiligen Disziplin können wissenschaftliche Erkenntnisse in den Human- und Sozialwissenschaften gezeitigt werden, die dann erst als Aussagen über den Menschen und seine Natur für eine ethische Fragestellung relevant werden können. Es soll deshalb nun die Darstellung der conditio humana im Verständnis Erich Fromms folgen; denn jede Psychologie »muß auf einem anthropologisch-philosophischen Begriff der menschlichen Existenz basieren«[1].

3.1.1 Das »Wesen« oder die »Natur des Menschen«[2]

Die Frage, ob es so etwas wie ein »Wesen« oder eine »Natur« des Menschen gibt, bewegt in zunehmendem Maße das Denken Erich Fromms. Die Dring-

---

1 E. Fromm, *Man for Himself* (47/1), 45.
2 Vgl. zum Folgenden von Erich Fromm: *Man for Himself* (47/1), 20–24; *The Sane Society* (55/1), 12–27; *The Heart of Man* (64/1), 17–23 und 115–117; *Introduction* (68/8), 3–24; *The*

lichkeit der Fragestellung geht bei ihm parallel mit der systematischen Rechtfertigung seiner humanistischen Sicht des Menschen und seiner Bestimmung.[3]
Die Schwierigkeiten, eine näher bestimmbare »Natur« des Menschen zu
postulieren, werden nicht übersehen: Abgesehen davon, daß mit dem Begriff
»Wesen« (essence) oder »Natur des Menschen« (nature of man) mißbräuchlich nur bestimmte Herrschaftsansprüche und Gesellschaftsformen stabilisiert
wurden[4], haben die modernen Wissenschaften die Möglichkeit einer sich
überall und jederzeit durchhaltenden »Natur« des Menschen infrage gestellt.
Historische Forschungen, kulturanthropologische Entdeckungen und das
Ernstnehmen der Evolutionstheorie legen eine relativistische Sicht näher[5], so
daß das wahre Problem darin bestünde, »den der ganzen menschlichen Rasse
gemeinsamen Kern (core) aus den unzählbaren Manifestationen der menschlichen Natur zu erschließen . . . (und) darüberhinaus die der menschlichen Natur inhärenten Gesetze und deren inhärente Entwicklungs- und Entfaltungs-
ziele zu erkennen«[6]. Solche Versuche sind im Laufe der Geschichte wiederholt
gemacht worden, indem zwischen dem Wesen selbst und bestimmten Wesenseigenschaften, die allen Menschen gemeinsam sind, unterschieden wurde.
Derartige Wesensattribute sind etwa die Vernunft (animal rationale), die Fähigkeit zur Produktion (homo faber), die Fähigkeit zur gesellschaftlichen Organisation (zoon politikon) und die Fähigkeit zur Sprache (Symbolfähigkeit).[7]
Allein schon die Vielfalt der möglichen Wesensattribute zeigt, daß diese die
»Totalität der menschlichen Natur«[8] nicht umgreifen.
Erich Fromm selbst schlägt ein Verstehensmodell vor, das sowohl die Sicht einer unveränderbaren menschlichen Natur wie eine Position überwindet, die
mit Ausnahme von einigen Wesensattributen etwas, das allen Menschen gemeinsam ist, bestreitet. Es ist die mathematische Vorstellung von Konstanten
und Variablen: »Man könnte sagen, daß im Menschen, seit er begonnen hat,
Mensch zu sein, etwas ist, das konstant gleich bleibt, eine Natur; innerhalb des
Menschen aber gibt es eine große Zahl von veränderbaren Faktoren, die ihn

Anatomy of Human Destructiveness (73/1), 219–230. Eine knappe, aber gute Übersicht über die
Anthropologie Erich Fromms bietet P. Vranicki, _Geschichte des Marxismus_, Band II, 865–876.
3 Einen gewissen Höhepunkt stellt die von Erich Fromm zusammen mit Râmon Xirau herausge-
gebene Anthologie _The Nature of Man_ (68/7) dar, in der neben einer _Introduction_ (68/8) von
Erich Fromm 72 Texte zur Frage der »Natur des Menschen« von den Upanishaden bis zu Edith
Stein, Adam Schaff und David Riesman zusammengetragen sind.
4 Vgl. E. Fromm, _The Sane Society_ (55/1), 13: »Was oft ›menschliche Natur‹ genannt worden
ist, ist nur eine ihrer vielen Manifestationen – und oft nur eine pathologische –, und die Aufgabe
einer solchen falschen Definition war es gewöhnlich, eine ganz bestimmte Art von Gesellschaft
. . . zu verteidigen.«
5 Vgl. E. Fromm, _Introduction_ (68/8), 3f.; ders., _The Anatomy of Human Destructiveness_ (73/1),
219f.
6 E. Fromm, _The Sane Society_ (55/1), 13.
7 Vgl. E. Fromm, _Introduction_ (68/8), 5f.
8 A.a.O., 6. – Zu Erich Fromms ganzheitlicher Sicht des Menschen und zum Begriff der »Totalität« vgl. R. Funk, _Zu Erich Fromm – Leben und Werk._

zu Neuerungen, Kreativität, Produktivität und Fortschritt befähigen.«[9]
Hinter diesem Verstehensmodell steht die Marxsche Unterscheidung zwischen
der menschlichen Natur im allgemeinen und der in jeder Epoche historisch
modifizierten Menschennatur. Der Begriff der menschlichen Natur ist dabei
keine Abstraktion; er ist vielmehr »das Wesen des Menschen, im Unterschied
zu den verschiedenen Formen seiner historischen Existenz . . .«[10]. Während
Karl Marx nun den »Gattungscharakter des Menschen« als »freie bewußte
Tätigkeit« definiert[11] und den Menschen als ein Lebewesen sieht, das mit Vor-
bedacht und Phantasie produziert[12], erkennt Erich Fromm in solchen Defini-
tionen keine Aussage über das Wesen, sondern nur über Wesenszüge des
Menschen.[13]
Das sich im Menschen konstant Durchhaltende, das »Wesen« des Menschen,
ist erst im Vergleich mit dem Tier auszumachen. »Wir müssen zu einem Verständnis der Natur des Menschen gelangen, das sich auf die beiden miteinander
verquickten fundamentalen biologischen Bedingungen gründet, die das Auftauchen des Menschen kennzeichnen. Dabei handelt es sich einmal um die
ständig abnehmende Determinierung des Verhaltens durch Instinkte . . . (und
zum anderen um) das Wachstum des Gehirns und besonders das des Neo-
kortex.«[14] Von diesem biologischen Ansatz aus gesehen, ist der Mensch geboren worden, als die Bestimmung durch die Instinkte ein Minimum und die Entwicklung des Gehirns ein Maximum erreicht hatte.[15] Das Wachstum des
Gehirns ermöglichte dem Menschen aber nicht nur eine Potenzierung seiner
»instrumentalen Intelligenz«[16]. Sein Denken »hat eine völlig neue Qualität
erworben, das Bewußtsein seiner selbst (self-awareness)«[17]. Mit dem Bewußt-

---

9 E. Fromm, *Introduction* (68/8), 7. – Erich Fromm merkt eigens an (a.a.O., Anm. 2), daß mit
Fortschritt (progress) nicht ein Mehr-Haben gemeint ist, sondern ein konstantes Wachsen des Bewußtseins von uns selbst.
10 E. Fromm, *Marx's Concept of Man* (61/2), 25. – Zur Frommschen Interpretation der Marxschen Begriffe »Wesen«, »Natur des Menschen im allgemeinen«, aber auch »wahrer« im Gegensatz zu »wirklicher Mensch« vgl. außerdem: E. Fromm, *Marx's Contribution to the Knowledge of
Man* (68/10), 62–76; ders., *Beyond the Chains of Illusion* (62/1), 27–32; ders., *The Application
of Humanist Psychoanalysis to Marx's Theory* (65/3), 219–221; A. Schaff, *Marxismus und das
menschliche Individuum*, 111–120.
11 K. Marx, MEGA I, 3, 88 (»Nationalökonomie und Philosophie«); vgl. E. Fromm, *Marx's
Contribution to the Knowledge of Man* (68/10), 64.
12 Vgl. E. Fromm, *The Heart of Man* (64/1), 116.
13 Vgl. a.a.O.; außerdem: E. Fromm, *The Application of Humanist Psychoanalysis to Marx's
Theory* (65/3), 220.
14 E. Fromm, *The Anatomy of Human Destructiveness* (73/1), 223.
15 Vgl. a.a.O., 224.
16 Damit ist eine Denkfähigkeit gemeint, die der Mensch mit dem Tier gemeinsam hat, nämlich
»die Benutzung des Denkens als Instrument zur Manipulation von Objekten, um die eigenen Bedürfnisse zu befriedigen« (a.a.O., 224f.). Vgl. auch die heute gängigen Begriffe »instrumentelle
Vernunft«, »technische Vernunft«, »technischer Verstand«. Erich Fromm hat die englische Bezeichnung »instrumental intelligence« im Deutschen mit »instrumentale Intelligenz« wiedergeben
lassen.
17 E. Fromm, *The Anatomy of Human Destructiveness* (73/1), 225.

sein seiner selbst sind dem Menschen zugleich gegeben: »seine Fähigkeit, sich an Vergangenes zu erinnern, sich Zukünftiges vorzustellen und Objekte und Handlungen durch Symbole zu kennzeichnen; seine Vernunft, um die Welt zu erfassen und zu verstehen; und sein Vorstellungsvermögen, durch das er weit hinter den Bereich seiner Sinne eindringen kann.«[18]

Aus der Perspektive der Tierwelt ist der Mensch das hilfloseste Tier; aber diese biologische Schwäche ermöglicht zugleich seine spezifisch menschlichen Qualitäten des Bewußtseins seiner selbst (awareness), seiner Vernunftbegabung (reason) und seines Vorstellungsvermögens (imagination). Diese Eigenart des Menschen erlaubt es nicht, ihn weiterhin nur in den Kategorien des instinkthaften Animalisch-Biologischen zu interpretieren. Der Mensch versteht sich vielmehr nur dann adäquat, wenn er in der Bestimmung dessen, wer und was er ist, von den ihn auszeichnenden spezifisch menschlichen Qualitäten ausgeht und ihre Relevanz für sein Selbstverständnis erfragt.

Nun sind es eben diese neuen Qualitäten, die die Harmonie des Menschen mit der ihn umgebenden Natur zerstört haben. Der Mensch »ist eine ›Laune der Natur‹, er ist in der Natur und zugleich transzendiert er sie«[19]. Wenn es demnach um die Bestimmung des Wesens oder der Natur des Menschen geht, so ist die Natur des Menschen »der äußerste Widerspruch (dichotomy) zwischen des Menschen Sein in der Natur – in die Welt geworfen ohne seinen Willen und aus ihr genommen gegen seinen Willen, an einem zufälligen Ort und zu einem zufälligen Zeitpunkt – und gleichzeitig dem Transzendieren der Natur aufgrund der Tatsache seines Bewußtseins von sich selbst, von anderen, der Vergangenheit und der Gegenwart«[20]. Der Mensch ist von der Natur getrennt und doch ein Teil von ihr. Er ist heimatlos und doch an die Heimat gekettet, die er mit aller Kreatur teilt. »Der Mensch ist das einzige Lebewesen, das sich in der Natur nicht zuhause fühlt, . . . für das die eigene Existenz ein Problem ist, das es lösen muß und dem es nicht entrinnen kann.«[21]

Die kürzeste Formulierung, die Erich Fromm für die Definition der Natur des Menschen findet, lautet: »Die Fragen, nicht die Antworten sind des Menschen ›Wesen‹.«[22] Die Fragen als das Wesen des Menschen sind die Widersprüche und die aus ihnen folgenden Störungen des inneren Gleichgewichts. »Die Antworten, die diese Widersprüche zu lösen versuchen, führen zu verschiedenen Manifestationen der menschlichen Natur«[23], sind aber nicht selbst die Natur

---

18 E. Fromm, *Man for Himself* (47/1), 39.
19 E. Fromm, *Introduction* (68/8), 8.
20 E. Fromm, *The Application of Humanist Psychoanalysis to Marx's Theory* (65/3), 220.
21 E. Fromm, *The Anatomy of Human Destructiveness* (73/1), 225. – J. J. Forsyth und J. M. Beniskos, *Biblical Faith and Erich Fromm's Theory of Personality*, 70, interpretieren deshalb unrichtig, wenn sie schreiben: »Das wahre Wesen des Menschen . . . ist . . . die Dichotomie zwischen Leib und Seele, zwischen der animalischen und der geistigen Natur des Menschen.«
22 E. Fromm, *Introduction* (68/8), 9.
23 A.a.O. – Das Frage-und-Antwort-Spiel des menschlichen Lebens ist nicht als einmaliges Geschehen anzusehen, sondern stellt einen immerwährenden Prozeß dar. Denn sobald auf ein inne-

oder das Wesen des Menschen; denn »die verschiedenen Arten der Lösungen auf diese Widersprüche hängen von sozio-ökonomischen, kulturellen und psychologischen Faktoren ab«[24].

Mit der Bestimmung des Wesens oder der Natur des Menschen als eines Widerspruchs, der in sich zugleich die Möglichkeiten zur Überwindung des Widerspruchs trägt, sichert sich Erich Fromm einen Weg zwischen den Fronten von dogmatistischem Naturrechtsdenken und völligem Relativismus. Die spezifisch menschlichen Qualitäten des Bewußtseins seiner selbst, der Vernunftbegabung und des Vorstellungsvermögens lassen diesen Widerspruch entstehen und sind zugleich die Voraussetzungen zur Lösung des Widerspruchs. Ob die spezifisch menschlichen Qualitäten auch tatsächlich zu einer optimalen und positiven Lösung eingesetzt werden – Erich Fromm nennt sie dann kurz die »menschlichen Fähigkeiten der Vernunft und Liebe«[25], wie sie sich in den produktiven Charakter-Orientierungen realisieren – hängt von verschiedenen Faktoren ab, nicht zuletzt von einer entsprechenden ethischen Zielsetzung. Doch ist diese Frage noch nicht mit dem Faktum des Widerspruchs und der ihn bedingenden spezifisch menschlichen Qualitäten gelöst, und darum machen weder die spezifisch menschlichen Qualitäten noch die menschlichen Fähigkeiten als Wesensattribute bereits das Wesen oder die Natur des Menschen aus.[26]

3.1.2 Die Dichotomien im Menschen[27]

Wenn animalisches Leben durch seine primäre Einheit mit der es umgebenden Natur gekennzeichnet ist, so menschliche Existenz dadurch, daß der Mensch ein »Teil der Natur ist, ihren physischen Gesetzen unterworfen und unfähig,

---

res Ungleichgewicht mit einer Lösung reagiert wurde, »tauchen neue Widersprüche auf und nötigen zu der Suche nach einem neuen Gleichgewicht, usw.« (a.a.O.). Deshalb ist es auch unnötig, im Menschen einen angeborenen Fortschrittstrieb zu postulieren; in Wirklichkeit ergibt sich dieses Streben aus dem Umstand, daß der Mensch ein Widerspruchswesen ist, das immer wieder versuchen muß, ein neues und möglichst besseres Gleichgewicht zu finden. Vgl. hierzu E. Fromm, *The Anatomy of Human Destructiveness* (73/1), 226.

24 E. Fromm, *Introduction* (68/8), 9.

25 In dieser Arbeit wird versucht, die beiden Qualifizierungen: Bewußtsein seiner selbst, Vernunftbegabung und Vorstellungsvermögen auf der einen Seite und Vernunft und Liebe auf der anderen Seite dadurch in ihrer Eigenart auseinanderzuhalten, daß von ersteren als von »spezifisch menschlichen Qualitäten« und von letzteren als von »menschlichen Fähigkeiten« oder »menschlichen Kräften« gesprochen wird. Zur Herkunft der Bestimmung der Fähigkeiten der Vernunft und der Liebe als Wesenseigenschaften des Menschen vgl. unten S. 231–237, bes. S. 234 Anm. 22 die Ausführungen zur Lehre von den negativen Attributen und den Wesenseigenschaften Gottes in der jüdischen Tradition.

26 Daran muß festgehalten werden, obwohl Erich Fromm den Begriff »Natur« oder »Wesen« mitunter auch dann benützt, wenn er die »Wesenseigenschaften« meint, oder wenn er – vor allem in seinen früheren Schriften – die produktive Antwort auf die Widersprüche des Menschen bereits im Begriff der »Natur des Menschen« ansiedeln möchte. Vgl. hierzu unten S. 175–177.

27 Vgl. zum Folgenden von Erich Fromm: *Man for Himself* (47/1), 38–45; *The Sane Society*

diese zu ändern, und doch übersteigt er das Übrige der Natur«[28]. Die menschliche Situation (human situation) ist durch diesen fundamentalen Widerspruch (dichotomy, contradiction) bestimmt, der sich in einer ganzen Reihe von für den Menschen existentiell wahrnehmbaren Widersprüchen zeigt. Die Eigenart dieser Widersprüche ist, daß sie unmittelbar mit der Existenz des Menschen gegeben sind – und darum im Gegensatz zu geschichtlich entstandenen Widersprüchen »*existentielle Dichotomien*« (existential dichotomies) genannt werden[29] – und daß es wohl eine Lösung für diese Widersprüche gibt, aber keine Auf-Lösung. Es sind »Widersprüche, die der Mensch nicht aufheben kann, denen gegenüber er aber verschieden reagieren kann entsprechend seinem Charakter und seiner Kultur«[30].

Die wichtigste existentielle Dichotomie resultiert aus dem Bewußtsein des unabwendbaren menschlichen Todes. Die Dichotomie von Leben und Tod selbst ist nicht auflösbar. Die Tatsache des Todes ist vielmehr voll und ganz ernstzunehmen und darf nicht (etwa durch die Annahme einer unsterblichen Seele) verleugnet werden. Die einzige menschliche Reaktion auf diese Dichotomie ist deshalb die Liebe zum Leben und Lebendigen, weil die spezifisch menschlichen Qualitäten in sich die Notwendigkeit einer Lösung der durch das Faktum des Todes bestimmten Dichotomie tragen.[31] Der unausweichliche Tod des Menschen bedingt eine weitere existentielle Dichotomie, nämlich die zwischen der Entfaltung aller im Menschen liegenden Möglichkeiten und der Kürze des menschlichen Lebens, die eine volle Entfaltung auch bei günstigen Bedingungen kaum zuläßt. Auch hier versuchen Ideologien dem Menschen die Tragik dieser Dichotomien auszureden. Sie machen glauben, daß die Erfüllung des Lebens erst nach dem Tod erfolge, oder daß die jetzige historische Periode das Ziel der menschlichen Entwicklung darstelle oder auch daß das Glück des Individuums sich dem der Gesellschaft unterordnen müsse. Gegenüber solchen Versuchen, diese existentielle Dichotomie zu leugnen, muß der Mensch die

---

(55/1), 22–27; *Values, Psychology, and Human Existence* (59/2), 152 f.; *The Heart of Man* (64/1), 115–121; *Introduction* (68/8), 8 f.; *The Anatomy of Human Destructiveness* (73/1), 225 f.

28 E. Fromm, *Man for Himself* (47/1), 40.

29 Die Bezeichnung »existentiell« ist von Erich Fromm ohne bewußte Bezugnahme auf eine philosophische Richtung – Existenzphilosophie oder Existentialismus – gewählt worden. Vgl. E. Fromm, *Man for Himself* (47/1), 41 Anm. 1.

30 E. Fromm, *Man for Himself* (47/1), 41. – E. Fromm, *The Sane Society* (55/1), 25: »Die Notwendigkeit, je neue Lösungen für die Widersprüche in seiner Existenz zu finden, immer höhere Formen der Einheit mit der Natur, seinem Nächsten und sich selbst zu finden, ist die Quelle aller psychischen Kräfte, die den Menschen motivieren, – all seiner Leidenschaften, Affekte und Ängste.

31 Die Argumentation, wie sie hier und in ähnlicher Weise noch öfter geführt wird, ist so lange stimmig, als die Voraussetzung akzeptiert und philosophisch nicht infragegestellt wird, daß der Mensch tatsächlich letzter Herr über sich selbst ist. Erst der Zweifel an der letztendlichen Gültigkeit dieser Voraussetzung – sei er von einer nihilistischen Position oder vom Glaubensbegriff einer Erlösungsreligion her formuliert – wird Auswirkungen auf das Verständnis der Dichotomie und, im Falle einer nihilistischen Position, auch auf die Reaktionsweisen gegenüber den Dichotomien haben.

Tragik der Kürze seines Lebens akzeptieren und mit der ihm möglichen optimalen Entfaltung seiner in ihm liegenden menschlichen Möglichkeiten reagieren.

Die existentiellen Dichotomien sind Explikationen der Situation und der speziellen Bedingungen der menschlichen Existenz. Sie kommen darin überein, daß der Mensch der Natur unterworfen ist und doch »alles andere Leben übersteigt, weil er erstmals Leben ist, das sich seiner selbst bewußt ist«[32]. Dieser Konflikt ist selbst das Wesen des Menschen. Er befähigt und nötigt den Menschen, sich selbst auf seine Dichotomie Antwort zu geben. Die Antwort kann dabei nach Erich Fromm nur wieder aus den die Dichotomien erst produzierenden spezifisch menschlichen Qualitäten des Selbstbewußtseins, der Vernunftbegabung und des Vorstellungsvermögens kommen. »Es gibt keinen Sinn des Lebens außer demjenigen, den der Mensch seinem Leben gibt, indem er seine Kräfte entfaltet – indem er produktiv lebt.«[33]

Im Unterschied zu den existentiellen Dichotomien, die das Wesen des Menschen ausmachen und, weil unauflöslich mit der Existenz des Menschen verquickt, unauflösbar sind, gibt es Widersprüche im individuellen und gesellschaftlichen Leben, die vom Menschen selbst hervorgebracht sind. Sie können deshalb auch dort, wo sie auftreten, und sei es auch in einer späteren Epoche menschlicher Geschichte, gelöst werden. Erich Fromm nennt diese Widersprüche »geschichtliche Dichotomien« (historical dichotomies). Sie treten überall dort auf, wo eine Entwicklung z. B. technischer, wirtschaftlicher, gesellschaftlicher, kultureller, bzw. emotioneller, körperlicher Art in Widerspruch gerät zu dem, was dem Menschen diesen Entwicklungen gegenüber an Verfügungsgewalt und Gestaltungsmöglichkeiten potentiell zukommt. So ist der gegenwärtige Widerspruch zwischen dem Überfluß an technischen Möglichkeiten zur Befriedigung materieller Bedürfnisse und der Unfähigkeit, diese Möglichkeiten ausschließlich für friedliche Zwecke und zum Wohle der Menschen zu gebrauchen, keine existentielle Dichotomie, sondern eine geschichtliche, die vom Menschen gelöst werden kann.[34]

Die Unterscheidung zwischen beiden Arten von Dichotomien ist wichtig. Sie zeigt, wo Widersprüche im Leben des Menschen und der Menschheit aufgelöst werden können, weil sie vom Menschen hervorgebracht wurden und deshalb in der Verfügungsgewalt des Menschen stehen, und wo Widersprüche das Wesen des Menschen ausmachen, so daß er nur die Möglichkeit hat, den spezifisch menschlichen Qualitäten entsprechend auf sie zu reagieren. Darüberhinaus mag die Feststellung, daß es sich nur um eine geschichtliche Dichotomie handelt, den in allen Ideologien und individuellen Rationalisierungen geltenden

---

32 E. Fromm, *The Heart of Man* (64/1), 117.
33 E. Fromm, *Man for Himself* (47/1), 45. – Zur hier ausgesprochenen Identifizierung von Entfaltung der spezifisch menschlichen Qualitäten als Antwort auf die Dichotomien und der inhaltlichen Bestimmung, produktiv zu leben, vgl. unten S. 175–177.
34 Vgl. E. Fromm, *Man for Himself* (47/1), 43.

Leitspruch, daß nicht sein darf, was nicht sein kann, demaskieren und so den Menschen zu sich und seiner produktiven Bezogenheit zur Welt bringen.[35]

3.1.3 Die Bedürfnisse des Menschen als menschliche Bedürfnisse[36]

Das Wesen des Menschen ist in dem Widerspruch zu sehen, daß der Mensch der Natur unterworfen ist und sie zugleich durch Selbstbewußtsein, Vernunftbegabung und Vorstellungsvermögen transzendiert. Dieser existentielle Konflikt des Menschen schafft bestimmte psychische Bedürfnisse, die allen Menschen gemeinsam sind. Der Mensch »ist gezwungen, den Horror des Isoliertseins, der Machtlosigkeit und der Verlorenheit zu überwinden und neue Formen, sich mit der Welt in Beziehung zu setzen, zu finden, die es ihm ermöglichen, sich zuhause zu fühlen«[37]. Erich Fromm nennt diese psychischen Bedürfnisse »existentielle Bedürfnisse« (existential needs), weil sie in den Bedingungen der menschlichen Existenz selbst wurzeln.

Wie die physiologischen Bedürfnisse werden auch die existentiellen Bedürfnisse von allen Menschen geteilt und ist ihre Befriedigung unerläßlich, wenn der Mensch gesund bleiben will. Im Unterschied zu den physiologischen Bedürfnissen können die existentiellen auf verschiedene Weise befriedigt werden, je nach den verschiedenen gesellschaftlichen Bedingungen. Die verschiedenen Antworten auf die existentiellen Bedürfnisse äußern sich als verschiedene Charakterzüge und Charakter-Orientierungen; in den neuesten Publikationen nennt Erich Fromm sie auch »im Charakter wurzelnde« oder einfach »menschliche Leidenschaften« (human passions). Je nach ihrer produktiven oder nicht-produktiven Qualität sind die menschlichen Leidenschaften »rationale« (z. B. Liebe, Zärtlichkeit, Streben nach Gerechtigkeit) oder »irrationale Leidenschaften« (z. B. Haß, Sadismus, Destruktivität).[38] Die Un-

---

35 Die Problematik der Differenzierung in existentielle und geschichtliche Dichotomien, so einsichtig diese Differenzierung zunächst ist, fängt dort an, wo die Geschichtlichkeit des Menschen als zu seiner Existenz gehörend ernstgenommen wird in dem Sinne, daß die Tatsache geschichtlicher Dichotomien, weil sie immer zum Menschen gehören, selbst eine existentielle Dichotomie ist, das heißt unauflösbar zur Existenz des Menschen gehört. Vgl. hierzu die Darstellung des Entfremdungsbegriffs bei Erich Fromm, unten S. 105–116, bes. 113–116.

36 Vgl. zum Folgenden von Erich Fromm: Man for Himself (47/1), 45–50; The Sane Society (55/1), 25–66; Values, Psychology, and Human Existence (59/2), 152–162; The Heart of Man (64/1), 118f.; Introduction (68/8), 9, 17–24; The Anatomy of Human Destructiveness (73/1), 230–242. – Außerdem vgl. J. H. Schaar, Escape from Authority, 42–54; M. McGrath, An Examination of Erich Fromm's Ethics, 14–19; C. J. Sahlin, An Analysis of the Writings of Erich Fromm, 154–180: J. J. Forsyth und J. M. Beniskos, Biblical Faith and Erich Fromm's Theory of Personality, 69–91.

37 E. Fromm, The Anatomy of Human Destructiveness (73/1), 226. – Vgl. zum Folgenden ebenda.

38 Vgl. E. Fromm, The Anatomy of Human Destructiveness (73/1), 226. – Bezüglich der Funktionsbestimmung des Charakters und der Qualifizierung der Charakterzüge und Charakter-Orientierungen als produktiv (rational) bzw. nicht-produktiv (irrational) siehe oben S. 53–55 und 59–61.

terschiedlichkeit der Menschen hat ihren Grund in dem Umstand, daß je andere Leidenschaften dominant sind und also je verschiedene Antworten auf die allen gemeinsamen menschlichen Bedürfnisse = existentiellen Bedürfnisse gegeben werden.

Die Sicht des Menschen als Widerspruchswesens, das wegen seiner Widersprüche existentielle = menschliche Bedürfnisse hat, bedingt eine neue Einschätzung derjenigen Bedürfnisse, die der Mensch als einer, der der Natur unterworfen bleibt, mit dem animalischen Leben gemeinsam hat, der sog. *physiologischen Bedürfnisse* etwa des Hungers, des Durstes und der Sexualität. Natürlich fordern diese auch beim Menschen ihre Befriedigung, doch ist ihr Stellenwert ein anderer. Während ihre Befriedigung beim animalischen Leben gleichbedeutend ist mit In-Harmonie-Sein mit der Natur, können sie beim Menschen erst dann einen ähnlichen Stellenwert erreichen, wenn sie im Rahmen der durch die existentiellen Dichotomien bedingten spezifisch menschlichen Bedürfnisse ihre Befriedigung finden.[39]

Schließlich ist das, was mit existentiellen oder menschlichen Bedürfnissen gemeint ist, abzugrenzen von »*unmenschlichen Bedürfnissen*«, die dem Menschen erst suggeriert werden, um als künstlich produzierte ihn von seinen wahren menschlichen Bedürfnissen abzulenken. Der geistesgeschichtliche Hintergrund für diese Differenzierung ist Karl Marx' Verständnis von Bedürfnissen, die geschaffen werden, um den Menschen zu neuen Opfern zu zwingen und um ihn in neue Abhängigkeiten zu versetzen.[40] Der entfremdete Mensch und die durch Entfremdung gekennzeichnete Gesellschaft schaffen künstliche Bedürfnisse, die den Menschen nur noch mehr unterjochen und ihn so von seinen eigenen Bedürfnissen mehr und mehr entfremden, weil sie ihn zum Mittel der Befriedigung von Bedürfnissen anderer machen.

Für Erich Fromm ist diese Unterscheidung von menschlichen und unmenschlichen Bedürfnissen zentral. Die Psychologie kann nämlich nur dann einen Beitrag zur Erhellung der Natur des Menschen leisten, wenn sie nicht vom entfremdeten Menschen ausgeht, der etwa das Bedürfnis nach Reichtum als sein ureigenstes menschliches Bedürfnis erkennt, sondern vom Menschen in seinem nicht-entfremdeten und nur durch die existentiellen Dichotomien bestimmten Dasein. Das Feststellen menschlicher Bedürfnisse kann deshalb nur dadurch geschehen, daß versucht wird, sich in die psychologische Situation dessen zu versetzen, der durch seine spezifisch menschlichen Qualitäten die Einheit mit der Natur verloren hat und aufs Neue sucht.

---

39 Vgl. E. Fromm, *The Sane Society* (55/1), 25; C. J. Sahlin, *An Analysis of the Writings of Erich Fromm*, 71. – Hier wird noch einmal der gegenüber Sigmund Freud fundamental andere anthropologische Ansatz Erich Fromms sichtbar. Während Sigmund Freud von einem instinktbetonten Sexualitätsbegriff ausgeht, der zu seiner Befriedigung anderer Menschen als seiner Liebesobjekte »bedarf«, hat bei Erich Fromm die Sexualität den Stellenwert eines Mittels – etwa für das oben genannte spezifische Bedürfnis des Menschen nach zwischenmenschlicher Bezogenheit in Form von produktiver Liebe.

40 Vgl. hierzu E. Fromm, *Marx's Contribution to the Knowledge of Man* (68/10), 70–72.

Erich Fromm hat *die menschlichen Bedürfnisse im einzelnen* namhaft gemacht, ohne allerdings hinsichtlich der Anzahl und der Benennung immer eine durchgängige Einheitlichkeit zu wahren.[41] Die umfangreichste Explikation der menschlichen Bedürfnisse erfolgte in »The Sane Society«[42], wo Erich Fromm fünf menschliche Bedürfnisse unterscheidet: das Bedürfnis nach Bezogenheit (relatedness), das Bedürfnis nach Transzendenz (transcendence), das Bedürfnis nach Verwurzeltsein (rootedness), das Bedürfnis nach Identitätserlebnis (sense of identity) und das Bedürfnis nach einem Rahmen der Orientierung und nach einem Objekt der Hingabe (frame of orientation and an object of devotion).

In »The Anatomy of Human Destructiveness«[43] finden sich wieder »das Bedürfnis nach einem Rahmen der Orientierung und nach einem Objekt der Hingabe« (und darin integriert »das Bedürfnis nach Transzendenz«) sowie »das Bedürfnis nach Verwurzeltsein«; beim Bedürfnis nach Identitätserlebnis« ändert sich die Benennung in ein »Bedürfnis nach Einheitserlebnis« (sense of unity). Von den neurophysiologischen Studien zur Aggressionsfrage beeinflußt ist ein Aspekt, der neu formuliert wird als »Bedürfnis nach Wirkmächtigkeit« (need for effectiveness)[44], während das »Bedürfnis nach Bezogenheit« nicht eigens aufgeführt wird, zumal es sich in den anderen Bedürfnissen mitausdrückt.[45] Die folgende Darstellung der einzelnen menschlichen Bedürfnisse ergänzt die oben genannten fünf Bedürfnisse durch das nach Wirkmächtigkeit.

Ein erstes *Bedürfnis* ist das *nach Bezogenheit.* »Der Mensch ist abgeschnitten von der primären Einheit mit der Natur, die das animalische Leben kennzeich-

---

41 Erich Fromm selbst sieht darin keine Änderung, sondern nur eine »Erweiterung der Diskussion um das selbe Subjekt«; vgl. E. Fromm, *The Anatomy of Human Destructiveness* (73/1), 230, Anm. 8.

42 (55/1), 25–66.

43 (73/1), 230–242.

44 Zur Übersetzung siehe unten bei der Beschreibung dieses Bedürfnisses, S. 95 f.

45 Der Grund für die Unschärfe der Benennung und der Anzahl der menschlichen Bedürfnisse ist nicht nur in Erich Fromms geringem Systematisierungswillen zu suchen. Vielmehr sind die einzelnen Bedürfnisse Interpretationen des Grundkonflikts des Menschen, die je nach der Perspektive der Interpretation anders nuanciert ausfallen. (Insofern sind die Bedürfnisse vergleichbar mit den in der Existential-Philosophie statuierten Grundbefindlichkeiten, ohne daß allerdings Erich Fromm die Bedürfnisse aus der Reflexion über eine phänomenologische Existenzanalyse gewänne. Erich Fromm reflektiert nicht das Mitsein und Dasein als Sein zum Tode (wie etwa Martin Heidegger) und leitet dann daraus Bedürfnisse ab. Sein Denken setzt an den Erfahrungen der psychoanalytischen Praxis an, also an Fehlreaktionen und Fehlformen auf das Problem menschlicher Existenz. Von diesem Erfahrungsansatz lassen sich Grundkonflikte und Grundprobleme (Isoliertheit, Ohnmacht, Verschieden- und Getrenntsein usw.) formulieren, die nicht selbst wieder negative Antworten auf andere, sie begründende Probleme und Konflikte, sondern Grundprobleme (im Sinne von Grundbefindlichkeiten) sind, auf die der Mensch reagieren muß und die deshalb Bedürfnisse genannt werden können. Der Aufweis der Grundprobleme (Dichotomien) und Bedürfnisse aus der Reflexion über die phylogenetische Geburt des Menschen und des dabei entstandenen Bruchs mit der Natur stellt für Erich Fromm in Wirklichkeit nur die Gegenprobe für die Erkenntnisse aus der Reflexion über die psychotherapeutischen Erfahrungen dar.

net. Zugleich mit Vernunft und Vorstellungsvermögen begabt, wird er sich seiner Einsamkeit und Isoliertheit, seiner Ohnmacht und Unwissenheit bewußt.«[46] Gerade der Bruch der primären Bindungen, d. h. der instinktiven Einheit mit der Natur, macht es notwendig, mit Hilfe der spezifisch menschlichen Qualitäten menschliche Formen der Bezogenheit zur Natur, zu anderen Menschen und zu sich selbst aufzubauen. Wo dieses Bedürfnis nach Bezogenheit keine Realisierung erfährt, ist menschliches Leben nicht möglich. Wie das physiologische Bedürfnis des Hungers zum Tod führt, wenn es nicht befriedigt wird, so ist menschliches Leben als geistig-seelisch gesundes nur dort möglich, wo auf das spezifisch menschliche Bedürfnis nach Bezogenheit reagiert wird. Geschieht dies nicht, so wird der Mensch psychotisch, »geistes«-krank. Die Tatsache der Notwendigkeit des Reagierens auf das menschliche Bedürfnis nach Bezogenheit besagt jedoch noch nicht, daß die Art der Bezogenheit bereits der spezifisch menschlichen Situation entspricht. Wie die Darstellung der verschiedenen Charakter-Orientierungen gezeigt hat, wird nur die produktive Bezogenheit diesem Bedürfnis und der dieses Bedürfnis bedingenden menschlichen Situation in voller Weise gerecht.

Das *Bedürfnis nach Transzendenz* ist ein anderer Aspekt der menschlichen Situation, der mit dem Bedürfnis nach Bezogenheit eng verknüpft ist. Er »betrifft die Situation des Menschen als Kreatur und sein Bedürfnis, eben diesen Zustand der passiven Kreatürlichkeit zu transzendieren«[47]. Durch den Erwerb seiner spezifisch menschlichen Qualitäten wird der Mensch genötigt, die Rolle, nur Geschaffener zu sein, zu überwinden. Auch hier gibt es zwei grundverschiedene Arten der Reaktion. Bei der produktiven Reaktion übernimmt der Mensch mit Hilfe seiner Fähigkeiten selbst die Rolle des Schöpfers, schafft also selbst Leben und Kultur. Bei der anderen Art transzendierenden Reagierens zerstört der Mensch Leben und Geschaffenes. »Leben zu zerstören ist ebenso transzendierend wie Leben zu schaffen.«[48] Der Begriff »Transzendenz« ist hier ganz humanistisch zu verstehen, besagt also keinen Überstieg über den Menschen auf Gott als eine jenseitige Größe. Vielmehr kennzeichnet er das »Bedürfnis, die egozentrische, narzißtische, isolierte Einstellung zu transzendieren auf eine, bei der man sich auf die anderen bezieht, offen ist für die Welt und der Hölle der Egozentrizität und deshalb der Gefangenschaft des eigenen Ich entflieht«[49].

Das *Bedürfnis nach Verwurzeltsein* knüpft direkt an die Situation der Geburt des Menschen an. Durch seine Geburt verliert der Mensch zugleich jene Geborgenheit, die bisher durch sein Verwurzeltsein in der Natur gewährleistet war. Er kann sein Verwurzeltsein in der Natur nur dann aufgeben und wahr-

---

46 E. Fromm, *The Sane Society* (55/1), 30.
47 A.a.O., 36.
48 E. Fromm und R. I. Evans, *Dialogue with Erich Fromm* (66/6), 19.
49 E. Fromm, *The Anatomy of Human Destructiveness* (73/1), 231, Anm. 9; vgl. auch die Explikation dieses Begriffs in E. Fromm, *Introduction* (68/8), 18f.

haft Mensch werden, wenn er neue, ihm gemäße Wurzeln findet; und nur wenn er diese gefunden hat, kann er sich in dieser Welt (wieder) zuhause fühlen. Im Ontogenetischen ist dieses Verwurzeltsein in der Natur elementar verwirklicht in der Bindung des Kindes an seine Mutter. Die Entwicklung des Kindes zum Erwachsenen ist nur eine ständige Geburt, das je neue Abtrennen von der Nabelschnur, die das Verwurzeltsein in der Natur versinnbildlicht. Geburt des Menschen ist onto- und phylogenetisch gleichbedeutend mit dem Erwerb von genuiner Unabhängigkeit und Freiheit.[50] Diese aber realisieren sich darin, daß der Mensch auf das Bedürfnis nach Verwurzeltsein mit dem Aufbau neuer Wurzeln für seine Existenz reagiert. Der Mensch hat die zwei Möglichkeiten, auf das Bedürfnis nach Verwurzeltsein zu reagieren: »Entweder er strebt beharrlich danach zu regredieren und bezahlt dafür mit symbiotischer Abhängigkeit von der Mutter (und von den symbolischen Substituten wie der Erde, der Natur, Gott, der Nation, einer Bürokratie), oder er schreitet vorwärts und findet neue Wurzeln in der Welt aufgrund eigener Anstrengungen, indem er die Brüderlichkeit der Menschen erfährt und sich freimacht von der Macht der Vergangenheit.«[51] Auch hier gibt es also verschiedene Arten der Reaktion, deren negative alle mögliche Formen der inzestuösen Fixierung sind und deren produktive letztlich das Verwurzeltsein in der Erfahrung einer universalen Brüderlichkeit sind, die die Welt des Menschen in eine wahrhaft menschliche Heimat umwandelt.

In unmittelbarer Nähe zum Bedürfnis nach Verwurzeltsein steht das *Bedürfnis nach Identitäts- bzw. Einheitserlebnis.* »Der Mensch, von der Natur losgerissen und mit Vernunft und Vorstellungsvermögen ausgestattet, muß einen Begriff von sich selbst haben, muß sagen und fühlen können: ›Ich bin ich‹. Weil er nicht gelebt wird, sondern lebt . . . muß er imstande sein, sich selbst als das Subjekt seiner Handlungen zu erfahren.«[52] Das Problem des Identitätserlebnisses ist aber nicht nur ein philosophisches, das unseren Geist und unser Denken betrifft. Es umfaßt den ganzen Menschen und äußert sich als Suche nach dem Erlebnis der Einheit mit sich selbst und der natürlichen und menschlichen Umwelt. Die Arten der Realisierung des Bedürfnisses nach Identitätserlebnis bzw. Einheitserlebnis sind noch stärker vom Grad der Entwicklung der Menschheit und des Individuums abhängig, als dies beim Bedürfnis nach Verwurzeltsein der Fall ist. Je mehr die Möglichkeit des Identitätserlebnisses an ein Klassenbewußtsein, Standesbewußtsein, Klanbewußtsein oder auch an einen Konformismus gebunden ist, an dem das Ich sich nur dann erfährt, wenn

---

50 Unabhängigkeitsstreben und Freiheit haben bei Erich Fromm geradezu den Stellenwert eines menschlichen Bedürfnisses und sind der Inbegriff seines Verständnisses von Humanismus. Denn der Mensch »kann in dem Maße frei werden, als er wach ist, als er zur Wirklichkeit erwachen kann« (E. Fromm, *Introduction* [68/8], 15). Darum bedeutet das Bedürfnis nach Verwurzeltsein zunächst Verzicht auf die naturgegebenen symbiotischen Bindungen, besagt Kritik und Unabhängigkeitsstreben.
51 E. Fromm, *The Anatomy of Human Destructiveness* (73/1), 232f.
52 E. Fromm, *The Sane Society* (55/1), 60f.

es so ist, wie andere es sich wünschen, desto weniger entwickelt und produktiv ist dieses Identitätserlebnis. Umgekehrt ist das Bedürfnis nach einem Einheits- bzw. Identitätserlebnis dort am stärksten – weil den spezifisch menschlichen Qualitäten gemäß – realisiert, wo der Mensch seine individuelle Identität als produktive Tätigkeit erfährt. Während die negative Art der Reaktion auf dieses Bedürfnis immer ein Vergessen und Sich-Vergessen in dem Sinne ist, daß man seine Vernunft narkotisiert, »gibt es nur einen Weg zur Einheit, der, ohne den Menschen zu verkrüppeln, erfolgreich sein kann . . .: die menschliche Vernunft und Liebe voll zu entwickeln.«[53]

Die spezifisch menschlichen Qualitäten, die den Menschen seinen Bruch mit der Natur gewahr werden lassen, sind die Bedingung dafür, daß der Mensch ein *Bedürfnis nach einem Rahmen der Orientierung und nach einem Objekt der Hingabe* entwickelt. Der vernunftbegabte Mensch muß sich nämlich auch intellektuell in seiner Welt orientieren, um in irgendeiner Weise ein Verständnis seiner selbst, einen Sinn seines Lebens zu erfahren. Dabei ist es zunächst egal, ob die Deutung, die er sich, seinem Leben und seiner Welt gibt, richtig oder falsch ist. Zunächst besteht nur die Notwendigkeit, daß er überhaupt einen Orientierungsrahmen für seine Existenz findet, um damit auf die seiner Existenz innewohnenden Dichotomien zu reagieren. Solche Orientierungsrahmen oder Systeme sind alle möglichen Arten von Religion (Animismus, Totemismus, theistische und nicht-theistische Religionen), von Philosophie und Weltanschauung, inklusive dem idolatrischen Streben nach Geld, Prestige, Erfolg usw.[54] Erst auf einer zweiten Ebene stellt sich dann die Frage nach dem Inhalt und de⌐ Wahrheit solcher Orientierungsrahmen. Ihre Beantwortung hängt ab von der Fähigkeit, die Welt, die Natur, andere Personen, sich selbst objektiv, das heißt so zu sehen, wie sie sind. Die Realität muß also mit Hilfe der Vernunft erfaßt und darf nicht durch Illusionen und Rationalisierungen verstellt werden. Je mehr die Vernunft und je weniger irrationale Momente den Inhalt des Orientierungsrahmens bestimmen, desto adäquater ist die Antwort auf dieses Bedürfnis und desto mehr realisiert der Mensch seine nur ihm eigenen Qualitäten. Das instinktbegabte Tier braucht sich weder um einen Rahmen der Orientierung zu sorgen, noch ist ihm die Frage des Menschen zueigen, auf welches Ziel hin das Leben und Handeln sich orientieren sollen. »Der Mensch aber, dem eine instinktmäßige Determination fehlt und der ein Gehirn hat, das ihm erlaubt, über die vielen Richtungen, in die er gehen könnte, nachzudenken, braucht ein Objekt dessen, ›was ihn unbedingt angeht‹ (ultimate concern) – um einen Ausdruck Tillichs zu gebrauchen; er braucht einen Gegenstand der Hingabe, der der Brennpunkt all seines Strebens und die Basis für all seine wirksamen – und nicht nur proklamierten – Werte ist.«[55]

---

53 E. Fromm, *The Anatomy of Human Destructiveness* (73/1), 234.
54 Vgl. E. Fromm, *Man for Himself* (47/1), 47–50.
55 E. Fromm, *The Anatomy of Human Destructiveness* (73/1), 231.

Das Bedürfnis nach einem Gegenstand der Hingabe gehört wesentlich zum Menschen und muß befriedigt werden. Die Arten der Reaktion auf dieses Bedürfnis sind sehr verschieden. Der Mensch kann sich den verschiedensten Zielen und Idolen hingeben. »Er kann sich dem Wachstum oder der Zerstörung des Lebens hingeben. Er kann sich dem Ziel hingeben, ein Vermögen aufzuhäufen, Macht zu erlangen, zu zerstören, oder zu lieben, produktiv und mutig zu sein.«[56]

Eine letzte Interpretation des Widerspruchswesens Mensch auf seine Eigenart hin, bestimmte und bestimmbare menschliche Bedürfnisse zu haben, auf die reagiert werden muß und auf die auch immer reagiert wird, ist das *Bedürfnis nach Wirkmächtigkeit*. Schon bei der Charakterisierung der anderen Bedürfnisse wurde immer wieder deutlich, daß sich die verschiedenen Bedürfnisse wie Aspekte eines einzigen fundamentalen Bedürfnisses des Menschen verstehen lassen und sich demnach die Beschreibungen der Bedürfnisse teilweise sehr nahekommen. Diese Beobachtung gilt auch für die Beschreibung des Bedürfnisses nach Wirkmächtigkeit, obschon dieses Bedürfnis tatsächlich einen Aspekt benennt, der von den anderen Bedürfnissen nicht abgedeckt wurde. Der Verlust der Harmonie mit der Natur bei der Geburt des Menschen beruht auf dem Verlust seiner instinktiven Anpassung an die Natur. Der Bruch mit der Natur besagt nicht nur die Überlegenheit des Menschen über die Natur, sondern auch eine Überlegenheit der Natur über das »Mängelwesen« Mensch, die als Bedrohung des Lebens erfahren wird. Das menschliche Bedürfnis nach Wirkmächtigkeit ist Ausdruck dieser Dichotomie zwischen Natur und Mensch. Der Mensch hat das Bedürfnis zu erfahren, »daß er fähig ist, etwas zu tun, jemanden ergriffen zu machen, einen ›Eindruck zu hinterlassen‹, oder, um das passendste englische Wort zu gebrauchen, ›effective‹ zu sein . . . Bewirken (to effect) ist gleichbedeutend mit zustande bringen, erreichen, realisieren, ausführen, erfüllen; ein wirkmächtiger (effective[57]) Mensch ist jemand, der die Fähigkeit hat, etwas zu tun, zu bewirken, zu erreichen.«[58] Die Möglichkeiten, auf dieses Bedürfnis zu reagieren, sind vielfältig. Wird das Bedürfnis nach Wirkmächtigkeit selbst – etwa durch Verbote – eingeschränkt, so kann es sich in den verschiedensten Fehlformen äußern, bei denen z. B. gerade das, was nicht erlaubt oder gar was nicht möglich ist, eine besondere Anziehungskraft hat. Grundsätzlich kann man auch hier zwei entgegengesetzte Reaktionen auf das Bedürfnis feststellen. »In der Beziehung zu anderen heißt die fundamentale Alternative, entweder die Fähigkeit zu erfahren, Liebe zu bewirken, oder Angst und Leiden. In Bezug zu den Dingen besteht die Alternative zwischen

56 E. Fromm, *The Anatomy of Human Destructiveness* (73/1), 232.
57 Die Präzisierungen des Wortes effect, effective, effectiveness, die E. Fromm, *The Anatomy of Human Destructiveness* (73/1), 235, macht, haben dazu veranlaßt, »effectiveness« im Deutschen entgegen der Terminologie in der autorisierten Übersetzung, die vom »Bestreben, etwas zu bewirken« spricht, mit »Wirkmächtigkeit« wiederzugeben.
58 E. Fromm, *The Anatomy of Human Destructiveness* (73/1), 235.

Aufbauen und Zerstören.«[59] Dort aber, wo auf das Bedürfnis nach Wirkmächtigkeit produktiv reagiert wird, realisiert sich Produktivität selbst. Der Begriff der Produktivität und Tätigkeit[60] ist jedoch nicht unmittelbar mit dem Bedürfnis nach Wirkmächtigkeit gegeben, sondern ist erst Ausdruck einer Reaktion auf dieses Bedürfnis. Das Bedürfnis nach Wirkmächtigkeit kann demnach nicht als Bedürfnis nach produktiver Tätigkeit gefaßt werden; die Bedürfnisse selbst sind gegenüber solchen Qualifizierungen neutral, während die Bezeichnungen für die Reaktionen auf diese Bedürfnisse Wertungsbegriffe sind, die ihre positive oder negative Qualität zunächst von psychoanalytischen Vorstellungen über eine kranke oder gesunde Psyche erhalten.

3.2 Die Geschichte des Menschen

Der Mensch ist ein Bedürfniswesen und nur zu verstehen, wenn er als geschichtliches und Geschichte schaffendes Wesen begriffen wird. In dem Maße, als der Mensch selbst zum Urheber und Vollzieher seiner eigenen Geschichte wird und sich durch die Entwicklung seiner ihm eigenen Kräfte aus der Bindung an die Natur befreit, ist der Mensch ein geschichtliches Wesen, in dessen Händen die Verantwortung für die Geschichte liegt: Geschichte ist vom Menschen zu verantworten. Der Mensch muß deshalb eine Vorstellung von Sinn und Ausrichtung der Geschichte haben. Ausgangspunkt für ein solches Geschichtsbild ist des Menschen Bruch mit der ursprünglichen Natureinheit und sein Streben nach einer neuen Einheit in Vernunft und Liebe. »Diese neue Harmonie, das neue Einssein (oneness) mit dem Menschen und der Natur, wird in der prophetischen und rabbinischen Literatur ›das Ende der Tage‹ oder ›die messianische Zeit‹ genannt. Die messianische Zeit ist die geschichtliche Antwort auf die Existenz des Menschen. Er kann sich selbst zerstören oder auf die Verwirklichung einer neuen Harmonie zuschreiten. Der Messianismus ist der Existenz des Menschen nicht akzidentell, sondern deren innewohnende, logische Antwort – die Alternative zur menschlichen Selbstzerstörung.«[61]

3.2.1 Die Geschichte der messianischen Idee als geschichtsphilosophische Theorie[62]

»Während für die Griechen die Geschichte keine Richtung, keinen Sinn und kein Ziel hatte, war das jüdisch-christliche Verständnis von Geschichte durch die Idee gekennzeichnet, daß ihr inhärenter Sinn die Erlösung des Menschen

---

59 A.a.O., 236f.
60 Siehe oben S. 59–62.
61 E. Fromm, *You Shall Be as Gods* (66/1), 88f.
62 Vgl. zum Folgenden von Erich Fromm: *Der Sabbath* (27/1), bes. 228f.; *Psychoanalysis and Religion* (50/1), 42–44; *The Sane Society* (55/1), 234–236; *Psychoanalysis and Zen Buddhism*

ist.«[63] Bereits mit diesem Ansatzpunkt in der jüdisch-christlichen Tradition ist ausgesprochen, daß Geschichte sich in drei Etappen entfaltet: die Geschichte vor dem Menschen, die Geschichte des durch Widersprüche gekennzeichneten Menschen und die Geschichte des erlösten Menschen. Geschichte hat also eine Ausrichtung. Wo diese Ausrichtung als neue Einheit des Menschen mit sich, der Menschheit und der Natur präzisiert wird, wird Geschichte als Realisierung der messianischen Idee aufgefaßt.

Ein Überblick über die Geschichte der messianischen Idee entlang der Geschichte des jüdischen Glaubens und Volkes offenbart eine innere Dynamik der Entwicklung der messianischen Idee, die die Konturen des Ziels der Geschichte erkennen läßt. Zugleich zeigt die Geschichte der messianischen Idee die Möglichkeit und Verantwortung des Menschen, seine Erlösung selbst zu bewerkstelligen[64]: »Der Mensch . . . muß sich selbst gebären, und am Ende der Tage wird die neue Harmonie, der neue Friede errichtet sein und der über Adam und Eva verhängte Fluch wird durch die Selbstentfaltung des Menschen im Prozeß der Geschichte gleichsam aufgehoben sein.«[65] Dieser religionskritische Aspekt der Selbsterlösung des Menschen gehört für Erich Fromm zur messianischen Idee hinzu. »Der Messias ist ein Symbol für des Menschen eigene Errungenschaft.«[66]

Aus der Perspektive der so verstandenen messianischen Idee wird zunächst die biblische Urgeschichte interpretiert. Vor dem Fall befindet sich der Mensch in einem Zustand undifferenzierter Harmonie mit der Natur. Erst die Entwicklung seiner Vernunft öffnet ihm die Augen. Seine erste Tat ist zugleich die erste Tat des Ungehorsams und der Freiheit, ist Ausdruck der Genese eines Bewußtseins seiner selbst. Wenn die Bibel davon spricht, daß der Fluch Feindschaft und Kampf ist zwischen Mensch und Tier, zwischen dem Menschen und dem Boden, zwischen Mann und Frau und zwischen der Frau und ihren natürlichen Funktionen, so ist damit gesagt, daß der Mensch aufgrund seiner spezifisch menschlichen Qualitäten zwar die ursprüngliche Einheit verloren hat, daß er aber mit ihnen erst »sich selbst schafft im Prozeß der Geschichte, die mit dem ersten Akt der Freiheit, mit der ›Sünde‹, begann«[67]. Die biblische Urgeschichte ist für Erich Fromm die mythologische Darstellung vom Anfang der Geschichte der Befreiung des Menschen zu sich selbst; »sein Sündigen wird im Prozeß der Geschichte gerechtfertigt.«[68]

Wie der Beginn der Menschheitsgeschichte in der Bibel durch den Verzicht

(60/1), 128–130; The Prophetic Concept of Peace (60/5), 19–25; Afterword (61/3), 257f.; You Shall Be as Gods (66/1), 87–157.
63 E. Fromm, The Sane Society (55/1), 234.
64 Die folgenden Ausführungen beschränken sich auf die Darstellung der Geschichte der messianischen Idee, wie sie Erich Fromm sieht. Eine kritische Auseinandersetzung mit dem Vorstellungsmodell, das hinter einer solchen Geschichtsbetrachtung steht, erfolgt unten S. 143–149.
65 E. Fromm, The Sane Society (55/1), 235.
66 E. Fromm, The Prophetic Concept of Peace (60/5), 22.
67 A.a.O., 19.
68 A.a.O., 21.

auf eine paradiesische Heimat gekennzeichnet ist, so auch die Geschichte der Hebräer. Abraham symbolisiert mit seinem Verzicht auf die Heimat erstmals den Exodus, der zum Inbegriff der messianischen Idee und der Geschichtstheologie Israels wird.[69] Eine zweite Realisierung dieses »Leitmotivs«[70] des Exodus ist der Auszug des Moses aus Ägypten[71], eine dritte die Wanderung der Hebräer in der Wüste und die Gesetzesoffenbarung an Moses.[72] Mit dem Tod des Moses und der Rückkehr des Volkes zu Sklaverei und Götzendienst endet und scheitert diese »erste Revolution«, wie Erich Fromm diese Versuche der Realisierung der messianischen Idee nennt.[73]

»Nach dem Scheitern des ersten Propheten, Moses, setzten neue Propheten sein Werk fort, vertieften und verdeutlichten seine Ideen und entwickelten eine Geschichtstheorie, die . . . mit dem Begriff der messianischen Zeit erst in der prophetischen Literatur zur Blüte gelangen und von tiefstem Einfluß nicht nur auf die Entwicklung der Geschichte der Juden, sondern der ganzen Welt sein sollte . . .«[74] Die neuen Propheten haben eine vierfache Aufgabe, deren erste und wichtigste in der Weitergabe der Botschaft besteht, »daß das Ziel des Menschen darin besteht, ganz und gar menschlich zu werden; und das heißt wie Gott zu werden.«[75] Darüberhinaus zeigen sie die Alternativen auf, zwischen denen der Mensch wählen kann; sie protestieren, wenn der Mensch einen falschen Weg einschlägt und fordern gegen alle individualistische Heilssorge eine Gesellschaft, die von Liebe, Gerechtigkeit und Wahrheit bestimmt ist.[76]

Das Selbstverständnis der Propheten[77] prägt zugleich die prophetische Theorie der messianischen Zeit. Die messianische Zeit ist nämlich die »Zeit, wenn

---

69 Vgl. E. Fromm, *You Shall Be as Gods* (66/1), 89.

70 Erich Fromm gebraucht hier selbst dieses im Englischen aus dem Deutschen entlehnte Wort (a.a.O., 91).

71 Vgl. a.a.O., 91–108. – Erich Fromm versucht, die Texte vom Auszug aus Ägypten und der Offenbarung an Moses so zu interpretieren, daß sie den Menschen als alleinigen Urheber und Gestalter der Geschichte aufzeigen: »Der Mensch ist sich selbst überlassen und macht seine Geschichte selbst« (a.a.O., 92).

72 Vgl. a.a.O., 108–114.

73 A.a.O., 114. – Das Scheitern wird von Erich Fromm positiv für seinen humanistischen Ansatz ausgewertet; denn Gott rette die Menschen nicht dadurch, daß er ihre Herzen ändere; vielmehr wolle Gott, daß der Mensch seine Geschichte ganz in seine eigene Verantwortung nehme und zum Urheber seiner Geschichte werde. Vgl. den Abschnitt »Der Mensch als der Urheber seiner Geschichte« a.a.O., 115–121.

74 E. Fromm, *You Shall Be as Gods* (66/1), 115.

75 A.a.O., 117; vgl. E. Fromm, *Die Aktualität der prophetischen Schriften* (75/5), 71: Den Propheten geht es um »das Ziel der . . . vollen Erkenntnis Gottes oder, wie man es in nicht-theologischer Weise ausdrücken würde: das Ziel, daß der Mensch seine seelischen Kräfte, sein Leben und seine Vernunft ganz entwickelt, in sich ein Zentrum hat und frei ist, ganz das zu werden, was er als Mensch sein kann«.

76 E. Fromm, *You Shall Be as Gods* (66/1), 117f.

77 Ein Vergleich mit der Charakterisierung des Propheten bei L. Baeck, *Das Wesen des Judentums*, 26–30, und bei M. Friedländer, *Die jüdische Religion*, 41–43, zeigt, daß Erich Fromms Verständnis der Propheten nicht repräsentativ für die jüdische Orthodoxie ist, sondern eher eine hu-

der Mensch ganz und gar geboren sein wird«[78], ist also eine Zeit innerhalb der Geschichte (und nicht wie im Christentum eine transhistorische und nur geistige Größe[79]). Sie wird nicht durch einen Gnadenakt dem Menschen geschenkt, sondern ist das Ergebnis der menschlichen Anstrengung, seine Dichotomien mit Hilfe seiner Vernunft und seiner Liebe zu lösen und so zu einer neuen Einheit zu kommen. Der messianischen Zeit als neuer, innergeschichtlichen Einheit des Menschen mit sich, den anderen Menschen und der Natur entspricht darum am Beginn der Geschichte die paradiesische Ureinheit des Menschen mit der Natur. Paradies und messianische Zeit sind aber verschieden, »insofern als der erste Zustand der Harmonie nur deshalb ein solcher war, weil der Mensch noch gar nicht geboren war, während der neue Zustand der Harmonie ein Ergebnis dessen sein wird, daß der Mensch ganz und gar geboren ist.«[80]

Die Ausgestaltung der Vorstellung von der messianischen Zeit und von den Umständen ihrer Verwirklichung ist bei den biblischen Propheten sehr bunt und mannigfaltig. Hauptmerkmale der messianischen Zeit sind der Friede und der Universalismus. Während nun bei den Propheten der hebräischen Bibel das Wort »Messias« im Sinne eines erhofften Erlösers unbekannt ist, taucht um die Zeit Herodes des Großen das Wort »Messias« auf; doch »erst nachdem die Juden ihr Königreich und ihren König verloren hatten, wird die Personifizierung der messianischen Zeit in der Gestalt des gesalbten Königs populär«[81].

Die nachbiblische Entwicklung der messianischen Idee zeichnet sich durch fundamentale Veränderungen aus. Mit dem Buch Daniel wird die messianische Zeit transhistorisch und personifiziert, so daß die messianische Zeit nicht mehr die Vollendung der Geschichte des Menschen durch den Menschen ist; vielmehr wird die messianische Zeit apokalyptisch zu einem »übernatürlichen Wesen, das von himmlischen Höhen herniedersteigt, um die Geschichte zu beenden«[82]. Lediglich ein Moment ist beiden, der diesseitig-geschichtlichen und

---

manistische Interpretation des rationalistischen Propheten-Verständnisses bei Moses Maimonides. Vgl. jedoch das unten, S. 231–237, Ausgeführte.

78 E. Fromm, *You Shall Be as Gods* (66/1), 123.

79 Vgl. E. Fromm, *Afterword* (61/3), 257.

80 E. Fromm, *You Shall Be as Gods* (66/1), 123f. – Es ist offensichtlich, daß Erich Fromm zur Charakterisierung dieser Zustände, die für ihn in einer »dialektischen Bezogenheit« stehen (a.a.O., 123), die Vorstellung des individuellen Geburtsprozesses auf die Menschheitsgeschichte überträgt: Wie das Kind aus der symbiotischen Bindung allmählich geboren wird und den Zustand unbewußter Harmonie verläßt, um mit der Entwicklung seiner Vernunft und der Fähigkeit zur Liebe in eine neue und eigenständige Bezogenheit zur Welt zu treten, so verläuft die Geschichte des Menschen schlechthin. In Analogie zum humanistischen Gewissen repräsentieren die Propheten das Gewissen der Menschheit. In: *Beyond the Chains of Illusion* (62/1), 35, sieht Erich Fromm diese Parallele im Geschichtsverständnis von Karl Marx verwirklicht und zieht selbst den Vergleich zwischen Kind und Erwachsenen zur Menschheitsgeschichte.

81 E. Fromm, *You Shall Be as Gods* (66/1), 124.

82 A.o.O., 133. – Da Erich Fromm selbst nicht ausdrücklich darüber reflektiert, daß die messianische Zeit, wie er sie versteht, vom menschlichen Individuationsprozeß her ent-

der jenseitig-übergeschichtlichen Vorstellung von Erlösung bei aller Verschiedenheit gemeinsam: daß sie nicht individuell, sondern kollektiv ist.[83] Nach der Zerstörung des Tempels bildete sich unter Verzicht auf Opfer und Priester im rabbinischen Judentum eine eigene Vorstellung von der messianischen Zeit, der bei aller Verschiedenheit der jeweiligen Ausgestaltungen die Überzeugung gemeinsam war, daß die messianische Zeit intrahistorisch ist.[84] Nach dem Talmud gibt es zwei Versionen bezüglich der Vorbedingungen für die messianische Zeit, die sich durch die Geschichte der messianischen Idee durchhalten. »Die eine besagt, daß der Messias nur dann kommen wird, wenn das Leiden und das Böse solche Ausmaße angenommen habe, daß die Menschen bereuen und somit bereit sein werden . . . Die andere Vorstellung besagt, daß der Messias nicht nach Katastrophen, sondern als das Ergebnis der fortgesetzten eigenen Vervollkommnung des Menschen kommen wird.«[85] Das Festhalten an der geschichtlichen Realisierung des Messianismus in die-

---

worfen ist (vgl. oben S. 99 Anm. 80), kann er in dieser Entwicklung der messianischen Zeit nur eine Dekadenzerscheinung des ursprünglichen prophetischen Messianismus entdecken. Vom Gedanken der Parallelisierung der Geschichte des einzelnen Menschen und der Menschheit her trägt die Weiterentwicklung der messianischen Idee zu einem transhistorischen Messias nur der fortgeschrittenen Sinnfrage des Menschen Rechnung. Die individuelle Realisierung der Kräfte der Vernunft und der Liebe vermag angesichts von Krankheit, Sünde und Tod nicht mehr das Erfahrungssubstrat für die Hoffnung auf eine innergeschichtliche Vollendung des Menschen durch den Menschen abzugeben, so daß die messianische Idee die Grenze des sich selbst erlösenden Menschen und seiner Geschichte sprengen muß.

Erich Fromms Bezeichnung »apokalyptische Orientierung« für diesen Durchbruch ins »Vertikale« (a.a.O., 133) entspricht kaum dem allgemeinen Wortgebrauch von Apokalyptik. Ziemlich scharf wendet sich z. B. Gershom Scholem gegen eine Interpretation, wie sie auch von Erich Fromm hier vertreten wird: »Die Bibel und die Apokalyptiker kennen keinen Fortschritt in der Geschichte zur Erlösung hin. Die Erlösung ist kein Ergebnis innerweltlicher Entwicklungen, wie etwa in den modernen abendländischen Umdeutungen des Messianismus seit der Aufklärung . . . Sie ist vielmehr ein Einbruch der Transzendenz in die Geschichte . . .« (G. Scholem, *Über einige Begriffe des Judentums*, 133). Diese Kritik bezieht sich jedoch nicht nur auf die apokalyptische Version der messianischen Idee. Auch für den prophetischen Messianismus gilt: ». . . gerade in den biblischen Texten, an denen die messianische Idee sich kristallisiert hat, ist sie nirgends von menschlicher Aktivität abhängig gemacht. Weder der Tag des Herrn bei Amos noch die Zukunftsvision Jesajas vom Ende der Tage sind kausal auf solche Aktivität bezogen« (a.a.O., 138). Daß Gershom Scholem mit seiner Kritik nicht stellvertretend für alle Interpreten des jüdischen Messianismus stehen kann, zeigen Juden wie Hermann Cohen mit der Betonung des Noachidischen als Messianischen (*Religion der Vernunft aus den Quellen des Judentums*, 141–145 und 381f.; *Jüdische Schriften*, Band 3, 58–65) und Leo Baeck mit der Rede vom »sittlichen Begriff der Weltgeschichte«: »Die wahre Weltgeschichte ist die Geschichte des Guten; sie hat sich verwirklicht, wenn es von allen anerkannt ist« (*Das Wesen des Judentums*, 260f.). Erich Fromms Differenzierung hat ihr Vorbild bei Joseph Klausners Unterscheidung zwischen der messianischen Idee und – wie dieser sagt – der jüdischen Eschatologie. Beide hätten zwar den gleichen Ursprung, doch erwarte die Eschatologie im Gegensatz zum Messianismus »ein Königreich, das nicht von dieser Welt« sei (J. Klausner, *The Messianic Idea in Israel*, 418f., vgl. 237–243, 516–523; ders., *Die messianischen Vorstellungen des jüdischen Volkes im Zeitalter der Tannaiten*).

83 Vgl. E. Fromm, *You Shall Be as Gods* (66/1), 134f.
84 Vgl. a.a.O., 137.
85 A.a.O., 139f. – Wie unten S. 135f. und 301–305 gezeigt werden kann, finden sich im Denken

sem Äon erleichterte die direkte historische Deutung einer Person als des Messias, so daß die Geschichte des jüdischen Messianismus zugleich eine der »falschen Messiasse« ist: von Bar Kochba (2. Jahrhundert n. Chr.) über Moses den Kreter (5. Jahrhundert), Abraham Abulafia und Nissim ben Abraham (beide 13. Jahrhundert) bis hin zum »größten« falschen Messias Sabbatai Zwi (17. Jahrhundert) und seinen Nachahmern Michael Cardozo und Jacob Frank (17. bzw. 18. Jahrhundert).[86] Zu neuer Blüte kam die messianische Idee im Chassidismus des 18. Jahrhunderts, in dem viel von der ursprünglichen prophetischen Hoffnung auf die messianische Zeit durch des Menschen Selbstheiligung aufgegriffen wurde.[87]

Die prophetische Vorstellung von der neuen Einheit des Menschen mit sich und der menschlichen und natürlichen Umwelt in einer universalen Gesellschaft hat für Erich Fromm eine letzte und gültige Realisierung in der Geschichtsauffassung von Karl Marx gefunden, die einen Sozialismus als das Ziel des in der Geschichte zu neuer Einheit kommenden Menschen erstrebt.[88] Sie ist deshalb gültige Realisierung des prophetischen Messianismus, weil sie mit der Sicht des Menschen als des Urhebers und Vollziehers seiner Geschichte ganz ernst macht. Denn Karl Marx vertritt einen Humanismus, der auf jede den Menschen transzendierende Kraft verzichtet.[89] Im Sinne Erich Fromms »sind die marxistische und andere Formen des Sozialismus die Erben des prophetischen Messianismus . . .«[90]. So zeigt die Geschichte der messianischen Idee trotz mancher Fehlentwicklungen gerade in ihrer letzten Realisierung bei Karl Marx die Konturen des Ziels aller Geschichte an: das Reich der Freiheit im humanistischen Sozialismus auf der Basis eines sozialistischen Humanismus.[91]

Erich Fromms beide Versionen in einer mehr evolutiven und einer dialektischen Sicht der Entwicklung des Menschen und seiner Geschichte.

86 Vgl. E. Fromm, *You Shall Be as Gods* (66/1), 143–147. – Zur Geschichte der zeitlichen Kalkulation im jüdischen Messianismus vgl. A. H. Silver, *A History of Messianic Speculation in Israel. From the First through Seventeenth Centuries.*

87 So ist etwa die »chassidische Thora-Konzeption . . . eine Ausgestaltung des überlieferten Glaubens, daß Gott die von ihm geschaffene Welt durch den Menschen erobern will. Er will sie wahrhaft zu seiner Welt, zu seinem Reich machen, aber durch menschliches Tun« (M. Buber, *Die chassidische Botschaft*, 56). – Eine ausführliche Darstellung des Chassidismus erfolgt unten S. 246–260.

88 Vgl. hierzu E. Fromm, *Marx's Concept of Man* (61/2), 63–69.

89 Dieser humanistische Ansatz wird von Erich Fromm so umschrieben: Der Sozialismus von Karl Marx sei »die Verwirklichung der tiefsten religiösen Impulse . . ., die Einsicht vorausgesetzt, daß Marx – wie Hegel und wie viele andere – seine Sorge um die menschliche Seele nicht in theistischer, sondern in philosophischer Sprache ausdrückte« (E. Fromm, *Marx's Concept of Man* [61/2], 63). Daß es dabei nicht nur um eine Frage der sprachlichen Ausdrucksweise geht, wird unten S. 260–278, bes. 273 gezeigt.

90 E. Fromm, *Marx's Concept of Man* (61/2), 68.

91 Auf die Verifizierung des Messianismus im Neukantianismus Hermann Cohens soll hier nicht eingegangen werden. Vgl. jedoch unten S. 237–246. – Die Reaktivierung eines prophetisch-politischen Messianismus im »Reformjudentum« des 19. und 20. Jahrhunderts und vor allem im »Zionismus« ist zwar durch das politische Moment des Prophetischen ausgezeichnet, doch mangelt ihr

3.2.2 Erich Fromms Sicht der Geschichte in Anschluß an die Geschichtstheorie von Karl Marx

Erich Fromm sieht in der Geschichte der messianischen Idee die dynamische Entfaltung einer Geschichtstheorie, deren Höhepunkt der prophetische Messianismus ist. Dieser prophetische Messianismus hat seine letzte und gültige – weil humanistische – Realisierung im Geschichtsbild von Karl Marx gefunden; darum schließt sich Erich Fromm in seinen eigenen Überlegungen zur Geschichtstheorie den Ansichten von Karl Marx an, so daß Erich Fromms geschichtsphilosophische Theorie nur in der Rezeption des Marxschen Geschichtsbildes vorliegt und zur Darstellung kommen kann.[92]
Um den Mißverständnissen aus dem Wege zu gehen, die mit den Epitheta »materialistisch« oder »ökonomisch« einhergehen, sollte nach Erich Fromm »Marx' Interpretation der Geschichte . . . eine anthropologische Geschichtsinterpretation genannt werden . . .; sie versteht die Geschichte aufgrund der Tatsache, daß die Menschen ›die Urheber und Vollzieher ihrer Geschichte‹ sind.«[93] Dieser Ansatz einer anthropologischen Geschichtsinterpretation hat in verschiedenen Hinsichten Konsequenzen. »Die erste Voraussetzung aller Menschengeschichte ist natürlich die Existenz lebendiger menschlicher Individuen . . . (Diese) fangen an, sich von den Tieren zu unterscheiden, sobald sie anfangen, ihre Lebensmittel zu produzieren . . . Indem die Menschen ihre Lebensmittel produzieren, produzieren sie indirekt ihr materielles Leben selbst.«[94] Damit ist das Verhältnis des Menschen zur Natur fundamental verändert: »Zu Beginn seiner Geschichte ist der Mensch blind an die Natur gebunden oder gekettet. Im Prozeß der Entwicklung transformiert er sein Verhältnis zur Natur, und folglich sich selbst.«[95] Der Faktor aber, der zwischen Mensch und Natur vermittelt, der die Beziehung des Menschen zur Natur ändert und damit zugleich den Menschen verwandelt, ist die Arbeit.[96]

---

die universalistische Komponente des jüdischen Messianismus. Aus diesem Grund ist Erich Fromm kein Freund des Zionismus. Zur Fragestellung vgl. L. Jacobs, *Principles of the Jewish Faith*, 386–389; H. Graupe, *Die Entstehung des modernen Judentums*, 343–353. – Zur Entwicklung des »Reformjudentums« in Nord-Amerika vgl. bes. D. Philipson, *Reform Judaism*, in: Universal Jewish Encyclopedia, Vol. VI, 240 f., und die dort abgedruckte »Pittsburgh Platform« von 1855, in der die versammelten Reform-Juden u. a. bestimmten: »Wir betrachten uns selbst nicht mehr länger als Nation, sondern als religiöse Gemeinschaft; deshalb warten wir weder auf eine Rückkehr nach Palästina noch auf einen Opfergottesdienst unter den Söhnen Aarons noch auf die Wiederherstellung irgendeines der Gesetze, die sich mit dem jüdischen Staat befassen« (a.a.O., 241).
92 Zur Kritik an der Frommschen Marx-Rezeption siehe unten S. 260–278. – Das Besondere der Frommschen Sicht der Geschichte ist vor allem in dem Bemühen zu sehen, die geschichtsphilosophischen Positionen als legitime Interpretationen der alttestamentlichen Geschichtstheologie, vor allem des Messianismus, auszuweisen.
93 E. Fromm, *Marx's Concept of Man* (61/2), 13; das Zitat im Zitat ist jedoch nicht, wie angegeben, bei K. Marx, MEGA I, 6, 179, nachzuweisen.
94 K. Marx, MEGA I, 5, 10.
95 E. Fromm, *Marx's Concept of Man* (61/2), 15; vgl. ders., *Beyond the Chains of Illusion* (62/1), 34 f.
96 Erich Fromm hat verschiedentlich, wenn auch nicht in direktem Zusammenhang mit der

»Die Arbeit ist zunächst ein Prozeß zwischen Mensch und Natur, ein Prozeß, worin der Mensch seinen Stoffwechsel mit der Natur durch seine eigne Tat vermittelt, regelt und kontrolliert. Er tritt dem Naturstoff selbst als eine Naturmacht gegenüber. Die seiner Leiblichkeit angehörenden Naturkräfte, Arme und Beine, Kopf und Hand, setzt er in Bewegung, um sich den Naturstoff in einer für sein eigenes Leben brauchbaren Form anzueignen. Indem er durch diese Bewegung auf die Natur außer ihm wirkt und sie verändert, verändert er zugleich seine eigene Natur.«[97] Arbeit ist demnach nicht ein notwendiges Übel, – nicht nur Mittel zum Zwecke des Produzierens, »sondern (sie ist) Selbstzweck, der sinnvolle Ausdruck menschlicher Energie«[98].

Die Selbsterzeugung des Menschen durch die Arbeit macht den Menschen frei und unabhängig und läßt ihn seine eigene Geschichte schaffen.[99] Damit ist zugleich gegeben, daß die Art und Weise des Arbeitens – die Produktionsweise des materiellen Lebens – den sozialen, politischen und geistigen Lebensprozeß bedingt. »Es ist (deshalb) nicht das Bewußtsein der Menschen, das ihr Sein, sondern umgekehrt ihr gesellschaftliches Sein, das ihr Bewußtsein bestimmt.«[100] Der Lauf der Geschichte wird von den Konflikten bestimmt, die zwischen den Produktivkräften (zu denen nicht nur Rohmaterial, Energie, Kapital, Arbeitskraft usw. zählen, sondern in vermehrtem Maße die Wissenschaften und alle dem Menschen innewohnenden Fähigkeiten[101]) und der Produktionsweise in einer bestehenden gesellschaftlichen Organisation herrschen. »Wenn eine Produktionsweise oder gesellschaftliche Organisation die

---

Marxschen Theorie der Arbeit, auf die Bedeutung der Arbeit im jüdischen Sabbatritual hingewiesen, – eine Bedeutung, die nicht ohne Einfluß auf Karl Marx gewesen sein dürfte. Wenn Karl Marx zunächst von der »Aufhebung der Arbeit als dem Ziel des Sozialismus« spricht (E. Fromm, *Marx's Concept of Man* [61/2], 40) und also noch nicht zwischen freier und entfremdeter Arbeit unterscheidet, so faßt er Arbeit in der messianischen Bedeutung des Sabbatrituals: Wird der Sabbat als Vorahnung der messianischen Zeit verstanden, so wird das Verbot jeglicher Arbeit sinnvoll. Der Sabbat »ist ein Symbol der Erlösung und Freiheit« (E. Fromm, *The Forgotten Language* [51/1], 248). »Arbeit ist ein Symbol des Kampfes und der Zwietracht; Ruhe ist ein Symbol von Würde, Frieden und Freiheit« (a.a.O., 247; vgl. ders., *Der Sabbath* [27/1], bes. 233 f.; ders., *You Shall Be as Gods* [66/1], 194–199).

97 K. Marx, *Das Kapital*, Band I, 192.
98 E. Fromm, *Marx's Concept of Man* (61/2), 42.
99 Zur Frage der Entfremdung des Menschen durch die Entfremdung der Arbeit siehe unten S. 105–116.
100 K. Marx, *Zur Kritik der Politischen Ökonomie* (Vorwort), 9. – Vgl. auch K. Marx, *Die Frühschriften* (»Deutsche Ideologie«) 349; »Nicht das Bewußtsein bestimmt das Leben, sondern das Leben bestimmt das Bewußtsein. In der ersten Betrachtungsweise geht man von dem Bewußtsein als dem lebendigen Individuum aus, in der zweiten, dem wirklichen Leben entsprechenden, von den wirklichen lebendigen Individuen selbst und betrachtet das Bewußtsein nur als ihr Bewußtsein.«
Für Erich Fromm behauptet Karl Marx mit diesem Satz nicht, daß Ideen und Ideale nicht wirklich und wirksam seien. »Gerade wo es um den Einfluß von Ideen auf die menschliche Entwicklung geht, war Marx keineswegs blind, was deren Macht betrifft, wie die populäre Interpretation seines Werkes glauben machen will« (E. Fromm, *Marx's Concept of Man* [61/2], 22).
101 E. Fromm, *Marx's Concept of Man* (61/2), 22.

bestehenden Produktivkräfte eher hemmt als fördert, wird eine Gesellschaft, will sie nicht zugrunde gehen, solche Formen der Produktion wählen, die zu den neuen Produktivkräften passen, und wird diese entwickeln.«[102]

»Mit dem Konflikt zwischen Produktivkräften und gesellschaftlich-politischen Strukturen geht der Konflikt zwischen den gesellschaftlichen Klassen einher.«[103] Der Mensch ist in die Dynamik dieses Prozesses hineingebunden, ja er ist dessen Triebkraft und befreit sich durch diese Konflikte im Produktionsprozeß mehr und mehr von seiner Bindung an die Natur. Gleichzeitig mit dem Arbeitsprozeß werden seine geistigen und seelischen Kräfte unabhängiger und kommen zur vollen Entfaltung. Da Ursprung wie Ziel aller Geschichte der Mensch in einer je verschiedenen Einheit mit der Natur ist, geht es bei allen Produktionsweisen und gesellschaftlichen Verhältnissen immer darum, daß der Mensch und die Entfaltung der Fähigkeiten, mit denen er die Natur beherrschen kann, im Mittelpunkt aller Bemühungen bleibt.

Der Mensch wird ganz unabhängig und frei werden, wenn er die Natur vollständig unter seine – von der Vernunft bestimmten – Kontrolle gebracht haben wird. Zugleich wird dann die Gesellschaft ihren antagonistischen Klassencharakter verlieren, und die wahre menschliche Geschichte wird beginnen, »in der das Ziel und der Zweck allen sozialen Lebens nicht Arbeit und Produktion sind, sondern die Entfaltung der Kräfte des Menschen als Selbstzweck. Das ist für Marx das Reich der Freiheit, in dem der Mensch mit seinem Nächsten und mit der Natur vollkommen vereint sein wird.«[104]

Das Reich der Freiheit ist das Ziel des Sozialismus. Es besagt für Karl Marx wie für Erich Fromm Unabhängigkeit und Freiheit.[105] Es ist identisch mit der Selbstverwirklichung des Menschen »im Prozeß der produktiven Bezogenheit und des Einsseins mit dem Menschen und mit der Natur. Das Ziel des Sozialismus war die Entwicklung der individuellen Persönlichkeit.«[106] Damit wendet sich Erich Fromm mit Karl Marx gegen eine Identifizierung des Zieles aller Geschichte mit dem Sozialismus.[107] Sozialismus ist die »Bedingung der menschlichen Freiheit und Kreativität und konstituiert nicht . . . in sich selbst das Ziel des menschlichen Lebens«[108]. Wenn der Mensch eine sozialistische, d. h. rationale[109] Form der Gesellschaft aufbaut, wird erst das möglich, was das Ziel des Lebens ist: ». . . die menschliche Kraftentwicklung, die sich als Selbst-

---

102 A.a.O., 19.
103 E. Fromm, *Beyond the Chains of Illusion* (62/1), 35.
104 A.a.O., 36 f.
105 Unabhängigkeit und Freiheit sind Begriffe, die für die Frommsche Religionskritik wegweisend sind. Vgl. unten S. 128 f.
106 E. Fromm, *Marx's Concept of Man* (61/2), 38.
107 Diese Kritik an einer Identifizierung will nicht nur die gegenwärtigen sozialistischen Staaten treffen; vielmehr geht es um das Ziel der Geschichte, das nicht in einem Gesellschaftssystem zu sehen ist, sondern allein im freien, d. h. ganz produktiven Menschen.
108 E. Fromm, *Marx's Concept of Man* (61/2), 61.
109 Vgl. a.a.O., 60.

zweck gibt, das wahre Reich der Freiheit . . .«[110] Hier hat der Mensch sich selbst im Geschichtsprozeß vollkommen geboren; er ist frei und unabhängig und darum fähig, in Vernunft und Liebe mit sich selbst, der Natur und seinem Mitmenschen eins zu sein.[111]

»Die ganze sogenannte Weltgeschichte ist nichts anderes als die Erzeugung des Menschen durch die menschliche Arbeit, als das Werden der Natur für den Menschen, so hat er also den anschaulichen, unwiderstehlichen Beweis von seiner Geburt durch sich selbst, von seinem Entstehungsprozeß.«[112] Wenn aber der Mensch ganz geboren sein wird, kommt die »Vorgeschichte des Menschen« zu einem Abschluß, und die wahre menschliche Geschichte wird beginnen.[113] Karl Marx und mit ihm Erich Fromm stehen mit dieser Sicht zweifelsfrei in der Tradition des prophetischen Messianismus. Dennoch gehört zu beider Geschichtstheorie ein weiterer wesentlicher Aspekt, der der wirklichen historischen Entwicklung gerecht werden will und den Erich Fromm im prophetischen Messianismus mit dem Unwesen der Idolatrie namhaft gemacht hat: die Entfremdung des Menschen im Geschichtsprozeß.

3.3 Die Entfremdung des Menschen in der Geschichte

Der Begriff der Entfremdung ist bei Erich Fromm eng verknüpft mit der geschichtsphilosophischen Interpretation des Menschen und seiner Natur. Die zwischenzeitlich mächtig angewachsene Literatur zum Entfremdungsbegriff in der Geistesgeschichte der letzten 150 Jahre muß hier unberücksichtigt bleiben. Das Augenmerk richtet sich vielmehr nur auf Quellen, denen sich Erich Fromm verpflichtet weiß, und auf die Art und Weise, wie er vor diesem geistesgeschichtlichen Hintergrund seinen eigenen Begriff der Entfremdung entwickelt.[114]

3.3.1 Die geistesgeschichtlichen Wurzeln des Frommschen Begriffs der Entfremdung

»Der Denker, der den Begriff der Entfremdung prägte, war Hegel. Für ihn war die Geschichte des Menschen zugleich die Geschichte der Entfremdung des Menschen.«[115] Vergegenständlichung, Entfremdung und Wiedervereinigung

---

110 K. Marx, *Das Kapital*, Band III, 828.
111 Vgl. E. Fromm, *Marx's Concept of Man* (61/2), 64f. und 68f.
112 K. Marx, MEGA I, 3, 125.
113 Vgl. E. Fromm, *Marx's Concept of Man* (61/2), 19.
114 Vgl. zum Folgenden von E. Fromm: *Psychoanalysis and Religion* (50/1), 117–119; *The Sane Society* (55/1), 120–124; *Marx's Concept of Man* (61/2), 44–46; *Beyond the Chains of Illusion* (62/1), 57–59; *You Shall Be as Gods* (66/1), 42–51; sowie E. Fromm und R. I. Evans, *Dialogue with Erich Fromm* (66/6), 87–90.
115 E. Fromm, *Marx's Concept of Man* (61/2), 47.

gehören zum Prozeß des Lebens. In dieser Bewegung sieht Hegel die innerste Natur des Menschen. Der absolute Geist geht durch die Erschaffung einer objektiven Welt in die Selbstentfremdung, um zu sich zurückkehren zu können. »Indem Hegel Gott als das Subjekt der Geschichte annahm, hatte er Gott im Menschen in einem Zustand der Selbstentfremdung erkannt, und im Geschichtsprozeß die Rückkehr Gottes zu sich selbst erblickt.«[116] Für den Menschen bedeutet dies, daß seine Existenz ihrem Wesen entfremdet ist, der Mensch also »nicht ist, was er sein sollte, und daß er das sein sollte, was er sein könnte«[117].

Die Aufnahme des Hegelschen Entfremdungsbegriffs durch Karl Marx ist von Feuerbachs Umkehrung der Hegelschen »Theologie« in eine Anthropologie beeinflußt. Ludwig Feuerbach sieht in Gott eine Projektion des Wesens des Menschen, so daß Entfremdung zu einer Bewegung innerhalb des menschlichen Selbstbewußtseins wird. »Bei Feuerbach wird die Selbstentäußerung Gottes in der Natur durch Umkehrung zur Projektion des dem Menschen eigenen Wesens in eine eingebildete Gegenständlichkeit.«[118] Im Gegensatz zu Ludwig Feuerbach ist für Karl Marx Entfremdung primär als Verlust seiner selbst in den Dingen, die der Mensch schafft, zu sehen, während die religiöse Entfremdung nur die Widerspiegelung der Entfremdung des »wirklichen Lebens« im Bewußtsein ist. Dieses »wirkliche Leben« ist bestimmt durch Arbeit als die tätige Beziehung des Menschen zur Natur, als Erschaffung einer neuen Welt und des Menschen selbst.[119] Entfremdung nun »bedeutet für Marx, daß sich der Mensch im Ergreifen der Welt nicht als der tätige Urheber (acting agent) selbst erfährt, sondern daß die Welt (die Natur, die anderen Menschen und er selbst) ihm fremd bleibt. Sie steht über ihm und als Objekt gegen ihn, obwohl sie vielleicht Gegenstand seiner eigenen Schöpfung ist. Entfremdung heißt, die Welt und sich selbst wesentlich passiv, rezeptiv, als Subjekt, das vom Objekt getrennt ist, zu erfahren.«[120]

Dieser Prozeß hat seinen Anfang genommen mit der Entwicklung des Privateigentums und der Arbeitsteilung, die bewirkten, daß die Arbeit aufhörte, Ausdruck der menschlichen Kräfte zu sein. »Der Gegenstand, den die Arbeit produziert, ihr Produkt, tritt ihr als ein fremdes Wesen, als eine von dem Produzenten unabhängige Macht gegenüber. Das Produkt der Arbeit ist die Arbeit, die sich in einem Gegenstand fixiert, sachlich gemacht hat, es ist die Vergegenständlichung der Arbeit.«[121] Zugleich mit der Entfremdung des

---

116 E. Fromm, *Beyond the Chains of Illusion* (62/1), 44.
117 E. Fromm, *Marx's Concept of Man* (61/2), 47.
118 G. B. Hammond, *Man in Estrangement* 8; vgl. E. Fromm, *Beyond the Chains of Illusion* (62/1), 44.
119 Siehe oben S. 102–105.
120 E. Fromm, *Beyond the Chains of Illusion* (62/1), 44. – Zur Problematik dieser Definition vor allem im Kontext der Geschichtstheorie siehe unten S. 113–116.
121 K. Marx, MEGA I, 3, 83; vgl. ders., *Grundrisse der Kritik der polnischen Ökonomie*, 23–26;

Menschen von seinen Produkten, die – selbständig geworden – nun über den Menschen Macht ausüben, geht eine Entfremdung der produktiven Tätigkeit selbst einher, so daß nicht mehr der Mensch tätig ist, sondern alle Tätigkeit nur als Lebensmittel eines von sich selbst entfremdeten Menschen erscheint. »Eine unmittelbare Konsequenz davon, daß der Mensch dem Produkt seiner Arbeit, seiner Lebenstätigkeit, seinem Gattungswesen entfremdet ist, ist (schließlich) die Entfremdung des Menschen von dem Menschen. Wenn der Mensch sich selbst gegenübersteht, so steht ihm der andere Mensch gegenüber.«[122]

Die Überwindung der Entfremdung ist für Karl Marx dort möglich, wo sich die Befreiung des menschlichen Wesens auf die Wiederherstellung der nicht-entfremdeten und daher freien Tätigkeit aller Menschen richtet, auf eine Gesellschaft, die den Menschen und nicht die Herstellung von Gegenständen zum Ziel hat.[123] Für Erich Fromm ist diese Sicht der Entfremdung und ihrer Überwindung, die er vor allem durch Zitate aus den Frühschriften von Karl Marx belegen kann, von Bedeutung, weil damit die Anstrengungen zur Überwindung der Entfremdung nicht nur in sozio-ökonomischen Manipulationen bestehen können, wie dies in manchen marxistischen Doktrinen vertreten wird. Es muß vielmehr von einem umfassenden Menschen- und Geschichtsbild ausgegangen werden, und das Ziel aller Anstrengungen muß in der Überwindung der Entfremdung des Menschen vom Leben, von sich selbst und seinen Mitmenschen gesehen werden.[124]

3.3.2 Das Wesen der Entfremdung als Idolatrie

Für Erich Fromms Verständnis von Entfremdung ist der eben aufgezeigte geistesgeschichtliche Hintergrund wesentlich; dennoch versucht er mit Hilfe einer Analyse des prophetischen Kampfes gegen die Idolatrie eine Präzisierung des Verständnisses zu erreichen. »Ich gebrauche ›Entfremdung‹ so, wie dieser Begriff von Hegel und später von Marx gebraucht wurde: Anstatt seine eigenen menschlichen Kräfte zu erfahren – zum Beispiel Liebe und Weisheit, Denken oder Vernunft, gerechtes Handeln – überträgt der Mensch diese Kräfte auf irgendein Idol, auf eine Macht oder auf Mächte außerhalb seiner selbst. Um dann wieder in Berührung mit seiner eigenen menschlichen Kraft zu gelangen, muß ein solcher Mensch sich völlig diesem Idol unterwerfen . . . Was ich sagen will, ist, daß der biblische Begriff der Idolatrie wesentlich der gleiche ist wie der Entfremdungsbegriff bei Hegel und bei Marx.«[125]

168–170 u. ö.; F. Tomberg, *Der Begriff der Entfremdung in den »Grundrissen« von Karl Marx*; R. Wiegand, *Gesellschaft und Charakter*, 11–27.
122 K. Marx, MEGA I, 3, 89.
123 Vgl. E. Fromm, *Marx's Concept of Man* (61/2), 50.
124 Vgl. E. Fromm, *Beyond the Chains of Illusion* (62/1), 46.
125 E. Fromm und R. I. Evans, *Dialogue with Erich Fromm* (66/6), 88 f. – Zur Problematik dieser Identifizierung des Entfremdungsbegriffes vgl. z. B. J. H. Schaar, *Escape from Authority*,

Das Wesen des Götzendienstes besteht nicht in der Anbetung dieses oder jenes Götzenbildes, sondern darin, daß der Götzendienst eine bestimmte menschliche Haltung darstellt.[126] Ebenso ist unwesentlich, ob viele Götter anstelle eines einzigen verehrt werden. Der Kerngedanke des prophetischen Kampfes gegen die Idolatrie ist vielmehr der, daß die Götzen das Werk der eigenen menschlichen Hände sind, daß der Mensch also »die Attribute seines eigenen Lebens auf die von ihm selbst geschaffenen Gegenstände (überträgt), anstatt sich selbst als die erschaffende Person zu erfahren . . .«[127], so daß das Idol die dem Menschen eigenen Lebenskräfte in entfremdeter Form darstellt, denen sich der Mensch unterwerfen muß und von denen er sich beherrschen läßt.

Die Idole und mit ihnen die jeweiligen Gegenstände der Idolatrie sind in jeder Kultur und in jeder Epoche verschieden. »Einst waren die Idole Tiere, Bäume, Sterne, Figuren von Männern und Frauen . . . Heute heißen sie Ehre, Fahne, Staat, Mutter, Familie, Ruhm, Produktion, Konsum und vieles andere.«[128] Die Aufgabe solcher Idole ist es, dem verkrüppelten und von sich entfremdeten Menschen Krücken an die Hand zu geben, die zwar Ausdruck seines Selbstverlustes sind, die ihn zugleich aber auch befähigen, ein Minimum seines Selbst und seines Identitätserlebens zu bewahren.

Von Idolatrie oder Entfremdung spricht Erich Fromm nicht nur in Beziehung zu anderen Gegenständen und Personen. Auch wo jemand seinen eigenen irrationalen Leidenschaften unterworfen ist, verehrt er ein Teil-Streben seiner selbst als Götze und ist von diesem »besessen«. »In diesem Sinne ist der Neurotiker eine sich selbst entfremdete Person. Seine Handlungen sind nicht die seinen: Während er sich einbildet, das zu tun, was er will, wird er von Kräften getrieben, die von seinem Selbst getrennt sind . . .«[129] Den Extremfall eines totalen Realitätsverlustes stellt der Psychotiker dar. Er ist ein sich selbst absolut entfremdeter Mensch, der sein Ich als Mittelpunkt seiner Erfahrungen völlig verloren hat.[130]

192–197; J. S. Glen, *Erich Fromm: A Protestant Critique*, 126–137; G. B. Hammond, *Man in Estrangement*, 33–35 und 65–69; P. Tillich, *Der Mensch im Marxismus und Christentum*, 194–209; R. Schacht, *Alienation*.

126 Vgl. E. Fromm, *Psychoanalysis and Religion* (50/1), 118.

127 E. Fromm, *Marx's Concept of Man* (61/2), 44; vgl. ders., *The Sane Society* (55/1), 121f.

128 E. Fromm, *You Shall Be as Gods* (66/1), 47f. – Erich Fromm fordert geradezu eine »Idologie«, deren Aufgabe es ist, nicht nur die früher und heute gültigen Idole aufzuspüren, sondern auch idolatrische Einstellungen der Unterwürfigkeit (wie er sie z. B. dem Calvinismus vorwirft) zu demaskieren. Die Radikalität dieses Verständnisses führt schließlich dazu, Theologie als Versuch der Aussage über Gott durch eine »Idologie« zu ersetzen (a.a.O., 47–49). Vgl. auch unten S. 231–237.

129 E. Fromm, *The Sane Society* (55/1), 124; vgl. ders., *Marx's Contribution to the Knowledge of Man* (68/10), 68f.

130 Vgl. E. Fromm, *The Sane Society* (55/1), 124. – Verschiedene Sprachen haben deshalb früher in der medizinischen Nomenklatur das Wort (Entfremdung =) alienation zur Bezeichnung von psychotischen Erscheinungen gebraucht. Noch heute ist der »alienist« im englischen Sprachraum der Irrenarzt. – Vgl. a.a.O., 121.

All diesen idolatrischen Erscheinungen liegt die Tatsache zugrunde, »daß der Mensch sich nicht als der tätige Träger seines eigenen Kräftereichtums erfährt, sondern als ein armseliges ›Ding‹, das von Mächten außerhalb seiner selbst, auf die er seine lebendige Wesensmitte (living substance) geworfen hat, abhängig ist«[131]. Dies gilt in besonderem Maße für die gegenwärtige Industriekultur und -gesellschaft. Die Entfremdung ist hier beinahe total. Sie durchdringt die Beziehung des Menschen zu seiner Arbeit, zu den Dingen, die er verbraucht, zu den Mitmenschen und zu sich selbst. Der moderne Mensch »ist das Objekt blinder ökonomischer Kräfte geworden, die sein Leben regieren«[132]. Und im Gegensatz zur Ansicht von Karl Marx stellt Erich Fromm fest, daß alle Schichten arbeitender Menschen, das Management noch mehr als die herkömmliche Arbeiterklasse, dem entfremdenden Diktat ökonomischer Kräfte ausgeliefert sind.[133]

Typisches Kennzeichen unserer Industriegesellschaft, das unabhängig vom Gesellschaftssystem auftritt, ist die Inflation der Administration in allen Bereichen: in der industriell-technischen Bürokratie oder im Verwaltungsapparat der politischen, militärischen, gewerkschaftlichen, kirchlichen, sozialen Institutionen. »Sie funktionieren fast wie Elektronen-Computer, die mit allen Daten gefüttert wurden und die dann, entsprechend gewissen Grundsätzen, die ›Entscheidungen‹ fällen. Wenn der Mensch in ein Ding transformiert ist und wie ein Ding behandelt (»managed«) wird, werden seine Manager selbst zu Dingen; und Dinge haben keinen Willen, keine Phantasie, kein Vorhaben.«[134] Aus solcher Einsicht spricht Erich Fromm von der heutigen Gesellschaft als von einer »insane society«, einer geisteskranken und verrückten Gesellschaft, in der die Menschen unfähig geworden sind, sich selbst noch als tätige zu erfahren, und in der sie sich statt dessen idolatrisch der Versklavung durch ihre eigenen Errungenschaften und Kräfte ausgeliefert haben.

3.3.3 Die Möglichkeit der Überwindung der Entfremdung

Die Frage, inwieweit Entfremdungserscheinungen durch den modernen Kapitalismus bedingt sind, ist zunächst in einem zweifachen Sinne negativ zu beantworten: Zum einen sind auch in den bekannten sozialistischen Wirtschaftssystemen die typischen Entfremdungserscheinungen konstatierbar;[135] zum anderen läßt Erich Fromm durch den Aufweis der strukturellen Affinität des biblischen Idolatriebegriffes und des Entfremdungsbegriffes bei Karl Marx

---

131 A.a.O., 124.
132 E. Fromm, *Beyond the Chains of Illusion* (62/1), 59; vgl. hierzu vor allem das Zentralwerk Erich Fromms zu dieser Fragestellung: *The Sane Society* (55/1).
133 Vgl. E. Fromm, *Marx's Concept of Man* (61/2), 56f.
134 E. Fromm, *May Man Prevail?* (61/1), 79; vgl. ders., *Escape from Freedom* (41/1), 118–135, sowie die Ausführungen zur »marketing orientation«, oben S. 57f.
135 Vgl. E. Fromm, *May Man Prevail?* (61/1), 68–85; A. Schaff, *Marxismus und das menschliche Individuum*, 168–182, 254–259.

deutlich werden, daß Entfremdung kein Privileg eines kapitalistischen oder staatskapitalistischen Wirtschaftssystems oder einer entsprechenden Gesellschaftsstruktur ist. Umgekehrt zeugt es von selbstmörderischer Verblendung, im Atomzeitalter zu fragen, »inwieweit die schlechten Seiten der Entfremdung einfach nur der Preis sind, den wir zahlen müssen für die guten Seiten einer modernen ökonomischen und politischen Freiheit und des Fortschritts«[136]. Für Erich Fromm ist die Frage der Überwindung der Entfremdung heute eine Frage auf Leben und Tod; und er ist von der Möglichkeit der Überwindung überzeugt. In Anschluß an Karl Marx erkennt er, »daß die gegenwärtige Idolatrie ihre Wurzeln in der gegenwärtigen Produktionsweise hat und nur durch die völlige Veränderung der ökonomisch-sozialen Konstellation zusammen mit der geistigen Befreiung des Menschen überwunden werden kann«[137]. In dieser Erkenntnis ist zugleich eine Kritik an der Position von Karl Marx enthalten, die Erich Fromms eigenen Standpunkt profiliert. Wenn Erich Fromm eine Änderung nur »zusammen mit der geistigen Befreiung« für möglich hält, dann drückt sich darin die Kritik aus, daß Karl Marx »nicht genügend berücksichtigt hat, daß die menschliche Natur selbst Bedürfnisse und Gesetze in sich trägt, die in einer immerwährenden Interaktion mit den ökonomischen Bedingungen, die die historische Entwicklung formen, stehen«[138]. Die Sozialisierung der Produktionsmittel ist zwar eine notwendige, aber keine hinreichende Bedingung für die Überwindung der Entfremdung.[139] Solange nicht die aus dem Selbstbewußtsein des Menschen resultierenden menschlichen Bedürfnisse – auch in ihren durch die sozio-ökonomischen Verhältnissen geprägten Deformierungen – erkannt werden, und zwar als wesentliche Bedürfnisse erkannt werden, die die sozio-ökonomischen Verhältnisse fundamental mitbestimmen und stabilisieren, und solange nicht die Entfaltung des Menschen zu einem treibenden Element in der Entwicklung wird, ist eine Überwindung der Entfremdung nicht zu erwarten.[140]

Erich Fromm geht von der Erkenntnis der menschlichen Bedürfnisse und ihren Scheinlösungen in nicht-produktiven Orientierungen aus und setzt dann Maßstäbe für die Veränderung der ökonomischen Faktoren und sozialen Strukturen. Diese Erkenntnisse liefert eine dynamische Psychologie: »Ein Begriff wie

---

136 So fragt A. Gewirth, *Review*, 291f.

137 E. Fromm, *Beyond the Chains of Illusion* (62/1), 59. – Zum Problem der Bewußtseinsbildung der abhängigen Massen vgl. F. Tomberg, *Der Begriff der Entfremdung in den »Grundrissen« von Karl Marx*.

138 E. Fromm, *The Sane Society* (55/1), 262f. – Die Kritik an Karl Marx trifft also nicht den methodischen Ansatz an der Wirklichkeit und dem wirklichen Menschen; sie wendet sich aber gegen eine verkürzte Sicht des wirklichen Menschen und seiner geistig-seelischen Bedürfnisse und Qualitäten. Vgl. zur Fragestellung auch E. Fromm, *Marx's Concept of Man* (61/2), 21f.

139 Vgl. E. Fromm, *The Sane Society* (55/1), 265; F. Tomberg, *Der Begriff der Entfremdung in den »Grundrissen« von Karl Marx*, 156.

140 Vgl. E. Fromm, *The Sane Society* (55/1), 264f. – G. B. Hammond, *Man in Estrangement*, 33–35.

der der Entfremdung muß, will er jenseits einer relativ spekulativen Ebene der Beschreibung sinnvoll sein, empirisch mittels einer dynamischen Psychologie erforscht werden . . . Solange Entfremdung nicht in solcher Weise erforscht wird, bleibt Entfremdung in sich ein entfremdeter Begriff.«[141] Mit diesem Votum will Erich Fromm zunächst keineswegs der verändernden Kraft des menschlichen Bewußtseins einen Vorrang gegenüber den ökonomischen und sozialen Kräften einräumen.[142] Ihm geht es nicht um die Statuierung eines Primats des Bewußtseins, sondern um die Respektierung der spezifisch menschlichen Qualitäten, die spezifische, unabdingbare menschliche Bedürfnisse implizieren, an deren Wirklichkeit und Wirkmächtigkeit kein Bemühen um Überwindung der menschlichen Entfremdung vorbeigehen kann. Und weil Entfremdung nur im Bereich des Menschlichen möglich ist, ist jede Erkenntnis der Entfremdung und jeder Versuch der Überwindung der Entfremdung eine von der spezifisch menschlichen Qualität des Bewußtseins abhängige Frage der Erhellung der bewußten und unbewußten Kräfte, die den Menschen in seiner nur ihm eigenen Situation bestimmen. Dieser Umstand bedingt, daß die Psychologie »empirische Schlüsselbegriffe wie Religion, Philosophie und Soziologie erforschen muß«[143], daß ihr damit also im Erkenntnisprozeß eine Vorrangstellung eingeräumt wird;[144] und dieser Umstand ist es auch, der die »geistige Befreiung des Menschen« zur conditio sine qua non einer Überwindung der Entfremdung macht.

Erich Fromm ist dieser Einsicht in seinem literarischen Schaffen gefolgt. In seinem Buch »The Sane Society«, dem Hauptwerk zu dieser Fragestellung, beginnt er mit dem Aufweis der menschlichen Situation und der daraus resultierenden menschlichen Bedürfnisse und endet mit praktischen Überlegungen zur Überwindung der Entfremdung.[145] Das Ziel der Überwindung der Entfremdung ist der geistig gesunde Mensch und eine Gesellschaft, die einen solchen produktiven Menschen ermöglicht. Der nicht-entfremdete Mensch ist derjenige, »der sich zur Welt liebend in Beziehung setzt und der seine Vernunft gebraucht, um die Wirklichkeit objektiv zu erfassen; der sich selbst als eine einmalige individuelle Wesenheit (entity) erfährt und sich zugleich eins fühlt mit seinem Mitmenschen; der nicht irrationaler Autorität unterworfen

---

141 E. Fromm und R. I. Evans, *Dialogue with Erich Fromm* (66/6), 89 f.

142 G. B. Hammond, *Man in Estrangement*, 35, interpretiert Erich Fromms Position in diesem Sinne: »Fromm kehrt zu der Marx nicht eigenen Sicht zurück, daß Entfremdung primär nur eine Form des Bewußtseins oder Unbewußten ist.« – Vgl. jedoch unten S. 115 f.

143 E. Fromm und R. I. Evans, *Dialogue with Erich Fromm* (66/6), 90.

144 E. Fromm, *The Sane Society* (55/1), 254: »Die Analyse der Gesellschaft und des geschichtlichen Prozesses muß mit dem Menschen beginnen, nicht mit der Abstraktion, sondern mit dem wirklichen, konkreten Menschen in seiner physiologischen und psychologischen Beschaffenheit. Sie muß mit einem Begriff des Wesens des Menschen beginnen, und das Studium der Ökonomie und der Gesellschaft dient nur dem Zweck, zu verstehen, wie er von sich und seinen Kräften entfremdet wurde.« – Vgl. C. J. Sahlin, *An Analysis of the Writings of Erich Fromm*, 274–278.

145 E. Fromm, *The Sane Society* (55/1), 22–66 bzw. 270–352.

ist und der willentlich die rationale Autorität des Gewissens und der Vernunft akzeptiert; der Zeit seines Lebens im Prozeß des Geborenwerdens steht und das Geschenk des Lebens als die wesentlichste Chance, die er besitzt, betrachtet.«[146]

Der Weg zu diesem Ziel beginnt dort, wo der Konflikt zwischen den menschlichen Bedürfnissen und der vorgegebenen Sozialstruktur aufgezeigt wird. Sodann muß das Bewußtsein für diesen Konflikt und für das, was dabei verloren gegangen ist, gefördert werden, und es müssen die praktischen Veränderungen im ökonomischen, politischen und sozialen wie im kulturellen Bereich in Angriff genommen werden.[147] Diese praktischen Veränderungen haben eine »gesunde Gesellschaft« (sane society) zum Ziel, »in der kein Mensch Mittel für die Zwecke eines anderen ist, sondern immer und ohne Ausnahme Selbstzweck; folglich, wo niemand benützt wird, noch sich selber für Zwecke benützt, die nicht der Entfaltung seiner eigenen menschlichen Kräfte dienen; wo der Mensch das Zentrum ist, und wo alle ökonomischen und politischen Aktivitäten dem Ziel des eigenen Wachstums untergeordnet sind . . .; wo das Individuum mit sozialen Problemen in einer Weise beschäftigt ist, daß sie zu seinen eigenen Belangen werden; wo seine Beziehung zum Mitmenschen nicht getrennt ist von den Beziehungen in seiner privaten Sphäre . . .«[148]

Zu einem Gutteil wurden diese Postulate in den sog. »Werkgemeinschaften« realisiert, die noch während des Zweiten Weltkriegs und vor allem in der Zeit danach in Frankreich, der Schweiz, Belgien und Holland entstanden sind.[149] Diese landwirtschaftlichen und industriellen Werkgemeinschaften mit einer Größenordnung bis zu 1000 arbeitenden Menschen zeichnen sich durch eine grundsätzlich neue Art des Zusammenlebens aus.[150] Sie reicht von der Aufhebung des Gegensatzes Arbeitgeber – Arbeitnehmer über den gemeinsamen Besitz des Kapitals, einer demokratischen Mitbestimmung in Fragen der Produktionsweise, Unternehmensleitung, Personalpolitik usw. bis hin zu gruppendynamischen Veranstaltungen der Konfliktaustragung, der Freizeitgestaltung, der Bildung von Nachbarschaftsgruppen und der Statuierung eines spezifischen Normenkatalogs. Die Erfolge der Werkgemeinschaften schlagen sich nicht nur in einer zum Teil erheblichen Produktionssteigerung nieder – diese sind nicht einmal das Ziel dieser »kommunitären Bewegung«, sondern zeigen sich vor allem in einer neuen Erfahrung des menschlichen Selbstwertes, bei dem der Mensch »weiß, was er tut, Einfluß hat auf das, was geschieht, und sich mit seinem Mitmenschen eher vereint als von ihm getrennt fühlt«[151]. Mö-

---

146 A.a.O., 275.
147 Vgl. a.a.O.
148 E. Fromm, *The Sane Society* (55/1), 276.
149 Eine ausführliche Darstellung bringt Erich Fromm, a.a.O., 306–321.
150 Es bleibt zu fragen, ob nicht im Prinzip die monastischen Traditionen z. B. der Benediktiner in früherer Zeit dasselbe realisierten, so daß kaum von einer fundamental neuen Art des Zusammenlebens gesprochen werden kann.
151 E. Fromm, *The Sane Society* (55/1), 321.

gen diese Experimente auch nicht ohne weiteres auf ganze Gesellschaftsstrukturen übertragbar sein, so zeigen sie für Erich Fromm doch, daß die Entfremdung kein unüberwindbares Fatum darstellt. Gegenüber allen bisherigen Versuchen einer einseitigen Manipulation der sozio-ökonomischen Faktoren ohne gleichzeitige Rücksichtnahme auf die unabdingbaren menschlichen Bedürfnisse – Versuche, wie sie in kommunistischen Staaten und z. B. auch in England gemacht wurden – weisen die Werkgemeinschaften die Möglichkeit und Richtigkeit eines so gearteten »humanistischen kommunitären Sozialismus« auf.[152]

3.3.4 Zur Ambiguität des Entfremdungsbegriffs

Der Entfremdungsbegriff Erich Fromms steht in einem geschichtsphilosophischen Kontext, der für ein adäquates Verständnis unverzichtbar ist. Dieser läßt aber zugleich auch einen differierenden Gebrauch des Wortes »Entfremdung« bei ihm deutlich werden. Geschichte des Menschen (des Individuums und der Menschheit) hat ihren Ursprung in dem durch das Auftauchen der spezifisch menschlichen Qualitäten bedingten Bruch mit der Natur und ist deshalb als Prozeß der Geburt des Menschen zu verstehen. »Geschichte wird als eine Ausdehnung der Natur gesehen; sie bewegt sich fort durch Wachstumsstufen bis zur vollen Realisierung der menschlichen Möglichkeiten.«[153] Dieses Ziel der Geschichte bedeutet zugleich eine neue Einheit des Menschen mit der Natur, seinem Mitmenschen und sich selbst auf einer höheren, durch Bewußtsein bestimmten Ebene.

Der Abschnitt der Geschichte von der Entstehung des Menschen bis zur völligen Realisierung der menschlichen Möglichkeiten ist notwendig durch Entfremdung gekennzeichnet. Die neue Einheit kann nur erreicht werden, »nachdem der Mensch sein Getrenntsein erfahren hat, nachdem er durch die Stufe der Entfremdung von sich selbst und von der Welt gegangen und völlig geboren ist. Diese neue Einheit hat zur Voraussetzung die volle Entfaltung der menschlichen Vernunft und führt in ein Stadium, in dem die Vernunft den Menschen nicht mehr länger von seinem unmittelbaren intuitiven Ergreifen der Realität trennt.«[154] Entfremdung ist demnach so lange notwendig und wesentlich zum Menschen gehörig, bis er sie durch äußerste Entfaltung seiner produktiven Fähigkeiten der Vernunft und Liebe überwunden hat.[155] Entfremdung hat insofern einen positiven Aspekt, als sie eine notwendige Stufe

---

152 Zur Kritik an der Beispielhaftigkeit der Werkgemeinschaften für eine neue Wirtschafts- und Gesellschaftsordnung vgl. A. Gewirth, *Review*, 292; A. Briggs, *Review*, 739; M. Birnbach, *Neo-Freudian Social Philosophy*, 197–203.
153 G. B. Hammond, *Man in Estrangement*, 65.
154 E. Fromm, *Psychoanalysis and Zen Buddhism* (60/1), 65.
155 Es ist hier nicht der Ort, darüber zu befinden, ob diese Zukunftsvision »realistisch« ist. Für Erich Fromm verweist z. B. die Analyse der Geschichte des Kampfes gegen die Idolatrie im jüdisch-christlichen Kulturraum auf die Möglichkeit einer solchen Entwicklung des Menschen zu

und ein konstruktiver Stimulus auf die volle Entfaltung der menschlichen Möglichkeiten hin ist. Dies kann aber nur behauptet werden, wenn die Reaktion des Menschen auf seine entfremdete Situation produktiv ist.

Diesem Gebrauch des Wortes »Entfremdung« gesellt sich in den Schriften Erich Fromms ein zweiter zu, der zwar in einem inneren Zusammenhang zum ersteren steht, jedoch sachlich von ihm zu trennen ist, auch wenn dies Erich Fromm selbst nicht immer getan hat. Dort, wo Menschen auf ihre entfremdete Situation statt produktiv nicht-produktiv reagieren, spricht Erich Fromm ebenfalls von Entfremdung. Gerade die Identifizierung der Idolatrie als einer nicht-produktiven Antwort auf die menschliche Situation mit dem von Hegel und Marx übernommenen Begriff der Entfremdung, wie er sich im eben aufgezeigten Verständnis bei Erich Fromm niedergeschlagen hat, zeigt die Problematik des zweiten Entfremdungsbegriffes. Idolatrie ist nicht Entfremdung schlechthin, sondern eine nicht-produktive und regressive (weil die ursprüngliche Einheit des Menschen wieder anstrebende) Folge der entfremdeten Situation des Menschen.[156] Von hier aus ist zu unterscheiden zwischen Entfremdung als einer positiven Notwendigkeit, die spezifisch menschlichen Qualitäten auf eine neue Einheit des Menschen in einer nicht-entfremdeten Gesellschaft zu entfalten, und der nicht notwendigen negativen Entfremdung als Regression, wie sie sich im Verfallssyndrom manifestiert als einer nicht-produktiven und deshalb pathologischen Reaktion auf die entfremdete Situation des Menschen.

Diese Unterscheidung wird auch für das Verständnis der existentiellen Dichotomien im Gegenüber zu den geschichtlichen relevant.[157] Die Differenz zwischen beiden besteht ja in der Änderbarkeit der geschichtlichen Dichotomien, die als durch den Menschen verursachte Fehlentwicklungen angesehen und deshalb auch in dieser Geschichtsepoche vom Menschen überwunden werden können. Demgegenüber sind die existentiellen Dichotomien Widersprüche, die immer zum Wesen des Menschen gehören und also nie aufgelöst werden können und gegenüber denen der Mensch nur so produktiv reagieren kann, daß die auch im Menschen dieser Geschichtsepoche liegende Möglichkeit der Einschränkung der menschlichen Entfaltungsmöglichkeiten – der Regression also – überwunden wird. Geschichtliche Dichotomien sind demnach Folgeerscheinungen einer nicht den spezifisch menschlichen Qualitäten adäquaten (also einer nicht-produktiven) Reaktion des Menschen auf seine entfremdete

---

sich selbst, wenn er auch auf der anderen Seite die gegenwärtige Situation als fast hoffnungslos entfremdet einschätzt. Worum es hier nur gehen kann, ist der Aufweis der Stringenz der Argumentation Erich Fromms: ob unter den veranschlagten Voraussetzungen der Mensch tatsächlich die Fähigkeit hat, sich selbst zu erlösen.

156 Erich Fromm hat dieser Verschiedenheit des Entfremdungsbegriffes in seinen späteren Werken insofern Rechnung getragen, als er die Begriffe Wachstums- und Verfallssyndrom entwikkelte.

157 Siehe oben, S. 86–89.

Situation. Sie sind in dem Maße, wie sie als solche bewußt und durch die produktiven Kräfte des Menschen aufgearbeitet werden, überwindbar.

Damit aber stellt sich die Frage nach der Korrelation von positiver Notwendigkeit der Entfremdung und pathologischer Regression als negativer Folge der Entfremdung. Zugleich erhebt sich die grundsätzlichere Frage nach der Legitimität der Unterscheidung zwischen existentiellen und geschichtlichen Dichotomien sowie der Unterscheidung zwischen der entfremdeten Situation des Menschen und der daraus – notwendig oder nicht notwendig – resultierenden regressiven Reaktion.

Der Grund für die Unschärfe und Verwirrung bei diesen Unterscheidungen ist wohl darin zu sehen, daß Erich Fromm von zwei geistesgeschichtlichen Ansätzen her denkt. Einerseits sieht er in Anschluß an Karl Marx die Entfremdung, die wesentlich Produkt der entfremdeten sozio-ökonomischen Verhältnisse ist; diese Entfremdung des Menschen von sich, der Natur und dem Nächsten kann durch eine Veränderung der sozio-ökonomischen Verhältnisse aufgelöst werden. Andererseits entdeckt er in der psychologisch bestimmten Analyse der menschlichen Situation Widersprüche im Menschen, die nicht durch eine Veränderung der sozio-ökonomischen Verhältnisse aufgelöst werden können, die aber – über die Geschichtstheorie – von ihm ebenfalls mit der Theorie der Entfremdung in Verbindung gebracht werden. Nun erscheint im Anschluß an Hegel der Widerspruch zwischen Natur und Vernunft, wie er in den unverzichtbaren menschlichen Bedürfnissen seinen Ausdruck findet, selbst als Entfremdung, die nur durch die Entfaltung der produktiven Kräfte der Vernunft und Liebe überwunden werden kann.

Erich Fromm will also einen verkürzten Entfremdungsbegriff überwinden, der in der geschichtlichen Entwicklung der ökonomischen Faktoren die einzige Ursache für die Entfremdung des Menschen von der Welt und von sich selbst sieht, der deshalb Bewußtsein nur als Spiegelbild der sozio-ökonomischen Verhältnisse verstehen kann und der demgemäß die Überwindung der Entfremdung durch die Veränderung der sozio-ökonomischen Verhältnisse erreichen zu können vorgibt. Im Gegensatz zu einer solchen Sicht geht Erich Fromm von einem Menschenbild aus, bei dem der Mensch durch existentielle Dichotomien gekennzeichnet ist, die nicht von den sozio-ökonomischen Verhältnissen verursacht werden. Die Dichotomien können deshalb auch nicht durch die Veränderung der sozio-ökonomischen Verhältnisse überwunden werden. Sie machen vielmehr ein eigenständiges Reagieren notwendig. Weil die Dichotomien mit der Vernunftbegabung des Menschen gegeben sind, ist es eben diese Vernunft, die sowohl die Tatsache der Notwendigkeit eines eigenständigen Reagierens bewußt werden läßt, als auch die Möglichkeit des eigenständigen Reagierens schafft. Erich Fromm räumt also der verändernden Kraft der Vernunft gegenüber den sozio-ökonomischen Kräften einen eigenen Platz ein. Diese Sicht impliziert jedoch die Überwindung einer an die Natur gebundenen und sie zugleich übersteigenden Vernunft durch die mit der Vernunft gegebenen Fähigkeiten.

In der zuletzt genannten Konsequenz liegt logisch auch die Grenze der Frommschen Vorstellung von der Erlösung des Menschen von sich selbst durch sich selbst. Weil für Erich Fromm der Bruch zwischen Natur und Vernunft die Entfremdungssituation des Menschen konstituiert (und er nicht die ökonomischen und sozialen Kräfte zur alleinigen Ursache und ihre Änderung zum Allheilmittel macht), ohne zugleich eine jenseits von Natur und menschlicher Vernunft befindliche, transhistorische Größe anzunehmen, sondern in diesem Bruch selbst die produktiven Kräfte ansiedelt, die diesen überwinden müssen, nimmt er eine Position ein, bei der er auf den ausschließlichen Glauben des Menschen an sich und seine in ihm zur Entfaltung drängenden positiven Kräfte setzen muß.[158]

Im Verlauf der Geschichte wird deshalb alles darauf ankommen, daß die produktiven Kräfte des Menschen zur Entfaltung kommen. Um dieses Ziel zu realisieren, ist das Mittel der Veränderung der entfremdenden sozio-ökonomischen Verhältnisse unerläßlich, weil sie die volle Entfaltung der produktiven Kräfte verhindern und unmenschliche Bedürfnisse produzieren. Maßstab für jede Veränderung ist jedoch die Ermöglichung der produktiven Reaktion auf die durch die existentiellen Dichotomien bedingten menschlichen Bedürfnisse.

Freilich bleibt auch für Erich Fromms Sicht des Menschen und seiner Geschichte das Dilemma jedes immanenten Vollendungsglaubens bestehen: Einerseits ist der Mensch zu sehr viel Größerem und Gelungenerem fähig als er bisher erreicht hat; andererseits bleibt das Risiko des Scheiterns konstitutiv für den Menschen und seine Geschichte. Der wegen des Risikos zu postulierende Glaube an das Glücken des Menschen entscheidet sich an der Frage, ob sich das konstitutive Risiko des Scheiterns faktisch so auswirkt, daß der Mensch weniger kann als er zu seinem tatsächlichen dauernden Gelingen und Glücken braucht.

---

158 Von hier aus wird die Doppelbedeutung des Frommschen Begriffs der Entfremdung als Notwendigkeit und als pathologischen Phänomens durchsichtiger (vgl. oben S. 114 f.). Negative Entfremdung als (pathologische) Regression ist Ausdruck der notwendigen positiven Entfremdungssituation des durch existentielle Dichotomien bestimmten Menschen; zugleich ist sie aber auch negative Antwort auf diese Situation, insofern hier die in der Entfremdungssituation implizierte Möglichkeit der produktiven Reaktion nicht wahrgenommen wird. Dadurch aber, daß nicht-produktive Reaktionen als Ausdruck der notwendigen Entfremdungssituation möglich sind, manifestieren sich geschichtliche Dichotomien; deren Überwindung ist in dem Maße möglich, als die produktiven Kräfte bei der Reaktion auf die existentiellen Dichotomien die Oberhand gewinnen.

Teil II:
Der Humanismus Erich Fromms und seine Kritik

Die bisherigen Überlegungen zur philosophischen Anthropologie und zur Geschichtstheorie haben immer wieder deutlich gemacht, daß Erich Fromm den Menschen auf ein ganz bestimmtes, den Rahmen purer naturwissenschaftlicher Feststellungen sprengendes Vorstellungsziel hin interpretiert bzw. daß seine konkreten Aussagen über den Menschen und seine Geschichte von einem solchen her beeinflußt sind. Dieses Vorstellungsziel ist in der humanistischen Tradition beheimatet und entfaltet sich in einem eigenen Verständnis von humanistischer Religion und von humanistischer Ethik. Notwendigkeit und Legitimität beider Explikationen resultieren aus der menschlichen Situation selbst, nämlich aus der Reflexion über das existentielle Bedürfnis nach einem Rahmen der Orientierung und nach einem Objekt der Hingabe.

Bevor Erich Fromms Humanismusbegriff religiös und ethisch spezifiziert wird, ist er vorweg systematisch und geschichtlich zu bestimmen und einzuordnen. »Sowohl in seinen christlich-religiösen, wie in seinen säkularen, nicht-theistischen Manifestationen besagt Humanismus Glaube an den Menschen, an seine Möglichkeiten, sich zu immer höheren Ebenen zu entwickeln, an die Einheit der menschlichen Rasse, an Toleranz und Friede und an Vernunft und Liebe als die Kräfte, die den Menschen befähigen, sich selbst zu verwirklichen und das zu werden, was der Mensch werden kann.«[1] In diesem Sinne gibt es seit gut 2500 Jahren eine humanistische Tradition. Im Altertum sind ihre Repräsentanten Buddha, die Propheten Israels, Sokrates und Jesus Christus.[2]

Der wichtigste Gedanke des Humanismus ist die Vorstellung, daß die humanitas (im Sinne von Menschheit und Menschlichkeit) keine Abstraktion, sondern eine Wirklichkeit ist, so daß in jedem einzelnen Menschen das Gesamt der humanitas (humanity) enthalten ist und alle Menschen in ihren grundlegenden menschlichen Eigenschaften gleich sind.[3] Der Begriff solcher Gleichheit aller

---

1 E. Fromm, *Humanism and Psychoanalysis* (63/6), 69; vgl. ders., *Introduction* (65/2), VII.
2 Vgl. E. Fromm, *Afterword* (66/4) in (61/2), 262.
3 Vgl. E. Fromm, *Humanism and Psychoanalysis* (63/6), 70; ders., *Beyond the Chains of Illusion* (62/1), 17, 27–29.

Menschen wurzelt in der jüdisch-christlichen Tradition des Alten und Neuen Testamentes und hat seit Beginn der Neuzeit in Denkern wie Nikolaus Cusanus, Leibniz, Spinoza, Hume, Herder, Lessing, Goethe bis hin zu Albert Schweitzer seine Repräsentanten gefunden.[4]

Sigmund Freuds Entdeckung des Unbewußten sowie die Erkenntnis des Traums als der universalen Sprache des Menschen[5] haben dem Glauben an die Gleichheit des Menschen eine wissenschaftliche Stütze gegeben.[6] Mit der Möglichkeit, das Unbewußte psychoanalytisch bewußt zu machen, wird »die bloße Idee der Universalität des Menschen (zugleich) zur lebendigen Erfahrung dieser Universalität«; die Bewußtmachung des Unbewußten »ist die erlebnismäßige Verwirklichung der humanitas (humanity)«[7].

Der so verstandene Glaube an die Wirklichkeit der humanitas macht das Bekenntnis zu einem »normativen Humanismus« möglich. Wird das Wesen oder die Natur des Menschen nicht wie in manchen Epochen des Naturrechtsdenkens als »fixe Substanz, die im Menschen da ist und die sich im Laufe der Geschichte nicht verändert, (verstanden) . . . sondern . . . (als) Möglichkeiten und Fähigkeiten, die allen Menschen eigen sind«[8], dann ist das Wesen des Menschen gleichbedeutend mit der allen Menschen zukommenden humanitas. Sie hält sich als Natur des Menschen durch alle Variationen menschlicher Erscheinungen durch, ist für alles Handeln und Gestalten normativ und deshalb Bedingung der Möglichkeit eines »normativen Humanismus«.[9]

Eng verknüpft mit dem Glauben an die Gleichheit der Menschen aufgrund der allen gemeinsamen humanitas sind die anderen Elemente des Humanismusbegriffs[10]: der Begriff der Würde des Menschen und der Glaube an des Menschen potentielle Gutheit und Fähigkeit zur Freiheit. Sie stellen die Basis für Erich Fromms Verständnis von Humanismus als »radikalen Humanismus« dar. »Unter radikalem Humanismus verstehe ich eine umfassende Philosophie, die . . . die Fähigkeit des Menschen betont, seine eigenen Kräfte zu entwickeln und zu einer inneren Harmonie und der Errichtung einer friedvollen Welt zu kommen. Radikaler Humanismus betrachtet als das Ziel des Menschen die völlige Unabhängigkeit, und dies impliziert den Durchbruch durch Fiktionen und Illusionen zu einem vollen Bewußtsein der Wirklichkeit.«[11]

---

4 Vgl. E. Fromm, *Humanism and Psychoanalysis* (63/6), 70–72.
5 Vgl. E. Fromm, *Der Traum ist die Sprache des universalen Menschen* (72/1), 8–14.
6 Die Bedeutung der Psychoanalyse für den Humanismus ist vor allem darin zu sehen, daß die Psychoanalyse – von ihren anthropologischen Verkürzungen bei Sigmund Freud befreit – die wissenschaftliche Basis für einen solchen »Glauben« darstellt. Vgl. hierzu E. Fromm, *Humanism and Psychoanalysis* (63/6), 74–78; ders., *The Application of Humanist Psychoanalysis to Marx's Theory* (65/3), 207–222.
7 E. Fromm, *Humanism and Psychoanalysis* (63/6), 77.
8 A.a.O., 72.
9 Vgl. E. Fromm, *Beyond the Chains of Illusion* (62/1), 27; ders., *The Sance Society* (55/1), 12–14.
10 Vgl. E. Fromm, *Humanism and Psychoanalysis* (63/6), 72–74.
11 E. Fromm, *You Shall Be as Gods* (66/1), 13.

»Radikal« ist hier also im Wortsinne zu verstehen: Wurzel wie Ziel dieses Humanismus ist ausschließlich der Mensch.[12]

Von hier aus bedeutet dann »radikal« methodisch eine radikale Infragestellung aller Postulate und Institutionen, »die unter den Bezeichnungen gesunder Menschenverstand, Logik und dem, was angeblich ›natürlich‹ ist, zu Götzen geworden sind«[13]. Solche radikale Infragestellung als Haltung und Methode folgt dem Motto »de omnibus dubitandum«; »es ist das Dämmern des Bewußtseins, daß der Kaiser nackt ist und daß seine prächtigen Kleider lediglich Gebilde der eigenen Phantasie sind.«[14] Da sich dieser Begriff von Humanismus für Erich Fromm mit der marxistischen Theorie deckt, spricht er auch von »sozialistischem Humanismus«.[15]

Die nachfolgenden Ausführungen bringen zunächst Erich Fromms humanistische Religion zur Darstellung; schon hier kann auf kritische Anmerkungen nicht verzichtet werden, wo Erich Fromm im konstruktiven Aufweis seines Verständnisses von humanistischer Religion mit einem religionskritischen Humanismus operiert, der erst dann seine Berechtigung hat, wenn er vorgängig schon als Gegenbegriff zu einem theistischen Religionsbegriff verstanden wird. Eine ausführliche Auseinandersetzung mit seinem religionskritischen Humanismusbegriff folgt erst später, wenn Karl Marx als Quelle des Denkens von Erich Fromm diskutiert wird. Dem Aufweis der humanistischen Religion folgt dann der der humanistischen Ethik, die zum Schluß dieses Teiles in ihrer Relevanz für eine theologische Ethik gewürdigt werden soll.

---

12 Vgl. E. Fromm, *Beyond the Chains of Illusion* (62/1), 142.

13 E. Fromm, *Introduction* (70/9), 8. – Vgl. E. Fromm, *The Heart of Man* (64/1), 15: Humanismus ist die »paradoxe Mischung von unnachgiebiger Kritik, kompromißlosem Realismus und rationalem Glauben . . .«.

14 E. Fromm, *Introduction* (70/9), 8; vgl. ders., *The Forgotten Language* (51/1), 74f.

15 Vgl. z. B. E. Fromm, *Beyond the Chains of Illusion* (62/1), 142; ders., *Introduction* (65/2), VIIf.; ders., *The Application of Humanist Psychoanalysis to Marx's Theory* (65/3), 207–209; ders., *Afterword* (66/4) in (61/2); – M. Marković, *The Possibilities for Radical Humanism*, 280–283; A. Schaff, *Marxismus und das menschliche Individuum*, 220–222, 322, 324. – Siehe auch unten S. 260–278.

4 Die humanistische Religion

Erich Fromms Interesse an Religion resultiert aus der Möglichkeit, die Position des Humanismus mit der herkömmlichen Vorstellung zu kontrastieren. Dabei beschränkt sich sein Interesse auf ein wesentliches Unterscheidungsmerkmal, das wie ein Trennungsstrich quer durch nicht-theistische und theistische Religionen geht: »das zwischen autoritären und humanistischen Religionen«[1]. Das Verständnis von humanistischer Religion setzt ein detailliertes Verstehen von Autorität als rationaler und irrationaler Autorität voraus.

4.1 Autorität und Religion

4.1.1 Rationale und irrationale Autorität

Spielt auch der Begriff der »autoritären Religion« bereits in Erich Fromms Untersuchung »Die Entwicklung des Christusdogmas« aus dem Jahre 1930 eine zentrale Rolle[2], so wird der Begriff der Autorität erst im »Sozialpsychologischen Teil« der »Theoretischen Entwürfe über Autorität und Familie«[3] näher untersucht. Die Vielfalt der Erscheinungsweisen verunmöglicht eine letzte exakte Definition dessen, was Autorität im psychologischen Sinn ist. Als sicher kann jedoch gelten, daß ein Autoritätsverhältnis nicht nur ein erzwungenes Verhalten ist, und daß »zu einem jeden Autoritätsverhältnis die gefühlsmäßige Bindung einer untergeordneten zu einer übergeordneten Person oder Instanz« gehört.[4] Entscheidend ist die Art und Weise, wie die Autorität auftritt und wie sich das Autoritätsverhältnis gestaltet.
Relativ unkompliziert ist ein Autoritätsverhältnis dort, wo die Autorität als Person oder Institut dem Individuum entgegentritt und Gehorsam fordert. Zu

---

1 E. Fromm, *Psychoanalysis and Religion* (50/1), 34.
2 E. Fromm, *Die Entwicklung des Christusdogmas. Eine psychoanalytische Studie zur sozialpsychologischen Funktion der Religion* (30/1).
3 E. Fromm, *Sozialpsychologischer Teil* (36/1), bes. 79 f.
4 A.a.O., 79.

solcher »*äußerer Autorität*« (external authority) ist seit Beginn der Neuzeit unter den Namen Pflicht, Gewissen, Über-Ich in zunehmendem Maße eine »*innere Autorität*« (internal authority) getreten, deren Herrschaft noch strenger sein kann als die einer äußeren Autorität, weil das Individuum die Gebote als die eigenen empfindet.[5]

Im 20. Jahrhundert hat sich eine noch unsichtbarere Form der Autorität gebildet, die im Gegensatz zu aller offenen Autorität (overt authority) »*anonyme Autorität*« (anonymous authority) genannt werden kann. »Sie ist getarnt als gesunder Menschenverstand, Wissenschaft, psychische Gesundheit, Normalität, öffentliche Meinung. Sie verlangt nichts außer dem Selbstverständlichen.«[6] Die besondere Wirksamkeit der anonymen Autorität liegt gerade darin begründet, daß sie sich nicht-autoritär gibt, daß also nicht nur der Befehlende, sondern auch der Befehl selbst unsichtbar bleibt.[7] Im Verbund mit den Kräften, die jede offene Autorität bekämpfen, wird der moderne Mensch von anonymen Autoritäten regiert, deren Ziel der totale Konformismus des angepaßten Menschen ist.[8] Damit wird psychologisch das gleiche Ziel erreicht wie bei der totalen Abhängigkeit von einer äußeren oder offenen Autorität: Der Mensch ist nicht mehr Herr seiner selbst, er ist seinem Wesen und seinen produktiven Kräften der Vernunft und Liebe entfremdet. Der von anonymen Autoritäten Regierte ist nur noch er selbst, insofern er Teil eines ihn bestimmenden Man geworden ist.

So sehr auch die moderne Autoritätsfrage von der Problematik der anonymen Autorität bestimmt ist, im Mittelpunkt des Denkens von Erich Fromm steht eine Unterscheidung, die mit der offenen Autorität zu tun hat[9]: die Unterscheidung zwischen *rationaler* und *hemmender* oder *irrationaler Autorität* (rational and inhibiting or irrational authority).[10] Weil Autorität keine Eigenschaft ist, die eine Person besitzt, sondern Ausdruck für die zwischenmenschliche Beziehung der Überlegenheit oder Unterlegenheit[11], kommt alles darauf an, welcher Art die Autorität ist: rationaler oder irrationaler.

»Rationale Autorität hat ihren Ursprung in der Kompetenz. Die Person, deren

---

5 Vgl. E. Fromm, *Escape from Freedom* (41/1), 166 f.

6 A.a.O., 167.

7 Vgl. a.a.O., 168.

8 Zum Konformismus, dem Wirkmechanismus der anonymen Autorität, und zur anonymen Autorität überhaupt vgl. E. Fromm, *Escape from Freedom* (41/1), 185–206; ders., *The Sane Society* (55/1), 152–163; ders., *Foreword* (60/6), 12 f.

9 Die Bestimmung der irrationalen Autorität als offene Autorität hat Erich Fromm in *The Sane Society* (55/1), 152, getroffen. Dabei wird deutlich, daß er nicht nur jede äußere, sondern auch die innere Autorität (etwa des Gewissens) zur Kategorie der offenen Autorität zählt. Eine Übersicht über den Wortgebrauch von »irrational« quer durch das literarische Werk von Erich Fromm macht jedoch deutlich, daß die Bestimmung der irrationalen Autorität als offene Autorität nicht zu eng gefaßt werden darf.

10 Vgl. zum Folgenden: E. Fromm, *Escape from Freedom* (41/1), 164–166; ders., *Faith as a Character Trait* (42/3); ders., *Man for Himself* (47/1), 9–14; ders., *The Sane Society* (55/1), 95–98; ders., *To Have or to Be* (76/1), 36–39; C. Thompson, *Die Psychoanalyse*, 114.

11 Vgl. E. Fromm, *Escape from Freedom* (41/1), 164; ders., *The Sane Society* (55/1), 95.

Autorität respektiert wird, handelt mit Kompetenz in den Aufgaben, mit denen sie von denen, die sie ihr übertrugen, betraut wurde . . . Die Quelle für irrationale Autorität dagegen ist stets Macht über Menschen. Diese Macht kann physischer oder geistiger Natur sein, sie kann tatsächlich sein oder sich nur indirekt im Ausdruck von Angst und Hilflosigkeit der Person, die sich dieser Autorität unterwirft, äußern.«[12] Als Beispiel für eine Beziehung, die durch rationale Autorität ausgezeichnet ist, wird das Verhältnis zwischen Lehrer und Schüler genannt, als Beispiel einer durch irrationale Autorität gekennzeichneten Beziehung das zwischen Sklavenhalter und Sklave.[13]
Beide Autoritätsbeziehungen unterscheiden sich in wesentlichen Punkten voneinander:

(1) Ist die Überlegenheit rationaler Art, so will sie helfen; ist sie irrationaler Art, will sie ausbeuten.
(2) Das Ziel einer rationalen Autoritätsbeziehung ist ihre Selbstauflösung, während die irrationale Autoritäts-Beziehung danach trachtet, die Kluft und damit die Abhängigkeit zu vergrößern.
(3) Schließlich ist die psychologische Situation jeweils anders: Bei einer rationalen Autoritäts-Beziehung ist die Autorität Vorbild und überwiegen die Elemente der Liebe, Bewunderung und Dankbarkeit; bei einer irrationalen Autoritätsbeziehung dagegen herrschen Ressentiments und Feindseligkeit oder umgekehrt blinde Bewunderung und Autoritätsanbetung vor.

Die Qualifizierung von Autorität als rationaler bzw. irrationaler Autorität und Abhängigkeitsbeziehung macht ein besseres Verständnis der Begriffe »rational« oder »irrational« erforderlich. Werden die Worte »rational« oder »irrational« adverbiell gebraucht, so haben sie meist den landläufigen Sinn von »vernünftig« und »unvernünftig«.[14] Sind die Begriffe jedoch Epitheta, so qualifizieren sie den Gegenstand in einem sich durchhaltenden einschlägigen Sinn. So spricht Erich Fromm etwa von einem rationalen und irrationalen Glauben und definiert: »Unter irrationalem Glauben verstehe ich den Glauben an eine Person, eine Idee oder ein Symbol, der nicht aus der eigenen Denk- oder Gefühlserfahrung resultiert, sondern auf der gefühlsmäßigen Unterwerfung unter eine irrationale Autorität basiert . . . Im Gegensatz dazu ist rationaler Glaube eine sichere Überzeugung, die auf produktiver verstandes- und gefühlsmäßiger Tätigkeit basiert.«[15]

12 E. Fromm, *Man for Himself* (47/1), 9.
13 Vgl. E. Fromm, *Escape from Freedom* (41/1), 165 f.; ders., *The Sane Society* (55/1), 95 f.
14 Vgl. zum Beispiel den Gebrauch von »irrational« bei Erich Fromm in *The Anatomy of Human Destructiveness* (73/1), 230 f. – Zum Problem der Identifikation des Irrationalen mit dem Unbewußten und des Rationalen mit dem Bewußtsein und deren Zuordnung bei Sigmund Freud im Gegensatz zu Carl Gustav Jung und Alfred Adler vgl. E. Fromm, *Philosophische Anthropologie und Psychoanalyse* (70/2), 90–93.
15 E. Fromm, *Man for Himself* (47/1), 201 und 204; vgl. auch ders., *The Art of Loving* (56/1), 102 f.; ders., *Faith as a Character Trait* (42/3), 313: »Irrationaler Glaube wurzelt in Passivität und Unterwerfung, rationaler Glaube in der freien Tat der menschlichen Persönlichkeit.«

Schon die Wahl der den rationalen Glauben umschreibenden Begriffe verrät die spezifische Qualifikation rational und irrational. Von »rational« kann überall dort gesprochen werden, wo eine Haltung oder Eigenschaft den dem Menschen eigenen Kräften der Vernunft und Liebe entspringt, also die Qualität der produktiven Tätigkeit hat und deshalb zu Entfaltung und zu Wachstum drängt. Es liegt deshalb nahe, »alle Gedanken, Gefühle und Handlungen rationale zu nennen, die ein adäquates Funktionieren und Wachstum des Ganzen, von dem sie ein Teil sind, fördern, und irrational alles, was dazu neigt, das Ganze zu schwächen oder zu zerstören«[16]. Das Wort »irrational« kennzeichnet also eine nicht-produktive oder entfremdete Tätigkeit. »In entfremdeter Tätigkeit erfahre ich mich nicht selbst als das tätige Subjekt meines Tuns; vielmehr erfahre ich das Ergebnis meines Tuns als etwas ›Jenseitiges‹, von mir getrennt und über mir und gegen mich stehend.«[17] Wird das Irrationale gerade darin gesehen, daß der Mensch sich nicht als das Subjekt seines Handelns erfährt, dann trifft die Qualifizierung »irrational« auf grundsätzlich alle nicht-produktiven Reaktionen gegenüber dem Bedürfnis nach Bezogenheit zu. Erich Fromm gebraucht die Bezeichnung »irrational« jedoch mit Vorliebe für Orientierungen, die durch eine symbiotische Abhängigkeit von einer Autorität gekennzeichnet sind. Autorität ist im Frommschen Verständnis ein Ausdruck für die zwischenmenschliche Beziehung der Überlegenheit und Unterlegenheit.[18] Rationale Autorität bedeutet deshalb, daß eine autoritätsbezogene zwischenmenschliche Beziehung darauf ausgerichtet sein muß, die Kräfte der Vernunft und Liebe im Unterlegenen zu fördern. Äußeres Kennzeichen rationaler Autorität ist ihre Kompetenz. Diese Kompetenz besagt eine Überlegenheitsposition, doch zielt diese nicht darauf, den Unterlegenen und Abhängigen zu versklaven und die Abhängigkeit zu vergrößern, sondern die Distanz zu verringern und im Abhängigen die Kräfte zu fördern, die schließlich ein Abhängigkeitsverhältnis hinfällig und rationale Autorität überflüssig machen.[19] Irrationale Autorität dagegen strebt die Vergrößerung der Macht des Überlegenen auf Kosten des Unterlegenen an. Sie zielt auf die totale Abhängigkeit und Vergrößerung der Distanz, indem sie die dem Unterlegenen eigenen Kräfte der Vernunft und der Liebe unterdrückt und ausbeutet und das Le-

---

16 E. Fromm, *The Anatomy of Human Destructiveness* (73/1), 263.

17 E. Fromm, *To Have or to Be* (76/1), 90; vgl. a.a.O., 92–97, wo Erich Fromm einen Überblick über die Geschichte des Gegensatzes »Aktivität und Passivität« bietet.

18 Siehe oben S. 121f.

19 Es liegt also in der Konsequenz des Begriffes »rationale Autorität«, daß ihr Ziel letztlich die Selbstauflösung ist (vgl. E. Fromm, *Escape from Freedom* [41/1], 165). Dennoch dürfte Erich Fromm adäquat interpretiert sein, wenn die Selbstauflösung der rationalen Autorität in der Mehrzahl der Fälle intentionaliter und nicht realiter angestrebt wird, je nachdem, inwieweit die Fülle der Kompetenz von Unterlegenen überhaupt erreicht werden kann. – Am Postulat der Selbstauflösung von Autorität knüpft John Homer Schaar seine umfassende Kritik an: ». . . Fromm mißversteht sowohl die Natur von Freiheit und von Autorität, als auch die Aufgaben, die diese in den Leben der Individuen und der Gemeinschaften haben« (J. H. Schaar, *Escape from Authority,* 284).

ben des Unterlegenen nur noch von der Großartigkeit des Überlegenen abhängig macht.

Im Hinblick auf die Diskussion der autoritären Religion ist festzuhalten, daß die Eigenart der irrationalen Autorität nicht von der Nominierung des Überlegenen abhängt, sondern von der Bestimmung des Abhängigkeitsverhältnisses und der in ihm implizierten Intention der Stärkung oder Schwächung des Unterlegenen bzw. der Kompetenz oder ausbeutenden Macht des Überlegenen. Die Differenzierung der Autorität in eine rationale und irrationale kann also unabhängig von der Gottesfrage getroffen werden; die mögliche Nominierung Gottes als des Überlegenen sagt grundsätzlich noch nichts darüber aus, ob dieses Abhängigkeitsverhältnis den Menschen fördert oder versklavt, d. h. ob Gott eine rationale oder irrationale Autorität ist.

4.1.2 Autoritärer und revolutionärer Charakter und ihre Dialektik

Das Verständnis des autoritären Charakters setzt das Verständnis der *Genese von irrationaler Autorität* voraus.[20] Irrationale Autorität kennzeichnet ein zwischenmenschliches Abhängigkeitsverhältnis. Der Ursprung solcher Abhängigkeit liegt in den Bedingungen der menschlichen Existenz: Der Mensch ist nicht nur von der Natur abhängig; vielmehr läßt ihn seine Vernunftbegabung bewußt werden, wie sehr er nicht nur von der ihn umgebenden Natur und ihren Gesetzen abhängig ist, sondern auch von bestimmten Bedürfnissen, die erst mit seiner Vernunftbegabung und dem Überstieg über die Natur auftreten.[21]

Die Antwort des Menschen kann grundsätzlich in zwei Richtungen gegeben werden. Entweder anerkennt der Mensch seine Abhängigkeiten als gegebene Einschränkungen seiner Möglichkeiten an und beschränkt sich auf die optimale Entfaltung seiner Kräfte der Vernunft und Liebe, oder aber er gibt den Abhängigkeiten nach und fängt an, die Kräfte anzubeten, von denen er abhängt.[22] Wählt der Mensch die zweite Möglichkeit, so tritt er in ein Abhängigkeitsverhältnis, das durch eine irrationale Autorität gekennzeichnet ist: Er wird seinen ureigensten Kräften entfremdet, unterwirft sich den Ideologien einer irrationalen Autorität und ist zur Idolatrie gezwungen.[23] Die Folge davon ist, daß der Mensch »regiert werden will«[24].

20 Vgl. zum Folgenden bes.: E. Fromm, *Psychoanalysis and Religion* (50/1), 53 f.; ders., *The Revolution of Hope* (68/1), 62–67.
21 Siehe oben S. 89–91.
22 Vgl. E. Fromm, *Psychoanalysis and Religion* (50/1), 53.
23 Die Vielfalt der benützten Begrifflichkeit soll verdeutlichen, daß mit Entfremdung, Ideologie, Idolatrie und Irrationalität der gleiche Vorgang gemeint ist: Der Mensch verzichtet auf seine ihn auszeichnenden Kräfte der Vernunft und Liebe, auf seine eigene Denk- und Theoriefähigkeit, auf seine eigene Würde und Freiheit, auf seine Selbständigkeit und Produktivität und macht sich zum Sklaven irrationaler Kräfte.
24 J. H. Schaar, *Escape from Authority*, 288. – John Homer Schaar möchte mit der Feststellung, daß sich die Menschen danach sehnen, regiert zu werden, Erich Fromms Autoritätsbegriff kritisie-

Dieser Verzicht des Menschen auf sich selbst steht phylogenetisch mit der Genese der Arbeitsteilung und Klassenbildung im Zusammenhang. Ontogenetisch besteht eine Abhängigkeit von der herrschenden gesellschaftlichen Struktur und ihrem Gesellschafts-Charakter, ohne daß die Abhängigkeit jedoch im strengen Sinne determinierend wäre. Denn immer besteht die Möglichkeit, daß der Mensch versucht, die in ihm liegenden Kräfte zu mobilisieren, und in dem Maße, in dem ein Mensch diese Kräfte entfaltet, verliert die irrationale Autorität an Macht über ihn.[25]

Reagiert ein Mensch auf sein Bedürfnis nach Bezogenheit in der Weise, daß er sich einer irrationalen Autorität unterwirft, so ist seine Charakterstruktur »autoritär« zu nennen. *Der Begriff des autoritären Charakters* (authoritarian character) hat seine eigene Geschichte.[26] Er entstand zu Beginn der dreißiger Jahre aus dem politischen Interesse des Frankfurter Instituts für Sozialforschung, mit Hilfe einer Untersuchung des autoritären Charakters der deutschen Arbeiter und Angestellten die Chancen Hitlers bei den Wahlen abzuschätzen.[27] Die einzelnen Züge des autoritären Charakters entsprechen den unter dem Sammelbegriff »Symbiose« beschriebenen Orientierungen des Sadismus und Masochismus.[28] Das Gefühl der Stärke und das Identitätserleben ruhen beim autoritären Charakter »auf einer symbiotischen Unterordnung unter Autoritäten und gleichzeitig auf der symbiotischen Herrschaft über alle, die seiner Autorität unterworfen sind«[29]. Zwei Spezifika des autoritären Charakters seien besonders erwähnt. Sie lassen sich in den Gegensatzpaaren »Macht – Ohnmacht« und »Gehorsam – Ungehorsam« begrifflich fassen.

Macht ist ein besonderes Kennzeichen des irrationalen Abhängigkeitsverhältnisses; entsprechend ist die Einstellung zur Macht der wichtigste Zug des autoritären Charakters. »Für den autoritären Charakter gibt es sozusagen zwei Geschlechter: die Mächtigen und die Ohnmächtigen.«[30] Da er sich selbst als ohne jede eigene Macht erfährt[31], kann er seine Kraft zum Handeln nur da-

---

ren, ohne allerdings die Möglichkeit in Betracht zu ziehen, daß ein solcher Wunsch bereits die Folge eines durch Irrationalität bestimmten Abhängigkeitsverhältnisses ist.

25 Vgl. die Ausführungen zum »revolutionären Charakter«, unten S. 128–131.

26 Vgl. E. Fromm, *The Revolutionary Character* (63/2) in (63/1), 103–105.

27 Vgl. E. Fromm, *Sozialpsychologischer Teil* (36/1); ders., *The Authoritarian Character Structure of German Workers and Employees Before Hitler*, (36/3).

28 Siehe oben S. 63–66. – Von dieser Art autoritärem Charakter ist eine andere Einstellung zu unterscheiden, die besonders für bäuerliche Gesellschaften charakteristisch ist und die sich dadurch auszeichnet, daß sie die traditionellen Autoritäten anerkennt. Solche »traditionell-autoritäre« Menschen sind nicht sado-masochistisch und symbiotisch auf die Macht einer irrationalen Autorität angewiesen. Vgl. hierzu E. Fromm und M. Maccoby, *Social Character in a Mexican Village* (70/11), 81f.

29 E. Fromm, *The Revolutionary Character* (63/2) in (63/1), 104. – Vgl. ders. und M. Maccoby, *Social Character in a Mexican Village* (70/11), 80. – Für eine detaillierte Analyse des autoritären Charakters vgl. E. Fromm, *Sozialpsychologischer Teil* (36/1); ders., *Escape from Freedom* (41/1), 141–179.

30 E. Fromm, *Escape from Freedom* (41/1), 168.

31 Das Erfahren der eigenen Ohnmacht muß nicht bewußt sein: »Das Gefühl der Ohnmacht ist

durch gewinnen, daß er sich einer höheren Macht unterwirft und über die Identifizierung mit ihr selbst zu Macht kommt. Wenn der autoritäre Charakter handelt, dann bedeutet sein Tun, »im Namen von etwas zu handeln, das höher als sein eigenes Selbst ist«[32]. Denn er ist überzeugt, »daß das Leben von Kräften, die außerhalb seines eigenen Selbst, seiner Interessen, seiner Wünsche liegen, bestimmt wird. Das einzig mögliche Glück liegt in der Unterwerfung unter diese Kräfte«[33]. Im psychologischen Sinn ist das Bedürfnis nach Macht Ausdruck der eigenen Ohnmacht. »Es ist der verzweifelte Versuch, mit Hilfe von anderen stark zu sein, wo es an genuiner Stärke fehlt.«[34] Dies erklärt auch, warum ein autoritärer Charakter, der in symbiotischer Unterwerfung unter eine irrationale Autorität zu Macht gekommen ist, gegenüber Schwächeren seine Machtgier ausspielen und unter Beweis stellen muß.[35] Die Bedeutung, die die irrationale Autorität für den autoritären Charakter hat, ist so groß, daß jede Beeinträchtigung der Macht der irrationalen Autorität zur Existenzgefährdung des autoritären Charakters wird. Je größer deshalb die Distanz zur irrationalen Autorität ist und je unerreichbarer und überlegener sie ist, desto besseren Schutz kann sie gewähren und desto stabiler bleiben sowohl der autoritäre Charakter als Gesellschafts-Charakter als auch die Machtverhältnisse in einem gesellschaftlichen System.[36]

Diese Funktion der Autorität macht die Überbetonung des Gehorsams beim autoritären Charakter verständlich.[37] Denn im Gehorsam wird der Akt der Unterwerfung unter die irrationale Autorität eher bewußt. Der autoritäre Charakter »ist glücklich, wenn er Befehlen folgen kann, falls nur diese Befehle von einer Instanz kommen, die er infolge ihrer Macht und der Sicherheit ihres Auftretens fürchtet, der er Ehrfurcht entgegenbringen und die er lieben kann. Dieser Wunsch, Befehle zu erhalten und nach ihnen handeln zu können, sich einem Höheren in Gehorsam unterzuordnen, ja ganz in ihm aufzugehen, kann

---

dem bürgerlichen Menschen – im Gegensatz zu bestimmten Typen religiöser Menschen – im wesentlichen nicht bewußt . . .« (E. Fromm, *Zum Gefühl der Ohnmacht* (37/1), 96). – Die Ausführungen zum Gefühl der Ohnmacht sind später von Erich Fromm dahingehend modifiziert worden, daß bestimmte Charakteristika nicht dem durch Symbiose gekennzeichneten autoritären Charakter, sondern dem Narzißmus zugeordnet wurden.

32 E. Fromm, *Escape from Freedom* (41/1), 172.

33 A.a.O., 171.

34 A.a.O., 162.

35 Vgl. hierzu E. Fromm, *Sozialpsychologischer Teil* (36/1), 115–117, sowie die Präzisierungen aus neuester Zeit in: ders. und M. Maccoby, *Social Character in a Mexican Village* (70/11), bes. 80 f.

36 Deshalb bemühen sich alle politischen und gesellschaftlich relevanten Machtsysteme um die Etablierung und Stabilisierung einer Staatsreligion, Parteiideologie etc., und haben größere ideologische und religiöse Umwälzungen auch Veränderungen in der Machtstruktur im Gefolge.

37 Zum Problem Gehorsam – Ungehorsam vgl. bei Erich Fromm bes.: *Sozialpsychologischer Teil* (36/1), 115–117; *Escape from Freedom* (41/1), 168–170; *The Revolutionary Character* (63/2) in (63/1), 113–116; *Disobedience as a Psychological and Moral Problem* (63/4); *Prophets and Priests* (67/2), 70–72; *You Shall Be as Gods* (66/1), 72–74; *To Have or to Be* (76/1), bes. 120–125.

so weit gehen, daß er auch die Züchtigung und Mißhandlung durch den Stärkeren genießt.«[38]

Dennoch gibt es auch beim autoritären Charakter eine Form des trotzig-oppositionellen Ungehorsams, der gegen die irrationale Autorität rebelliert. Dieser tritt dort auf, wo verschiedene irrationale Autoritäten in Konkurrenz treten und die Sicherheit, die die irrationale Autorität dem, der sich ihr unterworfen hat, nicht mehr voll gewährleistet ist. Der rebellische Ungehorsam gegen die »geliebte« Autorität ist dabei zunächst als Provokation zu verstehen, das Ansehen der irrationalen Autorität zu festigen. Sie kann aber auch dazu führen, daß sich der autoritäre Charakter von ihr abwendet und sich einer neuen, mächtigeren irrationalen Autorität unterwirft. Am Mechanismus der Unterwerfung unter eine irrationale Autorität auf Kosten der eigenen produktiven Selbständigkeit und an der Dominanz der autoritären Orientierung in der Charakterstruktur des Rebellierenden ändert sich dabei nichts.[39] Erst wenn durch die Mobilisierung der eigenen Kräfte der Vernunft und Liebe die Notwendigkeit, sich einer übermächtigen Autorität zu unterwerfen, hinfällig wird, weil die eigenen Kräfte als Potenzen erfahren werden, sich ohne fremde Hilfe der Welt und den Menschen produktiv-tätig zuzuwenden, ändert sich auch die Charakterstruktur: Der nicht-produktive autoritäre Charakter wird zum produktiven revolutionären Charakter. Der »revolutionäre Charakter« (revolutionary character)[40] ist das Gegenteil vom »autoritären Charakter«.[41] »Das grundlegende Merkmal des ›revolutionären Charakters‹ besteht darin, daß er unabhängig – daß er frei ist.«[42] Freiheit und Unabhängigkeit gibt es nur dort, wo der Mensch selbst es ist, der denkt, fühlt und entscheidet. »Dies kann er authentisch nur tun, wenn er zur Welt außerhalb von ihm eine produktive Bezogenheit erreicht hat, die es ihm erlaubt, authentisch zu antworten.«[43] Der revolutionäre Charakter hat eine kritische Einstellung gegen alles, was einen Menschen von außen bestimmen könnte. Seine Unabhängigkeit ist perfekt:

---

38 E. Fromm, *Sozialpsychologischer Teil* (36/1), 115 f. – Die Kritik John Homer Schaars *(Escape from Authority,* 295): »Der größte Fehler von Fromms Denken ist, daß ... er blind ist für die Tatsache, daß, wo Autorität fehlt, Mode regiert« geht genau von diesem Zirkel-Denken des autoritären Charakters aus, der immer in den Kategorien der Unterwerfung und des Befehls denken muß, um sein zu können.

39 Erich Fromm unterscheidet strikt zwischen dem Rebellen und dem Revolutionär, weil ihnen eine je verschiedene Dominanz in der Charakterstruktur zuzuordnen ist: »Der autoritäre Charakter ist niemals ein ›Revolutionär‹; ich möchte ihn lieber einen ›Rebellen‹ nennen. Es gibt viele Individuen und politische Bewegungen, die für den oberflächlichen Betrachter rätselhaft sind, weil sie unerklärlicherweise von einem ›Radikalismus‹ zu einem extrem autoritären Verhalten übergehen. Psychologisch gesehen sind solche Leute typische ›Rebellen‹« (E. Fromm, *Escape from Freedom* (41/1), 169). – Vgl. auch ders., *The Revolutionary Character* (63/2) in (63/1), 105 f.

40 Vgl. die S. 127 Anm. 37 angeführte Literatur. Darüberhinaus: E. Fromm und M. Maccoby, *Social Character in a Mexican Village* (70/11), 82, Anm. 15.

41 So von Erich Fromm betont in *The Revolutionary Character* (63/2) in (63/1), 103.

42 A.a.O., 108.

43 A.a.O., 110.

»Der Revolutionär . . . ist der Mensch, der sich von den Bindungen an Blut und Boden, von seiner Mutter und von seinem Vater, von besonderer Treue zu Staat, Klasse, Rasse, Partei oder Religion befreit hat.«[44] Das einzige, wozu er sich bekennen kann, ist ein universaler Humanismus: Er will in sich selbst die ganze Menschheit erfahren, so daß es nichts Menschliches gibt, das ihm fremd wäre.[45]

Der Anspruch, der im vorstehenden Zitat ausgedrückt ist, läßt vermuten, daß es den Charaktertypus tatsächlich gibt, der all die Befreiungen realisiert hat. Dennoch muß gesagt werden, daß der revolutionäre Charakter eine Zielvorstellung bleibt. Dies zeigt ein Blick auf Erich Fromms eigene Felduntersuchungen. Im Bericht einer großen Felduntersuchung über die Charakter-Orientierung der Bewohner eines mexikanischen Dorfes wird nur von einem einzigen behauptet, daß er einen revolutionären Charakter habe. Gleichzeitig muß eingeräumt werden, daß auch diese Behauptung nicht sicher sei.[46] Außerdem wird in diesem Bericht auch der Eigenart der Zielvorstellung stärker Rechnung getragen. Der revolutionäre Charakter ist nicht einfach der Freie und Unabhängige; er »verkörpert seine spezielle Qualität von Unabhängigkeit und den Wunsch, das Leben von Bedingungen zu befreien, die ein freies Wachstum des Lebens blockieren«[47]. Die Beschreibung des revolutionären Charakters begünstigt zwar die Vorstellung, daß er bereits der voll entfaltete, ganz produktive Mensch ist, der ganz unabhängig und frei aus sich heraus lebt, doch ist der revolutionäre Charakter nur eine Vorstufe zum endgültigen Menschen. »Wenn alle erwacht sind, dann bedarf es keiner Propheten und revolutionären Charaktere mehr – dann wird es nur noch völlig entfaltete Menschen geben.«[48]

Der revolutionäre Charakter lebt davon, alle irrationalen Autoritäten zu kritisieren. Dadurch wird er zum Gegentypus des autoritären Charakters und hat auch als ein solcher seine Existenzberechtigung. Unklar bleibt bei Erich Fromm, ob der revolutionäre Charakter auch zu rationaler Autorität in Beziehung stehen kann oder ob er nur ein anti-autoritäres Konstrukt ist, das von der Möglichkeit einer außerhalb des eigenen Selbst liegenden rationalen Autorität absieht. Dieser Frage soll eine genauere Betrachtung der Stellung des revolutionären Charakters zu Gehorsam und Ungehorsam dienen.

»Der revolutionäre Charakter ist fähig, ›nein‹ zu sagen. Oder, um es anders zu sagen: Der revolutionäre Charakter ist eine Person, die zum Ungehorsam fähig ist.«[49] Mit »Ungehorsam« meint Erich Fromm jedoch nicht den Unge-

44 A.a.O., 117; zu dieser Aufzählung von Unabhängigkeiten vgl. auch unten S. 143 f.
45 E. Fromm, *The Revolutionary Character* (63/2) in (63/1), 117.
46 Vgl. E. Fromm, und M. Maccoby, *Social Character in a Mexican Village* (70/11), 82, Anm. 15.
47 E. Fromm and M. Maccoby, *Social Character in a Mexican Village* (70/11), 82, Anm. 15.
48 E. Fromm, *The Revolutionary Character* (63/2) in (63/1), 117.
49 A.a.O., 113.

horsam des »Rebellen ohne Grund, . . . der ungehorsam ist, weil er keine Verpflichtung gegenüber dem Leben hat außer der einen, ›nein‹ zu sagen«[50]. Die Bestimmung des revolutionären Charakters als eines, der zum Nein-Sagen fähig ist, soll zunächst den Autoritären und Konformisten treffen, der immer nur den irrationalen und anonymen Autoritäten gehorchen kann und deshalb unfähig ist, nein zu sagen. Dann aber geht es um die Alternative, wem jemand gehorcht: »Ich spreche von dem Menschen, . . . der genau deshalb ungehorsam sein kann, weil er seinem Gewissen und den von ihm gewählten Prinzipien gehorchen kann.«[51]

Trotz dieser Begriffsbestimmung von »gehorchen« gebraucht Erich Fromm die Begriffe durchgängig so, daß »Ungehorsam« immer der positive, auch ethisch positive Begriff ist, während Gehorsam, wenn überhaupt, dann immer nur negativ gebraucht wird. So wertet er wiederholt den Ungehorsam Evas als erste Tat der Befreiung des Menschen zu sich selbst, während die Gefahr der nuklearen Selbstvernichtung der Menschheit als Gehorsamstat angekündigt wird: »Die Geschichte des Menschen begann mit einer Tat des Ungehorsams, und es ist nicht unwahrscheinlich, daß sie mit einer Tat des Gehorsams beendet werden wird.«[52] In Analogie dazu ist geschichtliche Entwicklung, soweit sie eine Geschichte der Befreiung des Menschen zu sich selbst ist, immer eine Geschichte des Ungehorsams.

Dieser entschiedene Gebrauch der Begriffe »Gehorsam« und »Ungehorsam« hat einen sachlichen Hintergrund in Erich Fromms Verständnis von Autonomie und Heteronomie. »Gehorsam gegenüber einer Person, Institution oder Macht (heteronomer Gehorsam) besagt Unterwerfung; er impliziert den Verzicht auf meine Autonomie und die Annahme eines fremden Willens oder Urteils anstelle meines eigenen. Gehorsam gegenüber meiner eigenen Vernunft und Überzeugung (autonomer Gehorsam) besagt keinen Akt der Unterwerfung, sondern der Bejahung. Sofern meine Überzeugung und mein Urteil authentisch die meinen sind, sind sie ein Teil von mir. Wenn ich ihnen folge, statt dem Urteil der anderen, dann bin ich ich selbst; deshalb kann das Wort ›gehorchen‹ nur in einem metaphorischen Sinne Anwendung finden und in einer Bedeutung, die gegenüber der im Falle von ›heteronomem Gehorsam‹ fundamental verschieden ist.«[53]

Gerade die letzte Aussage ist bedeutsam, weil sie unter »gehorchen« wieder primär ein Hören auf eine äußere Autorität versteht, die fast notwendig feindlich dem eigenen – authentischen – Selbst gegenübersteht, so daß das Hören auf das eigene authentische Urteil nur im übertragenen Sinne mit »gehorchen«

50 E. Fromm, *Prophets and Priests* (67/2), 70.
51 A.a.O.
52 E. Fromm, *Disobedience as a Psychological and Moral Problem* (63/4), 97. – Zum Wortgebrauch siehe auch unten S. 131f.
53 E. Fromm, *Disobedience as a Psychological and Moral Problem* (63/4), 99. – Vgl. auch E. Fromm, *You Shall Be as Gods* (66/1), 72.

wiedergegeben werden kann. Zugleich wird damit aber auch insinuiert, alles, was außerhalb des authentischen Ich existiere, sei heteronom und dem authentischen Ich feindlich und mache einen heteronomen Gehorsam erforderlich, der zugleich Unterwerfung unter eine fremde Macht bedeute. Ohne den Autonomie- und Heteronomiebegriff weiter abzuklären, versucht Erich Fromm dann noch dem Mißverständnis vorzubeugen, »daß Gehorsam gegenüber einer anderen Person ipso facto Unterwerfung bedeutet«[54]. Er tut das dadurch, daß er auf die Differenz zwischen rationaler und irrationaler Autorität verweist, und diese Differenz wiederum an den Beispielen Lehrer–Schüler bzw. Sklavenhalter–Sklave verdeutlicht. Dabei begründet er, warum rationale Autorität keine Unterwerfung impliziert: »Rationale Autorität‹ ist rational, weil die Autorität, wird sie nun von einem Lehrer wahrgenommen oder vom Kapitän eines Schiffes, der in einem Notfall Anweisungen gibt, im Namen der Vernunft handelt, die ich – weil sie universal gültig ist – annehmen kann, ohne mich zu unterwerfen.«[55]

Entgegen der sonstigen Praxis gebraucht Erich Fromm das Epitheton »rational« hier nicht im Sinne von »der produktiven Entfaltung förderlich«, sondern im landläufigen Sinn von »vernünftig«. Darüberhinaus ist festzuhalten, daß er nur von rationaler Autorität als einer Person spricht und sich nicht die Frage stellt, ob nicht auch eine Institution eine rationale Autorität verkörpern kann. Im übrigen hat dieses »Zugeständnis« eines Gehorsams gegenüber einer rationalen Autorität keine Auswirkungen auf das Verständnis des revolutionären Charakters.

In seinem neuesten Buch behandelt Erich Fromm den Zusammenhang von Sünde und Ungehorsam.[56] Dabei zeigt sich noch einmal die Ambivalenz des Verständnisses von Gehorsam im Kontext des Gegensatzes von autoritärem und revolutionärem Charakter. Während für den autoritären Charakter jede Ungehorsamstat eine Sünde ist, gilt der Ungehorsam des revolutionären Charakters – repräsentiert in Prometheus – als heroische Befreiungstat. »Prometheus unterwirft sich nicht, noch fühlt er sich schuldig. Als er den Göttern das Feuer wegnahm und es den Menschen gab, wußte er, daß dies ein Akt des Erbarmens war. Er war ungehorsam gewesen, aber er hatte nicht gesündigt. Er hatte, ähnlich vielen anderen liebenden Heroen (Martyrern) der menschlichen Rasse, die Gleichung von Ungehorsam und Sünde durchbrochen.«[57]

---

54 E. Fromm, *Disobedience as a Psychological and Moral Problem* (63/4), 100. – Es fällt auf, daß er dieses Mißverständnis bezüglich des Gehorsams gegenüber einer Person, nicht aber gegenüber einer Institution ausräumen will.
55 A.a.O., 101.
56 E. Fromm, *To Have or to Be* (76/1), 120–125.
57 A.a.O., 121. – Die Gleichsetzung von Ungehorsamstat und Befreiungstat geht einher mit der Weigerung Erich Fromms, von einem notwendigen und positiven Gehorsam gegenüber einer rationalen Autorität zu sprechen. In einem Abschnitt des Manuskripts zu *To Have or to Be*, der bei der letzten Überarbeitung vor der Drucklegung aus dem Manuskript herausgenommen wurde, um den Gedankengang zu straffen, nimmt Erich Fromm selbst Stellung: ». . . ich habe mich entschie-

Schon die Deskription des revolutionären Charakters im allgemeinen führte zu dem Schluß, daß der revolutionäre Charakter die Negation des autoritären Charakters darstellt und deshalb vorrangig in seiner anti-autoritären Funktion zu sehen ist. Die Bestimmung des Gehorsams als Ungehorsams gegenüber (fast) allen Autoritäten und die Weigerung, das Hören auf eine rationale Autorität »Gehorsam« zu nennen, machen *die dialektische Zuordnung des revolutionären zum autoritären Charakter* deutlich. Angesichts der allgegenwärtigen irrationalen Autorität und des autoritären Charakters kann nur noch ein Prinzip des Ungehorsams, der negativen Kritik, des Nein-Sagens, des Revolutionären eine Befreiung des Menschen zu sich selbst möglich erscheinen lassen.

Die Analyse des autoritären Charakters als Entfremdung des Menschen von seinen produktiven Kräften der Vernunft und Liebe legt die Negation des autoritären Charakters mit Hilfe eines revolutionären Charakters nahe, vorausgesetzt, Geschichte wird als dialektischer Prozeß verstanden. In dieser Dialektik stellt der autoritäre Charakter die Negation des produktiven Menschen dar, also den nicht-produktiven und entfremdeten Menschen. Der revolutionäre Charakter hingegen ist die Negation der Negation. Das Ziel des dialektischen Prozesses ist die Aufhebung im ganz produktiven und voll entfalteten Menschen. Der revolutionäre Charakter ist anti-autoritär und ungehorsam und er muß es sein. Seine Bestimmung als Negation der Negation erklärt auch, warum er keine Endgültigkeit hat, obwohl er den produktiven und entfalteten Menschen verkörpert. Erst in der Aufhebung des Antagonismus von autoritär und revolutionär entsteht der voll entfaltete Mensch der messianischen Zeit. Und nur wenn das Prinzip des Ungehorsams die Zukunft bestimmt, hat ein Gehorsam gegenüber den irrationalen Mächten keine Chance, und ist ein vorzeitiges

---

den, das Wort ›Ungehorsam‹ nur in Bezug auf irrationale Autorität zu gebrauchen, und zwar aus folgendem Grund: In der Geschichte der menschlichen Zivilisation war Autorität – religiöse wie weltliche – hauptsächlich irrationale Autorität . . . Rationale Autorität war vergleichsweise selten und deshalb auch der Ungehorsam ihr gegenüber . . . Daß es kein eigenes Wort für den Ungehorsam gegenüber der rationalen Autorität gibt, spiegelt nur die historische Tendenz wider, die beiden Arten von Ungehorsam durcheinander zu bringen, aber es ist vielleicht besser, ohne ein gutes Wort auszukommen, als ein ›richtiges‹ Wort zu benützen, das ideologisch vorbelastet und deshalb verwirrend ist.« (Manuscript May 1975, 114 f.) Natürlich lehnt Erich Fromm mit dieser Entscheidung nicht die Tatsache eines Gehorsams gegenüber einer rationalen Autorität ab, aber er weigert sich, die Sache »Gehorsam« zu nennen. – J. S. Glen, *Erich Fromm: A Protestant Critique*, 88 f., der Erich Fromm und Friedrich Nietzsche in ihrer prinzipiellen Ablehnung jeder heteronomen Größe kritisiert, erkennt wohl mit Recht: »Keiner von beiden hat verstanden, was das Evangelium will. Sie haben alles als Gesetz angesehen, das entweder in der Form eines positiven oder eines negativen Legalismus Gehorsam fordert. In dieser Hinsicht sind sie zweifellos von dem beeinflußt worden, was sie im Leben und Tun der Kirche gesehen haben und was sie im Umgang mit ihnen gut bekannten Christen erfahren haben« (a.a.O., 88). – In diesem Zusammenhang ist es nicht ohne Interesse, welche Bedeutung sowohl der Gehorsam gegenüber dem Gesetz als auch gegenüber der Vaterautorität in der jüdischen religiösen Familienerziehung hat; vgl. hierzu die Dissertation von Johannes Barta, *Jüdische Familienerziehung. Das jüdische Erziehungswesen im 19. und 20. Jahrhundert*, bes. 80–83.

Ende des Menschen durch eine Selbstvernichtung mit nuklearer Energie zu vermeiden.

Von Erich Fromm selbst wird die Zuordnung von autoritärem und revolutionärem Charakter als Negation und Negation der Negation nur angedeutet, jedoch nicht reflektiert.[58] Sie trifft die divergierenden und eigenwilligen Stellungnahmen Erich Fromms speziell zu Fragen des Gehorsams gegenüber der Autorität. Sie läßt aber auch von Neuem das Interesse für *die Möglichkeit von rationaler Autorität überhaupt* wach werden. Dies soll in einem ersten Gedankengang nochmals von den Begriffen der irrationalen Autorität und des revolutionären Charakters her geschehen.

Zunächst fällt auf, daß sich der Gedanke der irrationalen Autorität als eines Abhängigkeitsverhältnisses, das den Menschen seiner ureigensten produktiven Kräfte beraubt, in allen Schattierungen durch das gesamte Werk Erich Fromms zieht, während die Rede von der rationalen Autorität keine solche Ausgestaltung erfahren hat. Ein Vergleich mit der Bedeutung, die die irrationale Autorität hat, zeigt, daß zwar rationale Autoritätsverhältnisse und vor allem Gehorsam gegenüber rationaler Autorität Postulate des Alltags sind und dort auch eine große Rolle spielen, daß ihnen jedoch in der als dialektischer Prozeß verstandenen Wirklichkeit kein Ort zugewiesen werden kann. Folgerichtig wird dem autoritären Charakter nicht eine durch rationale Autorität bestimmte produktive Charakter-Orientierung entgegengesetzt, um die irrationalen Autoritäten, die die Menschen unterwerfen und ausbeuten, zu entmachten, sondern der revolutionäre Charakter, dessen Ziel primär die Negation der irrationalen Autoritäten ist, und der kein positives Interesse an der Notwendigkeit von rationalen Autoritäten zeigt. So erklärt sich auch, warum relativ wenig Wert darauf gelegt wird, denjenigen Menschen psychologisch vorzustellen, der in die verschiedensten rationalen Abhängigkeiten hineingebunden ist, der dem Diktum der Vernunft und Kompetenz gehorchen muß und der bewußt mit Zwängen von irrationalen Abhängigkeitsverhältnissen Kompromisse schließen muß. Trotz dieser Sicht der Autorität primär als einer irrationalen Autorität läßt sich parallel dazu eine andere Sicht aufzeigen, die der Wirklichkeit und Wirkmächtigkeit rationaler Autorität Raum gibt, um sie jedoch alsbald in die Schranken einer bestimmten Stufe im geschichtlichen Prozeß zu verweisen.

»Freiheit und Unabhängigkeit sind die Ziele menschlicher Entwicklung, und der Zweck menschlichen Handelns besteht in dem andauernden Prozeß, sich selbst von den Fesseln zu befreien, die den Menschen an die Vergangenheit, an die Natur, an den Klan, an Idole binden.«[59] Dieser Prozeß beginnt – biblisch

---

58 Vgl. E. Fromm, *The Revolutionary Character* (63/2) in (63/1), 114: »Ungehorsam ist ein dialektischer Begriff, weil in Wirklichkeit jeder Akt des Ungehorsams ein Akt des Gehorsams ist . . . Jeder Akt des Ungehorsams . . . bedeutet Gehorsam gegenüber einem anderen Prinzip.« Vgl. jedoch die Ausführungen zur »Denkform der Dialektik bei Erich Fromm«, unten S. 290–305.

59 E. Fromm, *You Shall Be as Gods* (66/1), 70.

gesprochen – mit dem Erwachen von Adam und Eva aus deren ursprünglichen Gebundenheit an Blut und Boden. »Mit diesem ersten Schritt, die Bande zwischen Mensch und Natur zu durchtrennen, beginnt die Geschichte – und die Entfremdung.«[60] Der Prozeß zur Unabhängigkeit fordert als Nächstes, das Band zu Vater und Mutter zu zerschneiden, aber sich auch von gesellschaftlichen Fesseln zu lösen, die den Menschen zum Sklaven eines Herren und Verehrer eines Idols machen.[61]

Wenn von den Banden der Abhängigkeit gesprochen wird, müssen zwei völlig verschiedene Arten des Gebundenseins unterschieden werden.[62] Die erste Art ist eine meist unbewußte gefühlsmäßige Bindung an die Mutter, an Blut und Boden und die entsprechenden Äquivalente; diese Bindung wird »inzestuöse Fixierung« genannt.[63] Die zweite Art Bindung ist der Akt der Unterwerfung unter eine Autorität, also ein Verhalten, das dann in der Forderung des Gehorsams zumeist bewußt wird. Historisch gesehen ist Gehorsam gewöhnlich Gehorsam gegenüber dem Vater und dessen Repräsentanten Vernunft, Gewissen, Gesetz, moralischen und geistigen Prinzipien und vor allem Gott.[64] »Inzestuöse Fixierung ist ihrer Natur nach eine Bindung an die Vergangenheit und ein Hindernis für volle Entfaltung.«[65] »Im Entwicklungsprozeß der menschlichen Rasse gab es vielleicht keinen anderen Weg, dem Menschen zu helfen, sich von den inzestuösen Bindungen an die Natur und an den Klan zu befreien, als gegenüber Gott und seinen Gesetzen gehorsam zu sein.«[66] Diese Funktion hat das patriarchalische Prinzip freilich nur dort, wo die Autorität einen Gehorsam fordert, der auf die Unabhängigkeit und volle Entfaltung des Menschen zielt. Der Gehorsam gegenüber einer rationalen Autorität bekommt deshalb einen relativ hohen und positiven Stellenwert bei der Entwicklung des Menschen zu sich selbst: »Gehorsam gegenüber rationaler Autorität ist der Weg, der die Auflösung der inzestuösen Fixierung an vorindividuelle archaische Kräfte erleichtert.«[67] Innerhalb dieser Phase der Entwicklung des Menschen zu sich selbst, die durch einen Glauben an Gott als rationale Autorität gekennzeichnet ist, kommt dem Glaubens-Gehorsam eine noch wesentlichere Aufgabe zu. Wenn der Mensch sich unter den Gehorsam eines Gottes stellt, der eine rationale Autorität repräsentiert, dann bedeutet dieser Gehorsam zugleich die Absage an alle anderen, als irrationale Autoritäten versklavenden Götter, Götzen, Herrscher, Machtsysteme: »Gehorsam gegenüber Gott ist auch die Negation der Unterwerfung unter Menschen.«[68]

---

60 A.a.O.
61 Vgl. a.a.O., 71 f.
62 Vgl. zum Folgenden: E. Fromm, *You Shall Be as Gods* (66/1), 72 f.
63 Siehe oben S. 79 f.
64 Vgl. E. Fromm, *You Shall Be as Gods* (66/1), 73.
65 A.a.O.
66 A.a.O. – Es fällt auf, daß Erich Fromm etwas vage formuliert, wenn er »vielleicht« sagt und diese Entwicklung auf den phylogenetischen Aspekt beschränkt.
67 A.a.O.
68 E. Fromm, *You Shall Be as Gods* (66/1), 73. – Vgl. auch a.a.O., 75: »Die Idee der Leibeigen-

Der Prozeß der Befreiung des Menschen zu sich selbst bleibt jedoch nicht beim Gehorsam gegenüber einer Autorität stehen. Der nächste Schritt soll den Menschen fähig machen, »Überzeugungen und Grundsätze zu erwerben und so schließlich ›sich selbst treu‹ zu sein, anstatt einer Autorität zu gehorchen«[69]. Das Ziel der ganzen Entwicklung ist Unabhängigkeit (independence). Diese ist aber nicht schon erreicht, wenn man die inzestuösen Bindungen aufgelöst hat und sich vom Gehorsam gegenüber Autoritäten befreit hat. Unabhängigkeit ist auch mehr als Ungehorsam. »Unabhängigkeit ist nur möglich, wenn und inwieweit der Mensch die Welt tätig erfaßt, zu ihr bezogen ist und so mit ihr eins wird. Es gibt keine Unabhängigkeit und Freiheit, es sei denn der Mensch erreicht eine Stufe der totalen inneren Tätigkeit und Produktivität.«[70] Die größte Fülle seines Menschseins wird erst dort erfahrbar, wo der Mensch von allen Bestimmungen entleert ist; entsprechend tritt der Mensch erst dann in einer universalen Weise mit der ganzen Menschheit in Beziehung, wenn er alle Autoritätsverhältnisse, die ja immer einen Unterschied von überlegen und unterlegen – und das heißt von Verschiedenheit – implizieren, aufgegeben hat und ganz unabhängig geworden ist. Erst in der völligen Unabhängigkeit erfährt der Mensch »die ganze Menschheit in sich und ist ihm nichts Menschliches fremd«[71]. Die Darstellung des gesamten Prozesses der Unabhängigkeit des Menschen von Bindungen jeder Art zeigt zwar, daß Erich Fromm der rationalen Autorität einen positiven Wert zuerkennt, sie jedoch zugleich als eine zu überwindende Stufe im Prozeß der Unabhängigkeit des Menschen deklariert. Rationale Autorität kann onto- wie phylogenetisch eine kritische Funktion gegenüber irrationaler Autorität haben, muß selbst aber letztlich überwunden werden. Diese Sicht der rationalen Autorität ist jedoch im Werk Erich Fromms nur dort zu ermitteln, wo er das Gesamt des dialektischen Prozesses an den onto- und phylogenetischen Daten zu verifizieren versucht. In der direkten Konfrontation mit den Gegebenheiten scheint ein evolutionäres Denkschema durch, das mehrere Stufen im dialektischen Prozeß der Entwicklung des Menschen und der Menschheit kennt und deshalb zur positiven Anerkenung der Rolle, die rationale Autorität in diesem Prozeß spielt, fähig ist.[72] Doch diesem

---

schaft Gott gegenüber wurde in der jüdischen Tradition umgewandelt zur Grundlage für die Freiheit des Menschen vom Menschen. Somit garantiert die Autorität Gottes die Unabhängigkeit des Menschen von menschlicher Autorität.« – In Ansätzen gibt es dieses Zugeständnis eines Gehorsams gegenüber einer rationalen Autorität, der zugleich Ungehorsam gegenüber einer irrationalen Autorität ist, bei Erich Fromm bereits in *The Revolutionary Character* (63/2) in (63/1), 114 f.

69 E. Fromm, *You Shall Be as Gods* (66/1), 73.

70 A.a.O., 76 f. – Diese »Endstufe« gleicht der Beschreibung des revolutionären Charakters, der jedoch durch die totale Negation jeglicher Autorität zum universalen Humanismus gelangt. Vgl. E. Fromm, *The Revolutionary Character* (63/2) in (63/1), 116 f.

71 E. Fromm, *The Revolutionary Character* (63/2) in (63/1), 117.

72 Dies gilt insbesondere dort, wo für Erich Fromm seine psychoanalytischen Erfahrungen und Erkenntnisse Gegenstand des Interesses sind und wo dann die Kluft zwischen geschichtsphilosophischer Theorie und dialektischer Denkform einerseits und empirischem Befund auf der anderen Seite nicht zu groß werden darf. In diesem Zusammenhang ist etwa an das Fehlen des revolutionä-

Zugeständnis wird bei Erich Fromm wenig Raum gewährt, weil seiner Meinung nach der Anspruch einer Autorität, rational zu sein, in der Geschichte fast durchweg nur die Ideologisierung und Rationalisierung eines irrationalen Autoritäts- und Herrschaftsanspruches darstellt.[73] Darum sei es legitim, grundsätzlich nicht mit rationaler Autorität zu rechnen und demnach jeden Anspruch einer Autorität zu negieren. So bekommt ein dialektisches Denken die Oberhand, das nur noch mit irrationaler Autorität rechnet und sich darum revolutionär nennen kann.

4.1.3 Wesen und Funktion der Religion

Ungeachtet der Etymologie und Begriffsgeschichte des Wortes »Religion«[74] und entgegen unserer Gewohnheit, mit dem Begriff »Religion« zunächst nur ein theistisches System zu assoziieren, weitet Erich Fromm in Ermangelung eines geeigneteren Wortes seine Bedeutung aus und wendet »Religion« an auf »jedes System des Denkens und Tuns, das von einer Gruppe geteilt wird und das dem Individuum einen Rahmen der Orientierung und ein Objekt der Hingabe gewährt«[75]. Die entscheidende Frage ist deshalb nicht, ob der Mensch eine Religion haben soll oder nicht – in Erich Fromms Verständnis muß jeder Mensch eine Religion haben –, sondern welche Art von Religion er hat.[76]
Angesichts dieser funktionalen Bestimmung von Religion, die am Bedürfnis nach einem Rahmen der Orientierung und nach einem Objekt der Hingabe ansetzt, sollte nicht übersehen werden,

1. daß hier unter »Religion« ein breites, von der ursprünglichen Wortbedeutung relativ unabhängiges Spektrum von Erscheinungen begriffen wird;
2. daß das Wesen von Religion nur aus ihrer Bedeutung als Reaktion auf ein Bedürfnis verstanden – Religion also nur funktionalisiert gesehen wird;

---

ren Charakters in den Untersuchungen über den Gesellschafts-Charakter mexikanischer Bauern (E. Fromm und M. Maccoby, *Social Character in a Mexican Village* [70/11], 82) zu erinnern und auf das gleichzeitige Vorhandensein eines »traditional authoritarian«, einer patriarchalischen Orientierung aufmerksam zu machen, der aber das Spezifikum des autoritären Charakters, nämlich die sado-masochistische Unterwerfung, abgeht (vgl. a.a.O., 260–262). – Zur Problematik vgl. auch unten S. 301–305.
73 Vgl. die Ausführungen zum Gehorsam oben S. 129–131.
74 Vgl. Erich Fromms Kritik an der Definition im Oxford Dictionary: E. Fromm, *Psychoanalysis and Religion* (50/1), 34.
75 E. Fromm, *Psychoanalysis and Religion* (50/1), 21; Vgl. ders., *Psychoanalysis and Zen Buddhism* (60/1), 92f. – Von diesem Religionsbegriff her kann Erich Fromm den Marxismus als »die bedeutendste religiöse Bewegung des 19. Jahrhunderts« bezeichnen (E. Fromm, *Vorwort* [67/3], 11). In *Psychoanalysis and Religion* (50/1), 36, werden sogar Faschismus und Nationalismus »weltliche Religion« (secular religion) genannt.
76 Vgl. E. Fromm *Psychoanalysis and Religion* (50/1), 26. – Diese Aussage gilt allerdings für den im Anschluß an Sigmund Freud formulierten Religionsbegriff nicht, da nach Erich Fromm Religion bei Sigmund Freud in den Bereich der zu überwindenden Illusion gehört. Vgl. E. Fromm, *Die Entwicklung des Christusdogmas* (30/1) in (63/1), 25, sowie Th. Pröpper, *Der Jesus der Philosophen und der Jesus des Glaubens*, bes. 68.

3. daß diese Sicht von Religion bei Erich Fromm zwar die vorherrschende, aber nicht die einzige ist. In seiner Frühschrift »Die Entwicklung des Christusdogmas« vertritt er nämlich noch einen an Sigmund Freud orientierten Religionsbegriff. Dieser frühere Religionsbegriff soll zunächst Gegenstand des Interesses sein.

Religion hat in den Frühschriften Erich Fromms vorrangig die Aufgabe, »die psychische Selbständigkeit der Masse zu verhindern, sie intellektuell einzuschüchtern, sie in die gesellschaftlich notwendige infantile Gefügigkeit den Herrschenden gegenüber zu bringen«[77]. Hinter einer solchen Wertung steht noch die Freudsche Sicht der religiösen Phänomene als Befriedigungen, die sich in der Phantasie abspielen und libidinöser Natur sind.[78] Folgende Annahmen führten Sigmund Freud zu dieser Sicht der religiösen Phänomene: In der religiösen Einstellung des Erwachsenen zu Gott wiederhole sich die infantile Einstellung des Kindes zum Vater. Dies wenigstens könne erklären, wie Religion psychologisch möglich sei. Warum Religion nötig sei bzw. bisher notwendig gewesen sei, hänge mit ihrer narkotisierenden Wirkung gegenüber Gefühlen der Ohnmacht und Hilflosigkeit zusammen. Ein Glaube an Gott biete hier Trost, weil er den Schutz des Vaters gegenüber dem Kind und die libidinöse Gebundenheit des Kindes an seinen Vater wieder mobilisiere. Der Glaube an Gott käme deshalb dort zu Ende, wo der Mensch Herr über die Natur würde.[79]

Solange Erich Fromm orthodoxer Freudianer ist, hängt für ihn die Eigenart religiöser Phänomene, daß sie in der Phantasie sich vollziehende und deshalb nicht direkt schädliche Befriedigungen darstellen, mit den Forderungen der Gesellschaft nach Triebverzicht zusammen: »Der Mensch strebt nach einem Maximum an Lustgewinn, die gesellschaftliche Realität zwingt ihn zu vielen Triebverzichten, und die Gesellschaft versucht, den einzelnen für diese Triebverzichte durch andere, für die Gesellschaft, beziehungsweise die herrschende Klasse unschädliche Befriedigungen zu entschädigen.«[80] Religiöse Phänomene als Phantasiebefriedigungen haben deshalb eine stabilisierende Funktion für die soziale Struktur wie für die gesellschaftliche Realität überhaupt. Umgekehrt bestimmt nicht nur die psychische Konstitution, sondern auch die soziale Realität Inhalt und Umfang der Phantasiebefriedigung.

In einer Gesellschaft, die durch Klassengegensätze gekennzeichnet ist, kann man also der Religion eine dreifache Funktion zusprechen: »für alle Menschen die des Trostes angesichts der allen vom Leben aufgezwungenen Vesagungen, für die große Masse die der suggestiven Beeinflussung im Sinne ihres psychischen Abfindens mit ihrer Klassensituation und für die herrschende Klasse die

---

77 E. Fromm, *Die Entwicklung des Christusdogmas* (30/1) in (63/1), 22.
78 Vgl. a.a.O., 22f. – Zur theologischen Kritik dieses Frommschen Frühwerkes vgl. Th. Pröpper, *Der Jesus der Philosophen und der Jesus des Glaubens*, 58–69.
79 Vgl. E. Fromm, *Die Entwicklung des Christusdogmas* (30/1) in (63/1), 25.
80 A.a.O., 25.

der Entlastung vom Schuldgefühl gegenüber der Not der von ihr Unterdrückten«[81]. Bei diesem Verständnis von Religion, das Erich Fromms erster größerer Arbeit nach seiner Dissertation, nämlich der Abhandlung »Die Entwicklung des Christusdogmas« aus dem Jahre 1930 zugrunde liegt, gibt es noch keinen eigenständigen Anspruch eines Bedürfnisses nach Religion, wie dies später in der Formulierung eines Bedürfnisses nach einem Rahmen der Orientierung und nach einem Objekt der Hingabe geschieht. Vielmehr ist und bleibt hier Religion ein Narkotikum und eine überflüssig werdende Illusion. Und weil sie noch nicht in der Bedürfnisstruktur des Menschen verankert ist, ihr also keine wirkliche Eigenständigkeit zukommt, kann sie in ihren Erscheinungen letztlich auch ganz auf die »äußere Situation«[82] reduziert werden. Denn es ist die »äußere Situation«, welche »psychische Veränderungen« herbeiführt; und man kann analysieren, »wie diese psychische Veränderung auf dem Wege über das Unbewußte in neuen, bestimmte Triebregungen befriedigenden, religiösen Phantasien Ausdruck fand . . .«[83]. Eine von den Bestimmungsfaktoren »äußere Situation« und davon abhängigen »psychischen Veränderungen« unabhängige und eigenständige Entwicklung von Glaubensvorstellungen ist undenkbar. Schon die Bezeichnung »kollektive Phantasien« für »Glaubensvorstellungen«[84] zeigt den völlig reduktionistischen Religionsbegriff Erich Fromms während seiner Abhängigkeit von Sigmund Freud an. Entsprechend diesen theoretischen Annahmen ist das Ergebnis bei der Untersuchung der »Entwicklung des Christusdogmas« vorausbestimmt: »Die Wandlung des Christusdogmas wie der ganzen christlichen Religion entsprach nur der soziologischen Funktion der Religion überhaupt, die gesellschaftliche Stabilität unter Wahrung der Interessen der herrschenden Klasse aufrechtzuerhalten.«[85] Inhaltlich bestand die Wandlung in Folgendem: Das frühe Christentum war autoritäts- und staatsfeindlich und befriedigte die Phantasie mit Jesus als dem leidenden Menschen, der zum Gott wird; beim Christentum, das 300 Jahre später zur offiziellen Religion des römischen Imperiums avancierte, war Jesus im Nizänum »selber Gott geworden, ohne Gott zu stürzen, weil er immer schon Gott war«[86]. Das christologische Dogma spiegelt dabei nur ein Christentum wider, dem es gelungen ist, »die große Masse in das absolutistische System des römischen Imperiums einzuordnen«[87]. Die Ursache für die Wandlung jedoch »liegt in der Veränderung der wirtschaftlichen Situation,

---

81 A.a.O., 27.
82 Mit »äußerer Situation« sind die ökonomischen und sozialen Verhältnisse gemeint.
83 A.a.O., 27.
84 E. Fromm, *Die Entwicklung des Christusdogmas* (30/1) in (63/1), 27.
85 A.a.O., 67.
86 A.a.O., 90. – Das Neue des Nizänums besteht nach Erich Fromm darin, »die Spannung zwischen Gott und seinem Sohn in eine Harmonie verwandelt« zu haben; denn indem die neue Formel »die Vorstellung vermied, daß ein Mensch Gott werden könne, eliminierte sie den vaterfeindlichen, revolutionären Charakter der alten Formel« (a.a.O., 63).
87 A.a.O., 62; vgl. a.a.O., 90f.

beziehungsweise im Rückgang der Produktivkräfte und ihren gesellschaftlichen Konsequenzen«[88].

Erich Fromms Sicht der Religion zu Beginn der dreißiger Jahre ist eine Weiterentwicklung des reduktionistischen Religions-Begriffs Sigmund Freuds, für den religiöse Phänomene »nichts anderes als« libidinöse Phantasiebefriedigungen sind. Erich Fromm deutet sowohl die religiösen Phänomene als auch die psychische Struktur von der ökonomisch-sozialen Situation her. Doch erst die Überwindung der Libido-Theorie und die Interpretation des Menschen als eines Widerspruchswesens, das auf die Befriedigung von bestimmten unverzichtbaren Bedürfnissen seiner Existenz angewiesen ist, hat seine Sicht der Religion verändert. Religion ist nicht mehr nur funktionalistisch zu verstehendes Epiphänomen bestimmter ökonomisch-sozialer Gegebenheiten, sondern wird von der Wesensbestimmung des Menschen abgeleitet. In beiden Fällen wird Religion funktionalisiert. Doch kommt der Religion als Antwort auf das Bedürfnis nach einem Rahmen der Orientierung und nach einem Objekt der Hingabe eine Eigenständigkeit zu, die sie vorher nicht hatte: Religion wird notwendig.[89]

Mit der neuen Sicht der Religion als Reaktion auf ein existentielles Bedürfnis ist auch die religionskritische Fragestellung neu formuliert. War zuvor die Frage, ob Religion oder ob nicht, und hieß die Antwort Sigmund Freuds zuvor, daß »Religion als eine überflüssig werdende Illusion anzusehen« ist[90], so stellt sich, wenn mit dem Religionsbegriff alle Formen der Reaktion auf das Bedürfnis nach einem Rahmen der Orientierung und nach einem Objekt der Hingabe umfaßt werden, die Frage, welcher Art Religion sein muß. Für Erich Fromm lautet die Antwort nur: Religion ist entweder autoritär oder humanistisch. Warum es quer durch sein Werk nur diese Alternative gibt, hängt mit seiner bestimmten Sicht der Geschichte der Gottesvorstellung zusammen[91], die ihrerseits auf bestimmten Vorentscheidungen beruht. Diese Vorentscheidungen sprechen für einen nicht-theistischen Humanismus, bei dem ein funktionaler Religionsbegriff legitim und angemessen ist: Es kann diesem Humanismus auch im Letzten nur um den Menschen gehen![92]

---

88 A.a.O., 91.

89 Die Verankerung der Religion im Bedürfnis nach einem Rahmen der Orientierung und nach einem Objekt der Hingabe besagt nicht, daß die sozio-ökonomischen Verhältnisse keine wesentlich prägenden Faktoren wären. Das Aufgeben der triebtheoretischen Position Sigmund Freuds und die Formulierung von unabdingbaren existentiellen Bedürfnissen haben keine Auswirkung auf den Prägungsmechanismus, es sei denn, die sozio-ökonomischen Kräfte sind derart, daß sie das Bedürfnis nach einem Rahmen der Orientierung und nach einem Objekt der Hingabe negieren. – Zur Abhängigkeit der Religion von den sozio-ökonomischen Verhältnissen im neuen Verständnis von Religion vgl. Erich Fromms Analyse der Reformatoren und der Reformationszeit in *Escape from Freedom* (41/1), 63–102 und die knappe Zusammenfassung in *Psychoanalysis and Religion* (50/1), 52 f.

90 E. Fromm, *Die Entwicklung des Christusdogmas* (30/1) in (63/1), 25.

91 Siehe unten S. 143–149.

92 Eine Kritik am Religionsbegriff Erich Fromms darf deshalb nicht nur an der Funktionalisie-

4.1.4 Der Gegensatz von autoritärer und humanistischer Religion[93]

Erich Fromm schließt in der Bestimmung von Autorität überhaupt wie in der Differenzierung von rationaler und irrationaler Autorität theoretisch die Möglichkeit einer Nominierung Gottes als rationaler Autorität nicht aus;[94] er schreibt dem durch rationale Autorität ausgezeichneten patriarchalischen Gott in der Entwicklung des Gottesbildes eine wichtige geschichtliche Funktion zu;[95] und doch sieht er Religion – parallel zur Gegenüberstellung von autoritärem und revolutionärem Charakter – nur in der Alternative einer autoritären oder humanistischen Religion. Ganz ähnlich wie bei der Differenzierung zwischen rationaler und irrationaler Autorität anerkennt Erich Fromm auch bezüglich der Religion die Möglichkeit eines jenseitigen Gottes, der die Eigenschaften Liebe und Gerechtigkeit hat, prinzipiell an. Doch wenn es darum geht, die Art der Religion zu bestimmen, die dem menschlichen Bedürfnis nach einem Rahmen der Orientierung und nach einem Objekt der Hingabe optimal entgegenkommt, so geschieht das gleiche wie bei der Anwendung der theoretischen Aussagen über rationale und irrationale Autorität auf den jeweiligen Charaktertypus: So wie er dort nur noch die sich bekämpfenden Alternativen »autoritärer« und »revolutionärer« Charakter kennt, so bei der Diskussion der Religion nur noch die sich gegenseitig ausschließenden Arten der »autoritären« und »humanistischen«[96] Religion.

Eine autoritäre Religion fordert die Anerkennung einer höheren Macht; diese Forderung nach Anerkenntnis liegt nicht »in den sittlichen Eigenschaften der Gottheit, nicht in Liebe und Gerechtigkeit (begründet), sondern in der Tatsache, daß sie Kontrolle, das heißt Macht über den Menschen hat. Weiterhin besagt dies, daß die höhere Macht ein Recht hat, den Menschen zu ihrer Anbetung zu zwingen und daß ein Mangel an Verehrung und Gehorsam zur Sünde führt. Das wesentliche Element autoritärer Religion und autoritärer religiöser Erfahrung ist die Auslieferung (surrender) an eine Macht, die den Menschen transzendiert.«[97] In dieser Umschreibung von autoritärer Religion scheint noch das Bewußtsein der Differenz zwischen rationaler und irrationaler Auto-

---

rung der Religion ansetzen. Dieser Vorwurf trifft auch Paul Tillich, der in seiner Rezension von Erich Fromms Buch *Psychoanalysis and Religion* (50/1) davon spricht, daß Erich Fromm mit der Freudschen Projektionstheorie sympathisiere (P. Tillich, Psychoanalyse und Religion, 333), und ihm unterstellt, daß er einen heteronomen, supranaturalistischen Theismus bekämpfe (a.a.O., 335). – Umgekehrt bedeutet das Bedürfnis nach einem Rahmen der Orientierung und nach einem Objekt der Hingabe auch für eine theistische Religion ein wichtiges anthropologisches Datum.
93 Die Ausführungen zur Autorität (siehe oben S. 121–136) erlauben eine kürzere Darstellung der autoritären und humanistischen Religion. Vgl. zum Folgenden bes.: E. Fromm, *Psychoanalysis and Religion* (50/1), 34–55.
94 Siehe oben S. 125.
95 Siehe oben S. 135 f.
96 Die im Deutschen übliche Übersetzung von humanistic religion mit »humanitärer Religion« ist falsch.
97 E. Fromm, *Psychoanalysis and Religion* (50/1), 35.

rität durch. Es geht verloren, wo Erich Fromm von humanistischer Religion handelt und diese auch in theistischen Systemen namhaft macht. »Bei der humanistischen Religion . . . geht es um den Menschen und seine Stärke. Der Mensch muß seine Kraft der Vernunft entwickeln, um sich selbst, seine Beziehung zum Nächsten und seine Stellung im Universum zu verstehen . . . Er muß seine Kräfte der Liebe für andere wie für sich selbst entwickeln und die Solidarität mit allen Lebewesen erfahren . . . Religiöse Erfahrung gründet bei dieser Art Religion in der eigenen Bezogenheit zur Welt, wie sie mit dem Denken und mit Liebe erfaßt werden kann.«[98]

Die Möglichkeit einer Religion, die sich auf ein rationales Autoritätsverhältnis gründet, wird für eine humanistische Religion nicht mehr in Betracht gezogen.[99] In Konsequenz dazu wird auch ein eigener Theismus-Begriff geschaffen: »Insofern humanistische Religion theistisch ist, ist Gott ein Symbol für die dem Menschen eigenen Kräfte, die er in seinem Leben zu realisieren versucht, und ist kein Symbol für Gewalt und Herrschaft, die Macht über den Menschen ausüben.«[100] Noch einfacher sagt es die Formel: »Gott ist kein Symbol für Macht über den Menschen, sondern für des Menschen eigene Kräfte (powers).«[101] Denn »während für die humanistische Religion Gott das Bild für des Menschen höheres Selbst ist, ein Symbol dessen, was der Mensch potentiell ist oder werden soll, wird für die autoritäre Religion Gott zum alleinigen Besitzer dessen, was dem Menschen ursprünglich eigen war: seiner Vernunft und seiner Liebe«[102].

Was Erich Fromm hier »theistisch« nennt, hat vom Standpunkt der Theisten aus betrachtet mit dem religionsphilosophisch anerkannten Theismusbegriff kaum eine Berührungsfläche, weil das Theistische vor jeder näheren Bestimmung präjudiziert ist. Zwar hat der religionsphilosophische Theismusbegriff keine präzise Bestimmung, sondern spezialisiert sich je nach seinem Gegenbegriff (Atheismus, Monotheismus, Pantheismus etc.) anders aus, doch hält sich etwa folgende Bestimmung durch: »Theismus heißt die Lehre, welche das Dasein Gottes in dem Sinne bejaht, daß auch die Vorsehung mitbejaht erscheint; letztere wiederum schließt die Personhaftigkeit und Freiheit Gottes mit ein.«[103] Daß Erich Fromm glaubt, bei seiner Definition von Gott dennoch von

98 A.a.O., 37.
99 Vgl. J. S. Glen, *Erich Fromm: A Protestant Critique,* 101f.
100 E. Fromm, *Psychoanalysis and Religion* (50/1), 37.
101 A.a.O., 49.
102 A.a.O., 49f. – Die Annahme, daß der Mensch ursprünglich im Vollbesitz seiner Kräfte der Vernunft und Liebe war, korrespondiert mit einem dialektischen Denken, während die widersprechende Annahme, daß der Mensch sich phylo- und ontogenetisch erst aus Fixierungen und irrationalen Autoritätsverhältnissen lösen muß, um erstmals zu sich selbst zu kommen, ihren Ursprung in der Anerkenntnis der Daten der Evolution und Empirie hat. In diesem Zusammenhang fällt die Formulierung auf, Gott sei ein Symbol dafür, was der Mensch »potentiell ist oder werden soll«.
103 W. Keilbach, Artikel »Theismus«, 16. – Vgl. J. Möller, *Die Chance des Menschen – Gott genannt,* 311–313.

einem theistischen Gottesbegriff sprechen zu können, wird aufgrund seiner Theorie der Entwicklung des Gottesbildes verständlich. [104] Illustrationen einer humanistischen Religion sind für Erich Fromm »der frühe Buddhismus, der Taoismus, die Lehren von Jesaja, Jesus, Sokrates, Spinoza, bestimmte Richtungen in den jüdischen und christlichen Religionen (besonders die Mystiken), die Religion der Vernunft in der Französischen Revolution« [105]. Wollte man die einzelnen Qualifizierungen humanistischer Religion in den Beispielen jeweils nachweisen, müßten sicher manche Einschränkungen getroffen werden; doch soll die Aufzählung nur illustrieren. Dies tut sie auch insofern, als allen genannten Beispielen eines gemeinsam ist: Sie stehen in Opposition zu einer sonst vorherrschenden Strömung. Sowohl das Prophetische als auch das Mystische als auch das Revolutionäre steht in Kontrast zu Etabliertem. Auch diese Eigenart macht deutlich, daß sich humanistische Religion immer aus dem Gegensatz heraus formuliert. Allerdings ist die Opposition keine rebellierende, sondern eine revolutionäre, indem sie eine je verschiedene irrationale Autorität attackiert, ohne eine andere irrationale Autorität zu etablieren. [106]

---

104 Siehe unten S. 143–149. – Das Scheitern des Versuchs, Humanismus und Theismus in der Gottesfrage zusammenzubringen, besagt nicht, daß nicht doch in theistischen Systemen die Forderungen einer humanistischen Religion erfüllt werden. Allerdings ergeben sich bei dem Versuch, humanistische Religion in theistischen Systemen aufzuweisen, zwei Betrachtungsweisen: eine, die der Interpretation des Gottesbegriffs bei Erich Fromm frolgt, und eine andere, die von seiner Unterscheidung zwischen rationaler und irrationaler Autorität ausgeht, diese auf die Religionssysteme anwendet und dann – im Gegensatz zu Erich Fromm – versucht, Gottesvorstellungen gemäß rationaler Autorität in theistischen Religionen aufzuspüren. Erstere Betrachtungsweise sollte aber nicht von humanistischer Religion in theistischen Systemen sprechen, weil die theistischen Systeme vorweg bereits humanistisch interpretiert werden; letztere Betrachtungsweise darf weder im Sinne Erich Fromms noch nach dem allgemeinen Verständnis eines von ihm vertretenen Humanismus für sich in Anspruch nehmen, in theistischen Systemen einen solchen Humanismus zu finden, weil zu diesem Humanismus notwendig die Interpretation Gottes ausschließlich als Symbol für die dem Menschen eigenen Kräfte gehört.
105 E. Fromm, *Psychoanalysis and Religion* (50/1), 37. – Erich Fromm hat sich mit einzelnen Richtungen humanistischer Religion sehr intensiv auseinandergesetzt, ohne daß sich diese Auseinandersetzungen immer literarisch niedergeschlagen hätten. Von den genannten Beispielen sind für ihn selbst besonders zu betonen: der Buddhismus (vgl. *Psychoanalysis and Religion* [50/1]); der Zen-Buddhismus (vgl. *Psychoanalysis and Zen Buddhism* [60/1]; das Judentum (vgl. *You Shall Be as Gods* [66/1] und Meister Eckhart (vgl. *To Have or to Be* [76/1], 59–65). – Ohne eigenen literarischen Niederschlag blieben bisher seine Studien der Upanishaden, des Sufismus, Plotins, des Pseudo-Dionysios, der »Wolke des Nichtwissens« und verschiedener Richtungen der östlichen Meditation. In *Psychoanalysis and Religion* (50/1) werden ausführlicher als humanistische Religionen erwähnt: der Frühe Buddhismus (38–40), der Zen-Buddhismus (40f.), Spinozas religiöses Denken (41f.), das Alte Testament (42–47); der Chassidismus (47f.) und das frühe Christentum (48f.). Vgl. auch die Nennungen in *Afterword* (66/4) in (61/2).
106 Martin Luther ist nach Erich Fromm deshalb kein Revolutionär und die Reformationstheologie keine humanistische: »Indem Luther das Volk von der Autorität der Kirche befreite, machte er es einer noch tyrannischeren Autorität unterwürfig, nämlich der eines Gottes, der auf einer völligen Unterwerfung des Menschen und auf einer Vernichtung des individuellen Selbst als der Voraussetzung für seine Erlösung bestand« (E. Fromm, *Escape from Freedom* [41/1], 81).

Jede Religion, insofern sie Antwort auf das Bedürfnis nach einem Rahmen der Orientierung und nach einem Objekt der Hingabe ist, handelt von der Sinnfrage und der mit ihr formulierten Gottesfrage. Humanistische Religion hat als Reaktion auf autoritäre Religion im besonderen eine Affinität zur Gottesfrage. Sie artikuliert sich bei Erich Fromm in einer bestimmten Interpretation der Geschichte des Gottesbegriffs.

4.2 Erich Fromms Interpretation der Geschichte des Gottesbegriffs[107]

Vorweg ist Erich Fromms religionskritischer und methodologischer Vorentscheid zu dieser Frage zu nennen: Der Begriff »Gott« ist für ihn »nur ein geschichtlich bedingter, in dem der Mensch seine Erfahrung seiner eigenen höheren Kräfte, seines Strebens nach Wahrheit und Einheit in einer bestimmten historischen Periode ausgedrückt hat«[108]. Die verschiedenen Ausprägungen der Gottesvorstellung und der Gottesbegriff überhaupt sind deshalb Analogiebildungen zur höchsten Macht in einer Gesellschaft und durch das Vorhandensein der jeweiligen sozial-politischen Struktur bedingt.[109] Dieser Ansatz bringt es mit sich, daß die Analyse des Gottesbegriffs mit der Analyse der charakterlichen Struktur des Menschen beginnen muß, denn die besondere Bedeutung Gottes hängt immer von dem ab, was dem Menschen als höchstes Gut erscheint.[110]

In einer ersten Stufe der Entwicklung der Menschheit, die als Loslösung des Menschen von seinen primären Bindungen an Natur, Mutter, Blut und Boden verstanden werden kann, versuchte der durch Vernunft von der Einheit mit der Natur getrennte Mensch seine Sicherheit darin zu finden, daß er sich dennoch an diese ursprüngliche Bindungen hält. Viele primitiven Religionen zeugen für dieses Entwicklungsstadium, in dem z. B. Bäume und Tiere (als Totem) verehrt werden. Mit der Entwicklung der handwerklichen Fähigkeiten verwandelt der Mensch das Produkt seiner Hände in einen Gott. Es ist das Stadium, in dem Götzen aus Ton, Silber oder Gold angebetet werden, der Mensch also seine eigenen Kräfte und Fähigkeiten in die von ihm hergestellten Dinge projiziert.

---

107 Vgl. zum Folgenden bes.: E. Fromm, *The Art of Loving* (56/1), 53–60; ders., *Beyond the Chains of Illusion* (62/1), 157–159; ders., *You Shall Be as Gods* (66/1), 17–62; J. J. Petuchowski, *Erich Fromm's Midrash of Love*, 547–549.
108 E. Fromm, *The Art of Loving* (56/1), 61; vgl. ders., *You Shall Be as Gods* (66/1), 18f.: »›Gott‹ ist einer der vielen verschiedenen poetischen Ausdrücke des höchsten Wertes im Humanismus, nicht eine Realität an sich.« – Trotz dieses Vorentscheids will Erich Fromm diese Position als Ergebnis der Analyse der Geschichte des Gottesbegriffs gewertet wissen.
109 Vgl. E. Fromm, *You Shall Be as Gods* (66/1), 18.
110 Manche Daten der nun folgenden Ausführungen wurden bereits oben S. 133–136 in Zusammenhang mit dem rationalen Autoritätsbegriff erwähnt, sollen hier jedoch um der Vollständigkeit der Theorie willen nicht ausgelassen werden.

Mit wachsendem Selbstwertgefühl des Menschen bekommen die Götter schließlich die Gestalt von Menschen. »In dieser Phase der anthropomorphen Gottesanbetung finden wir eine Entwicklung, die in zwei Richtungen geht. Die eine bezieht sich auf das weibliche oder männliche Geschlecht der Götter, die andere auf den Grad der Reife, den der Mensch erreicht hat und der das Wesen seiner Götter sowie die Art seiner Liebe zu ihnen bestimmt.«[111] In vielen Kulturen hat es eine matriarchalische Phase der Religion gegeben, die der patriarchalischen vorausging. In diesen matriarchalisch strukturierten Religionen, die ihr Pendant in einer ebensolchen Gesellschaftsstruktur haben, ist eine Göttin das höchste Wesen; die Menschen aber sind gleichwertige und gleichgeliebte Kinder dieser Göttin. Der Übergang zur patriarchalischen Phase bringt sowohl die Vorrangstellung des Mannes in der Gesellschaft als auch die Entthronung der Muttergöttin mit sich. Jetzt ist das Bezugsverhältnis Mensch–Gottheit nicht mehr durch Gleichheit der Menschen untereinander bestimmt, sondern davon abhängig, in welchem Maße der Mensch den Forderungen des Vatergottes nachkommt. Kennzeichnend für jede patriarchalisch bestimmte Gesellschaft ist deshalb deren hierarchische Strukturierung.

Eine Weiterentwicklung des Gottesbegriffes und damit auch eine Weiterentwicklung der menschlichen Kräfte und Fähigkeiten bis hin zur Anwendung des Gottesbegriffs auf den Menschen selbst, läßt sich hauptsächlich in der Entwicklung der patriarchalischen Religion verfolgen. Sehr detailliert zeigt Erich Fromm diese Entwicklung am jüdischen Gottesbegriff auf, dem durch alle Änderungen hindurch die eine Idee zugrunde liegt, »daß weder die Natur noch Artefakte die höchste Realität oder den höchsten Wert begründen, sondern daß es nur das EINE gibt, das den höchsten Wert und das höchste Ziel des Menschen repräsentiert: das Ziel des Menschen, eine Einheit mit der Welt zu finden durch die volle Entwicklung seiner spezifisch menschlichen Fähigkeiten der Vernunft und der Liebe«[112].

Am Beginn der alttestamentlichen Geschichte des Gottesbegriffs steht ein Gott, der als absoluter Herrscher vorgestellt wird. Dieser hat alles erschaffen und ist deshalb fähig, das von ihm Geschaffene auch wieder zu zerstören. Seine Attribute sind Despotie und Eifersucht. Beispiele hierfür sind die Vertreibung aus dem Paradies, die Sintflut, das Ansinnen an Abraham, seinen Sohn Isaak zu töten.[113] Diese absolute Macht Gottes über den Menschen findet jedoch eine Begrenzung in der Idee, daß der Mensch fähig ist, Gottes potentieller Rivale zu sein, wenn er seine Vernunft gebraucht: Eritis sicut Deus scientes bonum et malum – You Shall Be as Gods! Der sogenannte »Sündenfall« ist im Sinne Erich Fromms die erste Tat der Befreiung des Menschen zu sich selbst und die erste Realisierung der menschlichen Fähigkeit, selbst Gott zu werden.

---

111 E. Fromm, *The Art of Loving* (56/1), 54.
112 E. Fromm, *You Shall Be as Gods* (66/1), 22.
113 Zu der bisweilen recht eigenwilligen Art, die biblischen Texte zu interpretieren vgl. E. Fromm, *You Shall Be as Gods* (66/1), 13–15, und die Anmerkungen zu a.a.O., 24 und 26.

»Die ganze weitere Evolution des Gottesbegriffs vermindert die Rolle von Gott als einem, der über den Menschen verfügt.«[114] Bereits die Erzählung von Noah, mit dem Gott einen Bund schließt, weil Gott seinen Entschluß, die Kreatur wieder zu vernichten, bereut, macht die Entwicklung des Gottesbegriffs sichtbar: Gott hört auf, der absolute Herrscher zu sein. Das Gottesbild wandelt sich vom absoluten zum konstitutionellen Monarchen, der sich zum Respekt vor jedem Leben verpflichtet. Die Idee des Bundes zwischen Gott und der Menschheit – so versteht Erich Fromm das Bündnis zwischen Gott und Noah – »begründet in der Tat einen der entscheidendsten Schritte in der religiösen Entwicklung des Judentums, einen Schritt, der den Weg zum Begriff der vollständigen Freiheit des Menschen, ja sogar die Freiheit von Gott, vorbereitet«[115]. Eine Ausweitung des Bundesgedankens stellt die Verheißung an Abraham und schließlich der Bundesschluß mit den Hebräern unter Moses dar. Gott bindet sich dabei an die Prinzipien der Gerechtigkeit und der Liebe, die den Menschen zu einem freien machen, der das Recht auf seine Forderungen hat, und aufgrund derer Gott kein Recht mehr hat, seine Zuwendung zu verweigern. Der despotische Herrscher ist zum liebenden Vater geworden.

In einer weiteren Phase geht die Entwicklung »in die Richtung der Umwandlung Gottes aus der Gestalt des Vaters in ein Symbol seiner Prinzipien der Gerechtigkeit, Wahrheit und Liebe . . . In dieser Entwicklung hört Gott auf, eine Person, ein Mensch, ein Vater zu sein; er wird zum Symbol des Prinzips der Einheit hinter der Mannigfaltigkeit der Phänomene . . .«[116] Die Erzählung der Gottesoffenbarung an Moses trägt zwar stark anthropomorphe Züge, doch ist in ihr diese Umwandlung Gottes in ein Symbol grundgelegt, wenn sich Gott als der Namenlose zu erkennen gibt. Erich Fromm interpretiert nämlich die Antwort Gottes »Ich bin, der ich bin« als »Mein Name ist Namenlos«, weil die grammatikalische Form des Wortes »sein« im Imperfekt einen lebendigen Prozeß, ein Werden ausdrückt, während nur Dinge, die ihre endgültige Form erreicht haben, einen Namen haben können. Gott kann deshalb keinen Namen haben, sein Name ist Namenlos.[117] »Dieser Gott, der sich in der Geschichte manifestiert, kann durch keine Art von Bild dargestellt werden, weder durch ein Laut-Bild – also durch einen Namen – noch durch ein Bild aus Stein oder Holz.«[118] In der Konsequenz dieser Interpretation liegt die Unmöglichkeit positiver Aussagen über Gott überhaupt, wie sie eine negative Theologie, etwa bei Moses Maimonides, und die Mystik vertreten. Theologie als Sprechen über Gott ist nicht mehr möglich. Gott wird zu dem, »was er potentiell in einer monotheistischen Theologie ist, das namenlose EINE, ein nicht auszudrückendes Gestammel, das hinweist auf die dem phänomenalen Universum zugrunde lie-

---

114 A.a.O., 24.
115 A.a.O., 25.
116 E. Fromm, *The Art of Loving* (56/1), 58.
117 Vgl. E. Fromm, *You Shall Be as Gods* (66/1), 29–32.
118 A.a.O., 31.

gende Einheit, auf die Grundlage aller Existenz; Gott wird Wahrheit, Liebe, Gerechtigkeit. Gott, das bin ich in dem Maße, als ich wirklich Mensch bin« (God is I, inasmuch as I am human).[119]

Mögen diese Ausführungen zur Geschichte des Gottesbegriffs verkürzt erscheinen[120] und die einzelnen Aussagen zum Widerspruch reizen, so soll hier dennoch aus Raumgründen keine Kritik im einzelnen stattfinden. Statt dessen soll der Frage nachgegangen werden, welchen Zweck dieser Aufweis der Geschichte des Gottesbegriffs verfolgt.

In seinem Buch »The Art of Loving« gebraucht Erich Fromm den Aufweis der Geschichte des Gottesbegriffs in der Parallelisierung von Liebe zu Gott und Liebe zu den Eltern, um in beiden Entwicklungen den reifen Menschen vorzustellen: »In der Geschichte der Menschheit sehen wir – und können vorausahnen – dieselbe Entwicklung: vom Beginn der Liebe zu Gott als der hilflosen Bindung an eine Mutter-Gottheit über die Gehorsams-Bindung an einen väterlichen Gott zu einem reifen Stadium, in dem Gott aufhört, eine äußere Macht zu sein und in dem der Mensch die Prinzipien der Liebe und der Gerechtigkeit sich einverleibt hat, in dem er eins geworden ist mit Gott, bis schließlich zu einem Punkt, wo er von Gott nur noch in poetischer, symbolischer Weise spricht.«[121]

Das primäre Erkenntnisziel des geschichtlichen Aufweises ist die Sicherung des »reifen« Menschen, des von aller äußeren Bestimmung befreiten und unabhängigen »humanistischen« Menschentyps. Das Erkenntnisinteresse wird hierbei von der psychoanalytischen Praxis und der gesellschaftlichen und politischen Realität gleichermaßen genährt: Es gilt, fixierte und autoritätshörige Menschen zu sich selbst zu führen. Die Legitimität dieses Zieles als des höchsten Zieles überhaupt ist dann unter Beweis gestellt, wenn in der Geschichte des höchsten Zieles selbst – in unserer Kultur traditionell »Gott« genannt – die Dynamik auf dieses Ziel als inneres geschichtliches Prinzip aufgewiesen werden kann. Mit anderen Worten: Erich Fromm versucht, die Ziel- und Sinnhaftigkeit von Geschichte als Entwicklung aus der geschichtlichen Entwicklung selbst zu erheben.

Nun gibt es für Erich Fromm weder Offenbarung als Handeln Gottes in Geschichte noch ein philosophisches Äquivalent, es gibt keine Prinzipien, die Ursprung, Ziel und Dynamik von Geschichte garantieren, sondern erklärtermaßen nur den Menschen (und zwar einen Menschen, zu dessen unverzichtbaren Bedürfnissen ein solches nach einer wie auch immer gearteten »Religion« gehört; die Antworten eines Atheismus und Materialismus scheiden also aus und

119 E. Fromm, *The Art of Loving* (56/1), 59. – Zur Frage der Funktion der Propheten für die Realisierung dieser Gottesidee vgl. ders., *You Shall Be as Gods* (66/1), 117–121; ders., *The Prophetic Concept of Peace* (60/5) in (63/1), 141–148; ders., *Die Aktualität der prophetischen Schriften* (75/5).

120 Eine kurze Zusammenfassung bietet Erich Fromm selbst in *You Shall Be as Gods* (66/1), 61f.

121 E. Fromm, *The Art of Loving* (56/1), 68.

müssen durch solche des Nicht-Theismus und Nicht-Idealismus ersetzt werden); gleichzeitig soll aber aus der Geschichte des höchsten Zieles, nämlich der Geschichte des Gottesbegriffs, das Ziel der Geschichte, nämlich der voll entfaltete, universale Mensch, aufgewiesen werden. Unter der Voraussetzung eines Humanismus, der letztlich nur den Menschen kennt, muß die Geschichte des Gottesbegriffs schon immer und ausschließlich eine Geschichte des Menschen sein.[122] Alle Aussagen über Gott sind im Grunde immer Aussagen über den Menschen. Liebe und Gerechtigkeit sind Symbole für des Menschen eigene Kräfte der Liebe und Gerechtigkeit, auch wenn sie Gott zugeschrieben werden.

In dem Maße als dem entfremdeten Menschen seine auf Gott projizierten Kräfte zurückgegeben werden, entfällt die Idee Gottes und verfügt der Mensch über sich und seine Kräfte, – Gott wird zum (selbst-)erlösten, universalen Menschen.[123] Der Prozeß der Negation Gottes realisiert sich in der Geschichte einer theologia negativa, ohne daß Erich Fromm allerdings dem Umstand Rechnung trägt, daß die klassische theologia negativa nicht zugleich auch eine »anthropologia positiva« ist, wie dies seine Verwendung der negativen Theologie voraussetzt.[124]

Die Interpretation der Geschichte des Gottesbegriffs ermöglicht Erich Fromm die Erkenntnis des Ziels von Geschichte: Das Ziel ist der ganz entfaltete, ganz aus seinen Kräften der Vernunft und Liebe lebende universale Mensch. Die innere Dynamik der Geschichte des Gottesbegriffs läßt diesen Menschen sichtbar werden, so daß die Aussagen über Gott dem Menschen zugehören. Darüberhinaus erweist die Geschichte des Gottesbegriffs auch noch die Legi-

---

122 Im Gegensatz dazu ist unter der Voraussetzung eines durch einen Offenbarungsgott ausgezeichneten Theismus die Geschichte des Menschen eine Geschichte Gottes »für« den Menschen mit der eschatologischen Hoffnung einer Einheit von Gott und Mensch. – Der humanistische Vorentscheid in der Frage des Gottesbegriffs wird bei der Interpretation einzelner Etappen der Geschichte des Gottesbegriffs relevant. So etwa bei der Interpretation des »Sündenfalls«, des »Bundesgedankens« und der »Namensoffenbarung«. Die einzelnen Kritiken lassen sich zusammenfassend am Titel des Buches, das die Geschichte des Gottesbegriffs am ausführlichsten behandelt, andeuten: Das Buch trägt das Versprechen der Paradiesesschlange als Titel: »You Shall Be as Gods«; Erich Fromms Interpretation aber lautet: »You Shall Be Gods«!
123 Vgl. die Religionskritik von Ludwig Feuerbach und Karl Marx, die sich in die These zusammenfassen läßt, daß dem Menschen für sein höchstes Wesen gilt, was sein wahres Wesen ist. Siehe unten S. 266–268.
124 Der Verwendung der theologia negativa als Ausdruck des zu sich selbst kommenden Menschen in theologischer Begrifflichkeit hat primär eine religionskritische Bedeutung, die dem theologiegeschichtlichen Verständnis entgegengesetzt ist. Denn eine theologia negativa »darf auch begrifflich nicht mit einem negativen Aspekt der religiös-mystischen Erfahrung (immer größere Abwesenheit Gottes u. ä.) und deren negative Ausdrucksweise verwechselt werden« (H. Vorgrimmler, Artikel »Negative Theologie«, 864 f.). Daß theologia negativa ein Korrektiv ist für den Akt des Glaubens gegen eine Überbetonung des Glaubens an Dogmen, kann Erich Fromm nicht genügen. Deshalb bleibt bei ihm auch unberücksichtigt, daß theologia negativa für »das Wort von Gott« gegen »das Wort über Gott« plädiert, weil sein Verständnis von theologia negativa seinem humanistischen Frageansatz und – wie sich unten in Teil IV zeigen wird – seinem Verständnis von Mystik entspricht.

timität der Interpretation, daß nämlich die Geschichte des höchsten Zieles (Gott) »in Wahrheit« das Ziel der Geschichte (den Menschen) zeigt, denn die geschichtliche Dynamik besteht in der zunehmenden Negation aller Aussagen über Gott. Strömungen der theologia negativa und der jüdischen und christlichen Mystik sind für Erich Fromm ein Beleg.

Diese religionskritische »Verwendung« der Geschichte des Gottesbegriffs wirft ein Licht auf das Problem der Relation zwischen Theismus und nicht-theistischem Humanismus. Wendet man Erich Fromms Interpretation des Gottesbegriffs auf einen theistischen Religionsbegriff an, dann ergeben sich notgedrungen folgende nicht-theistische Aussagen in theistischer Begrifflichkeit: »Der wahrhaft religiöse Mensch[125] bittet – wenn er dem Wesen der monotheistischen Idee folgt[126] – um nichts und erwartet nichts von Gott . . .; er hat jene Demut erreicht, seine Grenzen bis zu dem Grad zu spüren, daß er weiß, nichts zu wissen. Gott wird ihm ein Symbol, durch das der Mensch in einem früheren Stadium seiner Entwicklung die Ganzheit dessen ausgedrückt hat, was der Mensch erstrebt: das Reich der geistigen Welt, der Liebe, der Wahrheit und der Gerechtigkeit . . . Gott zu lieben, falls er dieses Wort gebrauchen würde, bedeutete, nach dem Erwerb der vollen Fähigkeit zur Liebe – nach der Realisierung dessen, was ›Gott‹ in einem selbst bedeutet – zu streben.«[127] Die Eigenart dieser Aussage ergibt sich erst, wenn trotz einer nicht-theistischen Position theistische Begrifflichkeiten gebraucht werden.

Erich Fromm nimmt an, das Verstehen der Geschichte des höchsten Zieles legitimiere aus sich heraus die Interpretation, daß die Geschichte des höchsten Zieles (Gott) das höchste Ziel der Geschichte (den Menschen) erkennen lasse. Mit dieser Annahme wird zugleich postuliert, daß gerade die Analyse der Geschichte der theistischen Begrifflichkeit zeigt, wie diese zwar geschichtlich bedingt sei, jedoch konsequent dazu dränge, durch eine nicht-theistische Begrifflichkeit abgelöst zu werden. Nur weil theistische Systeme im Sinne Erich Fromms nicht konsequent genug sind, gibt es sie: »Wir haben gesehen, daß die Juden aus historischen Gründen den Namen ›Gott‹ für das X gebraucht haben, dem sich der Mensch nähern sollte, um ganz Mensch zu sein . . . Obwohl logisch der nächste Schritt in der jüdischen Entwicklung ein System ohne ›Gott‹ wäre, ist es doch für ein theistisch-religiöses System unmöglich, diesen Schritt ohne Verlust seiner Identität zu tun.«[128] Im Gegensatz zu Erich Fromms Annahme, daß die Geschichte theistischer Begrifflichkeit und Vorstellungen deren nicht-theistische – weil humanistische – Interpretation legitimiert, wurde oben darzustellen versucht, daß diese Interpretation erst dann aus der Geschichte des Gottesbegriffs legitimierbar ist, wenn schon vorgängig

125 Gemeint ist der Mensch, der Religion ohne einen jenseitigen Gott begreift.
126 Gemeint ist, wenn er sich Erich Fromms Interpretation der Geschichte des Gottesbegriffs anschließt.
127 E. Fromm, *The Art of Loving* (56/1), 59f.
128 E. Fromm, *You Shall Be as Gods* (66/1), 53; vgl. ders., *The Art of Loving* (56/1), 60f.

jeder Theismus von einer humanistischen Warte aus betrachtet wird, so daß ohne diesen humanistischen Vorentscheid weder die Geschichte des höchsten Zieles als höchstes Ziel der Geschichte interpretiert werden kann noch sich diese Interpretation aus der Geschichte selbst legitimiert.

Vom Ansatzpunkt Erich Fromms her gesehen – mit all den Implikationen für die Interpretation der Geschichte des Gottesbegriffs – ist sein Versuch schlüssig. Für den theistischen Kritiker freilich dürfte die Argumentation nicht mehr schlüssig sein; denn für ihn ist das, was der Humanist noch als Theismus ansieht, bereits Nicht-Theismus. Die Verschiedenheit der Ansatzpunkte kann hier nur respektiert werden. Ein tieferes Verständnis von Erich Fromms humanistischem Ansatzpunkt, der bisher als »Vorentscheid« apostrophiert wurde, wird erst in Teil IV möglich sein. Trotz der verschiedenen Ansätze haben beide Positionen eine Nahtstelle, in der sie verbunden sind: Anthropologisch können der Theist wie der humanistische Nicht-Theist von einer Erfahrung sprechen, bei der sie sich selbst transzendieren und die an das unverzichtbare menschliche Bedürfnis nach einem Rahmen der Orientierung und nach einem Objekt der Hingabe gebunden ist. Es geht um eine Erfahrung, die jeder Mensch macht, weil jeder Mensch versucht, auf die ungelösten Fragen seiner Existenz eine Antwort zu finden; es ist aber zugleich auch eine Erfahrung, die jeder Mensch entsprechend seiner Situation anders macht und anders zur Sprache bringt. Der Theist nennt diese Erfahrung »Gotteserfahrung«. Erich Fromm spricht von einer religiösen Gestimmtheit oder Haltung der X-Erfahrung.

4.3 Die humanistische Religion als Realisierung der X-Erfahrung

Die Interpretation der Geschichte des Gottesbegriffs hat ergeben, daß der Begriff »Gott« gleichsam nur der Finger ist, der auf den Mond weist. »Dieser Mond befindet sich nicht außerhalb von uns, sondern ist die menschliche Realität hinter den Worten: Was wir religiöse Haltung (religious attitude) nennen, ist ein X, das sich nur in poetischen und visuellen Symbolen ausdrücken läßt.«[129] Jeder Mensch erfährt dieses X, auch wenn es je nach der Kultur und der Gesellschaftsstruktur anders zum Ausdruck kommt. Hinter den verschiedensten Religionen, Philosophien, Weltanschauungen steht immer eine Erfahrung, die sich durch alle Begriffssysteme durchhält. Erich Fromm nennt sie »X-Erfahrung« (X-experience). »Unterschiedlich ist nur die begriffliche Fassung der Erfahrung, nicht das Erfahrungssubstrat, das den verschiedenen Begriffssystemen zugrunde liegt.«[130]

129 E. Fromm, *You Shall Be as Gods* (66/1), 226. – Die Rede vom »Finger, der auf den Mond weist« ist eine beliebte Wendung buddhistischer Lehre. Vgl. etwa S. Ohasama, *Zen*, 4.
130 E. Fromm, *You Shall Be as Gods* (66/1), 57. – Im Gegensatz zu seinen anderen Schriften vermeidet Erich Fromm in *You Shall Be as Gods* bewußt die Begriffe »Religion« und »religiös«

Es sind zwei Ausgangspunkte, die zur X-Erfahrung als dem Erfahrungssubstrat einer humanistischen Religion führen und die Eigenart der X-Erfahrung determinieren. Der erste Ausgangspunkt ist der Mensch, insofern er mit unverzichtbaren existentiellen Bedürfnissen ausgestattet ist. Gerade im Gegensatz zu Sigmund Freuds Kritik der Religion als Illusion postuliert Erich Fromm ein Bedürfnis nach Religion, das unverzichtbar ist und sich als X-Erfahrung artikuliert, auf das aber nur humanistisch reagiert werden soll. Der andere Ausgangspunkt ist die religionsphilosophische Annahme, daß hinter den verschiedensten Orientierungssystemen immer die gleiche Frage und Erfahrung »X« steht. Welches Orientierungssystem dem menschlichen Bedürfnis am besten entspricht, läßt sich vom humanistischen Ansatz mit Hilfe der religionskritischen Interpretation der Geschichte des Gottesbegriffs verdeutlichen.[131] Als psychologische Charakteristika der X-Erfahrung nennt Erich Fromm näherhin:

1. Die X-Erfahrung ist Ausdruck einer bewußt empfundenen Unruhe über die existentiellen Dichotomien des Lebens. Das Leben wird als ein Problem »erfahren«.
2. Ein Mensch, der die X-Erfahrung realisiert, hat eine definitive Hierarchie der Werte, deren höchster die optimale Entwicklung der eigenen Kräfte der Vernunft, der Liebe, des Mitgefühls und des Muts ist.
3. Für den Menschen mit X-Erfahrung ist der Mensch nie Mittel, sondern immer Selbstzweck.
4. Realisieren der X-Erfahrung bedeutet, das Ich, die eigene Gier und die eigenen Ängste aufzugeben, um »leer« zu werden und dadurch offen zu sein für die Welt und die Menschen. Von dort her kann die X-Erfahrung auch

---

und gebraucht statt dessen den Begriff »X-Erfahrung«, um deutlich zu machen, daß religiöse Erfahrung von theistischen Systemen unabhängig ist. Der Begriff der X-Erfahrung schillert jedoch bei Erich Fromm: Teils ist er nur Ausdruck eines nicht näher bestimmten Erfahrungssubstrats, teils ist X-Erfahrung ein Wechselbegriff zu humanistischer Religion, also ein Ausdruck für ein Erfahrungssubstrat, das bereits humanistisch verstanden wird. So etwa, wenn er von jenem spricht, »der den Wert X als den höchsten Wert erfahren hat und versucht, ihn in seinem Leben zu realisieren« (a.a.O., 228).

In einer Anmerkung (a.a.O., 57) bringt Erich Fromm den Begriff der X-Erfahrung in Zusammenhang mit Paul Tillichs »ground of being« bzw. »depth« (als Substitut für das Wort »Gott«) und mit Altizers »atheistic Christianity«. Das Frommsche Verständnis von X-Erfahrung kommt sachlich dem religionssoziologischen Verständnis der Funktion von Religion bei Günter Dux sehr nahe: »Die Funktion der Religion liegt darin, die Tiefenstruktur der Wirklichkeitsauffassung zu thematisieren. Denn nur durch diesen Akt der bewußten Vergegenwärtigung ist es dem Menschen möglich, seiner eigenen Stellung in der Welt gewahr zu werden und zu einer handlungsrelevanten und sinnhaften Deutung seiner Lebensführung zu gelangen« (G. Dux, *Ursprung, Funktion und Gehalt der Religion*, 60).

131 Dieser Weg über die Interpretation der Geschichte des Gottesbegriffs ist dort geboten, wo von einem westlichen Religionsbegriff ausgegangen wird, weil hier – im Gegensatz zur östlichen Mystik – die X-Erfahrung in einen theistischen Rahmen gekleidet ist. Vgl. E. Fromm, *You Shall Be as Gods* (66/1), 57 und Anmerkung.

Erfahrung der Transzendenz genannt werden, wenn Transzendenz nicht mit
Überstieg zu einem jenseitigen Gott identifiziert wird, sondern Überstieg
über ein narzißtisches Ich bedeutet, also auf das im Menschen selber liegende Ziel verweist.[132]

Die Konsequenzen für eine Realisierung der X-Erfahrung zeigen in die Richtung der Mystik. Historisch weisen alle Präzisierungen von humanistischer
Religion als Realisieren der X-Erfahrung auf Erich Fromms Beschäftigung mit
dem frühen Buddhismus seit den zwanziger Jahren.[133] Ihr folgte durch die persönliche Bekanntschaft mit Daisetz T. Suzuki das Interesse für den Zen-Buddhismus.[134]
Die Realisierung der X-Erfahrung in der humanistischen Religion als einem
nicht-theistischen System bedeutet aber nicht, daß sie auf die östliche Mystik
beschränkt bleiben müßte. Im theistischen Begriffssystem zeigt sich die Realisierung der X-Erfahrung in der Geschichte des Gottesbegriffs: »Die Idee des
Einen Gottes drückt eine neue Antwort für die Lösung der Dichotomien
menschlicher Existenz aus; der Mensch kann das Einssein (oneness) mit der
Welt finden: nicht dadurch, daß er auf eine vormenschliche Stufe regrediert,
sondern dadurch, daß er seine spezifisch menschlichen Qualitäten der Liebe
und der Vernunft entfaltet.«[135]
Bevor die Realisierung der X-Erfahrung in weiteren Details vorgestellt wird,
sollen von Erich Fromms humanistischem Ansatzpunkt und von seiner Interpretation der Geschichte des Gottesbegriffs her systematisch die Erfordernisse
für seine humanistische Religion entworfen werden.[136]

---

132 Vgl. E. Fromm, *You Shall Be as Gods* (66/1), 58–60. – In der a.a.O. folgenden Paraphrase
wird der bereits humanistisch interpretierte Gebrauch des Wortes X-Erfahrung von Erich Fromm
übernommen.
133 Besondere Bedeutung beim Bekanntwerden mit dem Buddhismus erlangten die Schriften
von Georg Grimm, an erster Stelle sein Buch *Die Lehre des Buddha. Die Religion der Vernunft.*
134 Vgl. etwa E. Fromm, *Psychoanalysis and Religion* (50/1), 40: »Zen hält dafür, daß jede Erkenntnis wertlos ist, es sei denn sie wächst aus uns selbst heraus; keine Autorität, kein Lehrer kann
uns wirklich etwas beibringen, ausgenommen daß er Zweifel in uns erweckt. Worte und Gedan-
kengebäude sind gefährlich, weil sie leicht zu Autoritäten werden, die wir dann anbeten. Das Leben selbst muß in seinem Lauf ergriffen werden, und gerade darin besteht Tugend.« Oder: »Der
Begriff Nirwana als der Zustand des Geistes, den der ganz und gar Erwachte erreichen kann, ist
kein Zustand der Hilflosigkeit und Unterwerfung, sondern im Gegenteil einer der Entwicklung
der höchsten Kräfte, die ein Mensch besitzt« (a.a.O., 38).
135 E. Fromm, *You Shall Be as Gods* (66/1), 61. – Der Begriff »oneness« wird im Folgenden
meist mit »Identität« übersetzt, weil damit das wörtliche »Einssein« besser wiedergegeben ist als
es mit dem schwächeren »Einheit« getan werden könnte. Will Erich Fromm jedoch das Eins-Sein
(one-ness) im Gegensatz zu Verschieden-Sein und Viel-Sein betonen, dann steht im Deutschen
statt Identität »Einssein«.
136 Erich Fromm, *The Art of Loving* (56/1), 61–69, knüpft die Entfaltung der Erfordernisse für
eine humanistische X-Erfahrung an das Postulat einer paradoxen Logik; wegen der Problematik
des Frommschen Verständnisses von aristotelischer und paradoxer Logik – auf die hier nicht näher
eingegangen werden soll; siehe jedoch unten S. 157f. Anm. 153 und S. 168 Anm. 206 – wird der

Ausgangspunkt jeder Frage zum Menschsein ist des Menschen widersprüchliche Existenz, die ihn nach der Antwort einer neuen Identität suchen läßt. Ausgangspunkt für die Antwort ist bei einer humanistischen Betrachtungsweise des Menschen und seiner Welt wiederum (nur) der Mensch – allerdings der Mensch in seiner Geschichtlichkeit. Diese Dimension der Geschichtlichkeit offenbart die Idee des Einen Gottes, die unter humanistischen Voraussetzungen zum Prinzip des Einsseins des Menschen mit sich selbst und mit seiner Welt werden kann. Denn so wie die Idee des Einen Gottes die Negation der Machtausübung vieler Götter bedeutet, so besagt die Idee des Einen Gottes – als Prinzip der Identität verstanden – die Negation aller Fremdbestimmung (Heteronomie, Autorität). Die neue Identität des Menschen mit sich und der ganzen menschlichen Welt ist dort erreicht, wo der Mensch ganz bei sich selbst ist und sich ganz aus sich selbst bestimmt, indem er seine Kräfte der Vernunft und Liebe zur vollen Entfaltung bringt.

Transzendenz des Menschen ist ein Zu-sich-selbst-Kommen, das er in dem Maße erreicht, als er sich in Vernunft und Liebe auf sich hin transzendiert. Der Mensch transzendiert sich auf seine eigene Vollendungsgestalt, weil diese bedeutet, daß er sich über alle Fremdbestimmung auf eine neue Identität mit sich, dem anderen und seiner Welt transzendiert. Dieser humanistische Transzendenzbegriff ermöglicht zugleich die Identität von einzelnem Menschen und Menschheit, weil in dem von Fremdbestimmung völlig entleerten Menschen das Einssein aller Menschen realisiert ist. Auf das Bedürfnis nach einem Rahmen der Orientierung und nach einem Objekt der Hingabe gibt deshalb nur eine neue Identität des Menschen mit sich und der menschlichen Welt eine wirkliche Antwort; diese neue Identität ist das Ziel der humanistischen Religion; sie ist das X, das der Humanist nur über die Negation aller fremden Bestimmungen des Menschen in Erfahrung bringen kann und wofür er seine Kräfte der Vernunft und Liebe optimal realisieren muß.

Die neue Identität des Menschen mit sich und der menschlichen Welt wird »erfahren«. Es nützt also nichts, wenn der Mensch die Identität denken will. Wo Begriffe und Gedanken das Höchste sind, gibt es keine unbestrittene Erfahrung der Identität. Begriffe und Gedanken sind immer von gesellschaftlichen und kulturellen Verhältnissen bestimmt, sind also Ausdruck der Verschiedenheit der Menschen und Kulturen.[137] Demgegenüber steht X für die

---

Entwurf als Konsequenz seines humanistischen Ansatzes ausgeführt, so daß das Postulat einer paradoxen Logik entfällt.

137 Dies gilt besonders für die Gottesfrage. Erich Fromm behauptet z. B., daß der Begriff »Gott« (nicht die Erfahrung eines höchsten Wertes, die zugrunde liegt) wirklich »tot« ist: »Für die gegenwärtige Welt, die nicht mehr vom systematischen Denken des Aristoteles und von der Idee eines Königtums gelenkt wird, hat der Gottesbegriff seine philosophische und gesellschaftliche Basis verloren« (E. Fromm, *You Shall Be as Gods* (66/1), 228). Darum ist auch ein Streit um den Atheismus unergiebig und ein Relikt aus dem 19. Jahrhundert (a.a.O., Anm.). Die heute allein entscheidende Frage heißt für Erich Fromm nur: Ist der Mensch als höchster Wert tot? (Vgl. a.a.O., 228f.) Vgl. auch seine Rede von der »City of God«, als Thesis, der »Earthly City« als Antithesis und der »City of Being« als Synthesis (E. Fromm, *To Have or to Be* [76/1], 202).

Erfahrung, die all den verschiedenen begrifflichen und gedanklichen Ausgestaltungen zugrunde gelegt werden kann und die per definitionem von aller entfremdenden Bestimmung frei bleiben muß. Der humanistische Ansatz fordert, daß Erfahrung der eigenen Kräfte der Vernunft und Liebe, d. h. die X-Erfahrung nur als Negation aller Fremdbestimmung realisiert und erfahren werden kann.

Die Wahrheit der humanistischen Religion erweist sich in ihrer Realisierung: Dort, wo der Mensch seine eigenen Kräfte mobilisiert und so die neue Identität selbst sucht, dort findet er auch seine Identität. Es geht nicht um das Denken in Begriffen, sondern um die Erfahrung aufgrund produktiver Tätigkeit; nicht um Theologie als Frage nach dem Gottesverständnis, sondern um den richtigen Weg (»Halacha«), »Gott« als X zu erfahren; nicht um Religion als Fixierung einer bestimmten Gotteserfahrung in Glaubenssätzen, sondern um ein religiöses Ethos und um das Erleben der höchsten Werte Vernunft und Liebe; nicht um Interpretation, sondern um Veränderung: Die Erfahrung der neuen Einheit des Menschen mit sich und der Welt »liegt letztlich nicht im Denken, sondern im Tun, im Erleben der Identität (experience of oneness)«[138]. Denn Realisierung der X-Erfahrung heißt »Bekehrung zu einer humanistischen ›Religiosität‹ (religiosity) ohne Religion, ohne Dogmen und Institutionen . . .«[139].

Diese Charakteristika der Realisierung der X-Erfahrung bestimmen den Begriff und die Funktion von Religion im humanistischen Sinne. Ausgangspunkt ist die Tatsache, daß Vernunft und Liebe und die anderen religiösen Maximen und Ideen im gesellschaftlichen Leben nicht oder nur ungenügend realisiert werden, so daß der Mensch fremdbestimmt ist. Religion als etablierte und gesellschaftlich relevante Größe hat ihre Begründung deshalb in der antireligiösen Praxis; ihre Aufgabe ist es, die religiösen Ideen für eine bessere Welt lebendig zu halten, indem sie sie selbst realisiert. Religion als gesellschaftlich etablierte Größe löst sich selbst auf, wenn die religiösen Ideen gesellschaftliche Wirklichkeit sind: Wenn »das gesellschaftliche Leben selbst – in allen seinen Aspekten bei der Arbeit, in der Freizeit, bei persönlichen Beziehungen – Ausdruck des ›religiösen‹ Geistes sein wird, . . . braucht es keine eigene Religion mehr«[140].

An diesen Bestimmungen orientiert sich die humanistische Religion selbst und müssen sich die etablierten Religionen messen lassen, wenn sie dem Anspruch genügen sollen, eine Religion im humanistischen Sinne zu sein. Für Erich Fromm besagt zwar »diese Forderung nach einer neuen, nicht-theistischen und nicht-institutionalisierten ›Religiosität‹. . . keinen Angriff auf die bestehenden

---

138 E. Fromm, *The Art of Loving* (56/1), 65. – Zu den genannten Kontrastierungen vgl. im einzelnen a.a.O., 62–69. Erich Fromm deduziert die Kontrastierungen dort aus dem Selbstverständnis einer paradoxen Logik.
139 E. Fromm, *To Have or to Be* (76/1), 202.
140 A.a.O.

Religionen. Sie bedeutet jedoch, daß die römisch-katholische Kirche, angefangen bei der römischen Bürokratie, sich selbst zum Geist des Evangeliums bekehren muß.«[141] – Die Frage bleibt, ob außer der X-Erfahrung der humanistischen Religion selbst überhaupt eine etablierte Religion dem Anspruch gerecht werden kann, eine Religion im humanistischen Sinne zu sein.

Mit dem Postulat der Negation aller Fremdbestimmung ist auch die Möglichkeit eröffnet, die humanistische Religion der X-Erfahrung zur universalen Religion zu erheben. X-Erfahrung sieht per definitionem von allen Versuchen ab, das Wesen dieser Erfahrung an Vorstellungen und Begriffssysteme zu binden, die immer zugleich Ergebnis einer bestimmten gesellschaftlichen Struktur und Kultur sein müssen. X-Erfahrung kann aufgrund der Tatsache, daß sie nur in den allen Menschen gemeinsamen existentiellen Dichotomien gründet, und wegen ihrer Selbstbeschränkung auf Erfahrung, die allen Menschen in gleicher Weise möglich ist, universal gültig und deshalb unüberholbar sein. Sie ist die Erfahrung des Menschen, der seine Kräfte der Vernunft und Liebe realisiert und darin seine Transzendenz auf seine Vollendungsgestalt, den universalen Menschen, erfährt. Denn in der Identität des Menschen mit sich selbst erfährt er seine neue Identität (oneness) mit dem universalen Menschen: als eigene Vollendungsgestalt und als Identität mit der Menschheit.

Die neue Identität universalen Menschseins ist der Inbegriff humanistischer Religion als einer universalen. Doch wäre die Annahme verfehlt, diese universale humanistische Religion sei nur ein Ergebnis der Religionskritik. Denn Negation aller Fremdbestimmung realisiert sich nicht nur als Religionskritik gegenüber den Verbegrifflichungen der X-Erfahrung in den historischen Religionen und den anderen Objekten nichtproduktiver Reaktion auf das Bedürfnis nach einem Rahmen der Orientierung und nach einem Objekt der Hingabe (Ideologien, Doktrinen, Weltanschauungen). Fremdbestimmung des Menschen kann nur überwunden werden, wenn die künstlichen Bedürfnisse (= historischen Bedürfnisse im Gegensatz zu den existentiellen) überwunden werden, die die Objekte einer Religionskritik erst produzieren. Es hilft überhaupt nicht weiter, einen autoritären Gott zu entthronen und zu negieren, wenn nicht zugleich das künstliche Bedürfnis nach autoritärer Unterwerfung überwunden wird.

Negation der Fremdbestimmung betrifft alle Arten von Gier und (irrationalen) Leidenschaften als künstlichen Bedürfnissen, auf die der Mensch mit nicht-produktiven Charakter-Orientierungen reagiert. Religionskritik im Sinne Erich Fromms ist Negation der Fremdbestimmung und betrifft nicht nur Begriffs- und Vorstellungssysteme und die entsprechenden gesellschaftlichen Strukturen, sondern den Charakter des Menschen. X-Erfahrung wird nur möglich, wenn der Mensch in mühevoller Anstrengung seine nicht-produktiven Orientierungen abbaut, um, statt von Gier und irrationalen Leidenschaften (fremd-)bestimmt zu werden, seinen produktiven Kräften zum Durch-

---

141 E. Fromm, *To Have or to Be* (76/1), 202.

bruch zu verhelfen und so – in Negation aller Fremdbestimmung – sich selbst als Ursache und Ziel seines Glaubens an den universalen Menschen in sich zu erfahren.

4.4 Auf dem Wege zu humanistischer X-Erfahrung

Die Darstellung der Bedingungen der Möglichkeit und der Charakteristika von X-Erfahrung in der humanistischen Religion aus dem konsequent humanistischen Ansatz einer Negation aller Fremdbestimmung führt zu der weiteren Frage: Welcher Weg führt zur X-Erfahrung und welche Medien erleichtern diesen Weg der Selbst-Erlösung?
Erich Fromms Epilog zu seinem Buch »You Shall Be as Gods« schließt mit dem Fragesatz: »Was könnte den Platz der Religion in einer Welt einnehmen, in der der Begriff Gott tot sein mag, in der aber die erfahrungsmäßige Realität dahinter lebendig bleiben muß?«[142] Es ist die Frage nach religiöser Erfahrung und Praxis, nach Religiosität und Spiritualität in einer nicht-theistischen Religion. Die humanistische Antwort auf die Frage nach den Formen der X-Erfahrung kann zunächst in Negation zu den religiösen Formen in theistischen Systemen gegeben werden. In dem Maße, als theistische Religionen Gott als Jenseitigkeit begreifen, mit der der Mensch in Formen des Religiösen in Beziehung treten kann, sind diese Formen als Ausdruck autoritärer Fremdbestimmung zu negieren. Denn »da gibt es nichts, was sie tun, fühlen oder denken, das nicht irgendwie auf diese Macht bezogen wäre. Sie erwarten Schutz von ›ihm‹ (Gott), sie möchten, daß er sich um sie kümmert und machen ›ihn‹ auch für alle möglichen Folgen ihrer Handlungen verantwortlich.«[143] Für die humanistische X-Erfahrung sind solche Formen des Religiösen Ausdruck der Unterwerfung unter einen »magischen Helfer« und darum Formen der X-Erfahrung, die den Menschen versklaven.[144] Denn für diese Formen gilt das gleiche Gesetz wie beim autoritären und revolutionären Charakter: »Die Intensität der Beziehung zum magischen Helfer ist umgekehrt proportional zu

---

142 E. Fromm, *You Shall Be as Gods* (66/1), 229.
143 E. Fromm, *Escape from Freedom* (41/1), 174.
144 Vgl. a.a.O., 174 ff. – Im Unterschied zur irrationalen Autorität, die sich in Götzen und Idolen personifizieren kann, ist der »magische Helfer« Ausdruck einer milderen Form von Abhängigkeit; zugleich deutet die Bezeichnung stärker auf die Formen des Abhängigkeitsverhältnisses. Erich Fromms Abgrenzungen lassen es aber an Deutlichkeit nicht fehlen. – Der magische Helfer ist nicht nur in Gott oder anderen magischen oder jenseitigen Personen zu sehen, sondern kann genauso in den Eltern, der Gattin, dem Gatten, Geliebten, Vorgesetzten usw. personifiziert sein. Hierbei führt das Auftauchen eines neuen magischen Helfers (etwa: jemand »verliebt sich«) zum Zusammenbruch der bisher gültigen religiösen Formen der Beziehung zum magischen Helfer. Die Psychologie des magischen Helfers ist Psychologie des autoritären Charakters und erklärt sowohl Wandlungen der Spiritualität und spirituellen Formen als auch Mechanismen des Verliebtseins und des Scheiterns solcher Liebe.

der Fähigkeit, seine eigenen intellektuellen, emotionalen und sinnlichen Fähigkeiten spontan auszudrücken.«[145]

Will man humanistische Formen der X-Erfahrung namhaft machen, so bestimmt sich deren Eigenart von der Eigenart des Gegenstandes der Erfahrung her. Wenn X-Erfahrung sich dadurch auszeichnet, daß X für die Erfahrung des neuen Einsseins, der Identität des universalen Menschen in sich selbst mit der ganzen Menschheit steht und daß dieses X in dem Maße erfahren werden kann, in dem die Fremdbestimmungen des Menschen negiert werden und der Mensch eo ipso seine ihm eigenen Kräfte der Vernunft und Liebe (wieder-)gewinnt, um die Erfahrung der neuen Identität in der Mobilisierung dieser Kräfte zu machen, dann lassen sich – theoretisch – unterscheiden: 1. Formen der Erfahrung, die die Aufgabe haben, Fremdbestimmungen zu negieren, um dadurch der eigenen Kräfte zum Einssein gewahr zu werden, und 2. die höchste Erfahrung der Identität selbst, die sich einer Beschreibung entzieht, die aber der Zielpunkt der zuerst genannten Erfahrungsformen der Negation ist und sich in der Mystik realisiert.[146]

Alle Formen der Erfahrung, deren Aufgabe es ist, diejenigen äußeren und inneren Faktoren und Einflüsse zu negieren, die die unmittelbare Erfahrung der Identität des universalen Menschen verschleiern, haben eines gemeinsam: Sie lassen den Menschen seiner eigenen Kräfte zu einem neuen Einssein, nämlich seiner Vernunft und seiner Liebe gewahr werden. Dieses »Gewahrwerden« (awareness), das mehr ist als Bewußtsein, Denken oder Wissen[147], hat eine negierende und darin eine entdeckende Komponente. Sie stellt die »radikale Erkenntnis« des kleinen Kindes in Andersens Märchen »Des Kaisers neue Kleider« dar, daß der Kaiser in Wirklichkeit gar keine prächtigen Kleider anhat, sondern nackt ist. Dabei geht es um das Gewahrwerden sowohl der äußeren Fremdbestimmungen (Idole, irrationale Autoritäten etc.) wie der inneren (gierhafte Leidenschaften). Im tätigen Gewahrwerden der Abhängigkeit vollzieht sich die Negation der Fremdbestimmungen als Befreiung des Menschen zu sich selbst.

Für das Gewahrwerden als Erfahrung der eigenen Kräfte durch die Negation aller Fremdbestimmungen gibt es eine Reihe von Übungen. Zu ihnen zählen Atem- und Bewegungsübungen, die die Konzentration steigern helfen[148], so-

---

145 E. Fromm, *Escape from Freedom* (41/1), 176.

146 Siehe den folgenden Abschnitt, unten S. 157–168.

147 Vgl. E. Fromm, *The Heart of Man* (64/1), 132 f., und unten S. 188–190, wo »awareness« entsprechend der philosophiegeschichtlichen Tradition mit »Erkenntnis« übersetzt wird. Sachlich kann »awareness« am besten mit »radikale Erkenntnis« übersetzt werden, wenn »radikal« im Wortsinne verstanden wird.

148 Erich Fromm, der selbst jeden Tag solche Übungen macht, verweist in persönlichen Gesprächen und in unveröffentlichten Manuskripten auf die Publikationen von Nyanaponika Thera, etwa auf seine Bücher »Der einzige Weg« und »Geistestraining durch Achtsamkeit. Die buddhistische Satipatthana-Methode«. Vgl. auch den Beitrag Erich Fromms in der Festschrift zum 75. Geburtstag des Ehrwürdigen Nyanaponika Mahathera: *Die Bedeutung des Ehrwürdigen Nyanaponika Mahathera für die westliche Welt* (76/2).

wie Meditationsübungen[149]. Mit ihnen kann ein optimales Gewahrwerden der körperlichen und geistigen Prozesse erreicht werden, um so zu einem höheren Grad an Nicht-Bindung (non-attachment = Abgeschiedenheit bei Meister Eckhart), Nicht-Gier (non-greed), Des-Illusion (non-illusion), kurz: zu einer optimalen Negation der Fremdbestimmung und zum Gewahrwerden der eigenen Kräfte zu kommen. In diesem Bemühen kommt der psychoanalytischen Selbstanalyse[150] eine entscheidende Bedeutung zu, da sie als kritische Theorie gegenüber den Rationalisierungen gesellschaftlicher Art, d. h. als Ideologiekritik[151], und gegenüber den individuellen Rationalisierungen dienen kann. Das Gewahrwerden ist die Erfahrung der Befreiung des Menschen von sich selbst, insofern er sich mit der Idolatrie und mit den irrationalen Leidenschaften seiner Natur entfremdet hat, zu sich selbst, insofern die Negation der Entfremdung eine neue Identität ermöglicht.

»Gewahrwerden« ist ein Begriff der Selbst-Erlösung und damit das humanistische Pendant zum Begriff »Offenbarung« (zumindest im christlichen Verständnis). Die das Gewahrwerden vermittelnden Erfahrungsformen sind die humanistischen Heil-Mittel. Sie haben ihre Berechtigung, insofern sie dem Menschen zur Erfahrung einer neuen Einheit seines Lebens dadurch verhelfen, daß er in sich die Identität mit sich und der Welt erfährt, ohne daß sie – wie etwa in der christlichen Offenbarungsreligion – eine fremde Hilfe bzw. eine Abhängigkeit bedeuteten.

4.5 X-Erfahrung als Mystik des EINEN

Die Erfahrung des Einsseins selbst entzieht sich der adäquaten Beschreibung, weil sie die Negation aller Fremdbestimmung und das ausschließliche Identitätserleben bedeutet.[152] Wo dieses Erleben dennoch sprachlich artikuliert wird, werden oft Begriffe verwendet, die ein paradoxes Zugleich von Gegensätzen aussagen, um auf diese Weise anzudeuten, daß die Dichotomien menschlicher Existenz in der Erfahrung der Identität versöhnt sind.[153] Solche

---

149 Zur Unterscheidung der »Geister« bei der »Meditationswelle« vgl. E. Fromm, *Die Bedeutung Nyanaponika Mahatheras für die westliche Welt* (76/2), ders. und A. A. Häsler, *Das Undenkbare denken und das Mögliche tun* (77/1), 19.
150 Die Überlegungen Erich Fromms zur Selbstanalyse sind noch nicht publiziert. Die diesbezüglichen Ausführungen in P. Nischk, *Kursbuch für die Seele*, basieren mehr auf Mißverständnissen denn auf Kenntnis der Materie.
151 Ideologien sind als Rationalisierungen der Gesellschaft anzusehen. – Zur Bedeutung der Psychoanalyse für das »Gewahrwerden« vgl. E. Fromm, *Psychoanalysis and Zen Buddhism* (60/1), bes. 121–127.
152 »Beschreibung« ist insofern Fremdbestimmung, als sie sich der objektivierenden Sprache bedienen muß, d. h. die Subjekt-Objekt-Kluft nicht umgehen kann. Vgl. hierzu z. B. die philosophiefeindliche Position Daisetz T. Suzukis, wie sie H. Rzepkowski, *Das Menschenbild bei D. T. Suzuki*, 28 f., aufzeigt.
153 Es soll hier nicht die sehr schwierige Frage verfolgt werden, inwieweit paradoxe Aussagen des Zugleichs von Gegensätzen Ausdruck einer paradoxen Logik sind, die im Gegensatz zur ari-

Erfahrung der Identität, in der die Widersprüche der menschlichen Existenz in einer neuen Einheit aufgehoben sind, ohne daß auf eine jenseitige Stiftung der Einheit (auf einen die Geschichte versöhnenden Offenbarungsgott) oder ein entsprechendes philosophisches Äquivalent (etwa die Identität von Denken und Sein im Idealismus) rekurriert wird und so eine humanistische Position transzendiert werden müßte, findet sich nur in einer nicht-theistischen oder in einer humanistisch interpretierten theistischen Mystik. Sie wird allen Erfordernissen gerecht, die von einem humanistischen Ausgangspunkt an die X-Erfahrung als Reaktion auf das Bedürfnis nach einer neuen Einheit des Menschen gestellt werden müssen. Denn das Entscheidende der mystischen Erfahrung ist »noch nicht dies, daß die Vielfalt der Erscheinungen zusammenstürzt in das Eine . . ., sondern daß das Betrachtertum des Betrachtenden ausgelöscht wird«[154] und »daß die tiefste, alle Mannigfaltigkeit überwindende Versenkung in uns selbst zugleich in die absolute Einheit der Dinge führt«[155].

Mystik legitimiert sich dadurch, »daß der Mensch die Wirklichkeit nur in Widersprüchen wahrnehmen kann und niemals die letzte Wirklichkeits-Einheit (reality-unity), das Einssein selbst gedanklich erfassen kann«[156]. Deshalb überwindet Mystik nicht nur die Aporien einer wie auch immer gearteten philosophischen Spekulation[157], sondern auch einen theologisch explizierbaren Gottesbegriff: »In der Mystik, die konsequent aus dem Monotheismus folgt (. . .), ist der Versuch, Gott gedanklich zu erfassen, aufgegeben und durch die Erfahrung der Vereinigung (union) mit Gott ersetzt, in der kein Raum – und keine Notwendigkeit – besteht, etwas über Gott zu wissen.«[158] Dieser Begriff

---

stotelischen Logik stünde. Dennoch sind von einer paradoxen Logik, wie sie E. Fromm, *The Art of Loving* (56/1), 61–69, vorstellt, abzuheben: 1. Die Anti-Logik des Mondo bzw. Koan im Zen-Buddhismus nach Suzuki, die auf das Auslöschen der Logik überhaupt aus ist (vgl. z. B. Daisetz T. Suzukis Referat in *Zen Buddhism and Psychoanalysis* [60/1], 43 ff.); 2. paradoxe Formulierungen theistischer Mystiker, deren Aussagen über Gott vor allem in einer nicht-theistischen Interpretation den Anschein haben, nur mit Hilfe einer paradoxen Logik »verständlich« zu werden. Letzterer Einwand behauptet nicht, daß die paradoxe Logik nicht am treffendsten mystische Identitätserfahrung verbalisieren kann, doch ist sie nicht notwendig als Gegensatz zur aristotelischen Logik zu fassen, sondern als Überstieg über das diskursive Denken und deshalb als Negation diskursiven Denkens zugunsten der mystischen Erfahrung. Vgl. hierzu z. B. W. Johnston, *Der ruhende Punkt*, 100–105.

154 M. Buber, *Die chassidische Botschaft*, 158. – Dies ist der Grund, warum alle Mystiken dem Vorwurf des Pantheismus ausgesetzt sind, ohne daß dieser Vorwurf wirklich treffen könnte.

155 G. Simmel, *Hauptprobleme der Philosophie*, 15. – In dieser Schrift zeigt Georg Simmel zwei grundsätzliche Versuche auf, »die Ganzheit des Seins dennoch in einer realeren Weise zu ergreifen . . . Der eine ist der Weg der Mystik, der andere Kants« (a.a.O., 13).

156 E. Fromm, *The Art of Loving* (56/1), 65.

157 Vgl. W. Johnston, *Der ruhende Punkt*, 145 f.: »Es ist jene Mystik, in der man zum ›ruhenden Punkt‹ oder zum Seelengrund hinabsteigt und so eine Art Wissen erlangt, das überbegrifflich und deshalb unaussprechlich ist, eine Art Meta-Denken, wodurch man die Einheit aller Dinge erfaßt – eine Einheit, die immer einsichtiger wird, je mehr der Verstand sich existentiell aller Begriffe, Bilder und Wesenheiten entledigt, um völlig ruhig und empfänglich zu bleiben« (a.a.O., 146).

158 E. Fromm, *The Art of Loving* (56/1), 27. – Auch diese Bestimmung von Mystik verrät Erich

von Mystik, von Erich Fromm nicht-theistisch verstanden, stellt die optimale Realisierung der Erfahrung des Einsseins des Menschen mit sich, seinem Leben und seiner Welt dar.

Die mystische Erfahrung des Einsseins wurde historisch in den verschiedensten Kulturen und Religionen als *die Vision des EINEN* entdeckt und entwickelt. Erich Fromm interpretiert die Ausgestaltungen der Vision des EINEN von seiner religionskritischen Warte aus. Wie die Geschichte der Gottesvorstellung als Geschichte der Negation Gottes zugunsten des Menschen und seiner Kräfte der Vernunft und Liebe interpretiert wird, so muß auch die Rede von der Erfahrung des EINEN als Verbalisierung einer nicht-theistischen Identitäts-Mystik angesehen werden.[159]

Im Laufe der Entwicklung des Menschen, als die Individuation des Menschen einen gewissen Grad erreicht hatte, antwortete der Mensch auf all seine Dichotomien mit einer Vision des EINEN. Der Mensch kam zur »Vision des Einen im Gegensatz zur Mannigfaltigkeit der Tatsachen und Erscheinungen außerhalb, aber auch im Gegensatz zur Mannigfaltigkeit der Triebe und Tendenzen innerhalb des Menschen«[160]. Dieses EINE zeichnet sich dadurch aus, daß es – in der reinsten Form seiner Erfahrung – von jeder Bestimmung entleert und befreit ist. Es ist weder ein Ding, noch hat es einen Namen, so daß es quantifizierbar oder qualifizierbar wäre. In dieser unverdeckten Form, wo das EINE nicht mehr als ein Etwas, sondern als ein Prinzip aufgefaßt wird[161], so daß es nur noch als Identität von Gegensätzen erfahrbar und aussagbar ist, fällt es eins mit dem NICHTS. Das EINE als NICHTS kennzeichnet nicht nur eine Negation aller Vielfältigkeit, sondern die Negation jeder phänomenalen Wirklichkeit innerhalb und außerhalb des Menschen überhaupt.[162] Das Wort NICHTS steht nicht für Sinnlosigkeit oder Nihilismus,

---

Fromms nicht-theistische Position im Verständnis von Mystik, wie ein kontrastierender Vergleich mit dem Verständnis von Mystik als »cognitio dei experimentalis« bei Thomas von Aquin deutlich macht – eine Definition, die von Gershom Scholem (*Die jüdische Mystik in ihren Hauptströmungen*, 4) als »experimentelles, durch lebendige Erfahrung gewonnenes Wissen von Gott« paraphrasiert wird.

159 Da Teile der folgenden Ausführungen sich noch nicht in publizierten Schriften Erich Fromms nachweisen lassen, müssen sie sich vor allem auf die Tonbandabschrift einer Replik Erich Fromms auf einen Vortrag von Alfons Auer beim Symposium anläßlich des 75. Geburtstags von Erich Fromm stützen, die im Folgenden mit »Fromm contra Auer« zitiert wird. Eine Zusammenfassung des Frommschen Verständnisses von humanistischer Religion erfolgt unten S. 340–344.

160 E. Fromm, *Fromm contra Auer* (75/6), 5.

161 Denn wo das EINE determinierbar ist, wird es zum Götzen: »Das EINE ist ein Prinzip, das keinen Namen hat, das nicht nachgebildet werden kann, während die Götzen die Dinge sind, die der Mensch selbst aufbaut, die der Mensch sich selbst macht – das Werk seiner Hände, denen er sich unterwirft« (a.a.O.).

162 Die Vision des EINEN aufgrund der Erkenntnis der Mannigfaltigkeit der Erscheinungen hat auch innerhalb des philosophischen Denkens verschiedene Ausprägungen erfahren. Wie in der Mystik die Erfahrung des EINEN als Erfahrung des NICHTS gefaßt wird, so begreift die Ontologie das Sein als Abstraktion und Negation jedes Seienden. Vgl. hierzu J. Möller, *Glauben und Denken im Widerspruch?*; ders., *Die Chance des Menschen – Gott genannt*, bes. den geschichtlichen Überblick über die Gottesfrage, 11–71.

ganz im Gegenteil. Erst dort, wo Welt und Mensch nichts sind und wo jede Form von Begehren aufhört, da erfährt der Mensch die Einheit mit sich und der Welt als Identität. Mystische Erfahrung des EINEN ist nur möglich, wenn Welt und Mensch ganz radikal als NICHTS gesehen werden. In dieser Weise wurde die Vision des EINEN zuerst in den Religionen des Ostens ausgeprägt: in den Upanishaden und im Zen-Buddhismus.[163] Beide Richtungen östlicher Religion sollen unter diesem Aspekt näher betrachtet werden.

Im indischen Denken findet sich die Vision des EINEN vor allem in den Upanishaden[164], beispielhaft in Yajnavalkyas Lehre vom Atman: »Dieses Selbst (Atman), es ist nicht dieses und nicht das. Es ist ungreifbar, denn es kann nicht zerstört werden; es ist unhaftbar, denn es haftet nichts an ihm; es ist ungebunden, es zittert nicht, es leidet keinen Schaden.«[165] »Dieses große, ungeborene Selbst, das frei ist von Alter und Tod, frei von Furcht und unsterblich, ist Brahman.«[166] Brahman, als umfassende göttliche Kraft, ist Atman, denn das »Eine Sein (wird) innerhalb und jenseits des Vielen als Selbst (Atman) oder Göttliche Kraft (Brahman) erfahren«[167]: »Der Brahman ist dieser Atman; er ist Erkenntnis, Manas, Stimme, Hauch, Auge, Ohr, Äther, Winde, Glut, Wasser, Erde, Zorn, Nichtzorn, Freude, Nichtfreude, Recht, Nichtrecht, er ist alles.«[168] Und weil das Selbst alles im EINEN und das EINE in allem ist, weiß sich der »Kundige« mit dem Atman eins: »Er sieht einen jeden als das Selbst an, ein jeder wird für ihn zum Selbst, er wird für jeden zum Selbst.«[169]

Das Selbst ist Prinzip des EINEN gegenüber aller Verschiedenheit und Vielfalt, weil es keines anderen bedarf, sondern ganz aus sich selbst ist. In der Upanishad, aus der schon die obigen Zitate genommen waren, nämlich einem Gespräch zwischen Yajnavalkya und dem König Janaka, wird Yajnavalkya

---

163 Ob man mit Erich Fromm einfachhin von »Religionen des Ostens« sprechen kann (so etwa E. Fromm, *The Art of Loving* [56/1], 67), muß bezweifelt werden, da es auch hier um bestimmte, zum Teil als häretisch angesehene Strömungen innerhalb und außerhalb der großen Religionen geht, die sämtlich mit Recht Mystik genannt werden.

164 Die Upanishaden sind ein Teil der Veden, also der ältesten in der Sanskrit-Sprache abgefaßten religiösen Schriften der Hindus, »welche höhere und deshalb nur Eingeweihten zu übermittelnde Erkenntnisse über das Wesen des Opfers, vor allem aber über Gott, Welt und Seele überliefern« (H. von Glasenapp, *Vorwort*, 6). Einen guten Überblick, auch über den Stand der Forschung, gibt H. Zimmer, *Philosophie und Religion Indiens;* die deutsche Taschenbuchausgabe enthält einen detaillierten Generalindex und ein ausführliches Literaturverzeichnis. – Umfassend orientiert noch immer P. Deussen, *Allgemeine Geschichte der Philosophie mit besonderer Berücksichtigung der Religionen,* Band 1, 1. und 2. Abteilung.

165 Brihad-Aranyaka-Upanishad, zitiert nach H. Zimmer, *Philosophie und Religion Indiens,* 326. – Die wörtliche Bedeutung von Atman ist »Atem« mit einer besonderen Beziehung zu »Wind«. Vgl. den theologischen Begriff »Geist« im Christentum.

166 Brihad-Aranyaka-Upanishad (IV, 4), zitiert nach A. Hillebrandt, *Upanishaden,* 88.

167 H. Zimmer, *Philosophie und Religion Indiens,* 301; zur Identifizierung von Atman und Brahman vgl. bes. H. Oldenberg, *Die Lehre der Upanishaden und die Anfänge des Buddhismus,* 47 ff.

168 *Brihad-Aranyaka-Upanishad* (IV, 4), zitiert nach A. Hillebrandt, *Upanishaden,* 84.

169 A.a.O., 87.

gefragt, was dem Menschen als Licht diene. Die Antwort heißt zunächst: die Sonne. Wenn aber die Sonne untergegangen sei, was dann als Licht diene. Die Antwort heißt: der Mond. Wenn aber auch dieser untergegangen sei, dann dienten das Feuer und schließlich die Stimme als Licht, bei dem man sitzt, geht, arbeitet und heimkehrt. »›Wenn aber die Sonne untergegangen ist, wenn der Mond untergegangen ist, das Feuer erloschen ist und die Stimmen schweigen, was dient dann dem Menschen als Licht?‹ ›Das Selbst, Großkönig, dient dem Menschen als Licht‹, sprach er; ›denn beim Licht des Selbst sitzt er, geht er umher, arbeitet er, kehrt er zurück‹.«[170] Die Negation aller äußeren Bestimmungen führt den Menschen ganz auf sich selbst zurück, in die Erfahrung des Einsseins mit sich selbst, die sich zugleich als Transzendenz auf ein das All umgreifendes Prinzip des EINEN erweist.

In den Upanishaden ist das EINE vor allem bei Yajnavalkya in aller Klarheit als Prinzip der Negation gefaßt, so daß das Selbst (Atman) das »So-ist-es-nicht« ist, über dem es »nichts anderes Höheres« gibt.[171] Auch im Buddhismus gibt es eine Vision des EINEN, die das EINE als ein NICHTS erkennt. Buddha, obwohl ein Sohn Indiens, hat »das Reich erlangt, wo keine Sonnenhitze, kein Regen, kein sozialer oder sonstiger Unterschied der Menschen, keine Wiedergeburt, kein Leiden, keine asketische Selbstquälerei, kein Ding, keine Philosophie und keine theoretische Einseitigkeit mehr zu finden sind, wo sogar jeder Anfang, jedes Ende und jedes Dasein verschwindet. Er hat das echte Nirvana und die übergegensätzliche Wahrheit erreicht«.[172] Dabei geht es Buddha keineswegs um Philosophie oder Spekulation. Vielmehr fragt er die Existenz des Menschen, warum sie Leiden schafft, und er erkennt, daß »die Gier des Menschen ihn ständig unerfüllt läßt und seinem Leben den Sinn nimmt und daß die Heilung dieses Leidens im Aufgeben der Gier beruht«[173].

Dieser Ansatz an der Frage nach der Existenz des Menschen und deren Fragwürdigkeit und die Lösung der Fragen durch den Menschen selbst zeigen nach Erich Fromm die radikale humanistische Sicht des Menschen im Buddhismus.[174] Eine solche Feststellung berührt die schwierige Frage, inwieweit der

170 *Brihad-Aranyaka-Upanishad* (IV, 4), zitiert nach A. Hillebrandt, *Upanishaden* 77.
171 Vgl. H. Oldenberg, *Die Lehre der Upanishaden und die Anfänge des Buddhismus*, 55, sowie die Diskussion über die Interpretation dieser Aussage bei P. Deussen, *Allgemeine Geschichte der Philosophie mit besonderer Berücksichtigung der Religionen*, Band 1, Abteilung 2, 136f.
172 S. Ohasama, *Zen* 39f.
173 E. Fromm, *Fromm contra Auer*, 3.
174 Das Bekanntwerden Erich Fromms mit dem Buddhismus fällt deshalb nicht ohne Grund mit seiner Abkehr vom orthodoxen Judentum zusammen. Bei dieser »Wende« spielte die Lektüre von G. Grimm, *Die Lehre des Buddha*, eine ganz entscheidende Rolle. Denn hier fand Erich Fromm, ähnlich wie in Hermann Cohens religionsphilosophischen Schriften, eine »Religion der Vernunft« (so der Titel des nachgelassenen religionsphilosophischen Hauptwerkes von Hermann Cohen und der Untertitel des genannten Werkes von Georg Grimm), die den Buddhismus als Wissenschaft erscheinen ließ (vgl. den Titel eines weiteren Werkes von Georg Grimm *Die Wissenchaft des Buddhismus). – »Zum ersten Mal sah (Erich Fromm) ein spirituelles System, eine Lebensweise,

humanistische Ansatz dem Buddhismus als solchem eigen oder (nur) Ausdruck einer bestimmten Methode – Zen genannt – ist, die unabhängig von den religiös-dogmatischen Ansichten des Buddhismus allgemeine Gültigkeit hat und für sich allein beanspruchen kann, das Anliegen Buddhas zu tradieren.[175] Für Erich Fromm, der über viele Jahre mit Daisetz T. Suzuki, dem Vermittler des Zen-Buddhismus im Westen, persönlich befreundet war, sind Leben und Lehre Buddhas selbst in höchstem Maße humanistisch.[176]

Daisetz T. Suzuki, dem die nachstehenden Ausführungen folgen, versteht unter Buddhismus vor allem »Zen«: »die Quintessenz und den Geist des Buddhismus« und »die Lehre vom Herzen Buddhas«[177]. Dabei ist Zen »nicht Vernichtung der Tätigkeiten des Geistes, sondern ihre Verschmelzung zu der einen einzigen Kraft des konzentrierten Erschauens«[178], der »Erleuchtung«: »Das höchste Ziel von Zen ist die Erfahrung der Erleuchtung, genannt Satori.«[179]

Die Erfahrung von Satori bedeutet, daß man eines Zustandes »der Selbst-Identität, in dem alle begrifflichen Gegensätze ausgelöscht sind, gewahr wird«[180]. Satori ist also niemals ein Wissen im üblichen Sinne; denn »Wissen heißt, den Gegenstand des Wissens dem Wissenden gegenüberstellen . . . Eine Sache aber wirklich, im wahren Sinne des Wortes erkennen, bedeutet die Sache selbst werden, in ihrer Ganzheit innerlich wie äußerlich mit ihr identifiziert sein.«[181] Zen lehrt einen Weg, der der im Westen vorherrschenden logischen und philosophischen Methode entgegengesetzt ist. Um zu einer neuen Einheit zu kommen und auf unsere existentiellen Dichotomien zu antworten, müssen wir zu einem Punkt gelangen, der vor aller Spaltung liegt – zu Erfahrungen, die noch nicht von Logik, Raum und Zeit bedingt sind. Dieser Punkt, »an dem der Geist in sich selbst ruht und auch mit der ganzen Welt in Ruhe ist«[182], kann nur erreicht werden, wenn wir uns in das innere Selbst zurückziehen. »Satori

---

die ausschließlich auf Rationalität gründete und ohne jede irrationale Mystifikation oder ohne Verweis auf Offenbarung oder Autorität war« (B. Landis und E. Tauber, *Erich Fromm: Some Biographical Notes*, XII). – Zur Beispielhaftigkeit des Buddhismus in der Ausrichtung des Zen-Buddhismus für ein Leben aus der X-Erfahrung siehe oben S. 151 Anm. 134; hier interessiert vorrangig der Buddhismus als Realisierung der Erfahrung des EINEN.

175 Zur Verhältnisbestimmung von Zen, Buddhismus und Buddha vgl. D. T. Suzuki, *Die große Befreiung*, 41–45, aber auch W. Johnston, *Der ruhende Punkt*, 29–31 und S. Ohasama, *Zen*, 5–7.

176 Die Bedeutung, die der Zen-Buddhismus für das Verständnis von Buddhas Lehre hat, bleibt dadurch unangetastet. Dennoch interessiert sich Erich Fromm heute – wie schon vor der Bekanntschaft mit Daisetz T. Suzuki – wieder mehr für den Buddhismus selbst, nicht zuletzt aufgrund seiner Freundschaft mit Nyanaponika Mahathera.

177 D. T. Suzuki, *Die große Befreiung*, 43.

178 S. Ohasama, *Zen*, 6.

179 E. Fromm, *Psychoanalysis and Zen Buddhism* (60/1), 115. – Das englische Wort für »Erleuchtung« ist »enlightenment«, das zugleich auch terminus technicus für »Aufklärung« ist!

180 D. T. Suzuki, *Leben aus Zen*, 116.

181 A.a.O., 136.

182 A.a.O., 81. – Bezeichnenderweise wird hier das Einssein mit »Ruhe« im Sinne von Nirvana wiedergegeben.

mag definiert werden als intuitive Inneschau, im Gegensatz zu intellektuellem und logischem Verstehen.«[183]
»Grundgegenstand des Zen-Buddhismus (ist das) Eindringen in die wahre Natur des eigenen Geistes oder der eigenen Seele«[184]. Um mit den innersten Kräften seines Wesens Fühlung aufzunehmen, muß der Mensch auf alles Äußere und Zusätzliche verzichten.»Daher verwirft Zen alles, was auch nur eine entfernte Ähnlichkeit mit einer äußeren Autorität aufweist. Zen hegt ein unbedingtes Zutrauen zum innersten Wesen des Menschen. Alle Autorität im Zen kommt von innen.«[185] Das innerste Wesen des Menschen, seine wahre Natur, die erst im Überstieg über alle Verstandeserkenntnis zum Satori-Erlebnis wird, ist des Menschen Buddha-Natur. Satori ist das Erwachen der Buddha-Natur im Menschen. Sie besagt ein »Eins-Sein mit der Natur und mit dem Kosmos«[186], insofern der erleuchtete Mensch gänzlich auf alle äußeren Autoritäten und also auch auf das Unterscheidende des Logischen und Raum-Zeitlichen verzichtet, so daß betrachtendes Subjekt und Gegenstand der Betrachtung identisch sind. Diese Identität nennt Daisetz T. Suzuki »Selbst-Identität«, denn im Gegensatz zur Identität »gibt es bei der Selbst-Identität nur ein Subjekt oder Objekt – nur eines, und dieses eine identifiziert sich, indem es aus sich selbst geht ... Selbst-Identität ist die Logik der puren Erfahrung oder der ›Leere‹.«[187]
Erst durch das Erfahrungserlebnis der Erleuchtung erfährt der Mensch Prajna – unbewußtes Bewußtsein, kann er die Wirklichkeit ganz erfassen und beschränkt sich nicht mehr nur darauf, die Umwelt zu erkunden.[188] »Unsere geistige Sehnsucht wird niemals vollkommen befriedigt, bis nicht dieses Prajna, das unbewußte Wissen, erweckt ist. Hierbei wird das ganze Feld des Bewußtseins von innen und außen dargelegt und vollkommen in unsere Sicht

---

183 D. T. Suzuki, *Die große Befreiung*, 123. – Daisetz T. Suzuki legt immer wieder die Betonung darauf, daß Satori keine »höhere Einheit (ist), die zwei Widersprüche verbindet« (D. T. Suzuki, *Leben aus Zen*, 101). Deshalb unterscheiden sich paradoxe Aussagen im Zen von paradox klingenden Aussagen dialektischen Denkens.
184 D. T. Suzuki, *Die große Befreiung*, 55.
185 A.a.O., 60. – Zu solcher äußerer Autorität gehören auch Verstand und Vernunft, wenn sie das unmittelbare intuitive Ergreifen vermitteln wollen. Zen als Mystik will durch nichts »an seinem unmittelbarsten Umgang mit sich selbst« behindert sein (a.a.O.).
186 Vgl. H. Rzepkowski, *Das Menschenbild bei D. T. Suzuki*, 43, und die dort aufgeführten Quellennachweise.
187 D. T. Suzuki, *Mysticism: Christian and Buddhist*, 30; vgl. ders., *Leben aus Zen*, 59f.
188 »Die Spaltung der Wirklichkeit ist das Werk des Verstandes. Es ist der Weg, auf dem wir versuchen, die Wirklichkeit zu verstehen, um sie in unserem praktischen Leben anzuwenden ... Die Spaltung hilft uns, die Wirklichkeit zu behandeln, sie für unsere physischen und intellektuellen Bedürfnisse einzusetzen. In Wirklichkeit aber wendet sie sich niemals ganz an unsere innersten Notwendigkeiten. Zu diesem Zweck muß die Wirklichkeit so erfaßt werden, wie wir sie unmittelbar erfassen« (D. T. Suzuki, *Leben aus Zen*, 63 f.). Entsprechend dieser Unterscheidung kann man im Zen durchgängig zwei Arten der Erkenntnis, des Wissens, des Erfahrens, der Einheit, des Sehens, des Bewußtseins usw. unterscheiden.

gestellt. Nun hat die Wirklichkeit nichts mehr vor uns zu verbergen.«[189] Man kann Prajna – als Ausdruck des wesentlich anderen Erfassens von Wirklichkeit beim Erleuchteten – eine besondere Intuition nennen, »eine unmittelbar wahrnehmbare Erfahrung«, »die sofort die Totalität und Individualität aller Dinge erfaßt«[190]. Der Erleuchtete »denkt wie der Regen, der vom Himmel fällt; er denkt wie die Wogen, die auf dem Meere treiben; er denkt wie die Sterne, die den nächtlichen Himmel erleuchten; wie das grüne Laubwerk, das aufsprießt unter dem milden Frühlingswind. Er ist in der Tat selbst der Regen, das Meer, die Sterne, das Grün.«[191]

Die Vision des EINEN, wie sie in der Selbst-Identität des Satori artikuliert wird, ist mystisch, wenn Mystik als Erfahrung der Einheit und des EINEN jenseits und im Gegensatz zu philosophischer Spekulation und Logik verstanden wird.[192] Zen ist zugleich eine nicht-theistische Vision des EINEN, weil im Zen weder eine dogmatische Lehre noch ein Gott zum Anbeten noch die logische Frage der Existenz oder Nicht-Existenz Gottes von Interesse ist.[193] Es gibt eine Affinität zum Humanismus des Westens, aber nur insoweit dieser auf einer mystischen Erfahrung basiert.[194] Zumeist ist die Mystik des Westens stärker theistisch ausgeprägt, während sich Zen höchstens theistischer Terminologie bedient, um seine humanistische Position zu verdeutlichen.[195] Das nicht-theistische »Bekenntnis« des Zen will positiv einen Humanismus begründen. »Wenn behauptet wird, daß Zen keine Philosophie besitze, alle lehrmäßige Autorität leugne, alle sogenannten heiligen Bücher als Schutt beiseite fege, so dürfen wir nicht vergessen, daß Zen zugleich mit diesem Akt der Negation etwas höchst Positives und ewig Gültiges aufrichtet.«[196]

---

189 D. T. Suzuki, *Leben aus Zen*, 92.
190 D. T. Suzuki, *Vorwort*, in: Eugen Herrigel, *Zen in der Kunst des Bogenschießens*, 8.
191 A.a.O. 9; vgl. ders., *Die große Befreiung*, 123ff.
192 Vgl. D. T. Suzuki, *Die große Befreiung*, 47ff.
193 Vgl. a.a.O., 52–54. – Der Vorwurf des Nihilismus und auch der des Pantheismus, der von westlicher Seite gerne gegen Zen erhoben wird, trägt zumeist der Eigenart mystischer Erfahrung nicht Rechnung. Vgl. hierzu Daisetz T. Suzukis Antworten a.a.O., 66 ff. 109 f., sowie ders., *Mysticism: Christian and Buddhist*, 48–51; außerdem: H. Rzepkowski, *Das Menschenbild bei D. T. Suzuki*, 47–50.
194 »Als Buddha geboren wurde, soll er eine Hand zum Himmel, die andere zur Erde gestreckt (haben) und ausgerufen haben: ›Über den Himmeln und unter den Himmeln bin ich allein der Verehrungswürdige‹.« (D. T. Suzuki, *Die große Befreiung*, 54.) – Zur Frage der Begründung des Humanismus in der mystischen Erfahrung des EINEN siehe unten S. 340–344.
195 So etwa auch Daisetz T. Suzuki: »Satori ist Gottes Erwachen zum Selbstbewußtsein im Menschen, zu dem Bewußtsein, das alle Zeit dem menschlichen Bewußtsein zugrunde liegt und Überbewußtsein genannt werden könnte« (*Leben aus Zen*, 100); vgl. a.a.O., 138, sowie ders., *Die große Befreiung*, 135: »Zen bedarf nicht der Hilfe eines Schöpfers; wenn es den Grund dafür, wie das Leben sich lebt, erfaßt, ist es befriedigt . . . Wer Gott hat, schließt das Nicht-Göttliche aus. Das bedeutet Selbstbegrenzung. Zen braucht absolute Freiheit, auch von Gott.«
196 D. T. Suzuki, *Die große Befreiung*, 50, zitiert nach H. Rzepkowski, *Das Menschenbild bei D. T. Suzuki*, 48. – Der umfassende Begriff der Negation, der den Zen-Mönch über Jahre hinweg zur Aufgabe jeder erkennenden Vernunft anhält, weil Satori nur auf dem Weg der Selbstverleugnung des Menschen als eines Vernunftwesens erfahrbar ist, bringt es mit sich, daß es kaum Men-

Die Vision des EINEN erscheint *in den theistischen, westlichen Religionen* nach Erich Fromm zumeist »verzerrt durch die Notwendigkeit, dieses EINE in den Kategorien der (jeweiligen) Gesellschaft auszudrücken«[197]. Die Vision des EINEN artikuliert sich etwa im Begriff Gottes als eines Königs der Könige, weil damit gegenüber den vielen Göttern das Prinzip des EINEN zum Zuge kommt. Doch drängt – nach Erich Fromm – ein solcher Monotheismus zu einer Mystik weiter, in der die Vision des EINEN von allen gesellschaftlich und historisch bedingten Zufälligkeiten mehr und mehr gereinigt wird, bis der Begriff des EINEN als eines NICHTS in aller Klarheit vorliegt.

Wiederum sieht Erich Fromm in der Religionsgeschichte einen Beleg für seinen humanistischen Ansatz: »Ich glaube, man kann die Religionsgeschichte ansehen... als den Versuch, den Begriff des EINEN mehr und mehr zu reinigen von seinen akzidental-historisch bedingten Resten...«[198] Der Begriff »Gott« ist ein solcher Rest, ein in den theistischen Religionen des Westens üblicher Begriff, der für die Notwendigkeit des Menschen steht, »das EINE zu sehen, sich auf das EINE zu konzentrieren und damit seinem Leben Einheit zu geben – seinem Leben und aber auch der Beziehung des Menschen zu den anderen«[199].

Die Bestätigung dieser Theorie findet Erich Fromm in manchen Mystiken des Westens, in denen das EINE in ganz ähnlicher Bestimmungslosigkeit gefaßt ist wie in den oben ausgeführten östlichen Weisen der Vision des EINEN. Zu nennen sind Plotins Philosophie des »Hen«, der Sufismus etwa bei Rumi, die Vision des EINEN im Begriff der Gottheit bei Meister Eckhart und »die Wolke des Nichtwissens«. All diesen Mystiken[200] ist im Gegensatz zu den theistischen mystischen Strömungen im Judentum, Christentum und Islam gemeinsam, daß sie selbst den Begriff »Gott« einer totalen Negation unterwerfen, so daß diese Mystiken des EINEN von der Vereinigung mit einem in sich erfahrbaren jenseitigen Gott absehen und um der Totalität der Erfahrung willen das EINE als NICHTS fassen. Dieses NICHTS wird nicht mehr als Gegensatz zu Sein verstanden – es bejaht nichts, weil es die Negation einer Negation sein will, sondern ist ein NICHTS jenseits von Nichtsein und Sein. Mit diesem NICHTS »wird jede Möglichkeit, durch logische Methoden das Absolute zu erkennen, verneint. Dadurch blickt man ins ›Nichts‹, aber in diesem Leeren

---

schen gibt, die Satori erlangen, auch in Japan nicht, und daß auch Erich Fromm dem Zen-Buddhismus wenig Chancen für eine breitere Effizienz einräumt. Hinzu kommt eine wesentlich verschiedene Beurteilung der Funktion von Vernunft und Liebe im Zen. Obwohl Erich Fromm sehr positive Aussagen über Zen macht, wird er gerade bei der Frage, welche Rolle Vernunft und Liebe für die Selbsterlösung spielen, gegenüber dem Zen-Buddhismus auch skeptisch.

197 E. Fromm, *Fromm contra Auer* (75/6), 5.
198 A.a.O., 6.
199 A.a.O.
200 Andere, die zu nennen wären, sind nach Erich Fromm nicht so eindeutig: etwa gnostische Strömungen, Pseudo-Dionysios Areopagita und manche Vertreter einer profilierten theologia negativa vor allem im Umkreis der Kabbala.

selbst wird das vollkommene Absolute durch eine unmittelbare mystische Intuition ergriffen.«[201]

Die Vision des EINEN als eines NICHTS gibt es im Buddhismus. Sie scheint in Übernahme und Weiterbildung von neuplatonischem Gedankengut bei einer Reihe von abendländischen Mystikern Eingang gefunden zu haben.[202] Da in diesen Mystiken nicht das »Nichts als das ›Andere‹ dem Sein (gegenübersteht, sondern) die Auflösung alles Besonderen ins schlechthin Allgemeine vollzogen (wird, wird) die für christliches Denken fundamentale Unterscheidung von Schöpfer und Geschöpf sowie die Grundvoraussetzung eines personalistischen Gottesgedankens aufgehoben«[203]. Die Vision des EINEN realisiert sich dann nicht als mystische Vereinigung mit einer jenseitigen Größe, sondern als Selbst-Identität im NICHTS.

Erich Fromm stützt sich in seinem humanistischen Verständnis theistischer Mystik als poetischer Ausdrucksweise einer im Grunde nicht-theistischen Erfahrung des EINEN vor allem auf Meister Eckhart und dessen Unterscheidung zwischen »Gott« und »Gottheit«. Die vorstehenden Reflexionen deuten darauf hin, daß auch der Westen eine nicht-theistische Vision des EINEN entwikkelt hat, die sich etwa in Meister Eckhart mit einer Tradition theistischer Mystik trifft und sprachlich vermengt. Aus diesem Zusammentreffen muß jedoch nicht folgen, daß in einer theistischen Mystik »der Begriff des EINEN verschleiert wird«[204] und daß deshalb theistische Mystik eine historisch und gesellschaftlich bedingte, aber zu überwindende Unreinheit einer schon immer gültigen nicht-theistischen Vision des EINEN als NICHTS ist. Eine solche Argumentation ist nur dann sinnvoll, wenn vorweg schon theistische Mystik als Negation einer humanistischen Vision des EINEN verstanden wird, die es zu überwinden gilt.

Ist der religionskritische Anteil an der Minderschätzung theistischer Mystik als Eigenart eines humanistischen Ansatzes erkannt, so lassen sich grundsätzlich

---

201 M. Nambara, *Die Idee des absoluten Nichts in der deutschen Mystik und ihre Entsprechungen im Buddhismus*, 276. – Dieser Begriff des EINEN als NICHTS geht über das, was christliche theologia negativa meint, hinaus. Solange nämlich von »christlicher« theologia negativa gesprochen wird, gehört das Bekenntnis zu Jesus Christus als Nachfolge in Wort und Tat hinzu und Theologie ist auf sie ausgerichtet. Theologia negativa im christlichen Sinn hat deshalb eine wesentlich korrektive Funktion; sie dient aber nicht der Selbstauflösung von Theologie überhaupt. Für Erich Fromm allerdings ist eine nicht-theistische Mystik die Quintessenz einer theologia negativa (vgl. z. B. E. Fromm, *The Art of Loving* [56/1], 60). Denn sie ist »ein begrifflicher Versuch, die an sich jenseits aller Begrifflichkeit liegende Transzendenz des göttlichen Seins zu beschreiben . . ., so daß gerade die Auflösung Gottes ins Nichts völlig ausgeschlossen zu sein scheint« (a.a.O., 151). – Minoru Nambara, *Die Idee des absoluten Nichts in der deutschen Mystik und ihre Entsprechungen im Buddhismus*, 276, weist jedoch darauf hin, daß gerade Meister Eckhart die neuplatonische Methode der via negationis in einer Weise versteht, die zu einem NICHTS führt, das dem buddhistischen NICHTS entspricht, so daß sich Erich Fromm dem Eckhartschen Verständnis anschließen würde.
202 Vgl. a.a.O., 276.
203 A.a.O.
204 E. Fromm, *Fromm contra Auer* (75/6), 6.

doch *zwei Typen der Erfahrung des EINEN* unterscheiden, die Mystiken genannt werden können, weil sie Identität durch Negation aller theologischen und philosophischen Spekulation allein in der Erfahrung des Einsseins suchen. Sie lassen sich etwa so kennzeichnen:

Der eine Typus von Mystik ist theistisch und/oder humanistisch in dem Sinne, daß er die Identität seiner selbst im Einssein mit Gott und/oder seiner humanitas zu erfahren sucht. Dieses wird erreicht, wenn alle Aussagen und Gedankenkonstrukte über Gott als Negation der Erfahrungs-Wirklichkeit »Gott« erkannt und deshalb negiert werden. Mystik ist hier die Konsequenz einer theologia negativa, die im Leerwerden den Verzicht auf alle spekulative philosophische und theologische Gotteserkenntnis leistet, um zu einer tieferen Erfahrung Gottes und/oder des Menschen zu kommen. Solche Erfahrung des Einsseins als Vereinigungserfahrung folgt einer Dialektik: Theologie als vernünftige Rede über Gott wird als Negation der Wirklichkeit Gottes begriffen; diese Negation gilt es zu negieren, um in der Erfahrung des Einsseins mit Gott und/oder der humanitas das Positive der Erfahrung des Einsseins mit sich selbst, seinem Leben und seinem Mitmenschen zu erleben. Die mystische Erfahrung des EINEN ist theistisch und humanistisch zu nennen und bleibt an die Vereinigung mit Gott gebunden, wenn im Theismus keine Behinderung der Fülle des Menschseins gesehen wird, sondern deren Bedingung der Möglichkeit. Sie ist ausschließlich humanistisch (und wegen der religionskritischen Humanismusbegründung auch nicht-theistisch) zu nennen, wenn die Negation der Wirklichkeit Gottes zur Bedingung der Möglichkeit mystischer Erfahrung des EINEN gemacht wird.

Der andere Typus von Mystik ist nicht-theistisch, weil er die Identität seiner selbst in der totalen Negation jeder möglichen Nicht-Identität erfahren will. Erst in der totalen Negation ist der Mensch zu sich selbst befreit. Seine Selbst-Identität erfährt er deshalb jenseits aller Bewußtheit, allen Denkens, aller Vernunft, allen Seins und Nicht-Seins. Nur das NICHTS, das von keiner positiven Bestimmung mehr erreicht werden kann, das keiner Raumzeitlichkeit unterworfen ist, das unter Aspekten der Vernunft das Absurde, Widervernünftige und das NICHTS schlechthin ist, nur dieses Nirvana läßt eine Selbst-Identität erfahren, die alle Barrieren der Vernunft-Beschränkung und Welterfahrung überwindet und Selbsterlösung und kosmische Erlösung in einem ist. Der Mensch erfährt sich von nichts mehr getrennt und von nichts mehr angezogen; es gibt keine Gier und keine Leidenschaft mehr, die Leiden schafft. Selbst-Identität ist Jenseitigkeit mitten in dieser Welt, ohne Bedürfnisse, ohne Inanspruchnahme irgendwelcher Autoritäten, auch ohne das Bedürfnis, sich für andere in Anspruch nehmen zu lassen, weil »keiner von uns die Seele eines anderen erlösen kann. Man kann nur sich selbst erlösen.«[205]

Beide Typen von Mystik haben viele formale Gemeinsamkeiten, an erster Stelle die Forderung der Negation. Aber auch in inhaltlicher Hinsicht gibt es

---

205 E. Fromm, *Psychoanalysis and Religion* (50/1), 125.

Gemeinsames: etwa den Verzicht auf Äußerlichkeiten und Begehrlichkeiten; oder die Negation der Denkanstrengungen zugunsten der erlebnismäßigen Erfahrung. Dennoch sind es zwei grundsätzlich verschiedene Arten der mystischen Erfahrung des EINEN.

Erich Fromms humanistische Interpretation der mystischen Erfahrung des EINEN ist wohl stark von der Auseinandersetzung mit dem Buddhismus und speziell mit dem Zen-Buddhismus nach Daisetz T. Suzuki bestimmt. Dennoch ist sein Verständnis der Vision des EINEN eher dem ersten Typus zuzuordnen, der in der jüdisch-christlichen Tradition des Westens beheimatet ist. Dies gilt zumal angesichts des tragischen Grundzugs der östlichen Mystik, der sich in einer eher resignativen Wirklichkeitsschau äußert und dem der eher optimistische Grundzug der westlichen Humanismen zuwiderläuft. Vernunft und Liebe sind Potentialitäten des Menschen, die eine humanistische Wirklichkeitsschau ermöglichen, auch wenn diese Wirklichkeit als dialektischer Negationsprozeß verstanden wird. Erich Fromms Versuch, den Humanismus vom Zen-Buddhismus her zu begründen, ist nicht schlüssig. Dort nämlich, wo es im Zen-Buddhismus um den Überstieg der Negation auf ein NICHTS geht, wo also Negation nicht mehr dialektisch aufgehoben werden kann, weil selbst von Dialektik als einer Form der Logik abstrahiert werden muß, dort folgt er nicht mehr dem Ansatz des Zen-Buddhismus, sondern interpretiert diese Negation dialektisch.[206] Vernunft und Liebe haben keinen Ort in einem Prozeß, der alle Barrieren der Vernunftbeschränkung und Bezogenheit sprengt.[207]

Für Erich Fromm ist ein dialektisches Denken typisch, denn mit ihm begründet er seinen Humanismus. Diesen Zweck erfüllt die nicht-theistische Vision des EINEN, wie sie der Zen-Buddhismus ausgebildet hat, nur sehr begrenzt, weil die östliche Mystik des Zen keinen dialektischen Negationsbegriff hat. Wenn Erich Fromm von seinem Humanismus sagt, er beruhe auf einer nicht-theistischen Vision des EINEN, dann drückt er damit eher seine Verbundenheit zu einer mystischen Tradition des Westens aus, die im Negationsprozeß der mystischen Erfahrung selbst ein theologie- und religionskritisches Moment sieht.[208]

---

206 Diese Inkonsequenz bildet den Hintergrund für die eigenartige Identifizierung von paradoxer Logik mit Dialektik (im Marxschen und Hegelschen Sinne) und deren Kontrastierung zur aristotelischen Logik in E. Fromm, *The Art of Loving* (56/1), 62. – Siehe auch unten S. 293 f.
207 Im Kontext dieser Fragestellung ist die Kritik J. H. Schaars (*Escape from Authority*, 314–316) ernstzunehmen, daß das Streben nach solcher Erfahrung die Destruktion der sonst den Menschen erlösenden Vernunft besagt. Vgl. a.a.O., 315.
208 Vgl. hierzu weiterführend, unten S. 340–358.

5 Die humanistische Ethik

»Beim Versuch, Psychologie als Naturwissenschaft zu etablieren, hat die Psychoanalyse den Fehler gemacht, die Psychologie von den Problemen der Philosophie und der Ethik zu trennen. Sie ignorierte die Tatsache, daß der Mensch so lange unverstanden bleibt, solange er nicht in seiner Totalität gesehen wird; und diese schließt sein Bedürfnis ein, eine Antwort auf die Sinnfrage seiner Existenz zu finden und Normen zu entdecken, gemäß denen er leben sollte.«[1] Mit diesem Bekenntnis nimmt Erich Fromm Stellung sowohl gegen jeden monistischen Anspruch einer Einzelwissenschaft, den Menschen umfassend »erklären« zu können, als auch gegen den Versuch, nur »wertfreie« Erkenntnisse festzustellen. Gegenüber einer Psychoanalyse, die sich frei von weltanschaulich-religiösen Voraussetzungen wähnt und die sich weigert, ihre Erkenntnisse auf einen ethischen Anspruch hin zu formulieren, muß angenommen werden, daß sie an unreflektierte und darum ideologische Prämissen gebunden ist. Erich Fromm wendet sich energisch gegen jede Art von Wissenschaft, die nur das bisher Gültige analysieren und demaskieren und relativieren will, ohne zugleich den Versuch zu wagen, Erkanntes in einen neuen Verstehenshorizont zu stellen.

5.1 Humanistische Ethik als angewandte Wissenschaft der Kunst des Lebens im Gegenüber zu anderen ethischen Systemen

Das Wort »Ethik« bedeutet bei Erich Fromm »eine besondere Orientierung (particular orientation), die im Menschen wurzelt und daher nicht in Bezug zu dieser oder jener Person oder zu dieser oder jener Situation, sondern für alle Menschen gültig ist«[2]. Mit dieser Definition sind verschiedene Abgrenzungen ausgesprochen. Zunächst ist Ethik von Sitte zu unterscheiden, auch wenn ety-

---

1 E. Fromm, *Man for Himself* (47/1), 6f.; vgl. a.a.O., VII-XI.
2 E. Fromm, *Medicine and the Ethical Problem of Modern Man* (63/3) in (63/1), 118; vgl. zum Folgenden a.a.O., 118f.

mologisch eine Verwandtschaft zwischen beiden besteht; Sitte aber stellt nur das in einer gesellschaftlichen Größe allgemein Anerkannte dar. Dann aber ist Ethik etwas anderes als wünschenswerte Verhaltensweisen oder Kodizes. Dies gilt vor allem hinsichtlich der Verständnisse von »medizinischer Ethik«, »Wirtschaftsethik«, »militärischer Ethik« usw. Solche Ethiken beziehen sich nur auf gewisse Situationen, werden jedoch dem Anspruch der Universalität einer Ethik nicht gerecht. Bei der Bezeichnung »Ethik« geht es um die eine universale Ethik, die dann auf spezifische menschliche Situationen Anwendung findet und ohne die alle »Ethiken« zu puren Verhaltenskodizes entarten, weil sich deren Normen nicht mehr an der Totalität des Menschen und an dem, was dem Menschen zukommt, messen. Neben der Universalität ist ein weiteres Konstitutivum der Ethik, daß sie als besondere Orientierung im Menschen wurzelt. Damit ist (neben vielem anderen) gefordert, daß die Bedingung der Möglichkeit ihrer Erkenntnis sowie ihr Objekt an die dem Menschen eigenen Kräfte gebunden sind. Zur Verdeutlichung dieser Forderung zieht Erich Fromm einen Vergleich mit anderen angewandten Wissenschaften.[3]

Jede Kunst (im Sinne von τέχνη) bezieht sich auf eine angewandte Wissenschaft, die ihrerseits auf Einsichten von »puren« Wissenschaften basiert. So ist die Kunst des Lehrens von der angewandten Wissenschaft Pädagogik und deren Objekt bestimmt; die Pädagogik ihrerseits ist von Einsichten der Psychologie, Soziologie etc. geprägt. Die Ethik nun hat als Objekt und ist die angewandte Wissenschaft der »Kunst«[4] des Lebens. Sie basiert auf der »Wissenschaft vom Menschen« (science of man).[5] »Ihr Objekt ist nicht diese oder jene spezielle Verrichtung, sondern der Vollzug des Lebens, der Entwicklungsprozeß auf das hin, was der Mensch potentiell ist. Bei der Kunst des Lebens ist der Mensch sowohl der Künstler als auch das Objekt seiner Kunst.«[6]

Humanistische Ethik als angewandte Wissenschaft der Kunst des Lebens im eben skizzierten Verständnis ist deutlich verschieden von anderen ethischen Systemen.[7] Sie unterscheidet sich an erster Stelle von einer »*autoritären Ethik*«[8]. In der autoritären Ethik bestimmt nicht der Mensch, sondern eine ihn transzendierende Autorität, was für den Menschen gut ist. »Der Normgeber ist immer eine Autorität, die das Individuum transzendiert. Ein solches System

---

3 Vgl. E. Fromm, *Man for Himself* (47/1), 16–20; M. McGrath, *An Examination of Erich Fromm's Ethics*, 38–42.
4 Die Bezeichnung »Kunst« folgt hier nicht dem aristotelischen Verständnis von τέχνη; vgl. E. Fromm, *Man for Himself* (47/1), 17 Anm. 2.
5 Zu diesem Begriff siehe unten S. 173–175.
6 E. Fromm, *Man for Himself* (47/1), 17f.
7 Vgl. zum Folgenden: E. Fromm, *Man for Himself* (47/1), 8–14, 237–244; ders., *Die gesellschaftliche Bedingtheit der psychoanalytischen Therapie* (35/1), 395; ders., *The Revolution of Hope* (68/1), 86–92.
8 Die Auseinandersetzung mit einer autoritären Ethik ist großenteils identisch mit der Ablehnung einer »idealistischen Moral« (vgl. E. Fromm, *Die gesellschaftliche Bedingtheit der psychoanalytischen Therapie* [35/1] und einer »absoluten Ethik« (vgl. E. Fromm, *Man for Himself* [47/1], 237–244).

basiert nicht auf Vernunft und Wissen, sondern auf Furcht vor der Autorität und auf dem Gefühl der Schwäche und Abhängigkeit des der Autorität Unterworfenen.«[9] (Autorität wird hier also immer als irrationale Autorität verstanden.[10]) Materialiter bestimmt sich eine autoritäre Ethik immer vom Nutzen für die Autorität her (so etwa auch, wenn ethisches Handeln als Verherrlichung Gottes auf Kosten des eigenen Glücks verstanden wird). Gehorsam gegenüber der Autorität ist konsequenterweise die höchste Tugend; Rebellion und Ungehorsam sind Inbegriffe der Sünde.

Eng verwandt mit dem System einer autoritären Ethik ist die »*absolute Ethik*«, weil sie zumeist in einem autoritären System beheimatet ist.[11] Das Spezifikum der absoluten Ethik ist die Unwandelbarkeit und Unantastbarkeit der von einer absoluten Macht dekretierten Normen. Die Gültigkeit der Normen ist durch die überlegene und allwissende Macht der Autorität für immer unzweifelhaft. In dem Maße aber, in dem absolute Wahrheit als Erkenntnisziel wissenschaftlichen Denkens ausgeschlossen wird, bricht auch eine absolute Ethik in sich zusammen. Die Folge ist meist ein System, das »*relativistische Ethik*« genannt wird. Dieses steht allerdings genauso im Widerspruch zu einer humanistischen Ethik wie eine autoritäre oder absolute Ethik. In einer relativistischen Ethik wird eine objektive normgebende Macht abgelehnt, sei diese eine irrationale Autorität jenseits des Menschen oder die rationale Autorität der menschlichen Vernunft. Man »behauptet, daß Werturteile und ethische Normen ausschließlich Angelegenheiten des Geschmacks oder willkürliche Neigungen seien und daß keine objektiv gültigen Aussagen auf diesem Gebiet gemacht werden könnten«[12]. Der Mensch soll sich frei entscheiden, und sein Tun sei der höchste Wert, solange es nur authentisch sei.[13]

Relativistisch ist auch ein weiteres System, das zwar des subjektivistischen Moments entbehrt, dafür aber das Überleben einer Gesellschaft oder einer Kultur zum höchsten Wert nimmt und gleichzeitig die Möglichkeit ausschließt, daß es für alle Menschen objektiv gültige Werte und Normen gibt. Erich Fromm nennt diese Spielart »*sozial-immanente Ethik*« (social immanent ethics): »Mit sozial-immanenter Ethik meine ich solche Normen in jeder Kultur, die Verbote und Gebote enthalten, welche nur für das Funktionieren und Weiterbestehen dieser besonderen Gesellschaft notwendig sind.«[14] Die ethischen Normen sind hier mit den Normen der Gesellschaft, d. h. mit den Normen jener Autoritäten, die die Gesellschaft beherrschen, identisch. Zwar werden die herrschenden Autoritäten immer bemüht sein, ihre in diesen Normen sich manifestierenden Herrschaftsansprüche als von Gott geoffenbarte oder in

---

9 E. Fromm. *Man for Himself* (47/1), 10.
10 Vgl. oben S. 121–125.
11 Vgl. E. Fromm, *Man for Himself* (47/1), 237–239.
12 E. Fromm, *Man for Himself* (47/1), 5.
13 Vgl. E. Fromm, *The Revolution of Hope* (68/1), 87 f.
14 E. Fromm, *Man for Himself* (47/1), 241; vgl. ders., *The Revolution of Hope* (68/1), 88.

der menschlichen Natur wurzelnde Normen zu rechtfertigen, doch sind solche Versuche als Ideologisierungen und Verschleierungen eines ethischen Systems anzusehen, das das Vorhandensein, die Erkennbarkeit und die Verbindlichkeit von objektiv und universal gültigen Normen leugnet.

Schließlich gehört in diese Reihe von ethischen Systemen, die einer humanistischen Ethik entgegenstehen, die *»biologisch-immanente Ethik«* (biologically immanent ethics).[15] Sie basiert auf den Erkenntnissen der vergleichenden Verhaltensforschung und überträgt, ohne die spezifisch menschlichen Fähigkeiten als Wirkmächte auch für die naturalen Vorgegebenheiten ernstzunehmen, die hinter den Verhaltensmechanismen der Tierwelt liegenden Triebbedürfnisse (z. B. der Aggression, der Brutpflege, der Fürsorge) als oberste Werte auf eine für den Menschen gültige Ethik. Auch hier kann nicht von objektiven Normen gesprochen werden, die für alle Menschen gültig sind, weil nicht der Mensch in seiner Totalität, sondern nur die animalisch-naturale Substruktur des Menschen (seine Antriebsgesetzlichkeit, die er mit dem tierischen Leben gemeinsam hat) zum Ausgangs- und Zielpunkt eines ethischen Systems gemacht wird.

Nach diesen Abgrenzungen können *die Charakteristika einer humanistischen Ethik* verdeutlicht werden.

1. Humanistische Ethik geht davon aus, daß der Mensch selbst das Maß aller Dinge ist, daß also »seine Werturteile, wie alle anderen Urteile und sogar seine Wahrnehmung in der Besonderheit seiner Existenz ihren Ursprung haben und nur in Bezug zu dieser einen Sinn haben«[16].
2. Insofern humanistische Ethik nur vom Menschen und seiner Besonderheit ausgehen kann, ist der Mensch mit den in der Besonderheit seiner Existenz liegenden spezifisch menschlichen Qualitäten alleiniger Normgeber und zugleich Ziel und Gegenstand aller Normen. »Gut« ist deshalb alles, was für den Menschen gut ist. »Das Wohl des Menschen ist das einzige Kriterium für ethische Werte.«[17]
3. Humanistische Ethik sieht in der spezifisch menschlichen Qualität der Vernunft die Bedingung der Möglichkeit, zu objektiv gültigen Normen und Werten zu gelangen, die dem Anspruch der Universalität Genüge leisten. Nur sie sind für jeden Menschen verbindlich, weil sie in der Natur des Menschen ihren Ursprung haben und als solche erkannt werden können. ». . . ethische Normen beruhen auf Qualitäten, die dem Menschen inhärent sind.«[18]

---

15 Vgl. E. Fromm, *The Revolution of Hope* (68/1), 88.
16 E. Fromm, *Man for Himself* (47/1), 13.
17 A.a.O.
18 E. Fromm, *Man for Himself* (47/1), 7.

5.2 Der Gründungszusammenhang der humanistischen Ethik

Die Beschreibung einer humanistischen Ethik, ihrer Quelle, ihres Zieles und ihres Gegenstandes macht deutlich, daß eine humanistische Ethik zu objektiv gültigen Werten kommen muß, die die Basis für die Normen einer humanistischen Ethik darstellen. Erich Fromms These lautet: ». . . Werte haben ihre Wurzel in den spezifischen Bedingungen der menschlichen Existenz; deshalb gilt, daß uns unsere Kenntnis dieser Bedingungen, das heißt der ›menschlichen Situation‹, dazu bringt, Werte zu formulieren, die objektive Gültigkeit haben; diese Gültigkeit existiert nur im Hinblick auf die menschliche Existenz; außerhalb des Menschen gibt es keine Werte.«[19] Die Kenntnis der menschlichen Situation oder, wie Erich Fromm im allgemeinen sagt, das Wissen über das »Wesen« oder die »Natur des Menschen« ist somit Basis und Voraussetzung für die Formulierung von objektiv gültigen Werten und Normen. Dieses Wissen wird durch die »Wissenschaft vom Menschen« erworben. – Die Frommsche Formel von den »objektiv gültigen Werten und Normen« wird hier bei der Darstellung des Gründungszusammenhangs der humanistischen Ethik übernommen. In der kritischen Würdigung[20] wird im Normfindungsprozeß zwischen den »naturalen Werten«, die sich aus der Kenntnis der menschlichen Situation ergeben, und den »ethischen Normen« streng unterschieden, um jedem naturalistischen Mißverständnis vorzubeugen.

5.2.1 Die »Wissenschaft vom Menschen« und ihr Bezug zur »Natur des Menschen«[21]

Die »Wissenschaft vom Menschen« (science of man) ist für die angewandte Wissenschaft Ethik die theoretische Grundlage.[22] Der Begriff »Wissenschaft« wird hier freilich nicht – wie sonst zumeist im englischen Sprachraum – als eine Erkenntnismethode etwa nach dem Muster der Physik verstanden.[23] »Vollständige rationale Kenntnis ist nur bei Dingen möglich . . . Der Mensch ist (jedoch) kein Ding. Er kann nicht seziert werden, ohne zugleich zerstört zu werden.«[24] Erich Fromms »Wissenschaft vom Menschen« setzt einen umfassenderen Wissenschaftsbegriff als den herkömmlichen der Anthropologie voraus.[25] Dies erhellt aus dem Gegenstand wie aus der Methode der Wissenschaft vom Menschen: »Der Gegenstand der Wissenschaft vom Menschen ist die menschliche Natur. Doch geht diese Wissenschaft nicht von einem voll-

---

19 E. Fromm, *Values, Psychology, and Human Existence* (59/2), 151.
20 Siehe unten S. 194–227.
21 Vgl. vor allem E. Fromm, *Man for Himself* (47/1), 20–24.
22 Siehe oben S. 169f.
23 Vgl. P. Tillich, *Ist eine Wissenschaft von Werten möglich?*, bes. 173.
24 E. Fromm, *Man Is not a Thing* (57/1), 10.
25 Vgl. E. Fromm, *Man for Himself* (47/1), 20 Anm. 4. – Der Terminus ist von Karl Marx (z. B. Frühschriften, 245) übernommen worden. Vgl. unten S. 274.

ständigen und adäquaten Bild dessen, was menschliche Natur ist, aus; eine befriedigende Definition ihres zugrunde liegenden Gegenstandes ist ihr Ziel, nicht ihr Ausgangspunkt. Ihre Methode besteht darin, menschliche Reaktionen auf verschiedene individuelle und gesellschaftliche Bedingungen zu beobachten und von den Beobachtungen dieser Reaktionen her Schlüsse bezüglich der Natur des Menschen zu ziehen.«[26] Die Natur des Menschen selbst kann dabei nie beobachtet werden, sondern nur ihre besonderen Äußerungen in besonderen Situationen. Diese Aufgabe der Beobachtung nehmen die verschiedensten Einzelwissenschaften wahr: Geschichte, Kulturanthropologie, Sozialpsychologie, Psychologie des Kindes, Psychopathologie usw. »Wissenschaft vom Menschen (ist demnach) eine theoretische Konstruktion, die aus dem empirischen Studium der menschlichen Verhaltensweisen gefolgert werden kann«, sie ist ein Bemühen um ein »Modell der menschlichen Natur«[27]. Sie ist aber gerade deswegen keine pure Spekulation, weil es die Aufgabe der Wissenschaft vom Menschen ist, in all den verschiedenen Äußerungen des Menschen einen »Kern« (core) herauszuarbeiten, der zwar eine theoretische Konstruktion ist, der sich aber als die alle Äußerungen und Verhaltensweisen bestimmende Natur des Menschen erweisen läßt. Dieser Kern stellt zugleich ein Kriterium dar, mit dem bestimmte Bedürfnisse und Eigenschaften, von denen behauptet wird, sie gehörten zur Natur des Menschen, als künstlich produzierte Bedürfnisse und Ausdruck entfremdeter Verhältnisse demaskiert werden können.[28]

Die Legitimität der Methode der Wissenschaft vom Menschen ergibt sich letztlich aus der Eigenart ihres Gegenstandes: Eben weil der Mensch kein Ding ist, pure Wissenschaft (im positivistischen Verständnis von Naturwissenschaft) ihr Objekt aber zu einem Ding macht, verlangt ein adäquates Verstehen des »Gegenstandes« Mensch ein engagiertes Entwerfen dessen, was der Mensch ist, und zugleich den Erweis und die Kritik an diesem Entwurf durch die Beobachtung der Äußerungen und Verhaltensweisen des Menschen. Im Hintergrund dieser Argumentation steht die Überzeugung, daß vollständige Erkenntnis nur in der Erfahrung der Vereinigung möglich ist. »Der einzige Weg zu vollständiger Erkenntnis ist das Tun (act) der Liebe; dieses Tun transzendiert Denken, es transzendiert Worte.«[29] Für das wissenschaftliche Erkennen bedeutet dies ein entwerfendes Sicheinlassen auf den Gegenstand der Erkenntnis, ein In-Erfahrung-Bringen dessen, was der Mensch als entwerfender ist. Die Richtigkeit der Erkenntnis erweist sich dann durch die Koinzidenz von theoretischem Entwurf und Beobachtung der Äußerungen und Verhaltens-

---

26 E. Fromm, *Man for Himself* (47/1), 23; vgl. Erich Fromms persönliches Bekenntnis über seine Art, Theorie und klinische Beobachtung zu verbinden, in *Beyond the Chains of Illusion* (62/1), 9f.
27 E. Fromm, *Man for Himself* (47/1), 24.
28 Vgl. G. B. Hammond, *Man in Estrangement,* 39, sowie oben S. 89–96.
29 E. Fromm, *Man Is not a Thing* (57/1), 10.

weisen.[30] »Der Begriff der Wissenschaft des Menschen beruht auf der Voraussetzung, daß ihr Gegenstand, der Mensch, existiert und daß es eine menschliche Natur gibt, die charakteristisch für die Spezies Mensch ist.«[31] Ohne eine solche Voraussetzung kann es keine humanistische Ethik geben; denn »wenn die Ethik das Gerüst (body) der Normen in sich enthält, mit denen der Mensch im Vollzug der Kunst des Lebens etwas Ausgezeichnetes erreichen kann, dann müssen ihre allgemeinsten Grundsätze aus der Natur des Lebens im allgemeinen und aus der menschlichen Existenz im besonderen folgen«[32].

Die Annahme einer Natur des Menschen als Bedingung der Möglichkeit einer humanistischen Ethik ist unerläßlich. Ebenso eindeutig ist die Absage an einen wie auch immer gearteten Relativismus, bei dem der Mensch »nichts anderes als« ein Produkt kultureller oder anderer Gegebenheiten ist, die ihn prägen. Die Ausführungen zur Natur des Menschen[33] haben gezeigt, daß streng genommen nur die Tatsache des Widerspruchs und die mit ihm gegebene Notwendigkeit des Verlangens nach einer Lösung als das Wesen oder die Natur des Menschen bezeichnet werden kann. Daß die Lösung sich in verschiedenen Daseinsformen des Menschen ausprägt, bedeutet nicht, daß die verschiedenen Daseinsformen das Wesen des Menschen sind;[34] vielmehr sind sie Antworten auf den Konflikt, der in sich das Wesen des Menschen bildet.[35] Diese Behauptung, die für die Frage nach der Möglichkeit objektiv gültiger Werte von Bedeutung sein wird, scheint von Erich Fromm in dieser Ausschließlichkeit erst in den letzten Jahren aufgestellt worden zu sein. So kann er in »Man for Himself« noch behaupten, daß »der Wille zu leben jedem Organismus inhärent ist«[36]; oder er stellt fest: »Existenz und die Entfaltung von den spezifischen Kräften eines Organismus sind ein und dasselbe. Allen Organismen wohnt die Tendenz inne, ihre spezifischen Möglichkeiten zu aktualisieren. Deshalb muß als Ziel menschlichen Lebens die Entfaltung seiner Kräfte entsprechend den Gesetzen seiner Natur angesehen werden.«[37]

Im Gegensatz zu dieser bereits inhaltlichen Bestimmung des als Natur des Menschen zu kennzeichnenden Widerspruchs und Dranges nach einer Lösung dieses Widerspruchs[38] schreibt Erich Fromm später: »Der Mensch hat keinen angeborenen ›Trieb nach Fortschritt‹ (innate drive for progress), aber er ist getrieben von dem Bedürfnis, seine existentiellen Widersprüche zu lösen, die auf jeder neuen Stufe der Entwicklung wieder auftreten.«[39] Mit dieser Feststel-

---

30 Vgl. E. Fromm, *Beyond the Chains of Illusion* (62/1), 149–151.
31 E. Fromm, *Man for Himself* (47/1), 20; vgl. oben S. 82–86.
32 E. Fromm, *Man for Himself* (47/1), 19. – Vgl. zum Folgenden: E. Fromm, *The Heart of Man* (64/1), 115–117.
33 Siehe oben S. 82–96.
34 Hierin unterscheidet sich das Verständnis Erich Fromms von dem von Karl Marx.
35 Vgl. E. Fromm, *The Heart of Man* (64/1), 117.
36 A.a.O., 18.
37 A.a.O., 19f.
38 Vgl. etwa die diesbezügliche Kritik von A. Gewirth, *Review*, 290f.
39 E. Fromm, *The Application of Humanist Psychoanalysis to Marx's Theory* (65/3), 220.

lung ist zumindest gesagt, daß Fortschritt und produktive Entfaltung der dem Menschen eigenen Kräfte nicht unmittelbar aus der Beobachtung der menschlichen Äußerungen und Verhaltensweisen und der daraus erkannten Natur des Menschen mit Notwendigkeit folgen. Dementsprechend ist mit der Erkenntnis der so verstandenen Natur des Menschen nicht auch schon offenbar, was inhaltlich als der höchste Wert des Menschen und was von dorther als gut und böse zu kennzeichnen ist. Objektiv gültige Normen resultieren also auch nicht einfach aus der Natur des Menschen.

Erich Fromm hat den Begriff des Wesens oder der Natur des Menschen in seinen jüngeren Publikationen präzisiert und seine Bedeutung für den Gründungszusammenhang von Ethik aufgezeigt, indem er menschliche Bedürfnisse formuliert hat, die unmittelbar aus der Natur des Menschen folgen und unabdingbare Bereiche der Verantwortung darstellen.[40] Darüberhinaus gibt der Begriff der Natur des Menschen Auskunft über die Möglichkeit von Ethik überhaupt sowie den Schöpfer von Ethik. Wenn das Wesen oder die Natur des Menschen verstanden wird als der Widerspruch zwischen des Menschen Sein in der Natur und seinem (durch Selbstbewußtsein, Vernunftbegabung und Vorstellungsvermögen bedingten) Transzendieren der Natur und der in diesem Transzendieren liegenden Notwendigkeit einer Antwort auf diesen Widerspruch, dann hat Ethik überhaupt ihren Grund in der Natur des Menschen und ist der mit Selbstbewußtsein, Vernunftbegabung und Vorstellungsvermögen ausgestattete Mensch befähigt, Ethik zu schaffen. Das Daß der Befähigung zu ethischen Aussagen ist demnach mit der Natur des Menschen gegeben. Demgegenüber hat das Wie – wie muß der Mensch antworten auf den ihm eigenen Widerspruch? – nur formal seinen Grund in der Natur des Menschen: Die Formulierung des Wie ist nur als Entwurf[41] des mit Selbstbewußtsein, Vernunftbegabung und Vorstellungsvermögen ausgestatteten Menschen möglich. Dieser Entwurf muß sich dann an der Wirklichkeit als richtig erweisen. Mit der Bestimmung der Natur des Menschen ist aber nicht schon die Richtigkeit dieses Entwurfs gesetzt und garantiert.[42] So sehr die Natur des Menschen nur als des Menschen Dichotomie zwischen Natur und Vernunft ausgemacht werden kann und deshalb ein Zielbegriff ist[43], ist doch auf der anderen Seite die Natur des Menschen beschreibbar als ein Kern, der sich durch alle Äußerungen und Verhaltensweisen des Menschen durchhält. Die Spannung zwischen beiden Verständnissen von Natur des Menschen muß aufrechterhalten werden, wenn »Wissenschaft vom Menschen« im Sinne Erich Fromms möglich sein soll. Darum gilt: Das Wie hat formal seinen Grund insofern in der Natur des Menschen, als die spezifisch menschlichen Qualitäten die

---

40 Vgl. oben S. 89–96.
41 Der hier verwendete Begriff »Entwurf« will sachlich wiedergeben, was Erich Fromm »Modell der menschlichen Natur« genannt hat (vgl. oben S. 174). Vgl. auch Erich Fromms Begriff der »rationalen Vision« in E. Fromm, *Man for Himself* (47/1), 205.
42 Vgl. hierzu E. Fromm, *The Revolution of Hope* (68/1), 89–92.
43 Vgl. oben S. 173 f.

Eigenart der menschlichen Natur ausmachen und zugleich die Bedingung der Möglichkeit sind, die durch die spezifisch menschlichen Qualitäten auf den Menschen zukommende Gestaltungsverantwortung entwerfend wahrzunehmen.

5.2.2 Der Weg zur Erkenntnis von objektiv gültigen Werten und Normen

Da Erich Fromm in den jüngeren Publikationen den Gründungszusammenhang für die Formulierung von objektiv gültigen Werten und Normen differenzierter sieht, kann er nicht mehr einfach sagen, »daß uns unsere Kenntnis von der Natur des Menschen . . . zu der Überzeugung führt, daß die Quellen der Normen für eine sittliche Lebensführung in der menschlichen Natur selbst gefunden werden müssen«[44]. Dennoch hält er an der Möglichkeit der Erkenntnis von objektiv gültigen Werten fest. Hierfür ist einerseits die umfassende Kenntnis des Menschen wesentliche Voraussetzung, andererseits bedarf es der Annahme eines höchsten Wertes, von dem her alle anderen Daten und Werte beurteilt werden können. Zunächst freilich ist klarzustellen, daß »›objektiv gültig‹ nicht mit ›absolut‹ identisch ist«[45]. Vielmehr bedeutet objektive Gültigkeit ein Höchstmaß an Kongruenz zwischen Entwurf (als Theorie, Hypothese, »rationale Vision«) und Verifizierung durch beobachtbare Fakten.[46] Genau diesen Erkenntnisweg beschreitet Erich Fromm bei der Suche nach einem »allgemeinen Wertprinzip« (general principle of values)[47], von dem aus alle beobachtbaren Äußerungen und Verhaltensweisen beurteilt werden können und dessen objektive Gültigkeit sich in der Erfahrung einer der Natur des Menschen adäquaten Antwort erweist. Ein solches allgemeines Wertprinzip als einzige zu setzende Prämisse, um zu objektiv gültigen Normen zu kommen, ist für Erich Fromm die Annahme, »daß es erstrebenswert ist, daß ein lebendes Wesen (living system) wachsen und das Höchstmaß an Vitalität und innerer Harmonie, d. h. – subjektiv – an Wohlergehen (well-being) erzielen soll«[48]. Das eigentliche Wertprinzip bei dieser Prämisse ist das Wachsen und Sich-Entfalten, das zu dem Ziel der inneren Harmonie bzw. des Wohlergehens führt. Dieses Ziel selbst ist nicht notwendiger Inhalt der Prämisse, sondern mit der Definition der Natur des Menschen als eines Widerspruchswesens unmittelbar gegeben.

Wachstum und Entfaltung der dem Menschen eigenen Kräfte und Fähigkeiten

---

44 E. Fromm, *Man for Himself* (47/1), 7.
45 A.a.O., 16.
46 Vgl. Erich Fromms Selbstbekenntnis in *Beyond the Chains of Illusion* (62/1), 9f.: ». . . da ich an den überragenden Wert einer Vereinigung von empirischer Beobachtung und Spekulation glaube . . ., habe ich immer versucht, mich in meinem Denken von der Beobachtung der Fakten leiten zu lassen, und mich bemüht, meine Theorien zu revidieren, wenn die Beobachtung es gerechtfertigt erscheinen ließ.« Vgl. E. Fromm, *Man for Himself* (47/1), 204–206.
47 E. Fromm, *The Revolution of Hope* (68/1), 89.
48 A.a.O., 91.

sind auch in anderen Formulierungen das allgemeine Wertprinzip, von dem her die Erscheinungen des Lebens beurteilt und objektiv gültige Werte und Normen gefunden werden können. »Wertvoll oder gut ist alles, was zu einer größeren Entfaltung der spezifischen Möglichkeiten des Menschen beiträgt und das Leben fördert . . .«[49] Alle Antworten, die der Mensch auf seine Bedürfnisse gibt und die als gut qualifiziert werden können, »haben gemeinsam, daß sie in Einklang stehen mit dem Leben selbst, das immerwährende Geburt und immerwährendes Wachstum ist«[50]. Und auf die Frage nach dem Wohl des Menschen: »Was heißt optimales Funktionieren des Systems ›Mensch‹?«, antwortet Erich Fromm: »Es bedeutet die optimale Entwicklung all seiner Möglichkeiten, minimale Reibung und Energieverschwendung innerhalb des Menschen, zwischen Mensch und Mensch und zwischen dem Menschen und seiner Umgebung.«[51]

Mit diesem allgemeinen Wertprinzip des Wachstums und der Entfaltung der dem Menschen eigenen Möglichkeiten weiß sich Erich Fromm in der Tradition aller großen humanistischen Religionen (er nennt: Buddhismus, Judentum, Christentum, Islam[52]) und der humanistischen Philosophen von den Vorsokratikern bis in unsere Zeit (er führt aus: Aristoteles, Spinoza und John Dewey[53]). Zugleich nimmt er in engagierter Weise Stellung gegen alle Versuche, das technologisch Mögliche zum allgemeinen Wertprinzip zu machen. Dann wird nämlich das Wertprinzip Mensch und Entfaltung der dem Menschen eigenen Möglichkeiten ersetzt durch das Wertprinzip »Man soll tun, was immer technisch zu tun möglich ist«[54], und das Ziel ist nicht mehr das Wohl des Menschen, sondern die technische Realisierbarkeit.[55] Die Richtigkeit des humanistischen Wertprinzips gegenüber etwa dem technologischen – beide sind ja zunächst gesetzte Prämissen – erweist sich erst in der Anwendung dieser Prinzipien auf das Ziel jeder Ethik: die Kunst des Lebens. Das aber heißt, daß sich die Gültigkeit des gesetzten allgemeinen Wertprinzips dann erweist, wenn diese Normen optimales Leben des Menschen ermöglichen. Erich Fromm hat diesen Versuch des Erweises der objektiven Gültigkeit von Werten und Normen und des diese bestimmenden allgemeinen Wertprinzips unternommen, indem er erkannte, daß die Verhaltensweisen des Menschen Ausdruck be-

---

49 E. Fromm, *The Revolution of Hope* (68/1), 89. – Vgl. die ganz ähnliche Formulierung in E. Fromm, *Man for Himself* (47/1), 20: »Gut bedeutet in der humanistischen Ethik die Bejahung des Lebens, die Entfaltung der Kräfte des Menschen.«
50 E. Fromm, *Values, Psychology, and Human Existence* (59/2), 162.
51 E. Fromm, *Humanistic Planning* (70/12) in (70/1), 85.
52 Vgl. E. Fromm, *The Revolution of Hope* (68/1), 89.
53 Vgl. E. Fromm, *Man for Himself* (47/1), 25–30.
54 E. Fromm, *Humanistic Planning* (70/12) in (70/1), 80; vgl. ders., *Zur Theorie und Strategie des Friedens* (70/6), 242f.
55 In ähnlicher Weise kritisiert Erich Fromm, *The Sane Society* (55/1), 172–174, auch die heute gängige »Ethik der Fairneß« (fairness ethics), bei der die Fairneß als ethisches Prinzip das Leben der marketing orientierten Persönlichkeit beherrscht.

stimmter Orientierungen der Charakterstruktur sind.[56] Seine Analyse der Reaktionsweisen auf die existentiellen Bedürfnisse erbrachte zwei grundsätzliche
Dominanzen von Orientierungen und Charakterstrukturen als zwei grundsätzlich verschiedene mögliche Antworten: die produktiven oder nicht-produktiven Orientierungen und das durch Biophilie bzw. Nekrophilie gekennzeichnete Wachstums- bzw. Verfallssyndrom. Beide Möglichkeiten entscheiden zugleich über individuelle und gesellschaftliche Gesundheit und Krankheit, über Leiden und Freude, Regression und Progression, Leben und
Tod, Funktion und Dysfunktion des Systems Mensch. Die objektive Gültigkeit
etwa des Wertes produktive Liebe und die Gültigkeit der aus ihm gefolgerten
ethischen Norm, daß der Mensch sich produktiv liebend in Beziehung zu seinen Mitmenschen setzen muß, erweist sich dadurch, daß nur die produktive
Orientierung dem Bedürfnis nach Bezogenheit optimal – weil die menschliche
Fähigkeit optimal entfaltend – gerecht wird. Dieser Erweis an dem aus der Natur des Menschen resultierenden Bedürfnis der Bezogenheit rechtfertigt damit
zugleich das nicht mit der Natur des Menschen bereits ausgesagte allgemeine
Wertprinzip, daß das gut ist, was das Wachsen und Entfalten der menschlichen
Fähigkeiten bewirkt und gewährleistet. Auf dem Weg dieses Erweises ist es
also möglich, zu objektiv gültigen Werten und Normen zu gelangen und geradezu ein »Modell einer Charakterstruktur zu entwerfen, die einer optimalen
Funktion und minimalen Energieverschwendung förderlich ist«[57]. Erich
Fromm ist dieser Aufgabe einer humanistischen Ethik mit seiner Charakterlehre nachgekommen. Das Ergebnis seiner Forschungen lautet, daß humanistische Ethik mit »biophiler Ethik« identisch ist.[58]

5.3 Die Fähigkeit des Menschen zum Sittlichen

Erich Fromm definiert die Natur des Menschen als Widerspruch, aus dem verschiedene Bedürfnisse des Menschen resultieren; es gehört also auch zur Natur
des Menschen, auf diese Bedürfnisse zu reagieren. Die Analyse der verschiedenen Antworten auf die Bedürfnisse hat erbracht, daß grundsätzlich zwei
entgegengesetzte Antworten möglich sind, die jeweils Ausdruck einer entsprechenden Charakterstruktur sind. Es kann weiterhin gezeigt werden, daß
diejenige Antwort, die Wachstum und Entfaltung der Möglichkeiten des Menschen zum Inhalt hat, als gut und deshalb ethisch normierend gelten kann.
Ein Blick auf die Realität läßt erkennen, daß beileibe nicht alle Menschen diesem allgemeinen Wertprinzip des Wachstums und der Entfaltung folgen, son-

---

56 Vgl. oben Teil I dieser Arbeit, sowie E. Fromm, *Values, Psychology, and Human Existence*
(59/2), 162–164; ders., *The Revolution of Hope* (68/1), 89–92; ders., *Humanistic Planning*
(70/12) in (70/1), 85 f.
57 E. Fromm, *Humanistic Planning* (70/12) in (70/1), 86.
58 Vgl. E. Fromm, *The Heart of Man* (64/1), 47.

dern sich für die andere Antwort entscheiden oder entschieden haben bzw. dazu gedrängt worden sind. Es bleibt deshalb die Frage, ob der Mensch wirklich die Fähigkeit hat, sein Leben nach den Grundsätzen einer humanistischen Ethik zu gestalten oder ob er von Fakten oder Faktoren determiniert ist, die dies (grundsätzlich oder akzidentell) ausschließen. Damit ist zugleich die Frage nach der Freiheit des Menschen gestellt. Die Antwort auf die Frage nach der Fähigkeit des Menschen zum Sittlichen ist von entscheidender Bedeutung für die Zukunft der Menschheit, aber auch für die Berechtigung einer Ethik überhaupt und einer humanistischen Ethik im besonderen.

5.3.1 Die Frage nach der potentiellen Gutheit des Menschen

Die Analysen der einzelnen Charakter-Orientierungen und vor allem ihrer Zuordnungen zu Charakterstrukturen haben gezeigt, daß es grundsätzlich zwei Kategorien von Antworten auf die menschlichen Bedürfnisse gibt, eine progressive oder eine regressive, und daß das Maß der Progression bzw. Regression je verschieden sein kann.[59] Bei der regressiven Antwort »versucht der Mensch wieder zur Harmonie mit der Natur zu kommen, indem er zu einer vormenschlichen Form der Existenz regrediert und seine spezifisch menschlichen Fähigkeiten der Vernunft und Liebe eliminiert«[60]. Bei der progressiven Antwort »ist sein Ziel die volle Entwicklung seiner menschlichen Kräfte, bis er eine neue Harmonie mit seinem Mitmenschen und mit der Natur erreicht«[61]. Zu beiden Antworten ist der Mensch fähig, wie die Vielfalt der menschlichen Charakter-Orientierungen und deren Mischungen zeigen. In ihnen wird zugleich deutlich, daß das Maß der progressiven oder regressiven Orientierung der Charakterstruktur je verschieden ist und bei jedem einzelnen Menschen variabel bleibt, je nachdem seine spezifisch menschlichen Qualitäten zur Entfaltung kommen oder verkümmern. Entsprechend dem allgemeinen Wertprinzip, daß gut ist, was dem Wachstum und der Entfaltung der menschlichen Kräfte dient, und böse ist, was dieses verhindert, hat der Mensch grundsätzlich auch insoweit die Wahl zwischen Gut und Böse, als er zu Progression oder Regression fähig ist. »Der Mensch hat die Neigung zu regredieren und vorwärts zu schreiten; dies heißt mit anderen Worten, er ist zum Guten und Bösen geneigt (inclined).«[62]
Die im philosophischen und theologischen Denken des Abendlandes Jahrhunderte lang diskutierte Frage, ob der Mensch grundsätzlich böse und verdorben oder ob er grundsätzlich gut und vollkommen ist[63], wird – geht es mit

---

59 Die Begriffe »Progression« und »Regression«, von Erich Fromm vor allem in seinen jüngeren Schriften verwendet, implizieren sachlich, was die Bezeichnungen »produktiv – nicht-produktiv«, »biophil – nekrophil«, »Wachstums- und Verfallssyndrom« bedeuten.
60 E. Fromm, *Beyond the Chains of Illusion* (62/1), 174f.
61 A.a.O.
62 E. Fromm, *Man for Himself* (47/1), 149.
63 Vgl. a.a.O., 19–21.

dieser Frage um die Natur des Menschen – von Erich Fromm als falsche Alternative abgelehnt. ». . . das Wesen des Menschen ist weder das Gute noch das Böse, weder Liebe noch Haß, sondern ein Widerspruch, der die Suche nach neuen Lösungen fordert . . . entweder auf regressive oder auf progressive Weise.«[64] Es kann deshalb eigentlich nur um die Frage gehen, welche Faktoren, Bedingungszusammenhänge und Umstände dafür verantwortlich zu machen sind, daß der eine Mensch progressiv und der andere regressiv auf den Widerspruch seines Lebens reagiert und inwieweit diese Gegebenheiten unabdingbar sind, so daß sie den Menschen in seiner Fähigkeit zum Sittlichen determinieren.

5.3.2 Die Determinanten für die Fähigkeit des Menschen zum Sittlichen

Geht man von den klassischen Unterscheidungen »Anlage – Umwelt« oder »konstitutionell – erworben« aus, so kommt Erich Fromm aus dem Wissen über den Umfang der Prägungsmöglichkeiten des Menschen zu der Feststellung: »Ich glaube, daß der Mensch nur ausnahmsweise als Heiliger oder als Krimineller geboren wird. Die meisten von uns haben Dispositionen für das Gute und das Böse, obwohl die Gewichtigkeit dieser Dispositionen von Individuum zu Individuum variiert. Deshalb ist unser Schicksal hauptsächlich von denjenigen Einflüssen determiniert, die die gegebenen Dispositionen prägen und formen.«[65] Unter Dispositionen werden hierbei Temperament, Talentierung sowie andere konstitutionelle psychische Gegebenheiten verstanden.[66] Die Berechtigung für Erich Fromms Urteil, daß diese konstitutionellen Faktoren für die Terminierung eines Menschen auf das Gute oder Böse hin relativ unbedeutend sind, erhellt aus seiner Einsicht in die ungleich größere Abhängigkeit des Menschen von solchen Prägungsfaktoren, die ihn erst im Laufe seiner psychischen Entwicklung zu dem machen, was er ist. Alle psychischen Qualitäten, die zwar auf dem Boden der konstitutionellen Dispositionen aufbauen, jedoch in ihrer spezifischen Ausrichtung durch bestimmte Prägungsfaktoren erworben werden, unterstellt Erich Fromm dem Begriff »Charakter«[67]. Wenn es demnach um die Determinanten für die Fähigkeit des Menschen zum Sittlichen geht, so geht es näherhin um die Frage, welche Bedeutung der Charakter, seine Abhängigkeit von den Prägungsfaktoren und seine Strukturierung für die Fähigkeit zum Sittlichen haben.

Den wichtigsten Einfluß auf die Prägung des Charakters hat die Familie. »Aber die Familie selbst ist hauptsächlich eine Agentur der Gesellschaft, der

---

64 A.a.O., 121.
65 E. Fromm, *Beyond the Chains of Illusion* (62/1), 177. – Der Begriff »determinieren« ist hier im Sinne von »terminieren« und nicht »deterministisch« zu verstehen. Um Mißverständnissen vorzubeugen, wird im Folgenden zumeist statt »determinieren« die sachlich getreuere Wiedergabe mit »terminieren«, »disponieren« oder »bestimmen« gewählt.
66 Vgl. E. Fromm, *Man for Himself* (47/1), 50.
67 Siehe oben S. 50f.

Transmissionsriemen für diejenigen Werte und Normen, die eine Gesellschaft ihren Mitgliedern einprägen will. Daher sind der wichtigste Faktor für die Entwicklung des Individuums die Struktur und die Werte der Gesellschaft, in die ein Mensch hineingeboren wurde.«[68] Die Bedeutung des durch die sozioökonomischen Verhältnisse geprägten Charakters wird jedoch erst eigentlich aus der ihm eigenen Dynamik und aufgrund seiner Funktion als Substituts für den Instinkt ersichtlich.[69] Wenn nämlich der Charakter die »(relativ gleichbleibende) Form (ist), in die menschliche Energie im Prozeß der Assimilierung und Sozialisation kanalisiert wird«[70], dann ist es eben dieser Charakter, der die Entscheidungen, in die jeder Mensch aufgrund seiner Natur immer gestellt ist, terminiert. Erich Fromm spricht deshalb von der Charakterstruktur, die den Menschen in seinen Entscheidungen dahingehend terminiert, daß er immer die Werte bevorzugt, die seiner Charakterstruktur entsprechen. »So wird sich ein biophiler, das Leben liebender Mensch für biophile Werte entscheiden und ein nekrophiler Mensch für nekrophile Werte. Diejenigen, die dazwischenstehen, werden versuchen, eine klare Entscheidung zu vermeiden, oder sie werden sich schließlich entscheiden, und zwar entsprechend der dominanten Kräfte in ihrer Charakterstruktur.«[71]

Wenn die jeweilige Charakterstruktur in dieser Weise für die Entscheidungen des Menschen terminierend ist, Charakter in seiner spezifischen Ausrichtung jedoch ex definitione etwas ist, was der Mensch erworben hat, so ist das Gute wie das Böse eine Potentialität. Der Mensch ist zu beidem fähig. Entsprechend der Voraussetzung, daß das Gute Wachstum und Entfaltung der dem Menschen eigenen Kräfte der Vernunft und Liebe ist und daß der Mensch in der Entwicklung dieser Kräfte erst eigentlich zu seinem vollen Menschsein kommt, tritt die regressive Antwort auf den als Natur des Menschen zu kennzeichnenden Widerspruch als eine Möglichkeit erst dann auf, wenn die progressive Antwort nicht gegeben wird oder nicht gegeben werden kann.[72] Deshalb kann nur der Mensch böse sein. »Das Böse ist des Menschen Verlust seiner selbst in dem tragischen Versuch, der Last seines Menschseins (humanity) zu entrinnen.«[73]

---

68 E. Fromm, *Beyond the Chains of Illusioon* (62/1), 177. – Vgl. hierzu auch die Ausführungen zum Gesellschafts-Charakter, oben S. 38–44.

69 Zu beiden Gesichtspunkten siehe oben S. 53–55.

70 E. Fromm, *Man for Himself* (47/1), 59.

71 E. Fromm, *The Revolution of Hope* (68/1), 91.

72 Bereits 1941 schrieb Erich Fromm in *Escape from Freedom* ([41/1], 184) bezüglich der Destruktivität: »Es hat den Anschein, daß, wenn die Tendenz (das Leben zu entfalten) vereitelt wird, die Energie, die auf das Leben ausgerichtet ist, einen Zersetzungsprozeß durchmacht und sich in eine auf Destruktion ausgerichtete Energie umwandelt. Mit anderen Worten: Der Trieb zum Leben und der Trieb zur Destruktion sind keine voneinander unabhängige Faktoren, sondern stehen in einem umgekehrten Verhältnis zueinander. Je mehr der Trieb zum Leben vereitelt wird, desto stärker ist der Trieb zur Destruktion; je mehr das Leben realisiert wird, desto geringer ist die Stärke der Destruktivität. Destruktivität ist die Folge ungelebten Lebens.«

73 E. Fromm, *The Heart of Man* (64/1), 148.

Wenn sich das Gute oder das Böse aus einer entsprechenden Charakter-Struktur und -Orientierung ergibt und folglich menschliche Energie in eine gute oder böse – d. h. progressive oder regressive – Form kanalisiert wird, dann kann ein Mensch seine Energie so sehr regressiv gebunden haben, daß die Möglichkeit eines progressiven (biophilen) Reagierens nicht mehr gegeben ist. Ein solcher Mensch ist zwar nicht nichtmenschlich, doch in seinen Entscheidungen und Reaktionen zutiefst unmenschlich.[74] Umgekehrt wird ein Mensch, der seine ihm eigenen Kräfte der Vernunft und Liebe in einem Höchstmaß realisiert hat, kaum noch fähig sein, destruktiv, narzißtisch, nekrophil oder sonstwie regressiv zu reagieren. Auch er ist durch seine Charakterstruktur in einem Maße determiniert, daß er kaum anders kann, als progressiv zu reagieren.[75] Ein solcher Mensch ist dem Ziel einer humanistischen Ethik und damit dem Ziel der menschlichen Entwicklung überhaupt deshalb am nächsten, weil er die neue Harmonie des Menschen mit der Natur aufgrund der Entfaltung der spezifisch menschlichen Qualitäten bestmöglich realisiert.

5.3.3 Charakter oder Instinkt als Determinante für die Fähigkeiten des Menschen zum Sittlichen. Zur Auseinandersetzung mit Konrad Lorenz

Das Frommsche Verständnis des Charakters als eines Substituts für den (tierischen) Instinkt[76] und als entscheidende Determinante für die Fähigkeit des Menschen zum Sittlichen steht in schroffem Widerspruch zu zwei heute gängigen Anschauungen, die beide einem biologisierenden Denken verpflichtet sind. Erich Fromms Verständnis widerspricht zum einen der Freudschen Theorie, daß der Charakter durch eine instinkthafte Libido-Organisation geprägt wird, und der Freudschen Sicht von dem sich widerstreitenden, gleichursprünglichen Lebens- und Todestrieb; zum anderen wehrt sich Erich Fromm gegen eine Sicht der menschlichen Verhaltensweisen, die von instinkthaften Verhaltensmechanismen, wie sie in der Tierwelt zu erkennen sind, ausgeht und diese Verhaltensmechanismen auf den Menschen überträgt. Da bereits oben der Widerspruch zu Sigmund Freuds Ansichten aufgezeigt wurde[77], soll es im Folgenden vorrangig um die Auseinandersetzung mit der Verhaltensforschung, und hier wiederum vornehmlich um die Ansichten von Konrad Lorenz gehen.[78]

»Für Lorenz wie für Freud ist die menschliche Aggressivität ein durch eine im-

---

74 Vgl. a.a.O., 150.
75 Vgl. die schematische Darstellung des Wachstums- und Verfallssyndroms, oben S. 81.
76 Siehe oben S. 53–55.
77 Siehe oben S. 35–38, 45–49, 77 f.
78 Vgl. zum Folgenden: E. Fromm, *Epilogue* (70/3); ders., *Zur Theorie und Strategie des Friedens* (70/6), 19–22; ders., *The Anatomy of Human Destructiveness* (73/1), bes. 16–32. – Aus der umfangreichen Sekundärliteratur zu Konrad Lorenz: J. Rattner, *Aggression und menschliche Natur* (mit ausführlichem Literaturverzeichnis), bes. 26–55.

mer fließende Energiequelle gespeister Instinkt und nicht notwendig das Ergebnis einer Reaktion auf äußere Stimuli.«[79] Aggression wird hier als Trieb verstanden, der in seiner destruktiven Ausrichtung zu definieren ist »als eine spontan entstehende und wachsende Erregungsquantität, die die Zerstörung von Objekten zu ihrem Ziel hat, die sich immer mehr steigert und – auch wenn sie kontrolliert wird – schließlich zu einer Explosion führen muß«[80]. Man hat deshalb das Lorenzsche Modell der Aggression ein »hydraulisches« Modell genannt, in Analogie zu dem Druck, der in einem abgeschlossenen Behälter durch gestautes Wasser oder gestauten Dampf ausgeübt wird und immer wieder zum Überlauf oder Durchbruch führt. Dieser Aggressionstrieb dient in der Tierwelt als intraspezifische Aggression positiv dem Leben, indem er für das Überleben des Individuums bzw. der Spezies sorgt. Dies um so mehr, als im Evolutionsprozeß die tödliche Aggression umgewandelt wurde in ein aus symbolischen und rituellen Drohungen bestehendes Verhalten, das die gleiche Funktion erfüllt.

Dieser positiv zu wertende Aggressionstrieb ist auch der Ursprung der menschlichen Aggression. Es gibt für Konrad Lorenz keinen destruktiven Instinkt, der vom Tier auf den Menschen überkommen ist, weil es in der Tierwelt keine Basis für eine solche Annahme gibt.[81] Der Grund für die menschliche Destruktivität muß deshalb in einer besonderen Entwicklung der Spezies Mensch liegen, bei der sich der lebenserhaltende Aggressionstrieb zur destruktiven Aggression umwandelte. Dies nimmt Konrad Lorenz hypothetisch für die frühe Steinzeit an, als durch die Entwicklung von Waffen, Kleidung und sozialer Organisation die natürlichen Faktoren, die die Selektion beeinflussen (Hunger, Kälte, wilde Tiere), in ihrer Bedeutung immer mehr zurückgedrängt wurden. Hier setzte eine negative intraspezifische Selektion ein, deren Hauptfaktor das Kriegeführen zwischen feindlichen Nachbarstämmen war.[82]

Es sind also zur Erklärung der destruktiven Aggression des Menschen in der These von Konrad Lorenz zwei Elemente verbunden: »Das erste besagt, daß sowohl die Tiere als auch die Menschen von Natur aus mit Aggression ausgestattet sind, die dem Überleben des Individuums und der Spezies dient . . . Das andere Element, die ›hydraulische‹ Eigenart der aufgestauten Aggression, wird gebraucht, um die mörderischen und grausamen Impulse des Menschen zu erklären . . .«[83] Für die Entwicklung des Menschen wird dabei eine Umwandlung der ursprünglich defensiven und lebenserhaltenden Aggression in eine destruktive angenommen. Diese wirkt sich als angeborener Zerstörungstrieb auch dann aus, wenn sie nicht durch äußere Umstände stimuliert wird.

79 E. Fromm, *The Anatomy of Human Destructiveness* (73/1), 16f.
80 E. Fromm, *Zur Theorie und Strategie des Friedens* (70/6), 23.
81 Hierin unterscheidet sich Konrad Lorenz im Ansatz fundamental von Sigmund Freuds Todestrieb, der als Antipode zum Lebenstrieb dem Tod dient. Vgl. E. Fromm, *The Anatomy of Human Destructiveness* (73/1), 19f.
82 Vgl. K. Lorenz, *Das sogenannte Böse*, 64f.
83 E. Fromm, *The Anatomy of Human Destructiveness* (73/1), 19.

»Das so-genannte Böse in den Tieren wird ein reales Böses im Menschen, obwohl nach Lorenz seine Wurzeln nicht böse sind.«[84] Um diese dem Menschen eigene Destruktivität ausleben zu können, schafft der Mensch »sich die Verhältnisse, in denen er seine ihm innewohnende und sich immer wieder steigernde Destruktivität befriedigen kann«[85].

Die Konsequenzen einer solchen Sicht menschlicher Destruktivität für eine humanistische Ethik wie für die Zukunft der Menschheit überhaupt liegen auf der Hand, und es wundert nicht, daß sich Erich Fromm mit aller Entschiedenheit gegen die Annahme eines so verstandenen menschlichen Destruktionstriebes wendet. Zunächst kritisiert er den undifferenzierten Gebrauch des Begriffes Aggression und zeigt die grundsätzliche Verschiedenheit der Arten destruktiven menschlichen Handelns auf. Aggression ist entweder reaktive Aggression oder sadistisch-grausame Destruktivität oder nekrophile Destruktivität.[86] Die entscheidende Kritik betrifft jedoch die Annahme einer instinktiven Destruktivität. Die gegensätzliche Annahme ist eine vor allem bei amerikanischen Forschern vertretene These, daß Destruktivität immer nur die Folge von Frustration oder aber erlernt ist; sie kann also aus den Einflüssen der Gesellschaft und der Umwelt erklärt werden und liegt nicht im Organismus des Menschen selbst begründet.

Beide Positionen können aufgrund neurophysiologischer Erkenntnisse nicht gehalten werden.[87] »Die Lösung besteht in der Annahme, daß in der menschlichen Physiologie eine Bereitschaft zur Aggression vorliegt, die aber nicht . . . spontan und ständig wachsend von selbst wirkt wie die Sexualität, sondern die erst mobilisiert werden muß durch bestimmte Stimuli; wenn diese Stimuli nicht vorhanden sind, entsteht die Aggression gar nicht, weil sie immer in Schach gehalten wird von der gleichzeitig wirkenden Hemmungstendenz, die – neurophysiologisch gesehen – ihr eigenes Hirnzentrum hat.«[88] Es kann deshalb weder die These von einer spontanen Selbsterregung noch die einer sich steigernden Erregung (hydraulisches Modell) angenommen werden. Allein schon die Tatsache, daß der Grad der Destruktivität von Mensch zu Mensch und von Kultur zu Kultur sehr verschieden sein kann, müßte gegenüber dem hydraulischen Modell skeptisch machen. Worauf es deshalb ankommt, ist die Frage der Stimuli oder Anlässe.[89] Beim Tier sind sie etwa das eigene Leben und das der

---

84 A.a.O., 20.

85 E. Fromm, *Zur Theorie und Strategie des Friedens* (70/6), 24.

86 Siehe oben S. 68–70. – In den Rahmen dieser Kritik an Konrad Lorenz gehört auch die Ablehnung des Analogieschlußverfahrens vom Tier auf den Menschen, dessen Unrichtigkeit Erich Fromm wiederholt aufzeigen kann (vgl. E. Fromm, *The Anatomy of Human Destructiveness* [73/1], 20–26) und für dessen Gefährlichkeit Konrad Lorenz selbst ein lebendiges Beispiel abgab, als er 1940 in einem Zeitschriftenartikel die Nürnberger Rassengesetzgebung zu legitimieren versuchte (vgl. a.a.O., 21, Anmerkung 8).

87 Vgl. hierzu E. Fromm, *Zur Theorie und Strategie des Friedens* (70/6), 24f.; ders., *The Anatomy of Human Destructiveness* (73/1), 89–101.

88 E. Fromm, *Zur Theorie und Strategie des Friedens* (70/6), 25.

89 Vgl. zum Folgenden a.a.O., 25–28.

Gattung, die Sorge für die Jungen, der Zugang zu Tieren des anderen Geschlechts, der Zugang zu den Quellen der Ernährung – also durchweg sog. vitale Interessen. Werden diese vitalen Interessen unmittelbar bedroht, führt die Bedrohung zu defensiver Aggression. Beim Menschen ist dies grundsätzlich ebenso, doch zeigt die Beobachtung, daß er ungleich mehr aggressiv und destruktiv reagiert. Die Gründe hierfür sind in der spezifisch menschlichen Situation und den spezifisch menschlichen Qualitäten zu finden.[90] So vermag der Mensch drohende Gefahren vorauszusehen; er wird also zur reaktiven oder defensiven Aggression nicht nur durch unmittelbare, sondern auch durch voraussehbare künftige Gefahren stimuliert. Ein zweites Spezifikum des Menschen ist seine Fähigkeit, Symbole und Werte zu schaffen, mit denen er sich so identifiziert, daß deren Bedrohung zur Bedrohung vitaler Interessen wird. Ein weiteres Moment ist des Menschen Möglichkeit, (die in bestimmten Phasen der Entwicklung zur Notwendigkeit wird, um seelisch zu überleben), sich idolatrisch an Götzen zu binden, deren Infragestellung wiederum als Angriff auf die vitalen Interessen empfunden wird. Schließlich können dem Menschen vitale Interessen durch allerlei Erziehungsinhalte und Ideologien bis hin zur Gehirnwäsche suggeriert werden. Dies alles zeigt, daß die wirklichen Probleme bei der reaktiven Aggression psychologischer, gesellschaftlicher und ökonomischer Art sind: »Die wirklichen psychologischen Probleme sind hier: das Problem der Abhängigkeit des Menschen von seinem Götzen, der Mangel an kritischer Haltung, die Suggestibilität, und alles das ist verknüpft mit einem Mangel an voller seelischer Entwicklung beim Menschen. Alle diese Faktoren aber sind ihrerseits das Resultat der bisherigen Gesellschaftsstrukturen, (die auf dem) Prinzip der Ausbeutung und der Gewalt beruht haben und noch beruhen und wegen der Unterentwickeltheit der Produktionskräfte auch beruhen mußten.«[91]

Von der beim Menschen zwar spezifisch ausgeprägten, im Prinzip jedoch mit der tierischen Aggression identischen reaktiven Aggression ist ein zweiter, nur dem Menschen eigener Typus zu unterscheiden, den Erich Fromm sadistisch-grausame Destruktivität nennt.[92] Die sadistisch-grausame Destruktivität wurzelt in dem aus der spezifisch menschlichen Situation resultierenden Gefühl der Ohnmacht, das sich als Bedürfnis nach Transzendenz artikuliert und auf das der Mensch auch nicht-produktiv reagieren kann, indem er auf sadistisch-grausame Art Macht über andere gewinnen will und sich auf diese zerstörerische Weise transzendiert. Schließlich ist der Typus der nekrophilen Destruktivität zu nennen, der wie der sadistisch-grausame nur beim Menschen zu beobachten ist.[93] Ein so orientierter Mensch ist vom Nicht-Leben, von Verfall, Krankheit und Totem fasziniert. Sein Ziel ist nicht Macht und Allmacht, son-

90 Vgl. E. Fromm, *The Anatomy of Human Destructiveness* (73/1), 188–209.
91 E. Fromm, *Zur Theorie und Strategie des Friedens* (70/6), 27f.
92 Vgl. a.a.O., 28f.; ders., *The Anatomy of Human Destructiveness* (73/1), 268–299.
93 Vgl. a.a.O., 325–368.

dern Zerstörung um der Zerstörung willen. Die nekrophile Destruktivität ist das genaue Gegenteil aller biophilen Bestrebungen und auch der auf Wahrung der vitalen Lebensinteressen ausgerichteten reaktiven Aggression.

Für die hier erörterte Frage ist die Feststellung von Bedeutung, daß es spezifische Ausprägungen und Arten menschlicher Destruktivität gibt, für welche die Bedingungen in der Situation des Menschen liegen. Sie sind als verschieden orientierte Reaktionen auf die menschlichen Bedürfnisse zu verstehen. Die Art der Reaktionen, wie sie sich in bestimmten Charakter-Orientierungen jeweils niederschlägt, läßt sich aus den eine Charakterstruktur prägenden Faktoren erklären, so daß kein dem Menschen eigener Destruktionstrieb angenommen werden muß.[94] Gerade weil das Verständnis des Charakters als eines Substituts für den (tierischen) Instinkt eine Habitualisierung von Stimulus und Reaktion im Sinne der Prägung des Menschen auf bestimmte Charakter-Orientierungen und eine bestimmte Charakterstruktur hin bedeutet, sind die spezifisch menschlichen Typen der sadistisch-grausamen und der nekrophilen Destruktivität als pathologische Defizienzformen der dem Menschen eigenen Kräfte zu verstehen, die durch Prägung zustande gekommen sind.

Mit diesem Verständnis der Ätiologie menschlicher Destruktivität ist zugleich auch die Möglichkeit der Überwindung dieser Defizienzformen gegeben, weil nicht ein Instinkt oder ein spezifisch menschlicher Destruktionstrieb den Menschen in seinem Handeln terminiert, sondern der Charakter, der erworben und geprägt wird und deshalb in die Gestaltungsverantwortung des Menschen gestellt ist.

5.3.4 Die Fähigkeit des Menschen zur Wahl: Freiheit als Alternativismus[95]

Das Verständnis von Charakter als entscheidender Determinante für die Wahl des Menschen zwischen Gut und Böse sowie die Einsicht, daß der Charakter von Faktoren geprägt wird, die zumeist außerhalb der eigenen Verantwortung des je betroffenen Menschen liegen, lassen mit Recht fragen, inwieweit man überhaupt noch von einer Fähigkeit und Freiheit des Menschen zum Sittlichen sprechen kann. Die traditionelle Behandlung des Freiheitsproblems hat meist

---

94 Bereits 1939 hat Erich Fromm in dem Artikel *Selfishness and Self-Love* (39/2) am Begriff des Hasses unterschieden zwischen einem reaktiven Haß, bei dem die Situation den Haß schafft (creates), und einem charakterbedingten Haß, bei dem eine ruhende (idling), aber stets bereite Feindseligkeit durch die Situation aktualisiert wird (actualized); vgl. a.a.O., 514.

95 Vgl. zum Folgenden: E. Fromm, *Man for Himself* (47/1), 231–237; ders., *The Heart of Man* (64/1), 123–143; ders. und R. I. Evans, *Dialogue with Erich Fromm* (66/6), 93–96. – Zur hier nicht erörterten Parallele des Alternativismus bei Erich Fromm und des bei Baruch de Spinoza, Karl Marx und Sigmund Freud vgl. E. Fromm, *The Heart of Man* (64/1), 126f. und 143–148; ders., *The Application of Humanist Psychoanalysis to Marx's Theory* (65/3), 220f.; ders., *Marx's Concept of Man* (61/2), 61f.; ders. und R. I. Evans, *Dialogue with Erich Fromm* (66/6), 96–98; E. Fromm, *Philosophische Anthropologie und Psychoanalyse* (70/2), 93f. – Zur Frage des Zusammenhangs von Freiheit und Neurose vgl. E. Fromm, *Psychoanalysis and Zen Buddhism* (60/1), 89f.

das Problem nur in allgemeinen und abstrakten Begriffen erörtert, ohne genügend auf die in der konkreten Entscheidung relevanten Bestimmungsfaktoren zu achten. »Der Wille ist keine abstrakte Kraft des Menschen, die er unabhängig von seinem Charakter besitzt. Im Gegenteil, der Wille ist nichts anderes als der Ausdruck des menschlichen Charakters.«[96] Der Eindruck der Willensfreiheit ist eine Folge des Wissens um unsere Wünsche. Die maßgebliche Frage ist aber nicht, was wir bewußt wollen, sondern welches die meist unbewußten Motive sind, die diesen oder jenen Wunsch terminieren. »Unsere Motive sind ein Ergebnis der besonderen Mischung von Kräften, die in unserem Charakter wirksam sind.«[97] Gibt es dann noch so etwas wie Willensfreiheit, oder ist nur die Position eines Determinismus möglich?

Die Erkenntnis der Terminiertheit von Motivierungen durch den Charakter darf nicht blind machen für die Tatsache, daß Neigungen eine je verschiedene Stärke haben. »Das Problem der Freiheit gegenüber dem Determinismus ist in Wirklichkeit das des Konfliktes von Neigungen und ihrer jeweiligen Intensität.«[98] Es gibt Menschen, die die Fähigkeit, das Gute (Wachstum, Entfaltung der eigenen Kräfte) zu wählen verloren haben, weil ihre Charakterstruktur die Fähigkeit, in Übereinstimmung mit dem Guten zu handeln, eingebüßt hat. Solche Menschen sind ausschließlich von Neigungen determiniert, die, weil sie Charakterzüge nicht-produktiver Orientierungen darstellen, von Erich Fromm »irrationale Leidenschaften« (irrational passions) genannt werden. Der umgekehrte Fall ist gegeben bei einem Menschen, der die Fähigkeit, das Böse zu wählen, nicht mehr hat, weil seine Charakterstruktur in einer so dominanten Weise biophil und produktiv orientiert ist, daß er jede Gier nach dem Bösen verloren hat. »In diesen beiden extremen Fällen können wir sagen, daß beide in ihrem Tun determiniert sind, weil ihnen das Gleichgewicht der Kräfte in ihrem Charakter keine Wahl zuläßt.«[99] Wenn Freiheit als Wahl zwischen Möglichkeiten verstanden wird, so sind diese beiden Menschen unfrei. Die meisten Menschen stehen jedoch zwischen diesen Extremfällen, so daß ein Widerstreit der Neigungen möglich ist. Die tatsächliche Handlung ist dann das Ergebnis des Stärkeverhältnisses dieser widerstreitenden Neigungen. ». . . es ist also gerade der durchschnittliche Mensch mit sich widerstreitenden Neigungen, bei dem das Problem der Freiheit zu wählen existiert.«[100]

Der Begriff der Freiheit wird aber in noch einem anderen Sinne gebraucht, der nicht im Rahmen der Willensfreiheit oder der Freiheit zu wählen steht. Wie man von einem liebenden oder unabhängigen Menschen sprechen kann, so auch von einem freien Menschen. Gemeint ist damit ein reifer, vollentwickelter, produktiver Mensch. »Freiheit in diesem Sinne hat nichts mit der speziel-

---

96 E. Fromm, *Man for Himself* (47/1), 233.
97 A.a.O., 232.
98 E. Fromm, *The Heart of Man* (64/1), 128, vgl. 131f.
99 E. Fromm, *The Heart of Man* (64/1), 132.
100 A.a.O.

len Wahl zwischen zwei möglichen Handlungen zu tun, sondern bezieht sich auf die Charakterstruktur des betreffenden Menschen; und in diesem Sinne ist derjenige, der ›nicht frei ist, das Böse zu wählen‹, der vollkommen freie Mensch.«[101]

Im Rahmen der hier gestellten Fragen nach der Fähigkeit und Freiheit des Menschen zum Sittlichen erhebt sich nun die Frage, von welchen Faktoren diese Freiheit abhängt, und zwar gerade dann, wenn die irrationale Neigung stärker ist.»Obwohl der Mensch wie alle anderen Geschöpfe, Kräften unterworfen ist, die ihn determinieren, ist er das einzige Geschöpf, das mit Vernunft begabt ist, das einzige Wesen, das fähig ist, gerade diejenigen Kräfte zu verstehen, denen es unterworfen ist, und das durch sein Verstehen einen aktiven Anteil an seinem Schicksal nehmen und diejenigen Elemente stärken kann, die es zum Guten führen.«[102] Diese spezifisch menschliche Qualität der Vernunft ist für die Wahl des Guten ein»entscheidender« Faktor; er kann mit dem Begriff des Bewußtseins oder der »Erkenntnis«[103] umschrieben werden und besagt im einzelnen:

1. »Erkenntnis« dessen, was das Gute und das Böse ausmacht;
2. »Erkenntnis« der richtigen Tat in einer konkreten Situation als eines geeigneten Mittels für ein gewünschtes Ziel;
3. »Erkenntnis« des hinter dem offenbaren Wunsch gelegenen unbewußten Verlangens;
4. »Erkenntnis« der realen Möglichkeiten, zwischen denen jemand wählen kann;
5. »Erkenntnis« der Konsequenzen, wenn so oder so gewählt wird;
6. »Erkenntnis« der Tatsache, daß jede »Erkenntnis« nur dann wirkmächtig ist, wenn sie vom Willen zur Tat begleitet ist, und daß man bereit sein muß, den Schmerz der Frustration auf sich zu nehmen, wenn man gegen seine eigenen Leidenschaften handelt.

Jeder Akt der Realisierung dieser spezifisch menschlichen Fähigkeit der »Erkenntnis« führt einen Schritt weiter in die Freiheit, das Gute statt das Böse zu wählen. Umgekehrt hat deren Nichtwahrnehmen eine »Verhärtung« der ir-

---

101 A.a.O. – Freiheit ist also das seinen spezifisch menschlichen Fähigkeiten adäquate Verhalten: »Freiheit ist nichts anderes als die Fähigkeit, der Stimme der Vernunft, des Gewissens zu folgen – gegen die Stimmen der irrationalen Leidenschaften« (a.a.O., 130f.); vgl. auch E. Fromm, *Psychoanalysis and Zen Buddhism* (60/1), 90; ders., *Introduction* (68/8), 14f.
102 E. Fromm, *Man for Himself* (47/1), 233.
103 Erich Fromm gebraucht das Wort »awareness«, stellt aber klar, daß es sich dabei nicht um ein pures theoretisches Wissen (knowledge) oder um ein Meinung-Haben (opinion) handelt, sondern um ein Erfahren (experience), Experimentieren (experimenting), Beobachten (observing), Überzeugung-Gewinnen (gaining a conviction). Da kein geeigneter Begriff im Deutschen zur Hand ist, um das Gemeinte auszudrücken, wird »awareness« hier mit »Erkenntnis« wiedergegeben und jeweils in Anführungsstriche gesetzt. – Zur Bedeutung vgl. E. Fromm, *The Heart of Man* (64/1), 133.

rationalen Leidenschaften bis hin zu deren totalem Diktat zur Folge.[104] Die Macht der »Erkenntnis« ist allerdings nie eine Allmacht. Sie hat ihre »entscheidende« Kraft immer nur innerhalb einer begrenzten Anzahl »realer Möglichkeiten« (real possibilities) im Sinne von Alternativen.[105] »Die reale Möglichkeit ist eine Möglichkeit, die unter Berücksichtigung der gesamten Kräftestruktur, die innerhalb eines Individuums oder einer Gesellschaft am Werk ist, Wirklichkeit werden kann.«[106] Die realen Möglichkeiten sind demnach »determiniert« durch die Gesamtsituation, und »die Möglichkeit zur Freiheit liegt exakt in der Wahrnehmung dessen, was reale Möglichkeiten sind, zwischen denen wir wählen können, und dem, was ›nicht-reale Möglichkeiten‹ sind, und unsere Wunschträume ausmachen, wobei wir versuchen, uns die unerfreuliche Aufgabe zu ersparen, zwischen Alternativen zu entscheiden, die zwar real aber (individuell und gesellschaftlich) unpopulär sind«[107].

Sein Verständnis von Freiheit und Freiheit zu wählen faßt Erich Fromm in folgenden Sätzen zusammen: »Die Handlungen des Menschen sind immer verursacht durch Neigungen (caused by inclinations), die in (gewöhnlich unbewußten) Kräften wurzeln, die in seiner Persönlichkeit am Werk sind. Wenn diese Kräfte eine gewisse Intensität erreicht haben, können sie so stark werden, daß sie den Menschen nicht nur zu etwas geneigt sein lassen (incline), sondern ihn determinieren (determine), so daß er keine Freiheit zur Wahl mehr hat. In den Fällen, wo widerstreitende Neigungen in der Persönlichkeit tatsächlich am Werk sind, gibt es Freiheit zu wählen. Diese Freiheit ist begrenzt durch die bestehenden realen Möglichkeiten. Diese realen Möglichkeiten sind durch die Gesamtsituation determiniert. Des Menschen Freiheit liegt in seiner Möglichkeit, zwischen den bestehenden realen Möglichkeiten (Alternativen) zu wählen. Freiheit in diesem Sinne kann man nicht als ›Handeln in Erkenntnis des Notwendigen‹, sondern als Handeln auf der Basis der ›Erkenntnis‹ von Alternativen und ihren Konsequenzen definieren. Es gibt nie einen Indeterminismus; es gibt teils einen Determinismus und teils einen Alternativismus, der auf dem einzigartigen menschlichen Phänomen der ›Erkenntnis‹ basiert.«[108]

---

104 Die zum Guten befreiende Fähigkeit der »Erkenntnis« selbst existiert freilich nicht unabhängig von der Struktur des Charakters. Sie wird, wie jeder Teil einer Struktur, vom Ganzen bestimmt und bestimmt das Ganze zugleich ihrerseits mit. Die Wirkmächtigkeit der Fähigkeit der »Erkenntnis« wird um so größer sein, je weniger sie selbst von den irrationalen Leidenschaften gefangen gehalten wird. Haben jedoch die irrationalen Leidenschaften eine übergroße Stärke wie etwa in schweren Neurosen, dann wird auch die Fähigkeit der »Erkenntnis« ineffektiv bleiben, weil sie wie in einem Teufelskreis von den irrationalen Leidenschaften determiniert ist. Vgl. E. Fromm, *Man for Himself* (47/1), 233 f.
105 Vgl. E. Fromm, *The Heart of Man* (64/1), 139 f. – Erich Fromm bezieht sich mit diesem Begriff auf Hegel; vgl. E. Fromm und R. I. Evans, *Dialogue with Erich Fromm* (66/6), 94.
106 E. Fromm, *The Heart of Man* (64/1), 140.
107 A.a.O., 142.
108 E. Fromm, *The Heart of Man* (64/1), 142 f.

5.3.5 Autoritäres und humanistisches Gewissen

Sigmund Freud hat die in der Geistesgeschichte der abendländischen Kultur sich durchhaltende Annahme[109] einer »Instanz« im Menschen, die ihn bei der Wahl zwischen Gut und Böse leitet, genetisch wie inhaltlich »erklärt«. Das Über-Ich ist das Ergebnis der Identifizierung des zur Aufgabe seiner Ödipus-Wünsche gezwungenen Knaben mit den internalisierten Geboten und Verboten des Vaters. Diese »Erklärung« des Gewissens als internalisierte Vater-Autorität beraubt es aller objektiven Gültigkeit und führt, weil der wesentliche Teil der väterlichen Normen nichts anderes ist als die persönliche Prägung der gesellschaftlichen Normen, zu einer Relativierung aller Moral. »Jede Norm hat ihre Bedeutung nicht in der Gültigkeit ihres Inhalts, sondern im psychologischen Mechanismus, durch den sie akzeptiert wurde.«[110]

Wie ungenügend diese Sicht des Gewissens ist, wird von verschiedenen Seiten offenbar. So haben vor allem kulturanthropologische Untersuchungen an matriarchalisch strukturierten Gesellschaften deutlich werden lassen, daß nicht nur die Vatergestalt, sondern auch die Muttergestalt für die Entwicklung und die Inhalte des Gewissens wesentlich ist. »Es gibt eine Stimme, die uns sagt, unsere Pflicht zu tun, und eine Stimme, die uns lieben und vergeben heißt – anderen ebenso wie uns selbst.«[111] Beide, das väterliche und das mütterliche Gewissen, sind im erwachsenen Menschen als der eigene Vater und die eigene Mutter da; und beide sind als gegensätzliche Stimmen da. »Im Gegensatz zu Freuds Begriff des Über-Ichs hat (der erwachsene Mensch) sie jedoch nicht dadurch in sich errichtet, daß er Vater und Mutter sich einverleibt hat, sondern indem er das mütterliche Gewissen auf seine eigene Liebesfähigkeit, das väterliche Gewissen auf seine eigene Vernunft und Urteilskraft gegründet hat . . . Hätte er lediglich das väterliche Gewissen, würde er streng und unmenschlich werden; hätte er nur das mütterliche Gewissen, wäre er in Gefahr, seine Urteilskraft zu verlieren . . .«[112]

Über diese Kritik am Freudschen Gewissensbegriff hinaus ist es vor allem der in dieser »Erklärung« mitbehauptete Relativismus, der Erich Fromm zum Widerspruch herausforderte. Es geht um die Frage, »ob es irgendwelche Normen gibt, die ihrem Inhalt nach über die gegebene Gesellschaftsstruktur hinausgehen, weil sie den Erfordernissen der menschlichen Natur und den menschlichen Wachstumsgesetzen besser entsprechen«[113]. Unabhängig davon gilt, daß Sigmund Freud mit der Annahme des Über-Ichs eine Form des Gewissens aufgegriffen hat, die im Menschen eine Realität ist und Gültigkeit hat. Erich Fromm nennt sie »autoritäres Gewissen« (authoritarian conscience), manchmal auch »heteronomes Gewissen«.[114] Das autoritäre Gewissen ist die Stimme

109 Vgl. E. Fromm, *Man for Himself* (47/1), 141–143.
110 E. Fromm, *Philosophische Anthropologie und Psychoanalyse* (70/2), 94.
111 E. Fromm, *The Sane Society* (55/1), 47.
112 E. Fromm, *The Art of Loving* (56/1), 37.
113 E. Fromm, *Philosophische Anthropologie und Psychoanalyse* (70/2), 94.
114 Vgl. zum Folgenden bes.: E. Fromm, *Man for Himself* (47/1), 143–158.

einer nach Innen verlegten äußeren Autorität (Eltern, Staat, öffentliche Meinung usw.), die durch ihre Internalisierung einen weitaus wirksameren Regulator des Verhaltens darstellt, weil der Mensch sich vor einer äußeren Autorität verbergen kann, vor dem Gewissen als einem Bestandteil des Ichs jedoch nicht. Das Charakteristische des autoritären Gewissens (= des Über-Ichs) besteht darin, daß »die Vorschriften des autoritären Gewissens nicht durch eigene Werturteile bestimmt werden, sondern ausschließlich dadurch, daß seine Forderungen und Tabus durch die Autorität selbst ausgesprochen werden«[115]. Nicht weil sie gut sind, sondern weil sie von Autoritäten gesetzt sind, haben also die Gewissensvorschriften ihre Gültigkeit. Aus diesem Grunde sind sie von Zufälligkeiten der Gesellschaftsstruktur, von Traditionen und Kultureigentümlichkeiten abhängig.

Das autoritäre Gewissen wurzelt in Angstgefühlen vor der Autorität und in der Bewunderung für sie. »Ein gutes Gewissen ist das Bewußtsein, der (äußeren und internalisierten) Autorität zu gefallen.«[116] Die Stärke des autoritären Gewissens hängt dabei von der Charakterstruktur ab: Je mehr ein Mensch symbiotisch an Autoritäten gebunden ist, desto stärker wird er in seinem Verhalten von einem Über-Ich-Gewissen determiniert sein; je mehr ein Mensch die eigenen produktiven Kräfte entwickelt hat und zur Selbständigkeit gekommen ist, desto weniger ist er von der Stimme seines autoritären Gewissens abhängig.

Auch hinsichtlich der Inhalte und Wertordnungen des autoritären Gewissens zeigen sich Eigentümlichkeiten. »Das schlimmste Vergehen in der autoritären Situation ist Auflehnung gegen die Herrschaft der Autorität. Ungehorsam wird dadurch zur ›Kardinalsünde‹, Gehorsam zur Kardinaltugend.«[117] Jedes Zuwiderhandeln ist beim autoritären Gewissen Ungehorsam gegen die Autorität, weil allein die Autorität dafür bürgt, was gut und böse ist.[118]

Dies hat zur Folge, daß ein Mensch, der Unabhängigkeit von seinen symbiotischen Fixierungen sucht, um produktiv und selbständig zu werden, ein schlechtes Gewissen haben muß, mindestens so lange bis seine symbiotische Bezogenheit soweit reduziert ist, daß nicht mehr das autoritäre Gewissen sein moralisches Empfinden bestimmt, sondern daß der Wert seiner Individualität und Integrität sein Handeln leitet.

Damit ist aber eine zweite Art von Gewissen erreicht, die Erich Fromm »humanistisches Gewissen« (humanistic conscience) oder »autonomes Gewissen«

---

115 A.a.O., 144 f.
116 A.a.O., 146.
117 A.a.O., 148.
118 Dieses Spezifikum des internalisierten autoritären Gewissens bedingt eine Doppelrolle des Menschen, sich der Autorität unterwerfen und die Autorität selbst ausüben zu müssen. »Der Mensch wird also nicht nur zum gehorsamen Sklaven, sondern auch zum gestrengen Zuchtmeister, der sich als seinen eigenen Sklaven behandelt« (a.a.O., 151). – Das heißt, daß ein autoritärer Charakter immer ein gewisses Maß an Sadismus und Destruktivität entwickeln muß, um die Rolle des eigenen Zuchtmeisters wahrnehmen zu können. Vgl. S. Freud, *Das Unbehagen in der Kultur*, Ges. Werke Band XIV, 482–499.

(autonomous conscience) nennt.[119] »Dieses Gewissen ist eine innere Stimme, die uns zu uns selbst zurückruft. Mit diesem ›wir selbst‹ ist der menschliche Kern (core) gemeint, der allen Menschen gemeinsam ist, das heißt gewisse grundlegende Charakteristika des Menschen, die nicht ohne ernsthafte Folgen verletzt oder verleugnet werden dürfen.«[120] Was mit diesem »Kern« näherhin gemeint ist, haben die Ausführungen zur Natur des Menschen und zu den Bedürfnissen des Menschen gezeigt, daß nämlich der Mensch auf die Dichotomien seines Lebens mit der Entfaltung der ihm eigenen Kräfte und Möglichkeiten produktiv reagieren soll. »Das humanistische Gewissen ist die Stimme unseres Selbst, das uns auf uns selbst zurückruft, damit wir das werden, was wir der Möglichkeit nach sind.«[121]

Im Gegensatz zum autoritären Gewissen, für das alles gut ist, was im Gehorsam gegenüber der Autorität steht, ist für das humanistische Gewissen alles gut, was Wachstum, Entfaltung und Leben fördert, und all das böse, was dem entgegensteht. Der Maßstab für gut und böse ist die Natur des Menschen selbst, in der sich das allgemeine Wertprinzip des Wachstums und der Entfaltung als gültig erweist. Das Gespür[122] für das Gute im Sinne des humanistischen Gewissens hängt jedoch vom Grad der Entfaltung der spezifisch menschlichen Kräfte ab. Das Verhältnis des Gewissens »zur eigenen Produktivität ist ein wechselseitiges. Je produktiver der Mensch lebt, desto stärker ist sein Gewissen und desto mehr fördert es dann wieder seine Produktivität. Je weniger produktiv der Mensch lebt, desto schwächer wird sein Gewissen. Das Paradoxe und Tragische der menschlichen Situation liegt darin, daß sein Gewissen dann am schwächsten ist, wenn der Mensch seiner am meisten bedarf.«[123]

Die Ausdrucksformen eines schlechten humanistischen Gewissens sind meist sehr undeutlich, weil es nur indirekt »spricht«: durch ein bedrückendes Gefühl, durch Müdigkeit und Unlust, durch ein unbestimmtes Schuldgefühl, durch ein Unbehagen, das sich zu intensiven Ängsten und zu körperlichen und seelischen Erkrankungen steigern kann. Für viele Menschen ist der Traum die einzige Möglichkeit, bei der das (humanistische) Gewissen zur Sprache kommen kann, denn »der Traum ist die Sprache des universalen Menschen«[124], und der Ort, wo »wir denken und fühlen, was wir denken und fühlen«[125].

119 Vgl. hierzu bes.: E. Fromm, *Man for Himself* (47/1), 158–172; ders., *Medicine and the Ethical Problem of Modern Man* (63/3) in (63/1), 119–121; ders., *You Shall Be as Gods* (66/1), 54–56; P. A. Bertocci und R. M. Millard, *Personality and the Good*, 81–84.
120 E. Fromm, *Medicine and the Ethical Problem of Modern Man* (63/3) in (63/1), 119.
121 E. Fromm, *You Shall Be as Gods* (66/1), 55.
122 »Gespür« ist wohl die treffende Umschreibung für Gewissen (englisch: conscience) vom Lateinischen con-scientia, das mehr als nur ein intellektuelles Wissen meint. Vgl. E. Fromm, *Man for Himself* (47/1), 158.
123 E. Fromm, *Man for Himself* (47/1), 160.
124 So lautet der Titel eines Rundfunkvortrages von Erich Fromm (72/1).
125 E. Fromm, *Der Traum ist die Sprache des universalen Menschen* (72/1), 12. – Vgl. in diesem Zusammenhang auch die – wohl kaum treffende – Kritik Medard Boss' an Erich Fromms Verständnis des Traums und der Traumdeutung: M. Boss, *Der Traum und seine Auslegung*, 67–71.

Die Unterscheidung zwischen autoritärem und humanistischem Gewissen hat ihre volle Berechtigung. Dennoch sind beide Arten immer zugleich im (durchschnittlichen) Menschen vorhanden und schließen sich nicht gegenseitig aus. Die entscheidende Frage ist jedoch die des Kräfteverhältnisses und der Wechselwirkung beider. So werden z. B. oft Schuldgefühle bewußt in Begriffen des autoritären Gewissens ausgedrückt (etwa eine aktuelle Tat des Versagens), obgleich sie ihrer Dynamik nach im humanistischen Gewissen wurzeln (etwa die Unfähigkeit, sich aus einer symbiotischen Bindung zu befreien); die Zuordnung der Schuldgefühle zum autoritären Gewissen ist dann eine Rationalisierung des Anspruchs des humanistischen Gewissens.[126]

Die Zuordnung von autoritärem und humanistischem Gewissen ergibt sich ferner aus der Tatsache, daß die Inhalte der Normen bei beiden oft identisch sind. Der Unterschied liegt nur in den verschiedenen Beweggründen, aus denen heraus das Gewissen spricht. Diese Motive können selbst einem Evolutionsprozeß unterworfen sein, bei dem sich das humanistische Gewissen aus dem autoritären heraus in dem Maße entwickelt, als ein Mensch oder eine Gesellschaft zu sich selbst findet und die ihr eigenen produktiven Kräfte entfaltet. Die Möglichkeit zur Entwicklung des humanistischen Gewissens hängt dabei von der Stärke der individuellen und gesellschaftlichen Autoritäten ab. Die Entwicklung wird jedoch nahezu völlig unterbunden, wenn das Gewissen auf eine strenge und unerschütterliche irrationale Autorität, wie sie etwa in manchen Religionen postuliert wird, zurückgeht. »Keine den Menschen transzendierende Macht«, sagt Erich Fromm von seiner humanistischen Warte aus, »kann eine sittliche Forderung an ihn stellen. Der Mensch ist allein für sich selbst dafür verantwortlich, ob er sein Leben gewinnt oder verliert.«[127] Alle Entscheidung liegt bei ihm. »Sie hängt von seinem Mut ab, er selbst und um seiner selbst willen zu sein.«[128] Man for himself!

5.4 Die Bedeutung der humanistischen Ethik für die Normfindungsfrage in einer theologischen Ethik

Die Bedeutung der humanistischen Ethik Erich Fromms aufzuzeigen, setzt ein umfassendes Verständnis seines Humanismus-Begriffs voraus. Ein solches wird nur durch die Analyse der Quellen und Formen des Denkens von Erich Fromm gewonnen werden können. Erst der abschließende Teil dieser Arbeit will deshalb dem umfassenden Humanismus-Begriff unter dem Titel »Haben oder Sein« gerecht werden. Die bisherigen Präzisierungen der humanistischen Ethik Erich Fromms reichen jedoch bereits aus, um diese in Beziehung zu einer theologischen Ethik zu bringen und wenigstens ansatzweise kritisch zu würdigen. Eine Skizze des Selbstverständnisses der theologischen Ethik bei gegenwärtigen katholischen Moraltheologen ist voranzustellen.

---

126 Vgl. E. Fromm, *Man for Himself* (47/1), 165 f.
127 A.a.O., 170.
128 A.a.O., 250.

5.4.1 Zum gegenwärtigen Selbstverständnis theologischer Ethik

Wissenschaftstheoretischen Überlegungen gemäß ist Ethik als eine Wissenschaft anzusehen, die über das Erkenntnisinteresse natur- und tatsachenwissenschaftlicher Forschung hinaus notwendig auf Sinn verwiesen ist.[129] Sie kann deshalb auch »hermeneutische Wissenschaft«[130] genannt werden. Denn »Sinn macht man nicht, Sinn findet man vor und setzt man bei jeder Entscheidung immer voraus«[131]. Eine wesentliche Aufgabe wissenschaftlicher Ethik besteht darin, über vorgegebene oder neu sich bildende Normen zu reflektieren. Wenn sich wissenschaftliche Ethik auch vornehmlich mit Vorgegebenem beschäftigt, geht es ihr doch nicht nur um eine Reflexion des faktischen Geltens von Normen, so als ob es nur das Postulat der Gehorsamsverantwortung gegenüber vorgegebenen Normen gäbe; vielmehr zielt sie auf die Begründung von Normen und Normativität, indem sie nach der Vernunft von Normen (»normative Vernunft«[132]) fragt. Der Aufweis des Gründungszusammenhangs von Normen differenziert sich hierbei in die Frage nach der Normfindung und nach der Sinnbegründung von Normen.[133]

Normen sind das Werk des Menschen. Ihm kommt deshalb eine Gestaltungsverantwortung für sie zu. Normen müssen vernünftig begründet werden können, d. h. »die Vernunft der Gründe, aus denen sich normative Entscheidungen, Wertungen und Überzeugungen aufbauen«[134], muß positivierbar sein. Nur unter dieser Voraussetzung ist »normative Vernunft als Vernunft zu denken, sind damit auch normative Verfahren als wissenschaftliche Verfahren und ist schließlich Ethik als Wissenschaft möglich«[135]. Ausgehend von diesem wissenschaftstheoretischen Selbstverständnis der Ethik als Sinnwissenschaft lassen sich bezüglich der Aufgabe der Normfindung folgende konstitutiven Elemente feststellen: Ethik als Wissenschaft setzt beim unreflexen Vorverständnis dessen, was Sittlichkeit ist, an und zeigt »in einem zunächst wesentlich positiv kenntnisnehmenden Prozeß . . . (die) Sollensforderungen in ihrem gegründeten geschichtlich situativen Sinnzusammenhang«[136] auf. Sie versucht, das Vorverständnis des Sittlichen rational auszuweisen und wissenschaftlich zu

---

129 Vgl. hierzu A. Auer, *Ein Modell theologisch-ethischer Argumentation: »Autonome Moral«*, 28–41; W. Korff, *Norm und Sittlichkeit*, 26–28; ders., *Theologische Ethik*, 9–11.
130 A. Auer, *Ein Modell theologisch-ethischer Argumentation: »Autonome Moral«*, 31.
131 A.a.O., 30.
132 Vgl. W. Korff, *Norm und Sittlichkeit*, 18 f.
133 Zur Scheidung des Gründungszusammenhangs in den Prozeß der Normfindung und in die Sinnbegründung von Normen (Normbegründung) vgl. auch die Unterscheidung zwischen Begründung und Letztbegründung von Normen sowie zwischen »naturalem und theologalem Gründungszusammenhang des Normativen« bei W. Korff, *Norm und Sittlichkeit*, 42. Das hier gebrauchte Begriffspaar »Normfindung« und »Sinnbegründung« ist in Anschluß an A. Auer, *Tendenzen heutiger theologischer Ethik*, gewählt worden.
134 W. Korff, *Norm und Sittlichkeit*, 27.
135 A.a.O.
136 A.a.O., 41; vgl. A. Auer, *Ein Modell theologisch-ethischer Argumentation: »Autonome Moral«*, 32.

rechtfertigen. Dies geschieht in einer »kontinuierlichen Zusammenarbeit der Ethik mit den Human- und Sozialwissenschaften einerseits und der philosophischen Anthropologie andererseits«[137] mit dem Ziel, jener positiv-normativen Kriterien ansichtig zu werden, die in den Sollensforderungen wirksam sind. Schließlich will Ethik als Wissenschaft die in Zusammenarbeit mit den anderen Disziplinen entdeckten Sinnwerte und Strukturen der Welt (»normative Potenz«[138]) mit den »normativen Ausfaltungen«[139] in bestehenden Sollensforderungen konfrontieren und in der Konfrontation eine kritische Distanz zu den im Vorverständnis artikulierten sittlichen Normen bekommen.

Dies alles vermag Ethik als Wissenschaft bezüglich der Frage der Normfindung zu leisten. Wo es jedoch darum geht, den Sinn von sittlichen Normen in ihrem Verbindlichkeitsanspruch letztlich zu begründen, wird die Grenze einer derartigen nicht-theologischen Ethik sichtbar und zeigt sich die Aufgabe einer theologischen Ethik. Denn eine Ethik, die die Dimension des Glaubens ausschließt, vermag über die »sinnlogischen Kriterien und ethischen Geltungsmaßstäbe hinaus keinen für alles Handeln letztgültigen ... absoluten Ordnungsbezug anzugeben«[140]. Einer theologischen Ethik geht es gerade um die Begründung allen Seins und Handelns in einem letzten sinnstiftenden Grund.[141] Die Annahme eines solchen »metaempirischen, metalogischen, theologalen Sinnbezugs«[142] ist konstitutiv, wenn »definitive Bedingungen, Wege und Ziele menschlichen Seinkönnens und Seinsollens«[143] artikuliert werden. Zugleich aber darf der theologale Sinnbezug[144] nicht als (wenn auch letzte) materiale Norm aufgefaßt werden; er bedeutet deshalb auch keine Heteronomie. Theologische Ethik widerspricht nicht der Eigenwertigkeit von Ethik, sondern ist um die Bedingungen der Möglichkeit von Ethik besorgt.

Die wissenschaftstheoretischen Postulate von Ethik und theologischer Ethik führen zu einem spezifischen *Verständnis des Sittlichen*, das derzeit unter dem Begriff »Autonome Moral« zumindest in der theologischen Ethik katholischer Provenienz stark diskutiert wird.[145] Es geht um die Frage, wodurch in einer theologischen Ethik das Sittliche Verbindlichkeit erfährt. Im Gegensatz zu ei-

---

137 A.a.O., 32f.
138 Vgl. W. Korff, *Norm und Sittlichkeit*, 41, und A. Auer, *Autonome Moral und christlicher Glaube*, 22; vgl. a.a.O., 19: Die Ethik »hat also die Aufgabe, die Einsichten in die Wirklichkeit, in ihre Sinngestalten und Ordnungsstrukturen, in die Sprache der Verbindlichkeit zu übersetzen, die Indikative über die Wirklichkeit in Imperative für das Handeln umzuformen«.
139 Vgl. W. Korff, *Norm und Sittlichkeit*, 41.
140 A.a.O.
141 Vgl. A.a.O., 41 und 27; ders., *Theologische Ethik*, 70–79, sowie A. Auer, *Autonome Moral und christlicher Glaube*, 27.
142 W. Korff, *Theologische Ethik*, 73.
143 A.a.O., 70.
144 Die Bezeichnung »theologaler Sinnbezug« steht hier für den gängigen, aber auch mißverständlichen Terminus »Theonomie«.
145 Eine allgemeine Übersicht über die Entwicklung der katholischen Moraltheologie in der Gegenwart bieten F. Furger, *Zur Begründung eines christlichen Ethos – Forschungstendenzen in der katholischen Moraltheologie*, und A. Auer, *Tendenzen heutiger theologischer Ethik*.

ner »glaubensethischen« Position, die die Verbindlichkeit des Sittlichen allein im Glauben begründet wissen will und darum auch spezifisch christliche, nur aus dem Glauben erkennbare und realisierbare Normen postuliert[146], sehen die Vertreter einer »autonomen Moral« mit Thomas von Aquin[147] das Sittliche in der Vernunft des Menschen konstituiert. Sittliche Normen sind deshalb allesamt einer vernünftigen Reflexion zugänglich; sie müssen es sein, um überhaupt durch ihren Gehalt sittlich verpflichten zu können. Aus diesem Grunde betrachten die Vertreter der »autonomen Moral« die Moral »material-inhaltlich in dem Sinne als autonom, als nach ihnen das spezifisch Christliche den Inhalt als solchen nicht originär und authentisch bestimmt, verändert oder ergänzt«.[148]

146 Andere Positionen, die die Verbindlichkeit des Sittlichen etwa in der Offenbarung, im kirchlichen Lehramt, in der Tradition, in der »Natur« oder in anderen »Autoritäten« begründet sehen möchten, können hier unberücksichtigt bleiben, da sie entweder zur näheren Bestimmung des Gründungszusammenhangs auf die Positionen der »Glaubensethik« oder der »autonomen Moral« verwiesen sind oder aber das Sittliche apodiktisch bzw. positivistisch bestimmen und gerade darin ihrer Aufgabe, das Sittliche in seinem Verbindlichkeitsanspruch begründen zu wollen, nicht gerecht werden. Zur Darstellung solcher »autoritärer« Verständnisse des Sittlichen vgl. A. K. Ruf, *Grundkurs Moraltheologie*, Band I: Gesetz und Norm.

147 Vgl. A. Auer, *Die Autonomie des Sittlichen nach Thomas von Aquin.*

148 F. Böckle, *Glaube und Handeln*, 32. – Die Auseinandersetzung um das Verständnis des Sittlichen im Christentum ist so alt wie die Geschichte der christlichen Mission: Sie geht um die Frage nach dem unterscheidend Christlichen. Das Verständnis des Sittlichen wurde aber in den letzten Jahrzehnten vor allem durch die historischen Erkenntnisse und durch die Einsichten der modernen Humanwissenschaften fundamental in Frage gestellt und kam unter der Kennzeichnung »autonome Moral« erneut ins Gespräch. Franz Böckle, a.a.O., 30 Anm. 37, läßt die Debatte um das Proprium einer christlichen Ethik innerhalb der theologischen Ethik mit einer wissenschaftlichen Tagung der Societas Ethica in Lund im Jahre 1966 beginnen. (Vgl. jedoch auch die Ausführungen und Literaturangaben von F. Furger, *Zur Begründung eines christlichen Ethos – Forschungstendenzen in der katholischen Moraltheologie*, bes. 15 Anm. 13 und 85 Anm. 174, und A. Auer, *Autonome Moral und christlicher Glaube*, 160–184.)
Als besonders die Diskussion provozierend und befruchtend können folgende Beiträge angesehen werden (weitere Literatur bei F. Böckle, *Glaube und Handeln*, 30, Anm. 37; a.a.O., 32, Anm. 40 ist auch eine (unvollständige) Liste von Vertretern einer »autonomen Moral« zu finden): F. Böckle, *Was ist das Proprium einer christlichen Ethik?*; W. van der Marck, *Grundzüge einer christlichen Ethik*; J. Fuchs, *Gibt es eine spezifisch christliche Moral?*; J. Gründel, *Ethik ohne Normen? Zur Begründung und Struktur christlicher Ethik*; A. Auer, *Autonome Moral und christlicher Glaube*; ders., *Ein Modell theologisch-ethischer Argumentation: »Autonome Moral«*; ders., *Die ethische Relevanz der Botschaft Jesu*; W. Korff, *Norm und Sittlichkeit*; B. Schüller, *Zur Begründung sittlicher Urteile*; ders., *Zur Diskussion um das Proprium einer christlichen Ethik*, bes. 322–334; D. Mieth, *Autonome Moral im christlichen Kontext.* Außerdem die Beiträge in J. Gründel, F. Rauh, V. Eid (Hrsg.), *Humanum* (Festschrift Egenter), und K. Demmer und B. Schüller (Hrsg.), *Christlich glauben und handeln* (Festschrift Fuchs).
Da Alfons Auers Verständnis der »autonomen Moral« am stärksten zur Auseinandersetzung provozierte, folgen die nachstehenden Ausführungen vor allem seinen Ansichten. Sie wurden neuerdings präzisierend dargelegt in A. Auer, *Die Bedeutung des Christlichen bei der Normfindung*, sowie ders., *Autonome Moral und christlicher Glaube* (1977). In dem zuletzt genannten Aufsatz finden sich alle zum Thema relevanten Beiträge verzeichnet. Außerdem zählt Alfons Auer (a.a.O., 74) all jene Autoren auf, die seiner Meinung nach eine »autonome Moral im christlichen Kontext« vertreten. Er nennt: J. Fuchs, F. Böckle, B. Schüller, D. Mieth, R. Hofmann, St. Pfürtner, B. Fraling, H. Juros, Th. Styczen, P. Hofmann, V. Eid, H. Rotter, E. McDonagh und W. Korff.

Nach Alfons Auer kann das Sittliche bestimmt werden als das Ja zu dem Anspruch, den die Wirklichkeit an die menschliche Person stellt.[149] Der Begriff »Wirklichkeit« (actualitas) meint ein »auf Entfaltung und Vollendung drängendes Sein«[150], impliziert also eine Dynamik auf Ver-wirklichung. Wirklichkeit, insofern sie vom Menschen wahrgenommen wird, ist personal, sozial und material dimensioniert und, weil nur im Horizont der Geschichte erfahrbar, immer geschichtlich.[151] Wird das Sittliche als das Ja zur je geschichtlichen Wirklichkeit gefaßt, so hat das Sittliche einen dynamischen Charakter und sind »konkrete ethische Normierungen nicht als unwandelbar, sondern ebenfalls als geschichtlich wandelbar zu bewerten ...«[152]

Dem Menschen ist mit seiner Vernunft die Fähigkeit gegeben, den Anspruch der Wirklichkeit wahrzunehmen, und zwar gerade hinsichtlich ihrer Finalisierung auf Sinnwerte und Strukturen. So ermöglichen Rationalität und Intentionalität der Wirklichkeit selbst dem animal rationale die Wahrnehmung des Anspruchs der Wirklichkeit. Das Sittliche als das Ja zum Anspruch der Wirklichkeit hat eine »rationale Struktur«[153]; die Verbindlichkeit des Sittlichen ergibt sich nicht aus einer sie fordernden ir-rationalen Autorität, sondern aus der Vernünftigkeit = Rationalität des Sittlichen. Die die Rationalität des Sittlichen ermöglichende Rationalität der Wirklichkeit, und zwar der Wirklichkeit sowohl des erkennenden Subjekts als auch des Erkenntnisgegenstandes, ist wiederum nur als geschichtliche möglich. Daraus folgen ein notwendiger »Perspektivismus der sittlichen Erkenntnis« und eine »plurale Gestalt des Sittlichen«[154]. »Mit der Rationalität des Sittlichen ist seine Autonomie gegeben.«[155] Wenn das Sittliche seinen Grund (principium) nicht in einem Glauben an Gott hat, sondern in jener Vernünftigkeit der Wirklichkeit, von der auch die Vernunft des Menschen bestimmt ist, dann ist das Sittliche eigenständig und eigenwertig, weil von der Vernunft selbst gesetzt (»auto-nom«) und in ihr gründend.[156]

Das Postulat der *Autonomie des Sittlichen* wirkt sich auf das Verständnis des Normfindungsprozesses aus. Hier kann die Rationalität der Wirklichkeit im Sittlichen nur artikuliert werden, wenn folgende drei konstitutiven Elemente berücksichtigt werden: Ohne (1) humanwissenschaftliche Grundlegung und (2) anthropologische Integrierung gibt es keine (3) ethische Normierung.[157]

Vom Standpunkt einer christlich-theologischen Ethik aus bedeutet die Auto-

---

149 Vgl. A. Auer, *Autonome Moral und christlicher Glaube*, 16f.
150 A.a.O., 35.
151 Vgl. a.a.O., 17–21.
152 A. Auer, *Ein Modell theologisch-ethischer Argumentation: »Autonome Moral«*, 35.
153 Vgl. A. Auer, *Ein Modell theologisch-ethischer Argumentation: »Autonome Moral«*, 35; ders., *Autonome Moral und christlicher Glaube*, 29: »Aus der Vernunftnatur des Menschen resultiert die Rationalität des Sittlichen.«
154 A. Auer, *Ein Modell theologisch-ethischer Argumentation: »Autonome Moral«*, 36.
155 A. Auer, *Autonome Moral und christlicher Glaube*, 29.
156 Vgl. a.a.O., 132f. und 32f.
157 Vgl. a.a.O., 39–48.

nomie des Sittlichen im Normfindungsprozeß, daß es bezüglich der konkreten materialethischen Aussagen kein Proprium des Christlichen gibt, eben weil das Sittliche von der Vernünftigkeit der Wirklichkeit bestimmt wird.[158] Wird von Autonomie des Sittlichen gesprochen, so muß aber doch deutlich gemacht werden, daß damit keine absolute Autonomie der Welt und des Sittlichen gemeint sein kann. Die Autonomie des Sittlichen ist in der Autonomie der Wirklichkeit impliziert. Doch diese Autonomie hat »ihren Ermöglichungsgrund in bestimmten transzendenten Relationen . . ., die freilich der Eigenwertigkeit und Eigengesetzlichkeit der Welt, obwohl sie diese begründen, nicht abträglich sind«[159]. Wenn von »autonomer Moral« die Rede ist, so ist im Gegensatz zu einem autonomistischen oder säkularistischen Autonomie-Verständnis immer eine »›relationale‹ Autonomie«[160] gemeint. Das Spezifische einer theologischen Ethik zeigt sich aufgrund dieses Autonomieverständnisses in einem vom Glauben her begründeten Sinnhorizont, der sowohl bei der Normfindung als auch bei der Normbegründung relevant ist.

So sehr auch das christliche Proprium des Sittlichen nicht in konkreten weltethischen Weisungen zu suchen ist, so hält den Christen doch ein im Glauben gründender spezifischer Sinnhorizont zu einer bestimmten ethischen Einstellung an und motiviert sein ethisches Verhalten von diesem Sinnhorizont her. Die »autonome Moral« spricht für den Prozeß der ethischen Normfindung von einem kritisierenden, stimulierenden und integrierenden Effekt des neuen Sinnhorizontes, der sich mit Jesu Leben und Lehre für den Christen aufgetan hat.[161] Jesu Ruf zur Umkehr etwa (Mk 1,15) ist »vor allem durch die in Jesus selbst sichtbar werdende Vergegenwärtigung des göttlichen Erbarmens motiviert«[162] und führt z. B. zu einer fundamentalen Kritik Jesu an der herrschenden Moral, da diese durch legalistische Erstarrung, kultische Selbstsicherheit, Heuchelei und Selbstgerechtigkeit, Verstrickung im Wohlstand und durch soziale Verhärtung gekennzeichnet ist.[163] Der kritisierende Effekt der Botschaft Jesu besteht hier in einer neuen Einstellung gegenüber den Normen, die sowohl Torakritik als auch Toraverschärfung bedeuten kann.

---

158 Vgl. F. Böckle, *Unfehlbare Normen?*, 287, 289: »Normen, durch die unser verantwortliches Verhalten zum Menschen und zur Welt direkt geregelt werden soll, (müssen) grundsätzlich der vernünftigen menschlichen Einsicht offenstehen . . . Es gibt Mysterien des Glaubens, es kann aber keine mysterienhafte sittliche Handlungsnorm geben, deren Richtigkeit im zwischenmenschlichen Handeln nicht positiv einsehbar und eindeutig bestimmbar wäre.«
159 A. Auer, *Autonome Moral und christlicher Glaube*, 173.
160 Vgl. A. Auer, *Ein Modell theologisch-ethischer Argumentation: »Autonome Moral«*, 37f. – Ein großer Teil der Kritik an Alfons Auers »Autonomer Moral« geht auf ein Mißverstehen des Autonomiebegriffs zurück. Das Attribut »relational« soll solchem Mißverständnis wehren. Vgl. den von Franz Böckle geprägten Ausdruck »theonome Autonomie« (F. Böckle, *Theonome Autonomie*) und die Wendung »Autonome Moral im christlichen Kontext« von Dietmar Mieth (in seinem gleichnamigen Artikel).
161 Vgl. bes. A. Auer, *Die ethische Relevanz der Botschaft Jesu*.
162 A.a.O., 59.
163 Vgl. a.a.O., 60–67.

Für die »autonome Moral« liegt das christliche Proprium des Sittlichen also »nicht in konkreten weltethischen Weisungen, die aus dem Glaubensverständnis heraus entwickelt werden«[164], sondern in einem dem Glauben eigenen spezifischen Sinnhorizont, der den Christen in seinem konkreten ethischen Handeln in besonderer Weise motiviert und darum zu einer anderen Einstellung gegenüber den autonom entwickelten Sollensforderungen anhält.

Darüberhinaus zeigt sich das Spezifische einer theologischen Ethik dort, wo die Autonomie des Sittlichen ihre letzte Begründung erfahren soll. »Die . . . autonome menschliche Handlungsvernunft bleibt in ihrer letztgründenden Rationalität theonom«[165], nicht um einen heteronomen Herrschaftsanspruch auf den Menschen und seine Welt zu erheben, sondern – gerade umgekehrt – um die Bedingung der Möglichkeit zu schaffen, daß der Mensch an den Menschen, seine Eigengesetzlichkeit und seine Eigenwertigkeit glauben kann.

Theonomie im christlichen Verständnis besagt gerade nicht Heteronomie, sondern ist die Bedingung der Möglichkeit von Autonomie.[166] Die Kompatibilität von Theonomie und Autonomie ist aber nicht nur die Voraussetzung für den christlichen Versuch, die Autonomie des Sittlichen in ihrer Vernünftigkeit auf ein Letztes hin zu begründen. Vielmehr schafft der theonome und theologale Bezug auch erst die »unbedingte ethische Dignität«[167] menschlicher Autonomie. Die Vernunft des Menschen hat zwar eine ihr innewohnende Eigendynamik der Selbstbejahung und Selbstgesetzgebung. Die Überzeugung, daß menschliches Dasein als solches ein unbedingter Wert und daß menschliche Würde unantastbar ist, begründet jedoch noch keinen unbedingten sittlichen Sollensanspruch. Um von der Unbedingtheit autonomer Sittlichkeit überzeugt sein zu können, »bedarf es einer Begründung, die der anthropologischen Vernunft nochmals als gründende vorausliegt . . . (Sie) erschließt sich dem Menschen erst in jenem transzendierenden Glauben, mit dem er Gott als letzten Sinngrund erkennt und als den Gott erkennt, der sich in dieses Menschsein selbst entäußert hat und es damit an seinem eigenen absoluten Sinn teilhaben läßt.«[168]

Der Versuch der »autonomen Moral im christlichen Kontext«[169], die Würde des Menschen und die Autonomie des Sittlichen durch eine letztgründende Rationalität theonom zu begründen, wurde erstmals umfassend von *Thomas von Aquin* gemacht.[170] Mit seiner *Lehre vom Gesetz* (lex) stellt er ein System

164 A. Auer, *Ein Modell theologisch-ethischer Argumentation: »Autonome Moral«*, 42.
165 W. Korff, *Theologische Ethik*, 34f.
166 Vgl. a.a.O., 31–33, und A. Auer, *Autonome Moral und christlicher Glaube*, 172: »Die transzendentale Ursächlichkeit des Schöpfers und die damit gegebene . . . Abhängigkeit . . . gefährden also in keiner Weise die Autonomie der Welt, sie begründen vielmehr ihre Möglichkeit.«
167 Vgl. W. Korff, *Theologische Ethik*, 37–39, hier 37.
168 A.a.O., 39.
169 Vgl. den gleichlautenden Aufsatz von Dietmar Mieth.
170 Vgl. zum Folgenden: A. Auer, *Autonome Moral und christlicher Glaube*, 127–131; ders., *Die Autonomie des Sittlichen nach Thomas von Aquin*; W. Korff, *Norm und Sittlichkeit*, 42–61; ders., *Theologische Ethik*, 79–86. – Alfons Auer und Wilhelm Korff stützen sich in ihrer Thomas-Re-

einer Ethik vor, bei dem »menschliche Normativität in ihrer Gründungslogik theologisch-ethisch so (gefaßt wird), daß darin einerseits Gott als Grund und Ziel dieser Normativität und andererseits der Mensch als das sich selbst normativ entwerfende Wesen erkannt und gewahrt bleibt«[171]. Voraussetzung hierfür ist die Erkenntnis, daß die Naturordnung erst über die Vernunft einen sittlich-normativen Sollensanspruch annehmen kann und deshalb die Vernunft das normierende Prinzip der Sittlichkeit ist.[172]

Der Vernunftcharakter des Sittlichen impliziert die Autonomie des Sittlichen.[173] Diese Autonomie bedarf jedoch einer Begründung in einer nicht mehr gegründeten und deshalb letztgründenden Vernunft Gottes. Sowohl der Vernunftcharakter des Sittlichen als auch die diese Vernunft letztbegründende Vernunft Gottes, d. h. sowohl die Autonomie des Sittlichen als auch deren theonomer Ermöglichungsgrund werden von Thomas von Aquin aus der Einheit des Begriffes »Gesetz« (lex) gedacht. Denn das Phänomen des Gesetzes schließt einerseits die Wirkweise des Gründens und andererseits die Wirkweise des Gegründetseins in sich und kann deshalb als Auslegungsschlüssel dienen, um »alle Normativität in ihrem Geltungs-, Gründungs- und Wirkzusammenhang aus der einen, alles umfassenden und als solche allein Gültigkeit stiftenden Vernunft Gottes als des Schöpfers und Vollenders zu reflektieren«[174].

Ein Gesetz hat immer die Aufgabe, normative Vernunft zu artikulieren. Indem es dies tut, vermittelt es »die Vernunft dessen, der es erläßt, mit der Vernunft derer, denen es gilt«[175]. So sehr aber der Begriff des Gesetzes göttliche und menschliche Vernunft vermittelt und deshalb alle menschliche Vernunft in der göttlichen ihren letzten Grund hat, bleibt doch das Verhältnis beider nur ein analoges. Dem Menschen ist die göttliche Vernunft nicht einfach als Gesetz vorgegeben; vielmehr ist es seiner eigenen Vernunfterkenntnis aufgegeben. Die Autonomie des Sittlichen ist ermöglicht, der Mensch als sich selbst normativ entwerfendes Wesen gewahrt.[176]

Gegen die Annahme der »autonomen Moral«, daß sittliche Normen auch für den Christen autonom gefunden werden, weil sie in der Vernunft des Menschen gründen, bringen sich in zunehmendem Maße Theologen zu Gehör, deren konträre Auffassung mit dem Wort »Glaubensethik« umschrieben werden

---

zeption vor allem auf W. Kluxen, *Philosophische Ethik bei Thomas von Aquin*, bes. 230–241, und L. Oeing-Hanhoff, *Der Mensch: Natur oder Geschichte?* Vgl. auch ders., *Thomas von Aquin und die gegenwärtige katholische Theologie*, bes. 281–290.

171 W. Korff, *Theologische Ethik*, 79; vgl. a.a.O., 85.

172 Vgl. A. Auer, *Autonome Moral und christlicher Glaube*, 128f.

173 A.a.O., 130 expliziert Alfons Auer diese Autonomie des Sittlichen als Autonomie gegenüber den physiologisch-biologischen Gesetzlichkeiten, gegenüber der Metaphysik und gegenüber dem Glauben.

174 W. Korff, *Theologische Ethik*, 80; vgl. ders., *Norm und Sittlichkeit*, 49.

175 W. Korff, *Norm und Sittlichkeit*, 49.

176 Vgl. a.a.O., 61.

kann.[177] Was unter »Glaubensethik« zu verstehen ist, muß allerdings mehr aus
der Kritik an der »autonomen Moral« erschlossen werden; denn es gibt noch
keine systematische Darstellung der »glaubensethischen« Position, die Anspruch haben könnte, als Alternative zur »autonomen Moral« ernstgenommen
zu werden. Eine große Zahl von Argumenten der »Glaubensethiker« gegen
die »autonome Moral« beruht zudem auf Unverstandenem und Mißverstan-
denem.[178]
Die Kontroverse zwischen »Glaubensethik« und »autonomer Moral« entzün-
det sich an der Frage, »ob die Verwirklichung des sittlichen Anspruchs wie
auch die Auffindung und Durchsetzung der für die Bewahrung des Menschseins entscheidend ethischen Forderungen des (christlichen) Glaubens notwendig bedürfen . . .«[179]. Für eine »glaubensethische« Position wird das Verhältnis und die gegenseitige Zuordnung von christlicher Botschaft und
sittlicher Vernunft letztlich derart bestimmt, daß christliche Sittlichkeit gegen
menschliche Vernunft steht: »Christliches Ethos muß es fertigbringen, sich zu
einem Standpunkt zu bekennen, den menschliche Vernunft als paradox beurteilen wird.«[180] Der Autonomie des Sittlichen wird eine »theonome Ethik«[181]

---

177 Für diese inzwischen auch von den katholischen Bischöfen Deutschlands favorisierte Position
sprechen vor allem folgende Publikationen: B. Stoeckle, *Grenzen der autonomen Moral*; ders.,
Handeln aus dem Glauben, bes. 9–32; ders., *Christlicher Glaube und Ethos der Zukunft*;
L. Scheffczyk, *Die Theologie und das Ethos der Wissenschaften*; A. Laun, *Zur Frage einer spezifisch christlichen Ethik*; G. Ermecke, *Katholische Moraltheologie am Scheideweg*, bes. 52f.;
J. Ratzinger, *Kirchliches Lehramt – Glaube – Moral*; J. Rief, *Normen und Normenfindung. – Die*
innerhalb der evangelischen Theologie geführte Diskussion »glaubensethischer« Positionen muß
hier unberücksichtigt bleiben.
178 Vor allem die Arbeiten von Bernhard Stoeckle zeichnen sich durch eine Reihe von Mißverständnissen aus, die aber offensichtlich nicht ausgeräumt werden können: Obwohl Alfons Auer,
Ein Modell theologisch-ethischer Argumentation: »Autonome Moral«, 54–57, auf die Mißverständnisse in Bernhard Stoeckles *Grenzen der autonomen Moral* eingeht und sowohl den Autono-
mie-Begriff und das Verständnis von Autonomie des Sittlichen klarstellt, als auch die Effekte des
christlichen Sinnhorizontes für die Normfindung und Normbegründung expliziert (vgl. A. Auer,
Die ethische Relevanz der Botschaft Jesu) möchte Bernhard Stoeckle mit dem nachfolgenden »Titel ›Handeln aus dem Glauben‹ mehr zum Ausdruck bringen, als jene aus ihm entnehmen, welche
die sittliche Funktion des Glaubens auf die Erschließung eines besonderen Sinnhorizontes und
die Eröffnung neuer Motive eingrenzen« (B. Stoeckle, *Handeln aus dem Glauben*, 11). Was dieses
»Mehr« dann tatsächlich ist, läßt sich nicht ausmachen.
179 B. Stoeckle, *Handeln aus dem Glauben*, 9.
180 B. Stoeckle, *Grenzen der autonomen Moral*, 130. – Es ist allerdings zu fragen, ob Bernhard
Stoeckles eigene Position diese Paradoxie realisiert oder ob er hier diesen Gegensatz nur postuliert, weil er die nötige Unterschiedenheit des Christen vortäuscht. Offensichtlich sind aber solche
vermuteten Kontrastierungen, verbunden mit einem appellativen und suggestiven »Muß«, bei
Bernhard Stoeckle besonders beliebt. Darum will er auch (a.a.O., 129) ein Feindbild aufbauen:
»Es muß endlich gesehen werden, welch entscheidende Herausforderung dem christlichen Glauben . . . durch die zunehmende Propagierung der ›autonomen Moral‹ erwachsen ist.« – Nicht sehr
viel überzeugender resümiert Josef Rief, *Normen und Normenfindung*, 31, sein Unbehagen an
der »autonomen Moral«: »Der Ansatz der autonomen Moral verfehlt das Wesen des Sittlichen
und stellt auch innerweltlich keine menschliche Möglichkeit dar.«
181 B. Stoeckle, *Grenzen der autonomen Moral*, 133, spricht von einer »theonomen Ethik«, die

entgegengesetzt und deshalb die Inkompatibilität von Theonomie und Autonomie des Sittlichen festgestellt. Mit der Geringschätzung der menschlichen »Vernunft als Prinzip und Maßstab des Sittlichen«[182] geht die Annahme einher, daß nur durch den christlichen Glauben eine Verbindlichkeit des Sittlichen erreichbar ist: »Christliches Ethos vermittelt dadurch, daß es aus dem Glauben lebt, dem sittlichen Handeln einen Gewißheitsgrad, der auf der Basis rein rationaler Argumentation niemals zu erreichen ist.«[183]

Die Relevanz des christlichen Glaubens für ein christliches Ethos und für eine theologische Ethik wird von den Vertretern der »Glaubensethik« prinzipiell anders eingeschätzt als von den Vertretern einer »autonomen Moral«. Einig sind sich die theologischen Ethiker beider Lager darin, daß es spezifisch christliche Grundhaltungen (von Glaube, Hoffnung und Liebe) gibt, die ihren Grund im Heilshandeln Jesu Christi haben, und daß es in der Bibel eine Reihe konkreter sittlicher Forderungen gibt. Die Geister scheiden sich aber bei der Frage, ob die mit dem Offenbarwerden des Heilswillens Gottes in Jesus Christus mitgegebenen Gebote und Forderungen nur dem Gläubigen erkennbar und verpflichtend sind oder ob sie in gleichem Maße auch einer vom Glauben unabhängigen, vernünftigen sittlichen Reflexion zugänglich sind, ja zugänglich sein müssen, um überhaupt durch ihren Gehalt sittlich verpflichten zu können.[184]

Für die »glaubensethische« Position bestimmen sich die materialen Inhalte einer christlichen Ethik von einer spezifischen Wertschätzung des Menschen oder des Menschseins her. Die Frage nach den materialen Inhalten der christlichen Ethik ist deshalb identisch mit der »Frage nach jenen werthaften Verhältnissen zwischen Gott und Mensch und zwischen den Erlösten untereinander, die Wirkungen des Geistes Gottes oder eben der Liebe sind und sich nicht aus Sachgesetzlichkeiten ergeben, sondern Sachgesetzlichkeiten zugunsten des von Gott gemeinten neuen Menschen überbieten«[185]. Für die Frage des Verhältnisses der Menschen zueinander gelten nicht die Prinzipien der Sachlichkeit, also die aus des Menschen Leiblichkeit und Intersubjektivität sich ergebenden Dringlichkeiten und Sinnwerte, sondern jene christliche »Sicht des Menschen, die ihn prinzipiell zu seinesgleichen in ein positiv sittliches Verhältnis bringt, also in das Verhältnis der gegenseitigen Hilfe beziehungsweise des Daseins-für-andere«[186].

---

einer »autonomen Auffassung von Sittlichkeit vorzuziehen sei«. Er belegt damit einmal mehr sein Mißverständnis der Autonomie des Sittlichen. Gleiches ist zu sagen zu J. Rief, *Normen und Normenfindung*, 17.

182 A. Auer, *Die Autonomie des Sittlichen nach Thomas von Aquin*, 31, in Anschluß an Thomas von Aquin, *Summa Theologiae*, I–II, 90, 1 c (hier zitiert nach A. Auer, a.a.O., 33): »Regula autem et mensura humanorum actuum est ratio, quae est primum principium actuum humanorum . . .«

183 B. Stoeckle, *Grenzen der autonomen Moral*, 139.

184 Vgl. F. Böckle, *Glaube und Handeln*, 32.

185 J. Rief, *Normen und Normenfindung*, 21.

186 J. Rief, *Normen und Normenfindung*, 27. – Diese Alternierung wird von Josef Rief wider besseres Wissen und gegen die Einsichten einer an den Humanwissenschaften orientierten »auto-

Die von der »Glaubensethik« postulierte Dichotomie von autonomer Vernunft und christlicher Glaubensvernunft ist Ausdruck eines fundamentalen Mißtrauens gegen die Macht wissenschaftlich eruierbarer Dringlichkeiten und Sachgesetzlichkeiten. Wo immer beim Menschen nach Sachgesetzlichkeiten und deren normativer Relevanz gefragt wird, wittert die »Glaubensethik« Verrat und Verkauf des Menschen selbst.[187] Im Namen eines unverkürzten Menschenbildes wird für sie die sittliche Vernunft des Christen zum Ausdruck des spezifisch christlichen Gottesbegriffs, und deshalb muß die Glaubensvernunft einer autonomen, innerweltlichen Vernunft kontrastiert werden.

Für den »Glaubensethiker« ist die sittliche Vernunft des Christen unlösbar mit seinem Glauben verknüpft und ohne diesen nicht zu erkennen und zu verwirklichen. Nach Joseph Ratzinger hat Jesus selbst das Muster für diese Verknüpfung gezeigt: Jesus hat »in den Einlaß- und Ausschließungssprüchen zur Königsherrschaft Gottes dieses zentrale Thema seiner Predigt unlöslich mit den sittlichen Grundentscheidungen verknüpft . . ., die aus dem Gottesbild folgen und ihm zuinnerst zugehören«[188]. Von einer Autonomie des Sittlichen im christlichen Sinne zu sprechen, hieße deshalb die Preisgabe der Glaubensvernunft an den Zeitgeist. Nur wenn das Sittliche »im Grundbegriff des Christlichen selbst unlösbar verschmolzen«[189] ist, bleibt das Proprium einer christlichen Ethik gewahrt. Und darum schließt der Glaube »inhaltliche Grundentscheidungen in Sachen Moral mit ein«[190].

5.4.2 Ansätze zu einer kritischen Würdigung der humanistischen Ethik Erich Fromms

Eine kritische Würdigung von Erich Fromms humanistischer Ethik kann hier nur auf dem Hintergrund der Fragestellung einer theologischen Ethik erfolgen — und auch dies nur ansatzweise. Die vorstehenden Ausführungen zum Selbstverständnis heutiger theologischer Ethik legen es nahe, bei der Frage des Gründungszusammenhangs die Unterscheidung zwischen Normfindung und Sinnbegründung beizubehalten, das Augenmerk jedoch auf die Frage nach der Normfindung zu legen. Das Problem der Letztbegründung von Normativität und sittlichen Normen führt in diesem Kontext zur Frage, wie sich ein Humanismus, der sich als Negation jeder Theonomie versteht, begründen läßt.

---

nomen« Vernunft einfach behauptet, obwohl z. B. Wilhelm Korff, *Norm und Sittlichkeit*, bes. 76–112, aufzeigen konnte, daß der Mensch im Umgang mit dem Menschen immer zugleich Bedürfniswesen, Aggressor und Fürsorger ist, – daß also »die gegenseitige Hilfe« bzw. »das Dasein-für-andere« ein konstitutiver Teil eben jener Perichorese ist, die das natural-soziale Grundgesetz selbst darstellt.

187 Vgl. J. Rief, *Normen und Normenfindung*, 20.
188 J. Ratzinger, *Kirchliches Lehramt – Glaube – Moral*, 59.
189 A.a.O., 56.
190 A.a.O., 65. – Zur Kritik dieser Aussagen vgl. Schüllers Rezension von J. Ratzingers Buch. – Zur Kritik der »glaubensethischen« Position aufgrund eines humanistischen Ethos siehe unten, S. 351 f.

Hierzu sei verwiesen auf die Ausführungen zur »humanistischen Religion«, speziell zur »Mystik des EINEN«[191] sowie auf die im Teil III folgenden Reflexionen zum Humanismus-Verständnis und zur Humanismus-Begründung bei Erich Fromm.[192]

5.4.2.1 Die Suche nach einer naturalen Unbeliebigkeit menschlicher Normativität

Trotz des entscheidend anderen Ansatzes in der Frage der Letztbegründung des Sittlichen gibt es hinsichtlich des Selbstverständnisses ein breites Feld von Gemeinsamkeiten zwischen einer theologischen Ethik im Sinne der »autonomen Moral« und einer humanistischen Ethik, wie sie Erich Fromm versteht. Beide Ethiken setzen bei der Autonomie des Sittlichen an und widersetzen sich Entwürfen von autoritärer und absoluter Ethik, seien diese offenbarungspositivistisch-fundamentalistisch oder auch dezisionistisch-willkürlich durch kirchliche, gesellschaftliche oder politische Größen inauguriert.[193] In beiden Ethiken kommt zudem die Überzeugung zum Ausdruck, daß weder die Wahrnehmung der kulturellen und ethnischen Verschiedenartigkeit von Ethiken einen ethischen Relativismus rechtfertigt noch daß das faktische Gelten von Normen und Überzeugungen in sich bereits die Sittlichkeit von Normen garantiert (»socially immanent ethics«[194]) noch daß die naturale Substruktur, die der Mensch mit der übrigen Lebe-Welt gemeinsam hat, bereits sittliche Normativität bedeutet (»biologically immanent ethics«[195]).

Theologische und humanistische Ethik gehen bei der Frage, wie sittliche Normen – Erich Fromm spricht etwas unscharf von »objektiv gültigen Werten und Normen« – gefunden werden können, von dem Recht und der Fähigkeit des Menschen aus, mittels seiner Vernunft Normen zu entdecken.[196] Sie können dies aber nur »vernünftig« tun, wenn sie des Menschen Vernunft selbst als »Bestandteil und Funktion einer menschlichen Natur«[197] begreifen, auf die die menschliche Vernunft verwiesen bleibt. Die menschliche Natur ist der Vernunft vor- und aufgegeben, und doch steht die Vernunft dieser Natur deutend,

---

191 Siehe oben S. 118–168, speziell S. 149–155, 157–160, 164–168.

192 Siehe besonders unten S. 260–278 und 301–305.

193 Diese Gemeinsamkeit kann unabhängig von der Kritik festgestellt werden, daß der Frommsche Autoritätsbegriff in verschiedenen Hinsichten die Möglichkeit rationaler Autorität vernachlässigt.

194 Vgl. oben S. 171f.

195 Vgl. oben S. 172. – Diese letzte Spielart hat durch die vergleichende Verhaltensforschung neuen Auftrieb bekommen. Die Frage, welchen Beitrag die Ethologie bei der Findung sittlicher Normen leisten kann, wird ausführlich behandelt von W. Korff, *Norm und Sittlichkeit*, bes. 76–101 und 113–128. Ebenso F. Rauh, *Die Funktion der vergleichenden Verhaltensforschung für das Humanum*, bes. 143–145 und 156f. – Vgl. auch B. Schüller, *Die Begründung sittlicher Urteile*, bes. 102–107, und W. Lepenies, *Schwierigkeiten einer anthropologischen Begründung der Ethik*, bes. 321–324.

196 Vgl. W. Korff, *Norm und Sittlichkeit*, 68, sowie a.a.O., 65: »... der Mensch ist vernünftiges, sittliches, normatives Wesen ... kraft seiner Natur als Vernunftnatur«.

197 W. Korff, *Norm und Sittlichkeit*, 71.

ordnend und gestaltend gegenüber, ist sie als Erkenntnis- und Entscheidungsvernunft normierendes Prinzip.[198]

Die Rückbindung der Vernunft an die menschliche Natur besagt hinsichtlich der Normfindungsfrage, daß der Ausgang bei den Human- und Sozialwissenschaften zu nehmen ist[199], um die »naturale Unbeliebigkeit«[200] menschlicher Normativität ausfindig zu machen. Die Bedeutung dieser empirischen Wissenschaften liegt jedoch weniger darin, daß sie die naturale Unbeliebigkeit für eine individuelle und singuläre Norm aufweisen können. Vielmehr sollen die Human- und Sozialwissenschaften jene Daten und Materialien liefern, mit deren Hilfe man »zu generell disponierenden und in ihrer Anspruchslogik wesenhaft übergreifenden Gesetzlichkeiten menschlicher Normativität«[201] gelangen kann. Eine solchermaßen allen konkreten materialen Ausgestaltungen von Normativität vorausliegende und diese erst begründende letzte naturale Unbeliebigkeit muß für alle Menschen gelten; sie muß »unbeliebig« sein und kann trotz des bestimmenden Anspruchs, der in der Unbeliebigkeit liegt, doch nur einen prädisponierenden Stellenwert hinsichtlich menschlichen Seinkönnens, hinsichtlich sittlicher Normen und möglicher Moralen haben.[202] Schließlich muß sie sowohl für das Verständnis der einzelnen Persönlichkeit als auch für das Verständnis gesellschaftlicher Größen und deren wechselseitige Abhängigkeit gültig sein.[203]

---

198 A.a.O., 72.

199 Vgl. A. Auer, *Autonome Moral und christlicher Glaube*, 39–43.

200 Die Wendungen »naturale Unbeliebigkeit« und »naturale Unbeliebigkeitslogik« wurden im Anschluß an den von Max Müller eingeführten Begriff »Unbeliebigkeit« von Wilhelm Korff formuliert. Vgl. ders., *Norm und Sittlichkeit*, 10 und 76. Mit dem Begriff »Unbeliebigkeit« kennzeichnet Wilhelm Korff die von sich aus wirkende, natural disponierende Vernunft menschlichen Handelns und vermeidet mit den Bezeichnungen »naturale Unbeliebigkeitslogik« und »naturale Unbeliebigkeit« die Mißverständnisse und Mißdeutungen der Begriffe »Naturgesetz« und »Natur«. Die mit »Unbeliebigkeit« gekennzeichnete natural disponierende Vernunft menschlichen Handelns impliziert noch keine ethische Aussage. Denn das natural Vorgegebene disponiert zwar das Normative, aber definiert es nicht (vgl. a.a.O., 70).

201 W. Korff, *Norm und Sittlichkeit*, 76.

202 Die Eigenart letzter naturaler Unbeliebigkeiten, nur einen prädisponierenden Stellenwert zu haben, ist der Grund, warum im Folgenden mit den Begriffen »terminieren« (statt determinieren) und »disponieren« operiert wird.

203 Vgl. W. Korff, *Norm und Sittlichkeit*, 78. – Im Bereich der theologischen Ethik hat Wilhelm Korff erstmals den Versuch gemacht, eine solche naturale Unbeliebigkeitslogik als ein natural-soziales Grundgesetz zu eruieren. Er versteht jegliches soziale Beziehungsgeschehen als Konfiguration letzter, sich einander zuordnender Antriebsgesetzlichkeiten, deren innerer Verweisungsnexus überhaupt erst die humane Vernunft dieses Beziehungsgeschehens sichert. Diese von Wilhelm Korff als »soziale Perichorese« (vgl. a.a.O., 97) charakterisierte Interdependenz von Bedürfniserfüllung, Selbstbehauptung und Fürsorgebereitschaft ist das Strukturgesetz des Sozialen überhaupt und ergibt sich aus der Phänotypik des Umgangs des Menschen mit dem Menschen. Im Unterschied zu Alfred Vierkandt und Hans Georg Gadamer, die diese Phänotypik schon früher erstellt haben, bleibt Wilhelm Korff nicht bei dieser stehen, sondern kommt zu der Erkenntnis, daß es sich bei den unterschiedlichen Formen des Umgangs des Menschen mit dem Menschen um strukturierende Bedingungsgesetzlichkeiten des Sozialen überhaupt handelt. Verhaltensphysiologische

Erich Fromms humanistische Ethik setzt die Kenntnis einer letzten naturalen Unbeliebigkeit voraus; diese resultiert aus der Erforschung der Möglichkeiten und der spezifischen Bedingungen der menschlichen Existenz (»conditio humana«). Mit der Definition der »Natur des Menschen« als eines Widerspruchswesens, das unabdingbare menschliche Bedürfnisse hat, und mit der Nominierung von bestimmten Charakter-Orientierungen hat er eine Unbeliebigkeit aufgezeigt, die allen Menschen zueigen ist und die für alle Menschen hinsichtlich ihres Seinkönnens und ihrer Entfaltungsmöglichkeiten sowie bezüglich der Ausgestaltung von Moralen und deren Realisierbarkeit einen disponierenden Verbindlichkeitsanspruch besagt. Denn es ist die Eigenart der menschlichen Bedürfnisse, daß auf sie reagiert werden muß. Und es ist die Aufgabe des Charakters, die Antwort auf die Bedürfnisse in einer bestimmten Weise zu strukturieren. Beide Größen, die Bedürfnisse und die Charakter-Orientierungen sind einander zugeordnet und stellen generell disponierende Gesetzlichkeiten menschlicher Normativität dar.[204]

5.4.2.2 Der Charakter als Prinzip der methodischen Einheit von empirischen Daten, philosophisch-anthropologischer Reflexion und ethischer Normierung

Die Bedeutung des Frommschen Versuchs, die naturale Unbeliebigkeit menschlichen Seins und Handelns zu bestimmen, liegt zunächst in der Art und Weise, wie Erich Fromm zu ihrer Bestimmung kommt. Seine Art der Bestimmung ist von solchen »phänomenologischen« Analysen der menschlichen Existenz zu unterscheiden, die ihren Grund vorrangig in der Reflexion der conditio humana oder eines apriorisch gesetzten »Wesens« des Menschen haben und nicht in den je verschiedenen, mit Hilfe der empirischen Wissenschaften erhebbaren Ausfaltungen menschlichen Seinkönnens.[205] Sie unterscheidet sich aber auch von den vielfältigen Versuchen, aus den verschiedenen Einzelwissenschaften und deren Daten jeweils eine psychologische, soziologische, ethologische, biologische etc. Anthropologie zu formulieren.[206] Diese Versu-

---

Untersuchungen und ihre Analyse bestätigten schließlich Wilhelm Korff, daß »der Mensch . . . dem Menschen Bedürfniswesen, Aggressor und Fürsorger zugleich« ist (a.a.O., 91).

Die »soziale Perichorese« als natural-soziales Grundgesetz ist norma normarum und eine letzte Antriebsgesetzlichkeit; sie ist keine Norm, sondern eine Metanorm. Denn sie erweist sich »als das eigentliche, maßsetzende Rahmenkriterium zur Bewertung und Einordnung konkreter sozialer Handlungsstile, das als solches keinerlei Extrapolation zuläßt, weil sich eben nur ein sich innerhalb der Perichorese entfaltendes Handeln von dieser seiner naturalen Basis her als human vernünftig bestimmt« (a.a.O.).

204 Zur Frage der Bedeutung dieser Erkenntnisse für eine theologische Ethik siehe unten S. 222–227.

205 Beispielhaft können etwa genannt werden die Daseinsanalyse Martin Heideggers bzw. die philosophischen Anthropologien bis zur Heraufkunft der Human- und Sozialwissenschaften.

206 Die Möglichkeit, zu (philosophisch-)anthropologischen Aussagen auf dem Wege einer Summation verschiedenster Daten je verschiedener Disziplinen zu gelangen, kann unreflektiert bleiben, da es unmittelbar einsichtig ist, daß der Mensch eine Einheit darstellt, die höchstens eine perspektivische Betrachtungsweise, nie aber eine Teilung des Menschen zuläßt.

che sind ungenügend. Denn sie können dort, wo sie empirische Daten erheben, nur perspektivisch-einzelwissenschaftlich erkennen, um dann von den Erkenntnissen der Einzelwissenschaft (z. B. der Psychoanalyse) her Gegenstände einer anderen wissenschaftlichen Disziplin (z. B. Konflikte zwischen gesellschaftlichen Gruppen) zu erforschen. Das Ziel solcher Anthropologien ist zwar die Formulierung von komplexeren Verständnissen des Menschen. Dieses Ziel wird aber nur dadurch erreicht, daß eine Betrachtungsweise (z. B. eine soziologische) universalisiert wird; eine Methode, die den je verschiedenen Aspekten eines Erkenntnisgegenstandes zugleich gerecht wird, entwikkeln sie jedoch nicht.

Die Schwierigkeit, einen methodischen Ansatz zu finden, der den verschiedenen Aspekten eines Gegenstandes zugleich gerecht wird, betrifft an erster Stelle den Menschen als individuelle Persönlichkeit und als gesellschaftliche Größe. Von den Wissenschaften aus betrachtet, die diese zwei Aspekte des einen Menschen zum Erkenntnisgegenstand haben, geht es um die Verknüpfung vor allem einer psychologischen und einer soziologischen Betrachtungsweise in einer Methode, die beiden Aspekten zugleich gerecht wird. Erich Fromm hat eine Methode entwickelt, die die Einheit des Menschen als Individuum und als Gesellschaftswesen ernstnimmt. Das beide Aspekte verbindende Prinzip ist des Menschen Charakter, der sich gemäß den Aspekten des Menschen als individueller und als Gesellschafts-Charakter ausfaltet. Der Charakter kann auf verschiedene – idealtypisch gefaßte – Charakter-Orientierungen hin bestimmt werden. Im Gegensatz zum instinkthaft verstandenen Charakterbegriff Sigmund Freuds ist für Erich Fromm die dominante Charakter-Orientierung eines Menschen das Ergebnis eines Prägungsprozesses durch die sozio-ökonomischen Verhältnisse. Die in einer Gesellschaft vorherrschende Charakter-Orientierung prägt über die Familie als die psychische Agentur der Gesellschaft den Charakter des einzelnen, so daß die Einheit des Menschen als Individuum und als Teil der Gesellschaft in der beiden Aspekten gemeinsamen Größe »Charakter« gewährleistet ist.

Mit der funktionalen Sicht des Charakters als eines Substituts für den tierischen Instinkt wird Erich Fromm der perspektivischen Verschiedenheit des einen Menschen in einem weiteren Gesichtspunkt gerecht. Gerade die auf dem Vergleich mit dem Tier aufbauende Verhaltensforschung kennt keine präzise Bestimmung der Relation Tier – Mensch. Sie postuliert zwar nur ein analoges Verhältnis zwischen Tier und Mensch, doch ist sie nicht wirklich bereit, die differentia specifica des kulturschaffenden Menschen zu reflektieren. Wird hingegen der Charakter als ein Ersatz für den tierischen Instinktapparat verstanden, der den Möglichkeiten und Bedingtheiten der Spezies Mensch adäquat ist, dann wird die Einheit des Menschen gewahrt, und hat die Methode der wissenschaftlichen Erforschung des Menschen im Charakterbegriff ihren Einheitsgrund.

Erich Fromm hat ein spezifisches Verständnis der empirischen Human- und Sozialwissenschaften als Perspektiven des einen Menschen entwickelt. Dementsprechend haben die Human- und Sozialwissenschaften in einer auf dem Charakterbegriff aufbauenden sozialpsychologischen Methode ihre Einheit. Bevor seine in den empirischen Erkenntnissen gründenden philosophisch-anthropologischen Reflexionen gewürdigt werden, sollen einige Daten seiner empirischen Erkenntnisse auf ihre Bedeutung für eine theologische Ethik hin befragt werden.

5.4.2.3 Die empirischen Daten und ihre Bedeutung für eine ethische Betrachtungsweise

Die Entdeckung des Charakters als einer dynamischen Größe ist ein Verdienst Sigmund Freuds. Die Bezeichnung »dynamischer Charakter« besagt, daß es der Charakter ist, der menschliches Verhalten disponiert und terminiert. Obwohl diese Einsicht zu den Grundlagen der Psychoanalyse und der analytischen Psychotherapie gehört, hat sie in der theologischen Ethik kaum Eingang gefunden. Die Gründe hierfür müssen teils in der starken Beeinflussung des europäischen Denkens durch den amerikanischen Behaviorismus, teils in der Aversion der Universitäts-Psychologie gegen die Psychoanalyse gesucht werden. Hinter beiden Erscheinungen steht ein positivistischer Wissenschaftsbegriff, für den das Verhalten eines Menschen die letzte Größe darstellt, die wissenschaftlich erreichbar ist. Das Verhalten wird zwar als motiviert und disponiert angesehen, doch wird nicht nach einem das Verhalten in seiner Ausrichtung terminierenden Charakter weitergefragt. Wäre der Charakter Gegenstand des wissenschaftlichen Interesses, so könnte der Mensch nicht mehr nur an seinem Verhalten beobachtet, gemessen und beurteilt werden. Vielmehr müßte sein Verhalten als Ausdruck eines in spezifischer Weise geprägten Charakters verstanden werden. Gleiche oder ähnliche Verhaltensweisen (z. B. Hilfsbereitschaft) müßten dann unter Umständen ganz verschiedenen Charakteren (z. B. liebender oder beherrschender Charakter) zugeordnet werden, während ganz verschiedenes Verhalten (z. B. Lieben und Hassen) Ausdruck ein und desselben Charakters (z. B. des autoritären Charakters) sein könnte. Erst das Bemühen, den Charakter eines Menschen und einer Gesellschaft zu erforschen, kann ein besseres Verständnis von deren Verhalten ermöglichen. Die Kenntnis des Charakters macht verschiedenste Verhaltensweisen desselben Subjekts plausibel, weil alles Verhalten im Charakter gründet.

Das Verständnis menschlichen Verhaltens als Ausdruck eines bestimmten Charakters kann in der theologischen und philosophisch-ethischen Tradition bereits in der Tugendlehre, und zwar in der des Aristoteles und vor allem in der als Habitus-Lehre gefaßten Tugendlehre des Thomas von Aquin gefunden werden.[207] Besonders wo es um die sittliche Beurteilung menschlichen Ver-

---

207 Zum Begriff »Tugend« als einem ethischen Schlüsselbegriff vgl. W. Korff, *Theologische Ethik*, 50–53; außerdem stellvertretend für weitere Literatur: V. Eid, *Tugend als Werthaltung*. Vgl. auch die dort angegebene Literatur.

haltens ging und man moralpädagogische Kriterien und Inhalte brauchte, vermochte die Tugendlehre – ohne ausdrückliche empirische Methode – ein tieferes Verstehen des Menschen zu vermitteln. Im Gegensatz zur Tugendlehre und ihrem Menschenverständnis interessiert sich die Kasuistik nicht für die das Verhalten bestimmenden Habitualisierungen. Die Reduktion des Interesses am Menschen auf das Verhalten ist prinzipiell auch kennzeichnend für den positivistischen Behaviorismus in der Psychologie und Sozialpsychologie – oder auch in der sog. »analytischen« Ethik.[208]

Die Charakterlehre Erich Fromms kann als ein Versuch angesehen werden, das Anliegen der traditionellen Tugendlehre mit den Mitteln der modernen Human- und Sozialwissenschaften neu zu begründen. Eine Affinität des Frommschen und des thomanischen Menschenverständnisses ist offensichtlich. Das Verdienst Erich Fromms ist die wissenschaftliche Explikation dieses Menschenverständnisses mit Hilfe seiner sozialpsychologischen Methode: Er übernimmt den dynamischen Charakterbegriff Sigmund Freuds und mit ihm die Einsicht, daß die verschiedenen Charakterzüge eines Subjekts strukturiert sind, entwickelt ihn aber dadurch weiter, daß er ihn aus dem Rahmen der instinktivistischen Libido-Theorie befreit. Auf diese Weise kommt Erich Fromm zu einer neuen Bestimmung von Orientierungen des Charakters, die der Einheit des Menschen als Individuum und als Gesellschaftswesen gerecht werden. Zugleich kann er die verschiedenen Charakter-Orientierungen in eine Ordnung bringen, je nachdem, ob sie das menschliche Leben fördern oder hemmen.

Für eine theologische Ethik stellen die idealtypisch formulierten Orientierungen in der Beziehung des Menschen zu seiner naturalen und sozialen Umwelt empirische Daten dar, durch die menschliches Verhalten in seiner Verursachung, Motivation und Zielsetzung umfassend gedeutet werden kann. Da Charakter-Orientierungen immer auch die ökonomischen Verhältnisse und die Produktions-Prozesse sowie – hiervon abhängig – die gesellschaftlichen

---

208 Diese Feststellung trifft modifiziert auch für den Ansatz von Bruno Schüller zu. Freilich versucht er die Enge eines Ansatzes bei den Merkmalen einer Handlung dadurch zu überwinden, daß er menschliches Verhalten von den Folgen des Verhaltens her betrachten und beurteilen möchte, so daß er behaupten kann, »der sittliche Charakter einer Handlungsweise werde ausschließlich bestimmt durch ihre guten und üblen Folgen« (B. Schüller, *Neuere Beiträge zum Thema »Begründung sittlicher Normen«*, 117; vgl. ders., *Die Begründung sittlicher Urteile*, bes. 22f.). Es bleibt aber fraglich, ob mit einer solchen »teleologischen« Theorie ethischer Normierung die reduktionistische Eigenart der herkömmlichen kasuistischen Moral wirklich überwunden werden kann. Denn die Zurückweisung einer »deontologischen« Theorie ethischer Normierung zugunsten einer »teleologischen« hält an der ausschließlichen Orientierung am Verhalten des Menschen, wie sie der Kasuistik zu eigen ist, fest und wird sich deshalb auch weiterhin dem Vorwurf ausgesetzt sehen, sie wolle den Menschen behavioristisch auf sein Verhalten reduzieren und richte deshalb das Sittliche nur am optimal Angepaßten aus.
Diese Kritik an der »teleologischen« Theorie sollte allerdings nicht die Verdienste schmälern, die ihr gegenüber einer Art Kasuistik zukommen, die nur an den sog. »casus conscientiae« interessiert ist und die vor allem wissen will, »wann, wo oder wie (ein einzelner Tatbestand) als sündhaft bzw. tolerierbar zu beurteilen« ist (F. Furger, *Katholische Moraltheologie in der Schweiz*, 222).

und politischen Ordnungsstrukturen und Wertvorstellungen repräsentieren, sind sie Konzentrationen oder Verdichtungen der sie umgebenden Welt und Menschen. In ihrer je spezifischen Ausrichtung können sie deshalb als Schlüssel für ein detailliertes Verständnis menschlichen Verhaltens dienen. Die Spezifizierung der Charakter-Orientierungen eines Menschen ermöglicht eine Deutung seines Verhaltens, die gerade deshalb umfassend sein kann und ein umfassendes Verständnis ermöglicht, weil in einer bestimmten Charakter-Orientierung die je verschiedenen Determinanten menschlichen Verhaltens als Einheit aufgefaßt werden.

Eine *Exemplifizierung* soll die bisherigen Aussagen hinsichtlich ihrer Relevanz für eine (theologische) Ethik verdeutlichen: Ein Kind bekommt von seinen Eltern Geld, um einem Spielkameraden zum Geburtstag ein Geschenk kaufen zu können. Statt den gesamten Geldbetrag für das Geschenk zu gebrauchen, gibt das Kind heimlich die Hälfte des Betrages in seine Sparbüchse.

Eine wie auch immer geartete kasuistische Moral wird versuchen, die sittliche Qualität dieses Verhaltens am faktischen Tun des Kindes zu messen. Sie wird auch bestimmte Umstände (»circumstantiae«) in Betracht ziehen, um die Härte der Behauptung, daß das Tun des Kindes in sich (»intrinsece«) sittlich gut oder schlecht sei, zu mildern oder zu vermeiden. Und vielleicht wird sie sich schließlich damit begnügen zu sagen, daß kein wirklich ernsthafter moralischer Konfliktfall zur Debatte steht.[209] Eine ethische Betrachtung, die mit Hilfe der Human- und Sozialwissenschaften das Verhalten des Kindes befragt, wird versuchen, die Determinanten, die hinter dem Verhalten des Kindes stehen, zu eruieren. Sie will also zunächst das Verhalten verstehen, um dann aufgrund der Einsichten in die Bedingungsfaktoren des Verhaltens ein sittliches Urteil zu fällen.

In dem Bemühen, das Verhalten des Kindes in seiner Logik sichtbar zu machen, würde Erich Fromm auf den Charakter als disponierende und terminierende Größe für das Verhalten zurückgreifen. Kann nämlich das Verhalten als Ausdruck einer bestimmten Orientierung des Charakters ausgemacht werden, dann werden die in der bestimmten Charakter-Orientierung repräsentierten anderen gesellschaftlichen, kulturellen, politischen, religiösen, ökonomischen Determinanten sichtbar und wird ein umfassendes Verständnis des kindlichen Verhaltens möglich.

---

209 Es wäre sicher auch von Interesse, wenn dieser Kasus nach allen Regeln der kasuistischen Kunst – auch der »teleologisch« verstandenen Kasuistik – entschieden würde. Ist das Verhalten des Kindes als Sparsamkeit oder als Geiz auszulegen? Inwieweit konkurriert eine sittlich negative Wertung der Tatsache, daß das Kind einen Teil des Geldes für einen anderen Zweck bestimmt und sich deshalb der Zweckbestimmung durch die Eltern widersetzt, mit einer vielleicht sittlich positiven Einschätzung der Sparsamkeit? Welche Kriteriologie gibt es, um zu entscheiden, ob etwas überhaupt ein Gut oder eine Tugend ist, und um die Rangordnung von Tugenden (»nicht-sittlicher« und »sittlicher Wert« im Sinne Bruno Schüllers) verbindlich festlegen zu können? Ist das Kind nicht eigentlich sehr »brav«, wenn es sparsam ist und darin die ökonomischen Erfordernisse und den Charakterzug seiner Eltern gehorsam reproduziert?

Im vorgestellten Exempel liegt es nahe, das Verhalten des Kindes als Geiz auszulegen. Die Bestimmung »Geiz« ist ein Charakterzug, der nicht notwendig, aber doch wahrscheinlich der Frommschen Charakter-Orientierung des Hortens zuzurechnen ist. (Mit welcher Sicherheit ein Verhalten einer Charakter-Orientierung zugeordnet werden kann, hängt von der Genauigkeit der Verhaltensbeschreibung ab.) Die Tatsache, daß das Kind die andere Hälfte nicht in Süßigkeiten für den eigenen Bedarf umsetzt oder am Spielautomaten ausgibt, sondern in die Sparbüchse tut, und ebenso der Umstand der Heimlichkeit stützen die Zuordnung zur hortenden Charakter-Orientierung. Gesetzt den Fall, das Verhalten des Kindes läßt sich mit großer Sicherheit als Ausfluß einer starken Dominanz einer hortenden Charakter-Orientierung bestimmen, dann sind Rückschlüsse möglich auf die soziale Situation der Familie des Kindes, auf Erziehungsmaximen, auf die Art der Eltern-Kind-Beziehung, auf die bourgeoise Art, mit der die Familie auf die kapitalistische Wirtschaftsordnung reagiert, auf den übergroßen Stellenwert des Geldes in der Beziehung von Menschen untereinander, auf eine soziale Ordnung, in der sich der gesellschaftliche Rang von der Größe des Privateigentums bestimmt, auf Wertvorstellungen, bei denen das Aufhäufen und Zurückbehalten, das Einbehalten und das eigene Quantifizieren als Wege der Glücksfindung angesehen werden, usw. Es sind von dorther Rückschlüsse auf andere Verhaltensweisen und Charakterzüge möglich, die ebenfalls für eine hortende Charakter-Orientierung typisch sind. Schließlich lassen sich sogar prognostisch gewisse Rahmenlinien aussagen, innerhalb derer sich bei bestimmten Anforderungen die Verhaltensweisen des Kindes bewegen werden.

In all den verschiedenen Aspekten und Details wird sichtbar, daß das Verhalten eines Menschen Ausdruck einer Charakter-Orientierung ist, die eine für sie typische Strukturierung aufweist und deshalb die Art und Weise von Verhalten unbeliebig macht. Warum sich das Kind so verhält, kann durch die Zuordnung des Verhaltens zu einer Charakter-Orientierung plausibel gemacht werden. Es zeigt sich hierbei aber auch, daß ein Verstehenwollen des Verhaltens die ganze Komplexität der verschiedenen Aspekte des Menschen und deren Verflochtensein an den Tag bringt. Dadurch erschwert sich die Möglichkeit einer sittlichen Beurteilung sehr. Dennoch darf eine Ethik auf den Versuch, menschliches Verhalten vor jeder Beurteilung verstehen zu wollen, nicht verzichten.

Der Frommsche Versuch, mit Hilfe des Charakterbegriffs den Menschen in seiner Totalität zu verstehen, hat *Auswirkungen auf die ethische Betrachtungsweise und die Moralpädagogik.* Soll das Verhalten des Menschen beurteilt oder geändert werden, so ist dies zunächst nur innerhalb jenes Rahmens möglich, der von der das Verhalten dominierenden Charakter-Orientierung gesetzt wird. Gibt es eine klare Dominanz einer Orientierung, etwa der hortenden, dann sind Änderungen der Verhaltensweisen nur innerhalb dieser hortenden Orientierung zu erwarten, solange die Methoden behavioristisch sind, d. h. solange sie mit Hilfe von Stimulus-Response-Techniken eine bessere Anpassung an gesellschaftliche, berufliche etc. Erfordernisse anstreben. Dies trifft auch für eine Moralpädagogik zu, die glaubt, den Menschen vor allem durch Bewußtseinsbildung (Information, Predigt, Katechese etc.) verändern zu können, ohne ihn in seinen vielfältigen Dependenzen und Verflochtenheiten ernstzunehmen. (2000 Jahre christlicher Moralerziehung sind ein beredtes Zeugnis für das Scheitern des Versuchs, den Menschen durch punktuelle Adaption zu verändern.) Eine wirkliche Veränderung des Verhaltens wird erst dort möglich, wo zugleich mit allen persönlich-geistigen Anstrengungen die Veränderung der anderen, den Charakter prägenden Faktoren angestrebt wird, so daß es zur Veränderung in der Dominanz der Charakter-Orientierung kommt.

Die Tatsache, daß das Verhalten durch die Orientierung der Charakterstruktur terminiert wird, hat auch auf die sittliche Beurteilung von Verhalten Auswirkungen. Die Terminierung des Verhaltens durch den Charakter bedeutet zunächst einmal, daß auch die den Charakter prägenden Faktoren mit in die sittliche Beurteilung einbezogen werden müssen. Dem Menschen kommt eine Gestaltungsverantwortung zu, die sich immer auch auf die ökonomischen, gesellschaftlichen, politischen, kulturellen Bereiche erstreckt, da diese an der Prägung des Charakters beteiligt sind. Die Frage der sittlichen Beurteilung kann also nie auf die sittliche Beurteilung des konkreten Verhaltens reduziert werden.

Zum anderen kann man bei der Frage der Schuld eines Menschen nicht mehr von der Verflochtenheit in die vorgegebenen disponierenden Faktoren absehen. Es geht nicht darum, die Frage nach einer persönlichen Schuld durch die Frage zu ersetzen: Wie kann ein unmoralisches Verhalten erklärt und damit entschuldigt werden? Es ist aber ebenso kurzschlüssig, mit der Differenzierung von subjektiver und objektiver Schuld ein subjektives Fehlverhalten durch objektive, die Schuld bedingende Faktoren zu entschuldigen. Wird die objektive Schuld nicht noch einmal auf die Verantwortung des Subjekts bezogen, so bewirkt die Reduktion des Schuldbegriffs auf die subjektive Verhaltensweise die Institutionalisierung eines Prozesses, bei dem subjektives Fehlverhalten auf Dauer produziert wird. Erst wenn ernstgenommen wird, daß die sozio-ökonomischen Faktoren die Charakterstruktur prägen und das Verhalten disponieren und terminieren, und erst wenn wahrgenommen wird, daß der Mensch gegenüber diesen Kräften entscheidend verantwortlich ist und deshalb schuldig werden kann, bekommt die Frage nach der persönlichen Schuld bei einem Fehlverhalten ihren richtigen Stellenwert. Freilich wird die Schuldfrage wie überhaupt die Frage der sittlichen Beurteilung von Verhalten schwieriger. Ebenso gilt, daß die Unterscheidung von verschiedenen Schweregraden von Schuld, die allein anhand des Fehlverhaltens gemessen werden, fragwürdig ist, wenn der Charakter in seinem Bedingungsfeld und nicht das faktische Verhalten die entscheidende sittliche Größe darstellt. Das Verstehen des Menschen in seiner Totalität aufgrund der Einsicht in die Komplexität der Bedingungen, die menschliches Handeln prädisponieren, ist den Human- und Sozialwissenschaften zu verdanken. Sie haben in Erich Fromms Charakterbegriff eine Einheit gefunden, die die verschiedensten Prägungsfaktoren in einer einzigen Größe, nämlich in der in bestimmter Weise dominant orientierten Charakterstruktur, konzentriert.

Die Bedeutung der empirischen Daten von Erich Fromms Sozialpsychologie beschränkt sich aber nicht auf die Erkenntnis des Charakters und auf die Formulierung von spezifischen Orientierungen der Charakterstruktur. Die Beobachtung der verschiedenen Charakter-Orientierungen auf ihre gesamtmenschliche Funktionalität bzw. Dysfunktionalität hin erbringt eine *Wertung der Charakter-Orientierungen,* die im Bereich der empirischen Aussage bleibt und noch keine ethische Beurteilung besagt, für eine solche aber relevant ist.

Der Ursprung des Gedankens einer Wertung der Charakter-Orientierungen ist in Erich Fromms psychotherapeutischer Praxis zu suchen. Hier beobachtet er, daß bestimmte Arten von Bezogenheiten zur Welt und zum Menschen gehäuft bei Menschen auftreten, die an neurotischen Symptomen leiden, und daß sich der Erfolg einer analytischen Therapie gerade dann einstellt, wenn sich die Art der Bezogenheit zur Umwelt ändert. Der Wandel in der Art der Bezogenheit ist Ausdruck dafür, daß sich die Dominanz der Orientierung der Charakterstruktur geändert hat. Was in der psychoanalytischen Therapie deutlich wird und mit den Wertungen »krank« und »gesund« benannt werden kann, gilt ganz allgemein sowohl für jeden einzelnen Menschen als auch für den Charakter einer gesellschaftlichen Größe. Es gibt Dominanzen von Charakter-Orientierungen, die für den einzelnen und für die Gesellschaft förderlich sind und deshalb Wohlbefinden und Glück auf der Basis von Freiheit zum eigenen Leben befördern. Es gibt aber auch andere, die den Menschen versklaven und zum Krüppel werden lassen und bei denen deshalb Wohlbefinden nur auf der Basis von Unfreiheit und unter Aufgabe der eigenen Selbständigkeit ermöglicht wird bzw. bei denen entsprechend der Dominanz das scheinbare Wohlbefinden umschlägt in Erleiden von Krankheit und Unglück.

Erich Fromm hat die Qualifizierungen der Charakter-Orientierungen im Laufe seines Lebens immer wieder neu formuliert, teils um je andere Aspekte zu betonen, teils um sie so umfassend wie nur möglich zu begreifen. Sie sind jeweils als Gegensätze gefaßt, wobei die gegensätzlichen Charakter-Orientierungen fast immer in einer bestimmten Mischung zugleich vorhanden sind und es nur um die Frage geht, ob eine nicht-produktive oder die produktive Orientierung dominant ist. Die Gegensatzbegriffe lauten: produktiv – nicht-produktiv, aktiv (tätig) – passiv, biophil – nekrophil bzw. Wachstumssyndrom – Verfallssyndrom, Modus des Habens – Modus des Seins. Unter welchem Aspekt auch immer die Charakter-Orientierungen betrachtet werden, immer wirkt die eine Orientierung hemmend auf die Entwicklung des Menschen und die andere fördernd. Ist die Charakterstruktur produktiv und biophil und deshalb auf Wachstum orientiert, dann lebt der Mensch im Modus des Seins, d. h. er lebt aus sich selbst, vernünftig, in Liebe bezogen, unmittelbar – er lebt, indem er er selbst ist. Ist dagegen die Charakterstruktur nicht-produktiv und nekrophil und deshalb auf Verfall orientiert, dann lebt der Mensch im Modus des Habens, d. h. er ist nur in dem Maße, als er hat – Besitz, Bildung, Familie, Ehre, Kinder; Gesetze hat, Menschen hat, die ihn beherrschen, und Menschen, über die er herrschen kann usw. – er lebt nur, insofern er hat.

Die Charakter-Orientierungen auf zwei gegensätzliche fundamentale Möglichkeiten der Lebensgestaltung hin zu werten, ist Ausfluß der Beobachtung des Menschen mit Hilfe der empirischen Human- und Sozialwissenschaften unter der Voraussetzung, daß der Charakterbegriff als ein die Beobachtungen einendes Prinzip verstanden wird. Die Wertungen drücken die im Menschen selbst grundgelegten Intentionen aus, denen gemäß der Mensch sich verhalten kann. Im Begriff der Orientierung einer Charakterstruktur ist somit die Intentionalität der Wirklichkeit Mensch auf zwei Potentialitäten hin ausgelegt, die alternativ sind. Mit dieser Qualifizierung der Charakter-Orientierungen ist jedoch noch keine sittliche Wertung gegeben. Die Frage, welchen Orientierungen der Vorzug zu geben ist und für welche sich zu entscheiden sittlich gut ist, ist nicht schon mit der Erkenntnis der Intentionalität der Charakterstruktur auf Entfaltung oder Hemmung hin beantwortet. Die ethische Fragestellung transzendiert den Bereich der Empirie und der human- und sozialwissenschaftlichen Daten, weil aus dem empirischen Wissen keine Eindeutigkeit des sittlich Guten oder sittlich Bösen resultiert. Das Leben zu fördern und zu entfalten, ist dennoch eine Qualifizierung, die sich aus der Intentionalität des Charakters selbst ergibt und deshalb einen disponierenden normativen Anspruch erhebt.

Die vorstehende Differenzierung zwischen der Wertung der Charakter-Orientierungen und der Frage des sittlichen Urteils, d. h. zwischen dem normativen Anspruch der empirischen Daten und einer das empirische Wissen transzendierenden sittlichen Norm, machen zugleich den *kritischen Beitrag der empirischen Daten* deutlich, den Erich Fromms Erkenntnisse für eine ethische Betrachtungsweise zu leisten vermögen. Die Tatsache, daß sich die Charakter-Orientierungen innerhalb der sozial-psychologischen Fragestellung als »lebensfördernd« oder »lebenshemmend« qualifizieren lassen, ohne daß deshalb schon entschieden werden könnte, was sittlich gut ist, gibt die Möglichkeit, vorhandene Ethiken und faktisch gelebte Überzeugungen von den empirischen Daten her zu kritisieren. Erich Fromm kann vom empirischen Charakterbegriff her Kritik an einer Wirtschaftsordnung üben, die nur auf die Maximierung des Bruttosozialprodukts aus ist; er kann ebenso einer philosophisch-anthropologischen Ansicht widersprechen, die von den empirischen Daten aus die These »homo homini lupus« oder die Auffassung vom »bellum omnium contra omnes« postuliert; und er kann etwa einer traditionell naturrechtlich argumentierenden Ethik mit Hilfe seiner empirischen Daten die Kurzschlüssigkeit einer Identifizierung von naturalem und sittlichem Wert zum Vorwurf machen. Der Charakterbegriff Erich Fromms hat also eine dreifache kritische Funktion: Er kritisiert andere empirische Daten, andere philosophisch-anthropologische Annahmen und andere ethische Argumentationen. Andererseits hat der Charakterbegriff auch eine konstruktive Funktion für die philosophisch-anthropologische Reflexion und für die ethischen Normierungen.

5.4.2.4 Die philosophisch-anthropologischen Reflexionen und ihre Bedeutung für eine ethische Betrachtungsweise

Ethik ist eine hermeneutische Wissenschaft, die über eine philosophisch-anthropologische Deutung der empirischen Daten zu sittlichen Urteilen kommt. Die philosophisch-anthropologische Deutung hat hierbei einen eigenen wissenschaftlichen Stellenwert. Sie interpretiert nicht einfach nur empirische Daten auf ein bestimmtes, umfassenderes Verständnis des Menschen hin, sondern geht von dem grundlegenden Faktum der Vernunftbegabung des Menschen aus und reflektiert diese Tatsache angesichts der empirischen Daten. Für die Explikation der philosophisch-anthropologischen Reflexionen sind dabei nicht nur die empirischen Erkenntnisse ausschlaggebend; vielmehr wirken sich in ihnen auch bestimmte Bevorzugungen von Denkformen und Vorstellungsmodellen aus, die in den eigenen geistesgeschichtlichen – philosophischen und religiösen – Abkünften des Denkers wurzeln.[210]

Erich Fromms philosophisch-anthropologische Reflexionen thematisieren sich in der *Frage nach dem Wesen oder der Natur des Menschen*. Der Ausgangspunkt seines Denkens ist einerseits die Vernunftsbegabung, durch die sich der Mensch vom Tier unterscheidet, und andererseits der Charakter des Menschen, der das Prinzip der Einheit von Individuum und Gesellschaft, von wirtschaftlichen, politischen, gesellschaftlichen, kulturellen, religiösen und anderen Prägungsfaktoren darstellt und in dem alles menschliche Verhalten, insofern es Ausdruck der Bezogenheit zur Umwelt ist, seinen Grund hat. Beide Größen, die Vernunftbegabung und der Charakter, werden von Erich Fromm ineinsgedacht in der Bestimmung des Charakters als eines Substitutes für den tierischen Instinkt. Der Charakter übernimmt beim Menschen die Aufgaben, die der Instinkt beim Tier besorgt, und ist Ausdruck der Vernunftbegabung des Menschen. Mit dieser Bestimmung des Charakters wird zugleich die philosophisch-anthropologische Reflexion legitimiert, und zwar als Reflexion über die Veränderungen, die sich mit dem Verlust der instinktiven Umweltsicherheit einstellen.

Der Vergleich von Mensch und Tier unter der Voraussetzung, daß der durch die Vernunftbegabung des Menschen bedingte Charakter den tierischen Instinkt ersetzt, wird von Erich Fromm als Frage nach der Einheit oder Harmonie von Tier und Mensch und deren Umwelt (»Natur«) ausgeführt. Formal betrachtet, reflektiert er die sozialpsychologische Ursprungssituation bei der Geburt des Menschen (der Spezies wie des einzelnen noch heute), um die Relevanz der Vernunftbegabung und Charakterbildung bei gleichzeitigem Instinktverlust allgemein biologisch und speziell (sozial-)psychologisch zu eru-

---

210 Vgl. Teil III dieser Arbeit.

ieren. Das Denken über die spezifisch menschliche Situation führt zu der Erkenntnis, daß der Mensch als Widerspruchswesen definiert werden muß. Der sein Wesen bestimmende Widerspruch hat seinen Grund in der Vernunftbegabung selbst, die als Gegenprinzip zu dem das autoplastische Umweltverhalten regulierenden Instinkt auftritt. Zugleich aber ist die Vernunftbegabung auch der Grund für die Möglichkeit, auf den Widerspruch zu reagieren. Die Vernunftbegabung bewirkt, daß Menschsein im Unterschied zum Tiersein nicht vorgegeben, sondern aufgegeben ist. Es gibt für die Widersprüchlichkeit menschlichen Seins Lösungen, aber keine Auflösung der Widersprüchlichkeit. Der Charakter aber stellt die spezifisch menschliche Instanz dar, durch die das Aufgegebensein vermittelt wird. Seine Orientierungen sind Typen von möglichen Antworten, auf die Widersprüchlichkeit zu reagieren.

Die Relevanz der philosophisch-anthropologischen Wesensbestimmung des Menschen für die Ethik wird erst richtig sichtbar, wenn die Tatsache des Aufgegebenseins der menschlichen Existenz auf bestimmte unabdingbare *existentielle Bedürfnisse* hin ausgelegt wird. Im Gegensatz zu Anthropologien, die das Wesen des Menschen ethologisch von seinen tierischen Vorfahren her bestimmen und die in der Parallelität von tierischem Verhalten und menschlichen Interaktionsgesetzmäßigkeiten letzte Unbeliebigkeitsstrukturen der Spezies Mensch entdecken[211], formuliert Erich Fromm mit den existentiellen Bedürfnissen letzte Unbeliebigkeiten, zu deren Erkenntnis er von den empirischen Daten provoziert wird, die sich aber aus der Reflexion über das Widerspruchswesen Mensch ergeben und ihre Bestätigung wiederum in den empirischen Daten finden. Es kann ganz allgemein gesagt werden, daß der Charakter die menschliche Antwort auf das Widerspruchswesen Mensch ist und daß die verschiedenen Charakter-Orientierungen die jeweils möglichen (produktiven und nicht-produktiven) Antwort-Typen repräsentieren. Die Orientierungen des Charakters beziehen sich auf die Explikationen der widersprüchlichen Existenz des Menschen. Sie sind Antwort-Typen auf verschiedene Fragen, die als Bedürfnisse aufgefaßt werden und die den einen fragwürdigen Widerspruch interpretieren. Das Postulat existentieller Bedürfnisse ist bei Erich

---

211 Obwohl für die von Wilhelm Korff formulierte »soziale Perichorese« von Bedürfniserfüllung, Selbstbehauptung und Fürsorgebereitschaft als Strukturgesetz des Sozialen verhaltensphysiologische Einsichten von Bedeutung sind, weil sie bestätigen, daß es sich bei den unterschiedlichen Formen des Umgangs des Menschen mit dem Menschen um strukturierende Bedingungsgesetzlichkeiten des Sozialen überhaupt handelt, trifft dieser Vorwurf Wilhelm Korff nicht, da für ihn die Analyse der verhaltensphysiologischen Einsichten nur die empirische Bestätigung dafür ist, daß die Phänotypik des Umgangs des Menschen mit dem Menschen in Wirklichkeit die strukturierenden Bedingungsgesetzlichkeiten des Sozialen darstellt.
Es lassen sich deshalb die Ansätze von Erich Fromm und Wilhelm Korff durchaus konstruktiv vermitteln. So kann an Erich Fromms Beschreibung der nicht-produktiven Charakter-Orientierungen gezeigt werden, daß deren Nicht-Produktivität in der Zerstörung der jeweiligen Zuordnungskonsistenz von Bedürfnishaftigkeit, Selbstmächtigkeit und Fürsorgebereitschaft begründet liegt, wie umgekehrt bei der Deskription der produktiven Charakter-Orientierung von Erich Fromm selbst auf Kriterien rekurriert wird, die eine jeweils intakte Zuordnung der genannten Komponenten erkennen lassen.

Fromm eine Frucht der philosophisch-anthropologischen Reflexion angesichts eines empirischen Charakterbegriffs, der die philosophisch-anthropologischen Reflexionen zunächst provoziert und dann bestätigt.

Da die existentiellen Bedürfnisse allen Menschen immer und überall zueigen sind, kann auf ihre Befriedigung auf Dauer ebensowenig verzichtet werden wie auf die Befriedigung des körperlichen Hunger- oder Durstdranges. Sie gestalten menschliches Leben und Handeln unbeliebig, nicht hinsichtlich der Art der Bedürfnisbefriedigung, jedoch bezüglich der Tatsache der Befriedigung. Jeder Mensch ist daher schon immer z. B. auf seine natürliche und menschliche Umwelt bezogen und muß es Zeit seines Lebens sein. Dies gilt auch dort, wo jemand narzißtisch oder psychotisch ein völlig gebrochenes Verhältnis zu seiner Umwelt hat. Der Mensch ist »seiner Natur nach«, d. h. insofern er mit seiner Vernunft auf den Widerspruch von Natur und Vernunft reagiert, ein soziales Wesen (homo socialis). Die Eigenart der Unbeliebigkeit trifft auch auf die existentiellen Bedürfnisse nach Identitätserfahrung, nach Verwurzelung, nach Transzendenz und nach einem Rahmen der Orientierung und nach einem Objekt der Hingabe zu. Jedes Handeln und jede Verhaltensweise ist eine bestimmte Art der Reaktion auf diese Bedürfnisse. Die Tatsache, daß jeder Mensch immer und notwendig auf die existentiellen Bedürfnisse reagiert, bedeutet eine letzte naturale Unbeliebigkeit menschlichen Seins und Sollens. Eben darin haben die existentiellen Bedürfnisse für eine ethische Betrachtungsweise unmittelbare Relevanz. Die existentiellen Bedürfnisse sind normativ, obwohl sie nicht darüber entscheiden, ob der Mensch im Einzelfall sittlich gut oder böse handelt. Aber sie zeigen die naturale Unbeliebigkeit auf, innerhalb derer überhaupt erst sittliches Handeln möglich wird. Sie sind der naturale Grund für menschlich-sittliches Handeln. Im einzelnen wird die Tatsache der Unbeliebigkeit der existentiellen Bedürfnisse dort relevant, wo Veränderungen etwa im Produktionsprozeß, in der Gesellschaftsordnung, in der Wertordnung oder Sinnstruktur die Möglichkeit der Reaktion auf die existentiellen Bedürfnisse einschränken bzw. ganz ausschalten. Dehumanisierung, psychischer und physischer Tod sind die Folge. In der Regel wird der Mensch bei derartigen Veränderungen versuchen, dennoch irgendwelche Ersatzobjekte für die Befriedigung der Bedürfnisse zu finden. Eine lebendige Religion z. B. kann nie durch Verbot und Androhung von Repressalien »abgeschafft« werden, es sei denn, die als Ersatzreligion fungierende Weltanschauung oder Parteiideologie vermag wenigstens annäherungsweise die Vielschichtigkeit des religiösen Phänomens zu ersetzen. Wo aber kein solcher Ersatz für das Bedürfnis nach einem Rahmen der Orientierung und nach einem Objekt der Hingabe geschaffen oder zugelassen wird, kommt es zur Lähmung des Lebensinteresses, die sich dann in psychischen und psychosomatischen Erkrankungen artikuliert und zum Suizid des einzelnen und zum Verfall der Kultur führen kann.[212]

212 Noch profilierter als in den kommunistischen Staaten tritt die Depression ganzer Zivilisationen neuerdings in den kapitalistischen Staaten auf. Die Destruktion des Orientierungsrahmens,

Die existentiellen Bedürfnisse sind allen Menschen eigen, weil sie sich unmittelbar aus dem Wesen des Menschen als eines Widerspruchs ergeben. Sie müssen unbedingt befriedigt werden und stellen deshalb letzte Unbeliebigkeiten menschlicher Normativität dar. Die Art und Weise der Befriedigung ergibt sich zwar nicht mit Notwendigkeit aus der Reflexion über die menschliche Natur, doch zeigen gerade die Beobachtungen, die bei Veränderungen der Faktoren der Bedürfnisbefriedigung gemacht werden können, daß es grundsätzlich nur zwei Möglichkeiten der Bedürfnisbefriedigung gibt, die alternativ sind. Sie entsprechen den Wertungen der Charakter-Orientierungen, denn diese sind nichts anderes als ideal-typisch gefaßte Antworten auf die Frage des Widerspruchswesens Mensch. Wie bei den Charakter-Orientierungen kann auch hier davon gesprochen werden, daß die Reaktion auf die existentiellen Bedürfnisse notwendig alternativ entweder produktiv und biophil oder nicht-produktiv und nekrophil ist.

Für eine ethische Betrachtungsweise muß festgehalten werden: Nicht nur die Tatsache der notwendigen Bedürfnisbefriedigung begründet das menschlich-sittliche Handeln natural, sondern auch die Tatsache, daß auf die existentiellen Bedürfnisse immer alternativ reagiert werden muß. Wo immer der Mensch auf seine existentiellen Bedürfnisse reagiert, befriedigt er sie notwendig immer entweder produktiv oder nicht-produktiv. Der Umstand, daß der Mensch in der Reaktion auf seine Bedürfnisse immer alternativ handelt, gehört zum Bedingungsfeld, innerhalb dessen menschliches Handeln als sittliches Handeln erst möglich wird.[213] Die Freiheit des Menschen, auf seine Bedürfnisse zu reagieren, läßt sich formal auf die Freiheit zur Wahl zwischen einer produktiven oder nicht-produktiven Befriedigung reduzieren.

Mit einer solchen Bestimmung ist aber keineswegs die produktive Reaktion bereits als sittlich gut gekennzeichnet. Die Frage der sittlichen Normierung ist weder mit dem Aufweis der naturalen Unbeliebigkeit menschlicher Normativität noch mit der Erkenntnis des naturalen Werts, daß produktive Befriedigung lebensfördernd ist, beantwortet. Zur sittlichen Norm kann die produktive

---

daß sich das Glück mit der Maximierung des Lebensstandards einstellt, hat mit der sog. Ölkrise und dem Zusammenbruch der Weltwährungsordnung weite Bevölkerungskreise der westlichen Welt ergriffen. Der konsumorientierte Kapitalismus kann seine Funktion als Ersatzreligion nicht mehr aufrecht erhalten und führt nicht nur in eine finanzielle und unternehmerische Depression, sondern auch in eine epidemieartig sich ausbreitende Depression der Massen, die erst allmählich durch neue, meist irrationale Ersatzreligionen aufgefangen werden kann. Die Notwendigkeit, für den Rahmen der Orientierung und die Objekte der Hingabe einen Ersatz zu finden und aufzubauen, wenn der bisherige Rahmen durch naturnotwendige oder durch gesellschaftspolitische und wirtschaftssystembedingte Veränderungen seine Gültigkeit verliert, erklärt zum Teil auch, warum auf Perioden der Veränderung und des Fortschrittsoptimismus mit fast gesetzmäßiger Regelhaftigkeit Epochen des Reaktionären und Autoritären folgen. In solchen Phänomenen meldet sich das verzweifelte Bemühen, wenigstens in regressiver und nicht-produktiver Weise auf ein existentielles Bedürfnis reagieren zu können. Die Nichtbefriedigung des existentiellen Bedürfnisses wäre nämlich lebensbedrohend.

213 In dieser Eigenart sittlichen Handelns liegt Erich Fromms Alternativismus-Theorie begründet. Siehe oben S. 187–190.

Bedürfnisbefriedigung erst werden, wenn der Mensch sich dafür entscheidet, daß naturale Werte, die lebensfördernd sind, als sittlich gut von ihm bejaht werden. Daß er sie mit seiner Vernunft bejahen kann, hängt freilich an der Einsicht in die mit der spezifischen Situation des Menschen gegebene letzte naturale Unbeliebigkeit, ein Bedürfniswesen zu sein, und an der Erforschung der naturalen Werte mit Hilfe der Human- und Sozialwissenschaften. Die naturale Unbeliebigkeit, ein Bedürfniswesen zu sein, stellt den letzten naturalen Grund menschlich-sittlichen Handelns überhaupt dar. Die verschiedenen existentiellen Bedürfnisse und die notwendig alternative Reaktion auf sie sind deshalb letzte naturale Gründe sittlichen Handelns, in denen jene naturalen Werte gründen, die das sittliche Handeln terminieren und disponieren.

Der kritische Beitrag der philosophisch-anthropologischen Reflexion ist wiederum ein dreifacher. Zunächst begründet der Anspruch der Eigenwertigkeit philosophisch-anthropologischer Reflexionen eine Kritik an solcher empirischer Forschung, die es aus Prinzip ablehnt, von den empirischen Daten aus auf ein bestimmtes Menschenverständnis weiterzufragen. Wissenschaftstheoretisch muß eine solche positivistische Reduktion auf die »Empirie« als ein Versuch angesehen werden, die Tatsache, daß in jedes human- und sozialwissenschaftliche Forschen bestimmte – meist unreflexe – Vorverständnisse miteinfließen, verschleiern zu wollen. Die Forderung, die Vorverständnisse zu reflektieren, ist gleichbedeutend mit dem Postulat der Eigenwertigkeit philosophisch-anthropologischer Reflexionen.

Wird der Kommunikationsprozeß zwischen empirischer Forschung und Reflexion von einem bestimmten Menschenbild her und auf ein bestimmtes Menschenbild hin vernachlässigt und grundsätzlich (als »unwissenschaftlich«) abgelehnt, entzieht sich solche Forschung der Möglichkeit einer Wertung und damit auch einer Kritik an ihrem Forschungsprogramm und an bestimmten Voraussetzungen und Konsequenzen der Forschung. Die Kritik an einem Forschungsprojekt, das es sich z. B. zum Ziel gesetzt hat, die Mechanismen der Beeinflussung, mit denen bestimmte Konsumbedürfnisse effektiver produziert werden können, so zu verbessern, daß die künstlich produzierten Bedürfnisse den gleichen Anspruch auf Befriedigung haben, wie die unabdingbaren physiologischen und existentiellen Bedürfnisse, ist nur möglich, wenn vorgängig die Eigenwertigkeit der philosophisch-anthropologischen Reflexionen anerkannt und ihre Bedeutsamkeit für die empirische Forschung nicht ausgeschlossen wird.

Die kritische Funktion der philosophisch-anthropologischen Reflexion für die empirischen Human- und Sozialwissenschaften wirkt sich nicht nur als Kritik an der Unabhängigkeit empirischer Forschung von der Frage des Menschenbildes aus. Das oben angeführte Beispiel macht zugleich deutlich, daß Erich Fromms philosophisch-anthropologische Reflexionen jenes Verständnis von Human- und Sozialwissenschaften kritisieren, das die ethische Fragestellung a priori ausschließt. Darüberhinaus erbringt die Formulierung der existentiellen Bedürfnisse eine inhaltliche Kritik, mit der empirische Daten und Forschungen dahingehend kritisiert werden können, ob sie einen dehumanisierenden oder umgekehrt einen die Entfaltung menschlicher Potentialitäten fördernden Effekt haben. Die Explikation des Widerspruchswesens Mensch in bestimmte existentielle Bedürfnisse vermag also die human- und sozialwissenschaftlichen Erkenntnisse sowohl insgesamt zu kritisieren, insofern diese die ethische Fragestellung ausklammern, als auch hinsichtlich einzelner Erkenntnisse, insofern diese dazu beitragen, daß die Befriedigung der existentiellen Bedürfnisse verhindert wird.

Die philosophisch-anthropologischen Reflexionen Erich Fromms leisten ferner einen kritischen Beitrag gegenüber anderen philosophisch-anthropologischen Wesensbestimmungen des Menschen. Dadurch, daß diese philosophisch-anthropologischen Aussagen den empirischen Daten zugeordnet sind und im Charakterbegriff ihr Prinzip der methodischen Einheit haben, können sie solche Menschenverständnisse kritisieren, die nicht in gleicher Weise eine empirisch faßbare Größe (wie den Charakter) kennen, in dem die verschiedensten Aspekte des Menschseins ineinskommen. Ihre Kritik bezieht sich demnach vor allem auf Anthropologien, die entweder von einer nicht weiter hergeleiteten Wesensbestimmung ausgehen und diese interpretieren, oder die von einem bestimmten Aspekt der Erfahrbarkeit des Menschen ausgehen (z. B. vom biologischen oder psychologischen; oder von der natura physica; oder vom homo faber, homo oeconomicus, homo ludens usw.) und diesen Aspekt dann universalisieren. Inhaltlich kritisieren sie entweder den fehlenden Bezug zur Empirie oder den Anspruch einer Totalität der Bestimmung, die keine methodische Einheit der Aspekte des Menschen nachweisen kann und deshalb einen inhaltlichen Perspektivismus nicht überwindet.

Schließlich vermögen die philosophisch-anthropologischen Reflexionen Versuche der ethischen Normierung zu kritisieren, die entweder einen naturalen Wert zur sittlichen Norm erheben und einem kasuistischen Naturrechtsdenken Vorschub leisten oder aber einen ethischen Relativismus vertreten, der von der Möglichkeit verbindlicher naturaler Werte absieht. Ethische Normierungen sind nicht einfach in die Beliebigkeit der Situation, der Kultur, der Epoche etc. gestellt, sondern gründen in letzten naturalen Unbeliebigkeiten, die als bestimmte existentielle Bedürfnisse und als deren alternative Befriedigung nominiert werden können. Im Hinblick auf die Frage der ethischen Normierung können die philosophisch-anthropologischen Reflexionen ihren Beitrag nur wegen ihrer Eigenwertigkeit leisten. Die philosophisch-anthropologischen Reflexionen sind keine empirischen Daten, sondern deren konstruktiver Deutungsrahmen, der seinen Grund in den empirischen Daten hat; sie sind aber auch noch keine sittlichen Normen, sondern deren naturale Begründung.

5.4.2.5 Zusammenfassung: Die ethische Normierung aufgrund einer menschlich-naturalen Unbeliebigkeit

Die Frage, ob eine humanistische Ethik einen Beitrag für den Normfindungsprozeß in einer theologischen Ethik leisten kann, hängt nicht zuletzt vom Selbstverständnis theologischer Ethik ab. Wenn sich theologische Ethik als »autonome Moral im christlichen Kontext«[214] versteht, so ist sie notwendig auf empirische Daten und philosophisch-anthropologische Reflexionen verwiesen, weil sie für die Entscheidungen der sittlichen Vernunft auf die Erkenntnisse naturaler Unbeliebigkeiten als generell disponierender Gesetzlichkeiten angewiesen ist. Keinen die ethischen Normen inhaltlich bestimmenden Anspruch hingegen erheben Metaphysik und Glaube beim Normfindungsprozeß.[215] Die Forderung nach einer Autonomie des Sittlichen ist einer theologischen und einer humanistischen Ethik gleicherweise zu eigen.[216] Entsprechend stellt sich auch die Frage der Normfindung und der ethischen Normierung für beide Ethiken in gleicher Weise. Es kann deshalb zu Recht gefragt werden, welchen Beitrag Erich Fromms humanistische Ethik für den Normfindungsprozeß in einer theologischen Ethik leistet.

Beide Ethiken haben mit Thomas von Aquin gemein, daß sie das Prinzip und das Maß des Sittlichen in der Vernunft des Menschen sehen: Handlungen aber werden »menschlich oder sittliche (genannt), insofern sie durch die Vernunft bestimmt sind«[217]. Mit dieser Identifizierung von Menschlichkeit, Sittlichkeit und Vernünftigkeit wird jede Heteronomie bei der inhaltlichen Bestimmung des Sittlichen abgewiesen. Weder Gott noch die Gesellschaft noch eine Idee, aber auch nicht die Natur (wie etwa im stoischen »secundum naturam vivere«) oder die empirischen Daten der modernen Human- und Sozialwissenschaften, sondern allein die menschliche Vernunft vermag Prinzip sittlichen Handelns zu sein. »Das menschliche Gut liegt nun einmal im ›secundum rationem esse‹, in der Zuordnung auf die Vernunft, die das eigentliche Prinzip menschlichen Handelns ist. Darum nennen wir jene Sitten gut, die mit der Vernunft übereinstimmen, und jene nennen wir schlecht, die der Vernunft widerstreiten.«[218]

---

214 Siehe oben S. 200, Anm. 169.
215 Vgl. den Beitrag Alfons Auers in der Festschrift für Josef Fuchs *Die Autonomie des Sittlichen nach Thomas von Aquin.* – In diesem Aufsatz weist Alfons Auer ausführlicher als in: *Autonome Moral und christlicher Glaube*, 130, nach, daß der Aquinate eine Autonomie des Sittlichen gegenüber der Naturordnung, gegenüber der Metaphysik und gegenüber dem Glauben vertritt. Das Postulat einer autonomen Moral ist demnach schon in der Tradition thomanischen Denkens aufweisbar.
216 Die Spezifika beider Ethiken artikulieren sich erst bei der Sinnbegründung von sittlichen Normen. Die Unterschiede in den Auffassungen lassen sich mit den Gegensatzpaaren theistischer oder nicht-theistischer Sinnhorizont bzw. theonom-relationale oder humanistisch-absolute Autonomie beschreiben.
217 Thomas von Aquin, *Summa Theologiae* I–II, 18, 5 c – zitiert nach A. Auer, *Die Autonomie des Sittlichen nach Thomas von Aquin*, 33.
218 A. Auer, a.a.O., mit Verweis auf Thomas von Aquin, *Summa Theologiae*, I–II, 100, 1 c.

Es wurde bereits aufgezeigt, daß die Vernunft als Erkenntnis- und Entscheidungsvernunft nur dann normierendes Prinzip sein kann, wenn sie als Bestandteil einer menschlichen Natur, die der Vernunft vor- und aufgegeben ist, begriffen wird. Sittliche Entscheidungsvernunft ist deshalb in ein vielfältiges Netz naturaler Bedingungen verflochten und muß diese naturalen Strukturen und Mechanismen als Unbeliebigkeiten respektieren.[219] Nimmt die Vernunft die naturalen Strukturen und Mechanismen zur Kenntnis, entdeckt sie zugleich, »daß die Rationalität der naturhaften Zielordnung (inclinationes naturales) in die gleiche Richtung weist wie die menschliche Vernunft«[220]. So sehr also die sittliche Entscheidungsvernunft allein bestimmt, was gut und was böse ist, ist sie doch auf das naturhaft Vorgegebene und Intendierte angewiesen; und obwohl gilt, daß nicht die Empirie oder die Natur, sondern die Vernunft das Prinzip des Sittlichen ist, ist doch die inhaltliche Bestimmung von sittlichen Werten und Normen an die Erkenntnis von naturalen Werten und Normen gebunden.

Jeder Versuch einer ethischen Normierung, bei dem die Vernunft Prinzip des Sittlichen ist, muß dem aufgezeigten Interdependenznexus von Vernunft und Natur des Menschen im Normfindungsprozeß methodisch gerecht werden. Erich Fromms Verdienst und sein Beitrag für eine theologische Ethik können darin gesehen werden, daß er den Zusammenhang dieses wechselseitigen Abhängigkeitsverhältnisses von Vernunft und menschlicher Natur von der empirisch faßbaren Vernunftnatur des Menschen selbst her bestimmt und im Charakterbegriff methodisch verknüpft. Diese Behauptung soll im Folgenden expliziert werden.

Wenn die Vernunft als Prinzip ethischer Normierung bei der inhaltlichen Bestimmung des Sittlichen auf die menschliche Natur und die in ihr grundgelegten Intentionalitäten angewiesen ist, so ist eine für das menschlich-sittliche Handeln relevante Unbeliebigkeit naturaler Strukturen und Mechanismen nur dort adäquat erkennbar, wo diese menschliche Natur als vernunftbestimmte angefragt wird. Es geht bereits im Frageansatz darum, die menschliche Natur nicht nur in einer solchen Weise »biologisch« zu bestimmen, als ob zur biologischen oder physiologischen Natur des Menschen dann noch seine seelische und geistige hinzukommen müßte. Vielmehr ist menschliche Natur im Ansatz bereits als durch Vernunft bestimmte und deshalb als fragende und als prägbare Natur zu begreifen. Wo es um den Menschen und seine Natur geht, muß diese menschliche Natur vorgängig immer schon als vernünftige Natur bestimmt werden.

Erich Fromm gelingt dieser Ansatz bei der Vernunftnatur des Menschen, indem er sowohl bei seinen human- und sozialwissenschaftlichen Forschungen als auch bei seinen philosophisch-anthropologischen Reflexionen von einem

---

219 Siehe oben S. 204f., sowie A. Auer, *Die Autonomie des Sittlichen nach Thomas von Aquin*, 34f.
220 A.a.O., 35, mit Bezug auf Thomas von Aquin, *Summa Theologiae*, I–II, 1, 3 ad 3.

Vorverständnis der menschlichen Natur ausgeht, dessen Kennzeichen die Instinktsubstitution ist.[221]

Die Annahme einer instinktgesteuerten oder quasi-instinktiven Menschennatur erweist sich als falsch, weil die Vernunftbegabung in einem ursächlichen Zusammenhang mit dem Instinktverlust bei der Genese des Menschen steht. Erich Fromm macht mit der durch die Vernunftbegabung eingetretenen Situation als der conditio humana ernst und reflektiert diese Geburtssituation des Menschen mit Hilfe der Human- und Sozialwissenschaften. Die Reflexion führt zu der Erkenntnis, daß nicht instinktgesteuerte Bedürfnisse, sondern bestimmte vernunftbezogene und deshalb »menschliche« oder »existentielle« Bedürfnisse Ausdruck der naturalen Unbeliebigkeit des Menschen sind. Der Umstand, daß diese menschlichen Bedürfnisse ihre Wurzel in der Vernunftbegabung haben und daß ihre adäquate Befriedigung wiederum nur mit Hilfe der Vernunftbegabung möglich wird, berechtigt Erich Fromm dazu, den Charakter zum Substitut für den tierischen Instinkt zu erklären. Denn nur im Charakter kommt die Natur des Menschen zu ihrer ihr gemäßen Würdigung. In ihm wird der Mensch in seiner Umweltbezogenheit ernstgenommen, ohne das Biologische des Menschen auf das Soziologische zu reduzieren, und nur in ihm wird die psychische Qualität der menschlichen Natur respektiert und nicht auf das Physiologische des Instinkts beschränkt.

Mit der charakterologischen Bestimmung der Natur des Menschen wird Erich Fromm der vorgängigen Vernunftbestimmtheit der menschlichen Natur und der naturalen Bestimmtheit der menschlichen Vernunft zugleich gerecht. Natur ist, wo und weil es um den Menschen geht, schon immer charakterologisch vermittelte Vernunftnatur; letzte naturale Bedingungszusammenhänge und Gesetzlichkeiten sind, weil die Totalität des Menschen gewahrt bleibt, letzte menschlich-naturale Unbeliebigkeiten.

Die Respektierung des Interdependenznexus von Vernunft und Natur des Menschen erfolgt zunächst im empirischen Begriff des Charakters als eines Substituts für den tierischen Instinkt. Mit dem empirischen Begriff des Cha-

---

221 Mit dem Begriff »Instinktsubstitution« wird die Verschiedenheit zu den anthropologischen Ansichten von Arnold Gehlen angezeigt. Während für Arnold Gehlen der Mensch nur instinktreduziert ist und deshalb die Institutionen zu Äquivalenten werden, die seine verloren gegangene Instinktsicherheit ersetzen und dem Menschen den notwendigen Außenhalt geben, geht es Erich Fromm eindeutig um eine Instinktsubstitution durch den Charakter.
Der eigentliche Unterschied zwischen der Anthropologie Arnold Gehlens und der Erich Fromms liegt freilich nicht in der subtilen Unterscheidung zwischen Instinktreduktion und Instinktsubstitution, sondern darin, daß bei Arnold Gehlen das Äquivalent in den Außenhalt verleihenden Institutionen gesehen wird. Für Erich Fromm ist das Äquivalent der Charakter, und zwar als eine psychische bzw. psychosoziale Größe, die anstelle des Instinkts menschlichem Denken, Fühlen und Handeln eine spezifische Orientierung verleiht. Der Begriff der (Charakter-)Orientierung impliziert deshalb in anderer Weise als der der Institution eine Offenheit und Nichtfestgelegtheit auch dort, wo der Mensch in institutionelle Größen eingebunden ist. – Zum Begriff der Instinktreduktion im Kontext der Institutionenlehre vgl. etwa A. Gehlen, *Der Mensch*, 79, oder ders., *Anthropologische Forschung*, 69–77.

rakters ergibt sich aber zugleich jener des menschlichen Bedürfnisses, der auch im Bereich philosophisch-anthropologischer Reflexionen bedeutsam ist. Damit sind die philosophisch-anthropologischen Reflexionen methodologisch an den empirischen Erkenntnissen orientiert. Nicht nur die empirischen, sondern auch die philosophisch-anthropologischen Erkenntnisse haben durch die vorgängige Vernunftbestimmtheit der Größen »Charakter« und »Bedürfnisse« ihre Legitimation als wissenschaftliche Erkenntnisse. Ein wissenschaftstheoretischer Positivismus, der sich auf eine rein empirische Forschung beschränken will und den Erkenntniswert philosophisch-anthropologischer Reflexionen bestreitet, muß als Verkürzung und Verfälschung des Wissenschaftsbegriffs angesehen werden.

Für eine theologische Ethik, die vor dem Problem steht, empirische und philosophisch-anthropologische Denkweisen und Erkenntnisse zu vermitteln, indem sie etwa versucht, die Erkenntnisse der Human- und Sozialwissenschaften philosophisch-anthropologisch zu »integrieren«, hat der Frommsche Entwurf Modellcharakter, weil bei ihm beide Ebenen bereits im Frageansatz aufeinander zugeordnet sind und weil dieser Entwurf in den vernunftbestimmten Begriffen »Bedürfnis« und »Charakter« beiden Frageebenen, der empirischen und der philosophisch-anthropologischen, gerecht wird. Ferner ist festzustellen, daß eine theologische Ethik, die ihr Spezifikum hauptsächlich in der Sinnbegründung menschlicher Normativität hat, auf ein Modell ethischer Normfindung verwiesen ist, das die Autonomie des Sittlichen ernstnimmt und sich einer von der Normfindung unabhängigen – wenn auch für diese nicht bedeutungslosen – Sinnbegründung menschlicher Normativität dennoch nicht verschließt. Ebendies vermag der Frommsche Entwurf der Normfindung zu leisten, weil er bei der Aufgabe der ethischen Normfindung auf menschliche-naturale Unbeliebigkeiten rekurriert, die selbst diese Offenheit in sich tragen: Die menschlichen Bedürfnisse, vorweg das Bedürfnis nach einem Rahmen der Orientierung und nach einem Objekt der Hingabe, implizieren die Aufgabe einer Sinnbegründung, die nicht allein mit den Methoden der empirischen Erkenntnis und der philosophisch-anthropologischen Reflexion gelöst werden kann. Erich Fromm selbst verweist hierfür auf Religion, auch wenn diese von ihm humanistisch und nicht-theistisch verstanden wird.

Schließlich ist der Beitrag zu würdigen, den Erich Fromm mit der Nominierung der letzten menschlich-naturalen Unbeliebigkeiten selbst für das Problem der ethischen Normierung erbracht hat. Die Nominierung der einzelnen menschlichen Bedürfnisse ist das Ergebnis der Reflexion über die Situation des Menschen anhand von empirischen – vor allem psychologischen bzw. sozialpsychologischen – Befunden. Die Eigenart der menschlichen Natur als einer Vernunftnatur bewirkt, daß der Mensch bestimmte Bedürfnisse hat, die – anders als die physiologischen Bedürfnisse – eine letzte menschlich-naturale Unbeliebigkeit hinsichtlich seines Seinkönnens und Sollens darstellen. Die Bedürfnisse gestalten menschliche Normativität unbeliebig, weil auf sie reagiert werden muß, und zwar entweder produktiv oder nicht-produktiv. Der Aufweis der Notwendigkeit, alternativ auf die menschlichen Bedürfnisse reagieren zu müssen, wird nun angesichts der einzelnen Bedürfnisinhalte erst eigentlich bedeutsam. Denn es ist in den bisherigen ethischen Entwürfen nicht immer selbstverständlich, daß etwa die Bedürfnisse nach Bezogenheit und Verwurzelung oder das Bedürfnis nach einem Rahmen der Orientierung und nach einem Objekt der Hingabe als naturale Unbeliebigkeiten anerkannt werden.[222] Sehr klar tritt der Unterschied beider Betrachtungsweisen bei sexualethischen Problemen zutage. Während das Bedürfnis nach Arterhaltung in der Gestalt des sexuellen Bedürfnisses keinen Anspruch haben kann, menschliche Normativität generell unbeliebig zu gestalten, ist das Bedürfnis nach Bezogenheit universal und unabdingbar und deshalb Ausdruck einer letzten menschlich-naturalen Unbeliebigkeit. Der Mensch muß immer und notwendig auf dieses Bedürfnis reagieren. Dem sexuellen Bedürfnis geht die Universalität ab, so daß es nicht in gleicher Weise menschliches Sein und Sollen unbeliebig macht. Deshalb muß das sexuelle Bedürfnis dem Bedürfnis nach Bezogenheit untergeordnet werden. Die Sexualität kann eine bestimmte Funktion bei der Reaktion auf das Bedürfnis nach Bezogenheit haben. Andererseits gilt aber nicht, daß sich des Menschen Liebe (als Reaktion auf sein Bedürfnis nach Bezogenheit) von seinem sexuellen Bedürfnis her bestimmt. Dieser Unterschied der beiden Bedürfnisse bezüglich ihres Anspruchs, menschliche Normativität unbeliebig zu machen, ist entscheidend und wirkt sich bis in die Einzelfragen der Ehe- und Sexualmoral aus.

Das angeführte Beispiel zeigt, welche Bedeutung der Nominierung von menschlichen Bedürfnissen als naturalen Unbeliebigkeiten, die menschliche Normativität generell disponieren, zukommt. Dabei ist noch nicht entschieden, wie auf diese Bedürfnisse zu reagieren ist. Allein schon die Tatsache ihrer Nominierung ist für die Frage ethischer Normierung menschlichen Seins und Sollens von entscheidender Bedeutung, weil bereits mit der Nominierung ein Anspruch, Normativität in übergreifender Weise unbeliebig zu gestalten, erhoben wird.

Der Beitrag Erich Fromms zur Frage der ethischen Normierung erschöpft sich jedoch nicht mit der Nominierung von menschlichen Bedürfnissen. Es kommt die Erkenntnis hinzu, daß auf die menschlichen Bedürfnisse immer entweder produktiv oder nicht-produktiv reagiert wird und daß nur ein produktives

---

222 Thomas von Aquin dürfte der einzige sein, der innerhalb der theologischen Ethik mit den »inclinationes naturales« (der Selbsterhaltung, der Arterhaltung, der Wahrheitserkenntnis, des Gemeinschaftslebens, zu vernünftigem und zu tugendhaftem Handeln) ein ähnliches Ziel verfolgt. Freilich tritt bei ihm eine »methodische Insuffizienz (zutage), wo nach der ratio der inclinationes naturales selbst gefragt wird, insofern sich ihnen diese ratio nicht auf dem Wege wissenschaftlicher Analyse, sondern vorreflexiv durch Erfahrungsevidenzen vermittelt . . .« (W. Korff, *Norm und Sittlichkeit*, 52). Mit dem Charakterbegriff versucht Erich Fromm dem methodischen Anspruch gerecht zu werden. Der Charakterbegriff bringt ihn aber auch dazu, aus dem Begriff der »menschlichen Bedürfnisse« alle instinktiven oder quasi-instinktiven Komponenten auszuschließen und die menschlichen Bedürfnisse als ein Ergebnis der Instinktsubstitution anzusehen.

(biophiles) Reagieren dem menschlichen Bedürfnis insofern gerecht wird, als es eine Dysfunktionalität des Systems Mensch verhindert und also den Menschen zur Entfaltung bringt. Die Bestimmung der produktiven Reaktion läßt sich mit Hilfe von Erich Fromms Charakterlehre noch präzisieren: Grundsätzlich können Menschen und gesellschaftliche Größen auf jedes menschliche Bedürfnis in unzählig verschiedenen Weisen reagieren. Alle verschiedenen Reaktionen lassen sich jedoch, sofern ihre wirkliche Eigenart nur klar erkannt werden kann, der Dominanz der produktiven Charakter-Orientierung oder der Dominanz einer der nicht-produktiven Charakter-Orientierungen zuordnen. Jedes Verhalten eines einzelnen Menschen oder einer gesellschaftlichen Größe ist Ausdruck einer Charakter-Orientierung. Die sittliche Qualität eines Verhaltens bestimmt sich deshalb von der Frage her, ob ein auf ein menschliches Bedürfnis reagierendes Verhalten produktiv oder nicht-produktiv ist. Es entsprechen sich demnach die letzte menschlich-naturale Unbeliebigkeit, auf die Bedürfnisse entweder produktiv oder nicht-produktiv reagieren zu müssen, und die Eigenart der Charakter-Orientierungen, menschliches Reagieren unbeliebig zu gestalten, indem sie es entweder als produktiv oder als nicht-produktiv qualifizieren.[223]

223 Die Tatsache, daß Erich Fromm die nicht-produktiven Charakter-Orientierungen auf eine bestimmte Zahl von Idealtypen eingrenzen konnte, ist von besonderem praktischem Wert bei der Frage der konkreten ethischen Normierung. Außerdem haben die einzelnen nicht-produktiven Charakter-Orientierungen im Prozeß der Assimilierung und Sozialisation die heuristische Funktion, negativ abzugrenzen, was produktive Charakter-Orientierung meint.

Teil III:
Quellen und Formen des Denkens von Erich Fromm

6 Quellen des Denkens von Erich Fromm

6.1 Moses Maimonides: Die jüdische Tradition der negativen Gotteserkenntnis

Erich Fromm interpretiert die Namensoffenbarung an Moses (Ex 3, 14) als Ausdruck »der Idee eines namenlosen Gottes«[1]. Ohne auf die exegetische Sachfrage im einzelnen einzugehen, kann man die Interpretation der Namensoffenbarung »Ich bin der ich bin« als »Mein Name ist Namenlos«[2] nur als die konsequente Anwendung des Bilderverbots auf das »Ton-Bild«, also den Namen ansehen, zumal der Name im alttestamentlichen Verständnis das Wesen aussagt und derjenige, der den Namen eines anderen kennt, Macht über den anderen hat.[3] Das Bilderverbot stellt in der Folgezeit eine wichtige Quelle für die negative Einstellung des Judentums gegenüber aller Theologie als eines »Sprechens über Gott« dar. Deshalb kennt die jüdische Tradition in Kontrast zur christlichen einen ungleich stärkeren Vorbehalt gegen alle dogmatische Theologie. Entsprechend größer ist die Betonung der negativen Attributenlehre bzw. negativen Theologie und der Ethik als des Inbegriffs der Religion. Die negative Theologie jüdischer Provenienz führt weiter einerseits in die Mystik der Kabbala und des Chassidismus, andererseits in eine mehr oder weniger rationalistische Religionsphilosophie.

Eine Schlüsselstellung in diesen Entwicklungen nimmt Maimonides (Moses ben Maimon, 1135–1204) ein; denn er bietet nicht nur eine aus dem Neuplatonismus entwickelte negative Theologie, mit der er die Mystik Meister Eckharts beeinflußte, sondern wurde aufgrund der Beschäftigung mit Aristoteles zu einem Hauptvertreter des mittelalterlichen jüdischen Rationalismus. Darüberhinaus macht ihn die Geschichte paradoxerweise (?) zum Garant der jüdischen Orthodoxie, weil er die bis heute gültigen 13 Glaubensartikel des Judentums formulierte.[4]

---

1 E. Fromm, *You Shall Be as Gods* (66/1), 29; vgl. zum Folgenden a.a.O., 28–38.
2 A.a.O., 31.
3 Vgl. P. van Imschoot, Artikel »Name«, 1215.
4 E. Fromm, *You Shall Be as Gods* (66/1), 40f., versucht, die Bedeutung dieser Glaubensartikel

Erich Fromm sieht in der Formulierung der Lehre von den negativen Attributen Gottes durch Maimonides die konsequente Weiterentwicklung des alttestamentlichen Gottesbegriffs und dessen negativer Interpretation. Dieser Stellenwert des Maimonides in der Religionskritik Erich Fromms wie in der Selbstdarstellung des jüdischen Religionsverständnisses erfordert eine intensivere Beschäftigung mit der negativen Theologie bei Maimonides.[5] Ausgangspunkt für Maimonides' jüdische theologia negativa ist die Frage nach den Wesenseigenschaften Gottes und deren Erkennbarkeit: Gibt es Attribute, die das Wesen Gottes beschreiben können – wie es etwa die Schrift tut, wenn sie sagt, daß Gott treu, barmherzig, langmütig oder auch eifersüchtig, zornig sei – oder widersprechen solche Attribute dem Bilderverbot, das die Jenseitigkeit und Unerkennbarkeit Gottes garantieren soll? Die Antwort geht dahin, man könne Gott statt positiver nur negative Attribute zulegen.[6] Denn »mit jeder Anwendung einer positiven Bestimmung auf Gott (finde) eine Verähnlichung desselben mit den Geschöpfen und somit eine Entfernung von der Erkenntnis seines wahren Wesens (statt, während) mit dem Zuwachs jeder als notwendig erwiesenen Negation die Gotteserkenntnis an Vollkommenheit zunehme«[7]. Die Begründung für die Unmöglichkeit einer positiven Wesensaussage folgt einem philosophischen und »theologischen« Gottesbegriff, der durch kein Analogiedenken vermittelt sein darf. Jede positive Aussage unterliegt, betrifft sie das Wesen Gottes, der Zweideutigkeit der Definition, insofern diese genus und differentia specifica erfordert. »Eine solche auf dem Zusammenhang von Genus und Species beruhende Differenz darf es zwischen Gott und allem Seienden nicht-göttlicher Art nicht geben.«[8] Der Vorwurf von Maimonides gegen ein Analogiedenken, das positive Wesensaussagen von Gott macht, will diejenigen treffen, die die essentiellen Attribute Gottes und die Attribute der anderen Wesen in einer Definition umfassen: »Die Ähnlichkeit ist eine gewisse Beziehung zwischen zwei Dingen, und wenn zwischen zwei Dingen keine Beziehung gedacht werden kann, so ist auch deren Vergleich-

---

in einer Weise einzuschränken, als ob sie überhaupt keine Rolle spielten. Dagegen vgl. M. Friedländer, *Die jüdische Religion*, – eine Darstellung der jüdischen Religion, die sich bewußt an den 13 Glaubensartikeln des Maimonides orientiert.
5 Die folgenden Ausführungen wollen nicht nur das Maimonides-Verständnis bei Erich Fromm referieren. Zur Attributenlehre des Maimonides vgl. Moses ben Maimon, *Führer der Unschlüssigen*, Band 1, vor allem die Kapitel 51–61; D. Kaufmann, *Geschichte der Attributenlehre in der jüdischen Religionsphilosophie des Mittelalters von Saadja bis Maimuni*, bes. 428–468; H. Cohen, *Religion und Sittlichkeit*, 40–43; ders., *Charakteristik der Ethik Maimunis;* ders., *Religion der Vernunft aus den Quellen des Judentums*, 71–74, 109–115; ders., *Jüdische Schriften*, Band 3, 44f.; J. Guttmann, *Die Philosophie des Judentums*, 180–205; L. Baeck, *Maimonides. Der Mann, sein Werk und seine Wirkung;* E. Fromm, *You Shall Be as Gods* (66/1), 32–37.
6 Zur Geschichte dieser Lehre von den negativen Attributen Gottes im Mittelalter vgl. bes. D. Kaufmann, *Geschichte der Attributenlehre in der jüdischen Religionsphilosophie des Mittelalters von Saadja bis Maimuni.*
7 D. Kaufmann, *Geschichte der Attributenlehre in der jüdischen Religionsphilosophie des Mittelalters von Saadja bis Maimuni*, 442.
8 H. Cohen, *Charakteristik der Ethik Maimunis*, 94; Vgl. D. Kaufmann, a.a.O., 431f.

barkeit undenkbar. Ebenso besteht aber zwischen Dingen, die nicht vergleichbar sind, auch keine Beziehung.«[9] Der nächstliegende Gedanke angesichts der Unmöglichkeit positiver Wesensaussagen über Gott ist der Verzicht auf jedwede Art von Gotteserkenntnis. Doch Maimonides muß einen Weg zur Erkenntnis Gottes ausfindig machen, weil die wahre Gotteserkenntnis die Grundlage seines ganzen Systems darstellt. Er findet einen Weg, den der Negation. Allerdings wäre dem Anliegen überhaupt nicht gedient, würden von Gott nur einfach die positiven Attribute negiert – vorausgesetzt man hätte legitimerweise positive Attribute! Seine Lösung des Problems der negativen Attribute stellt eine Verbindung der Negation mit der Privation dar: »Nicht die positiven Attribute werden negiert, sondern die privativen.«[10] Wenn nämlich mit Attributen »nur Unvollkommenheiten verneint, aber nicht Vollkommenheiten darin behauptet werden«[11], dann bleibt das Wesen dadurch unberührt. »Um also die negativen Attribute völlig unbedenklich auszusprechen, ist es nötig, mit ihnen die Vorstellung zu verbinden, daß sie von Gott eine Unvollkommenheit leugnen, die seinem Wesen nach bereits von ihm ausgeschlossen werden muß.«[12] Die Gotteserkenntnis des Menschen wächst, »je mehr es uns gelingt, falsche, unangemessene Bestimmungen von ihm fernzuhalten und seine Verschiedenheit von jeder anderen Art des Seins zu begreifen. Die spezifische Funktion dieser negativen Erkenntnis liegt darin, alle Unvollkommenheiten aus der Gottesvorstellung auszuschließen.«[13] Dies gilt bis zu den letzten philosophischen Begrifflichkeiten: Wenn von Gott behauptet wird, daß er existiert, so wird ihm dadurch nicht das Sein zugesprochen, sondern nur das Nichtsein abgesprochen.[14] Gerade dieses Beispiel macht deutlich, daß Maimonides mit seiner Lehre von den negativen Attributen eine theologia negativa lehrt, der es nicht notwendig um die Auflösung von Theologie überhaupt geht;[15] vielmehr gilt, daß das Verständnis der Negation von Attributen als Negation von Privationen eine Gotteserkenntnis ermöglicht, der »ein Gehalt von höchster Positivität zugrunde liegt«[16].

9 Moses ben Maimon, *Führer der Unschlüssigen*, Band 1, Kap. 56, 187f.
10 H. Cohen, *Religion der Vernunft*, 73; vgl. ders., *Charakteristik der Ethik Maimunis*, 95f. – Hermann Cohen sieht in dieser Verbindung den entscheidenden Schritt der jüdischen Religion, Vernunftreligion zu werden. – Maimonides führt diesen Gedanken im 58. Kapitel aus (vgl. a.a.O., 196–202).
11 D. Kaufmann, *Geschichte der Attributenlehre*, 435.
12 A.a.O.
13 J. Guttmann, *Die Philosophie des Judentums*, 183; vgl. Moses ben Maimon, *Führer der Unschlüssigen*, Band 1, Kap. 59, 205.
14 Vgl. J. Guttmann, *Die Philosophie des Judentums*, 184.
15 Für diese Position optiert E. Fromm, *You Shall Be as Gods* (66/1), 37ff.
16 J. Guttmann, *Die Philosophie des Judentums* 185; vgl. H. Cohen, *Charakteristik der Ethik Maimunis*, 94. – Julius Guttmann sieht, a.a.O., 186, in der negativen Form der Gotteserkenntnis bei Maimonides schließlich die Art und Weise, »wie Maimonides und wie ähnlich schon die älteren jüdischen und islamischen Denker in dem Gottesbegriff des Neuplatonismus den wissenschaftlichen Ausdruck für ihren Gottesglauben erblicken konnten«. – Für Maimonides ist diese Umbil-

Maimonides gelangt bei der Attributenlehre zu dem Schluß, daß »es kein Mittel gibt, Gottes wahres Wesen zu erkennen, und klare Beweise es als unabweisbar ergeben, daß nur das einzige Ding erkannt werden kann, daß Gott existiert, indes die bejahenden Aussagen, wie wir gezeigt haben, unmöglich sind . . .«[17]. Dennoch kennt die Schrift eine Unzahl von scheinbaren Aussagen über das Wesen Gottes. »Maimonides geht . . . hier denselben Weg wie seine jüdischen und islamischen Vorgänger, wenn er die positiven Aussagen der Bibel über Gott teils als positive Ausdrucksform für Aussagen, die ihrem Wesen nach negativer Natur sind, teils als Aussagen nicht über das Sein, sondern über das Wirken Gottes versteht.«[18] Insofern nämlich mit dem Daß der Existenz Gottes Gott als die oberste Ursache des Seins erkannt wird, können über die von Gott ausgehenden Wirkungen positive Aussagen gemacht werden.[19] Maimonides verknüpft diese Lehre mit der Bitte des Moses an Gott: »Tue mir doch deine Wege kund, damit ich dich erkenne und Gunst in deinen Augen finde!« (Ex 33, 13). Die Antwort Gottes sei zweifach: Auf die Bitte »Tue mir deine Wege kund!« antworte Gott: »Ich werde all mein Gutes an dir vorübergehen lassen« (Ex 33, 19), während Gott auf die zweite Bitte antworte: »Du kannst mein Angesicht nicht sehen« (Ex 33, 20).[20] »Somit ist es die Kenntnis der Wirkungen Gottes, die auch die Kenntnis seiner Eigenschaften ist, von der aus er erkannt werden kann. Und der Beweis dafür, daß das Ding, dessen Erkenntnis ihm Gott verhieß, eben Gottes Wirkungen waren, ist darin zu erblicken, daß die Dinge, die er ihn erkennen ließ, durchgehend nur Wirkungseigenschaften waren, wie ›barmherzig, gnädig, langmütig, huldreich‹ usw.«[21] Die jüdische Tradition kennt 13 Eigenschaften von Gottes Handeln, die in zwei Attribute der Handlung zusammengefaßt werden können: »Liebe und Gerechtigkeit«[22]. Der Sinn solcher Handlungsattribute ist jedoch nicht, »daß Gott Eigenschaften besitzt, sonden daß er Wirkungen hervorbringt, die denjenigen Wirkungen gleichen, die bei uns aus den sittlichen Eigenschaften, das heißt aus den Zuständen der Seele, herrühren, nicht aber, daß Gott Seelenzu-

---

dung der Gottesvorstellung allerdings keine Konzession an die Wissenschaft, »sondern die philosophische Sublimierung des Gottesgedankens ist für ihn eine religiöse Forderung« (a.a.O. 181): Hier wird in radikalster Weise der Gottesbegriff von jeder sinnlichen Trübung befreit und der Sinn der religiösen Idee des einen Gottes erfaßt. – Die Nähe des Anliegens von Erich Fromm zu dieser Form von negativer Theologie ist unverkennbar, sieht man von dem – allerdings entscheidenden – Unterschied ab, daß es Maimonides um die Wahrung der Reinheit der Gottesidee geht.

17 Moses ben Maimon, *Führer der Unschlüssigen*, Band 1, Kap. 59, 202.
18 J. Guttmann, *Die Philosophie des Judentums*, 182; vgl. Moses ben Maimon, a.a.O. Kap. 58, 200.
19 Vgl. J. Guttmann, *Die Philosophie des Judentums*, 182.
20 Vgl. Moses ben Maimon, *Führer der Unschlüssigen*, Band 1, Kap. 54, 178f.
21 A.a.O., 180.
22 Vgl. H. Cohen, *Religion der Vernunft*, 109ff. – »Liebe und Gerechtigkeit« stehen parallel zum Topos »Vernunft und Liebe« bei Erich Fromm – wobei die Verwandtschaft des Gedankens bisweilen dadurch zum Ausdruck kommt, daß Erich Fromm »Gerechtigkeit« zu »Vernunft und Liebe« hinzufügt.

stände habe«[23]. Die Handlungsattribute sind nur scheinbar eine Aussage über Gott; in Wirklichkeit sind die Gott zugeschriebenen Eigenschaften nur Bezeichnungen seiner Wirkungen, die den Zweck haben, den Menschen zu seiner Vollendungsgestalt zu führen: »Denn die letzte und höchste Stufe des Menschen ist die, daß er Gott möglichst ähnlich werde, nämlich daß wir unsere Handlungen den Handlungen Gottes ähnlich machen, wie unsere Lehrer in der Auslegung der Worte ›Heilig sollt ihr sein‹ (Lev. 19, 2) erklären: ›Wie Gott gnädig ist, sei auch du gnädig; wie er barmherzig ist, sei auch du barmherzig!‹«[24].

Es muß festgehalten werden, »daß jede Eigenschaft, die wir Gott beilegen, entweder eine Aussage über seine Wirkung bedeutet, oder, wenn man dadurch sein Wesen, nicht aber seine Wirkungen zu erkennen im Sinne hat, die Verneinung ihres Nichtvorhandenseins bedeutet«[25]. Der Sinn dieser Attributenlehre ist eine reine Gotteserkenntnis. Diese allerdings realisiert sich in dem Maße, als Gott Eigenschaften abgesprochen werden. »Es ist also klar, daß du, so oft es dir gelingt zu beweisen, daß etwas von Gott nicht ausgesagt werden kann, vollkommener wirst, daß du hingegen, so oft du etwas ihm Hinzugefügtes bejahend aussagst, ein Phantast wirst und dich von der Erkenntnis seines wahren Wesens um so mehr entfernst . . . Wenn du also von Gott etwas bejahend aussagst, entfernst du dich von ihm in zweifacher Hinsicht, erstens, weil alles, was du ihm beilegst, in uns eine Vollkommenheit ist, und zweitens, weil er nicht der Besitzer eines anderen Dinges ist, weil vielmehr, wie wir gezeigt haben, seine Vollkommenheiten sein Wesen sind.«[26]

Nach Maimonides ist es geradezu »gefährlich«, von Gott positive Attribute auszusagen, weil eine solche Annahme zur Vielgötterei führt[27] und dem Götzendienst Vorschub leistet; denn wenn dem »Wesen, das wir Gott nennen, . . . viele Bestimmungen zukommen, so haben wir diesen Namen einem Wesen beigelegt, das schlechterdings nicht vorhanden ist«[28]. Indem der Mensch also einem solchen Gebilde der Phantasie Attribute beilegt, projiziert er seine eigenen positiven Attribute, die ja für Maimonides Fähigkeiten sind, auf den selbsterschaffenen Gott und entfremdet sich gleichzeitig mehr und mehr von seinem eigenen Wesen.[29] Die strikte Observanz des Bilderverbots im Sinne der negativen Erkenntnis Gottes verhindert den Götzendienst und eo ipso die Entfremdung des Menschen. Allerdings vermag diese negative Theologie nur dort, wo die Existenz eines unerkennbaren Gottes unbestritten bleibt, weil jeder Versuch, ihn namhaft zu machen, im Sinne von Maimonides zugleich Entfremdung des Menschen bedeutete. Die Anwendung der neuplatonischen via

---

23 Moses ben Maimon, *Führer der Unschlüssigen*, Band 1, Kap. 54, 180; vgl. 182.
24 A.a.O., Kap. 54, 185.
25 A.a.O. Kap. 58, 200.
26 A.a.O. Kap. 59, 205f.
27 Vgl. a.a.O. Kap. 60, 221 und 217.
28 A.a.O. Kap. 60, 221.
29 ». . . weil alles, was du ihm beilegst, in uns eine Vollkommenheit ist« (a.a.O. Kap. 59, 206).

negationis auf den jüdischen Gottesbegriff durch Maimonides zeitigt eine theologia negativa, die den Menschen aus seiner Entfremdung zu sich selbst und seinen eigenen Fähigkeiten zurückführen will und die dies nur tun kann, wenn und in dem Maße als sie an der Existenz dieses unerkennbaren Gottes festhält. Die wahre – negative – Gotteserkenntnis ist nicht nur der Garant, sondern die Bedingung der Möglichkeit für des Menschen Fähigkeit zu seiner eigenen Vollendungsgestalt.[30]

Die Interpretation der positiven Wesensaussagen der Schrift als Aussagen über Attribute des Handelns Gottes, die den Zweck haben, den Menschen zu solchem Handeln anzuleiten, verdeutlicht dieses Verständnis von negativer Theologie noch einmal; zugleich führt sie zu einem spezifisch»ethischen« Gottes- und Religionsbegriff, wie er für die jüdische Religionsphilosophie charakteristisch ist. Maimonides' theologia negativa bestreitet »diejenigen Attribute des göttlichen Wesens, welche nicht unmittelbar als Musterbegriffe der menschlichen Handlungen dienen können«[31]. In der Konsequenz dieser Aussage liegt die Forderung, daß nur »diejenigen Attribute Gottes . . . Gegenstand der menschlichen, der religiösen Erkenntnis sein dürfen, welche das Wesen Gottes als das Urbild der Sittlichkeit bestimmen«[32]. Das Wesen Gottes darf deshalb nur als Ideal der menschlichen Handlungen gedacht werden.[33] Gott bedeutet dabei nicht einmal »die Kraft, aus welcher der Mensch seine Sittlichkeit schöpfen kann, sondern lediglich das Musterbild, die Vorzeichnung, nach welcher er seine Handlungen einzurichten hat . . . So erschöpft sich der jüdische Gottesbegriff in der ethischen Bedeutung der Gottesidee.«[34] Wenn in dieser Weise Gotteserkenntnis zur Erkenntnis der Gesetze der menschlichen Handlung wird, aufgrund deren die menschliche Handlung zur sittlichen Handlung wird[35], dann ist jeder Versuch, über Gottes Wesen posi-

---

30 Hermann Cohen, den Erich Fromm für seine humanistische Interpretation jüdischer Traditionen des öfteren bemüht, läßt sich wohl hierfür im Letzten nicht zitieren, weil Hermann Cohen, wenn auch aus der Perspektive des Neukantianismus, an dem Postulat eines unverkennbaren jüdischen Gottes (als »Idee«) festhält. Vgl. hierzu vor allem Hermann Cohens Begriff der »Korrelation« in H. Cohen, Religion der Vernunft, 122, sowie unten S. 237–246. Die Versuchung, negative Theologie humanistisch nur als positive Anthropologie zu interpretieren, um mit den Gott zugelegten Vollkommenheits-Attributen auch Gott zugunsten des Menschen negieren zu können, beruht auf einer nur scheinbaren Parallele: Zwar werden in der theologia negativa alle Aussagen über Gott negiert, aber nicht, um Gott zugunsten des Menschen zu negieren, sondern um Gott und Mensch in ihrer Eigenart zu affirmieren.
31 H. Cohen, Religion und Sittlichkeit, 41.
32 A.a.O. – J. Guttmann, Die Philosophie des Judentums, 186 f., macht darauf aufmerksam, daß Maimonides letztlich den »sittlichen Gottesbegriff der Bibel dem neuplatonischen unterordnet« (a.a.O., 186), so daß der sittliche Gottesbegriff der Bibel weitergehend ist, weil die Bibel, zumindest im prophetischen Monotheismus, den ethischen Gottesbegriff primär setzt und von ihm aus eine negative Theologie betreibt. Die folgenden Gedanken orientieren sich deshalb stärker an der Maimonides-Interpretation durch Hermann Cohen, von der auch Erich Fromm beeinflußt ist.
33 Vgl. H. Cohen, Religion und Sittlichkeit, 42: »Gott hat sein Wesen ausschließlich in der Sittlichkeit.«
34 A.a.O., 43.
35 Vgl. H. Cohen, Charakteristik der Ethik Maimunis, 90.

tive Aussagen zu machen, als Entfremdung des Menschen zugunsten einer Idolatrie zu werten. Aber auch hier gilt wiederum, daß Entfremdung des Menschen nur verhindert werden kann und daß menschliche Handlungen nur dann sittliche Handlungen sind, wenn eine negative Gotteserkenntnis deren Bedingung der Möglichkeit ist.[36] Ohne das »Wie Gott gnädig ist« gibt es kein »Sei auch du gnädig!«[37].

Positive Wesensaussagen über Gott sind in Wirklichkeit Aussagen über das, was der Mensch sein soll, aber dies nur, insofern die Wesensaussagen über Gott Aussagen über seine Wirkungen sind. Das Festhalten an der Existenz Gottes ist Ausdruck der negativen Theologie und zugleich Bedingung der Möglichkeit affirmativer und ethischer Aussagen über den Menschen.[38]

6.2 Hermann Cohen: Das Verhältnis von Ethik und Religion in der jüdischen Religionsphilosophie

In der Geschichte des jüdischen Glaubens spielen die Propheten eine zentrale Rolle, weil gerade sie die Erkenntnis Gottes als die Wege Gottes interpretieren, die der Mensch gehen soll. Ihnen geht es nicht um die Offenbarung von Gottes Natur; vielmehr belehrt die Erkenntnis Gottes über das, was der Mensch sein soll. »Die Offenbarung Gottes und die Offenbarung des Sittlichen im Menschen kommen so zusammen ... Gott suchen, das ist: nach Gutem streben; Gott finden, das ist: Gutes tun.«[39] Diese Affinität von Religion und Sittlichkeit hat bei den Propheten ihren treffendsten Ausdruck gefunden; sie

---

36 Auch hier muß gegen die Interpretation des Gottesbegriffs bei Erich Fromm daran festgehalten werden, daß die Negation eines »dogmatischen« Gottesbegriffs zugunsten eines »ethischen« zwar gegenüber dem christlichen Gottesbegriff einen fundamental verschiedenen Religionsbegriff schafft, daß aber dadurch nicht der Gottesbegriff aufgelöst oder ersetzt wird. Der »ethische« Gottesbegriff kann nur als humanistischer Religionsbegriff interpretiert werden, wenn die theologia negativa von Maimonides, die aber den »ethischen« Gottesbegriff ihrerseits erst konstituiert, aufgelöst wird.

37 Vgl. Moses ben Maimon, *Führer der Unschlüssigen*, Band 1, Kap. 54, 185.

38 Die Frage Erich Fromms, was es in der Tradition der negativen Theologie bedeutet, daß der Mensch die Existenz Gottes bejaht (E. Fromm, *You Shall Be as Gods* [99], 37), muß von Maimonides und anderen Vertretern jüdischen Glaubens gegen die Erwartungen Erich Fromms beantwortet werden: Es ist gerade kein Zeichen unaufgeklärten Denkens, wenn an der Existenz Gottes festgehalten wird, sondern innere Denknotwendigkeit einer »theologia«, insbesondere wenn sie theologia negativa sein will.

39 L. Baeck, *Das Wesen des Judentums*, 31. – Ganz ähnlich formulierte Erich Fromm in einem Rundfunkvortrag: »Es geht um das Ziel der – wie es die Propheten sagten – vollen Erkenntnis Gottes oder, wie man es in nicht-theologischer Weise ausdrücken würde: das Ziel, daß der Mensch seine seelischen Kräfte, sein Leben und seine Vernunft ganz entwickelt, in sich ein Zentrum hat und frei ist, ganz das zu werden, was er als Mensch sein kann« (E. Fromm, *Die Aktualität der prophetischen Schriften* [75/5], 71). – Erich Fromm versteht diese Sätze humanistisch, obwohl sie ebenso unter dem Vorzeichen einer Lehre von den negativen Attributen gesprochen sein und (mono-)theistisch verstanden werden könnten.

gilt allgemein für den jüdischen Glauben und stellt unter diesem Gesichtspunkt die Frage nach der Relation von Religion und Ethik.[40] Da die Fragestellung der Relation von Religion und Ethik mit Kant neu formuliert wurde und Hermann Cohen (1842–1918) nicht nur ein profilierter Vertreter des Neukantianismus, sondern auch der aufgeklärten »Wissenschaft des Judentums« ist, da sich andererseits Erich Fromm in seiner Interpretation des Jüdischen mit Vorliebe auf Hermann Cohen beruft, soll diese Relation anhand der Problematik ihres Verständnisses bei Hermann Cohen aufgewiesen werden.[41]

Die prophetische Tradition und ebenso die Lehre von den negativen Attributen bei Maimonides schaffen einen spezifisch jüdischen Religionsbegriff, der von Sittlichkeit nicht absehen kann. »Denn auch Religion ist Sittlichkeit, und nur als Sittlichkeit ist sie Religion.«[42] Während im Christentum der Inbegriff der Religion die Gotteserkenntnis als der Glaube »an das Wesen Gottes und an die göttliche Erlösung« ist und dieser Glaube »zur Grundbedingung der menschlichen Sittlichkeit erhoben wird«[43], ist der Inbegriff der jüdischen Religion das Ethos. Die jüdische Gotteserkenntnis führt dazu, daß nur sittliche Attribute von Gott ausgesagt werden dürfen, um für die Handlungen des Menschen Vorbild zu sein. Und darum gilt: »Das Wesen Gottes ist die Sittlichkeit und nur die Sittlichkeit.«[44] Der Unterschied »zwischen dem einzigen Gotte und den vielen Göttern liegt in dem Gedanken der Sittlichkeit«[45], weil

---

40 Viele Aussagen jüdischer Denker lassen eine Auflösung von Religion in Ethik vermuten. Doch kann ein solches Urteil meistens erst gefällt werden, wenn der Gottesbegriff expressis verbis pantheistisch, idealistisch, materialistisch oder naturalistisch-humanistisch aufgelöst wird. In der Regel wird sich herausstellen, daß nur scheinbar eine Auflösung von Religion in Ethik vorliegt, in Wirklichkeit aber identifizierende Aussagen unabdingbar an eine aus dem Bilderverbot resultierende negative Theologie des Einen Gottes oder doch wenigstens an das Postulat einer »Gottesidee« gebunden sind. Für die Ausführungen zum Verhältnis von Religion und Ethik im Jüdischen gilt deshalb grundsätzlich folgende Option: Die jüdische Religion »legt den größten Wert auf das sittliche Tun, sie sagt von Gott nur sittliche Attribute aus, der Gott des Glaubens ist für sie der Gott des Sittengesetzes. Aber es gibt für sie keine Ethik ohne den Gottesglauben . . .; erst in Gott hat die Sittlichkeit ihren Grund und ihre Bürgschaft« (L. Baeck, *Das Wesen des Judentums*, 162).
41 Vgl. zum Folgenden: H. Cohen, *Religion und Sittlichkeit;* ders., *Der Begriff der Religion im System der Philosophie;* ders., *Gesinnung* (1910), in: *Der Nächste;* ders., *Religion der Vernunft aus den Quellen des Judentums;* ders., *Jüdische Schriften,* 1. und 3. Band, sowie die Einleitung zum 1. Band von Franz Rosenzweig; J. Guttmann, *Die Philosophie des Judentums,* 345–362; ders., *Religion und Wissenschaft im mittelalterlichen und im modernen Denken;* H. van Oyen, *Hermann Cohen,* 345–352; H. M. Graupe, *Die Entstehung des modernen Judentums,* 295–305 und die dort (295) in Anmerkung 310 angegebene, weiterführende Literatur. – Auf die Interpretation Kants bei M. Lazarus, *Die Ethik des Judentums,* soll hier nicht näher eingegangen werden; vgl. die Kritik durch Hermann Cohen, *Jüdische Schriften,* 3. Band, 19f.
42 H. Cohen, *Jüdische Schriften,* 3. Band, 36.
43 H. Cohen, *Religion und Sittlichkeit,* 47.
44 H. Cohen, *Jüdische Schriften,* 1. Band 294.
45 H. Cohen, *Religion und Sittlichkeit,* 34.

jede positive Wesensaussage von Gott, die nicht die Sittlichkeit des Menschen betrifft, zum Götzendienst führt.[46]

Dieses Verständnis von Gott schließt eine »Umbildung zur Idee in sich, die sowohl die Preisgabe seiner metaphysischen Ansprüche wie die seiner personalen Ausgestaltung fordert. Die Transzendenz Gottes kann nur die der Idee sein . . .«[47] Mit dem Begriff »Idee« ist gemeint, daß Gott zwar keine Wirklichkeit ist, insofern Wirklichkeit »ein Beziehungsbegriff des Denkens auf die Empfindung (ist, aber dennoch eine) ethische Realität, insofern Ideen Urbilder zu Handlungen«[48] sind. Gott ist das Urbild der Sittlichkeit, und der eigentliche Sinn der Gottesidee ist, »daß wahrhafte Sittlichkeit wirklich werden kann, wirklich werden wird«[49]. Wo Gott als Idee gefaßt wird, ist er übersinnlich: nicht zu beschreiben, zu berechnen und zu begreifen, »weder ein Ding noch ein gesetzlicher Zusammenhang noch ein Begriff; aber man kann sagen, was ohne Gott nicht wäre, anders ausgedrückt: für was Gott ›den Grund legt‹.«[50] »Die Übersinnlichkeit Gottes ist die wahrhafte Vorbedingung für eine sittliche Wirksamkeit, nämlich als Grundlage zu dienen für die sittlichen Verhältnisse des Menschengeschlechts und der Weltgeschichte.«[51] Die Frage, inwiefern bei diesem Gottesbegriff Religion und Ethos (Sittlichkeit) zu Wechselbegriffen werden, wird von Hermann Cohen selbst eindeutig beantwortet: »Es wäre ebenso eine Verkürzung der Sittlichkeit wie Verdunkelung der Religion, wenn Gott außerhalb der Sittlichkeit Bedeutung haben sollte. Am Wesen Gottes ist im Judentum nur das Religion, was dieses Wesen für die Sittlichkeit bedeutet.«[52]

Die funktionelle Transzendenz Gottes[53], die besagt, daß die Idee Gottes zum Prinzip der Sittlichkeit und Sittlichkeit zum Inbegriff von Religion wird, läßt nach dem Begriff der Religion und seiner Relation zu Ethik als Wissenschaft der Sittlichkeit fragen. Für Hermann Cohen ist das jüdische Selbstverständnis der Religion von dem Bemühen der Propheten bestimmt, »zu allererst das Interesse der Menschen abzulenken von der Sorge um die Götter . . . Indem sie dadurch aber . . . von dem Gedanken des Guten (ergriffen waren), so kamen sie auf die Entdeckung vom eigentlichen Sinn des einzigen Gottes.«[54] (Der

---

46 Hermann Cohen definiert eine Religion, die unter Gotteserkenntnis mehr versteht als Sittlichkeit als Mythos. Dies trifft auch für das Christentum zu (vgl. a.a.O., 43 ff.).

47 J. Guttmann, *Die Philosophie des Judentums,* 350.

48 H. Cohen, *Religion der Vernunft,* 185 f.

49 J. Guttmann, *Die Philosophie des Judentums,* 349.

50 F. Rosenzweig, Einleitung XXXIII. – Mit Nachdruck wehrt Franz Rosenzweig ein Verständnis des Idee-Begriffs bei Hermann Cohen ab, das in Gott »nur eine Idee« sieht und bei dem Gott selbst nur als »ein ›poetischer Ausdruck‹ für die Gottesidee« (a.a.O.) angesehen wird.

51 H. Cohen, *Jüdische Schriften,* 1. Band, 296; vgl. ders., *Gesinnung,* in: *Der Nächste,* 8 f.

52 H. Cohen, *Jüdische Schriften,* 1. Band, 20 f.

53 »Funktionell« hier im Gegensatz zu »metaphysisch«, vgl. H. M. Graupe, *Die Entstehung des modernen Judentums,* 300 f.

54 H. Cohen, *Religion und Sittlichkeit,* 33.

Begriff des »einzigen« Gottes steht für die oben erwähnte Eigenart der »Idee« Gottes als Transzendenz.) Weil nun aber die Idee Gottes zum Prinzip der Sittlichkeit wurde und Sittlichkeit Religion ist, hat dieser Religionsbegriff eine universale Gültigkeit, und ist Religion deshalb mit Recht »Religion der Vernunft«.[55]

Die Frage nach der Relation von Ethik und Religion muß also nach Hermann Cohen von einem Religionsbegriff ausgehen, bei dem Religion als Religion der Vernunft »zu einer allgemeinen Funktion des menschlichen Bewußtseins«[56] gemacht wird. Ethik als Wissenschaft der Sittlichkeit und Reflex des Ethos bestimmt sich durch Vernunft, so daß mit der Frage des Bezugs von vernunftbestimmter Ethik und Religion der Vernunft bereits die Antwort nahegelegt wird. Es geht jedoch um nicht weniger als um die Frage, ob Ethik imstande ist, »den ganzen Inhalt des Menschen zu beherrschen (oder wenn nicht, ob) die Religion eine Ergänzung, eine Ausfüllung dieser ethischen Lücke zu leisten vermöchte«[57].

Hermann Cohen hat die Frage der Relation von Religion und Ethik lange Zeit so entschieden, wie wenn mit der »Überführung jüdisch-religiöser Begriffe in die Ethik . . . die Religion selbst überflüssig geworden«[58] wäre. Denn zunächst ist die Religion nur eine geschichtiche Voraussetzung, insofern die Ethik »die von der Naivität des schöpferischen religiösen Bewußtseins erzeugten Gedanken . . . über die Stufe der Religion (hinausführt) und . . . ihnen die Gewißheit der autonomen sittlichen Erkenntnis (gibt). Für das vollentwickelte Kulturbewußtsein übernimmt die systematische Ethik die sittliche Aufgabe der Religion.«[59] Erst in den Spätwerken[60] entdeckt Hermann Cohen eine Eigenart der Religion, die sie gegenüber der Ethik zwar nicht selbständig macht, die aber eine Ergänzung der Ethik durch die Religion bedeutet.[61] Die Ethik, die bei ihm »ganz durch den Gedanken der Allgemeingültigkeit des sittlichen Prinzips bestimmt ist und den sittlichen Begriff des Menschen ausschließlich unter die-

55 Darum ist für Hermann Cohen der jüdische Monotheismus das überzeugendste Beispiel für eine Religion der Vernunft und heißt der vollständige Titel seines nachgelassenen Werkes auch »Religion der Vernunft aus den Quellen des Judentums«.

56 H. Cohen, *Religion der Vernunft*, 8.

57 A.a.O., 14.

58 H. M. Graupe, *Die Entstehung des modernen Judentums*, 301.

59 J. Guttmann, *Philosophie des Judentums*, 352. – In dieser Phase des Denkens ging auch die Gottesidee selbst von der Religion in die Ethik über, kam Religion in der Ethik zur Vollendung, und fand das Judentum in den Augen Hermann Cohens seine philosophische Rechtfertigung (vgl. J. Guttmann, *Philosophie des Judentums*, 353).

60 Erstmals in der 1915 erschienenen Schrift *Der Begriff der Religion im System der Philosophie* und explicite in *Religion der Vernunft*.

61 Wäre diese Eigenart von Religion von so großem Gewicht, daß ihr eine Selbständigkeit gegenüber der ethischen Vernunft zuerkannt werden müßte, dann könnte sie nicht mehr Religion der Vernunft sein (und das Lebenswerk Hermann Cohens, die jüdische Religion mit Hilfe Kantischer Denkstrukturen als Vernunftreligion auszuweisen, wäre gescheitert), oder aber man müßte zwei selbständige Arten von Vernunft annehmen (und Hermann Cohen müßte auf seinen Anspruch, Philosoph zu sein, verzichten). Vgl. H. Cohen, *Religion der Vernunft*, 14f. und 27.

sem Gesichtspunkt entwickelt, . . . definiert darum den Menschen als Glied der Allheit und bestimmt seine Aufgabe dahin, daß er sich zur Idee der Allheit erhebt«[62].

Wenn nun Religion ihren Ort in der Ethik hat, muß Religion auch eine Gottesidee haben, die dem Gott der Ethik entspricht. Der Gott der Ethik kennt aber nur die Idee der Allheit des Menschen, die Idee der Menschheit. Religion hingegen kennt auch einen Gott des Individuums, der für die sittliche Not des Individuums, für den sündigen und leidenden Menschen von Bedeutung ist.[63] Die Eigenart der Religion gegenüber der Ethik betrifft also genau das Verhältnis von Gott und Mensch; und die Eigenart des einzigen Gottes ist es nicht mehr nur, »daß er hervorgeht aus dem Verhältnis zwischen Mensch und Mensch, hervorgeht aus dem Gedanken der Sittlichkeit«[64], und so als einziger Gott der messianischen Menschheit gegenübersteht; vielmehr entsteht im Mitleiden mit dem Nächsten und in der Erkenntnis der Schwäche und Sünde des Menschen eine neue Bedeutung der Einzigkeit Gottes: »Er ist einzig für den Menschen, sofern dieser als ein einziger gedacht werden muß.«[65] Diese Bedeutung Gottes ist nicht einfach mit der sittlichen Vernunft gesetzt, sondern entspringt der Eigenart der Religion, ohne daß diese Eigenart eine selbständige Vernunft im System der Philosophie besagen müßte.

Hermann Cohen versucht, dieser neuen Beziehung des Menschen zu Gott mit dem Begriff der »Korrelation« gerecht zu werden – ein Begriff, der über die Relation hinaus anzeigt, daß eine »Wechselwirkung besteht für Mensch und Gott«[66]. Dabei »ist die Vernunft die Bedingung, vermöge welcher Gott in Korrelation treten kann zum Menschen«[67], sich dem Menschen offenbart[68], und der Mensch wird erst durch seine Vernunft zu dem, der zu Gott in Korrelation treten kann. »So wird die Vernunft zum Inhalt gemacht für die Offenbarung. Und es kann daran kein Anstoß genommen werden, weil die Korrelation von Gott und Mensch diese Korrelation des göttlichen Geistes zum menschlichen, als eine Art von Identität der logischen Vernunft zur unausweichlichen Konsequenz macht.«[69]

Der Begriff der Korrelation hat seine besondere Bedeutung gerade im Hin-

---

62 J. Guttmann, *Die Philosophie des Judentums,* 354.

63 Vgl. den Aufweis der Eigenart der Religion am Phänomen des Leids und der Sünde bei H. Cohen, *Religion der Vernunft,* 19–23.

64 H. Cohen, *Religion und Sittlichkeit,* 35; vgl. ders., *Religion der Vernunft,* 23: »Wie der Mensch in der Ethik nur ein Beispiel der Menschheit ist, so ist auch Gott nur der Bürge der Menschheit.«

65 H. Cohen, *Der Begriff der Religion im System der Philosophie,* 61.

66 H. Cohen, *Religion der Vernunft,* 101.

67 A.a.O., 102.

68 Offenbarung hat den Sinn, »daß Gott in Verhältnis tritt zum Menschen« (a.a.O. 82). Offenbarung ist bereits mit der Schöpfung gegeben, insofern Schöpfung auch die Schöpfung des Menschen als Vernunftwesens impliziert. Darum kann Hermann Cohen sagen (a.a.O., 84): »Die Offenbarung ist die Schöpfung der Vernunft.«

69 H. Cohen, *Religion der Vernunft,* 96. – Hermann Cohen, a.a.O., verweist ausdrücklich auf die Tradition der jüdischen Philosophie des Mittelalters: »Wir dürfen daher die Auffassung . . . von

blick auf das spezifisch religiöse Verhältnis von Gott und Mensch. Die Korrelation darf nämlich weder, wie im Christentum, als Vermittlung durch einen Gottmenschen aufgefaßt werden noch als mystische Einheit oder pantheistische Identifizierung von Gott und Mensch (und Natur). Vielmehr geht es um die Vereinigung der Einzigkeit Gottes und des Menschen als Individuum unter der »Voraussetzung des Getrenntbleibens beider zu vereinigender Elemente«[70]. Nur dadurch kann der reine Monotheismus des Judentums Religion der Vernunft sein und als solche eine Eigenart gegenüber der Ethik behaupten, daß er an einer klaren Scheidung zwischen dem »Individuum in seiner Isoliertheit (und) Gott in seiner Einzigkeit«[71] festhält. Religion soll über die Ethik hinaus in diese Korrelation von Gott und Mensch mit ihrer Eigenart (eintreten), aber in ihrer Gleichartigkeit mit der sittlichen Arbeit und mit den sittlichen Zielen«[72].

Wenn Religion mit sittlicher Vernunft ineinskommt, dann besagt dies für die Korrelation von Gott und Mensch, daß Gott nur diese Bedeutung hat: »das Ziel, den Erfolg, den Sieg der sittlichen Selbstarbeit des Menschen zu verbürgen . . . Diese Transzendenz Gottes bedeutet die Suffizienz des Menschen für die Behauptung seines Menschentums.«[73] Im einzelnen aber ist es die Eigenart der Religion, die »gemäß dem Anteil der Religion an der Vernunft . . . an dem Nebenmenschen das Problem des Mitmenschen«[74] erfahren läßt, so daß die Achtung vor der sittlichen Würde des anderen, wie sie die Ethik kennt, über das Mitleid zur Liebe zum Mitmenschen »verklärt« wird.[75] Noch deutlicher zeigt sich die Eigenart der Religion gegenüber der Ethik bei der Erfahrung der Schuld, weil der sündige Mensch nach einem Gott verlangt, der nicht nur ein Gott der Menschheit, sondern ein Gott des Individuums ist. Doch besagt diese Eigenart von Religion nicht, daß ein Deus ex machina einspringt; vielmehr ist die Erfahrung nur in der Korrelation von Gott und Mensch möglich: »Die Arbeit der Befreiung allein liegt dem Menschen ob; seinem Wesen, seinem Berufe, seinem Begriffe fern jedoch liegt das Resultat der Befreiung: die Erlösung. Sie allein steht bei Gott . . . Mensch und Gott bleiben geschieden, wie Streben und Gelingen, wie Kampf und Siegespreis.«[76]

---

dem Vernunfteinklang und . . . vom Ursprung der Offenbarung in der Vernunft als rechtmäßige Fortwirkung des Monotheismus betrachten.«

70 A.a.O., 122; vgl. auch a.a.O.: »Gott und Mensch müssen getrennt bleiben, sofern sie vereinigt werden sollen.« – An dieser Frage des Verständnisses der Korrelation läßt sich wohl auch am deutlichsten zeigen, daß sich Erich Fromms Religionsbegriff einer »Mystik des EINEN« fundamental von dem Cohenschen Versuch unterscheidet. Wo Hermann Cohen die Lösung des Philosophen sucht, ist Erich Fromm Mystiker, ohne daß er die Faszination aufgeben müßte, die für ihn von einer »Religion der Vernunft« ausgeht.

71 H. Cohen, Der Begriff der Religion im System der Philosophie, 66.

72 A.a.O.

73 A.a.O.

74 H. Cohen, Religion der Vernunft, 132.

75 Vgl. J. Guttmann, Die Philosophie des Judentums, 356.

76 H. Cohen, Der Begriff der Religion im System der Philosophie, 66f.; vgl. ders., Religion der

Trotz dieser Eigenart der Religion gegenüber der Ethik darf nicht übersehen werden, daß nicht auch die sittliche Vernunft diese Aussagen machen könnte. Wie der Begriff der Korrelation deutlich macht, geht es Hermann Cohen darum, die jüdische Religion als Religion der Vernunft auszuweisen;[77] die Religion leistet in der Korrelation des einzigen Gottes und des Menschen in seiner Isoliertheit einen Beitrag zur sittlichen Vernunft, der jedoch in keiner Weise eine Defizienz der Vernunft bedeutet. Von hier aus ist nochmals die Zuordnung von Ethos (Sittlichkeit), Ethik und Religion (als Religion der Vernunft) zu bestimmen: »Sittlichkeit bildet theoretisch den Inhalt der Ethik und praktisch den Inhalt der Selbsterziehung des Menschen. Diese Selbsterziehung tritt als Religion in das Licht der göttlichen Erziehung des Menschengeschlechts. So scheiden sich begrifflich Sittenlehre und Religion. Wenn anders aber die Religion . . . ihren eigenen Anteil an der menschlichen Vernunft hat, so treten demgemäß die Begriffe Gott und Mensch wieder zusammen.«[78] Gott bleibt auch im religiösen Sprachgewand der Spätwerke Hermann Cohens »Idee«, wenn auch in den Inhalt der Gottesidee religiöse Vorstellungen (z. B. die Gottesliebe, der Mitmensch, die Versöhnung) aufgenommen werden. »Die Wendung zur Religion hat den Inhalt der Gottesidee, nicht ihren methodischen Charakter geändert.«[79] Die zur sittlichen Vernunft interpretierte jüdische Lehre von den negativen Attributen bestimmt das Denken Hermann Cohens durchgängig. »Die Liebe zu Gott muß als Liebe zum sittlichen Ideal gedeutet werden, und der Gedanke der Liebe Gottes zum Menschen hat sein Recht nur als das Urbild, an dem sich die reine sittliche Handlung aufbauen kann.«[80] Hermann Cohen steht mit seiner Religion der Vernunft in einer bestimmten Tradition der jüdischen Geistesgeschichte, die im Mittelalter in Maimonides einen hervorragenden Vertreter hatte und gerne mit dem Begriff »Rationalismus« belegt wird. Aber es ist ein Rationalismus, dem es um die Evidenz der sittlichen Forderungen aus einem prophetisch verstandenen Monotheismus geht.[81] »Das religiöse Erlebnis ist hier das von Gott als der Macht des Guten«[82], weil die Unmöglichkeit seiner Wesenserkenntnis ihn zum Vorbild der

---

Vernunft, 208–251, und die Kritik an Hermann Cohens Auffassung zur Versöhnung bei J. Guttmann, *Die Philosophie des Judentums*, 361 f.

77 Dieser Versuch einer Religion der Vernunft ist in dem Kantischen Sinne zu verstehen, »nach dem die Philosophie der Religion nicht nur ihren Platz im System der Vernunft anzuweisen, sondern sie aus der Vernunft herzuleiten hat« (J. Guttmann, *Die Philosophie des Judentums*, 360).

78 H. Cohen, *Religion der Vernunft*, 127.

79 J. Guttmann, *Die Philosophie des Judentums*, 361. – Die Suffizienz des Menschen für die Behauptung seines Menschentums, für die die Transzendenz Gottes als »Idee« Bedingung der Möglichkeit ist, beruht »in der selbständigen Sittlichkeit des Menschen . . .: die nur erfüllt, nicht eingeschränkt wird durch das Ziel, auf das, wie jede menschliche Tätigkeit, so auch diese, hingerichtet sein muß« (H. Cohen, *Der Begriff der Religion im System der Philosophie*, 66).

80 A.a.O.

81 Vgl. J. Guttmann, *Religion und Wissenschaft im mittelalterlichen und im modernen Denken*, 162.

82 A.a.O.

Sittlichkeit macht. Offenbarung Gottes kann deshalb mit Vernunft als sittlicher Vernunft übereinkommen. Die menschliche Vernunft vermag Offenbarung zu erkennen, weil diese Sittlichkeit offenbart.[83] Der Zweck der Offenbarung liegt bei dieser jüdischen Tradition des Rationalismus nicht auf spekulativem Gebiet, sondern auf sittlichem.[84] Da die inhaltliche Bestimmung dessen, was Religion ist, dem Zweck der Offenbarung entspricht, hat Religion gerade in der Sittlichkeit ihren Zweck.

Der Unterschied zwischen dem rationalistischen Religionsbegriff des Mittelalters und der Neuzeit, repräsentiert durch Maimonides und Hermann Cohen, ist freilich nicht zu übersehen: Ist für Maimonides die mit der Vernunft aufgefaßte Offenbarung die Quelle der Religion, so sieht Hermann Cohen, entsprechend der Kritik Kants, die Vernunft selbst als Quelle der Religion an, weshalb er von »Religion der Vernunft« sprechen kann.[85] »Cohen will die wahre Religion als die Religion der Vernunft konstruieren und an der historischen Religion des Judentums die Lehre der Vernunftreligion nur zur Entdeckung bringen.«[86] Die ausführlichen Darlegungen der negativen Gotteserkenntnis bei Maimonides und der Beziehung von Ethik und Religion bei Hermann Cohen, die eine spezifisch jüdische Linie eines rationalistischen Religionsverständnisses als sittliche Vernunft deutlich werden ließen, sollten zugleich die Nähe und die Verschiedenheit zum Denken Erich Fromms aufzeigen. Dies ist vor allem im Hinblick auf Hermann Cohens Religion der Vernunft zusammenfassend zu präzisieren.

Erich Fromm bemerkt zu Beginn seiner eigenen »radikalen Interpretation des Alten Testaments und seiner Tradition«[87], daß die Methode Hermann Cohens, »das Alte Testament zusammen mit der späteren jüdischen Tradition als ein Ganzes zu betrachten«[88] seine eigene Methode, die Bibel zu verstehen, sehr beeinflußt hat. Während Hermann Cohen die Bibel im Geiste Immanuel Kants verstanden habe[89], interpretiere er sie vom Standpunkt eines radikalen Humanismus aus.[90] Soll diese Argumentation nicht nur eine rein formale Ähnlichkeit der Methode besagen (bei der die Willkür des eigenen Gesichtspunkts der Interpretation nicht mehr gewehrt werden könnte), dann muß es eine innere Gemeinsamkeit von Bibel, Tradition und eigenem Gesichtspunkt

---

83 In der Beziehung von Vernunft zu Offenbarung ist der wesentliche Unterschied zwischen jüdischem und christlichem Rationalismus zu sehen, denn der christliche Offenbarungsbegriff umfaßt mehr als die Schöpfungsoffenbarung und eine der Vernunfterkenntnis offene natürliche Religion. Mit dem christlichen Offenbarungsbegriff ist zugleich, traditionell gesprochen, »Übernatur« gesetzt, so daß »von der natürlichen Sittlichkeit der Vernunft eine höhere Stufe der Gnadensittlichkeit« zu unterscheiden ist (a.a.O., 162; vgl. 155f., 174f. und 185f.).
84 Vgl. a.a.O., 163.
85 Vgl. H. J. Schoeps, *Geschichte der jüdischen Religionsphilosophie in der Neuzeit*, 3–21.
86 J. Guttmann, *Die Philosophie des Judentums*, 360.
87 So der Untertitel von E. Fromm, *You Shall Be as Gods* (66/1).
88 A.a.O., 13.
89 Vgl. a.a.O., 5.
90 Vgl. a.a.O., 13.

geben. Für den Versuch Hermann Cohens liegt sie auf der Linie, die von der negativen Gotteserkenntnis bei den Propheten über die Sicht der Attribute als Wirkungen Gottes zur Identität von Religion der Vernunft und sittlicher Vernunft verläuft – eine Linie, deren Gemeinsamkeit hier mit dem Begriff eines spezifisch jüdischen Rationalismus umschrieben wurde.

Erich Fromm nimmt die Etappen dieser Linie auf mit der Absicht, sie von seinem eigenen humanistischen Gesichtspunkt her weiterzuführen. Er sucht die Gemeinsamkeit ebenfalls in der negativen Theologie bei den Propheten, Maimonides und Hermann Cohen zu finden, jedoch mit dem Ziel der Negation Gottes zugunsten des Menschen. Damit allerdings interpretiert er die Propheten, Maimonides und Hermann Cohen humanistisch, während es diesen nicht um die Negation Gottes geht, sondern um eine rationalistische Interpretation Gottes als Bedingung der Möglichkeit bzw. (bei Hermann Cohen) als Garant der Sittlichkeit; diesen geht es nicht um die Negation des Gottesbegriffs in der Religion, sondern um die Wahrung des ethischen Monotheismus gegen alle Idolatrie und um seine Konkretion als sittliche Vernunft.[91]

Das gemeinsame Anliegen von Hermann Cohen und Erich Fromm ist der Mensch und seine Zukunft, ist hierfür die Befreiung von allen Kräften, die seine sittliche Fähigkeit der Vernunft und Liebe behindern. Der Kampf Hermann Cohens gegen den Mythos der Religion[92] entspricht dem Kampf Erich Fromms gegen jede irrationale Autorität. Gemeinsam ist ihnen die Abneigung gegen alle Religion als dogmatische Lehre und ihr Plädoyer für eine Religion als Inbegriff der Sittlichkeit. Beiden geht es um den Menschen, der seine Kräfte der Vernunft, der Gerechtigkeit und der Liebe entwickeln und so das messianische Zeitalter heraufführen soll. Doch sind die fundamentalen Unterschiede nicht zu übersehen. Der Mensch und seine Zukunft werden bei Hermann Cohen nur gesichert, wenn im Sinne der negativen Theologie die Einzigkeit Gottes behauptet wird. Denn nur die »Transzendenz Gottes bedeutet die Suffizienz des Menschen für die Behauptung seines Menschentums«[93]. Erich Fromm hingegen will den Menschen und seine Zukunft dadurch sichern, daß er die »Idee« Gottes selbst um des Humanismus willen negiert. Es liegt in der Logik der aufgezeigten negativen Theologie bis hin zu Hermann Cohens Religion der Vernunft, daß die Negation Gottes selbst das gerade Gegenteil bewirkt. So zeigt sich eine Unversöhnlichkeit von »ethischem Monotheismus«[94]

---

91 Gerade die rationalistische Interpretation von Religion als Sittlichkeit vermag mit dem Gottesbegriff Ethos und Ethik zu begründen; im Humanismus Erich Fromms aber, wo die Religionskritik den Menschen als sittliches Wesen begründen muß, bedarf es einer anderen Lösung: der der Mystik.

92 Hierunter versteht er alle Versuche, Gott und Mensch zu vermitteln; in diesem Sinne ist das Christentum für ihn Rückfall in den Mythos, der die Idolatrie pflegt. Vgl. H. Cohen, *Religion und Sittlichkeit*, 32 f.; L. Baeck, *Das Wesen des Judentums*, 92–95.

93 H. Cohen, *Der Begriff der Religion im System der Philosophie*, 66.

94 L. Baeck, *Das Wesen des Judentums*, 87 u. ö., bezeichnet damit wohl treffend die Eigenart des jüdischen Religionsbegriffs und Gottesverhältnisses und weist darauf hin, daß in eben diesem ethischen Monotheismus der »sittliche Optimismus« begründet liegt.

und radikalem Humanismus eben dort, wo versucht wird, den Humanismus aus dem Monotheismus mit Hilfe eines Begriffs von theologia negativa abzuleiten, der den Monotheismus selbst zu Fall bringen will.

Die Grundfrage jeder Religion und auch der humanistischen Religion Erich Fromms betrifft das Verhältnis von Gott und Mensch. Dieses Verhältnis besagt per definitionem Verschiedenheit, die nach einer Einheit drängt. Innerhalb der jüdischen Tradition gibt es einen breiten Strom, der diese Einheit als »Erfahrung« der Einheit versteht: die jüdische Mystik. Erich Fromm ist durch seinen jahrelangen privaten Talmud-Unterricht bei dem Sozialisten Schneur Salman Rabinkov mit einer solchen Tradition, mit dem Chabad-Chassidismus nämlich, bekannt geworden.

6.3 Schneur Salman: Die Ethos gewordene Mystik

Wenn man Gershom Scholem folgen darf, entsteht Religion in ihrer klassischen Ausprägung erst dort, wo gegenüber der vergöttlichenden Welt des Mythos, der die Natur zum »Schauplatz der Beziehungen von Mensch und Gott (macht, der) Mensch aus dem träumerischen Stadium jener Einheit von Mensch, Welt und Gott«[95] herausgerissen und zum Bewußtsein einer Zweiheit gebracht wird. »Die großen monotheistischen Religionen ... haben den Schauplatz der Religion von der Natur wegverlegt in die sittlich-religiöse Tat des Menschen und der religiösen Gemeinschaft.«[96] Die Religionen leben jedoch davon, bei allen Angeboten, die sie in ihren Offenbarungslehren zur Versöhnung dieser Kluft machen, an der Polarität von Gott und Mensch festzuhalten. Gegenüber der trennenden Funktion von Religion will Mystik eine neue Einheit in der Seele des Menschen erfahrbar werden lassen.[97]

Mit diesem allgemeinen Verständnis von Mystik sind folgende Eigenarten mitgesetzt: 1. Jede Mystik entwickelt sich innerhalb einer Religion und gelangt, von der geschichtlichen Eigenart der Religion abhängig, zu mehr oder weniger Eigenstand.[98] Dieses Pochen auf Eigenstand gegenüber der herrschenden Religion kann Formen annehmen, bei denen Mystik die Religion negiert. »Denn keine Mystik wölbt sich im Glauben, sondern jede steht über einem Grunde, den sie selber nach Kräften leugnet, und von dem sie dennoch immer erst ihr besonderes und mit anderswo gewachsenen Mystiken niemals

---

95 G. Scholem, *Die jüdische Mystik in ihren Hauptströmungen*, 8.
96 A.a.O., 8f.
97 Inwieweit es wirklich eine neue Einheit und nicht eine Regression auf eine Einheit vor aller Entzweiung ist, hängt ganz wesentlich davon ab, in welchem Maße der Mythos als unkritischer Monismus von Gott, Natur und Mensch eine Rolle spielt.
98 Vgl. hierzu a.a.O., 6f., wo Gershom Scholem Front gegen eine religionsphilosophische Anschauung macht, die wie bei der These von einer abstrakten Universalreligion für eine »chemisch reine Mystik« plädiert.

identisches Wesen erhält.«[99] 2. Das besondere der Mystik ist in der Unmittelbarkeit des Kontaktes des einzelnen mit Gott und in der Möglichkeit einer direkten Einheitserfahrung zu sehen. »Die mystische Religion sucht also ... Gott ... aus einem Objekt des Wissens und der Dogmatik zu einer neuen und lebendigen Erfahrung zu machen.«[100] 3. Mystik sucht Einheit auf einer Ebene, die endgültig sein soll, so daß mystische Erkenntnis eschatologischer Natur ist: »Der Mystiker nimmt den Lauf der Geschichte vorweg, indem er den Genuß der Endzeit in sein eigenes Leben projiziert.«[101]

Die Eigenart von Mystik überhaupt gilt cum grano salis auch für die jüdische Mystik. Hier ist es speziell der religionsphilosophische Rationalismus, der sich in einem gegenseitigen Bedingungsverhältnis zu Mystik, vor allem zur Kabbala, entwickelt.[102] Gegenüber der klassischen jüdischen Theologie des Mittelalters und der Neuzeit, repräsentiert durch Maimonides und Hermann Cohen, deren Anliegen die Abwehr jedes Pantheismus und Mythos war, will jüdische Mystik die Lebendigkeit der religiösen Einheitserfahrung bewahren.[103] Sie bewältigt diese Aufgabe durch eine mystische »Interpretation der Lehre von den Attributen und der Einheit Gottes in der sogenannten Sefiroth-Theorie«[104] und durch eine mystische Auffassung der Tora als Offenbarung – als »die lebendige Verkörperung der göttlichen Weisheit, aus der ewig unendliche Strahlen brechen«[105]. Die einzelnen jüdischen Mystiken verstehen die Einheit Gottes und den Sinn der Tora in verschiedenen Schattierungen. Hier interessiert die historisch letzte Ausgestaltung einer jüdischen Mystik, der moderne Chassidismus[106], und zwar insbesondere die Spielart des Chabad-Chassidismus.[107]

Das Erkenntnisinteresse für den Chabad-Chassidismus bestimmt sich von ei-

---

99 R. Otto, *Geleitwort* IX.
100 G. Scholem, *Die jüdische Mystik in ihren Hauptströmungen*, 11.
101 Charles Benett, *A Philosophical Study of Mysticism*, zitiert nach G. Scholem a.a.O., 22. – Gershom Scholem zählt diesen Punkt unter die Typik der jüdischen Mystik, doch gilt er mutatis mutandis auch für den Buddhismus, obwohl dieser nicht an eine Geschichtstheorie gebunden ist.
102 Zur Frage, inwieweit die philosophische Darstellung des jüdischen Monotheismus die Kabbala provoziert hat oder nicht, vgl. G. Scholem a.a.O., 25 f.
103 Vgl. a.a.O., 40–42.
104 A.a.O., 15.
105 A.a.O.
106 Im Gegensatz zum Deutschen Chassidismus des Mittelalters.
107 Zum Folgenden vgl. bes.: M. Buber, *Der große Maggid und seine Nachfolger;* ders., *Die chassidische Botschaft;* ders., *Der Chassidismus und die Krise des abendländischen Menschen,* 83–94; ders., *Der Weg des Menschen nach der chassidischen Lehre;* S. Dubnow, *Geschichte des Chassidismus,* 2 Bände; ders., *Weltgeschichte des jüdischen Volkes,* kurzgefaßte Ausgabe in 3 Bänden, Band 2 und 3; L. Gulkowitsch, *Der Ḥasidismus, religionswissenschaftlich untersucht;* S. A. Horodezky, *Religiöse Strömungen im Judentum. Mit besonderer Berücksichtigung des Chassidismus;* S. Hurwitz, *Archetypische Motive in der chassidischen Mystik,* 121–212; P. Levertoff, *Die religiöse Denkweise der Chassidim nach den Quellen;* W. Rabinowitsch, *Der Karliner Chassidismus. Seine Geschichte und seine Lehrer;* G. Scholem, *Die jüdische Mystik in ihren Hauptströmungen,* 356–385.

nem mehr sachlichen und einem mehr persönlichen Moment her. Zum ersten: Der Aufweis des humanistischen Religionsbegriffs hat auf die Mystik verwiesen. Das Bemühen, Erich Fromms humanistische Ausgestaltungen auf dem Hintergrund der jüdischen Traditionen besser zu verstehen, legt die Beschäftigung mit dieser jüdischen Mystik nahe, zumal der Chabad-Chassidismus gegenüber dem Chassidismus stärker die rationale Seite betont und zur Tradition des jüdischen Rationalismus vermittelt.[108] Zum anderen resultiert das Interesse am Chabad-Chassidismus aus dem Umstand, daß Erich Fromms Talmudlehrer während seines Studiums in Heidelberg, Schneur Salman Rabinkov, ein Chabadnik, also ein Anhänger des von Rabbi Schneur Salman begründeten Chabad-Chassidismus war. Da der Chabad-Chassidismus eine Modifikation des Chassidismus ist, kann er ohne dessen Grundansichten nicht verstanden werden.

Der Chassidismus selbst, von Israel Baal-schem tov (Bescht) gegründet und bis zur Mitte des 18. Jahrhunderts von Podolien und Wolhynien aus auch im damaligen Polen und Galizien zur Blüte gekommen, entstand aus den Trümmern des Sabbatianismus, einer chiliastisch-messianistischen Bewegung um Sabbatai Zwi, die zwar in der Tradition der spätmittelalterlichen Mystik jüdischer Provenienz stand, diese jedoch durch einen apokalyptisch-personifizierten Messianismus pervertierte.[109] Der Chassidismus kann als Versuch angesehen werden, »diejenigen Gehalte der Kabbala, die populärer Wirkung fähig sind, lebendig zu erhalten, ohne doch jenes Element des Messianismus, dem sie ihre populäre Wirkung während der vorangegangenen Periode am nachhaltigsten verdankt, mit zu übernehmen«[110]. In den ersten 50 Jahren[111] be-

---

108 S. Dubnow, *Weltgeschichte des jüdischen Volkes,* Band 2, 466, sieht im Chabad-Chassidismus ein Gedankensystem, »das gleichsam eine Synthese zwischen Bescht und Maimonides anstrebte«. (»Bescht« steht für Israel Baal-schem tov, den Begründer des Chassidismus.) – Im Unterschied zu Simon Dubnow sieht Martin Buber, *Der große Maggid,* LXXV, in der Chabadschule eine »Synthese von Chassidismus und Rabbinismus«.

109 Zu den historischen Daten vgl. am besten G. Scholem, *Die jüdische Mystik in ihren Hauptströmungen,* 356–385; zur Verbindung Sabbatianismus – Chassidismus vgl. a.a.O., 362–367; zum Messianismus vgl. bes. G. Scholem, *The Messianic Idea in Judaism and Other Essays in Jewish Spirituality.*

110 G. Scholem, *Die jüdische Mystik in ihren Hauptströmungen* 361. – Die Kritik Erich Fromms (*You Shall Be as Gods* [99], 148) an Gershom Scholem bezüglich der Bedeutung des Messianismus im Chassidismus erübrigt sich, wenn man dem Zusammenhang Rechnung trägt, in dem Gershom Scholem diese Aussage macht. Es geht ihm nicht darum, das messianische Element im Chassidismus zu bestreiten; vielmehr stellt er nur fest, daß der Chassidismus das Moment eines personifizierten Messianismus eliminiert hat und sich darin vom Sabbatianismus absetzt.

111 Bereits mit dem Ableben des Bescht (1760), vor allem aber nach dem Tod von dessen Nachfolger Rabbi Bär, genannt der »Große Maggid«, im Jahre 1772, entwickelte sich der sogenannte »Zaddikismus«, bei dem die Nachfolger als die einzig wahren Zaddikim (»Gerechten«) zu vermittelnden Instanzen für die Gotteserfahrung hochstilisiert wurden. Die mystische Unmittelbarkeit wurde zunehmend personifiziert, und die Zaddikim genossen bei ihrer Vermittlerfunktion despotischen Herrscherkult. Vgl. hierzu bes. S. Dubnow, *Weltgeschichte des jüdischen Volkes,* Band 2, 462–466; ders., *Geschichte des Chassidismus,* Band 2, 278f. Eine Gegenbewegung gegen den

herrschte den Chassidismus ein »Enthusiasmus der unmittelbaren Begegnung mit dem Göttlichen, der in seiner radikalen Betonung von der Immanenz Gottes in allen Dingen seine Begründung ebensosehr wie seinen Ausdruck fand«[112]. Die Immanenz Gottes ist jedoch nicht pantheistisch zu verstehen; vielmehr sind es die Ausstrahlungen Gottes, die beim »Bruch der Gefäße« in die Natur kamen: »Ein göttlicher Funke wohnt den Wesen und Dingen inne«[113]. »Die Dinge und Wesen, in denen allen Funken des Göttlichen wohnen, werden . . . (dem) Menschen zugereicht, daß er in der Berührung mit ihnen die Funken erlöse.«[114] Denn die Funken stellen das zerstreute göttliche Licht dar – den beim »Bruch der Gefäße« in das Exil (»Galut«) gegangenen göttlichen Glanz (»Schechina«);[115] diese göttlichen Funken können vom Menschen »gehoben« werden, wenn immer der Mensch in »Kawwana«, in der »Innigkeit seelischer Konzentration«[116] handelt: »Der Mensch soll in jeder Handlung seine innere Absicht darauf richten, die ursprüngliche Einheit wieder herzustellen, die durch den Urmakel – den Bruch der Gefäße – und jene von dort herkommenden Mächte des Bösen und der Sünde in der Welt gestört worden ist.«[117]

Zaddikismus kann nur in der von Schneur Salman (von Lady) begründeten Richtung des Chabad-Chassidismus gesehen werden.

112 G. Scholem, *Die jüdische Mystik in ihren Hauptströmungen*, 368.
113 L. Gulkowitsch, *Der Ḥasidismus*, 48. – Die Rede von den göttlichen Funken ist in der spätkabbalistischen Kosmogonie und Schöpfungslehre beheimatet. (Vgl. G. Scholem, *Die jüdische Mystik in ihren Hauptströmungen*, 291–295). So vertritt die Kabbala des Isaak Luria (auch Ari genannt; er wird als der profilierteste Vertreter der sog. Safeder Kabbala, die sich nach der Vertreibung der spanischen Kabbalisten gegen Ende des 15. Jahrhunderts in Palästina niedergelassen hat, angesehen) in der Lehre vom »Bruch der Gefäße«, »daß das göttliche Licht, als es in den Urraum strömte . . ., sich auf den verschiedensten Stufen entfaltete und unter den verschiedensten Aspekten erscheint . . . Da es aber auch bei der Schöpfung auf die Existenz von endlichen Wesen und endlichen Gefäßen von vornherein abgesehen ist, die in einer bestimmten Ordnung im Schöpfungsplan konzipiert waren, so wurden für die Aufnahme dieser einzelnen Lichter Gefäße geschaffen oder, besser, emaniert, die sie auffingen und bewahren sollten« (a.a.O., 291 f.). Das göttliche Licht, wo es sich offenbart, wird dabei unter 10 verschiedenen Aspekten, »Sefirot« genannt, sichtbar, die nur in menschlicher Sicht existieren, in denen sich aber der ununterschiedene Gott dem Menschen zugänglich macht. (Vgl. S. Hurwitz, *Archetypische Motive in der chassidischen Mystik*, 141 f.) Während nun die den drei höchsten Sefirot entsprechenden Gefäße das Licht der Sefirot aufnehmen konnten, zerbrachen die anderen Gefäße: »Sie erwiesen sich als zu schwach, das Licht zu halten, sie barsten und fielen auseinander« (G. Scholem, *Die jüdische Mystik in ihren Hauptströmungen*, 292). Dieser »Bruch der Gefäße . . . führte dazu, daß alle Dinge diesen Bruch in sich tragen, daß allem Existierenden, solange dieser Bruch nicht geheilt ist, ein gewisser Mangel anhaftet . . . Aus den Scherben der zerbrochenen Gefäße . . . entstanden die dämonischen Gegenwelten des Bösen, das sich auf allen möglichen Stufen der Weltentwicklung einnistete. Die heiligen Elemente haben sich solcherart also mit den unheiligen und unreinen vermischt. Die Restitution des idealen Zustandes, auf den die Schöpfung ursprünglich zielte, ist nun das geheime Ziel allen Geschehens« (a.a.O., 294).
114 M. Buber, *Die chassidische Botschaft*, 17.
115 Zur kabbalistischen Deutung der »Schechina« vgl. bes. G. Scholem, *Die jüdische Mystik in ihren Hauptströmungen*, 249–254.
116 Vgl. L. Gulkowitsch, *Der Ḥasidismus*, 35.
117 G. Scholem, *Die jüdische Mystik in ihren Hauptströmungen*, 301.

Diese, von der Kabbala Isaak Lurias[118] übernommenen Ansichten gaben dem Chassidismus die Möglichkeit einer unmittelbaren Religiosität für jedermann, ohne die Grundbekenntnisse des jüdischen Monotheismus leugnen zu müssen. Gotteserkenntnis bedeutet ein Suchen Gottes, doch ereignet sich dieses Suchen mitten im Leben, »um alle Dinge, die sich in der Welt finden, mit seinem Gedanken, seiner Rede und seiner Tat zu einen, und all das nur im Namen Gottes in Wahrheit und Einfalt, denn nichts auf der Welt steht außerhalb von Gottes Einheit und Geeintheit, und wer eine Sache nicht im Namen Gottes tut, der trennt dieses Ding von Gottes Geeintheit«[119]. Es ist der Mensch, der durch sein sittliches Tun Erlösung bewirkt; und jeder, der in Kawwana sein alltägliches Tun verrichtet, »wirkt an der Heilung der Welt, an ihrer Eroberung für Gott«[120].

»Die Funkenlehre der späteren Kabbala ist in den Händen des Baal-Schem-Tow zu einer ethischen Lehre geworden und hat sich zu einem Auftrag erweitert, der das ganze Leben des Menschen umfaßt«[121], weil es dem Menschen obliegt, »die Funken aus den Dingen und Wesen zu läutern, denen man im Alltag begegnet«[122]. Der Chassid, der »Fromme«[123], erlöst eben dadurch, daß er »in seinem ganzen Denken, Fühlen und Handeln das scheinbar Abgesonderte und Selbständige mit der Wurzel, mit Gott, vereinigt und das Licht Gottes hineinbringt«[124]. Auf diese Weise wird jeder Unterschied zwischen sakral und profan »aufgehoben«, denn das Profane ist nur noch das Vorstadium des Heiligen, ist »das noch nicht Geheiligte«[125].

---

118 Vgl. G. Scholem, *The Messianic Idea in Judaism*, 43. – Isaak Luria, der 1572 mit 38 Jahren in Safed in Palästina starb, »hatte die Gabe der Feder nicht« und ist der Nachwelt vor allem aufgrund der Darstellung seines Systems durch seinen Schüler Chajim Vital bekannt. Vgl. G. Scholem, *Die jüdische Mystik in ihren Hauptströmungen*, 278 f.

119 B'eer majim chajim, zitiert nach S. A. Horodezky, *Religiöse Strömungen im Judentum*, 61.

120 M. Buber, *Die chassidische Botschaft*, 57. – Von dieser Interpretation her gewinnt auch der »Bruch der Gefäße« eine positive Deutung, wie der folgende Vergleich zeigt, der von Rabbi Salomo von Luzk (einem Schüler des Bescht-Schülers Rabbi Bär von Meseritz, genannt der »Große Maggid«) in seinem Buch »Magid debaraw le-Jakob« erwähnt wird und der zugleich die Einfachheit der Bildsprache des Chassidismus veranschaulicht: »Wenn z. B. ein Schneider ein großes Stück Stoff in feine kleinere Stücke zerschneidet, so kann der Unverständige das als verderbliche Arbeit ansehen, aber der Verständige, der versteht, daß diese Stücke zur Herstellung eines Ärmels oder dergleichen nötig sind, wird einsehen, daß man nicht anders konnte, als das Ganze zu zerschneiden. – So war im Anfang nur er, der Gesegnete, allein, später aber schuf er die Welten . . . Es mußte ein Zerbrechen stattfinden, damit das Licht erkannt werde« (zitiert nach S. A. Horowitz, *Religiöse Strömungen im Judentum*, 80).

121 M. Buber, *Die chassidische Botschaft*, 88.

122 A.a.O., 88 f.

123 Zur Begriffsgeschichte vgl. neben den einschlägigen Werken die spezifische Bedeutung in den Chassidismen: G. Scholem, *Die jüdische Mystik in ihren Hauptströmungen*, 99–108, 127; ders., *Die Lehre vom »Gerechten« in der jüdischen Mystik*, 239 f.; Nissan Mindel, *Rabbi Schneur Zalman*, 271, nimmt für den Chabad-Chassidismus die Definition des Sohar auf. Demnach ist derjenige ein Chassid, »der mit seinem Schöpfer wohlwollend umgeht«.

124 P. Levertoff, *Die religiöse Denkweise der Chassidim*, 34.

125 Vgl. M. Buber, *Der Chassidismus und die Krise des abendländischen Menschen*, 87; Martin

Mit dem chassidischen »Prinzip der Verantwortung des Menschen für das Schicksal Gottes in der Welt«[126] sind der ethische und religiöse Bereich durch des Menschen Heiligung in eine Einheit gebracht, die von dem Gedanken begründet wird, daß durch des Menschen Tun die Schöpfung vollendet wird: »Das Endziel der Frömmigkeit ist, die göttlichen Funken im All mit Gott, die Schöpfung mit ihrem Schöpfer zu vereinigen.«[127] Der Chassid ist wie der Urvater Henoch, von dem die Haggada sagt, »er sei ein Schuhflicker gewesen und habe mit jedem Stich seiner Ahle, der Oberleder und Sohle zusammennähte, Gott und seine Schechina verbunden«[128]. Dadurch, daß der Chassid alles, »was er tut, mit der Intention auf die Einung der höchsten göttlichen Wesenheit mit ihrer Schechina, die der Welt einwohnt«[129], tut, eint er Gott mit der Welt, so daß diese erlöst ist und er darin seine Einheit mit Gott erfährt. Für Martin Buber ist im Chassidismus – einzigartig für die Geistesgeschichte – »Mystik Ethos geworden. Hier ist die mystische Ureinheit, in der die Seele aufgehen will, keine andere Gottgestalt als der Forderer der Forderung, und die mystische Seele kann nicht wirklich werden, wenn sie nicht eins ist mit der sittlichen.«[130] Diese Eigenart des Chassidismus, Ethos gewordene Mystik zu sein[131], bekommt im Chabad-Chassidismus Schneur Salmans (1745–1812) eine besondere Bedeutung.[132] Allgemein gesprochen, gibt es zwischen Cha-

---

Buber wehrt in diesem Beitrag, der auch (a.a.O., 83 ff.) seine geänderte Stellung zum Chassidismus beschreibt, dem Mißverständnis, daß diese Sicht der Heiligung mit einer Selbsterlösung identisch sei (vgl. a.a.O., 87 f.).

126 M. Buber, *Die chassidische Botschaft*, 97.

127 L. Gulkowitsch, *Der Ḥasidismus*, 50. – Gegen eine solche Sicht wendet sich Simon Dubnow energisch. Er sieht, als Antipode zu Martin Buber, im Chassidismus überhaupt eine Perversion des Jüdischen. Nach über 600 Seiten Ausführungen zum Chassidismus kommt er zum Schluß: »Wir sind daher zu der Feststellung berechtigt, daß der Chassidismus den Schwerpunkt der Religion aus der Sittlichkeit an die Gläubigkeit verlegt hat . . .; die neuen Chassidim faßten . . . das Prinzip der Vereinigung mit Gott lediglich im Sinne einer mystischen Vermählung der menschlichen Seele mit ihrem Schöpfer durch Gebet, Ekstase und Zurückleitung der Gedanken zu ihrem Urquell auf« (S. Dubnow, *Geschichte des Chassidismus*, Band 2, 277). – Simon Dubnow steht mit seiner Meinung am Ende einer Chassidismus-Interpretation, die im 19. Jahrhundert verbreitet war und den Chassidismus vor allem von seiner Fehlentwicklung im Zaddikismus und Zaddikim-Kult her beurteilte. Vgl. jedoch auch G. Scholem, *Die jüdische Mystik in ihren Hauptströmungen*, 375 f.

128 M. Buber, *Die chassidische Botschaft*, 89 f.

129 A.a.O., 90.

130 A.a.O., 171.

131 Auch Gershom Scholem, der in Anschluß an ein Wort in dem ersten von Bubers chassidischen Büchern vom Chassidismus als der »Ethos gewordenen Kabbala« spricht, sieht in dieser Formel das spezifisch Chassidische getroffen. Vgl. G. Scholem, *Die jüdische Mystik in ihren Hauptströmungen*, 375.

132 Die Literatur zum Chabad-Chassidismus ist im Durchschnitt ungenügend oder liegt nur in hebräischer Sprache vor. Simon Dubnows Darstellung (*Geschichte des Chassidismus*, Band 2, bes. 100–115) entbehrt der Kenntnis der Kabbala und des Anliegens der Mystik überhaupt (deshalb auch seine einseitige Würdigung a.a.O., 258–260); ebenso vermag S. A. Horodezky, *Religiöse Strömungen im Judentum*, 174–178, nicht viel mehr, als ein paar allgemeine Informationen zu geben. W. Rabinowitsch, *Der Karliner Chassidismus*, handelt nur sekundär vom Chabad-Chassidis-

bad-Chassidismus und Chassidismus keine tiefgreifenden theoretischen Unterschiede. Vielmehr stellt die Chabad-Schule zunächst den ersten Versuch dar, die gelebte Mystik des Chassidismus systematisch zu verbalisieren. Dabei tritt »neben den ›Herzensdienst‹ . . ., ihm gleichgestellt, ja zuweilen übergeordnet, das Studium«[133]; außerdem wird gegen den Chassidismus die Funktion des Zaddik als Vermittlers zwischen Gott und Mensch abgelehnt. Doch erst der Chabad-Chassidismus mit seiner Systematisierung macht deutlich, daß das Interesse des Chassidismus, anders als bei der Kabbala, »nicht mehr bei der theosophischen Seite der Mystik (liegt), sondern mit vollem Nachdruck bei der psychologischen«[134]. Indem der Chassid »in jeder der zahllosen Stufen der theosophischen Welt zugleich einen Zustand entdeckte, in den die menschliche Seele geraten kann, also gleichsam einen experimentell faßbaren Zustand, wurde ihm unter der Hand die Kabbala zu einem Instrument psychologischer Vertiefung und Selbstanalyse«[135]. Dies ist denn auch der Gesichtspunkt, unter dem die kabbalistischen Vorstellungen gültig bleiben und ausgewählt werden: »Wirklich wichtig ist nur noch der Weg, die Mystik des persönlichen Lebens.«[136]

Bezeichnenderweise beginnt das Hauptwerk Schneur Salmans, das 1796 unter dem Titel »Likutei Amarim« (Gesammelte Abhandlungen) und 1798 unter dem Titel »Tanja« (Lehre) publiziert wurde, mit dem »Buch vom Durchschnittsmenschen«, »so genannt nach dem Menschentypus, dem die Aufmerksamkeit des Buches gilt, nämlich dem durchschnittlichen Typus, dessen moralische Position zwischen dem Zaddik (dem ›Gerechten‹) und dem Rasha (dem ›Frevler‹) liegt«[137]. Wie es zu diesem Durchschnittsmenschen kommt, welche Momente ihn bestimmen und welche Kräfte ihm zukommen, all dies läßt sich mit Hilfe der kabbalistischen Vorstellungen deutlich machen. Denn

---

mus (bes. 58–60 und 100–102), bietet dafür aber reiches historisches Material, auch zum Leben Schneur Salmans (bes. 66–70); letzteres vermittelt auch S. Dubnow, *Geschichte des Chassidismus,* Band 2, bes. 92–99, und sehr ausführlich, jedoch unkritisch und legendenhaft: N. Mindel, *Rabbi Schneur Zalman of Liadi.* Die folgenden Ausführungen stützen sich vor allem auf: Rabbi Schneur Zalman, *Likutei Amarim* (Tanya), Vol. I, und die darin enthaltene *Introduction* von Nissan Mindel; M. Buber, *Der große Maggid und seine Nachfolger* LXXIV–LXXVII; ders., *Die chassidische Botschaft,* bes. 162–170; G. Scholem, *Die jüdische Mystik in ihren Hauptströmungen,* bes. 285–290 und 373–377; S. Hurwitz, *Archetypische Motive in der chassidischen Mystik,* bes. 138–177.

133 M. Buber, *Der große Maggid und seine Nachfolger* LXXV. – Darin liegt der vielzitierte »Rationalismus« der Chabad-Schule begründet; in Wirklichkeit sucht Schneur Salman damit einen Ausgleich zwischen kabbalistischer Mystik und rabbinischer Schriftgelehrsamkeit.

134 G. Scholem, *Die jüdische Mystik in ihren Hauptströmungen,* 373.

135 A.a.O., 374.

136 A.a.O. – Vgl. N. Mindel, *Introduction,* XIX, über Schneur Salman: »So grundlegende Glaubensfragen wie die Existenz Gottes, die creatio ex nihilo, die Offenbarung und andere werden vom Autor als erwiesen angenommen. Andere, wie etwa die göttlichen Attribute, Vorsehung, Einheit, Messianismus etc. werden als in sein ethisches System eingebaute Teile behandelt und durch das Licht der Kabbala beleuchtet.«

137 N. Mindel, *Introduction,* XIV.

die vom Bilderverbot beeinflußte Lehre von den (negativen) Attributen Gottes als Aussagen über seine Wirkungen hat sich kabbalistisch in der Sefirot-Lehre des als Gottheit zu verstehenden En-sof niedergeschlagen. Die Sefirot sind Aspekte, Manifestation der grundsätzlich jenseits jeder Erkenntnis liegenden Gottheit. Das traditionelle Verständnis der Attribute Gottes als Urbilder und Vorbilder für des Menschen Sittlichkeit kommt jedoch bei Schneur Salman zu neuer Geltung, wenn er einerseits die kabbalistischen Gottheits-Spekulationen als Urbild für die Aussagen über die Manifestationen der menschlichen Seele ansieht, andererseits aber die Manifestationen der Seele als Kampf verschiedener Fähigkeiten und Kräfte einer tierischen und einer göttlichen Seele versteht und demgemäß in der göttlichen Seele die Potenzen zur Sittlichkeit ansiedelt.

Die Möglichkeit des »Benoni« (Durchschnittsmenschen) ist darin begründet, »daß in jedem Juden, ob gerecht oder sündig, zwei Seelen sind ... Da ist die eine Seele, die ihren Ursprung in der »kelipa« (Schale) und »sitra achra« (die andere, böse Seite) hat ... Von ihr rühren all die schlechten Eigenschaften her, die sich aus den vier bösen Elementen, die in ihr enthalten sind, herleiten ... Aus dieser Seele stammen auch die guten Eigenschaften, die in der angeborenen Natur von ganz Israel gefunden werden können, wie etwa Barmherzigkeit und Güte«[138]. Jeder Jude hat neben dieser einen »tierischen« Seele noch eine zweite, die »in Wahrheit ein Teil von Gott droben ist«[139] und darum »göttliche« Seele genannt werden kann. Die göttliche Seele manifestiert sich[140] »in 10 Potenzen (faculties), entsprechend den überirdischen 10 Sefirot (göttlichen Manifestationen), von denen sie herkommen...«[141]. Diese 10 Potenzen unterteilen sich in drei Vermögen der Vernunft, »sechel« genannt, und den »middot« genannten Attributen der Gottesliebe, Furcht, Ehrfurcht usw., die ihre Quelle in den Vermögen der Vernunft haben.

Die drei Potenzen der Vernunft sind Chokma (wisdom, Weisheit) Bina (understanding, unterscheidende Vernunft) und Daat (knowledge, Erkenntnis). Sie stellen in der lurianischen Kabbala die drei ersten Sefirot des En-sof dar und bilden als »das Kernstück der göttlichen Seele«[142] den Inbegriff von Schneur Salmans Chabad-Chassidismus. Der erste Teil des Akrostichons vertritt Chokma, »(>die Möglichkeit von dem was ist‹[143]), das, was noch nicht er-

---

138 Schneur Zalman, *Likutei Amarim*, Vol. I, Chapter 1, 22 f.
139 A.a.O., Chapter 2, 24.
140 A.a.O., Chapter 3, 30, gebraucht Schneur Salman ein Wort, das im Englischen mit »to consist« wiedergegeben wird, doch weist der Übersetzer ins Englische in einer Anmerkung darauf hin, daß das Wesen der Seele selbst unerkennbar sei, so daß nur von Manifestationen gesprochen werden könne.
141 A.a.O., Chapter 3, 30 f.
142 S. Dubnow, *Geschichte des Chassidismus*, Band 2, 106.
143 So Schneur Salmans etymologische Erklärung des Begriffs Chokma in Anschluß an den Sohar; vgl. Schneur Zalman, *Likutei Amarim*, Chapter 3, 31 und Chapter 18, 110, sowie die Variante Chapter 43, 274 f.

faßt und verstanden oder vernunftmäßig begriffen ist; folglich ist in sie (chokma) das Licht des En-sof gekleidet, gesegnet sei es[144], das auf keine Weise durch irgendeinen Gedanken erfaßt werden kann.«[145] Wenn nun diese Kraft (power) von der Potentialität in die Aktualität gebracht wird, das heißt, »wenn ein Mensch mit seiner Vernunft nachdenkt, um ein Ding wahrhaft und vollkommen zu verstehen, wie es sich aus dem Begriff, den er in seinem Verstand vorgestellt hat, entwickelt, dies nennt man bina«[146]. Bina leitet sich von einem Wortstamm her, dessen ursprüngliche Bedeutung »trennen«, »schneiden zwischen zwei Gegensätzen« ist.[147] »Im übertragenen Sinn bedeutet es dann auch wahrnehmen und in der sogenannten Kausativ-(Hiphil-)form vor allem unterscheiden, verstehen.«[148]
Der dritte Aspekt der Vernunft ist Daat, »dessen Etymologie in dem Vers: ›Und Adam erkannte (yada) Eva‹, gefunden werden kann«[149]. Die Nähe von Daat zu dem, was bei Erich Fromm »radikale Erkenntnis« genannt wird, ist offensichtlich, wenn auch Erich Fromm den Gegenstand der Erkenntnis humanistisch interpretiert.[150] Mit Daat ist nicht nur gemeint, »daß die Menschen über die Größe Gottes durch Autoren und Bücher wissen sollten; vielmehr ist der wesentliche Punkt, daß man seinen Geist tief in die Größe Gottes hineintaucht und daß man seine Gedanken mit aller Stärke und Kraft des Herzens und des Geistes an Gott bindet . . .«[151]. »Daat . . . bedeutet Verbindung und Vereinigung.«[152] Da jede übergeordnete Sefira die Quelle für die nächst untergeordnete Sefirot darstellt, ist Daat, in diesem mystischen Sinne von »radikaler Erkenntnis« verstanden, »die Basis für die middot[153] und die Quelle ihrer Lebenskraft«[154].

---

144 Die Wiedergabe von En-sof im Deutschen als einem Neutrum (während das Englische maskulinisch umschreibt) stützt sich auf die sachliche Qualifizierung des kabbalistischen En-sof als jenseits jedes persönlichen Gottes liegende Gottheit: »Gerade diese Bezeichnung (En-sof) läßt den Charakter des Unpersönlichen, das diesem Aspekt des verborgenen Gottes – vom Menschen her – eignet, ebenso deutlich, ja vielleicht noch deutlicher hervortreten als die anderen. Bedeutet sie doch nicht, wie man oft mißverständlich übersetzt hat, ›der Endlose‹, sondern ›das Endlose‹« (G. Scholem, *Die jüdische Mystik in ihren Hauptströmungen*, 13).
145 Schneur Zalman, *Likutei Amarim*, Vol. I, Chapter 18, 111. S. Hurwitz, *Archetypische Motive in der chassidischen Mystik*, interpretiert Chokma aufgrund von Texten des Großen Maggid (Rabbi Bär von Meseritz) im menschlichen Bereich als Unbewußtes, dem Bina als Bewußtsein gegenübersteht, während Chokma im göttlichen Bereich als Sophia eine Art Urstoff geistiger Art, ist (vgl. a.a.O., 169 f.).
146 Schneur Zalman, *Likutei Amarim*, Vol. I, Chapter 3, 32.
147 Vgl. S. Hurwitz, a.a.O., 143 f.
149 Schneur Zalman, a.a.O., Chapter 3, 33.
148 S. Hurwitz, a.a.O., 143.
150 Siehe oben S. 156 f. und 189 f.
151 Schneur Zalman, a.a.O., Chapter 42, 265.
152 A.a.O., Chapter 3, 33.
153 Die Middot sind die 7 Wirk-Attribute Gottes, die in der Kabbala als Aspekte (Sefirot) des En-sof gefaßt sind. Im Menschen konstituieren die Middot die 7 gefühlsmäßigen Kräfte der Seele. Vgl. N. Mindel, *Glossary and Notes* 343 f.
154 Schneur Zalman, *Likutei Amarim*, Vol. I, Chapter 3, 34.

Die drei Potenzen der Vernunft sind als drei Emanationen der sich selbst entfaltenden Gottheit zu verstehen. Doch muß man in ihnen zugleich die drei Entwicklungsstufen sehen, die das Prinzip der Entwicklung für alle Wesen darstellen. Alle Wesen sind »in der Göttlichen Weisheit ... zunächst verborgen, in der Unterscheidenden Vernunft werden sie manifest, und in der Göttlichen Erkenntnis werden sie erkennbar«[155]. Da gerade für chassidisches Denken der Schwerpunkt des Parallelismus von innergöttlichen und innerseelischen Vorgängen bei Letzteren liegt, bekommt das Chabad-Prinzip eine besondere Bedeutung für die Prozesse innerhalb der menschlichen Seele, zumal diese als Zugleich von göttlicher und tierischer Seele aufgefaßt wird.[156] Die Chabad-Vernunft und die Middot sind die inneren Potenzen der göttlichen Seele; diese drücken sich selbst immer nur in den drei äußeren Potenzen der Seele, nämlich in den Medien des Denkens, Sprechens und Handelns aus.[157] Wird die göttliche Seele in dieser Gesamtheit ihrer inneren und äußeren Potenzen gesehen, dann zeigt sich in ihnen die Totalität der 613 Tora-Vorschriften. Denn »die Potenzen der Chabad-Vernunft sind in seiner Seele in das Verstehen der Tora gekleidet ... Und die Middot, nämlich Furcht und Liebe zusammen mit ihren Abzweigungen und Verästelungen, sind in die Erfüllung der Vorschriften in Wort, nämlich im Studium der Tora, die ›das Äquivalent für alle Vorschriften‹ ist, und Tat gekleidet.«[158] Die Liebe ist hierbei die Wurzel für die 248 Gebote, während die Furcht die Wurzel für die 365 Verbote der Tora darstellt.

Das »Göttliche« der göttlichen Seele im Menschen hat in dieser Bezogenheit auf die Tora seinen Grund. Gleichzeitig besagt die optimale Realisierung der Potenzen der göttlichen Seele durch die optimale Erfüllung der Tora-Vorschriften mystische Gotteserkenntnis: »... wegen des Wesens des Heilig-Einen, gesegnet sei es, kann überhaupt kein Gedanke es erfassen, es sei denn der Gedanke ergreift und ist gekleidet in die Tora und ihre Vorschriften; nur dann erfaßt es wahrhaft und ist in das Heilig-Eine, gesegnet sei es, gekleidet, wenn die Tora und das Heilig-Eine, gesegnet sei es, ein und dasselbe sind.«[159] Diese Identifizierung des Guten mit dem Heiligen und umgekehrt wird durch

155 S. Hurwitz, *Archetypische Motive in der chassidischen Mystik,* 143.
156 Vgl. hierzu den Versuch von Siegmund Hurwitz, die Parallelität von kabbalistischer Spekulation und tiefenpsychologischer Einsicht aufzuzeigen: »So könnte man sagen, die Entwicklung des menschlichen Bewußtseins aus dem Unbewußten erscheine in menschlicher Sicht als eine Art Reflex oder Brechung jener Entfaltung der göttlichen Vernunft (bina) aus der göttlichen Weisheit (chokma). Auf diese Weise wird die menschliche Seele gewürdigt, zum Spiegelbild eines innergöttlichen Entwicklungsdramas zu werden, genauso wie umgekehrt der Bewußtwerdung des Menschen eine Differenzierung des Gottesbildes entspricht« (a.a.O., 201).
157 Schneur Zalman, *Likutei Amarim,* Vol. I, Chapter 4, 34, spricht davon, daß »jede göttliche Seele drei garments besitzt«, wobei mit »garments« Hüllen, Kleider, Einkleidungen, Instrumente gemeint sind. Die hier gewählte Bezeichnung »Medien« will den instrumentalen Charakter der »garments« unterstreichen.
158 Schneur Zalman, *Likutei Amarim,* Vol. I, Chapter 4, 35.
159 A.a.O. Chapter 4, 40; vgl. Chapter 52, 325.

die Kenntnis der Eigenart der tierischen Seele und ihrer Polarität zur göttlichen Seele im Menschen noch deutlicher.

Wie die göttliche Seele sich in 10 heiligen Sefirot manifestiert und in drei heiligen Medien gekleidet ist, so manifestiert sich die tierische Seele in 10 »Kronen der Unreinheit«, nämlich den 7 bösen Middot und der dreifachen Vernunft, und bewirken diese 10 unreinen »Kategorien«, daß die Medien des Denkens, Sprechens und Handelns »unreine Kleider« sind.[160] Die tierische Seele entstammt der »sitra achra«, der »anderen Seite«, die die Gegenseite zur Heiligkeit ist und zur Welt der »kelipot«, der »Schalen« zählt.[161] Ohne auf die komplizierten kabbalistischen Theorien über die Entstehung der Welt der kelipot als Kräfte des Bösen einzugehen[162], muß doch festgehalten werden, daß das Böse als eine sekundäre Erscheinung der Schöpfung aus dem Nichts angesehen wird, das nicht um seiner selbst willen besteht und überwunden werden kann.[163]

Schneur Salman unterscheidet bei den durch Materialität repräsentierten bösen Kräften der kelipot zwei Arten. »Die niedere Art besteht aus den drei Kelipot, die alle unrein und böse sind und überhaupt nichts Gutes enthalten.«[164] Die zweite Art ist nur dem Juden und den Tieren und Pflanzen eigen, die kosher sind. Sie wird »kelipat noga« (strahlende kelipat) genannt und »ist eine zwischen den drei völlig unreinen kelipot und der Kategorie und Ordnung der Heiligkeit liegende Kategorie«[165]. Während die unreinen kelipot die Ursache für die bösen Wünsche und schlechten Eigenschaften darstellen, ist die strahlende kelipat die Quelle für die natürlichen körperlichen Bedürfnisse, die durch die Vernunft beeinflußt werden können. Insofern in der nur dem Juden eigenen kelipat noga Gut und Böse gemischt sind, muß man postulieren, daß dem Juden von Natur aus Barmherzigkeit und Güte angeboren sind.[166]

Die entscheidende Frage entsteht in der Zuordnung von göttlicher und tierischer Seele im Menschen. Nach kabbalistischer Auffassung hat jede Seele eine »Wohnung« im Menschen, also einen Ort, an dem sie sich vorzüglich manifestiert.[167] Diese »Wohnungen« sind für die tierische Seele die linke Herzkammer, die mit Blut gefüllt ist und von der aus sich alle schlechten Eigenschaften

---

160 Vgl. a.a.O., Chapter 6, 45 f.

161 Vgl. a.a.O., Chapter 6, 47 f.; Chapter 2, 29; Chapter 22, 126.

162 Vgl. hierzu vor allem die Zimzum-Lehre Schneur Salmans (a.a.O., Chapter 48 und 49, sowie Chapter 6, 48 f.) und die Zimzum-Lehre Isaak Lurias (G. Scholem, *Die jüdische Mystik in ihren Hauptströmungen*, bes. 285–290). Zur lurianischen Kelipot-Lehre vgl. a.a.O., 293 f.; zur chassidischen Kelipot-Lehre vgl. Schneur Zalman, a.a.O., Chapter 24, 136–143.

163 Vgl. Schneur Zalman, a.a.O., Chapter 49, 308 f., wo die Überwindung des Bösen als der Zweck der Schöpfung erklärt wird: Der Zweck aller Schöpfung ist die »Schaffung des materiellen menschlichen Körpers und die Unterwerfung der sitra achra, um die Überlegenheit des die Finsternis verdrängenden Lichts hervorzubringen . . .«

164 Schneur Zalman, *Likutei Amarim*, Vol. I., Chapter 6, 49.

165 A.a.O., Chapter 7, 52.

166 Vgl. a.a.O., Chapter 1, 22–24, sowie oben S. 253.

167 Vgl. hierzu und zum Folgenden a.a.O., Chapter 9, 62 f.

über den Körper verbreiten; die göttliche Seele hingegen ist im Gehirn konzentriert und breitet sich von dort über den Körper und vor allem in die rechte Herzkammer aus; von dieser Herzkammer aus wirken die heiligen Gefühle (middot der göttliche Seele), die ihren Ursprung im Gehirn, dem Sitz der Chabad-Vernunft haben. Da also beide Seelen im Menschen danach »streben, den Leib mit all seinen Gliedern zu beherrschen, führen sie Krieg miteinander«[168].

»Gerade wie zwei Könige um eine Stadt, welche jeder erobern und beherrschen möchte . . ., Krieg führen, so führen die zwei Seelen – die göttliche und die belebende tierische Seele, die aus der kelipa kommt – Krieg miteinander um den Körper und alle seine Glieder. Es ist der Wille und der Wunsch der göttlichen Seele, daß sie allein über den Menschen herrsche und ihn bestimme und daß alle Glieder ihr gehorchen und sich ihr völlig ausliefern sollten . . .«[169] Das Ziel des Kampfes ist nicht einfach in der Vernichtung des Bösen zu sehen. Vielmehr geht es darum, »daß das Böse umgewandelt und zum völlig Guten wird wie die gute Natur selbst, indem die schmutzigen Medien, die Freuden in dieser Welt, in die es gekleidet war, abgeworfen werden«[170]. Die Waffen in diesem Kampf sind einzig in der Mobilisierung der Chabad-Vernunft (und der aus ihr folgenden Middot) in ihren Medien des Denkens, Sprechens und Tuns zu sehen.[171] Da diese göttliche Vernunft aber in die Tora und ihre Vorschriften gekleidet ist[172], ist die umfassende Erfüllung der Tora-Vorschriften, gegründet auf ein tiefgehendes Tora-Studium, die einzig wirksame Waffe für die Dominanz der göttlichen Seele über die tierische.

Entsprechend der Realisierung der Chabad-Vernunft in der Erfüllung der Tora-Vorschriften ist das Maß der Überlegenheit der göttlichen Seele über die tierische. »Wenn ein Mensch seine göttliche Seele stärkt und gegen seine tierische Seele Krieg führt bis zu dem Maß, daß er das Böse seiner animalischen Seele aus dem linken Teil verbannt und entwurzelt . . ., wird er ›unvollkommen gerecht‹ oder ›ein gerechter Mensch, der leidet‹ genannt.«[173] Der vollkommen Gerechte, der Zaddik, ist erst dort erreicht, wo der Mensch sich aller schmutzigen Hüllen des Bösen entkleidet hat, aller Freuden dieser Welt entsagt und nur noch ganz der Liebe zu Gott lebt.[174] Dominiert nicht die göttliche, sondern die tierische Seele im Menschen, dann ist die Gutheit der göttlichen Seele dem Bösen der kelipah dienstbar und wird von dieser vernichtet. Je nach dem Maß der Dominanz des Bösen muß von dem »schlechten Menschen, der Erfolg hat« bis hin zum Frevler, »dem Schlechten, der leidet« gesprochen werden.[175] Beide Extreme, den Zaddik wie den Frevler, gibt es relativ selten, so

168 S. Dubnow, *Geschichte des Chassidismus*, Band 2, 107.
169 Schneur Zalman, *Likutei Amarim*, Vol. I, Chapter 9, 63f.
170 A.a.O., Chapter 9, 66.
171 Vgl. die Ausführungen zur Chabad-Vernunft oben S. 255.
172 Schneur Zalman, *Likutei Amarim*, Vol. I, Chapter 52, 325.
173 A.a.O., Chapter 10, 68.
174 Vgl. a.a.O., Chapter 10, 68–70.
175 Vgl. a.a.O., Chapter 11, 73–76.

daß das Hauptinteresse bei den Zwischenformen liegt. Hier aber gilt alle Aufmerksamkeit dem »Benoni«, dem »durchschnittlichen Menschen«, »bei dem das Böse niemals genug Macht erhält, um ›die kleine Stadt‹ zu erobern, also sich selbst in den Körper zu hüllen, um ihn sündig zu machen. Das heißt die drei Medien der tierischen Seele, nämlich Denken, Reden und Handeln, die ihren Ursprung in der kelipa haben, gewinnen in ihm nicht in dem Maße die Oberhand über die göttliche Seele, daß sie sich selbst in den Körper kleiden . . .«[176]

Das Ziel des sittlich-religiösen Lebens ist nicht der Durchschnittsmensch; jedoch ist die Dominanz des Guten = Göttlichen in ihm die Voraussetzung für seine Heiligung, und diese besagt eo ipso Verstärkung seiner guten Kräfte. »Die wesentliche Sache ist, die Natur, die in der linken Herzkammer ist[177], mit Hilfe des göttlichen Lichts, das die göttliche Seele im Geist ausstrahlt, zu lenken und zu beherrschen.«[178] Das Herz läßt sich aber nur dann durch die Chabad-Vernunft beherrschen, wenn in der Meditation über die Größe des En-sof ein Geist der radikalen Erkenntnis und der Furcht des Herrn erzeugt wird, der auf die Realisierung des Bösen verzichtet und gleichzeitig eine Gottesliebe in der rechten Herzkammer wachsen läßt. Diese Liebe zu Gott besteht in dem Wunsch, »ihm anzuhängen durch die Erfüllung der Vorschriften der Tora und der Rabbis und durch das Studium der Tora, das gegenüber allem anderen gleichwertig ist«[179].

Die aufgezeigten Linien der als »mystische Psychologie vorgetragenen«[180] und »Ethos gewordenen Kabbala«[181] sollen genügen, um inhaltliche und vorstellungsmäßige Parallelen zwischen dem Chabad-Chassidismus und Erich Fromms humanistischer Sicht des Menschen deutlich zu machen. Obwohl Erich Fromm bisher nirgends selbst den Versuch unternommen hat, diese jüdische Mystik für seinen Begriff einer humanistischen Religion

---

176 A.a.O., Chapter 12, 77. – Der Sinn des letzten Teils des Zitats wird klar, wenn der göttlichen Seele im Körper bestimmte Orte ihrer besonderen Manifestation zugeordnet werden, nämlich Gehirn (Denken), Mund (Sprechen) und die anderen 248 Glieder (Handeln), die den 248 Geboten der Tora entsprechen.

177 Das Herz ist vor allem der Sitz der Affekte, die linke Herzkammer dazuhin der Ort der animalischen Seele.

178 Schneur Zalman, *Likutei Amarim,* Vol. I, Chapter 16, 99.

179 A.a.O.

180 G. Scholem, *Die jüdische Mystik in ihren Hauptströmungen,* 373 f.

181 A.a.O., 375, als Zitat einer Formulierung von Martin Buber.

182 Nur beim Aufweis der messianischen Idee findet der Chassidismus bei Erich Fromm Erwähnung (vgl. *You Shall Be as Gods* [66/1], 148–152), ansonsten jedoch kaum. Da der Chabad-Chassidismus während der Studienjahre, die zugleich auch noch Jahre der orthodoxen Praxis waren, durch den Sozialisten und Chabadnik Schneur Salman Rabinkow sicher eine große Prägungskraft hatte – und Erich Fromm bestätigt diese Prägung im persönlichen Gespräch, mögen vor allem persönliche Gründe, die mit seiner Abkehr vom orthodoxen Judentum zusammenhängen, dafür verantwortlich gemacht werden, warum die jüdische Mystik überhaupt und insbesondere der Chassidismus so wenig Resonanz im literarischen Werk Erich Fromms gefunden haben.
Bis zu einem gewissen Grad hat sich das Interesse an der chassidischen Psychologie in der Beschäf-

nutzbar zu machen[182], sind doch über die zu Maimonides und Hermann Cohen festgestellten Verwandtschaften der Denkschemata hinaus sowohl hinsichtlich philosophisch-anthropologischer als auch konkreter psychologisch-ethischer Ansichten auffallender Parallelen zu konstatieren. Der Widerstreit von göttlicher und tierischer Seele schlägt sich in der Alternative der produktiven und nicht-produktiven Charakter-Orientierungen nieder. Diese Parallele wird noch plastischer, wenn Erich Fromm die je verschiedenen Charakterstrukturen als Syndrome des Wachstums und Verfalls auffaßt, die in die Extreme des Heiligen bzw. des Verbrechers auslaufen. Die Identifikation des Guten mit dem Heiligen in der göttlichen Seele findet sich in humanistischer Umkehrung wieder in der Identifizierung des Produktiven mit dem Ethisch-Normativen. Das dynamische Verständnis von Charakter, bei dem der Charakterzug die Manifestation einer zugrunde liegenden Charakterstruktur darstellt, hat ein gewisses Vorbild in der Sefirot-Lehre, da die Sefirot in ihrer psychologischen Deutung Manifestationen der göttlichen oder tierischen Seele sind und aus ihnen emanieren. Die Sicht der Charakterstruktur als Mischung von produktiven und nicht-produktiven Charakter-Orientierungen bei gleichzeitiger Dominanz einer Qualifizierung kann unter der »Kruste« kabbalistischer Begrifflichkeit im Kampf der Chabad-Vernunft gegen die kelipat noga vorgezeichnet gefunden werden. Für die Alternativismus-Lehre Erich Fromms ist es völlig offensichtlich, daß der kabbalistische Kampf der göttlichen und tierischen Seele um die »kleine Stadt« Pate gestanden hat. Wenn auch die Ansicht, daß der Mensch seine produktiven Fähigkeiten der Vernunft und der Liebe entfalten soll, für selbstverständlich gehalten wird, so setzt eine solche Ansicht die Annahme voraus, die beileibe nicht selbstverständlich ist, daß nämlich der Mensch von Natur aus potentiell gut ist. Beide Momente sind in der chassidischen Lehre von der Schöpfung und ihrem Zweck im theistischen Verständnis vorgebildet. Sie werden von Erich Fromm in der humanistischen Umkehrung übernommen: Das Studium der Tora, das bei Schneur Salman die Grundlage für die Erfüllung der Tora darstellt, wird zur Vernunft der wissenschaftlichen Erkenntnis.[183] Und die Realisierung der Gebote in der Liebe zu Gott wird zur Realisierung der Fähigkeit zur produktiven

---

tigung Erich Fromms mit der »Ethik« von Baruch de Spinoza, der ebenfalls mit der Kabbala bekannt war, niedergeschlagen. Allein schon die Tatsache, daß Erich Fromm über Jahre hinweg in den USA Seminare über die »Ethik« Spinozas gehalten hat, wobei ihn nicht die ontologischen Aussagen des 1. und 2. Buches beschäftigten, sondern die psychologischen des 3. bis 5. Buches, deutet auf ein Fortleben des Interesses an der chassidischen Psychologie, zumal eine breite Verwandtschaft zwischen der in der Sprache der Kabbala gefaßten Psychologie Schneur Salmans und der in der Sprache der Scholastik gefaßten Psychologie Spinozas konstatiert werden muß. – Da der Schwerpunkt dieser Ausführungen auf Auseinandersetzungen liegt, die eine primär-prägende Wirkung im Denken Erich Fromms gehabt haben, wurde auf einen Aufweis der Beziehungen zum Denken Spinozas verzichtet.
183 Dies gilt allerdings nur unter der Voraussetzung der humanistischen Interpretation, denn für Schneur Salman verunreinigen die profanen Wissenschaften die göttliche Seele. Vgl. Schneur Zalman, *Likutei Amarim*, Vol. I, Chapter 8, 57–61.

Liebe. Findet die Chabad-Vernunft der göttlichen Seele ihren Ausdruck im Studium der Tora und in der Befolgung ihrer Gebote der Liebe, so findet der produktive Charakter seinen Ausdruck in der Realisierung der Kräfte der Vernunft und der Liebe. Der Unterschied zwischen beiden Auffassungen bleibt in der Begründung eklatant: Für den Chabad-Chassidismus Schneur Salmans ist die Chabad-Vernunft der göttlichen Seele die Garantie dafür, zur Heiligkeit fähig zu sein; für den Humanismus Erich Fromms muß die Erfahrung des eigenen Menschseinkönnens in Vernunft und Liebe die Fähigkeit zum universalen Menschen garantieren.

6.4 Karl Marx: Der Mensch als Urheber seiner Geschichte[184]

Die Analyse der humanistischen Religion legte den religionskritischen Aspekt von Erich Fromms Humanismus-Begriff offen: Humanistisch ist hier der dialektische Gegenbegriff zu theistisch. Sucht man nach der geistesgeschichtlichen Größe, die ihn in diesem religionskritischen Humanismus-Verständnis bestimmt, wird man von Erich Fromm selbst auf Karl Marx (1818–1883) verwiesen.[185] »Marx hatte die Fähigkeit, das geistige Erbe des Aufklärungs-Humanismus und den Deutschen Idealismus mit der Wirklichkeit der ökonomischen und gesellschaftlichen Gegebenheiten zu verbinden und so die Grundlagen für eine neue Wissenschaft vom Menschen und von der Gesellschaft, die empirisch und zugleich mit dem Geist der westlichen humanistischen Tradition erfüllt ist, zu legen.«[186]
Charakteristisch für das Marxsche Humanismus-Verständnis ist nach Erich Fromm, daß Karl Marx das allen Humanisten gemeinsame Bekenntnis, der Mensch könne sich aus eigener Kraft vollenden, ausweitet und gegen die Gottgläubigen unter den Humanisten behauptet, der Mensch mache seine eigene Geschichte und sei sein eigener Schöpfer.[187] »Marx kämpfte genau deshalb gegen die Religion, weil sie entfremdet ist und die wahren Bedürfnisse des Menschen nicht befriedigt. Marx' Kampf gegen Gott ist in Wirklichkeit ein Kampf gegen den Götzen, der Gott genannt wird.«[188] Der Marxsche Einfluß auf das Denken Erich Fromms, insbesondere auf seinen religionskritischen Humanismus-Begriff, ist offensichtlich. Diesen Einfluß jedoch kritisch zu

---

184 Vgl. E. Fromm, *You Shall Be as Gods* (66/1), 115, wo diese Worte einen Abschnitt einleiten.
185 Erich Fromm selbst versteht sein Buch *Beyond the Chains of Illusion* (62/1) als »geistige Autobiographie« (a.a.O., 3), bei der neben Sigmund Freud Karl Marx eine überragende Stellung eingeräumt wird.
186 E. Fromm, *Beyond the Chains of Illusion* (62/1), 12; vgl. 17 und 25 f.
187 Vgl. E. Fromm, Introduction (65/2), VII. Die an dieser Stelle verwendete Bezeichnung »nonreligious humanist« für Karl Marx würde Erich Fromm heute sicher nicht mehr gebrauchen und statt dessen von »non-theistic« sprechen. Vgl. a.a.O., IX.
188 E. Fromm, *Marx's Concept of Man* (61/2), 63; vgl. ders., *To Have or to Be* (76/1), 202.

würdigen, d. h. die Art und Weise der Marx-Rezeption durch Erich Fromm im Rahmen heutiger Marx-Exegese zu bestimmen und zu kritisieren, fällt angesichts der immensen und völlig kontroversen Marx-Interpretationen schwer. Eine erste Ortsbestimmung für *die Frage nach Erich Fromms Marx-Verständnis innerhalb der Marx-Interpretation* wird aufgrund der Aussagen von Erich Fromm selbst möglich. Diesen Aussagen zufolge können historisch und politisch sehr bedeutsame Marxismen kaum in Anspruch nehmen, legitime Marx-Erben zu sein; denn für sie ist »der Sozialismus nicht eine Gesellschaft, die vom Kapitalismus menschlich verschieden ist, sondern eher eine Form des Kapitalismus, in dem die arbeitende Klasse einen höheren Status erreicht hat«[189]. Gegenüber einem derartigen Menschen-Verständnis in kommunistischen und sozialistischen Gesellschaftssystemen[190] glaubt Erich Fromm, daß Karl Marx nur dann richtig interpretiert wird, wenn er in seinem humanistischen Anliegen begriffen wird. Dieses aber artikuliert sich vor allem in den Schriften des jungen Marx, besonders in den »Ökonomisch-philosophischen Manuskripten« (= »Nationalökonomie und Philosophie« = »Pariser Manuskripte von 1844«). Erich Fromms Marx-Verständnis steht deshalb der sog. »humanistischen« oder »anthropologischen« Marx-Interpretation nahe[191], die annimmt, daß die Marxschen Frühschriften den Schlüssel zum Marx-Verständnis darstellen.[192] Diese Interpretation unterstreicht auch die Kontinuität

---

189 E. Fromm, *Marx's Concept of Man* (61/2), 6. – Die Tragik dieses Mißverständnisses liegt zudem in der Tatsache, daß vor allem politische Kreise im Westen diese Fehlinterpretationen als originär marxistisch ansehen und damit die Verfälschung der Theorien von Karl Marx verstärken. Dieser Vorwurf trifft auch die westlichen Sozialdemokratien, insofern sie mit dem Programm einer Vergrößerung der »Qualität des Lebens« praktisch nur die Maximierung des Konsums ansteuern und den »Materialismus« als höheren materiellen Wohlstand fehldeuten (vgl. a.a.O. 2–5). Zu dieser Abgrenzung vgl. auch E. Fromm, *Problems of Interpreting Marx* (65/4); ders., *To Have or to Be* (76/1), 158–160.
190 Eine kritische und informative Auseinandersetzung mit diesen Richtungen der Marx-Interpretation bietet H. F. Steiner, *Marxisten-Leninisten über den Sinn des Lebens. Eine Studie zum kommunistischen Menschenbild.*
191 Einen umfassenden Überblick über die Geschichte des Marxismus bietet P. Vranicki, *Geschichte des Marxismus*, 2 Bände. Vgl. in Band 2, 865–877, die bisher einzige treffende Darstellung der philosophischen Anthropologie Erich Fromms, die in deutscher Sprache erschienen ist. – Den gegenwärtigen Stand der Marx-Interpretation referiert W. Post, *Kritik der Religion bei Karl Marx*, 16–70. – A.a.O., 16 finden sich Literaturhinweise zu Berichten über die Marxismus-Forschung. Dagegen ist der in der Reihe »Kolleg Philosophie« erschienene Band »Neomarxismus« von A. von Weiss wenig hilfreich, auch wenn er eine gute Kenntnis der marxistischen Bewegungen in den USA verrät und (a.a.O., 92–95) von der Bedeutung Erich Fromms innerhalb der Marx-Rezeption in den Vereinigten Staaten weiß.
192 Freilich ist auch diese Gruppe von Marx-Interpreten in sich unterschiedlich. W. Post, *Kritik der Religion bei Karl Marx*, 90 Anm. 52, sowie a.a.O., 90 ff., macht den Versuch, die verschiedenen Interpretationsweisen der frühesten Marx-Texte und der Frühschriften in 6 Gruppen einzuteilen. Zu ergänzen wäre die Liste der Interpretationsweisen durch die Versuche, die gerade in den Frühschriften den Juden Marx entdecken. Vgl. hierzu exemplarisch A. Massiczek, *Der menschliche Mensch. Karl Marx' jüdischer Humanismus*, bes. 476 f., wo Albert Massiczek die Interpreten daran mißt, ob sie die Verwandtschaft von Karl Marx zum jüdischen Prophetismus respektieren.

des Marxschen Denkens bis hin zum »reifen« Marx des »Kapitals«[193] und steht deshalb in Opposition zu einer anderen Gruppe von Marx-Interpreten, die vom Marx des »Kapitals« ausgehen und im Humanismus des jungen Marx nur Reste eines idealistischen Denkens sehen.[194]

Für Erich Fromm ist das gesamte Werk von Karl Marx eine Explikation des humanistischen Ansatzes. »Sowohl die marxistische Theorie als auch die sozialistische Bewegung waren radikal und humanistisch – radikal in dem ... Sinn, daß sie zu den Wurzeln gingen, und die Wurzeln sind der Mensch; humanistisch in dem Sinn, daß es der Mensch ist, der das Maß aller Dinge ist und daß seine volle Entfaltung das Ziel und der Maßstab aller gesellschaftlichen Bemühungen sein muß. Die Befreiung des Menschen aus dem Würgegriff der ökonomischen Bedingungen, die seine volle Entfaltung verhinderten, war das Ziel des gesamten Denkens von Marx und aller seiner Anstrengungen.«[195] Mit dieser Marx-Interpretation fühlt sich Erich Fromm Marxisten und Kritikern des Marxismus aus den verschiedensten Lagern verbunden. Besonders zu erwähnen sind die jugoslawischen Philosophen um die Zeitschrift »Praxis«[196], der Pole Adam Schaff[197], Ernst Bloch[198] und der christliche Marx-Forscher Jean-Yves Calvez[199]. Sie alle kommen darin überein, daß Karl Marx das letzte Ziel nicht in der ökonomischen, sondern in der menschlichen Veränderung sieht. Der Unterschied zwischen dieser Marx-Interpretation und einer ande-

---

193 Vgl. E. Fromm, *Marx's Concept of Man* (61/2), 69–79. – R. Wiegand, Gesellschaft und Charakter, 345, sieht in dem Marxschen Werk »Grundrisse der Kritik der Politischen Ökonomie (Rohentwurf)«, das erstmals 1939 in Moskau veröffentlicht wurde, das Verbindungsglied zwischen dem jungen und dem »reifen« Marx.

194 Stellvertretend für diese Gruppe ist Alfred Schmidt zu nennen, der zeitweise Direktor des »Frankfurter Instituts für Sozialforschung« war. Seine Dissertation »Der Begriff der Natur in der Lehre von Marx« wird im Folgenden jene Marx-Interpretation repräsentieren, die der Frommschen gegenübersteht.

195 E. Fromm, *Beyond the Chains of Illusion* (62/1), 142; vgl. ders., *The Application of Humanist Psychoanalysis to Marx's Theory* (65/3), 207 f. – Gegen diese Sicht Erich Fromms wendet sich direkt A. Gebö, *Der entfremdete Marx. Zur existentialistisch-»humanistischen« Marxisnus-Deutung.*

196 Zu nennen sind vor allem: Svetozar Stojanović, Gajo Petrović und Mihailo Marković. Die beiden Letzteren haben je einen Artikel in der Festschrift zum 70. Geburtstag von Erich Fromm beigesteuert: G. Petrović, *Humanism and Revolution*, 288–298, und M. Marković, *The Possibilities for Radical Humanism*, 275–287.

197 Vgl. den Beitrag Adam Schaffs zur Fromm-Festschrift: *What Does It Mean to »Be a Marxist«?*, 299–312; sowie ders., *Marxismus und das menschliche Individuum*, bes. 220 ff. 322 ff.; ders., *Marxism and the Philosophy of Man.*

198 Das Prinzip Hoffnung, Bloch-Gesamtausgabe Band 5. – Vgl. auch die unter dem Programm »Marx war Jude und ist nur als Jude zu verstehen« sehr umfangreiche Marx-Interpretation von A. Massiczek, *Der menschliche Mensch, Karl Marx' jüdischer Humanismus* (a.a.O., 25).

199 Vor allem *La Pensée de Karl Marx*, deutsch: *Karl Marx. Darstellung und Kritik seines Denkens.* – Die Arbeit des Jesuiten Calvez setzt eine Tradition im Christlichen fort, die als »religiöser Sozialismus« mit Paul Tillich den prominentesten Vertreter hatte. Vgl. auch die Aufsätze von Theodor Steinbüchel zur Marx-Interpretation in dem von Alfons Auer herausgegebenen Sammelband *Sozialismus.*

ren, die Karl Marx vor allem von seinen ökonomischen Interessen her verstehen will, resultiert aus einem verschiedenen Verständnis des methodischen Ansatzpunktes der *Marxschen Betrachtungsweise der Wirklichkeit.* Die Reflexion hierüber macht es zugleich möglich, die Bedeutung der Religionskritik für die Befreiung des Menschen zu sich selbst zu verstehen.

Der Versuch Hegels, Denken und Sein zur Einheit zu bringen, stößt bei Karl Marx auf Kritik, da für ihn die Spannung zwischen einer vorgegebenen Wirklichkeitsinterpretation und den realen Strukturen dieser Wirklichkeit auf die Dauer unertragbar ist.[200] Er konstatiert deshalb: »Für Hegel ist der Denkprozeß, den er sogar unter dem Namen Idee in ein selbständiges Subjekt verwandelt, der Demiurg des Wirklichen, das nur seine äußere Erscheinung bildet. Bei mir ist umgekehrt das Ideelle nichts anderes als das im Menschenkopf umgesetzte und übersetzte Materielle.«[201] Der Hegelschen Geschichtsphilosophie wirft Karl Marx vor, daß es ihr nur um den reinen Gedanken, nicht aber um wirkliche, ja nicht einmal um politische Interessen gehe.[202] Es ist deshalb die idealistische Philosophie selbst, die in Frage zu stellen ist. »Weil Hegel . . . das Selbstbewußtsein an die Stelle des Menschen setzt, so erscheint die verschiedenartigste menschliche Wirklichkeit nur als eine bestimmte Form, als eine Bestimmtheit des Selbstbewußtseins . . . Hegel macht den Menschen zum Menschen des Selbstbewußtseins, statt das Selbstbewußtsein zum Selbstbewußtsein des Menschen, des wirklichen, daher auch in einer wirklichen gegenständlichen Welt lebenden und von ihr bedingten Menschen zu machen. Er stellt die Welt auf den Kopf und kann daher auch im Kopf alle Schranken auflösen, wodurch sie natürlich für die schlechte Sinnlichkeit, für den wirklichen Menschen bestehen bleiben.«[203]

Die Welt muß wieder auf die Füße gestellt werden. Dieses »materialistisch« genannte Ergreifen der Wirklichkeit hält sich als formales Prinzip durch das gesamte Werk von Karl Marx durch. »Materialismus . . . heißt, daß die politische, gesellschaftliche und ökonomische Praxis das Leben der Menschen und damit die Geschichte primär bestimmt.«[204] Entsprechend ist die materialistische Geschichtsauffassung eine »ökonomisch-soziologische Geschichtstheorie«[205]. Die materialistische Sicht der Wirklichkeit stellt den Menschen als tätiges Subjekt in »das Zentrum von Geschichte und Entwicklung, und jede Aussage muß von hier ihren Ausgang nehmen«[206]. Deshalb besagt Materialis-

200 Vgl. H. Rolfes, *Der Sinn des Lebens im marxistischen Denken,* 29.
201 K. Marx, Nachwort zur zweiten Auflage des Kapitals, in: K. Marx, *Das Kapital,* Band I, 27.
202 Vgl. K. Marx, *Die Frühschriften,* 370 *(Die deutsche Ideologie)* = MEGA I, 5, 29.
203 K. Marx, MEGA I, 3, 370 *(Die heilige Familie)*
204 W. Post, *Kritik der Religion bei Karl Marx,* 301.
205 Th. Steinbüchel, *Karl Marx. Gestalt – Werk – Ethos,* 13; vgl. ders., *Zur philosophischen Grundlegung des marxistischen Sozialismus,* 63–65.
206 H. Rolfes, *Der Sinn des Lebens im marxistischen Denken,* 35f. – Helmuth Rolfes nennt dieses Verständnis bei Marx »anthropologische Einstellung zur Wirklichkeit« (a.a.O. 36).

mus »die Abhängigkeit aller Seiten des geschichtlichen Prozesses von der Art, in der der Mensch seine Existenz schafft«[207]. Die Richtigkeit dieser materialistischen Menschen- und Geschichtsauffassung, bei der Veränderung allein durch die Fähigkeit des Subjekts der Geschichte, durch den Menschen möglich ist, zeigt sich dort, wo mittels der Kritik an den bestehenden Verhältnissen die Entfremdung der Wirklichkeit wahrgenommen wird und die Befreiung des Menschen ihn wieder zum Subjekt der Geschichte werden läßt. »Alle Emanzipation ist Zurückführung der menschlichen Welt, der Verhältnisse auf den Menschen selbst.«[208]

Das methodische Prinzip für die Befreiung des Menschen zu sich selbst ist von den Voraussetzungen her eine »kritische Dialektik von Theorie und Praxis«[209] als »Geschichtsphilosophie in praktischer Absicht«[210]. Die Marxsche »Dialektik von Theorie und Praxis besteht darin, aus der empirischen Analyse der gesellschaftlich-ökonomischen Bedingungen eine Theorie abzuleiten, welche die Mißstände kritisiert und ändert. Ändern kann aber keine Theorie an sich, sondern nur eine wieder in Praxis übergehende Theorie.«[211]

An der *Frage der Anwendung des methodischen Prinzips der kritischen Dialektik von Theorie und Praxis* scheiden sich jedoch die Geister der Marx-Interpretation. Ein Großteil der Marx-Rezipienten beschränkt die Dialektik nicht auf den von den ökonomischen Faktoren bestimmten gesellschaftlichen Prozeß, sondern versteht sie universal als Dialektik von Mensch und Natur in Geschichte. Diese Interpreten sehen bereits in der Geburt des Menschen als Menschen den notwendigen Gegensatz von Mensch und Natur entstehen, der sich dann in der Entfremdung des Menschen von seiner Arbeit, vom Mitmenschen und von sich selbst artikuliert und als kapitalistische Klassengesellschaft manifestiert. Die Aufhebung der entfremdeten Situation durch die positive Aufhebung des Privateigentums[212] besagt dann nicht nur »Befreiung von ökonomischen Zwängen und eine humane Neuordnung der gesellschaftlichen Organisation der Arbeit«[213], sondern eine neue Einheit von Mensch und Natur als Reich der Freiheit und den Beginn der wahren Geschichte des Men-

---

207 P. Tillich, *Christentum und Marxismus*, 175. – Zur Abgrenzung dieses Materialismus-Begriffs zu anderen vgl. K. Marx, *Die Frühschriften*, 325–337 (*Die heilige Familie*) und J.-Y. Calvez, *Karl Marx*, 325–330.
208 K. Marx, *Die Frühschriften*, 199 (*Zur Judenfrage*); vgl. ders., a.a.O., 246 (*Nationalökonomie und Philosophie*): »Ein Wesen gibt sich erst als selbständiges, sobald es auf eigenen Füßen steht und es steht erst auf eigenen Füßen, sobald es sein Dasein sich selbst verdankt.«
209 Vgl. W. Post, *Kritik der Religion bei Karl Marx*, 301.
210 A.a.O. von Werner Post als Formulierung von Jürgen Habermas aufgegriffen.
211 A.a.O.
212 Mit Privateigentum ist hier das gemeint, was auf der Ausbeutung beruht und die Entfremdung des Menschen immer weiter verschärft, indem es die vielfältigen Relationen, die der Mensch zu den Gegenständen hat, auf den einen Sinn des Habens reduziert« (H. Rolfes, *Der Sinn des Lebens im marxistischen Denken*, 63). Vgl. K. Marx, MEGA I, 3, 117f. (*Nationalökonomie und Philosophie*) = *Die Frühschriften*, 240.
213 W. Post, *Kritik der Religion bei Karl Marx*, 302.

schen. Die neue Einheit ist der positive Kommunismus. Dieser ist »als vollendeter Naturalismus = Humanismus, als vollendeter Humanismus = Naturalismus, er ist die wahrhafte Auflösung des Widerstreits zwischen dem Menschen mit der Natur und mit dem Menschen . . . Er ist das aufgelöste Rätsel der Geschichte und weiß sich als diese Lösung.«[214]

Die verschiedene Anwendung des methodischen Prinzips der kritischen Dialektik von Theorie und Praxis konturiert zugleich die verschiedenen Lager der Marx-Interpretation. Wird die Dialektik wie bei Erich Fromm auch auf das universale Verhältnis von Mensch und Natur angewendet, dann bürgt für diese Interpretation vor allem der Marx der »Pariser Manuskripte von 1844«; umgekehrt sehen die Interpreten, die die Dialektik nur auf den von den ökonomischen Faktoren bestimmten gesellschaftlichen Prozeß beziehen, in der Ausweitung der Anwendung eine falsche Interpretation, die Marx bestreite, »teilweise schon in den frühen Schriften, vollends im Spätwerk«[215]. Die verschiedenen Anwendungen der Dialektik führen zu kontroversen Verständnissen wichtiger Marxscher Begriffe. Da die Auffassungen Erich Fromms als Beispiele für die weitere Anwendung der Dialektik gelten können und im einzelnen bereits oben[216] dargelegt wurden, beschränken sich die folgenden Skizzierungen auf die enge Anwendung der Dialektik.[217]

Mit »Geschichte« ist bei Karl Marx weder eine anarchische Häufung von Fakten noch ein einheitlicher Prozeß im Sinne Hegels gemeint.[218] »Die materialistische Dialektik ist nicht-teleologisch . . . Zwar kommt durch die einander gesetzmäßig ablösenden Gesellschaftsformationen so etwas wie eine übergreifende Struktur in die menschliche Geschichte, keineswegs aber im Sinne einer durchgehenden ›Teleologie‹ . . . Dadurch, daß Marx nicht von der Vorstellung eines den Menschen vorgegebenen Gesamtsinnes ausgeht, wird Geschichte zur Abfolge immer wieder neu einsetzender Einzelprozesse, begreifbar nur von einer Philosophie der Weltbrüche, die bewußt auf den Anspruch lückenloser Deduktion aus einem Prinzip verzichtet.«[219]

---

214 K. Marx, MEGA I, 3, 114. – Dieses Zitat aus den *Pariser Manuskripten von 1844* kann geradezu als Bekenntnisformel der »humanistischen« Marx-Interpreten gelten. In voller Länge steht es bei Erich Fromm, *Marx's Concept of Man* (61/2), 33f. (a.a.O., 68f. der letzte Teil des Zitats) und *Beyond the Chains of Illusion* (62/1), 70; H. Rolfes, *Der Sinn des Lebens im marxistischen Denken*, 70 und 106, stellt dies Zitat an den Anfang und an das Ende eines Kapitels; A. Massiczek, *Der menschliche Mensch*, 448, zitiert es ebenfalls in voller Länge.
215 W. Post, *Kritik der Religion bei Karl Marx*, 302.
216 Zum Begriff »Geschichte« siehe oben S. 102–105, zu »Entfremdung« S. 105–107, zu »Natur und Mensch« S. 82–86.
217 Vgl. zum Folgenden vor allem A. Schmidt, *Der Begriff der Natur in der Lehre von Marx*.
218 W. Post, *Kritik der Religion bei Karl Marx*, 180.
219 A. Schmidt, *Der Begriff der Natur in der Lehre von Marx*, 26f. – Auch für Erich Fromm gilt, daß Ziel und Sinn der Geschichte nur sein können, wenn sie vom Menschen gesetzt sind. Dadurch aber, daß der Mensch in seiner Geburtssituation festgehalten als Widerspruchswesen definiert wird, ist ihm das Ziel der Geschichte als neue Einheit mit der Natur vorgegeben. – Zu dieser Frage und zu den folgenden vgl. auch W. Post, *Kritik der Religion bei Karl Marx*, 240–248, und J.-Y. Calvez, *Karl Marx*, 446–454.

Der »mittlere« und »reife« Marx hat sich, dieser Interpretationsweise zufolge, vom »wahren Menschen« Feuerbachs freigemacht. Das Verschwinden der Rede von »dem Menschen« und vom »Wesen des Menschen« ist ein Indiz dafür, daß Karl Marx von den Feuerbachschen Idolen »Mensch« und »Natur« aufgrund einer genaueren Kenntnis der ökonomischen Geschichte loskommt.[220] Zugleich verzichtet Karl Marx auch auf den Gebrauch der Termini »Entäußerung« und »Entfremdung«, weil er inzwischen weiß, daß die Menschen in den Gegenständen ihrer Produktion nie restlos bei sich selbst sind. Es gilt zwar alles daranzusetzen, um die Versklavung des Menschen in den kapitalistischen Verhältnissen zu überwinden; doch ist das »Reich der Freiheit« weder frei von Arbeit, noch besagt Kommunismus die »wahrhafte Auflösung des Widerstreits zwischen dem Menschen mit der Natur«[221]. Sowenig für Karl Marx »Hegels Gleichung Subjekt = Objekt aufgeht, sowenig geht seine eigene Gleichung Humanismus = Naturalismus auf«[222]. Das »Reich der Notwendigkeit« bleibt bestehen, weil es »auch in einer wahrhaft menschlich gewordenen Welt nicht zur völligen Versöhnung von Subjekt und Objekt«[223] kommt. »Die Menschen können sich letztlich nicht von Naturnotwendigkeiten emanzipieren.«[224]

Die Verschiedenheit der Anwendung des methodischen Prinzips der kritischen Dialektik von Theorie und Praxis entweder nur auf die gesellschaftlichen und ökonomischen Prozesse oder, dem Marx der Frühschriften folgend, auf die universale Relation von Mensch und Natur in Geschichte erklärt nicht nur die verschiedenen Marx-Verständnisse, sondern wirkt sich auch auf das Verständnis von Religion und Religionskritik bei Karl Marx aus. *Die Religionskritik des jungen Marx* ist zunächst von der Ludwig Feuerbachs abhängig.[225] Für Ludwig Feuerbach, der in der Konfrontation mit Hegel seine Religionskritik entfaltet, stellt »Religion die verhängnisvollste Konsequenz der Abstraktion von sinnlich-materieller Wirklichkeit«[226] dar, die den Menschen mit seinem eigenen Wesen entzweit. »Alles, was eigentlich dem Menschen zugehört an Eigenschaften und Werten, wird verselbständigt und zu einem transzendenten Wesen hypostasiert.«[227] Mit dieser These, die eine innere Verwandtschaft zur theistischen Lehre von den (negativen) Attributen bezüglich des Wesens Gottes hat[228], ist der Kerngedanke der Religionskritik genannt: Bejaht »der

220 Vgl. A. Schmidt, *Der Begriff der Natur in der Lehre von Marx*, 109–115, bes. 110.
221 K. Marx, MEGA I, 3, 114 *(Nationalökonomie und Philosophie)*.
222 A. Schmidt, *Der Begriff der Natur in der Lehre von Marx*, 117; vgl. a.a.O., 134f.
223 A.a.O., 137.
224 A.a.O., 120.
225 Vgl. hierzu vor allem J.-Y. Calvez, *Karl Marx*, 78–82; H. Rolfes, *Der Sinn des Lebens im marxistischen Denken*, 47–66; W. Post, *Kritik der Religion bei Karl Marx*, 91–103.
226 W. Post, *Kritik der Religion bei Karl Marx*, 110.
227 H. Rolfes, *Der Sinn des Lebens im marxistischen Denken*, 42.
228 Siehe oben S. 231–237 und die Ausführungen zum Wesen der Entfremdung als Idolatrie, oben S. 107–109.

Mensch . . . in Gott, was er an sich selbst verneint«[229], dann ist das wahre Wesen der Religion Anthropologie und das Ziel aller Religionskritik besteht darin, den Menschen von der Religion zu befreien, damit er sein Wesen zurückerhalte und sein eigener Gott sei.[230]

Karl Marx schließt sich zunächst dieser religionskritischen Position Ludwig Feuerbachs an, um mit ihr in die Kritik an Hegel einzustimmen: »Und euch, ihr spekulativen Theologen und Philosophen, rate ich: macht euch frei von den Begriffen und Vorurteilen der bisherigen spekulativen Philosophie, wenn ihr anders zu den Dingen, wie sie sind, d. h. zur Wahrheit kommen wollt. Und es gibt keinen anderen Weg für euch zur Wahrheit und Freiheit, als durch den Feuer-bach. Der Feuerbach ist das Purgatorium der Gegenwart.«[231] Es zeigt sich, daß die Feuerbachsche Religionskritik tatsächlich nur ein vorübergehendes Purgatorium ist. Die Entzweiung des Menschen geschieht für Karl Marx letztlich nicht durch die Religion; denn Religion ist nur »die allgemeine Theorie dieser Welt, . . . ihre Logik in populärer Form, . . . ihr allgemeiner Trost- und Rechtfertigungsgrund«[232]. Die Kritik der Religion allein kann dem Menschen seine Vollkommenheit nicht wiederbringen. Denn »der Mensch, das ist kein abstraktes, außer der Welt hockendes Wesen. Der Mensch, das ist die Welt des Menschen, Staat, Sozietät. Dieser Staat, diese Sozietät produzieren die Religion, ein verkehrtes Weltbewußtsein, weil sie eine verkehrte Welt sind. Die Religion . . . ist die phantastische Verwirklichung des menschlichen Wesens, weil das menschliche Wesen keine wahre Wirklichkeit besitzt.«[233] Die Tatsache der Religion weist zunächst darauf hin, daß der Mensch nach einem illusorischen Glück verlangt, weil ihm das wirkliche Glück fehlt. Mit der Aufhebung der Religion wird gefordert, daß der Mensch die Illusionen über seinen Zustand aufgebe. Damit aber wird verlangt, »einen Zustand aufzugeben, der der Illusion bedarf. Die Kritik der Religion ist also im Keim die Kritik des Jammertales, dessen Heiligenschein die Religion ist.«[234]

Religionskritik verweist auf die wahre Wirklichkeit des Menschen, die es nachfolgend auf dem Hintergrund der kontroversen Marx-Interpretation näher zu bestimmen gilt. Zuvor jedoch bleibt zusammenfassend festzuhalten, welche Aufgabe die Religionskritik bei Karl Marx hat: Im Gegensatz zu Lud-

---

229 L. Feuerbach, *Das Wesen des Christentums*, 33.
230 Vgl. H. Rolfes, *Der Sinn des Lebens im marxistischen Denken*, 42 f.
231 K. Marx, *Anekdota zur neuesten deutschen Philosophie und Publizistik* (1842), zitiert nach W. Post, *Kritik der Religion bei Karl Marx*, 89. – Zur Authentizität dieses Artikels vgl. a.a.O., 88 Anm. 48. – Neuerdings wird die Schrift, in der das Zitat steht, nämlich »Luther als Schiedsrichter zwischen Strauß und Feuerbach«, auch Feuerbach selbst zugeschrieben.
232 K. Marx, *Die Frühschriften*, 208 (*Zur Kritik der Hegelschen Rechtsphilosophie*).
233 A.a.O.
234 A.a.O. – Vgl. K. Marx, *Die Frühschriften*, 236 (*Nationalökonomie und Philosophie*): »Die religiöse Entfremdung als solche geht nur in dem Gebiet des Bewußtseins, dem menschlichen Innern vor, aber die ökonomische Entfremdung ist die des wirklichen Lebens – ihre Aufhebung umfaßt daher beide Seiten.«

wig Feuerbach sieht Karl Marx die Funktion der Religionskritik inhaltlich verschieden. Für Karl Marx verweist die Religion vom religiösen Menschen weg auf eine anders verstandene wahre Wirklichkeit des menschlichen Wesens.[235] »Die wahre Kritik der Religion und der religiösen Entfremdung setzt somit die Kritik der profanen Welt voraus. Umgekehrt ist jedoch die – zuerst rein verstandesmäßige – Kritik der Religion unerläßlich, damit der Mensch auf das Phänomen der Entzweiung und der Entfremdung, auf diese Ursache seiner Not, aufmerksam gemacht werden kann.«[236] Ludwig Feuerbach und Karl Marx versuchen in gleicher Weise mit Hilfe der Religionskritik den Menschen zum Urheber und Vollzieher seiner Geschichte zu machen, denn die Religionskritik hat die Aufgabe, zu enttäuschen und den Menschen zum Zentrum der Wirklichkeit zu machen. »Die Kritik der Religion enttäuscht den Menschen, damit er denke, handle, seine Wirklichkeit gestalte wie ein enttäuschter, zu Verstand gekommener Mensch, damit er sich um sich selbst und damit um seine wirkliche Sonne bewege. Die Religion ist nur die illusorische Sonne, die sich um den Menschen bewegt, solange er sich nicht um sich selbst bewegt.«[237] Die Religionskritik hat also keine geringere Funktion, als die kopernikanische Wende von Gott zum Menschen und vom Theismus zum Humanismus herbeizuführen und Prometheus zum Vorbild der Menschen zu erheben.[238]

Die wahre Wirklichkeit des Menschen wird sichtbar, wenn der Mensch materialistisch verstanden wird. Dies geschieht dort, wo der Mensch in seiner konkreten Situation ganz ernst genommen und wo begriffen wird, daß der Mensch in die verschiedensten empirisch zugänglichen Verhältnisse verflochten ist. Für Karl Marx ist die letzte und größte Abhängigkeit des Menschen sein Verflochtensein in die ökonomischen und in die von diesen geprägten gesellschaftlichen Verhältnisse. Soll der wahre Mensch erkannt werden, so müssen seine Verflechtungen in die ökonomischen und gesellschaftlichen Verhältnisse erforscht werden. Weil aber die Kritik des Himmels zur Kritik der Erde ge-

---

235 Deshalb ist für Karl Marx Atheismus als Religionskritik uninteressant, weil dieser sich noch immer nur mit dem religiösen Menschen auseinandersetzt. Jean-Yves Calvez sieht im Marxismus »gerade wegen seines eigentümlichen Humanismus« einen Atheismus (J.-Y. Calvez, *Karl Marx,* 455); zugleich ist Marxismus aber für ihn ein praktischer Atheismus, denn »der Humanismus von Marx ist die Überwindung des abstrakten Humanismus und des theoretischen Atheismus« (a.a.O., 461; vgl. a.a.O., 466–471; vgl. auch H. Rolfes, *Der Sinn des Lebens im marxistischen Denken,* 39f. und 77–97).
236 J.-Y. Calvez, *Karl Marx,* 53.
237 K. Marx, *Die Frühschriften,* 208 *(Zur Kritik der Hegelschen Rechtsphilosophie);* vgl. W. Post, *Kritik der Religion bei Karl Marx,* 170–172. – Vgl. auch die verbale Aufnahme der Marxschen Rede von der Ent-täuschung und Des-Illusion bei Erich Fromm.
238 Vgl. W. Post, *Kritik der Religion bei Karl Marx,* 112. – Auf die Weiterentwicklung der Religionskritik in eine Philosophiekritik und eine Kritik der Politik im einzelnen aus der Erkenntnis der philosophischen und politischen Entfremdung des Menschen soll hier verzichtet werden. Vgl. hierzu J.-Y. Calvez, *Karl Marx,* 39–166; W. Post, *Kritik der Religion bei Karl Marx,* 73–183; H. Rolfes, *Der Sinn des Lebens im marxistischen Denken,* 45–50.

worden ist, muß der Mensch in der kritischen Dialektik von Theorie und Praxis gesehen werden. Die entfremdende Abhängigkeit des Menschen von den entfremdeten Produktionsprozessen, die ihrerseits die entfremdeten Gesellschaftsverhältnissse sowie Philosophie und Religion als Entfremdungen des Menschen schaffen, ruft nach einer wahren Wirklichkeit des Menschen, bei der der Mensch frei ist von den Fesseln der ökonomischen Entfremdung und in »freier bewußter Tätigkeit«[239] seine Geschichte selbst gestaltet.

An diesem Punkt macht sich erneut die kontroverse Anwendung des methodischen Prinzips der kritischen Dialektik von Theorie und Praxis bemerkbar, weil je nach der »Weise« der Anwendung die Vorstellung vom befreiten Menschen – dem Menschen in seiner wahren Wirklichkeit – verschieden ist. Jene Interpretationsrichtung, die Karl Marx ganz von seinen ökonomischen Forschungen im Alter her versteht, glaubt, daß dort der befreite Mensch entsteht, wo er Herr über die ökonomischen Verhältnisse geworden ist, weil diese dann nicht mehr wie unberechenbare Naturmächte den Menschen beherrschen können. Zugleich aber sehen diese Interpreten das Maß der Freiheit bescheidener, weil Karl Marx im Gegensatz zu Friedrich Engels[240] daran festhält, daß »das wahre Reich der Freiheit nur auf jenem Reich der Notwendigkeit als seiner Basis aufblühen kann«[241]. Im Reich der Naturnotwendigkeit kann die Freiheit »nur darin bestehen, daß der vergesellschaftete Mensch, die assoziierten Produzenten, diesen ihren Stoffwechsel mit der Natur rationell regeln, unter ihre gemeinschaftliche Kontrolle bringen, statt von ihm als einer blinden Macht beherrscht zu werden«[242].

Im Gegensatz zu dieser Sicht der wahren Wirklichkeit des Menschen, die sich auf die Wahrnehmung der »realen Möglichkeiten« in den sozio-ökonomischen Prozessen beschränkt, ermöglicht die Anwendung der kritischen Dialektik auf den universalen Zusammenhang von Mensch und Natur in Geschichte eine umfassendere Sicht der wahren Wirklichkeit des Menschen. Bei dieser Sicht interessiert die Vollendungsgestalt des Menschen, die Fähigkeit also, in vollkommener Einheit mit der Natur alle seine Möglichkeiten auszuschöpfen. Die Erkenntnisse der sozio-ökonomischen Verhältnisse und Gesetzmäßigkeiten als Voraussetzung für eine revolutionäre Praxis und die Verwirklichung des Sozialismus sind Mittel zum Zweck. Dieser Zweck ist ein »vollendeter Humanismus = Naturalismus. . . die wahre Auflösung des Streits zwischen Existenz und Wesen, . . . zwischen Freiheit und Notwendigkeit . . .«[243].

Gehört die Frage nach dem Sinn von Geschichte zur wahren Wirklichkeit des

239 Vgl. K. Marx, MEGA I, 3, 88 *(Nationalökonomie und Philosophie):* ». . . die freie bewußte Tätigkeit ist der Gattungscharakter des Menschen«.
240 Vgl. zu dieser Streitfrage im »Anti-Dühring« A. Schmidt, *Der Begriff der Natur in der Lehre von Marx,* 115f.
241 K. Marx, *Das Kapital,* Band III, 828.
242 A.a.O.
243 K. Marx, MEGA I, 3, 144 *(Nationalökonomie und Philosophie)* = *Die Frühschriften,* 235.

Menschen hinzu, so wird der Mensch in seiner konkreten Situation nur dann ernstgenommen, wenn er auch in seiner Ausrichtung auf eine Vollendungsgestalt und in seinen Fähigkeiten zur Realisierung dieser Vollendungsgestalt begriffen wird. Karl Marx hat diese Aufgabenstellung in seinen Frühschriften formuliert[244], obwohl ihm das Instrumentarium zur empirischen Erforschung fehlte und er darum seine analytischen Interessen mehr und mehr auf die Erkenntnis der sozio-ökonomischen Prozesse verlegte.[245] Dennoch hat bereits er wichtige psychologische Einsichten im Hinblick auf die wahre Wirklichkeit des Menschen herausgestellt[246], so etwa den Begriff der »Leidenschaft« und den der »entfremdeten Leidenschaft«, die Differenzierung zwischen »konstanten« und »relativen« Trieben und die Unterscheidung zwischen den »wirklichen Bedürfnissen des Menschen« und den durch die ökonomische Entfremdung »künstlich produzierten«[247] sowie die Differenzierung zwischen »Ideen«, die als Ideologien die Funktion von Rationalisierungen haben und »wirklichen Ideen«, die in der menschlichen und gesellschaftlichen Realität wurzeln[248]; ferner den Begriff der »menschlichen Natur« als einer »menschlichen Natur im allgemeinen« und als einer »modifizierten Menschennatur«[249], den Begriff der »Liebe« und schließlich den Begriff des »produktiven Lebens« als »freier bewußter Tätigkeit«, das der wirkliche Reichtum des Menschen ist[250], weil es ihn zur Biophilie bestimmt gegen die Herrschaft der toten Materie über den Menschen[251].

Das Verdienst Erich Fromms besteht darin, die Frage des jungen Marx aufgenommen und mit den Erkenntnissen der Psychoanalyse konfrontiert zu haben. Mit dem Begriff des Charakters, von Erich Fromm in Anschluß an Sigmund Freud entwickelt, kann er die psychischen Vorbedingungen für die Realisierung der wahren Wirklichkeit des Menschen im einzelnen namhaft machen.[252] Zugleich postuliert er eine Interdependenz von sozio-ökonomischen Bedingungen und psychischen Bedürfnissen und zeigt mit dem Begriff des »Gesellschafts-Charakters« den Ort der Vermittlung zwischen beiden Größen an.[253]

---

244 In diesem Sinne sind die Kennzeichnungen »humanistischer« und »anthropologischer« Marx zu verstehen.

245 Das wissenschaftliche Instrumentarium zur empirischen Erforschung der psychischen Eigenart lieferte erst Sigmund Freud mit der psychoanalytischen Methode.

246 Vgl. hierzu vor allem E. Fromm, *Marx's Contribution to the Knowledge of Man* (68/10).

247 Vgl. z. B. K. Marx, *Die Frühschriften*, 254 f. (*Nationalökonomie und Philosophie*).

248 Vgl. K. Marx, *Die Frühschriften*, 344–349 und 373–378 (*Die deutsche Ideologie*).

249 Siehe oben S. 83 f.

250 Vgl. K. Marx, MEGA I, 3, 88 (*Nationalökonomie und Philosophie*): »Das produktive Leben ist aber das Gattungsleben. In der Art der Lebenstätigkeit liegt der ganze Charakter einer species, ihr Gattungscharakter, und die freie bewußte Tätigkeit ist der Gattungscharakter des Menschen.«

251 Vgl. K. Marx, *Die Frühschriften*, bes. 236–245 (*Nationalökonomie und Philosophie*).

252 Vgl. oben die Charakterlehre Erich Fromms S. 50–81.

253 Siehe oben die Ausführungen zum »Gesellschafts-Charakter« S. 38–44, sowie bes. E. Fromm, *The Application of Humanist Psychoanalysis to Marx's Theory* (65/3), 210–214.

Die Marx-Rezeption Erich Fromms stellt eine konsequente Weiterentwicklung der Erforschung der wahren Wirklichkeit des Menschen als eines universalen Humanismus = Naturalismus dar. Sie ist insofern eine Weiterentwicklung, als sie die Entdeckung der Verflechtung des Menschen in seine psychischen Notwendigkeiten und Bedürfnisse ernstzunehmen versucht. Erich Fromm hat diese Verflechtung als psychische Abhängigkeit von verschiedenen menschlichen Bedürfnissen aufgezeigt. Die Verflechtung ist darin zu sehen, daß der Mensch notwendig auf diese Bedürfnisse reagieren muß. Eines dieser Bedürfnisse ist das nach einem Rahmen der Orientierung und nach einem Objekt der Hingabe, auf das nach Erich Fromm in der humanistischen Religion optimal reagiert wird. Die folgende Konfrontation dieses Religionsbegriffs mit der Religionskritik von Karl Marx soll zugleich den Humanismus-Begriff präzisieren.

Erich Fromms Begriff einer humanistischen Religion und die Religionskritik von Karl Marx scheinen zunächst wenig Gemeinsames zu haben. Karl Marx war nie ernsthaft an Theologie und Religion interessiert, schon gar nicht an der Auseinandersetzung mit den Inhalten einer Religion[254]; es gibt deshalb keinen wirklichen Marxschen Atheismus[255], und das atheistische Verständnis von Religion als dem »Opium des Volks«[256] ist vor allem Ausdruck antimarxistischer Apologetik. Das Interesse von Karl Marx an der Religion resultiert aus der Religionskritik Feuerbachs und der Linkshegelianer sowie aus der eigenen Erkenntnis, »daß Religion ausschließlich eine Funktion gesellschaftlicher Mißstände ist und ganz darin aufgeht«[257]. Religion interessiert, insofern sie eine gesellschaftliche Größe ist und etwas über die Entfremdung des Menschen aussagt. Sie erübrigt sich mit der Überwindung der Entfremdung.

Trotz dieser Verschiedenheit im Verständnis von Religion gibt es bei Karl Marx und Erich Fromm in wichtigen Aspekten des Religionsbegriffs Gemeinsamkeiten. Zunächst muß festgestellt werden, daß das, wozu Karl Marx »Religion« sagt, im wesentlichen nur ihre gesellschaftliche Erscheinung als Kirche und Staatskirche ist, während die religiösen Werte in eine nicht-theologische Sprache umgesetzt werden.[258] Sodann muß beachtet werden, daß Erich Fromms humanistische Religion nur deshalb »Religion« heißt, weil sich das ihr zugrunde liegende Erfahrungssubstrat (»X-Erfahrung«) in den historischen Religionen artikuliert. Das Ziel der humanistischen Religion ist die Auflösung der historisch gewachsenen und gesellschaftlich etablierten Reli-

254 Vgl. W. Post, *Kritik der Religion bei Karl Marx,* 304 f.

255 Vgl. A. Massiczek, *Der menschliche Mensch,* 566–570, sowie die Marxschen Äußerungen selbst: K. Marx, *Die Frühschriften,* 248 f. (*Nationalökonomie und Philosophie*).

256 K. Marx, *Die Frühschriften,* 208 (*Zur Kritik der Hegelschen Rechtsphilosophie*). – Zum Ausdruck »Opium des Volkes« vgl. den Exkurs in H. Gollwitzer, *Die marxistische Religionskritik und der christliche Glaube,* 23–28.

257 W. Post, *Kritik der Religion bei Karl Marx,* 304.

258 Vgl. etwa den Begriff »Entfremdung« anstelle des theologischen Begriffs »Sünde«, oder den Begriff »wahrer Mensch« anstelle von »erlöster Mensch« usw.

gionen.[259] Werden diese terminologischen Verschiedenheiten wahrgenommen und die nomenklatorischen Schwierigkeiten eines nicht-theistischen Standpunktes in einer vom Theismus geprägten Sprachwelt beachtet, dann sind die Gemeinsamkeiten beider Religionsbegriffe größer als ihre Verschiedenheiten.

Die Gemeinsamkeiten der Religionsbegriffe von Karl Marx und Erich Fromm zeigen sich noch deutlicher auf dem für ihre Religionskritik maßgebenden Hintergrund, nämlich dem Aufklärungsdenken. Für dieses ist ein Mensch nicht wirklich er selbst, wenn er sich jemand anderem verdankt als sich selbst. Unabhängigkeit und Freiheit sind die Voraussetzung für die Geburt des Menschen als eines mündigen Menschen. Die Möglichkeit einer Versöhnung des Menschen mit einer Wirklichkeit jenseits des Menschen ist für diese aufklärerische Sicht unannehmbar, weil sie dem Autonomiepostulat widerspräche. Theonomie ist wie Heteronomie a priori ein Widerspruch zur Selbstsetzung des Menschen. Und weil sich der Anspruch der Theonomie in der Geschichte immer als Herrschaftsanspruch kirchlicher und gesellschaftlicher Gruppen artikuliert, bedeutet jede Theonomie immer auch Heteronomie.[260] Für Karl Marx wie für Erich Fromm ist nur ein Autonomiebegriff gültig, der jedes Sich-verdankt-Wissen ausschließt: »Ein Wesen gibt sich erst als selbständiges, sobald es auf eigenen Füßen steht, und es steht erst auf eigenen Füßen, sobald es sein Dasein sich selbst verdankt. Ein Mensch, der von der Gnade eines anderen lebt, betrachtet sich als ein abhängiges Wesen.«[261] Autonomie des Menschen ist für beide nur im Widerspruch zu heteronomen = autoritären Strukturen zu erreichen. Beide sind sich aber auch (gegen Ludwig Feuerbach) darin einig, daß sich dieser Widerspruch nicht primär gegen die Inhalte und Erscheinungsformen der etablierten Religionen richten soll[262], sondern gegen die Verhältnisse, die solche narkotisierenden Religionen entstehen lassen. »Aufklärung wirkt nur dann wirkliche Befreiung . . ., wenn auch die Verhältnisse, denen die Religion entspringt, so geändert sind, daß das Sanktions- und Trost-

---

259 Alfons Auer fragte in seinem Referat *Gibt es eine Ethik ohne Religiosität?* beim Symposium anläßlich des 75. Geburtstags von Erich Fromm im Mai 1975 in Locarno deshalb mit Recht, ob mit diesem Sprachgebrauch nicht beabsichtigt werde, sich den »Mehrwert« traditioneller Vorstellungen zunutze zu machen.
260 Vgl. A. Schmidt, *Der Begriff der Natur in der Lehre von Marx*, 29: »Im Gottesbegriff sieht Marx den abstrakten Ausdruck von Herrschaft, stets verbunden mit einem dogmatisch vorgegebenen einheitlich-geistigen Gesamtsinn der Welt.« (Der Begriff »abstrakt« ist negativ zu verstehen.) – Vgl. auch W. Post, *Kritik der Religion bei Karl Marx*, 198 f.
261 K. Marx, *Die Frühschriften*, 246 (*Nationalökonomie und Philosophie*).
262 Hierin liegt zu einem guten Teil die Aversion Erich Fromms gegen allen Dogmenglauben begründet. Eine Kritik an Glaubensaussagen hieße, die Religion in noch anderer Hinsicht als in ihrer Funktion, den Mensch über seine wahre Situation zu täuschen, ernstnehmen. In einer tieferen Schicht ist für die Aversion bei Karl Marx wie bei Erich Fromm ihre Verwurzelung in spezifisch jüdischen Traditionen, in denen eine Abneigung gegen jede Art von theologischen Aussagen gepflegt wurde, verantwortlich zu machen. Vgl. die Ausführungen zur Lehre von den negativen Attributen, oben S. 231–237; außerdem A. Massiczek, *Der menschliche Mensch*, 570–574.

bedürfnis von selbst schwindet . . .«[263] Kritik an den etablierten Religionen im einzelnen erübrigt sich, wenn der Mensch und seine Welt materialistisch verstanden werden.[264]

Die Kritik des Himmels muß zur Kritik der Erde werden. Das Erkenntnisziel aller Kritik aber ist die wahre Wirklichkeit des Menschen, die »Wesenhaftigkeit des Menschen in der Natur«[265]. Das Kämpferische des Widerspruchs gegen jede Heteronomie erlischt, sobald Heteronomie zum Gegenteil von Autonomie abgestempelt wird und deshalb auf eine Auseinandersetzung mit den Inhalten der Religion, ja überhaupt auf eine Religionskritik verzichtet werden kann. Es erübrigt sich eine Konfrontation, weil sich in der tätigen Erkenntnis der wahren Wirklichkeit des Menschen – also des Menschen in seiner Natur, wie ihn der Sozialismus zur Vollendung bringt – jede heteronome Bestimmung auflöst. Denn dann »ist die Frage nach einem fremden Wesen, nach einem Wesen über der Natur und über dem Menschen – eine Frage, welche das Geständnis der Unwesentlichkeit der Natur und des Menschen einschließt – praktisch unmöglich geworden. Der Atheismus als Leugnung dieser Unwesentlichkeit, hat keinen Sinn mehr, denn der Atheismus ist eine Negation des Gottes und setzt durch diese Negation das Dasein des Menschen; aber der Sozialismus als Sozialismus bedarf einer solchen Vermittlung nicht mehr: Er beginnt von dem theoretisch und praktisch sinnlichen Bewußtsein des Menschen und der Natur als des Wesens.«[266]

Mit diesem Zitat aus den »Pariser Manuskripten von 1844« ist zugleich der religiöse Humanismusbegriff Erich Fromms getroffen. Das Zitat weist aber auch auf die Differenz seines humanistischen Religionsbegriffs zum Religionsbegriff von Karl Marx hin. Das Humanismusverständnis von Erich Fromm trifft sich mit der Religionskritik des frühen Marx darin, daß die »Negation des Gottes«, die eo ipso »das Dasein des Menschen« ermöglicht und setzt, als ein geschichtlicher Prozeß der Aufklärung anzusehen ist, der mit der materialistischen Sicht des Menschen zum Ziel gekommen ist.[267] Es bedarf darum keiner Auseinandersetzung mit den theistischen Religionen mehr[268], es sei denn, daß in ihnen »in theologischer Sprache« eingekleidete, humanistische Werte und

---

263 H. Gollwitzer, *Die marxistische Religionskritik und der christliche Glaube,* 37; – der Frommschen Terminologie entsprechend ist hier Religion immer als autoritäre Religion zu fassen.

264 Vgl. W. Post, *Kritik der Religion bei Karl Marx,* 305; vgl. die Kritik von Werner Post, (a.a.O., 304–309) an dieser Unbekümmertheit von Karl Marx gegenüber den Inhalten der Religion.

265 K. Marx, *Die Frühschriften,* 248 *(Nationalökonomie und Philosophie).*

266 A.a.O.

267 Vgl. E. Fromm, *The Sane Society* (55/1), 235f.

268 Dies bedeutet nicht, daß Für Erich Fromm die Frage von Religion überhaupt entschieden ist. Die folgenden Ausführungen werden zeigen, daß sich Erich Fromms Verständnis von Religion gegenüber dem von Karl Marx gerade darin unterscheidet, daß sich die Frage von Religion mit der religionskritischen Begründung des Humanismus von Neuem als Frage nach einer humanistischen Religion stellt. Worum es beiden geht, ist die beiden gemeinsame Begründung des Humanismus aus einer Kritik an den theistischen = autoritären = heteronomen Religionen, deren Ende sich für beide historisch mit der Aufklärung datieren läßt.

Einsichten zu entdecken und für das humanistische Menschen- und Wirklich-keitsverständnis fruchtbar zu machen sind.[269] Weil sich aber im Prozeß der Aufklärung die Geburt jenes Menschen, der sich keinem fremden Wesen mehr verdankt, geschichtlich vollendet hat, artikuliert sich alle Mühe um die »We-senhaftigkeit des Menschen in der Natur«[270] als »Wissenschaft vom Men-schen«[271]. Bei Karl Marx ist diese vor allem von der Verflechtung des Men-schen in die sozio-ökonomischen Verhältnisse bestimmt, während die »wahre Wirklichkeit des Menschen« für Erich Fromm darüberhinaus nur im Ernst-nehmen der psychischen Bedürfnisse als menschlicher Bedürfnisse wahrge-nommen werden kann.

Unter Humanismus versteht Erich Fromm Wissenschaft; aber zugleich ist Hu-manismus bei ihm auch ein religiöser Begriff, allerdings nur insofern, als nach seiner Überzeugung die traditionellen Religionen im Humanismus schließlich zu ihrem Ende gelangen. Wer den Menschen in seiner wahren Wirklichkeit als psychisches Bedürfniswesen ernstnehmen will, muß des Menschen Bedürfnis nach einem Rahmen der Orientierung und nach einem Objekt der Hingabe beachten, das sich geschichtlich vor allem in den großen Religionen der Menschheit manifestiert hat. Ist nun Humanismus die Vollendungsgestalt die-ses religiösen Bedürfnisses des Menschen, so gehören ein humanistisches Selbst- und Weltverständnis und die humanistische Erfahrung des EINEN zur produktiven Entfaltung des Menschen notwendig hinzu.[272] Erich Fromm nennt die produktive Reaktion auf dieses Bedürfnis X-Erfahrung bzw. huma-nistische Religion; der Begriff »Religion« ist hierbei a priori im »humanisti-schen« Sinne zu verstehen.

Die Frage nach der Gemeinsamkeit des Marxschen und des Frommschen Reli-gionsbegriffs kann nur differenziert beantwortet werden. Erich Fromm selbst versucht eine sachliche Kontinuität im Religionsbegriff dadurch unter Beweis zu stellen, daß er im Marxschen Kampf gegen die Religion nur die gesellschaft-lich adaptierte Äußerung eines in Wirklichkeit sehr religiösen, prophetischen Menschen sieht, der sich um der tiefen religiösen Interessen willen gegen die autoritären und idolatrischen Realisierungen von Religion in Kirche und Staat stellt: »Der Atheismus von Marx ist die am weitesten entwickelte Form ratio-naler Mystik, welcher Meister Eckhart oder dem Zen-Buddhismus näher steht als die meisten anderen Kämpfer für Gott und Verfechter der Religion, die

---

269 Auf diese Weise sind letztlich die Bemühungen Erich Fromms zu legitimieren, die religiösen Traditionen des Alten Testaments, des Buddhismus, der Veden und der Mystik vor allem Meister Eckharts humanistisch zu interpretieren. Einen Höhepunkt dieser Versuche stellt *To Have or to Be* (76/1) dar. Vgl. den letzten Teil dieser Arbeit.
270 Vgl. K. Marx, *Die Frühschriften*, 247f. *(Nationalökonomie und Philosophie).*
271 A.a.O., 245. – Erich Fromm sieht die gleiche Erkenntnis und Gedankenfolge auch im Bud-dhismus verwirklicht. Buddha wie Karl Marx geht es um eine »radikale Erkenntnis«, die sich als umfassende »Wissenschaft vom Menschen« dem Studium der Existenz des Menschen verschreibt. Vgl. hierzu E. Fromm, *Fromm contra Auer* (75/6) 3f., sowie oben S. 173f.
272 Vgl. im einzelnen oben S. 157–168.

ihn der ›Gottlosigkeit‹ anklagen.«[273] Das Religiöse bei Karl Marx ist für Erich Fromm gerade darin zu sehen, daß jener gegen jede Vergötzung anrennt – auch und gerade gegen eine Vergötzung, bei der der Mensch zu Gott gemacht wird.[274] Der Mensch soll zum wahren Menchen werden, das ist für Erich Fromm das Marxsche Religionsverständnis.

Gegen diese Interpretation der Religionskritik von Karl Marx durch Erich Fromm ist nichts einzuwenden, solange nur der beide verbindende und für beide verbindliche religionskritische Humanismusbegriff betrachtet wird. Nun ist aber für Karl Marx mit der materialistischen Sicht der Mensch bezüglich Religion bereits zum wahren Menschen geworden. Die Religionskritik hat bei Karl Marx die Funktion, Religion überhaupt als illusionär zu qualifizieren. Religion löst sich in ihrem Existenzanspruch mit der materialistischen Rückkehr des Menschen vom Kopfstand auf seine eigenen Füße auf. Weil Religion nur »der Seufzer der bedrängten Kreatur (ist, bedeutet) die Forderung, die Illusion über einen Zustand aufzugeben, . . . die Forderung, einen Zustand aufzugeben, der der Illusion bedarf«[275]. Die Religionskritik hat aber diese Aufgabe der Desillusionierung ein für allemal geleistet, so daß das gesamte Interesse der wahren Wirklichkeit des Menschen gilt. Zu dieser gehört aber bei Karl Marx kein menschliches Bedürfnis nach einem Rahmen der Orientierung und nach einem Objekt der Hingabe. Die Auflösung der Religion ist im Marxschen Materialismus-Verständnis selbst impliziert, weil Religion darin aufgeht, eine Funktion gesellschaftlicher Mißstände zu sein.[276] Karl Marx weiß: »Für Deutschland ist die Kritik der Religion im wesentlichen beendigt und die Kritik der Religion ist die Voraussetzung aller Kritik.«[277]

Diese Behauptung hat für eine Beurteilung des Marxschen Geschichts- und Menschenverständnisses schwerwiegende Folgen, und es ist von diesen Konsequenzen her verständlich, warum diejenigen Marx-Interpreten, die vom

---

273 E. Fromm, *Marx's Concept of Man* (61/2), 64. – Zu einem ähnlichen Ergebnis gelangen die Versuche, die »die Aussagen Marx' über Religion . . . in (bewußte) Kritik und (unbewußte) Übernahme religiöser, insbesondere jüdischer und christlicher Elemente« aufteilen und diese Differenzierung zu dem Schluß benützen, »daß die Marxsche Lehre eine ›Religion ohne Gott‹ sei« (W. Post, *Kritik der Religion bei Karl Marx*, 279). Beispielhaft können genannt werden Th. Steinbüchel, *Karl Marx. Gestalt – Werk – Ethos*, 28–34, und A. Massiczek, *Der menschliche Mensch*, 466–508.

274 Eine solche Sicht wird nicht ganz unwidersprochen bleiben können. Es geht Karl Marx zwar nicht darum, den Menschen zu Gott zu machen, aber es gilt doch: »Die Kritik der Religion endet mit der Lehre, daß der Mensch das höchste Wesen für den Menschen sei, also mit dem kategorischen Imperativ, alle Verhältnisse umzuwerfen, in denen der Mensch ein erniedrigtes, ein geknechtetes, ein verlassenes, ein verächtliches Wesen ist, Verhältnisse, die man nicht besser schildern kann als durch den Ausruf eines Franzosen bei einer projektierten Hundesteuer: Arme Hunde! Man will euch wie Menschen behandeln!« (K. Marx, *Die Frühschriften*, 216f. (*Zur Kritik der Hegelschen Rechtsphilosophie*); vgl. auch W. Post, *Kritik der Religion bei Karl Marx*, 171f.

275 K. Marx, *Die Frühschriften*, 208 (*Zur Kritik der Hegelschen Rechtsphilosophie*); vgl. H. Gollwitzer, *Die marxistische Religionskritik und der christliche Glaube*, 66–71.

276 Vgl. W. Post, *Kritik der Religion bei Karl Marx*, 304, 257–259.

277 K. Marx, *Die Frühschriften*, 207 (*Zur Kritik der Hegelschen Rechtsphilosophie*).

»ökonomischen« Marx herkommen und die Anwendung des methodischen Prinzips der kritischen Dialektik von Theorie und Praxis auf die von den ökonomischen Faktoren bestimmten gesellschaftlichen Prozesse beschränken wollen, sich weigern, den frühen Marx als den echten Marx zu akzeptieren. Die Erledigung des Anspruchs der Religion bedeutet nämlich die Vorwegnahme eines Zieles, das nur im revolutionären Kampf um die sozio-ökonomischen Verhältnisse angestrebt werden kann und deshalb noch nicht verfügbar ist. Die vom »ökonomischen« Marx ausgehende Marx-Kritik wendet sich dagegen, inhaltliche Vorstellungen einer theistischen Religion in die Religionskritik aufzunehmen und humanistisch zu interpretieren. Sie lehnt es deshalb auch ab, die eschatologisch-messianischen Vorstellungen, daß in den Tagen des Messias Vereinigung und Einheit von Gott und Mensch erreicht sein werden, humanistisch und intrahistorisch zu deuten.[278] Wird Religion als historisch überlebtes Epiphänomen demaskiert, gibt es keine inhaltlichen Aussagemöglichkeiten über die Vollendungsgestalt des Menschen.

Für Karl Marx ist die Überwindung der Religion ein historisches Faktum, das die eschatologische wahre Wirklichkeit des Menschen bereits in dieser Hinsicht vollendet weiß. Erich Fromm revidiert mit dem Postulat eines existentiellen Bedürfnisses nach einem Rahmen der Orientierung und nach einem Objekt der Hingabe notwendig die nur funktionale Sicht der Religionskritik bei Karl Marx. Wird der Mensch in seinen existentiellen Bedürfnissen ernstgenommen und das Bedürfnis nach einem Rahmen der Orientierung und nach einem Objekt der Hingabe als ein existentielles und nicht nur als ein historisches und deshalb künstliches und zu überwindendes Bedürfnis bestimmt, dann gehört Religion wesentlich zum Menschen hinzu und kommt alles darauf an, wie die dem existentiellen Bedürfnis nach einem Rahmen der Orientierung und nach einem Objekt der Hingabe optimal entsprechende Religion näherhin umschrieben werden kann.[279]

---

278 Auch J.-Y. Calvez, *Karl Marx*, 91, kritisiert Karl Marx in diesem Punkt und sieht die Wurzel für die Idee, daß jede Spaltung im Menschen beseitigt werden müsse, in dem vom Deutschen Idealismus übernommenen »verstandesmäßigen Postulat der Identität und der Immanenz«. Diese Kritik trifft jedoch Erich Fromm nicht, weil er mit dem Postulat einer humanistischen Religion die Vollendungsgestalt des Menschen und seiner Geschichte als »präsentische Eschatologie« faßt; die Erfahrung der EINEN steht in einer solchen Spannung.

279 E. Fromm, *Marx's Concept of Man* (61/2), 64 f.; ders., *To Have or to Be* (76/1), 165 f., sieht den hinter aller vordergründigen Religionskritik liegenden »religiösen« Marx im Zusammenhang mit dessen Sozialismus-Verständnis, so daß gewissermaßen das, was Erich Fromm »humanistische Religion« nennt, bei Karl Marx im Begriff »Sozialismus« enthalten ist und der Marxsche Religionsbegriff mit dem Frommschen Begriff der autoritären Religion gleichzusetzen wäre. Für die Legitimität einer solchen Interpretation müßte wohl unterschieden werden zwischen einer Auslegung Marxscher Gedanken aus dessen zeitgebundenem Denkhorizont und einer Auslegung, die aus historischer Distanz in Weiterentwicklung der Marxschen Denkansätze gemacht wird. In Letzterem ist das Verdienst Erich Fromms bezüglich der Marx-Interpretation zu sehen. Bei der ersten Weise der Auslegung müßte jedoch kritisch gefragt werden, warum Karl Marx sehr wenig und mit zunehmendem Alter immer weniger an der Entwicklung eines »religiösen« Sozialismusbegriffs interessiert war.

Die Schwierigkeiten, die sich ergeben, wenn der materialistische Denkansatz auf die psychischen Bedürfnisse angewendet und hierbei ein existentielles Bedürfnis nach einem Rahmen der Orientierung und nach einem Objekt der Hingabe postuliert wird, sind nicht nur nomenklatorischer Art. Erich Fromm geht mit Karl Marx von den etablierten autoritären Religionen aus und kritisiert deren ideologischen und idolatrischen Charakter.[280] Für beide sind die Religionen historische und durch den religionskritischen Humanismus überwundene Phänomene, deren Überwindung den Humanismus erst in sein Recht setzt. Im Ernstnehmen dieses Humanismus, nämlich in der Anwendung des materialistischen Ansatzes auf die psychische Bedürfnisstruktur des Menschen, tritt die Notwendigkeit der Auseinandersetzung mit Religion wieder auf und wird Religionskritik erneut notwendig, um eine produktive Reaktion auf dieses existentielle Bedürfnis zu ermöglichen.[281]

Dadurch aber, daß Religionskritik notwendiger Bestandteil humanistischer Religion bleibt, ist der religionskritische Humanismus nicht mehr einfach damit zu begründen, daß sich Religion durch die Aufklärung historisch erledigt hat.

Karl Marx hat die geschichtliche Überwindung des Anspruchs von Religion proklamieren können, weil er Religion letztlich als Produkt ökonomischer Entfremdung deklarierte und Religionskritik mit der Erkenntnis der wirklichen Abhängigkeiten des Menschen hinfällig wurde.[282] Darin ist die Marxsche Gedankenführung stringent, aber auch, wie die Anwendung des materialistischen Ansatzes auf die psychischen Bedürfnisse des Menschen durch Erich Fromm zeigt, kurzsichtig. Umgekehrt kann der Frommsche Religionsbegriff nicht mehr einfach den humanistischen Ansatzpunkt als Ergebnis einer ge-

---

280 Die Rolle von Theologie und Religion läßt sich deshalb kritisch mit dem Begriff »Ideologie« umschreiben. Denn »Ideologie ist . . . verselbständigte Theorie, Verschleierung der wahren Verhältnisse, Schein-Autonomie des Bewußtseins, der getreue Reflex unwahrer Praxis, kurzum, Ideologie täuscht rationale Erkenntnisse vor, wo aufgrund des verkehrten, unüberschaubaren, entfremdeten gesellschaftlichen Prozesses praktische und theoretische Irrationalität vorherrschen« (W. Post, *Kritik der Religion bei Karl Marx,* 233). – Die Überwindung von Ideologie und Idolatrie ist im Sozialismus angestrebt, weil dieser »antiautoritär (ist) sowohl was den Staat als auch was die Kirche anbelangt« (E. Fromm, *Marx's Concept of Man* (61/2), 68).
281 Die erneute Notwendigkeit der Auseinandersetzung mit Religion besagt deshalb keine Regression auf die Feuerbachsche Religionskritik, wie dies R. Xirau in seinem Beitrag zur Fromm-Festschrift (vgl. R. Xirau, *What Is Man's Struggle?,* 151f.) nahelegt.
282 Auf die mit dieser Fragestellung zusammenhängende kontroverse Marx-Interpretation soll hier nur noch andeutungsweise eingegangen werden. Es liegt nahe, daß diejenigen Interpreten, die vom »ökonomischen« Marx herkommen, gerade in der Beschränkung auf die ökonomischen Erkenntnisse und Veränderungen die Stringenz des materialistischen Ansatzpunktes eher – weil leichter – gewahrt sehen; ebenso naheliegend ist aber auch die Gefahr einer Kodifizierung bestimmter Erkenntnisse zu einer marxistischen Orthodoxie.
Auf der anderen Seite bezieht Erich Fromms Interpretation des »humanistischen« Marx der Frühschriften ihre Legitimation aus dem Ernstnehmen der Psyche des Menschen und dem daraus gefolgerten Postulat einer humanistischen Religion. Erich Fromm entwickelt mit diesem Postulat das Marx-Verständnis weiter und kann sich hierbei mit Recht auf den jungen Marx berufen.

schichtlich bereits zu Ende gekommenen Religionskritik legitimieren, weil sich die humanistische Reaktion auf das Bedürfnis nach einem Rahmen der Orientierung und nach einem Objekt der Hingabe je neu in der religionskritischen Konfrontation ausweisen muß.

Humanismus und humanistische Religion bedürfen der andauernden religionskritischen Begründung; sie sind nicht einfach Fakten einer Wissenschaftsgläubigkeit, sondern Gegenstand vertrauenden Glaubens in den Menschen aufgrund des Menschen. Erich Fromm begründet den Humanismus mit Karl Marx religionskritisch, indem der Mensch gegen alle Fremdbestimmung durch autoritäre Religion zum Urheber und Vollzieher seiner Geschichte erhoben wird. Und doch bleibt bei Erich Fromm der Humanismus Glaube und an die Möglichkeit und Erfahrung humanistischer Religion gebunden. Dieser Unterschied zum Religionsbegriff von Karl Marx stellt freilich noch immer nur eine Variante ihres gemeinsamen Grundbekenntnisses dar, daß »die Frage nach einem fremden Wesen, nach einem Wesen über der Natur und dem Menschen«[283] für sie hinfällig ist, weil für ihren aufklärerischen Autonomiebegriff jede Theonomie a priori im dialektischen Widerspruch zum Menschen als dem Urheber und Vollzieher seiner Geschichte steht.

---

283 K. Marx, *Die Frühschriften*, 248 *(Nationalökonomie und Philosophie)*.

7 Formen des Denkens von Erich Fromm

Konnten im vorherigen Kapitel einige Quellen für Erich Fromms sozialpsychologische Erkenntnisse und philosophisch-anthropologischen Ansichten sowie für sein Verständnis von humanistischer Religion und Ethik benannt werden, so soll im Folgenden der Versuch unternommen werden, Formen und Vorstellungsmodelle, die seinem Denken zugrunde liegen und die sich in seinem Denken durchhalten, näher zu bestimmen. Im einzelnen geht es um folgende Erkenntnisinteressen: Zunächst wird angestrebt, Erich Fromms Erkenntnisse und Ansichten mit einem Vorstellungsmodell und bestimmten Denkformen in Verbindung zu bringen und ihre geistesgeschichtlichen Wurzeln aufzuspüren. Sodann sollen die vor allem in den Ausführungen zur humanistischen Religion angemerkten Verschiedenheiten in den Denkformen thematisiert und als Folge einer Konkurrenz von Verstehensmodellen ausgewiesen werden. Schließlich wird mit der Bestimmung der Denkformen versucht, die Differenzierung zwischen dem empirisch-wissenschaftlichen Denken Erich Fromms und seinen philosophisch-anthropologischen Reflexionen zu erleichtern.

7.1 Das ekstatisch-kathartische Vorstellungsmodell und seine Denkformen bzw. Leerformeln

Erich Fromms Kontrastierung von autoritärem und revolutionärem Charakter, von autoritärer und humanistischer Religion sowie sein spezifisches Verständnis einer theologia negativa sind erst auf dem Hintergrund eines dialektischen Denkens verständlich. Solches Denken, das mit Dialektik immer einen Prozeß der Negation und des Widerspruchs meint, wurde von Ernst Topitsch einem Vorstellungsmodell zugeordnet, das diese Art von Dialektik als wichtigste Denkform gebraucht. Nach seinem Ursprung in der Mantik und Gnosis, aber auch nach seiner Eigenart und Funktion nennt Ernst Topitsch das Vorstellungsmodell ein »ekstatisch-kathartisches«. Bevor das ekstatisch-kathartische Vorstellungsmodell in seiner Eigenart und geschichtlichen Entwicklung

bekannt gemacht wird, soll das Anliegen von Ernst Topitsch, das ihn zur Formulierung solcher Denkformen als Leerformeln veranlaßt hat, kritisch gewürdigt werden.

7.1.1 Der Begriff und die Funktion von Leerformeln nach Ernst Topitsch und ihre Kritik[1]

Wird ein positivistischer Wissenschaftsbegriff zum eigenen Standpunkt des
Welt- und Menschenverständnisses genommen, dann bedarf es einer Erklärung der Tatsache, »daß bestimmte sprachliche Formeln durch die Jahrhunderte als belangvolle Einsichten oder sogar als fundamentale Prinzipien des
Seins, Erkennens und Wertens anerkannt wurden und es heute noch werden
– nicht obwohl, sondern gerade weil und insofern sie keinen oder keinen näher
angebbaren Sach- und Normgehalt besitzen«[2]. Unter der Voraussetzung, daß
nur falsifizierbare Erkenntnisse wissenschaftliche Aussagen über den Menschen und seine Welt ermöglichen[3], werden alle Aussagen, die nicht durch Er-
fahrungsdaten falsifizierbar sind, weil sie sich einer direkten Prüfung entzie-
hen, zu Scheinaussagen; sie haben den Charakter von Leerformeln.
Der Ursprung von Leerformeln liegt in archaischen, mythisch-religiösen Vorstellungen, bei denen es »noch keine Differenzierung der verschiedenen Formen menschlicher Orientierung in der Welt (gibt und das,) was sich später als
Religion, Philosophie, Wissenschaft, Kunst, Moral, Recht und Politik auffä-
chert, . . . in noch unausgegliederter Einheit«[4] vorzufinden ist. Auf dieser primitiven Entwicklungsstufe versucht der Mensch, die Welt und das eigene
Selbst – die »Seele« – dadurch begreiflich zu machen, daß »er das Fernerlie-
gende und Unbekannte nach Analogie des Näherliegenden und Bekannten
auffaßt, und zwar vor allem nach dem Vorbild bestimmter Grundsituationen
der sozialen Produktion und Reproduktion des Lebens«[5]. Die Welt wird demnach in Analogie zu einem Sozialgebilde wie etwa der Familie, der Sippe, dem
Staat aufgefaßt, so daß das Denken und Deuten von Welt, Mensch und Seele
einem soziomorphen Vorstellungsmodell entspricht. Oder es wird die Welt
und das Selbst entsprechend der veränderten Kulturstufe in Analogie zum Er-
zeugnis menschlicher Kunstfertigkeit gedeutet: Das Denken erfolgt dann ge-

---

1 Vgl. die Arbeiten von E. Topitsch: *Vom Ursprung und Ende der Metaphysik*, bes. 280–313;
Seelenglaube und Selbstinterpretation, bes. 193–199; *Marxismus und Gnosis*, bes. 258–268; *Über
Leerformeln; Atheismus und Naturrecht.* – Vgl. außerdem die Dissertation von Michael Schmid,
Leerformeln und Ideologiekritik, – eine »sprachkritische Betrachtung zum Leerformelproblem«
(a.a.O., VII), die jedoch kaum weiterführende Erkenntnisse vermittelt, zumal sich der Autor bei
der Drucklegung der Arbeit bereits wieder von einem Teil seiner Aussagen distanziert (vgl.
a.a.O.).
2 E. Topitsch, *Über Leerformeln*, 233f.
3 Vgl. E. Topitsch, *Über Leerformeln*, 237; ders., *Vom Ursprung und Ende der Metaphysik*,
282f.
4 E. Topitsch, *Atheismus und Naturrecht*, 126.
5 E. Topitsch, *Über Leerformeln*, 234.

mäß einem technomorphen Vorstellungsmodell.[6] Neben der Technik und der sozialen Struktur ist die Natur und speziell die Prozeßhaftigkeit alles Lebendigen die Basis für ein weiteres Vorstellungsmodell, nämlich für das biomorphe. Schließlich sind die von ekstatisch-kathartischen Motiven bestimmten Seelenlehren und Weltinterpretationen zu nennen, die ihren Ursprung in »dem Glauben an eine vom Körper abtrennbare und im abgetrennten Zustand zu übermenschlichen Leistungen befähigte Seele«[7] haben.

Die Vorstellungsmodelle hatten je zur Zeit ihrer Gültigkeit verschiedene Funktionen und ermöglichten eine umfassende Orientierung des Menschen über sich und seine Umwelt. Im einzelnen lassen sich folgende Funktionen der Modelle benennen: »Einerseits erwartete man von ihnen Aufschluß über wichtige Lebensereignisse, vor allem über die Folgen von bestimmten Handlungsweisen, und Macht über die Umwelt und den eigenen Körper; andererseits schienen sie Verhaltenssicherheit zu gewährleisten, indem sie Normen und Vorentscheidungen für das Tun sanktionierten, und schließlich erleichterten sie die Hinnahme unabwendbaren Leides und boten Kompensationen für reale Versagungen.«[8]

Das Interesse von Ernst Topitsch an Vorstellungsmodellen und Denkformen leitet sich von einem ideologiekritischen Anliegen ab. Ihm geht es um die »Kritik an den mythischen und metaphysischen Weltdeutungen und Selbstinterpretationen . . . durch deren historisch-soziologische und psychologische Analyse«[9]. In diesem Bemühen verfolgt er verschiedene Vorstellungsmodelle durch die Geschichte von Philosophie und Theologie. Die Geschichte der Philosophie zeigt ihm den Verlauf des Rationalisierungsprozesses, der vom Mythos zur Philosophie führt.[10] Philosophie ihrerseits muß sich auf den Bereich des Tatsächlichen beschränken, insoweit dieser »in Zusammenhängen falsifizierbarer Aussagen«[11] beschrieben werden kann. Für den Gebrauch von Vorstellungsmodellen und Denkformen für das Welt- und Selbstverständnis des Menschen muß postuliert werden, daß jede Aussage an falsifizierbaren Erfahrungserkenntnissen auszurichten ist. Können überkommene Vorstellungsmodelle und Denkformen dieser Forderung nicht gerecht werden, sind sie für Erkenntnisse untauglich. Sie stellen pure »Leer«-Formeln dar, weil sie bezüglich der Erfahrungserkenntnis des Menschen leer sind.[12] Werden solche Leerformeln dennoch zur Deutung der Wirklichkeit herangezogen, so füllt man sie

---

6 Zum soziomorphen und technomorphen Vorstellungsmodell vgl. vor allem E. Topitsch, *Vom Ursprung und Ende der Metaphysik.*

7 E. Topitsch, *Über Leerformeln,* 235.

8 A.a.O. – Vgl. ders., *Seelenglaube und Selbstinterpretation,* 193: »Dementsprechend besitzt schon die mythische Kosmologie hauptsächlich drei Funktionen: eine empirisch-pragmatische, eine ethisch-politische und eine ästhetisch-kontemplative.«

9 E. Topitsch, *Über Leerformeln,* 233.

10 Vgl. E. Topitsch, *Über Leerformeln,* 236.

11 E. Topitsch, *Marxismus und Gnosis,* 266.

12 Vgl. E. Topitsch, *Über Leerformeln,* 237f.

mißbräuchlich mit einem Inhalt und leistet ideologischem Welt- und Menschenverständnis Vorschub.[13]

Die Frage, ob überbrachte Denkformen und Vorstellungsmodelle Leerformeln sind, die den Charakter von Scheinaussagen und Ideologien haben, entscheidet sich an einem bestimmten Verständnis von Wissenschaft. Ernst Topitsch vertritt einen Wissenschaftsbegriff, der dem der Neopositivisten des »Wiener Kreises« nahekommt.[14] Die allgemeine Kritik an einem wissenschaftstheoretischen Positivismus[15] trifft auch das ideologiekritische Verständnis von Leerformeln bei Ernst Topitsch. Es geht gar nicht darum, die Tatsache, daß die überbrachten Modelle des Selbst- und Weltverständnisses Ideologien und also Leerformeln sein können, zu bestreiten. Doch ist der Denkansatz zu kritisieren, der behauptet, daß ein neopositivistischer Wissenschaftsbegriff aus sich heraus den allein gültigen Maßstab für eine Ideologiekritik setzen könnte. Dies zu leisten wäre nur möglich, wenn der Mensch und seine Geschichte definitiv gedeutet werden könnten und wenn deshalb der Mensch in all seinen Möglichkeiten wissenschaftlich »begriffen« werden könnte. Die wissenssoziologische Analyse von Denkformen und Vorstellungsmodellen kann den Mechanismus erklären, wie sich belangvolle Einsichten über Jahrhunderte tradieren können; sie vermag auch aufzuzeigen, warum sich belangvolle Einsichten ohne näher angebbaren Sach- und Normgehalt tradieren können und welche Funktionen solche Leerformeln haben. Sie verschließt sich aber gerade einem umfassenderen Verständnis der Bedeutung von Denkformen und Vorstellungsmodellen, wenn sie die Möglichkeit einer weitergehenden Bedeutung durch einen neopositivistischen Vorentscheid bei der Frage, was Wissenschaft ist, a priori ausschließt. Die Einschränkung auf einen Wissenschaftsbegriff, der sich nur auf die Beschreibung von Zusammenhängen falsifizierbarer Aussagen im Bereich des Tatsächlichen erstreckt[16], reduziert auch die Wirklichkeit des Menschen[17] auf die Bereiche falsifizierbarer Erfahrungserkenntnisse. Wie wenig ein solcher reduktionistischer Wissenschafts- und Wirklichkeitsbegriff dem geschichtlich verfaßten Menschen gerecht wird, zeigt etwa der Vergleich mit den Versuchen Erich Fromms, den Menschen als ein Wesen zu begreifen, das unverzichtbare psychische Bedürfnisse hat. Es wird hier deshalb dem umfassenderen Wissenschaftsbegriff von

---

13 Vgl. a.a.O., 263 f.
14 Vgl. a.a.O., 233.
15 Vgl. Th. W. Adorno u. a., *Der Positivismusstreit in der deutschen Soziologie;* – zur Kritik am Neopositivismus von einer philosophisch- und theologisch-ethischen Fragestellung aus vgl. W. Korff, *Norm und Sittlichkeit,* 25 f., 34.
16 Vgl. E. Topitsch, *Marxismus und Gnosis,* 266.
17 Zum Begriff »Wirklichkeit« bei E. Topitsch vgl. z. B. den Wortgebrauch »unmittelbare Wirklichkeit« und »ursprüngliche Wirklichkeit« in: E. Topitsch, *Seelenglaube und Selbstinterpretation,* 198 f. – Im Gegensatz zu einem Wirklichkeitsbegriff, der reduktionistisch auf Faktizität oder erkennbare Wirklichkeit beschränkt ist, vgl. das Verständnis von Wirklichkeit als »auf Entfaltung und Vollendung drängendes Sein« bei A. Auer, *Autonome Moral und christlicher Glaube,* 35.

Erich Fromm[18] gegenüber dem neopositivistischen von Ernst Topitsch der Vorzug gegeben.

Die folgenden Ausführungen, die sich an den historisch-soziologischen Erkenntnissen und Forschungen von Ernst Topitsch orientieren, sind unter diesem kritischen Vorbehalt gegenüber seinem positivistischem Denkansatz zu sehen. Die Entscheidung, warum statt von einer Denkform von einer Leerformel gesprochen werden kann, mißt sich am Bezug einer Denkform und eines Vorstellungsmodells zur (umfassend verstandenen) Wirklichkeit des Menschen.

Im Gegensatz zur Position von Ernst Topitsch wird hier vertreten, daß Wirklichkeit nicht nur den begrenzten und begrenzbaren Raum des Tatsächlichen umgreift, sondern den Bereich übersteigt, der in Zusammenhängen falsifizierbarer Aussagen beschrieben werden kann.

7.1.2 Die Geschichte des ekstatisch-kathartischen Vorstellungsmodells und seiner Denkformen

Unter den im Laufe der Geistesgeschichte entwickelten und zu Bedeutung gekommenen Vorstellungsmodellen, mit denen der Mensch seine Welt, sich selbst und seine Geschichte interpretieren und verstehen lernte, ist das von Ernst Topitsch »ekstatisch-kathartisch« genannte Modell für das Denken Erich Fromms und speziell für seine Denkform der Dialektik besonders aufschlußreich.

Die Ursprünge des ekstatisch-kathartischen Vorstellungsmodells sind in den gnostischen Mythen zu suchen, die ihrerseits von schamanistischer Magie und Mantik geprägt wurden. Diese Mythen bilden sich aufgrund von Erlebnissen »der Überlegenheit über den Umweltdruck, wie man sie in Trance- oder Rauschzuständen hat, welche entweder spontan auftreten oder – in den allermeisten Fällen – künstlich durch Gesänge und rhythmische Tänze, Nachtwachen, Fasten, Atemübungen und anderen asketischen Praktiken . . . hervorgerufen werden können«[19]. Solche Erfahrungen bilden den Hintergrund für die Anfänge eines Vorstellungsmodells, bei dem die Möglichkeit einer ekstatischen Überlegenheit gegenüber den Schranken von Raum und Zeit sowie gegenüber der eigenen Körperlichkeit im Mittelpunkt steht. Während in der griechischen Philosophie von Parmenides bis Aristoteles, vor allem aber bei Platon, die mythischen Vorstellungen mehr und mehr zu der »Überzeugung von der kontemplativen Weltüberlegenheit der aus der Verstrickung in das Körperliche . . . gelösten . . . Seele«[20] weiterentwickelt[21] wurden und die

18 Vgl. oben S. 82–96 und 173–177.
19 E. Topitsch, *Seelenglaube und Selbstinterpretation*, 172. – Zur geschichtlichen Entwicklung des Schamanismus und seines Einflusses auf das indische und das abendländische Denken vgl. a.a.O., 172–175, 181–187.
20 E. Topitsch, *Marxismus und Gnosis*, 240.
21 A.a.O. spricht er von einem »philosophischen Rationalisierungsprozeß«!

wahre Philosophie als wichtiges Mittel der Katharsis der Seele angesehen wurde, kam es in der Folgezeit zu einer neuen Berührung mit magisch-ekstatischen Erlösungslehren orientalischer Provenienz, die zur Entstehung der gnostischen und neuplatonischen Spekulationen führten.[22] »Das Grundmotiv der Gnosis ist der mit schneidender Schärfe erlebte Druck der Realität und das daraus entspringende Erlösungsbedürfnis, welches in einer entsprechenden Interpretation des menschlichen Selbst und weiterhin des gesamten Weltprozesses Befriedigung sucht.«[23] Die gnostische Interpretation des menschlichen Selbst sieht in den Menschen gestürzte Lichtseelen, die aus der unerkennbar gedachten Gottheit herausgefallen sind. Da sie beim Sturz das Wissen um ihre göttliche Herkunft verloren haben, können sie sich ihrem Ursprung völlig entfremden oder dieses Wissen (Gnosis) wieder erlangen, indem sie ihres göttlichen Charakters innewerden.[24] Diese gnostische »Erkenntnis« ist »ein Erlösungsvorgang, der durch die Wiedererweckung des Bewußtseins der Göttlichkeit den Menschen verwandelt«[25]: Der Heilsweg des Menschen ist Gnosis als ein In-Erfahrung-Bringen der »Göttlichkeit des eigenen ›wahren Selbst‹«[26].

Die Vorstellung der Entfremdung der menschlichen Seele von ihrem göttlichen Ursprung und ihre Erlösung durch Gnosis wird in der Folgezeit zum Modell für eine Deutung des gesamten Weltprozesses. Gott entläßt die Welt aus sich heraus und stellt sich ihr gegenüber; aus diesem entfremdeten Stadium kehrt die Welt wieder zurück in die Einheit mit dem Weltengrund oder Gott. Aus diesem Modell von πρόοδος (Hervorgang) und ἐπιστροφή (Rückkehr) entsteht das »alexandrinische Weltschema« mit seinem Grundgedanken des Abstiegs von Gott zur Materie, welcher zugleich die Weltschöpfung bedeutet, und des erlösenden Wiederaufstiegs des Menschen zu Gott«[27]. Die Einschätzung der je gegenwärtigen Epoche als einer Zeit der notwendigen Entfremdung und des Unheils erklärt die Anziehungskraft, die dieses ekstatisch-kathartische Vorstellungsmodell der Gnosis und des Neuplatonismus für die jüdisch-christliche Apokalyptik hatte. Beide Traditionen, der apokalyptischen wie der gnostischen, erscheint »das gegenwärtige, bedrängende Unheil als ein notwendiges negatives Durchgangsstadium auf dem Wege zur endgültigen Erreichung des Heils«[28]. Beide verschmolzen denn auch immer wieder im Ver-

---

22 Vgl. E. Topitsch a.a.O., 242, und ders., *Seelenglaube und Selbstinterpretation*, 187.
23 E. Topitsch, *Seelenglaube und Selbstinterpretation*, 187 f.
24 Vgl. E. Topitsch a.a.O., 188, sowie ders., *Marxismus und Gnosis*, 242 f.
25 E. Topitsch, *Marxismus und Gnosis*, 243. – Ernst Topitsch bezeichnet deshalb in Anschluß an H.-Ch. Puech diese gnostische Lehre als »transformierende Mystik« (a.a.O., 243 Anm. 24).
26 E. Topitsch, *Seelenglaube und Selbstinterpretation*, 187.
27 A.a.O., 188.
28 E. Topitsch, *Marxismus und Gnosis*, 245. – Ernst Topitsch referiert hier Überlegungen, die Jakob Taubes, *Abendländische Eschatologie*, bes. 31–40, in Übernahme von Gedanken aus Hans Leisegang, *Denkformen*, und in Abgrenzung zu dessen Theorie einer kreisförmigen Dialektik sowie unter Bezugnahme auf Hans Jonas, *Gnosis und spätantiker Geist*, angestellt hat.

lauf der abendländischen Geistesgeschichte, vor allem seit der Rezeption dieses dreiphasigen Erlösungsmodells durch Dionysios Areopagita, und prägten insbesondere die Geschichte der jüdischen und christlichen Mystik. Ernst Topitsch verfolgt das ekstatisch-kathartische Vorstellungsmodell durch die Geschichte hindurch bis zum Begriff der Dialektik bei Hegel und Marx. Er weist diese Denkform in der Safeder Kabbala des Isaak Luria nach[29] und kann von dort eine Tradition über Friedrich Christoph Oetinger[30] ins Tübinger Stift zu Hegel und Schelling aufzeigen. Außerdem läßt sich im schwäbischen Pietismus ein intensives christliches Endzeit-Bewußtsein feststellen, das in Johann Albrecht Bengel, dem Lehrer von Friedrich Christoph Oetinger, seinen Höhepunkt erreichte.[31]

Die hier sehr knapp skizzierten Linien werden von Ernst Topitsch am Entfremdungsbegriff in der Geschichtsphilosophie Hegels und an dessen Theorie der Arbeit überzeugend illustriert;[32] denn hier kommt jeweils die Denkform »des dreiphasigen Rhythmus von Urzustand, πρόοδος und ἐπιστροφή, Entäußerung und Rücknahme, Negation und Negation der Negation usw.«[33] zur Anwendung. Die Denkform selbst reflektiert Hegel im Begriff der Dialektik.

7.1.3 Der im ekstatisch-kathartischen Vorstellungsmodell wurzelnde Begriff der Dialektik als Denkform und Leerformel

Der Begriff der Dialektik ist so alt und vielgestaltig wie die abendländische Philosophie.[34] Eine spezifische Ausprägung, die sachlich die ekstatisch-kathartische Vorstellungstradition aufgreift, erfährt das Verständnis von Dialektik bei Hegel[35]: »Dialektik stellt sich dar in der dialektisch-prozessualen Entwicklung seiner Philosophie.«[36] Die Philosophie vollzieht den Prozeß des »Lebens«[37], in dem »das Moment der Trennung, Entgegensetzung oder Negation ebenso wirksam und notwendig (ist) wie jenes der Wiedervereinigung,

---

29 Vgl. E. Topitsch, *Marxismus und Gnosis*, 248–252.

30 Vgl. E. Benz, *Die christliche Kabbala*. – Ernst Benz weist im einzelnen die Beziehung Christoph Oetingers zum Sohar, zu den Kennern der Kabbala Johann Jakob Schütz und Knorr von Rosenroth und zu den Kabbalisten Isaak Luria und Koppel Hecht auf.

31 Für Johann Albrecht Bengel »endet die Geschichte . . . als dialektisches Drama mit dem ›Umschlag‹ vom Reiche des Bösen zum Reiche Gottes« (E. Topitsch, *Marxismus und Gnosis*, 253). Dieser »Umschlag« zeigt sich durch ein Anschwellen des Bösen und wird von Johann Albrecht Bengel für das Jahr 1836 vorausgesagt.

32 Vgl. hierzu E. Topitsch, *Marxismus und Gnosis*, 256–258, sowie ders., *Die Sozialphilosophie Hegels als Heilslehre und Herrschaftsideologie*; ders., *Über Leerformeln*, 247–251.

33 E. Topitsch, *Marxismus und Gnosis*, 258.

34 Vgl. die Beiträge verschiedener Autoren zu dem gut orientierenden Artikel »Dialektik« in *Historisches Wörterbuch der Philosophie*, hrsg. v. J. Ritter, Band II, Sp. 164–226.

35 E. Topitsch, *Marxismus und Gnosis*, 247, sieht den Hegelschen Dialektikbegriff bereits im Verständnis von Dialektik bei Pseudo-Dionysius-Übersetzer Scotus Eriugena vorgebildet.

36 H. K. Kohlenberger, Artikel »Dialektik« (vgl. Anm. 34) Sp. 189.

37 Vgl. G. F. Hegel, *Sämtliche Werke* (Glockner) Band 1, 49.

Versöhnung oder Negation der Negation«[38]. In der Dialektik des Erkennens geschieht die Dialektik des Seins, da »der Weltprozeß in seiner Gesamtheit als dialektische Selbstverwirklichung und zugleich Selbstbewußtwerdung des Geistes gedacht ist (und somit)...die Gesetze der Wirklichkeit...notwendigerweise auch des Denkens«[39] sind. Solcher »Idealismus« gründet in einem Absoluten, das als Identität und Nicht-Identität seine wahre Einheit erst in der Aufhebung der eigenen Nicht-Identität findet. »Die Dialektik Hegels setzt in sich den Begriff des Absoluten voraus; sie kann ohne ihn nicht auskommen.«[40]

Dialektisches Denken wird dort problematisch, wo die Denkform der Dialektik unabhängig von der Voraussetzung des Absoluten zum allgemeinen Erkenntnis- und Ordnungsprinzip gemacht wird. Wenn etwa Karl R. Popper mit Bezug auf Hegel nur noch feststellt: »Dialektik...ist eine Theorie, die behauptet, daß etwas – insbesondere das menschliche Denken – sich in einer Weise entwickelt, die durch die sogenannte dialektische Triade charakterisiert ist: Thesis, Antithesis und Synthesis«[41], dann ist in Wirklichkeit das Hegelsche Verständnis von Dialektik bereits verlassen und kann Dialektik zur Leerformel werden. Ernst Topitsch macht in seiner Hegelkritik vor allem zwei Umstände geltend, durch die der Begriff der Dialektik zur Leerformel umgestaltet wird. Zum einen wird die dialektische Triade bei Hegel »aus dem Bereiche unkontrollierbarer theosophischer Spekulationen in denjenigen kontrollierbarer Gegebenheiten«[42] übertragen; dadurch gerät die Dialektik in Konflikt mit der formalen Logik und mit den Methoden der Realwissenschaften.[43] Zum anderen wurde mit der Ausweitung der Dialektik auf alle Bereiche der Wirklichkeit der Begriff der Dialektik unklar und verschwommen[44] und der Begriff der Negation völlig entleert. Die Dialektik bekommt allgemeine Gültigkeit und der Begriff der Negation umfaßt alle Arten von Nicht-Identität: Logischer Widerspruch, realwissenschaftliche Widerlegung, wertende Ablehnung, sozialer Konflikt, Abfolgen von Entwicklungsstadien und schließlich bloße Verschiedenheit werden unter diesen Begriff gebracht und als Negation oder Negation der Negation in den dialektischen Rhythmus eingeordnet. In Wirklichkeit wird die Denkform der Dialektik zu einer willkürlich manipulierbaren Leerfor-

---

38 E. Topitsch, *Über Leerformeln*, 247.
39 A.a.O., 248; vgl. H. K. Kohlenberger, Artikel »Dialektik« Sp. 190 und die Sp. 192 f. angegebene Literatur.
40 H. K. Kohlenberger, Artikel »Dialektik« Sp. 190.
41 K. R. Popper, *Was ist Dialektik?*, 263.
42 E. Topitsch, *Marxismus und Gnosis*, 258. – Die Frage, inwieweit diese Kritik auch dann aufrecht gehalten werden kann, wenn nicht von einem antiidealistischen Standpunkt aus argumentiert, sondern der Hegelsche Begriff des Absoluten für diese Konkretionen der Dialektik respektiert wird, soll hier nicht verfolgt werden.
43 Vgl. E. Topitsch, *Marxismus und Gnosis*, 258, sowie ders., *Über Leerformeln*, 248–250. Ausführlich bei K. R. Popper, *Was ist Dialektik?*, 267–272 und 278–283.
44 Vgl. K. R. Popper, *Was ist Dialektik?*, 273 f.

mel.[45] – Ob diese Kritik am Verständnis von Dialektik zu recht eine Kritik an Hegel ist, muß hier offen bleiben. Dennoch gilt, daß Ernst Topitsch in der Ausweitung der Anwendung der dialektischen Triade ganz allgemein eine Grenze sichtbar machen kann, die zwischen wissenschaftlichem und außerwissenschaftlichem Denken verläuft und die zugleich die Grenze zwischen Denkform und Leerformel markiert.[46] Von einer »Entleerung« des Begriffs Dialektik muß im Bereich der Tatsachen-Wissenschaften dort gesprochen werden, wo eine dialektische Triade behauptet wird, obwohl sie keinen Bezug zur Empirie hat bzw. durch die Erfahrungstatsachen geradezu falsifiziert werden kann.[47] Daraus »folgt auch, daß die Dialektik als Instrument empirischer Voraussagen kaum brauchbar ist«[48]. Dagegen soll seiner Behauptung[49], daß Leerformeln und außerwissenschaftliches Denken bereits dort vorlägen, wo keine Falsifizierbarkeit mehr möglich sei, keine weitere Beachtung geschenkt werden; sie steht unter der Prämisse eines neopositivistischen Wissenschaftsbegriffs, der keine Zustimmung findet.[50]

Die Denkform und Leerformel »Dialektik« hat bei Karl Marx eine spezifische Ausprägung erhalten. Ihr soll vor allem deshalb Aufmerksamkeit geschenkt werden, weil das Denken von Karl Marx für Erich Fromms Gedanken in besonderer Weise bestimmend geworden ist. Karl Marx hat das ekstatisch-kathartische Vorstellungsmodell der Gnosis ins Diesseitige transponiert: »Wie der gnostische Gott die Welt aus sich heraussetzt oder sich zur Welt entfremdet und auf dem Wege über die schmerzvolle Selbstentfremdung erst seine Vollendung erreicht, so entäußert sich der arbeitende Mensch zum Arbeitsprodukt und soll aus seiner Selbstentfremdung . . . zu einem höheren Sein, der wahren Menschlichkeit in der sozialistischen Gesellschaft erlöst werden.«[51]

Die Frage der Zuordnung von Dialektik und den Gegebenheiten der Erfahrung stellt sich neu, wenn die idealistische Grundlage des Dialektikbegriffs durch eine »Umkehrung« aufgegeben wird; denn »die besten Argumente zugunsten der Dialektik (liegen) in ihrer Anwendbarkeit auf die Entwicklung des

---

45 Vgl. E. Topitsch, *Über Leerformeln*, 251; ders., *Marxismus und Gnosis*, 258f. – Einen wesentlichen Grund für die illegitime Ausweitung der Dialektik sieht Ernst Topitsch darin, daß »die Herkunft der dialektischen Denkformen aus den gnostischen Erlösungsmythen vielleicht noch gründlicher in Vergessenheit geraten ist als etwa jene der Naturrechtslehren aus dem sozio-kosmischen Mythos der archaischen Hochkulturen« (*Über Leerformeln*, 249).

46 Dies gilt auch dann, wenn keine Konformität mit dem reduktionistischen Wissenschaftsbegriff von Ernst Topitsch gegeben ist und darum nicht nur falsifizierbare tatsachenwissenschaftliche Sachverhalte Gegenstand von Wissenschaft sind, während alles Nicht-Falsifizierbare als außerwissenschaftliches Denken qualifiziert wird.

47 Dieser Aspekt der Dialektik-Kritik von Ernst Topitsch wird für die Kritik an Erich Fromm maßgeblich sein. Vgl. unten S. 301–305.

48 E. Topitsch, *Über Leerformeln*, 254.

49 Vgl. a.a.O., 251f.

50 Vgl. die diesbezügliche Kritik oben S. 281–283.

51 E. Topitsch, *Seelenglaube und Selbstinterpretation*, 188f.; vgl. ders., *Über Leerformeln*, 254, und J.-Y. Calvez, *Karl Marx*, 298.

Denkens . . ., besonders des philosophischen Denkens«[52], so daß für Hegel die Geschichte die Geschichte der Ideen ist. Marx stellt sich gegen den Idealismus, behält aber Hegels Lehre bei, »daß die dialektischen ›Widersprüche‹, ›Negationen‹ und ›Negationen der Negationen‹ die dynamischen Kräfte der geschichtlichen Entwicklung darstellen«[53]. Der materialistische Neuansatz bei Karl Marx besagt jedoch weder, daß Dialektik identisch ist mit Wesen und Verlaufsgesetz naürlicher und geschichtlicher Bewegungen, noch daß sie ein Verfahren der empirischen Forschung oder eine Methode systematisch-deduktiver Darstellung oder eine Darstellungsmethode der Sozial- oder Ideologiehistorie ist.[54] Vielmehr kennt Karl Marx Dialektik nur als Verfahren der Rekonstruktion des kategorialen Systems einer klassenbezogenen Sozialwissenschaft, als Methode der Kritik der politischen Ökonomie, als Form der Ideologiekritik«[55].

Wenn auch auf diese Weise eine Reihe von Mißverständnissen ausgeschlossen sind, die an manche Marxschen Äußerungen vor allem in seinen Frühschriften anknüpfen und eine »Realdialektik« postulieren wollen[56], so ist gerade mit dem Verständnis von Dialektik als einer Form der Ideologiekritik die Gefahr gegeben, daß Dialektik zur Leerformel entartet.

Karl Marx beurteilt das je Gegenwärtige und Bestehende statt von einer philosophischen Reflexion von der Kritik an einer solchen Reflexion als einer Ideologie her, ohne für diese Entscheidung eine Begründung geben zu können, die über die Tatsache der Kritik hinausginge. Dadurch kommt Dialektik als Denkform notwendig in den Verdacht, Ersatz für eine umfassende Theorie zu sein, so daß die Benennung der Negation der Willkür unterliegen kann und Dialektik selbst zur Leerformel, d. h. ideologisch wird. Hierin liegt die entscheidende Schwäche des Begriffes Dialektik in einem Marxismus, der nicht auf eine umfassende Theorie verzichten kann und will. Dieser Vorwurf trifft auch die Rezeption von Karl Marx durch Erich Fromm und dessen Verständnis von Dialektik.

Dialektik im spezifischen Verständnis von Hegel und Marx, nämlich als Prozeß von positio, negatio und negatio negationis im dreifachen Sinne der Aufhebung als tollere, elevare und conservare, ist eine Denkform, die ihre Heimat in einem ekstatisch-kathartischen Vorstellungsmodell hat, das seinerseits in einer gnostisch-apokalyptischen Tradition wurzelt. Diese Behauptung läßt sich bei Karl Marx an verschiedenen Begriffen und Inhalten seiner Theorie verdeutlichen.[57] Wie sehr die ihrer Prätention nach diesseitig-wissenschaftli-

---

52 K. R. Popper, *Was ist Dialektik?*, 283.
53 A.a.O., 285.
54 Vgl. J. Frese, Artikel »Dialektik« Sp. 199f. – Mit dieser Abgrenzung wird nicht behauptet, daß Dialektik nicht tatsächlich unter Berufung auf Karl Marx so verstanden wurde und wird.
55 A.a.O., Sp. 200.
56 Vgl. J. Frese, Artikel »Dialektik« Sp. 198f.
57 Vgl. bes. J. Taubes, *Abendländische Eschatologie*, bes. 184–188; A. Rich, *Die kryptoreligiösen Motive in den Frühschriften von Karl Marx*; E. Topitsch, *Marxismus und Gnosis*, 259–265.

che Auffassung des Menschen bei Karl Marx den Vorstellungen und Denkformen der gnostisch-apokalyptischen Erlösungslehren folgt, »wird in der marxistischen Deutung des geschichtlich-gesellschaftlichen Prozesses und insbesondere der ökonomischen Entwicklung als eines Dramas der Selbstverwirklichung des Menschen auf dem Wege über seine Selbstentfremdung ganz offenkundig«[58]. Wenn der Mensch sich selbst durch die Arbeit in der Geschichte erzeugt, so tritt »der Gegenstand, den die Arbeit produziert, . . . ihr als ein fremdes Wesen, als eine von dem Produzenten unabhängige Macht gegenüber«[59]. Nicht nur die Parallelität mit den kosmologischen Vorstellungen gnostischer oder auch kabbalistischer Traditionen tritt hier zu Tage; auch die gnostisch-apokalyptische Vorstellung von einer endzeitlichen Steigerung der negativen Kräfte findet ihr Pendant in der funktionalen Sicht des Proletariats bei der revolutionären Wende vom Kapitalismus zum Sozialismus.[60]
Die Frage der Macht des Negativen kann überhaupt als eine Schlüsselfrage für das Verständnis von Apokalyptik, Gnosis, Kabbala, Mystik, Pietismus und anderen Ausfaltungen ekstatisch-kathartischer Vorstellungen bis hin zu den »Systemen« von Hegel und Marx angesehen werden. Von hierher bestimmt sich die Notwendigkeit einer spezifischen Sicht der Geschichte. »Wenn das Hier der Welt, darin das Ich weilt, die Fremde ist, wird ein Geschehen vorausgesetzt, das diesen fragwürdigen Zustand begründet. Daß Gott und Welt einander entfremdet sind, . . . wird erst unter der Voraussetzung sinnvoll, daß die Geschichte mit dem Äon der Sünde identisch ist, welcher zwischen Schöpfung und Erlösung eingebettet liegt . . . Erlösung aber heißt gnostisch: Aufhebung der Entfernung vom Anfang. Entfernung aber ist Entfremdung.«[61] Dieser Ansatz unterstreicht zum einen das Marxsche Postulat einer Geschichtstheorie, die sich nicht nur mit Aussagen zum Hier und Jetzt begnügt, sondern umgreifende Vorstellungen entwickelt;[62] zum anderen zeigt er die Notwendigkeit des Topos einer negativen Sicht des Gegenwärtigen und der Betonung des gegenwärtigen Negativen um eines zukünftigen Positiven willen. Schließlich gründet hierin der Anspruch eines Kritik-Begriffes, der davon ausgeht, daß Kritik am Bestehenden schon immer notwendig und legitim ist.[63]
Die Medien zur Überwindung des Negativen erschöpfen sich bei Karl Marx nicht im gnostischen Wissen, also in der Gnosis als einer Kontemplation. Hierin kritisiert er gerade Hegel und dessen Einschätzung der Philosophie. Doch Karl Marx verläßt nicht die beiden gemeinsame Tradition des eksta-

58 E. Topitsch, *Marxismus und Gnosis*, 261 f.
59 K. Marx, MEGA I, 3, 83; siehe auch oben S. 105–107.
60 Vgl. E. Topitsch, *Marxismus und Gnosis*, 262 f.
61 J. Taubes, *Abendländische Eschatologie*, 36 und 37.
62 Von der Beheimatung des Marxschen Denkens in der Tradition des ekstatisch-kathartischen Vorstellungsmodells her gilt es, in der Streitfrage um die adäquate Marx-Interpretation für eine Deutung zu optieren, die vom Marx der Frühschriften ausgeht.
63 Zum Zusammenhang von Geschichtstheorie und (dialektischer) Kritik vgl. R. Schaeffler, *Religion und kritisches Bewußtsein*, bes. 71–81.

tisch-kathartischen Vorstellungsmodells, sondern wählt nur die stärker apo-
kalyptisch-praktische Ausgestaltung dieses Modells, bei der es um eine Trans-
figuration geht, die nicht nur Verklärung, sondern praktisch-aktive Umge-
staltung durch den Menschen bedeutet.[64] Für beide Varianten, für die
mehr gnostisch-kontemplative und die mehr apokalyptisch-revolutionäre, ist
»die Macht des Bösen und des Leides – kurz des ›Negativen‹ – das eigentliche
Motiv ihres Denkens, und beide suchen nach einer Lösung, welche diese
Macht gleichzeitig als notwendig und als notwendig zur Aufhebung (durch den
Menschen) bestimmt erscheinen läßt«[65].

7.2 Die Denkform der Dialektik bei Erich Fromm

Die Spezifizierung des ekstatisch-kathartischen Vorstellungsmodells in der
Denkform der Dialektik bei Hegel und Marx hat deutlich werden lassen, daß
Erich Fromm in seinen philosophisch-anthropologischen, religionskritischen
und ethischen Ansichten in der Tradition dieses Vorstellungsmodells steht.
Zwar bezieht er sich in den wichtigsten Begriffen ausdrücklich auf Karl Marx,
doch gibt es bei ihm, abgesehen von einigen Reflexionen zur »paradoxen Logik«[66], keine Ausführungen zur Dialektik, geschweige denn eine wissenssoziologische Reflexion über Dialektik als Denkform eines bestimmten Vorstellungsmodells. Seine Verwurzelung in dieser Tradition ist aber offensichtlich.
Freilich kann gezeigt werden, daß Karl Marx erst in zweiter Linie ein Vermittler dieses Vorstellungsmodells ist.

7.2.1 Sein Denken in der Tradition des ekstatisch-kathartischen
Vorstellungsmodells

Erich Fromm wuchs im geistigen und gesellschaftlichen Milieu des jüdischen
Glaubens auf und wurde von dem gerade in der Orthodoxie betonten kathartischen Moment dieser Religion geprägt. In seiner Jugendzeit stand er unter
dem Einfluß seines Talmud-Lehrers Schneur Salman Rabinkov, der Chabadnik und Sozialist war und seine Auseinandersetzung mit dem sozialistischen
Gedankengut förderte. Es liegt nahe, daß Erich Fromms Denken in der Tradition des ekstatisch-kathartischen Vorstellungsmodells primär durch Schneur
Salman Rabinkov und die chabad-chassidische Mystik und erst sekundär
durch Karl Marx' religionskritische Modifikation des Vorstellungsmodells
vermittelt wurde.
Der Chassidismus steht in der Folge vor allem der lurianischen Kabbala und
ihrer apokalyptischen Version im Sabbatianismus[67] und teilt mit diesen Ur-

---

64 Vgl. E. Topitsch, *Marxismus und Gnosis*, 264f.
65 E. Topitsch, *Marxismus und Gnosis*, 265.
66 Vgl. E. Fromm, *The Art of Loving* (56/1), 61–65, und unten S. 293f.
67 Siehe oben S. 248f.

sprung und Anliegen jüdischer Mystik.[68] Gershom Scholem sieht den Ursprung jüdischer Mystik darin, daß »die Gnosis, eine der letzten großen Manifestationen des Mythos im religiösen Denken, ... den jüdischen Mystikern Sprachbilder verliehen«[69] hat, und zeigt dies an der Merkaba-Mystik als der Vorläuferin der Kabbala auf.[70] Der Stimulus der jüdischen Mystik ist für ein ekstatisch-kathartisches Vorstellungsmodell typisch: »Auf alle Fälle ist die Existenz des Bösen für die meisten Kabbalisten – als echte Siegelbewahrer der mythischen Welt – einer der hauptsächlichen Motoren ihres Denkens, die sie immer wieder zu einer Lösung des Problems antreiben.«[71]

Die Ausgestaltung der jüdischen Mystik erfolgte vor allem in der spanischen Kabbala mit dem Sohar und aufgrund der Sefirot-Lehre; diese stellt eine theosophische Spekulation dar, die verschiedene gnostische, neuplatonische und apokalyptische Traditionen aufgreift und zu einem typischen ekstatisch-kathartischen Vorstellungsmodell verbindet: dem kabbalistischen.[72] Die gnostische »Funken-Lehre« wurde in der Lehre vom »Bruch der Gefäße« zur kabbalistischen Kosmogonie mit allen für ein ekstatisch-kathartisches Vorstellungsmodell typischen Details.[73]

Ist die Linie der Überlieferung des ekstatisch-kathartischen Vorstellungsmodells von der lurianischen Kabbala über die christliche Kabbala und den schwäbischen Pietismus zu Hegel und Marx vergleichsweise unscharf und dunkel, so ist die Verbindung zum Chassidismus und zum Chabad-Chassidismus Schneur Salmans klar und direkt: Die wichtigste Quelle für die Chabad-Lehre ist der Sohar und die Kabbala Lurias. Die Chabad-Lehre selbst kann – ähnlich wie die Umkehrung von Hegel zu Marx – als Umkehrung der theosophischen Spekulation zum »Instrument psychologischer Vertiefung und Selbstanalyse«[74] verstanden werden, wobei das ekstatisch-kathartische Vorstellungsmodell trotz der Umkehrung seine Gültigkeit behält. Die mit der Umkehrung einhergehende »Ethisierung« der Mystik und die dadurch bedingte Betonung des »Weges«[75] eröffnet das Verständnis zu vielen philosophisch-anthropologischen und psychologisch-ethischen Ansichten Erich Fromms[76] und ebnet zugleich den Zugang zu ekstatisch-kathartischen Modellen in den Mystiken Asiens. Kann auf diese Weise eine Spezifizierung des Denkens von Erich Fromm durch den Chabad-Chassidismus behauptet werden, so stellen die wichtigsten Gegenstände seines Interesses in den zwanziger Jahren, nämlich die Lehren Sigmund Freuds, Karl Marx' und des Buddhismus, wiederum rein-

---

68 Siehe oben S. 246–248.
69 G. Scholem, *Die jüdische Mystik in ihren Hauptströmungen*, 38.
70 Vgl. a.a.O., 43–86.
71 A.a.O., 39.
72 Vgl. G. Scholem, *Die jüdische Mystik in ihren Hauptströmungen*, 224–266.
73 Siehe oben S. 249f., bes. S. 249 Anm. 113 und S. 250 Anm. 120.
74 G. Scholem, *Die jüdische Mystik in ihren Hauptströmungen*, 374; siehe auch oben S. 252.
75 Vgl. die Rede von der als »mystische Psychologie vorgetragenen« und »Ethos gewordenen Kabbala« oben S. 258.
76 Im einzelnen siehe oben S. 259f.

forcements der bereits grundgelegten Denkformen innerhalb eines ekstatisch-kathartischen Vorstellungsmodells dar.

Die Überzeugung, auf der die Freudsche Bewegung gegründet war, bringt Sigmund Freud selbst in den Satz: »Wo Es war, soll Ich werden«[77]. Bei diesem »Aufklärungsprozeß« spielt die Vernunft eine entscheidende Rolle; aber es ist eine Vernunft, die die unbewußten und irrationalen Leidenschaften beherrschen und den Menschen aus der Macht des Unbewußten befreien soll. Der Psychoanalyse geht es vor allem um den kathartischen Aspekt der Vernunft: Katharsis ist deshalb ein Zentralbegriff der Freudschen Lehre. Der Buddhismus und das Studium von Karl Marx haben je auf ihre Weise dazu beigetragen, daß Erich Fromm auch nach seinem Bruch mit der jüdischen Orthodoxie in den Denkformen des bisher gültigen ekstatisch-kathartischen Vorstellungsmodells verblieb. Dabei spielte das Studium von Karl Marx eine größere Rolle bei der kritischen Distanzierung von theistischen Positionen: Die Marxsche Religionskritik begründete Erich Fromms Humanismus[78] und der Marxsche Sozialismus ermöglichte ihm eine säkulare Geschichtstheorie.[79] Die Begegnung mit dem Buddhismus und später mit dem Zen-Buddhismus führte konstruktiv zum Begriff einer nicht-theistischen Religion als einer Mystik des EINEN.[80]

Überblickt man die verschiedenen Erscheinungen in der abendländischen Geistesgeschichte sowie in anderen Kulturen, die die Aufmerksamkeit Erich Fromms provozierten, so handelt es sich durchweg um Denker, Bewegungen, Phänomene etc., die hinsichtlich des Verständnisses des Menschen, seiner Welt und seiner Geschichte dem ekstatisch-kathartischen Vorstellungsmodell zugerechnet werden können. Immer geht es hierbei letztlich um eine »radikale Erkenntnis«, um ein »Gewahrwerden« von des Menschen innersten produktiven Möglichkeiten[81], um »Erleuchtung«[82], um ein Erwachen zur »humanitas«[83], kurz: um Gnosis, die auf den Mythos nicht nur verzichtet[84], sondern diesen als Irrationalität bekämpft.[85]

Bevor Erich Fromms Denken im ekstatisch-kathartischen Vorstellungsmodell

---

77 Zitiert nach E. Fromm, *Psychoanalysis and Zen Buddhism* (60/1), 81.
78 Siehe oben S. 274–278.
79 Siehe oben S. 96–105, bes. 101.
80 Siehe oben S. 161–164.
81 Vgl. die Ausführungen zu »awareness« als »Gewahrwerden«, »Erkenntnis« bzw. »radikale Erkenntnis« oben S. 156f. und S. 189f.
82 Vgl. die Ausführungen zu »Satori«, oben S. 162–164.
83 Vgl. die Ausführungen zum Humanismus-Begriff Erich Fromms, oben S. 118–120.
84 Die Mythos-Feindlichkeit verbindet Erich Fromm mit Hermann Cohen (siehe oben S. 239 Anm. 46), der in dieser Frage auf die Geschichte der jüdischen Religionsphilosophie und deren von der negativen Attributen-Lehre beeinflußten Rationalismus zurückgreift.
85 Der Kampf Erich Fromms gegen alle Irrationalität ist wohl erst richtig gesehen, wenn er im Kontext seines Versuches begriffen wird, einen Humanismus zu begründen, der dem ekstatisch-kathartischen Vorstellungsmodell treu bleibt und gleichzeitig ganz dem Anspruch der ratio genügen will.

anhand seiner Ansichten zum Menschen und seiner Geschichte skizziert wird, sollen seine Reflexionen zur paradoxen Logik aufgegriffen werden. Der Zweck der folgenden Ausführungen ist jedoch nicht, die Richtigkeit der Aussagen und Zuordnungen kritisch zu hinterfragen; vielmehr sollen in dem, was Erich Fromm unter dem Begriff »paradoxe Logik« subsumiert[86], Momente eines ekstatisch-kathartischen Denkens transparent werden.

Im Gegensatz zur aristotelischen Logik, die auf dem Satz der Identität, auf dem vom Widerspruch und auf dem vom ausgeschlossenen Dritten aufbaut, gibt es nach Erich Fromm[87] eine andere Weise des Denkens, die sich im Westen bei Heraklit und dann vor allem wieder unter der Bezeichnung »Dialektik« bei Hegel und Marx nachweisen läßt, die aber vor allem in China und Indien zu Hause ist und »paradoxe Logik« genannt werden kann. Diese Denkform nimmt – wie Heraklit – an, daß »der Konflikt zwischen Gegensätzen die Basis jeder Existenz ist«[88]. Im Gegensatz zur aristotelischen Logik versucht die paradoxe Logik z. B. des Taoismus oder der Philosophie der Brahmanen eine Lösung jenseits jedes Dualismus zu finden: »Die Harmonie (Einheit) besteht in der gegensätzlichen Position, aus der sie sich zusammensetzt.«[89]

Das Denken in einem ekstatisch-kathartischen Vorstellungsmodell wird vorzüglich in den Konsequenzen des Summationsbegriffs »paradoxe Logik« erkenntlich. So etwa, wenn Erich Fromm die Bedeutung der paradoxen Logik für einen negativen Gottesbegriff betont und z. B. behauptet, daß in der den Veden folgenden Philosophie die Vorstellung gälte, daß Gott die äußerste Form von Unwissenheit sei. Und Erich Fromm zieht von hier aus folgende Linie: »Wir sehen hier die Verbindung mit der Namenlosigkeit des Tao, dem namenlosen Namen des Gottes, der sich Moses offenbart, und dem ›absoluten Nichts‹ bei Meister Eckhart.«[90] Eine andere Konsequenz der paradoxen Logik sei jene, daß der Mensch die Einheit niemals gedanklich, sondern nur im »Erlebnis des Einsseins« (experience of oneness) erfassen könne[91], so daß die mystische Erfahrung des EINEN die einzig adäquate Form von Religion sei. Damit sei zugleich postuliert, daß es nicht primär auf Lehrinhalte und Wissenschaft ankomme, sondern die ganze Betonung darauf liege, den Menschen zu verändern (transforming man) und den Weg (Halacha, Tao) zu kennen.[92] »Paradoxes Denken (führt) zu Toleranz und dem Streben nach Selbst-

---

86 Vgl. hierzu die kritischen Anmerkungen oben S. 151f. Anm. 136, S. 157f. Anm. 153 und S. 168 Anm. 206. – Diesen kritischen Anmerkungen entsprechend läßt sich kaum die Hegelsche Dialektik mit der paradoxen Logik des Ostens auf eine Ebene bringen, weil erstere nicht paradox ist; ebenso dürfte auch die Anti-Logik des Zen-Buddhismus nur mit Einschränkungen unter den Begriff »paradoxe Logik« zu subsumieren sein.
87 Vgl. zum Folgenden: E. Fromm, *The Art of Loving* (56/1), 61–68.
88 A.a.O., 62.
89 A.a.O., 64.
90 E. Fromm, *The Art of Loving* (56/1), 64f.
91 Vgl. a.a.O., 65.
92 Vgl. a.a.O., 65f.

veränderung (self-transformation).«[93] Die Nähe dessen, was hier als »paradoxes Denken« bezeichnet wird, zum ekstatisch-kathartischen Vorstellungsmodell ist unverkennbar, auch wenn der Begriff der »paradoxen Logik« letztlich unklar bleibt. Mit größerer Deutlichkeit tritt das Modell in Erich Fromms Sicht des Menschen und seiner Geschichte zutage. Die folgenden Ausführungen wollen deshalb anhand des Vergleichs seiner Aussagen zur Natur und Geschichte des Menschen mit der Typik des ekstatisch-kathartischen Vorstellungsmodells die Verwandtschaft beider skizzieren.

Bei der Frage nach dem Selbstverständnis des Menschen ist der Ausgangspunkt aufgrund der vielfältigen empirischen Erforschungen des Tier-Mensch-Unterschieds durch eben diesen bestimmt. Doch zeigt nicht nur ein Vergleich dieses Ausgangspunkts mit den traditionellen Wesensbestimmungen des Menschen[94], sondern gerade auch ein Blick auf andere zeitgenössische philosophische Anthropologien[95], daß die Bestimmung des Menschen als eines Widerspruchswesens keine notwendige Folgerung aus den empirisch vorliegenden Daten ist, sondern nur eine mögliche und unter Umständen optimale Interpretation darstellt. Das Wesen des Menschen gerade in seiner Widersprüchlichkeit zu sehen, stimmt mit dem ekstatisch-kathartischen Vorstellungsmodell überein: Dessen Grundmotiv ist der Druck der Realität, der sich in den verschiedensten Dichotomien äußert und der überwunden werden soll. Die Gnosis sieht im Selbst der Menschen gestürzte Lichtseelen[96], die aus einer Ureinheit gefallen und ihrem Ursprung fremd geworden sind. Für Erich Fromm leiten sich die Dichotomien des Menschen aus einem Bruch[97] der Harmonie mit der Natur her. Die Widersprüchlichkeit ergibt sich aus des Menschen Sein in und über der Natur, wobei das Transzendieren der Natur durch Bewußtsein seiner selbst, durch Vernunftbegabung und durch Vorstellungsvermögen zugleich Ausdruck des Ekstatischen wie des Erlösungsbedürfnisses ist.

Das Schicksal der gestürzten Lichtseelen ist in der Gnosis entweder totale Entfremdung oder das Gewahrwerden ihres göttlichen Charakters und die Aufhebung der Entfremdung durch Gnosis. Bei Erich Fromm machen die dem Menschen eigenen Vernunftqualitäten, die sowohl das »Herausfallen« des Menschen aus seiner Harmonie mit der Natur als auch die Notwendigkeit einer Lösung der Dichotomien und der durch sie gesetzten spezifisch menschlichen Bedürfnisse begründen, zwei Antworten möglich: Entweder reagiert der

---

93 A.a.O., 67.
94 Siehe oben S. 83.
95 Zu nennen wären etwa Max Schelers auf den fünf Stufen des Lebendigen basierende Definition des Menschen als »›geistigen‹ Wesens«, Helmuth Plessners Bestimmung des Menschen als eines »exzentrischen« Wesens (womit Plessner einem ekstatisch-kathartischen Vorstellungsmodell am nächsten kommt) und Arnold Gehlens auf seine Institutionenlehre zielende Sicht des Menschen als eines »Mängelwesens«.
96 Siehe hierzu und zum Folgenden oben S. 284 f.
97 Vgl. die Lehre vom »Bruch der Gefäße« in der Kabbala!

Mensch nicht-produktiv und entfremdet sich mehr und mehr, oder er reagiert produktiv, indem er seine Kräfte der Vernunft und der Liebe mobilisiert und zu einer neuen Einheit mit sich, der Welt und der Natur zu kommen trachtet. Das ekstatisch-kathartische Vorstellungsmodell und Erich Fromms philosophisch-anthropologische Aussagen kommen auch darin überein, daß eine positive Bestimmung des Wesens oder der Natur des Menschen erst in der Folge einer totalen Erkenntnis der »Göttlichkeit des eigenen ›wahren Selbst‹«[98] bzw. in der Folge einer durch optimale Entfaltung der biophilen Fähigkeiten erreichbaren neuen Einheit des Menschen möglich sein wird.

Hiermit ist zugleich die Parallelität der Geschichtstheorien angezeigt. Apokalyptik ist eine Form der messianischen Idee. Sie hat die gnostische Kosmogonie und Geschichtstheorie wesentlich bestimmt. Erich Fromm versteht seine Sicht der Geschichte als Fortentwicklung des prophetischen Messianismus, so daß die formale Ähnlichkeit der Vorstellungen nicht überrascht. Allerdings wird das kosmogonische Modell von Urzustand, πρόοδος und ἐπιστροφή nur auf den Menschen als Menschheit angewendet, während das Werden des Kosmos bei ihm nicht reflektiert wird. Anders bei der vor allem durch die Apokalyptik forcierten Einschätzung der gegenwärtigen Geschichtszeit als einer Zeit notwendiger Entfremdung und notwendigen Unheils: Die Notwendigkeit der Entfremdung hat volle Gültigkeit auch für Erich Fromms Geschichtstheorie. Die Annahme einer notwendigen Entfremdung kommt wie einer gnostischen, so auch einer humanistischen Position entgegen, die die Verantwortung für die Entfremdung dem Menschen nicht anlasten möchte, wohl aber die Verantwortung für die Überwindung der Entfremdung. In der gnostisch-kabbalistischen Kosmogonie ist der »Sturz der Funken« notwendige Voraussetzung für das Gewahrwerden ihrer positiven Bestimmung; bei Erich Fromm ist der »Sündenfall« des Menschen die Bedingung der Möglichkeit, seine produktiven Fähigkeiten der Vernunft und der Liebe zu entdecken. Daß die Vorstellung des Sozialismus ihre Heimat im ekstatisch-kathartischen Vorstellungsmodell hat, bedarf angesichts der Interpretation des Sozialismus als säkularisierten Messianismus durch Erich Fromm selbst keines weiteren Aufweises.[99]

Die Verwurzelung des Frommschen Denkens im ekstatisch-kathartischen Vorstellungsmodell wird schließlich auch deutlich, wenn jene Fragen und Antworten betrachtet werden, die sich durch sein Werk durchhalten. Eine erste Grundfrage ist die des Verhältnisses von Individuum und Gesellschaft. Diese Grundfrage spiegelt die tiefgehende Problematik der soziologischen Eigenständigkeit jüdischer Gruppen im Gesellschaftsganzen wider und hat bei Erich Fromm in dieser Problematik ihren persönlichen Hintergrund. Die Antwort, die er auf die Grundfrage des Verhältnisses von Individuum und Gesellschaft gibt, umfaßt sein gesamtes sozialpsychologisches Werk, insbesondere

---

98 E. Topitsch, *Seelenglaube und Selbstinterpretation*, 187.
99 Siehe oben S. 101.

die Verknüpfung von Soziologie und Psychoanalyse in einer originären sozialpsychologischen Methode, die Entwicklung des Begriffes »Gesellschafts-Charakter« und die Sicht des Menschen als eines primär sozialen Wesens. Die Sozialpsychologie Erich Fromms ist aber nicht nur eine Antwort auf die Frage der Relation von Individuum und Gesellschaft. Sie ist im Rahmen der umfassenderen Frage nach einer Einheit in der Vielfalt und nach einem Prinzip der Einheit, das die Vielfalt der Erscheinungen zusammenzuführen vermag, zu sehen. Eben darin zeigt sich Erich Fromms Verwurzelung im ekstatisch-kathartischen Vorstellungsmodell; denn dieses versteht die Vielfalt als Emanation des EINEN und sieht im Wiederaufstieg zum EINEN die Erlösung aus dem Exil, der Galut, der Diaspora, der Verbannung, der Entfremdung, der Zerstreuung.

Eine zweite Grundfrage, die sich durch das Werk Erich Fromms durchhält, betrifft die Fähigkeit des Menschen zum Sittlichen als einer Fähigkeit zur Einheit in der Menschheit. Sie ist stimuliert durch die Brutalität zweier Weltkriege, den millionenfachen Mord an Menschen jüdischen Bekenntnisses und die Möglichkeit der nuklearen Selbstvernichtung der Menschheit. Die Antwort auf die Grundfrage nach der Fähigkeit des Menschen zum Sittlichen ist in Erich Fromms humanistischer Ethik gegeben. In ihr geht es um den Weg – die Halacha – und um die Voraussetzungen zum Beschreiten dieses Weges. Die Voraussetzungen sind in einem Humanismus grundgelegt, der sich als Selbsterlösung versteht. Zu diesem Humanismus gehört die Selbstbehauptung des Menschen in seiner potentiellen Gutheit. Dieser Selbstbehauptung entspricht die potentielle Göttlichkeit des Menschen aufgrund gnostischer »Erkenntnis« bzw. chassidischer Selbstheiligung. Humanistische Ethik hat deshalb die Aufgabe, die Fähigkeit des Menschen zur Einheit gegen alle widersprechenden Aggressionstheorien zu begründen und den Weg zur Einheit darzutun. Ihr allgemeines Wertprinzip ist die Entfaltung des Menschen zur humanitas; diese repräsentiert als Menschheit die Einheit der Menschen und bezeichnet als Menschlichkeit die Bedingung der Möglichkeit von Einheit.

Eine dritte Grundfrage, die sich im Denken Erich Fromms durchhält und am deutlichsten auf den Ursprung seines Denkens im ekstatisch-kathartischen Vorstellungsmodell hinweist, betrifft die Erfahrung eines den Menschen und seine Welt umgreifenden Sinnes. Die Antwort Erich Fromms auf die Grundfrage einer umgreifenden Sinnerfahrung heißt humanistische Religion als mystische Erfahrung des EINEN. Vermag humanistische Ethik das Ziel und den Weg zum Ziel zu benennen, so humanistische Religion die Art und Weise der Erfahrung des EINEN, insofern sie ein Einssein des Menschen mit sich und seiner menschlichen und natürlichen Umwelt bedeutet. Erfahrung des EINEN ist nur möglich, wo der Mensch auf alle fremden Einflüsse verzichtet, seine Abhängigkeiten negiert und dadurch seines wahren inneren Selbst gewahr wird. Erst in dieser Selbstbeschränkung (»Leere«, »Nichts«) ist das Ekstatische der Erfahrung des EINEN möglich: Der Mystiker erfährt sein Einssein mit der menschlichen und natürlichen Umwelt zugleich als Vorgriff auf seine

Vollendungsgestalt.[100] Glaube und Vertrauen in den Menschen und seine Zukunft haben in dieser umgreifenden Sinnerfahrung ihren Rückhalt, so daß humanistische Religion als Mystik des EINEN durch diese umgreifende Sinnerfahrung humanistisches Ethos ermöglicht;[101] denn die Mystik läßt die Versöhnung der Gegensätze und das Einssein des Verschiedenen und Vielen erfahren, begründet darin die Fähigkeit zum Sittlichen und richtet das sittliche Streben des Menschen zugleich auf ein Ziel aus. In ähnlicher Weise kann Selbsterlösung nach dem ekstatisch-kathartischen Vorstellungsmodell nicht auf die mystische Erfahrung des EINEN im Einssein verzichten.[102].

7.2.2 Die Dialektik als Denkform und Leerformel

Im Werk Erich Fromms kommt nur selten das Wort »Dialektik« oder »dialektisch« vor. Es gibt keine eigenen Ausführungen zur »Dialektik« als einer Form des Denkens oder als einer Methode. Dennoch spielt die Denkform der Dialektik bei Erich Fromm eine eminente Rolle, und zwar gerade jenes Verständnis von Dialektik, das sich bei Hegel und Marx findet und seine Heimat im ekstatisch-kathartischen Vorstellungsmodell hat.
Unter Dialektik ist eine Denkform »des dreiphasigen Rhythmus von Urzustand, πρόοδος und ἐπιστροφή, Entäußerung und Rücknahme, Negation und Negation der Negation usw.«[103] zu verstehen. Die Legitimität, die Wirklichkeit dialektisch zu interpretieren, wird behauptet, solange eine solche Interpretation nicht im Bereich empirischer Tatsachenwissenschaften falsifiziert werden kann. Jenseits dieser Grenze wird die Denkform der Dialektik zur Leerformel.[104] Die Besonderheit der dialektischen Denkform besteht in ihrem Negationsbegriff. Dieser besagt, daß die Dialektik von Gegebenheiten nur durch die Negation des Bestehenden aufgehoben werden könne. Mit der Denkform der Dialektik ist deshalb ein spezieller Begriff von Kritik gesetzt.[105] Der detaillierte Aufweis des dialektischen Denkens bei Erich Fromm soll sich im Wesentlichen auf den Bereich seiner Religionskritik beschränken, zumal sich an seiner Religionskritik die Grenze zum Leerformel-Gebrauch der Dialektik leicht aufzeigen läßt.
Bei der Begründung humanistischer Religion geht Erich Fromm davon aus, daß humanistische Religion die Negation von autoritärer Religion ist. Dementsprechend kann dem Anliegen einer humanistischen Religion nur ein revo-

---

100 Vgl. oben S. 247 die Aussagen zur eschatologischen Natur mystischer Erkenntnis.
101 Mit dem Aufweis der Bedingung der Möglichkeit eines humanistischen Ethos ist noch keine humanistische Ethik begründet. Vgl. jedoch unten S. 340–344.
102 In diesem Angewiesensein auf eine umgreifende Sinnerfahrung ist der Ursprung des Begriffs »Totalität« zu sehen, wie er von Denkern gebraucht wird, die einem ekstatisch-kathartischen Vorstellungsmodell verbunden sind.
103 E. Topitsch, *Marxismus und Gnosis*, 258.
104 Siehe oben S. 288.
105 Siehe oben S. 289f.

lutionärer Charakter gerecht werden. Dieser ist der dialektische Gegenbegriff zum autoritären Charakter. Die dialektische Zuordnung von humanistischer und autoritärer Religion sowie von revolutionärem und autoritärem Charakter bedeutet zum einen, daß sich die gegensätzlichen Größen widersprechen und deshalb inkompatibel sind. Zum anderen besagt diese dialektische Zuordnung, daß humanistische Religion aufgrund von revolutionärem Charakter nur im Prozeß der Negation von autoritärer Religion und autoritärem Charakter möglich ist.[106] Das Begreifen der Dialektik als eines Prozesses impliziert zugleich einen geschichtstheoretischen Aspekt, der von Erich Fromm mit einer Theorie der Geschichte des Gottesbegriffs wahrgenommen wird.

Die Epitheta »humanistisch« und »revolutionär« haben innerhalb des dialektischen Prozesses eine anti-autoritäre Funktion; denn nur das Prinzip des Ungehorsams vermag, auf Zukunft gesehen, die Dominanz des Gehorsams gegenüber den irrationalen Autoritäten zu brechen.[107] Diese dialektische Sicht der Autoritätsabhängigkeit resultiert aus der Untersuchung irrationaler Autoritätsverhältnisse und hat dort ihre Berechtigung, insofern irrationale Autoritätsverhältnisse tatsächlich nur durch Widerspruch aufgelöst werden können.

Die Denkform der Dialektik hat demnach ihre volle Gültigkeit, wo irrationale Autoritätsverhältnisse diagnostiziert werden können. Bedenken gegen die Gültigkeit dialektischen Denkens müssen dort aufkommen, wo mit der Möglichkeit rationaler Autoritätsverhältnisse gar nicht mehr gerechnet wird und die Denkform der Dialektik universal angewendet wird. Es konnte gezeigt werden[108], daß Erich Fromm einerseits sehr wohl zwischen rationalen und irrationalen Autoritätsverhältnissen unterscheidet und am faktischen Vorkommen rationaler Autoritätsverhältnisse festhält, weil sie Postulate des Alltags sind, daß er aber andererseits in seinen systematischen Ausführungen zum revolutionären Charakter und zur humanistischen Religion die Möglichkeit rationaler Autorität völlig außer Acht läßt und eine ausschließlich dialektische Zuordnung von autoritärem und revolutionärem Charakter bzw. von autoritärer und humanistischer Religion vertritt. Damit behauptet er gegen die tägliche Erfahrung von rationaler Autorität die Gültigkeit eines dialektischen Denkens, das nur als Zwang und Diktat einer Denkform gewertet werden kann, so daß die dialektische Denkform gegenüber den Erscheinungen rationaler Autorität zur manipulatorischen Leerformel wird.

Die Denkform der Dialektik ist nicht universal auf alle Autoritätsverhältnisse anwendbar, ohne zur Leerformel zu entarten. Diese Feststellung wird überall dort zur Kritik an Erich Fromm, wo er nicht mehr mit der Möglichkeit rationaler Autoritätsverhältnisse rechnet, ohne zugleich den Nachweis für die Unmöglichkeit solcher rationaler Autoritätsverhältnisse zu erbringen. Im einzel-

---

106 Siehe oben die Ausführungen zur Stellung des revolutionären Charakters zu Gehorsam und Ungehorsam, S. 129–131.
107 Siehe oben S. 132f.
108 Siehe oben S. 122–125, 133 und 140f.

nen sind folgende Gegensatzpaare zu nennen, die sich alle von der Frage des Autoritätsverhältnisses her bestimmen und die von Erich Fromm ungerechtfertigterweise ausschließlich als dialektische Widerspruchsbegriffe verstanden werden: autoritärer – revolutionärer Charakter, autoritäre – humanistische Religion, Theismus – Nicht-Theismus, Theonomie – Autonomie.

Die Kritik an Erich Fromm bezieht sich nicht auf die Kontrastierungen als solche, sondern allein auf die ausschließliche Bestimmung des Gegensatzes als dialektischen Widerspruchs. Es wird nicht bestritten, daß sehr oft hinter dem ersten Begriff des Gegensatzpaares ein irrationales Autoritätsverhältnis steht und deshalb das Verständnis des Gegensatzes als dialektischen Widerspruchs legitim ist. Aber es wird bestritten, daß die Gegensatzbegriffe a priori inkompatibel sind: daß Gehorsam schon immer Unterwerfung unter eine irrationale Autorität ist und daß Theismus und Theonomie ausnahmslos mit Heteronomie gleichbedeutend sind. Erich Fromm selbst hat mit dem Postulat eines rationalen Autoritätsverhältnisses die Linie sichtbar gemacht, die zwischen einer bestimmten Denkform als einem Interpretament der Wirklichkeit und dem Anspruch der erfahrbaren und wissenschaftlich erhebbaren Wirklichkeit verläuft. Diese Wirklichkeit stellt die Grenzlinie für die Gültigkeit der bisher bestimmenden Denkform dar. Wird sie nicht respektiert, entartet eine Denkform zur Leerformel.

Eine zweite Grenzlinie zwischen der Denkform und der Leerformel »Dialektik« zeigt sich in der Anwendung der Dialektik auf das Verständnis der Geschichte des Gottesbegriffs.[109] Für Erich Fromm erweist sich die Geschichte des Gottesbegriffs als eine Geschichte, in der sich der Mensch mehr und mehr als die letzte Größe und den höchsten Wert verstehen lernt. Die Selbsterkenntnis des Menschen als Menschen geht einher mit einem Prozeß der Negation: In dem Maße, als jede Aussage über Gott negiert wird, erkennt der Mensch, daß er selbst Gott ist, insofern er ganz Mensch und menschlich ist.[110] Dieser Gedanke hat seinen Ursprung bereits im Bilderverbot des jüdischen Glaubens; er wird in der jüdischen Religionsphilosophie und hierbei speziell in der Lehre über die negativen Attribute vertieft.[111] Von Erich Fromm wird er im religionskritischen Sinne eingesetzt: Die Erkenntnis der Unmöglichkeit von Aussagen über Gott und die Kritik an jeder den Menschen transzendierenden Vorstellung von Gott begründet die humanistische Sicht des Menschen und seiner Welt als einer Größe, die allein aus sich und für sich Bestand hat. Dementsprechend muß die Relation Gott und Mensch als eine dialektische gefaßt werden. Das Ziel heißt Freiheit und Unabhängigkeit des Menschen von einem Gott, der a priori Unfreiheit und Abhängigkeit bedeutet. Der Prozeß der Negation fördert die Aufhebung des Widerspruchs im freien und unab-

---

109 Vgl. hierzu oben S. 143–149.
110 Vgl. die Formulierung bei E. Fromm, *The Art of Loving* (56/1), 59: »God is I, inasmuch as I am human.«
111 Siehe oben S. 231–237.

hängigen Menschen. Eine Kritik an dieser Auffassung trifft sich mit jener, die im Zusammenhang mit Erich Fromms Autoritätsbegriff geübt wurde. Doch hiermit wird noch nicht seiner Überzeugung Rechnung getragen, daß sich der Negationsprozeß aus seiner Geschichte legitimieren lasse.[112]

Das humanistische Verständnis von Mensch und Welt in Geschichte erfährt seine Begründung in einer Religionskritik, die sich aus der Geschichte des Gottesbegriffs selbst ablesen läßt. Erich Fromm zeichnet eine Entwicklungslinie entlang der Geschichte des Gottesbegriffs, die sich in einer Darstellung der Entwicklung einer negativen Theologie erschöpft und einen Prozeß zunehmender Entleerung des Gottesbegriffs sichtbar macht. Die Deutung dieser religionskritischen Entwicklungslinie als eines Negationsprozesses innerhalb einer dialektischen Triade liegt nahe; sie wird von Erich Fromm als richtig und gültig angesehen, denn er interpretiert diese Entwicklungslinie innerhalb der Religion als Entwicklung von Religion überhaupt. Die religionskritisch-humanistische Interpretation der Geschichte der negativen Theologie erhält ihre Legitimität demnach erst, wenn die Entwicklung von Religion überhaupt als dialektischer Prozeß und die Entwicklung der negativen Theologie bis hin zur nicht-theistischen Mystik als Negationsprozeß innerhalb der dialektischen Triade verstanden werden.

Abgesehen von wichtigen kritischen Anfragen bezüglich der Nominierung des Negationsprozesses in der Geschichte der negativen Theologie[113] muß gegen die Auffassung der Geschichte des Gottesbegriffs als eines Negationsprozesses eingewendet werden, daß sich die dialektische Triade nicht aufweisen läßt. Die Denkform der Dialektik, die die Interpretation der Geschichte des Gottesbegriffs als eines Negationsprozesses erst ermöglicht, impliziert einen Urzustand, der hier weder postuliert noch nachgewiesen werden kann.

Die »Urgeschichte« der Religion, wie sie Erich Fromm selbst zeichnet[114], kennt weder einen Urzustand, der eine gewisse Entsprechung zum Endzustand hätte, noch so etwas wie ein Herausfallen aus diesem Urzustand. Es gibt einzig eine Geschichte des Gottesbegriffs, in der gewisse Entwicklungsphasen und -tendenzen erkennbar sind, ohne daß diese im Detail auf einen Nenner zu bringen wären. Erkennbar ist die Abhängigkeit des Gottesbegriffs und seiner Kritik von biologischen, ökonomischen, politischen und sozio-kulturellen Faktoren; sicher konstatierbar ist in der Geschichte des Gottesbegriffs wie in der Geschichte der Religionskritik auch eine Tendenz der »Entmythologisierung«, »Entsakralisierung«, »Entmystifizierung« und anderer Ausfor-

---

112 Siehe oben S. 146f.

113 Solche kritischen Anfragen müßten einerseits das Verständnis von theologia negativa überhaupt und ihrer jeweiligen Funktion innerhalb der Religion, in der sie sich ausbildet, betreffen; andererseits müßten sie analysieren, ob bestimmte Inhalte und Erscheinungen innerhalb der Religionen (z. B. die Namensoffenbarung an Moses) mit Recht im Sinne einer theologia negativa interpretiert werden dürfen. Vgl. hierzu die Ansätze zu einer solchen Kritik oben S. 146–149, bes. S. 147 Anm. 122 und S. 147 Anm. 124.

114 Vor allem in E. Fromm, *You Shall Be as Gods* (66/1), 17–62; siehe oben S. 143–146.

mungen des Vernunftanspruchs jenes Menschen, der seine Mündigkeit anstrebt. Diese Tendenz ist für Erich Fromm der Ausgangspunkt seiner Interpretation der Geschichte des Gottesbegriffs. Doch aus der historisch belegbaren Tendenz läßt sich weder jene Eindeutigkeit ablesen, die eine Geschichtstheorie begründen könnte, noch läßt sich mit ihr die Interpretation der Geschichte des Gottesbegriffs als eines Negationsprozesses rechtfertigen. Eine Interpretation dieser Geschichte als eines Negationsprozesses ist erst dann möglich, wenn der Negationsprozeß als Teil einer dialektischen Triade ausgewiesen werden kann. Eben dies gelingt Erich Fromm nicht; denn er faßt die urgeschichtliche Entwicklung des Menschen nicht gemäß dem ekstatisch-kathartischen Vorstellungsmodell als Urzustand und πρόοδος, sondern phylo- und ontogenetisch als kontinuierlichen Bewußtwerdungsprozeß gemäß einem biomorphen[115] Vorstellungsmodell[116]; dieses orientiert sich an den Erkenntnissen jener Wissenschaften, die die Ursprünge des Menschen erforschen, und sieht in der Entwicklung des Menschen und der Menschheit einen allmählichen Loslösungsprozeß von den Bindungen an die Natur und an die Mutter. Entsprechend diesem biomorphen Ansatz wird das Ziel der Entwicklung in der völligen Freiheit und Unabhängigkeit gesehen. Dadurch, daß Erich Fromm diesen Entwicklungsprozeß dialektisch interpretiert, verquickt er zwei unvereinbare Vorstellungsmodelle; denn die dialektische Interpretation ist notwendig an ein ekstatisch-kathartisches Vorstellungsmodell gebunden. Gleichzeitig wird die Denkform der Dialektik durch die Interpretation der Geschichte des Gottesbegriffs als eines Negationsprozesses zur Leerformel, d. h. zum nicht begründeten Interpretament der Geschichte. Wenn sich aber die Geschichte des Gottesbegriffs nicht dialektisch interpretieren läßt, wird einer humanistischen Interpretation der Religionskritik die Rechtfertigung entzogen. Religionskritik impliziert dann nicht notwendig eine Negation des Gottesbegriffs. Theismus ist kein Widerspruch zum Humanismus und darf auch nicht a priori humanistisch interpretiert werden.[117]

7.2.3 Der universale Anspruch dialektischen Denkens und seine Kritik

Erich Fromm versteht die Geschichte des Gottesbegriffs als eine relativ geradlinige Entwicklung zunehmender Negation und interpretiert diese Entwicklung dialektisch. Beim Aufweis seiner Sicht wurde jedoch deutlich, daß es bei ihm auch Erkenntnisse und Gedanken gibt, die in Konkurrenz zum eksta-

---

115 Die Bezeichnung »biomorph« ist in Analogie zu »technomorph« und »soziomorph« zu verstehen und meint eine Vorstellung vom Menschen und seiner Geschichte, die sich an den empirisch erhebbaren biologischen Daten des einzelnen Menschen und der Menschheit orientiert.
116 Das bedeutet nicht, daß Erich Fromm nicht wieder auch für die urgeschichtliche Entwicklung nach dem ekstatisch-kathartischen Vorstellungsmodell denkt (in seiner Geschichtstheorie sogar ausschließlich). Vgl. hierzu oben S. 141 Anm. 102.
117 Vgl. hierzu oben S. 140–142.

tisch-kathartischen Vorstellungsmodell und dessen Denkform der Dialektik treten. Sie folgen offensichtlich einem anderen Vorstellungsmodell, nämlich den Vorstellungen und Daten eines biomorphen Modells.

Das Leben eines Menschen von der Geburt bis zum Tod stellt eine Entwicklung dar, die nach bestimmten Regeln verläuft. Eine Grundregel, die sich empirisch, und zwar vornehmlich von der Psychologie her, aufweisen läßt, lautet, daß Entwicklung nur als permanenter Ablösungsprozeß möglich ist. Unabhängigkeit, Freiheit und Selbständigkeit sind demnach nur aufgrund von Verzicht auf bisherige Geborgenheit und Sicherheit und von Verlust seither gültiger Identifikation möglich. Wird dieser permanente Exodus vom Menschen nicht geleistet oder wird er verhindert, kommt es zu Entwicklungsstörungen, zu physischen und psychischen Krankheiten. Die Lebensregel des Menschen besagt deshalb, daß Entfaltung des menschlichen Lebens nur dort möglich ist, wo Bisheriges negiert und aufgegeben wird. Der Wachstumsprozeß impliziert einen Negationsprozeß. Diese Grundregel aller menschlichen Entwicklung – sie drückt sich auch in dem allen Kulturen gemeinsamen Wissen um das Gesetz von »Stirb' und Werde!« aus – bildet die empirische Basis eines biomorphen Vorstellungsmodells, das bei Erich Fromm zum Verständnis und zur Deutung vor allem seiner sozialpsychologischen Daten dient. Das biomorphe Vorstellungsmodell hat z. B. bei der Untersuchung der einzelnen produktiven und nicht-produktiven Charakter-Orientierungen im Assimilierungs- und Sozialisationsprozeß Pate gestanden; es ist für die Scheidung in ein Wachstums- und ein Verfallssyndrom und deren gegenseitige Zuordnung verantwortlich zu machen. Darüberhinaus findet es Anwendung auf die Deutung geschichtlicher Entwicklungen: Die Menschheitsgeschichte wird nicht nur dialektisch, sondern auch biomorph als Prozeß zunehmender Entfaltung der Vernunftbegabungen gedeutet, die den Menschen gegenüber dem Tier auszeichnen. Gleiches gilt auch für die Entwicklungen innerhalb der Geistesgeschichte, wie das Verständnis der Geschichte des Gottesbegriffs illustriert. Daß auch das biomorphe Vorstellungsmodell einen Negationsprozeß impliziert, macht die Affinität zum ekstatisch-kathartischen Vorstellungsmodell und seiner Denkform der Dialektik verständlich. Der Unterschied beider Modelle darf aber nicht übersehen werden. Während nämlich der Negationsprozeß bei der dialektischen Denkform innerhalb der Triade von Urzustand, πρόοδος und ἐπιστροφή steht, kennt das biomorphe Vorstellungsmodell keine derartige Bewegung, sondern eine mehr oder weniger geradlinige (in sich vielleicht dialektisch aufgebaute) Entwicklungslinie, deren Eigenart es ist, daß der Prozeß der Evolution immer auch ein Prozeß der Negation des bisher Gültigen darstellt.

Das Fehlen der dialektischen Triade beim biomorphen Vorstellungsmodell hat eine noch bedeutendere Verschiedenheit beim Verständnis des Negationsprozesses zur Folge. Im biomorphen Vorstellungsmodell besagt Negation die Negierung dessen, aus dem die nächste Entwicklungsstufe hervorgeht, und zwar unabhängig davon, ob diese Entwicklung als Kreislauf (z. B. als Rhythmus der Natur im Jahresablauf) oder als Evolution (z. B. als orthogenetische Sicht der

Entwicklung des vormenschlichen Lebens) aufgefaßt wird. Sowohl bei einer detaillierten Betrachtung der einzelnen Entwicklungsstufen als auch bei der globalen Schau einer ganzen Entwicklung von ihren Anfängen bis zum Endzustand bedeutet Negation im biomorphen Vorstellungsmodell immer, daß das Neue den Anfang oder das Vorhergehende negiert und daß die Entwicklung insgesamt zugleich als Entfaltungs- und als Negationsprozeß betrachtet werden kann. Anders ist der Negationsprozeß im dialektischen Denken zu sehen. Negation besagt hier letztlich immer Negation einer Negation. Wird eine Entwicklung dialektisch verstanden, dann ist das Bestehende schon immer und notwendig entfremdet und als Negation eines Urzustandes anzusehen. Eine Entwicklung dialektisch als Negationsprozeß zu interpretieren, heißt also, das Bisherige und Bestehende als Negation eines Urzustandes zu negieren und mit dieser Negation der Negation zugleich die Negation des Urzustandes aufzuheben. Gegenüber dem biomorphen Verständnis ermöglicht nur die dialektische Interpretation eine umfassende Deutung des Negationsprozesses, weil nur sie das Gegenwärtige als Negation eines Urzustandes deuten kann, die es zu negieren gilt.

Eine dialektische Interpretation des Negationsprozesses muß sich immer an den empirisch erhebbaren Daten ausrichten und legitimieren. Gleichzeitig ist die Konkurrenz der Deutung des Negationsprozesses nach einem biomorphen Vorstellungsmodell in Betracht zu ziehen. Die wenigen Versuche im Werk Erich Fromms, Negationsprozesse an empirischen Daten aufzuzeigen, legen den Schluß nahe, daß die Negationsprozesse biomorph und nicht dialektisch zu interpretieren sind. Diese Option gilt sowohl für den Aufweis der geschichtlichen Entwicklung des Menschen als eines Negationsprozesses von irrationalen Bindungen und irrationalen Autoritäten zugunsten von Freiheit und Unabhängigkeit[118] als auch für den Aufweis der Geschichte des Gottesbegriffs[119]; denn bei beiden geschichtlichen Entwicklungen erbringen die empirischen Daten keine Hinweise dafür, daß die Negationsprozesse dialektisch zu verstehen sind; vielmehr votieren die Daten für ein Verständnis, bei dem die geschichtlichen Entwicklungslinien als ein Negationsprozeß entsprechend einem biomorphen Vorstellungsmodell aufzufassen sind. Erich Fromm interpretiert die beiden angeführten geschichtlichen Entwicklungen[120], wie überhaupt alle Negationsprozesse, dialektisch. Er tut dies, weil sein Denken in einem Vorstellungsmodell verankert ist, das die Welt, den Menschen und seine Geschichte ekstatisch-kathartisch deutet. Dieser Interpretationsansatz und seine Denkform der Dialektik stehen, wie gezeigt wurde, in einer Differenz zu einer

---

118 Siehe oben S. 133–136.
119 Siehe oben S. 143–149.
120 Die dialektische Deutung des Negationsprozesses autoritärer Abhängigkeiten hat zur Folge, daß für die alltägliche Erfahrung von rationaler Autorität kein Platz mehr bleibt; aus der dialektischen Deutung der Geschichte des Gottesbegriffs resultiert ein spezifisches (d. h. selbst dialektisches) Verständnis von theologia negativa, Religion, Theonomie und Autonomie.

Deutung von Daten sozialpsychologischer Erkenntnisse, die sich aus den Daten selbst ergibt, nämlich zu einem biomorphen Verständnis.

Die Differenz bei den Interpretationsmöglichkeiten ist jedoch nicht gleichzusetzen mit einer Differenz zwischen empirischen Erkenntnissen der Sozialpsychologie einerseits und den philosophisch-anthropologischen Reflexionen und den Ansichten zur humanistischen Religion und Ethik andererseits. Die Frage der Bedeutung und Gültigkeit von Erich Fromms Erkenntnissen und Gedanken entscheidet sich nicht an der Grenze zwischen diesen beiden Arten von wissenschaftlichen Aussagen. Vielmehr ist in beiden Bereichen jeweils kritisch nach dem Zusammenhang von Denkform bzw. Vorstellungsmodell und empirisch erhebbaren Daten zu fragen. Kritik an bestimmten Deutungen philosophisch-anthropologischer Annahmen besagt hier noch nicht, daß diese Annahmen hinfällig sein müssen; denn zunächst sind die Deutungen der Annahmen von der den Deutungen zugrunde liegenden Denkform her kritisch zu beleuchten; es ist zu fragen, ob die gegebenen Deutungen den für die Annahme relevanten empirischen Daten optimal entsprechen oder durch ein diesen Daten adäquateres Vorstellungsmodell revidiert werden müssen. Daß sich die Möglichkeit zu Kritik in den Aussagebereichen der humanistischen Ethik und Religion eher ergibt als bei sozialpsychologischen Befunden, bedarf keiner weiteren Erörterung. Eine solche Feststellung impliziert jedoch keine prinzipielle Trennung beider Aussagenbereiche. Weder eine positivistische Selbstbeschränkung auf »wertfreie« Erkenntnisse noch die Ansicht, daß wertende und deutende Aussagen von empirischen Befunden unabhängig seien, wird der Fragestellung gerecht.

Die hier dargelegte Kritik gilt jedem dialektischen Denken, das aus einem ekstatisch-kathartischen Vorstellungsmodell herrührt und universale Gültigkeit beansprucht. Sie führt abschließend zu der Frage, inwieweit der Anspruch der Universalität des dialektischen Denkens bei Erich Fromm eine Voraussetzung bzw. Konsequenz seines religionskritischen Humanismusbegriffs ist. Welche Funktion hat die Dialektik bei der Begründung des Humanismus? Von der Antwort ist die weitergehende Frage abhängig, inwieweit auch dialektisch gedeutete Befunde für ein christliches Welt- und Menschenverständnis und speziell für eine theologische Ethik relevant sein können.

Die Denkform der Dialektik hat bei Erich Fromm nicht nur die Aufgabe, empirisch erhebbare Daten zu deuten, einzuordnen und zu werten. Der Aufweis seiner Religionskritik verfolgt primär den Zweck, eine umfassende Theorie des Menschen und seiner Geschichte zu begründen. Dies gilt zumal für die Deutung der Geschichte des Gottesbegriffs als eines dialektischen Negationsprozesses. In dieser Universalisierung der Denkform der Dialektik auf ein universell gültiges Prinzip allen Werdens und Geschehens erfahren Fragen und Probleme des Menschen eine Antwort, die der Mensch ohne Dialektik als eine alle Wirklichkeit umgreifende Theorie nicht aus sich beantworten könnte. Dadurch aber, daß Dialektik das Bestehende als Negation eines Urzustandes begreift und daß das Bestehende, weil es Negation eines Urzustandes ist, nur durch Negation dieser Negation aufgehoben und zu neuer Identität gebracht werden kann, ist eine alle Wirklichkeit umfassende und deshalb universale Theorie gesetzt, bei der es keine diese Wirklichkeit transzendierende Größe gibt und bei der es auch keiner solchen Größe zur (Er-)Lösung bedarf. Die Universalisierung der Denkform Dialektik erfüllt somit das Anliegen der Gnosis, der sie entstammt: den Menschen seiner Göttlichkeit als einer selbstgesetzten und selbst zu lösenden Aufgabe gewahr werden zu lassen. Dialektik, als universale Theorie verstanden, begründet einen Humanismus, der a priori religionskritisch ist. Der Humanismus Erich Fromms ist notwendig an dialektisches Denken gebunden.

Die weiterführende Frage betrifft die Bedeutung, die das dialektische Denken Erich Fromms für eine christliche Theologie und Ethik haben kann, wenn Dialektik zur Begründung seines religionskritischen Humanismusbegriffs unabdingbar ist. Formal betrachtet, läßt sich sagen: Der religionskritische Humanismusbegriff Erich Fromms ist inkompatibel mit einer theistisch-christlichen Betrachtungsweise. Er ist es in dem Maße, als die Denkform der Dialektik universal angewendet wird. Eine theologische Kritik am religionskritischen Humanismusbegriff Erich Fromms muß deshalb dort ansetzen, wo eine Universalisierung der Dialektik auf den Widerstand empirischer Daten stößt (wie etwa beim Autoritätsbegriff oder bei der Geschichte des Gottesbegriffs) und die Denkform der Dialektik zur Leerformel entarten läßt. Die theologische Kritik wiederum hat dort ihre Grenze, wo aufgrund der Gegebenheiten (z. B. Überwindung eines irrationalen Autoritätsverhältnisses) eine dialektische Deutung angezeigt ist.

Die Bedeutung Erich Fromms, seiner sozialpsychologischen Erkenntnisse, seiner philosophisch-anthropologischen Reflexionen und seiner religionskritischen und ethischen Ansichten für eine christliche Theologie und eine theologische Ethik findet dort eine Grenze, wo seine Denkform der Dialektik zur universalen Theorie eines in der Gnosis wurzelnden ekstatisch-kathartischen Welt- und Menschenverständnisses wird, bei dem die Negation der Negation als kritische Theorie das Selbsterlösungsprinzip darstellt. Denn einer solchen universal-dialektischen Auffassung kann ein am biomorphen Vorstellungsmodell orientiertes Welt- und Menschenverständnis gegenübergestellt werden, das im Bestehenden nicht nur Entfremdung und Negation, sondern auch Schöpfung und Affirmation sieht und bei dem Erlösung nicht nur Kritik und Negation besagt, sondern auch Heilen und Geheiltwerden. Wo im einzelnen inhaltlich die Nahtstelle zwischen beiden Auffassungen verläuft, soll unter anderem auch der letzte Teil zeigen.

Teil IV:
Humanismus als Wissenschaft und als religiöses Ethos bei Erich Fromm

Im ersten Teil kamen die Erkenntnisse Erich Fromms im Bereich der Psychoanalyse, Sozialpsychologie und philosophisch-anthropologischen Reflexion
zur Darstellung; dann wurde sein Humanismusbegriff am Beispiel seines Verständnisses von Religion und Ethik aufgezeigt und kritisiert bzw. gewürdigt.
Der dritte Teil wollte einige jener geistigen Quellen und Abkünfte namhaft
machen, denen er, sein Denken und auch seine Erkenntnisse ihre Prägung verdanken.

Der nun folgende Schlußteil ist nicht einfach eine Zusammenfassung des Vorherigen. Gegenstand des Interesses ist die Alternative »Haben oder Sein«, wie
sie in dem neuesten Werk von Erich Fromm dargelegt ist. Diese Alternative
muß zunächst als eine letzte Abstraktion der empirischen Befunde innerhalb
der Charakterlehre verstanden werden: Jedes menschliche Denken, Fühlen
und Handeln geschieht entweder in der Weise des Habens (»Modus des Habens«) oder des Seins (»Modus des Seins«). Darüberhinaus ist diese Alternative ein Schlüssel zum Verständnis menschlicher Wirklichkeit überhaupt, und
zwar auch der religiösen und ethischen, so daß mit den Worten »Haben oder
Sein« jene »Nahtstelle« gefunden ist, in der Humanismus als Wissenschaft und
Humanismus als Religion – oder besser gesagt: Humanismus als religiöses
Ethos – ineinskommen.

8 Die Kunst des Lebens: Haben oder Sein?

8.1 Die Modi des Habens und des Seins als charakterologische Begriffe

8.1.1 Haben und Sein als letzte Wertungen menschlicher Wirklichkeit

Im Mittelpunkt der wissenschaftlichen Betrachtungsweise des Menschen steht bei Erich Fromm der – umfassend zu verstehende – sozialpsychologische Begriff des Charakters. Der Charakter ist strukturiert, d. h. er hat, je nach Prägung, eine bestimmte Eigenart, die sich als Orientierung des Charakters idealtypisch fassen und im Hinblick auf seine Funktionalität bzw. Dysfunktionalität für die Entfaltung des Systems Mensch qualifizieren läßt. Er disponiert und terminiert menschliche Energie, so daß des Menschen Verhalten zur natürlichen und menschlichen Umwelt der Qualität und Orientierung der Charakterstruktur entspricht.[1] Die verschiedenen Charakter-Orientierungen können sich je verschieden mischen. Von wissenschaftlichem Interesse ist vor allem, welche Charakter-Orientierung dominant ist und ob diese dominante Orientierung von produktiver oder nicht-produktiver Qualität ist.

Die Frage, mit welcher Intensität eine entweder produktive oder nicht-produktive Orientierung der Charakterstruktur dominant ist, brachte Erich Fromm zu der Erkenntnis, daß man prinzipiell von zwei Charaktersyndromen sprechen kann: entweder vom biophil ausgerichteten Wachstumssyndrom oder vom nekrophil orientierten Verfallssyndrom.[2] Mit der Statuierung von Syndromen wird der Eigenart des Charakters Rechnung getragen, daß zu einer biophil-produktiven bzw. nekrophil-nicht-produktiven Orientierung bestimmte Komponenten gehören, die mit zunehmender Stärke der produktiven bzw. nicht-produktiven Ausrichtung konvergieren. Je stärker die Orientierungen konvergieren, desto deutlicher wird das Wachstums- oder Verfallssyndrom ausgebildet und desto mehr schließen sich die alternativ qualifizierten

---

1 Vgl. oben S. 38. – Die Aussagen gelten in gleicher Weise für den einzelnen Menschen wie für gesellschaftliche Größen. Vgl. oben die Ausführungen zum Gesellschafts-Charakter, S. 38–44.
2 Vgl. oben S. 77–81.

Orientierungen gegenseitig aus.[3] Entwickelt sich also eine Orientierung zum Syndrom, dann potenzieren sich die biophilen oder nekrophilen Qualitäten. Diese Erkenntnisse und Vorstellungen von Charaktersyndromen gelten auch für die Entdeckung, daß menschliches Leben immer entweder der Grundorientierung des Habens oder der des Seins folgt.[4]

Der Frommsche Gebrauch der Begriffe »Haben« und »Sein« entstammt der Nomenklatur der Kapitalismuskritik, wie sie Karl Marx in den »Pariser Manuskripten von 1844« übt. Die »Wissenschaft des Reichtums«, wie Karl Marx die kapitalistische Nationalökonomie nennt, diese »Wissenschaft der wunderbaren Industrie ist zugleich die Wissenschaft der Askese, und ihr wahres Ideal ist der asketische, aber wuchernde Geizhals und der asketische und produzierende Sklave. Ihr moralisches Ideal ist der Arbeiter, der in die Sparkasse einen Teil seines Salairs bringt. . . . Die Selbstentsagung, die Entsagung des Lebens und aller menschlichen Bedürfnisse ist ihr Hauptlehrsatz. Je weniger du ißt, trinkst, Bücher kaufst, in das Theater, auf den Ball, zum Wirtshaus gehst, denkst, liebst, theoretisierst, singst, machst, fühlst etc., um so mehr sparst du, um so größer wird dein Schatz, den weder Motten noch Staub fressen, dein Kapital. Je weniger du bist, je weniger du dein Leben äußerst, um so mehr hast du, um so größer ist dein entäußertes Leben, um so mehr speicherst du auf von deinem entfremdeten Wesen.«[5] Erich Fromm sucht für diese Unterscheidung von Haben und Sein, die hinter der Marxschen Relation von Mehr-Haben und Weniger-Sein steht, eine empirische Basis mit Hilfe seiner sozialpsychologischen Methode. Und er bekennt: »Was ich sah, brachte mich zu dem Schluß, daß diese Unterscheidung, zusammen mit jener zwischen Liebe zum Leben und Liebe zum Toten, das entscheidendste Problem der menschlichen Existenz darstellt; daß ich erkannte, daß empirische, anthropologische und psychoanalytische Daten dazu neigen, zu beweisen, daß Haben und Sein zwei

---

3 Vgl. das Schema oben S. 81.

4 Von einer »Entdeckung« kann deshalb gesprochen werden, weil Erich Fromm die charakterologischen Begriffe »Haben« und »Sein« als Schlüssel zum Verständnis philosophischer und religiöser Aussagen, ja überhaupt als Schlüssel zur Deutung der menschlichen Wirklichkeit in Geschichte und Gegenwart entdeckt. Die Sache selbst, die mit der Alternative gemeint ist, ist natürlich keine Entdeckung Erich Fromms; dieser bemüht sich vielmehr nachzuweisen, daß die »Sache« bei allen großen Lehrern der Menschheit und allen großen Meistern des Lebens da ist. Die unter dem Titel *Etre et Avoir (Sein und Haben)* publizierten Tagebuchnotizen von Gabriel Marcel sind abstrakte philosophische Reflexionen mit zum Teil anderen Intentionen. (Vgl. jedoch G. G. Abril, *Erich Fromm y Gabriel Marcel. La esperanza frustrada y la esperanza absoluta.*) Fehlt diesen die Nähe zum psychosozialen Begriff von Haben und Sein, so beschränkt sich das *Haben und Sein* genannte Buch von Balthasar Staehelin auf Aussagen, die sich aus der Betrachtung von psychoanalytischen und psychotherapeutischen Einsichten ergeben.

5 K. Marx, MEGA I, 3, 129f. *(Nationalökonomie und Philosophie)* = *Die Frühschriften*, 257f.; vgl. MEGA I, 3, 118 = *Die Frühschriften*, 240, wo Karl Marx das Haben so umschreibt: »Jedes seiner menschlichen Verhältnisse zur Welt, Sehen, Hören, Riechen, Schmecken, Fühlen, Denken, Anschauen, Empfinden, Wollen, Tätigsein, Lieben, kurz alle Organe . . . sind in ihrem gegenständlichen Verhalten oder in ihrem Verhalten zum Gegenstand die Aneignung desselben, die Aneignung der menschlichen Wirklichkeit.«

fundamentale Arten der Erfahrung (modes of experience) sind, deren jeweilige Stärke die Unterschiede zwischen den Charakteren von Individuen und zwischen verschiedenen Typen des Gesellschafts-Charakters bestimmen.«[6] Haben und Sein sind also keine Charakter-Orientierungen im oben genannten Sinne wie etwa die rezeptive oder hortende Orientierung.[7] Sie sind Modi der Erfahrung, wie Erich Fromm im vorstehenden Zitat formuliert, oder Modi der menschlichen Existenz (modes of existence), wie er zumeist sagt.

Ähnlich wie die Begriffe Biophilie und Nekrophilie sind die Begriffe Haben und Sein zugleich letzte Wertungen, die den einzelnen Charakter-Orientierungen vorausliegen und zwei grundsätzlich verschiedene Tendenzen (tendencies), Einstellungen (attitudes) oder Strebungen (strivings) des Menschen und seines Charakters überhaupt bezeichnen.[8] Die Wertungen, jemand lebe im Modus des Habens oder im Modus des Seins, führen damit die bekannte Differenzierung in produktive oder nicht-produktive Charakter-Orientierungen fort, unterscheiden sich von ihnen jedoch dadurch, daß sie (wie schon Biophilie und Nekrophilie) den Charakter als ein Syndrom verstehen. Gegenüber den Wertungen »Biophilie« oder »Nekrophilie« sind die Qualifizierungen »Modus des Habens« oder »Modus des Seins« umgreifender: Mit ihrer Hilfe lassen sich alle Ebenen der Wirklichkeit in ihrer Wertigkeit aufschlüsseln und bestimmen. Die Haben-Sein-Alternative stellt gegenüber den anderen Alternativen eine letzte Abstraktion zur Wertung menschlicher Wirklichkeit dar. Die folgende Beschreibung der Modi wird zeigen, daß trotz der Allgemeinheit mit dieser Unterscheidung menschliche Wirklichkeit dennoch in ihrer Wertigkeit am treffendsten erfaßt werden kann. Sie gilt demnach für jede Wirklichkeit, zu der der Mensch in Beziehung treten kann, und jede derartige menschliche Wirklichkeit zeichnet sich gerade dadurch aus, daß sie mit diesen Qualifizierungen in ihrer Wertigkeit für das Funktionieren des Systems Mensch am besten erkannt werden kann. Mit der Zuordnung einer menschlichen Wirklichkeit zum Modus des Habens bzw. zum Modus des Seins ist die umfassendste und treffendste und deshalb eine letzte Wertung ausgesprochen.

---

6 E. Fromm, *To Have or to Be* (76/1), 16. – Daß der Impuls zu dieser Unterscheidung und zur Verifizierung mit Hilfe der Charakterologie von der Beschäftigung mit Karl Marx herkommt, zeigen auch die Ausführungen in E. Fromm, *Marx's Concept of Man* (61/2), 35–37; ders., *The Application of Humanist Psychoanalysis to Marx's Theory* (65/3), 215f. – Ohne ausdrücklichen Bezug zu Karl Marx wird die Alternative erwähnt in E. Fromm, *The Revolution of Hope* (68/1), 82–84. Wie stark Erich Fromm von der Marxschen Fragestellung beeindruckt ist, zeigen viele begriffliche Anleihen. Wenn Erich Fromm etwa von »expression of one's essential human faculties« spricht *(To Have or to Be)* (76/1), 117), so greift er die Marxsche Rede von der »Äußerung der menschlichen Wesenskräfte« auf, wie sie vor allem in den *Pariser Manuskripten von 1844* zu finden ist.

7 Erich Fromm geht es also auch nicht, wie die Marx-Zitate vielleicht nahelegen könnten, um eine Profilierung oder Universalisierung der hortenden Charakter-Orientierung. Ebensowenig erschöpfen sich die Eigenarten des Habens mit dem von Sigmund Freud beschriebenen »analen Charakter«.

8 Vgl. E. Fromm, *To Have or to Be* (76/1), 105.

8.1.2 Bestimmung der beiden Modi

Die Erkenntnisse der psychoanalytischen Theorie und der psychotherapeutischen Praxis, seine sozialpsychologischen Einsichten und Entdeckungen, aber auch seine Beschäftigung mit den »radikalen« Denkern und Persönlichkeiten in der Geschichte der Philosophie und Religion, schließlich seine persönlichen unermüdlichen Anstrengungen, die eigene und gesellschaftliche Scheinwelt der Rationalisierungen und Ideologien zu desillusionieren, all dies zusammen ermöglicht es Erich Fromm, eine sehr genaue Bestimmung der beiden Modi zu geben. Daß es hierbei leichter fällt, den Modus des Habens in all seinen Ausfaltungen und Erscheinungsweisen zu definieren und daß die Bestimmung des Modus des Seins schwieriger ist und deshalb zum Teil e contrario erfolgt, liegt in der Natur der Sache: Der Modus des Seins zeichnet sich ja im Gegensatz zum Modus des Habens gerade dadurch aus, daß er unmittelbarer Vollzug ist und nicht dingfest und habhaft gemacht werden kann.[9]

Der einfachste Zugang zum Verständnis dessen, was Erich Fromm mit dem »Haben-Modus menschlicher Existenz« (having mode of existence) meint, ist der über das Verständnis des Privateigentums. Denn im Modus des Habens »kommt es nur darauf an, daß ich etwas als Besitz erwerben kann und daß ich das uneingeschränkte Recht habe, das auch zu behalten, was ich erworben habe«[10]. Es gibt fast nichts, was nicht besessen werden kann und zum Gegenstand des Besitzstrebens werden könnte: materielle Dinge jeder Art, die zum Teil mit »Sammlerleidenschaft« erworben werden; andere Menschen, für die man die Sorge hat, aber auch das Recht, über sie zu verfügen, z. B. über Kinder, Ehepartner, Kranke, Behinderte, Unwissende; Tugenden und Werte werden zum Besitz (Ehre haben, Ansehen haben, ein Image haben, Mut, Gesundheit, Schönheit haben . . .); Überzeugungen religiöser, weltanschaulicher und politischer Art werden wie ein Besitz erworben und hartnäckig verteidigt; Wahrheit und Recht können in Besitz genommen werden, notfalls durch Gerichtsverfahren oder durch Krieg; und mit der Eheschließung wird das Recht auf Liebe erworben. Auch die Weisen der Inbesitznahme und des Besitzens sind vielfältig. Sie reichen vom Erwerb durch Zahlung bis zur unrechtmäßigen Aneignung; sie werden Inkorporation, Interiorisierung, Internalisierung, Introjektion, Identifikation genannt und umfassen alle Spielarten des Konsumierens.[11]

Das Verlangen, etwas als Besitz zu haben und deshalb Verfügung und Macht über es zu haben, ist für die Art und Weise des Bezugs von Subjekt und Objekt im Modus des Habens kennzeichnend: ». . . die Feststellung ›Ich (Subjekt) habe O (Objekt)‹ drückt eine Bestimmung des Ich durch meinen Besitz von O aus. Das Subjekt bin nicht ich selbst, sondern ich bin, was ich habe. Mein Besitz begründet (constitutes) mich und meine Identität. Der zugrunde lie-

---

9 A.a.O., 87.
10 A.a.O., 76f.; vgl. a.a.O., 69–76.
11 Vgl. zu Letzterem a.a.O., 26f.

gende Gedanke bei der Aussage ›Ich bin ich‹ ist: ›Ich bin ich, weil ich X habe‹ – wobei X für alle natürlichen Objekte und Personen steht, zu denen ich mich in Beziehung setze, indem ich Macht habe, sie zu kontrollieren und auf Dauer zu vereinnahmen.«[12] Diese Art, seine Existenz von dem her zu bestimmen, was man hat und haben kann, besagt nun nichts anderes, als daß das Subjekt nicht mehr der Ursprung der menschlichen Existenz ist. Vielmehr wird das Subjekt durch das Objekt determiniert: »Es hat mich, weil mein Erleben der Identität, das heißt mein Erfahren von geistiger Gesundheit, von diesem Haben abhängt.«[13] Die Beziehung zwischen Subjekt und Objekt wird verdinglicht. Wohlbefinden und Glück des Menschen bestimmen sich im Modus des Habens vom Besitz und von der Überlegenheit über andere und anderes.[14]

Im *Modus des Seins* werden Wohlbefinden und Glück dort erfahrbar, wo der Mensch liebt, teilt und hergibt.[15] Das setzt voraus, daß der Mensch unabhängig und frei ist und eine kritische Vernunft hat. Denn erst diese Voraussetzungen ermöglichen das wichtigste Merkmal des Modus des Seins: sein (produktives) Tätigsein (being active).[16] Damit ist gerade nicht ein Aktivsein (activism) im Sinne von Aktivismus oder Geschäftigkeit (busyness) gemeint. »Es bedeutet, sich selbst erneuern, wachsen, ausfließen, lieben, aus dem Gefängnis seines isolierten Ego ausbrechen, interessiert sein, ›sich zuneigen‹, hergeben.«[17] Und auch dieses ist nur eine Umschreibung für eine Erfahrung und für einen Vollzug, die im Letzten nicht beschrieben, sondern nur gelebt werden können.[18] Beim Tätigsein erfährt sich der Mensch selbst als Ursprung und Subjekt seiner menschlichen Existenz. Damit ist der Gegensatz zum Haben-Modus offensichtlich. In der Beziehung von Subjekt zu Objekt bleibt das Subjekt der Akteur und das Zentrum der Existenz und bleibt es auch als ein solcher, ganz egal, was innerhalb dieser Beziehung vonstatten geht oder ging. Die Einheit bleibt gewahrt: »Ich und mein Tätigsein und das Ergebnis meines Tätigseins sind eins.«[19]

---

12 A.a.O., 77.

13 A.a.O.

14 Vgl. a.a.O., 81. – Von dieser Bestimmung des Habens ist jenes Haben zu unterscheiden, das zur Bewältigung des Lebens unabdingbar ist. Menschliches Leben »erfordert, daß wir gewisse Dinge haben, behalten, umsorgen und benutzen, um zu überleben« (a.a.O., 85). – Um solches »funktionales Haben« geht es nicht, wenn vom Modus des Habens gesprochen wird. Denn dieser ist ein auf den Charakter bezogener Begriff, der die Einstellung des Menschen zu den Dingen des Lebens betrifft.

15 Vgl. E. Fromm, *To Have or to Be* (76/1), 81.

16 Vgl. zum Folgenden a.a.O., 88–92, und die Ausführungen zur »produktiven Orientierung«, oben S. 59–62.

17 E. Fromm, *To Have or to Be* (76/1), 88.

18 Erich Fromm verdeutlicht diese Eigenart des Modus des Seins mit einem Vergleich aus der Optik: Ein blaues Glas ist blau, weil es alle anderen Farben absorbiert. Es wird also gerade deshalb blau genannt, weil es die blauen Wellenlängen nicht zurückhält. »Es hat den Namen also nicht für das, was es besitzt, sondern für das, was es von sich freigibt« (a.a.O., 89).

19 A.a.O., 91. – Erich Fromm nennt a.a.O. dieses nicht-entfremdete Tätigsein »produktives Tätigsein« (productive activity), unterstreicht aber sogleich, daß »productive« nicht mit »produzie-

8.1.3 Merkmale der beiden Modi

Die Unterschiede zwischen beiden Modi lassen sich anhand einiger Merkmale noch präzisieren.[20] Diese Merkmale sind den jeweiligen Realisierungen des Modus des Seins bzw. des Modus des Habens zuzeigen, weil sie sich aus deren jeweiliger Art, den Bezug von Subjekt und Objekt zu gestalten, ergeben, auch wenn sie im einzelnen Verhalten nicht im Vordergrund stehen. Die Kenntnis der Merkmale erleichtert aber die Zuordnung von Verhalten zu einem der beiden Modi und macht darüberhinaus die Vorstellung der beiden Modi plastischer.

Ein zentrales Merkmal des Modus des Seins wurde beim Versuch, den Modus des Seins in allgemeinster Weise zu definieren, bereits vorgestellt: das (produktive) *Tätigsein* (activity). Ihm entspricht beim Modus des Habens das Merkmal der *Passivität* (passivity). Damit ist gemeint, daß der Mensch »im Zustand des Passivs« ist, also nicht er selber ist in dem, was er tut oder nicht tut, was er denkt, fühlt, erfährt. Er »wird gelebt« von inneren und äußeren Umständen, Zwängen, Bedürfnissen, Leidenschaften, die »ihn haben« und determinieren. Deshalb sind Aktivismus und Geschäftigkeit in Wirklichkeit Ausdrucksformen von Passivität, während etwa Meditations- und Konzentrationsübungen Formen intensivsten Tätigseins sein können.[21]

Ein weiteres, zentrales Merkmal der beiden Modi kann mit den Begriffen »*Sicherheit*« (security) bzw. »*Angst*« oder »*Unsicherheit*« (insecurity) umschrieben werden. Menschliches Leben, das in dominanter Weise am Wert des Habens ausgerichtet ist, ist immer von einer spezifischen Angst und Unsicherheit gezeichnet. Diese werden von der permanenten Gefahr hervorgerufen, das, was man hat, zu verlieren. Ein solcher Mensch ist ständig gezwungen, alle Energie aufzubringen, um sich an dem, was er hat, festzuhalten und abzusichern. Das zwanghafte Bedürfnis nach Absicherung, das auch für alle Formen der Zwangsneurose kennzeichnend ist, gilt allgemein, wo immer der Versuch gemacht wird, sich am Haben zu orientieren. Die Entwicklung des menschlichen Lebens hängt nun aber davon ab, daß der Mensch sich nicht an das klammert, was er hat und zur Verfügung hat. Ein kleines Kind hat am Anfang seinen Körper und die Brust seiner Mutter. Mit der Zeit entdeckt es, daß es eine Mutter, einen Vater, Geschwister und Spielzeuge hat. Für ein Kind ist dieses Haben eine Notwendigkeit, weil es sonst hilflos ist. Wo ein Mensch aber heran-

---

rend« gleichzusetzen ist, sondern das Tätigsein als das freie Tätigsein eines Subjekts qualifiziert: »Produktives Tätigsein kennzeichnet den Zustand eines inneren Tätigseins; es hat nicht notwendigerweise einen Bezug zur Schöpfung eines Kunstwerkes, einer wissenschaftlichen Arbeit oder von etwas ›Brauchbarem‹« (a.a.O., 91).

20 Erich Fromm hat diese Merkmale erst in der Endfassung von *To Have or to Be* »Aspekte« genannt (a.a.O., 108). In den voraufgegangenen Fassungen gebrauchte er die Bezeichnung »qualities«. Vgl. zum Folgenden a.a.O., 108–129.

21 Vgl. A.a.O., 91f., und den geschichtlichen Aufweis des Verständnisses von »activity« und »passivity« bei Aristoteles, Thomas von Aquin, Meister Eckhart, Spinoza und Karl Marx, a.a.O., 92–97.

wächst und selbständig werden will, da ist ein solcher Entwicklungsfortschritt nur bei einer Einstellung möglich, bei der sich der Mensch nicht am Haben absichert und festklammert. Dieses Entwicklungsgesetz gilt auch hinsichtlich der Haben-Größen Beruf, Wissen, Kinder, soziale Stellung, ja auch für das Leben selbst. Wo die Einstellung zu diesen Größen derart ist, daß man sich und den Sinn seines Lebens von deren Besitz abhängig macht, wo man sich also an diesen Haben-Größen absichert, da muß es notwendig zu permanenter Angst und Unsicherheit kommen. Ein solches Leben ist immer in Frage gestellt: »Wenn ich bin, was ich habe, und wenn das, was ich habe, verloren ist, wer bin ich dann?«[22] Die Antwort muß notwendig heißen: »Ich bin nichts als ein zunichte gemachtes, entleertes, bemitleidenswertes Zeugnis für eine falsche Lebensweise.«[23] Die Tatsache, daß ich das, was ich habe, verlieren kann, schafft die ständige Sorge, daß ich es auch verlieren werde. Ein Leben im Modus des Habens ist deshalb immer ein angstvolles Leben. Die Angst kann sich an alles mögliche klammern. Sie ist Angst vor Räubern, vor wirtschaftlichen Veränderungen, vor Revolutionen, vor Krankheit, vor dem Tod, und sie ist Angst vor Liebe, vor der Freiheit, vor dem Wachsen, vor Veränderung, vor dem Unbekannten.[24]

Diese spezifische Angst und Unsicherheit gibt es bei einem Leben im Modus des Seins nicht. »Wenn ich der bin, der ich bin, und nicht das, was ich habe, kann mir niemand meine Sicherheit und mein Identitätserleben rauben oder gefährden. Mein Zentrum liegt in mir selbst; meine Fähigkeit zu sein und die mir wesenseigenen Kräfte (essential powers) zu gebrauchen, bilden einen Teil meiner Charakterstruktur und hängen von mir ab.«[25] Solche im Menschen liegenden Kräfte sind seine Vernunft, seine Liebe, seine künstlerische und geistige Kreativität. Von ihnen gilt, daß sie wachsen, wenn sie gebraucht werden. Im Gegensatz zu allen Größen, die im Modus des Habens von Bedeutung sind, trifft auf die dem Menschen wesenseigenen Kräfte die Aussage zu: »Was hergegeben wird, ist nicht verloren, aber umgekehrt gilt, daß verloren ist, was festgehalten wird.«[26]

Mit den Begriffen »*Solidarität*« (solidarity) bzw. »*Gier*« (greed) und »*Antagonismus*« (antagonism) lassen sich zwei weitere Merkmale benennen, die dem Modus des Seins oder des Habens immer zueigen sind.[27] Beim Modus des Habens bestimmt sich der Mensch von dem her, was er hat und haben kann. Diese

22 E. Fromm, *To Have or to Be* (76/1), 109.
23 A.a.O.
24 Vgl. a.a.O., 109 f.
25 A.a.O., 110.
26 A.a.O., 110. – Vgl. das biblische Logion Lk 17, 33: »Wer sich sein Leben zu erwerben sucht, wird es verlieren; und wer es verliert, wird am Leben bleiben.« – Außerdem das Logion Mt 13, 12: »Denn ›wer hat, dem wird gegeben werden‹, und er wird Überfluß haben; wer aber nicht hat, dem wird auch noch, was er hat, genommen werden.« Dieses Logion erläutert Mt 25, 29 bzw. Lk 19, 26 den Sinn des Gleichnisses von den Talenten.
27 Vgl. zum Folgenden E. Fromm, *To Have or to Be* (76/1), 111–116.

Bestimmung impliziert, daß der Mensch unersättlich ist: er möchte haben, viel haben, mehr haben, am meisten haben. Zum Haben gehört demnach die Gier. »Es kann die Gier des Geizhalses sein oder die Gier des Profitjägers, die Gier des Frauenhelden oder der mannstollen Weiber.«[28] Die Gier ist unersättlich im Doppelsinn des Wortes: Ein gieriger Mensch wird immer ein übersteigertes Verlangen und unbegrenzte Wünsche haben, und er wird bei aller Befriedigung seiner Gier nie satt, weil das Haben seine menschlichen Bedürfnisse nicht wirklich befriedigen kann und deshalb seine innere Leere und Langeweile, seine Vereinsamung und Depression nicht überwindet.

Die Gier gehört zum Modus des Habens und schafft einen permanenten Antagonismus unter den Menschen. »Wenn jeder mehr zu haben wünscht, muß jeder auch vor der aggressiven Absicht des Nachbarn Angst haben, daß ihm das, was er hat, weggenommen wird. Um einen solchen Angriff zu verhindern, muß man stärker und selbst präventiv aggressiv werden.«[29] Und die Gier läßt danach trachten, am meisten zu haben, so daß »es im Kampf darum, am meisten zu bekommen, unter den einzelnen Menschen notwendig Wettkampf und Antagonismus gibt«[30]. Der mit dem Modus des Habens gesetzte Antagonismus unter den Menschen bekommt seine Gefährlichkeit dort, wo es nicht nur um einen Wettstreit und Widerstreit im Bereich der Konsumgüter und des Eigentums geht, sondern wo es um das Lebensrecht und die Überlebenschance von Nationen und gesellschaftlichen Gruppen geht. Der Antagonismus unter den militärischen und politischen Machtblöcken in Form des atomaren Wettrüstens wird zwangsläufig auf Dauer zur Destruktion führen.[31]

Der gierhafte Modus des Habens ist notwendig darauf ausgerichtet, die Menschen zu scheiden, Klassengegensätze aufzurichten, Abgrenzungen zu schaffen, weil er die Gegenstände und Werte, die das Leben attraktiv, erfüllt und lebenswert machen, privatisiert und zum Mittel der Selbstbehauptung funktionalisiert. Solches Streben nach Privatbesitz ist im Modus des Seins von ganz geringer affektiver Bedeutung, denn hier muß der Mensch nicht erst besitzen, um sich zu freuen oder um einen Gegenstand zu gebrauchen. »Im Modus des Seins können mehr als eine Person – in Wahrheit Millionen Menschen – die Freude an ein und demselben Gegenstand teilen, weil ihn niemand als Bedingung für seine Freude haben muß oder haben will.«[32] Die gemeinsame Teilhabe an den Werten dieser Welt aufgrund des Fehlens einer Besitzgier hat – auf das menschliche Zusammenleben und auf die persönliche Lebensbewältigung hin gesehen – im Vergleich zum Modus des Habens einen gegenteiligen

---

28 A.a.O., 112.
29 A.a.O., 113.
30 A.a.O. – Diese Erkenntnis ist wichtig, wenn man Erich Fromms prinzipielle Kritik an einer Wirtschafts- und Marktordnung kapitalistischer Prägung verstehen will. Diese Ordnung braucht nämlich die Gier des Menschen zu ihrem Funktionieren. Vgl. hierzu die Ausführungen in Teil III von *To Have or to Be*, bes. 154–167.
31 Vgl. E. Fromm, *To Have or to Be* (76/1), 113f.
32 A.a.O., 115.

Effekt: Er trennt nicht und unterscheidet nicht, indem er besitzen möchte, sondern er vereint und solidarisiert, indem er teilen und mitteilen kann.

»Nichts eint die Menschen mehr (ohne ihre Individualität einzuschränken), als wenn sie ihre Bewunderung und Liebe für eine Person teilen, wenn sie an einer Idee, einem Musikstück, einem Gemälde, einem Symbol, einem Ritual teilhaben – und wenn sie Leid gemeinsam tragen.«[33] Es ist die Weisheit aller großen religiösen, politischen und philosophischen Bewegungen, daß nur die Erfahrung des Teilens die Beziehung zwischen Menschen lebendig hält. Solidarität ist deshalb die Alternative des Modus des Seins zum antagonistischen Prinzip des Wettkampfs und Wettbewerbs im Modus des Habens.[34]

Von hier aus wird verständlich, daß das Problem von Sünde und Vergebung eine je andere Deutung und Lösung erfährt.[35] Im Modus des Habens bedeutet der religiöse Begriff der Sünde[36] einen Widerstreit mit Gott, der mit der Vokabel »Ungehorsam« belegt wird, weil der Mensch das in Gesetze und Gebote Gottes gefaßte Recht Gottes verletzt. Wenn der Mensch sündigt, widersetzt er sich Gott, indem er nach eigenem Gutdünken sein Recht haben will. Dieser Ungehorsam des Menschen gegenüber der Autorität Gottes wird nur durch eine neue Unterwerfung vergeben.[37] Somit kann man die Relation Sünde – Vergebung im Modus des Habens mit den Begriffen »*Ungehorsam*« (disobedience) – »*Unterwerfung*« (submission) kennzeichnen. Ihnen stehen im Modus des Seins die Merkmale »*Trennung*« (separation) – »*Versöhnung*« (atonement) gegenüber. Wenn nicht das Mehr- oder Weniger-Haben und -Recht-Haben und wenn nicht die Verschiedenheiten und Ordnungsgefüge, sondern Solidarität, Einheit, Liebe, Teilen und Mitteilen die Leitwerte einer Lebens-

---

33 A.a.O.

34 Der humanistische Sozialismusbegriff Erich Fromms und die in ihm implizierte Kritik an den bestehenden sozialistischen Staaten bestimmt sich genau von dieser Alternative her. Von den sozialistischen Staaten demokratischer Prägung dürfte Schweden am deutlichsten zeigen, wie wenig eine sozialistische Gesellschafts- und zum Teil auch Wirtschaftspolitik ausrichten kann, solange diese dem Diktat des Habens folgen.

35 Vgl. zum Folgenden E. Fromm, *To Have or to Be* (76/1), 120–125.

36 Daß Erich Fromm hier den religiösen Begriff von Sünde und Vergebung zur Illustration des Modus des Habens aufgreift, während er im Modus des Seins Schuld und Vergebung auf den zwischenmenschlichen Bereich beschränkt, hängt wohl mit der religionskritischen Sicht des Autoritätsbegriffs zusammen, ist aber ohne Auswirkungen auf die Darstellung des Unterschiedes der je verschiedenen Verständnisse von Sünde und Vergebung. Das Ergebnis, nämlich die Merkmale der Relation Sünde – Vergebung im Modus des Habens, wäre gleichlautend, wenn ein rein anthropologischer Begriff von Schuld im zwischenmenschlichen Bereich gewählt worden wäre. Problematisch wird Erich Fromms Wahl eines religiösen Schuldbegriffs zur Illustration des Modus des Habens erst, wenn damit insinuiert wird, daß der religiöse Sünden- und Vergebungsbegriff für den Modus des Habens typisch sei, während der nur die zwischenmenschliche Ebene betreffende ein Kennzeichen des Modus des Seins sei. Vgl. oben S. 131f.

37 Dies ist der Grund, warum aus der Sicht Erich Fromms die reformatorische Rechtfertigungslehre nur die Akzente verschiebt, in Wahrheit aber den auch für die Werkgerechtigkeit typischen Modus des Habens nicht überwindet. Denn für eine menschliche Existenz, die sich sola gratia verdankt weiß, gilt: »Wir haben Sicherheit . . ., solange wir nichts sind« (E. Fromm, *To Have or to Be* (76/1), 121).

orientierung repräsentieren, dann ist Sünde im Modus des Seins als Trennung aufzufassen, die nur dadurch wiedergutgemacht werden kann, daß es zu einem neuen Einswerden (at-one-ment) zwischen den Betroffenen kommt.[38] Sünde im Verständnis des Modus des Seins ist nicht Ungehorsam, sondern Trennung und das Bewußtsein von Getrenntsein. »Diese Sünde wurzelt in unserer menschlichen Existenz selbst . . .; sie muß nicht vergeben werden. Aber sie muß geheilt werden; und Liebe, nicht das Annehmen einer Strafe, ist der heilende Faktor.«[39] So bedeutet Sünde im Modus des Seins »unerlöste Entfremdung (unresolved estrangement) und wird durch die volle Entfaltung von Vernunft und Liebe, durch Einswerden (atonement) überwunden«[40].

Eine weitere Alternative, mit der der Unterschied von Modus des Habens und Modus des Seins qualifiziert werden kann, benennen die Begriffe »*Freude*« (joy) und »*Vergnügen*« (pleasure).[41] Vergnügen, die Qualifizierung des Modus des Habens, kann definiert werden »als die Befriedigung eines Verlangens, zu dessen Befriedigung nicht erforderlich ist, (produktiv-)tätig zu sein . . .«[42]. Dies trifft auf alle möglichen Formen des Vergnügens und des Spaßes zu. Erich Fromm nennt[43]: das Vergnügen, sozialen Erfolg zu haben, mehr Geld zu verdienen, bei einer Lotterie zu gewinnen; das sexuelle Vergnügen, das Vergnügen, nach Herzenslust zu essen, ein Rennen zu gewinnen; in Stimmung sein durch Trinken, Trance-Zustände, Drogen; das Vergnügen, seinen Sadismus zu befriedigen, oder der Drang zu töten oder das Lebendige zu sezieren. Bei all diesen Vergnügungen ist der Mensch zwar zum Teil sehr geschäftig, aber nie in Wirklichkeit produktiv-tätig. Typisches Kennzeichen des Vergnügens ist, daß es einen Höhepunkt hat, der jedoch die innere Unausgeglichenheit des Menschen nicht beseitigt, sondern höchstens punktuell verschleiert, um danach um so deutlicher hervorzutreten.[44] Eine weitere Eigenart des Vergnügens ist das Bedürfnis nach Steigerung des Reizmomentes. Der Mensch muß immer mehr Vergnügen haben, um noch befriedigt werden zu können. Beim Vergnügen kommt also das Unersättliche des Modus des Habens besonders deutlich zum Vorschein.

Da wir in einer Welt »freudloser Vergnügungen«[45] leben, ist es gar nicht ein-

---

38 Erich Fromm findet diese Sicht von Sünde ebenfalls im biblischen Sündenfallsbericht ausgesagt, und zwar in der Rede vom Nacktsein und Sich-Schämen vor und nach dem »Fall«. Der »Fall« selbst ist kein Akt des Ungehorsams, sondern das Bewußtwerden der eigenen Vernunftbegabung, die den Menschen befähigt, gut und böse zu unterscheiden, die ihm aber auch zu Bewußtsein kommen läßt, daß das ursprüngliche Einssein der beiden Menschen zerbrochen ist und sie sich gegenseitig fremd geworden sind. Vgl. a.a.O., 122–124.
39 E. Fromm, *To Have or to Be* (76/1), 123 und 124.
40 A.a.O., 124f.
41 Vgl. E. Fromm, *To Have or to Be* (76/1), 116–119.
42 A.a.O., 116.
43 A.a.O.
44 Vgl. Erich Fromms Überlegungen zum Diktum »post coitum animal triste est«, a.a.O., 117.
45 Vgl. a.a.O., 116.

fach, die Freude als ein Merkmal des Modus des Seins mit der gleichen Deutlichkeit vorzustellen. »Freude ist der Begleiter produktiver Tätigkeit. Sie ist keine ›Gipfel-Erfahrung‹, die kulminiert und plötzlich endet, sondern eher ein Plateau, ein Gefühlszustand, der die produktive Äußerung der wahren menschlichen Fähigkeiten begleitet. Freude ist nicht das ekstatische Feuer des Augenblicks. Freude ist die Glut, die zum Sein gehört.«[46]

Wenn auch die Freude im Gegensatz zum Vergnügen etwas Unauffälliges und mehr Inneres ist, so heißt das nicht, daß sie nicht vielen Meistern des Lebens als das Merkmal geglückten und glücklichen Lebens schlechthin aufgefallen ist. Der Buddhismus weist das Vergnügen zurück, um in das Nirvana, in einen Zustand gierfreier Freude zu gelangen. Das Neue Testament warnt vor den Freuden dieser Welt und will »frohe« Botschaft sein. Der Sabbat ist ein Tag der Freude und antizipiert hierin die messianische Zeit. Das Erleben von innerer Freude motiviert Mystiker und Meister spiritueller Erneuerung der verschiedensten Richtungen. Ein Leben im Modus des Seins ist auf die optimale Entfaltung der dem Menschen eigenen Kräfte ausgerichtet. »Freude ist folglich das, was wir in dem Wachstumsprozeß erfahren, der uns dem Ziel unserer Selbstwerdung näherbringt.«[47]

Die größte Infragestellung menschlicher Existenz ist die Tatsache des Alterns, des Sterbens und des Todes. Dieses Faktum könnte als Argument gegen die humanistische Annahme eines positiv-biophil gefaßten Lebenssinnes genannt werden, so daß der Freude am Leben die Angst vor dem Tode entgegengestellt werden könnte. In Wirklichkeit aber sind die *Angst vor dem Sterben* und die *Bejahung des Lebendigen* keine im Menschen konkurrierenden Strebungen; sie sind vielmehr Ausdruck dafür, daß ein Mensch im Modus des Habens oder im Modus des Seins lebt und sein Leben gestaltet.[48] Je mehr deshalb jemand im Modus des Seins lebt, desto weniger werden ihn Altern, Sterben und Tod ängstigen, weil er auch bei Nachlassen der physischen, emotionalen und gei-

---

46 A.a.O., 117.

47 E. Fromm, *To Have or to Be* (76/1), 119.

48 Diese Behauptung gilt auch dann, wenn mit vielen Psychologen, Daseinsanalytikern und Existenz-Philosophen in Betracht gezogen wird, daß das Gefühl der Angst vor dem Sterben und vor dem Tod in der Mehrzahl der Fälle verdrängt wird und nicht nur ein Problem des alternden Menschen ist. Der in allen möglichen Formen verkleidete Wunsch nach Unsterblichkeit (Mumifizierung, Grabbeigaben, Jenseitsglaube, Erbschaft, literarisches Erbe, geistiges Gut, Kinder, Denkmäler, Letzter Wille usw.) sowie die Tabuierung des Todes (amerikanische Beerdigungsinstitute scheinen hier den höchsten Grad an Perfektion erreicht zu haben) sprechen zwar dafür, daß die Angst vor dem Sterben jeden Menschen betrifft (vgl. E. Fromm, *To Have or to Be* [76/1], 126). Die Frage ist jedoch, ob ein Überwiegen der Angst vor dem Sterben gegenüber der Bejahung des Lebendigen das Postulat eines Existentials rechtfertigt. Die Angst vor dem Sterben ist zwar die Befindlichkeit des dominant am Haben orientierten Menschen, und insofern die Haben-Dominanz statistisch überwiegt, kann auch die Befindlichkeit der Angst vor dem Sterben den Eindruck der Allgegenwärtigkeit machen. Damit ist jedoch die Annahme einer Grundbefindlichkeit (Existentials) nicht bewiesen. Trotzdem von einem Beweis zu sprechen, deutet nur darauf hin, daß derartiges Philosophieren »systemgerecht« verläuft, d. h. einer am Haben orientierten Existenz des Philosophen entspricht.

stig-intellektuellen Kräfte eine bejahende Einstellung zu dieser Wirklichkeit menschlicher Existenz hat.

Die gegensätzlichen Erfahrungen der Angst vor dem Sterben und der Bejahung des Lebendigen sind Merkmale der Art und Weise, wie menschliche Existenz ausgerichtet ist. Sie werden als solche plausibel, wenn man bedenkt, daß im Modus des Habens immer versucht wird, das eigene Leben zum Gegenstand des Besitzens und des unersättlichen Mehr-Haben-Wollens zu machen. Die Angst vor dem Sterben ist dann nämlich nicht die in der Tat berechtigte Angst vor dem Leiden und vor den Schmerzen, die dem Tod vorausgehen. Die Angst vor dem Sterben ist vielmehr die Angst davor, »das, was ich habe, zu verlieren, mein Ich, meinen Besitz und meine Identität; die Angst, vor dem Abgrund der Nichtidentität zu stehen, die Angst ›verloren zu sein‹.«[49] Der Angst vor dem Tod als einem Besitzverlust entspricht im Modus des Seins die Bejahung des Lebens als eines produktiv-tätigen Vollzugs. Je mehr die dem Menschen eigenen Kräfte der Vernunft und der Liebe entfaltet werden, desto stärker ist seine Existenz am Modus des Seins orientiert. Ein Leben im Modus des Seins ist deshalb die Lebensaufgabe selbst. Wo ein Mensch sich auf das Lebendige konzentriert, erübrigt sich die Frage nach seinem Dasein als einem »Sein zum Tode«.[50] Denn »je mehr wir uns von unserer Begierde nach Besitz in all seinen Formen freimachen, ... desto weniger stark ist die Angst vor dem Sterben, da es dabei nichts zu verlieren gibt«[51].

Ein weiteres Merkmal, das dem Modus des Seins und des Habens je und immer zu eigen ist, ergibt sich, wenn das Verhältnis zur Zeit betrachtet wird. Der Modus des Habens zeichnet sich durch eine *Zeitgebundenheit* aus. Vergangenheit, Gegenwart und Zukunft sind bestimmende Faktoren eines am Haben orientierten Lebens. Dagegen ist für den Modus des Seins eine *Zeitlosigkeit* auffällig: Produktive Tätigkeit geschieht hic et nunc, ist Vollzug des Kairos, besagt Unmittelbarkeit.

»Im Modus des Habens sind wir an das gebunden, was wir in der Vergangenheit angesammelt haben: Geld, Land, einen Ruf, einen sozialen Status, Wissen, Kinder, Erinnerungen.«[52] Nostalgie, Sentimentalität, Denkmalschutz-Ideologie, Archivierungssucht, Trachtenvereins- und Heimatfestmentalität, Historizismus usw. sind Ausdruck der an das Vergangene anknüpfenden Zeitgebundenheit im Modus des Habens. Besonders auffällig wird diese Art von Zeitgebundenheit, wo es um Rituale, Sitten, Konventionen, Routinen geht, denn diese vermitteln das Identitätserleben über die Zeitgebundenheit des Habens. Eine Änderung in der Routine oder des Rituals – etwa daß erst 15 Minuten später gegessen wird als üblich oder daß ein religiöses Zeremoniell

---

49 E. Fromm, *To Have or to Be* (76/1), 126.
50 Hierin ist der entscheidende Unterschied zur Denkweise der Existenz-Philosophie zu sehen. Erich Fromm hält es mit Spinoza, von dem er (a.a.O., 127) das Diktum zitiert: »Die Weisen denken über das Leben nach, nicht über den Tod.«
51 E. Fromm, *To Have or to Be* (76/1), 127.
52 A.a.O.

durch eine Liturgiereform anders ist – kann Menschen total aus der Fassung bringen, weil der Schock des Ungewohnten das Identitätserleben erschüttert. Ähnliches gilt, wenn sich Sitten drastisch ändern, etwa wenn Männer lange Haare tragen. Andererseits wirken neue Ideen nicht so umwerfend wie Änderungen im Gewohnheitsverhalten. Die Zeitgebundenheit beim Modus des Habens zeigt sich auch hinsichtlich der Zukunft und der Einstellung zukünftigen Ereignissen gegenüber. Die ausschlaggebende Perspektive ist jene des Habens: wie viele Dinge und was jemand haben und gehabt haben wird. »Die Zukunft ist die Vorwegnahme dessen, was die Vergangenheit werden wird.«[53] Die Gegenwart schließlich kann nur als Grenze zwischen Vergangenheit und Zukunft verstanden werden.

Wenn behauptet wurde, daß für den Modus des Seins eine Zeitlosigkeit charakteristisch sei, dann heißt das nicht, daß sich ein Leben im Modus des Seins notwendig außerhalb der Zeit realisiere. Schon die Begrenzung des menschlichen Lebens auf bestimmte Lebensjahre zeigt deutlich, daß der Mensch der Dimension der Zeit nicht entkommt. Es bleibt deshalb dem Menschen nichts anderes übrig, als die Zeit zu respektieren. Der Unterschied besteht aber darin, daß der Mensch im Modus des Seins zwar die Zeit respektieren muß; »diese Rücksichtnahme auf die Zeit wird aber zur Unterwerfung, wenn der Modus des Habens vorherrscht.«[54] Mit »Zeitlosigkeit« kann darum nur gemeint sein, daß die Dimension Zeit den Menschen in allen seinen Lebensäußerungen nicht beherrscht.[55] Entscheidende Lebensvollzüge wie ein kreativer Akt eines Künstlers oder das Erleben einer Idee oder einer Vision geschehen in der Zeitlosigkeit des Augenblicks. »Die Erfahrung des Liebens, der Freude, der Wahrheitserkenntnis geschieht nicht in der Zeit, sondern im Hier und Nun.«[56] Das hic et nunc ist Ewigkeit als Zeitlosigkeit, während das Verständnis von Ewigkeit als unbegrenzt verlängerte Zeit Ausfluß einer am Haben orientierten Auffassung von Zeit ist. Das Merkmal der Zeitlosigkeit im Modus des Seins gilt auch in Beziehung zur Vergangenheit und zur Zukunft. Während im Modus des Habens die Vergangenheit etwas Totes ist, an das sich der Mensch hält und über das er Verfügung hat, wird im Modus des Seins die Vergangenheit wieder-erschaffen (re-created), so daß das Tote zu neuem Leben kommt. »In dem Maße jemand dies tut, hört die Vergangenheit auf, Vergangenheit zu sein; sie ist das Hier und Nun.«[57] Ebenso kann die Zukunft im Mo-

---

53 A.a.O.
54 A.a.O., 129.
55 Ein Blick auf das moderne Freizeitverhalten zeigt, daß die Freizeit beileibe nicht der Ort der Zeitlosigkeit ist, sondern nur eine andere Art der Herrschaft der Zeit über den Menschen. Die Modi des Habens oder des Seins prägen je nach ihrer Dominanz sowohl die Arbeitszeit als auch die Freizeit. Vgl. a.a.O., 129.
56 A.a.O., 128.
57 A.a.O. – Der Streit der Dogmatiker um die kontroversen Fragen der Realpräsenz und Transsubstantiation, aber auch die grundsätzlichere Frage, wie in Religionen, die sich auf geschichtlich manifest gewordene Offenbarung beziehen, religiöse Akte initiiert und vermittelt werden, finden von dem verschiedenen Zeitverständnis in den beiden Modi ihre Aufklärung.

dus des Seins wie ein Hier und Nun erfahren werden. »Dies geschieht, wenn ein zukünftiger Zustand so vollkommen in jemandes eigener Erfahrung antizipiert ist, daß die Zukünftigkeit nur . . . als ein äußerer Tatbestand, aber nicht im subjektiven Erleben gegeben ist.«[58] Erich Fromm zählt zu einer solchen Möglichkeit das »genuine utopische Denken«[59], das er einem utopischen Tagträumen gegenüberstellt.

8.1.4 Exemplifizierungen der Modi an menschlichen Vollzugsformen

Die verschiedenen Merkmale der beiden Modi verdeutlichten die prinzipielle Verschiedenheit, menschliche Wirklichkeit zu erfahren, zu deuten und zu gestalten. In all diesen Merkmalen spiegelt sich die Alternative von Sein oder Haben wider, und alle Formen des Lebensvollzugs und der Lebensäußerung sind von den beiden Grundtendenzen und -einstellungen geprägt. Die folgenden Beispiele wollen die jeweils unterschiedliche Prägung eines menschlichen Vollzugs aufzeigen. Sie sind aus dem Kapitel »Haben und Sein in der täglichen Erfahrung« ausgewählt.[60]

Ein erstes Beispiel ist das *Miteinander-Reden* (conversing), und zwar in der Form des Diskutierens und der Unterhaltung. Beim Modus des Habens ist die Beziehung zur Welt und zu sich selbst derart, daß »ich alles und jeden, mich selbst eingeschlossen, zu meinem Besitz machen möchte«[61]. Wenn zwei Menschen nun diskutieren, deren Charakterstruktur stark am Haben ausgerichtet ist, dann hat jeder seine eigene Meinung und identifiziert sich damit. Die Diskussion mag dann zwar »heiß« sein und auf hohem wissenschaftlichen und philosophischem Niveau stattfinden, dennoch geht es nirgends um einen Austausch. Das einzige, was zählt, sind möglichst schlagende Argumente, um den eigenen Besitzstand verteidigen zu können. Man will in Wirklichkeit weder seine eigene Meinung noch die des Diskussions-»Partners« ändern. »Jeder fürchtet sich davor, seine Meinung zu ändern, und zwar genau deshalb, weil sie etwas von seinen Besitztümern darstellt; ihr Verlust würde deshalb eine Verarmung bedeuten.«[62]

Ganz anders verläuft eine Unterhaltung zwischen zwei Menschen, die es nicht

---

58 E. Fromm, *To Have or to Be* (76/1), 128.
59 A.a.O. – Selbstverständlich kann auch Erich Fromms humanistische religiöse Erfahrung als eine Mystik des EINEN nur auf dem Hintergrund des Zeitverständnisses im Modus des Seins begriffen werden.
60 Erich Fromm zeigt die Alternative von Haben und Sein an folgenden Aktionsformen auf: lernen, sich erinnern, sich unterhalten, lesen, Autorität ausüben, wissen, glauben und lieben. Vgl. a.a.O., 28–47. – In diesem Zusammenhang ist auf die aufschlußreichen sprachlichen Eigenarten und idiomatischen Veränderungen beim Gebrauch der Verben »haben« und »sein« hinzuweisen. Von besonderer Bedeutung ist die Beobachtung, daß in Kulturen und Gesellschaften, bei denen die Neigung, im Modus des Habens zu reagieren, zunimmt, in vermehrtem Maße auch Tätigkeitsverben durch Haben-Umschreibungen ersetzt werden. Vgl. a.a. O., 20–24, bes. 20f.
61 A.a.O., 24.
62 A.a.O., 33.

nötig haben, sich an ihrer Meinung, ihrem Wissen, ihrem Image usw. festzuhalten. Ihr Ich steht ihnen nicht im Wege, so daß sie sich aufeinander einlassen,
spontan und kreativ sein können.»Während die am Haben orientierten Personen sich auf das stützen, was sie haben, verlassen sich die am Sein orientierten
Personen auf die Tatsache, daß sie sind, daß sie lebendig sind und daß etwas
Neues zur Geburt kommt, wenn sie nur den Mut haben, wegzugeben und zu
antworten.«[63] Eine solche Unterhaltung ist nicht mehr ein Abschlag von Argumenten und Informationen, sondern ein lebendiger und belebender Dialog,
bei dem es gar nicht mehr darauf ankommt, wer die Wahrheit hat, weil der
Vollzug des Miteinander-Redens wahr ist.

Ein anderes Beispiel, das zugleich ein besseres Verständnis der religionskritischen Position Erich Fromms möglich macht, ist der Vollzug des *Glaubens*.[64]
Die Bereiche der religiösen, politischen und persönlichen Überzeugungen haben immer auch mit Glauben zu tun. Doch ist das Glauben im Modus des Habens prinzipiell verschieden vom Glauben im Modus des Seins. »Glaube im
Modus des Habens ist der Besitz einer Antwort, für die man keinen rationalen
Beweis hat.«[65] Zumeist besteht dieser Besitz aus Glaubenssätzen, die andere
formuliert haben und die übernommen werden, weil sie von einer Autorität
verwaltet werden (Kirche als Bürokratie im weitesten Sinne). Ein solcher
Glaube hat die Aufgabe, das eigene Denken und Entscheiden, vor allem aber
die eigene Erfahrung zu ersparen und dennoch oder gerade deshalb Sicherheit
zu gewähren.[66]

Wo Glaubenssätze und deren Inhalte zu einem Besitz werden, der Sicherheit
gibt, da wird die Relation Subjekt – Objekt des Glaubens so verändert, daß
das Objekt des Glaubens als verdinglichter Besitz das Subjekt bestimmt. Damit aber sind einem Glauben im Modus des Habens die Charakteristika der

---

63 A.a.O., 34.
64 Vgl. a.a.O., 41–44.
65 A.a.O., 42.
66 Von diesem Ansatz her ergeben sich etwa für den Bereich eines kirchlich und theologisch ver-
mittelten Glaubens eine Reihe von kritischen Überlegungen:
Der Konflikt zwischen der wissenschaftlichen Theologie und dem kirchlichen Lehramt mit seinen
papalen, episkopalen und presbyteralen Repräsentanzen rührt von der Sorge der öffentlichen
Verwalter des Glaubens um den Erhalt gerade dieser Funktionalität eines am Haben orientierten
Glaubens her. Die Frage, ob diese Sorge mit dem Begriff »Amt« oder »Dienst« umschrieben wird,
reduziert sich auf ein terminologisches Problem.
Die Deutung des Konflikts zwischen Theologie und Lehramt kann freilich nicht davon absehen,
daß der Streit innerhalb der Wissenschaft Theologie seinerseits alle Züge eines Kampfes um Be-
sitztümer trägt, d. h. daß es der wissenschaftlichen Artikulation des Glaubensvollzugs zumeist
auch nur um den Erhalt von Wahrheitsbesitz geht. Theologie versucht dann in Konkurrenz zum
Lehramt einen im Modus des (wissenschaftlichen) Habens verstandenen Glauben zu verwalten.
Eine Neuorientierung des Selbstverständnisses von Theologie und kirchlichem Lehramt und ihrer
Zuordnung müßte am Glaubensverständnis selbst ansetzen und die jeweilige Funktionalität von
der Aufgabe her bestimmen, im Verzicht auf jede Verwaltung eines Glaubensbesitzes den Glau-
bensvollzug im Modus des Seins zu fördern. Vgl. hierzu auch R. Funk, *Frömmigkeit zwischen Ha-*
ben und Sein, 41–46.

Idolatrie zueigen: »Während ich das Idol haben kann, weil es ein Ding ist, hat es, indem ich mich ihm unterwerfe, gleichzeitig mich.«[67] Das Glauben im Modus des Habens gewährt Sicherheit bei Preisgabe des eigenen Selbst.

Glauben im Modus des Seins besagt demgegenüber vor allem eine innere Einstellung. Sprachlich ausgedrückt geht es weniger um ein Glauben-Haben, sondern um ein Im-Glauben-Sein. Wichtig sind zunächst nicht bestimmte Ideen oder Sätze, die es zu glauben gilt, obschon sich das Glauben im Modus des Seins sehr wohl auf Glaubensüberzeugungen, auf Werte und Hoffnungen bezieht. Voraussetzung hierfür ist aber, daß der Glaubende auch tatsächlich das Subjekt des Glaubens ist und daß deshalb von ihm gesagt werden kann: Er ist im Glauben auf sich selbst hin, auf andere hin und, im Falle eines theistischen Glaubens, auf Gott hin.[68] »Mein Glaube an mich selbst, an jemand anderen, an die Menschheit, an unsere Fähigkeit, ganz und gar menschlich zu werden, impliziert ebenfalls eine Sicherheit, die auf meiner eigenen Erfahrung aufbaut und nicht auf meiner Unterwerfung unter eine Autorität, die einen bestimmten Glauben vorschreibt.«[69] Freilich hängt die Sicherheit, die ein solcher an der eigenen Erfahrung anknüpfender Glaube bieten kann, direkt davon ab, in welchem Maße der Glaubende ein Leben im Modus des Seins realisiert und sich und die Welt ohne die Rationalisierungen und Ideologien, die dem Haben-Modus eigen sind, erkennen kann.[70]

Eine letzte Illustration der beiden Modi soll an der Vollzugsform des *Liebens* erfolgen.[71] Bezeichnenderweise gibt es die Wendung »Liebe-haben«. Damit wird deutlich, daß der Akt des Liebens verdinglicht werden kann, so daß Lieben zu einem Gegenstand wird, den man haben und besitzen kann. In Wirklichkeit ist Lieben aber eine produktive Tätigkeit und kann von Liebe nur adäquat gesprochen werden, wo jemand im Modus des Seins liebt. Solches Lieben läßt sich beschreiben als »Fürsorge, wissendes Verstehen, Antworten-auf, Bejahen, Erfreuen: die Person, den Baum, das Gemälde, die Idee. Es bedeutet Zum-Leben-Bringen, Vermehrung seiner/ihrer Lebendigkeit.«[72] Lieben im Modus des Seins kann nur als Prozeß verstanden werden, bei dem der Mensch im Lieben sein Selbst erneuert und stärkt.

Wo der Modus des Habens dominant ist, wird das Wort »lieben« zumeist mißbraucht. Man möchte mit dem Wort nur verschleiern, daß da in Wirklichkeit gar keine Liebe ist. Es geht nämlich im Modus des Habens gar nicht um den Vollzug der Liebe, sondern um das Besitzen, Gefangennehmen und Kontrollieren des Gegenstandes der Liebe. Dieses Besitzergreifen und Haben des anderen zum Zwecke der Selbstabsicherung und Selbstbestätigung, das unter

---

67 E. Fromm, *To Have or to Be* (76/1), 42.
68 Vgl. a.a.O., 43.
69 A.a.O.
70 Vgl. a.a.O., 43f.
71 Vgl. hierzu a.a.O., 44–47.
72 A.a.O., 44; vgl. oben S. 72f.

dem Begriff »lieben« allgemeine Anerkennung findet, läßt sich an der Beobachtung verdeutlichen, daß oftmals mit der Eheschließung die Liebe zum Erlöschen kommt. Solange zwei Menschen umeinander werben und einer den anderen zu gewinnen sucht, sind alle Anzeichen der Liebe vorhanden: Beide sind lebendig, attraktiv, interessant und schön. Mit der Heirat oder bald darauf ändert sich häufig die Situation von Grund auf. »Der Ehevertrag gibt jedem Partner das ausschließliche Besitzrecht über den Körper, die Gefühle und die Fürsorge des anderen. Man muß niemanden mehr für sich gewinnen, weil die Liebe zu etwas geworden ist, was man hat, ein Eigentum . . . Der Irrtum, daß man Liebe haben kann, hat sie dahin geführt, daß sie mit dem Lieben aufhören.«[73] Die eigentliche Zwecksetzung der Liebe besteht darin, durch den Besitz des Partners das eigene Leben abzusichern. Dieser Zwecksetzung entspricht dann auch die Art und Weise der Ehe, wenn sie nicht wieder aufgelöst wird: Die Ehe wandelt sich »in eine freundliche Besitzerschaft, in eine Vereinigung, bei der die zwei Egoismen zu einer Einheit zusammengeschlossen sind: zu der der ›Familie‹.«[74] In dieser Interessengemeinschaft können sie gemeinsam besitzen, was sie haben: Geld, den sozialen Ruf und Stand, ein Zuhause, Kinder, Beziehungen usw. Eine solche Entwicklung der Liebe zur puren Gütergemeinschaft spricht deshalb nicht gegen die Ehe selbst, jedoch zeigt sie, daß ein Leben im Modus des Habens nie zu wirklicher Liebe befähigt. Dieser Mangel läßt sich weder durch eine (neue) Ehe noch durch Gruppenehen, Partnertausch oder Gruppensex beheben.[75] Er hat seinen Grund in einer am Haben orientierten Charakterstruktur.

8.1.5 Haben und Sein als Grundorientierungen der Charakterstruktur

Die vorstehenden Beispiele konnten die Relevanz der Modi des Habens und des Seins für einige Grundvollzüge menschlichen Lebens illustrieren. Hierbei wurde auch ihre Schlüsselfunktion für die konkrete Diagnose, Wertung, Veränderung, Kritik und Neuorientierung des Lebensvollzugs deutlich. Daß die Haben-Sein-Alternative für all diese Funktionen taugt, rührt von ihrer Eignung her, Grundorientierungen der Charakterstruktur zu bezeichnen. Den Wertungen »am Haben« oder »am Sein orientiert« kommt diese umfassende Bedeutung nur zu, weil sie mit dem empirischen Schlüsselbegriff »Charakter« verquickt sind. Sie haben Anteil an der Entdeckung, daß im Charakter die Totalität des Menschen mit all seinen Begrenzungen und Möglichkeiten empirisch greifbar wird; daß im Charakterbegriff die methodische Einheit aller human- und sozialwissenschaftlichen Erkenntnisse gefunden wird; schließlich daß im Charakter das Dispositionsfeld für menschliches Denken, Fühlen und Handeln des einzelnen wie gesellschaftlicher Größen erkannt und idealtypisch

---

73 A.a.O., 46.
74 A.a.O.
75 Vgl. a.a.O., 46f.

gefaßt werden kann. So spekulativ es klingen mag, wenn von der Alternative »Haben oder Sein« gesprochen wird, es sind damit immer charakterologische Größen gemeint: Grundorientierungen der Charakterstruktur, die – nach dem Frommschen Verständnis von Charakter – für die menschliche Wirklichkeit in all ihren Ausfaltungen letzte Wertungen darstellen.

Wenn vom Modus des Seins und des Habens gesagt wird, daß sie menschliches Leben alternativ gestalten, dann ist damit nicht behauptet, daß immer nur ein Modus vorhanden sei. Es ist im Gegenteil so, daß in der Mehrzahl der Fälle beide Modi nachweisbar sind und zumeist eine Mischung beider Modi vorliegt, einer der beiden jedoch dominiert. Je bestimmender dann aber der eine Modus wird, desto weniger Bedeutung kommt dem anderen zu. Die beiden Extreme zeichnen sich deshalb durch die Alleinherrschaft von nur einem Modus aus. Für die Mehrzahl der Menschen und Gesellschaften sind beide Modi als reale Möglichkeiten gegenwärtig. Die Frage der Dominanz kann deshalb auch in der Mehrzahl der Fälle von der Gestaltung der sozio-ökonomischen Strukturen und von den in diesen gültigen ethischen Normen her entschieden werden. »Kulturen (cultures), die die Gier nach Besitz und auf diese Weise den Modus des Habens im Leben begünstigen, wurzeln in dem einen menschlichen Potential; Kulturen, die das Sein und das Teilen fördern, wurzeln in dem anderen Potential. Wir müssen entscheiden, welches dieser beiden Potentiale wir pflegen wollen, uns jedoch vergegenwärtigen, daß unsere Entscheidung weitgehend von der sozio-ökonomischen Struktur unserer gegebenen Gesellschaft, die uns zu der einen oder anderen Lösung geneigt sein läßt, bestimmt ist.«[76] Das Geprägtsein der Charakterstrukturen entsprechend den ökonomischen und gesellschaftlichen Strukturen und Erfordernissen macht verständlich, warum gerade in den industrialisierten und hochzivilisierten Kulturen der Erde die am Haben orientierte Charakterstruktur überwiegt. Es handelt sich nämlich hierbei immer um Gesellschaften, deren Prinzipien Vermehrung, Profit und Vermögen heißen, so daß diese Gesellschaften einen am Haben orientierten Gesellschafts-Charakter ausbilden. Sobald aber ein solcher Gesellschafts-Charakter dominiert, will keiner mehr ein Außenseiter sein. Man folgt der Linie der Mehrheit, deren Gemeinsamkeit nur ihr gegenseitiger Antagonismus ist.[77]

Der Sog eines am Haben orientierten Gesellschafts-Charakters bedeutet für die Grundorientierung des individuellen Charakters keine totale Determinierung. Sowenig die sozio-ökonomischen Verhältnisse allein die Charakterstruktur determinieren, sowenig gibt es eine völlige Abhängigkeit des einzelnen von der in seiner Gesellschaft vorherrschenden Grundorientierung.[78] Je größer aber die Vorherrschaft des Modus des Habens in einer Gesellschaft ist, desto mehr bedarf es persönlicher Anstrengungen, religiöser Erfahrung des

---

76 A.a.O., 105f.
77 Vgl. a.a.O., 106f.
78 Vgl. die Ausführungen zum Gesellschafts-Charakter a.a.O., 133f.

Humanen und kritischer Vernunft, um dennoch ein am Sein ausgerichtetes Leben führen zu können. Um aber dem am Haben orientierten Gesellschafts-Charakter die Dominanz zu nehmen, müßten die ökonomischen Verhältnisse und die politischen und gesellschaftlichen Strukturen, aber auch die Vorstellungen von Sinn und Ziel des Menschen und dementsprechend die ethischen Normen und religiösen Überzeugungen in entscheidender Weise geändert werden.[79] So ergibt sich der Schluß, »daß gesellschaftlicher Wandel und Gesellschafts-Charakter sich gegenseitig beeinflussen, daß ›religiöse‹ Impulse jene Kraft beisteuern, die nötig ist, um Männer und Frauen zur Ausführung von drastischer gesellschaftlicher Veränderung zu bewegen; und daß deshalb eine neue Gesellschaft nur dann zustande gebracht werden kann, wenn ein tiefgreifender Wandel im Herzen des Menschen eintritt – wenn ein neues Objekt der Hingabe das gegenwärtige ersetzt.«[80]

8.2 Haben und Sein als religiöse Begriffe

8.2.1 Vom charakterologischen zum religiösen Verständnis der Haben-Sein-Alternative

Erich Fromm versteht unter der Haben-Sein-Alternative »zwei fundamentale Modi der Existenz, zwei verschiedene Arten der Orientierung sich selbst und der Welt gegenüber, zwei verschiedene Arten der Charakterstrukturen, wobei die jeweils dominante Art die Totalität des Denkens, Fühlens und Handelns eines Menschen bestimmt«[81]. Auf dem Hintergrund der bisherigen Ausführungen wird erkenntlich, wie weitreichend diese Umschreibung ist. Jede menschliche Äußerung, jede menschliche Empfindung, jedes Verhalten zu anderen, zur Natur, zu sich selbst, kurzum jeder Ausdruck menschlicher Existenz ist der Haben-Sein-Alternative unterworfen. Der Grund für diesen Universalitätsanspruch liegt im Frommschen Verständnis von Charakter: Dieser disponiert jeden Ausdruck menschlicher Existenz. Und für eben diesen Charakter kann er zwei konkurrierende Grundorientierungen namhaft machen, die für jeden Ausdruck menschlicher Existenz Gültigkeit haben. Jede menschliche Wirklichkeit kann einer Charakterstruktur zugeordnet werden, die entweder am Haben oder am Sein orientiert ist. Die Eindeutigkeit der Zuordnung hängt freilich von der Stärke der jeweiligen Grundorientierung ab.[82]

---

79 Erich Fromm hat diese Forderungen im Schlußteil von *To Have or to Be* im einzelnen konkretisiert. Dabei unterstreicht er die Möglichkeit, aber auch die Dringlichkeit einer fundamentalen Änderung, weil die gegenwärtige Entwicklung in der Weltwirtschaft und die Zunahme der politischen, sozialen und persönlichen Konflikte alle Anzeichen tragen, daß die Grundorientierung des Habens im Syndrom konvergiert und die Gefahr eines totalen Zusammenbruchs der derzeitigen Menschheitskulturen droht.
80 E. Fromm, *To Have or to Be* (76/1), 133.
81 A.a.O., 24.
82 Mit der Universalität der Haben-Sein-Alternative wird auch postuliert, jedes wissenschaftli-

Die Haben-Sein-Alternative mit ihrer universalen Gültigkeit und ihrer Anwendbarkeit auf alle Ebenen menschlicher Wirklichkeit ist für Erich Fromm immer eine charakterologische Größe, die sich von seinen sozialpsychologischen Erfahrungen und Einsichten her bestimmt. Das eigentlich Überraschende bei der Beschäftigung mit der Haben-Sein-Alternative ist jedoch die Erkenntnis, daß die großen Meister des Lebens in der Geschichte der Menschheit, voran jene Menschen, die eine religiöse Bewegung initiierten – also die sogenannten Religionsstifter, ebenfalls von dieser Haben-Sein-Alternative überzeugt sind.[83] Der Grund für ihre geschichtliche Wirkung kann gerade darin gefunden werden, daß sie dazu aufrufen, statt im Modus des Habens im Modus des Seins zu leben, und diesen Schritt selbst verwirklichen. Dies gilt etwa für Buddhas Lehre: Wer zur höchsten Stufe menschlicher Entwicklung gelangen möchte, dürfe nicht nach Besitz streben.[84] Eine Welterfahrung, die ganz auf das Haben verzichten will, um nur zu sein, wird im Zen-Buddhismus eingeübt.[85] Die prophetische Rede des Alten Testaments legt ebenso Zeugnis für die Haben-Sein-Alternative ab wie die Logien der Bergpredigt Jesu. Die Armutsbewegungen des Mittelalters, Franz von Assisi und Meister Eckhart sind Beispiele aus der christlichen Tradition. Spinoza hat sie in der philosophischen Ethik[86], Goethe in der Sprache des Dichters ausgedrückt.[87] Bei Karl Marx sind Haben und Sein nicht nur Begriffe der Ökonomie, sondern der Inbegriff eines säkularisierten Messianismus.[88] Albert Schweitzer schließlich kann als Beispiel für unser Jahrhundert genannt werden, um die bestimmende Kraft eines Lebens im Modus des Seins zu illustrieren.[89]

---

che oder künstlerische Produkt, jede geschichtliche Entwicklung, jede wissenschaftstheoretische Auffassung, jedes religiöse Bekenntnis, jeden Traum und jede Phantasie, jede Sitte und Mode, jede kulturelle Entwicklung, jedes Ethos und jede Ethik, jede Philosophie usw. mit der Haben-Sein-Alternative werten und kritisieren zu können, vorausgesetzt, die jeweiligen Phänomene sind umfassend beschreibbar.

Erich Fromm hat eine solche Wertung und Kritik in einigen, die unmittelbare Charakterforschung transzendierenden Bereichen vorgenommen. Literarisch faßbar sind seine Arbeiten zur kapitalistischen und sozialistischen Gesellschaftsordnung und (vor allem zur amerikanischen) Politik, speziell zur Rüstungspolitik; seine Untersuchungen zur Reformation; seine Schriften zur Religion und Religionskritik und seine Ausführungen zur humanistischen Ethik. Auch wenn in all diesen Publikationen noch nicht von einer Haben-Sein-Alternative die Rede ist, so kommt doch mit der Entdeckung der sozialpsychologischen Methode in den frühen dreißiger Jahren sowohl das spezifische Verständnis von Charakter als auch die produktive oder nicht-produktive Charakter-Orientierung als Maßstab der Wertung und Kritik zur Anwendung.

83 Den direkten Anstoß zu dieser Erkenntnis gab wohl Meister Eckhart, mit dessen mystischen Schriften Erich Fromm seit Jahrzehnten befaßt ist.

84 Vgl. E. Fromm, *To Have or to Be* (76/1), 15.

85 Vgl. die Gegenüberstellung der Gedichte von Basho und Tennyson in E. Fromm, *To Have or to Be* (76/1), 16.

86 Vgl. die Ausführungen zu Spinozas Unterscheidung von »Handlung« und »Leiden« in E. Fromm, *To Have or to Be* (76/1), 93–96.

87 Vgl. die Deutung der Gedichte »Gefunden« und »Eigentum« a.a.O., 18f.

88 Vgl. die Ausführungen a.a.O., 156–160.

89 Vgl. E. Fromm, *Die Zwiespältigkeit des Fortschritts* (75/3); ders., *To Have or to Be* (76/1), 161–164.

Daß die Alternative »Haben oder Sein« auch im Zentrum der religiösen Fragestellung steht und daß Haben und Sein »zugleich zwei fundamentale ›religiöse‹ Kategorien«[90] sind, soll der folgende Aufweis der Haben-Sein-Alternative im Alten und Neuen Testament und bei Meister Eckhart zeigen. Der Aufweis aus dem Neuen Testament geht dabei weit über die Frommschen Ausführungen hinaus.[91]

8.2.2 Die Haben-Sein-Alternative als Inbegriff eines religiösen Ethos

Ein zentrales Thema des *Alten Testaments,* das sich sowohl durch die Geschichtstheologie als auch durch die prophetischen Reden zieht, ist die Symbolik des Exodus. »Abraham soll verlieren, was er hat – Land und Familie – und in das Unbekannte gehen.«[92] Der Auszug aus Ägypten gilt zwar als der historische Exodus; er bekommt aber seine religiöse und liturgische Bedeutung vor allem von der in ihm liegenden Symbolik: einerseits das Aufgeben einer Lebensweise, die Geborgenheit und Heimat gewährt, in der es Fleischtöpfe und zu trinken gibt, die zugleich aber den Menschen abhängig macht und versklavt, so daß der Verlust des Heimat- und Sicherheit-Habens zur Befreiung für eine neue Lebensweise wird; andererseits die Verheißung des Gelobten Landes als Ziels einer neuen Lebensweise, die wirkliche Erfüllung besagt, ohne daß aber die Verheißung als Moment der Versicherung erfahren werden könnte. Das Symbol der neuen Lebensweise ist die Wüste: »Die Wüste ist kein Zuhause; sie hat keine Städte; es gibt keine Reichen; sie ist der Lebensraum der Nomaden, die besitzen, was sie brauchen, und was sie brauchen, ist das Lebensnotwendige; sie hat keine Reichtümer.«[93] Die Wüste verunmöglicht ein Leben, das haben und festhalten will. Sie gewährt kein Essen und Trinken, keine Seßhaftwerdung. Der Nomade ist auf dem Weg, in statu viatoris.

Weil die Wüste das Symbol für eine Existenzweise ist, die auf alles Haben verzichtet, ist sie der Ort der Gottesbegegnung und des Handelns Gottes mit den Menschen. Nur im Modus des Seins wird jene Unmittelbarkeit erfahrbar, die das Volk Israel als Gottes Handeln in der Geschichte bekennt. Unter diesem Aspekt des Nicht-Habens ist die Offenbarung des Gottesnamens zu sehen. Der Tanz um das Goldene Kalb und das Bilderverbot repräsentieren die beiden Modi bei der Frage des Gottglaubens. Die Seßhaftwerdung im Land Kanaan bedeutete das Ende einer direkten Lebensweise im Modus des Seins. Das Wissen um diese Lebensweise findet jedoch eine neue Form in der Kritik der

---

90 E. Fromm, *To Have or to Be* (76/1), 157.
91 Die Ausführungen Erich Fromms zum Neuen Testament (a.a.O., 53–59) stützen sich auf Erarbeitungen, die der Verfasser vorliegender Arbeit für Erich Fromm angefertigt hat. Die nachfolgende Darstellung der Haben-Sein-Alternative in den Schriften des Neuen Testaments geht deshalb über den Aufweis in *To Have or to Be* hinaus. Vgl. auch R. Funk, *Frömmigkeit zwischen Haben und Sein,* bes. 21–31.
92 E. Fromm, *To Have or to Be* (76/1), 48; vgl. Gen 12, 1.
93 E. Fromm, *To Have or to Be* (76/1), 48f.

Propheten. »Diese revolutionären Denker, die Propheten Israels, erneuerten die Vision einer Freiheit – nämlich frei von Dingen zu sein – und sie erneuerten den Protest gegen die Unterwerfung unter Idole, also unter das, was der Mensch mit eigener Hand geschaffen hat.«[94] Die Kultkritik und die Gesetzeskritik der Propheten sind immer eine Kritik an den Versuchen und Versuchungen, sich am Haben abzusichern.

Die Zerstörung des Tempels, das babylonische Exil und der Wiederaufbau des Tempels vor der Zeitenwende sowie die Zerstörung Jerusalems durch die Römer, die jahrhundertelange Verfolgung in der Zerstreuung und die Gründung des Staates Israel in diesem Jahrhundert spiegeln nochmals den Wechsel der Dominanzen in der Lebensweise des jüdischen Volkes. Für Erich Fromm wird der Reichtum der jüdischen Religion nur dort sichtbar, wo sie auf den Staat, den Tempel, eine priesterliche und militärische Bürokratie, auf Tieropfer und Rituale verzichtet; wo ihr nichts bleibt »außer dem Ideal des Seins«[95].

Die Evangelien des *Neuen Testaments* bezeugen, daß Jesus in vielen Hinsichten die prophetische Tradition aufgreift und fortführt. Das Prophetische in der Verkündigung Jesu tritt ganz deutlich zutage, wenn versucht wird, mit Hilfe der historisch-kritischen Methoden an die ältesten Schichten der Jesusüberlieferung heranzukommen. Daß hierbei der dem Matthäus- und Lukasevangelium vorgegebenen und rekonstruierbaren Logienquelle »Q« besondere Aufmerksamkeit geschenkt werden muß, hat seinen Grund darin, daß der Schriftwerdung der Verkündigung Jesu eine lange Zeit der mündlichen Tradierung voranging, die mündliche Überlieferung aber allein schon aus mnemotechnischen Gründen das Bild- und Gleichnishafte sowie leicht merkbare (weil zum Teil anstößige) Aussprüche (Logien) bevorzugt.[96] Als früheste

---

94 A.a.O., 52f.; vgl. E. Fromm, *Die Aktualität der prophetischen Schriften* (75/5).
95 E. Fromm, *To Have or to Be* (76/1), 53. – Die Frage, was das spezifisch Jüdische ist, bewegt Erich Fromm von Anfang an. Bereits seine Dissertation *Das jüdische Gesetz* (22/1) versucht eine Antwort zu geben. Bei der Untersuchung der Funktion des Gesetzes im Karäismus, im Reformjudentum und im Chassidismus stößt er auf das Spezifische des Chassidismus im Gegensatz zur Reform und zum Karäismus. Der Chassidismus »will nicht Veränderung der Religion um der Wirtschaft willen, sondern Überwindung der wirtschaftlichen Not durch die Kraft des Religiösen. . . . Karäismus und Reform sind bar neuer religiöser Ideen; sie dogmatisieren die Sphäre des Religiösen, der Chassidismus im Gegensatz dazu fügt sein religiöses Eigenleben in die soziologische Struktur des Judentums ein, vermeidet Dogmen und behält die objektive Gültigkeit des Gesetzes bei. Die Reform ist der unschöpferische, ideologische Ausweg, der an die Stelle der Massentaufe tritt, der Chassidismus der schöpferische, religiöse, der den Pseudomessianismus überwindet« (E. Fromm, *Das jüdische Gesetz* [22/1], 237). – In diesem Abschlußtext aus der Frommschen Dissertation kommt übrigens mit den Qualifizierungen »schöpferisch – unschöpferisch« die erste Alternierung zum Ausdruck, die sich über die Gegensatzbegriffe »produktiv – nicht-produktiv« bis zur Alternative »Haben – Sein« durchhält.
96 Das Werk von Siegfried Schulz, *Q. Die Spruchquelle der Evangelisten*, kann als Standardwerk zur Frage der Überlieferung der Logienquelle angesehen werden. Eine umfassende Auseinandersetzung mit ihm von seiten der neutestamentlichen Exegese steht noch aus, auch und gerade zu seiner Unterscheidung zwischen ältesten Q-Texten, die von einem judenchristlichen Endzeit-Enthusiasmus geprägt sind (die ältesten von ihnen sind von einer alttestamentlich-prophetischen Einleitungsformel beherrscht), und erst später fixierten und deshalb jüngeren Q-Texten, die ne-

Texte von Q lassen sich Einzelsprüche finden, die der mündlichen Überlieferung einer judenchristlichen Gemeinde im palästinensisch-syrischen Grenzraum entstammen. Sämtliche Texte haben die literarische Form des Prophetenspruchs und werden meistens mit einer entsprechenden Formel eingeleitet. Überblickt man dieses Textmaterial, so fällt zunächst auf, daß der größte Teil zu den sogenannten hochethischen Forderungen Jesu zählt. Da ist das rigorose Verbot der Ehescheidung (Mt 5, 32; Lk 16, 18), das verständlich wird, wenn man weiß, daß die Frau nach damaligem Recht zum Besitzstand des Mannes gehört, so daß eine Ehescheidung zum Zwecke der Wiederheirat notwendig vom Motiv des Habens bestimmt ist. Das Wort, daß man auch die andere Wange hinhalten soll, wenn man geschlagen wird (Mt 5, 39; Lk 6, 29) wird ebenso wie das Gebot der Feindesliebe (Mt 5, 44–48; Lk 6, 27f., 32–36) erst plausibel, wenn es als radikaler Verzicht auf das eigene Recht-Haben begriffen wird. Daß man jedem, der bittet, geben und das Weggenommene nicht zurückfordern soll (Mt 5, 42; Lk 6, 30), ist nur dort möglich, wo das Besitzen keine Macht mehr über einen Menschen hat.

Recht-Haben und Besitz-Haben als Formen eines Lebens im Modus des Habens sind auch Gegenstand jesuanischer Warnungen: »Hortet nicht Schätze auf Erden, wo Motten und Wurmfraß sie unansehnlich machen und Diebe einbrechen und stehlen . . . Denn wo dein Schatz ist, da wird auch dein Herz sein« (Mt 6, 19. 21; vgl. Lk 12, 33f.). »Und richtet nicht, so werdet ihr nicht gerichtet werden« (Lk 6, 37a; vgl. Mt 7, 1). Auch das Wort vom Splitter und Balken im Auge (Mt 7, 3–5; Lk 6, 41f.) wird erst plastisch auf dem Hintergrund der Erkenntnis, daß, wer aus sich selbst nichts ist, immer in Versuchung ist, das Unrecht beim anderen zu suchen, um diesem gegenüber Recht zu haben. Die »Goldene Regel« (Mt 7, 12; Lk 6, 31) formuliert die gleiche Erkenntnis positiv.

Ein wichtiger Ansatzpunkt für den Modus des Habens sind die Nahrung und die Kleidung. Wo menschliche Lebenssorge sich auf die Frage konzentriert, ob man etwas zu essen und anzuziehen hat, weil man glaubt, von diesem Haben hinge die Existenz ab, da gilt die jesuanische Warnung vor dem Sorgen (Mt 6, 25–33; Lk 12, 22–31). Schließlich ist die Grundorientierung des Habens zum

---

ben dem prophetisch-enthusiastischen Sprachgut auch die Gattungen Geschichtserzählungen, Apophthegmata, apokalyptische Worte und Gleichnisse enthalten und in Gemeinden geprägt werden, die sich nicht mehr im Synagogenverband befinden (vgl. a.a.O., 53, 165–168, 482–486). Trotz dieser Vorbehalte stützen sich die folgenden Ausführungen auf die Arbeit von Siegfried Schulz, der seine Position neuerdings in dem Aufsatz *Der historische Jesus. Bilanz der Fragen und Lösungen* verschärft hat und nunmehr die meisten Texte der ältesten Schicht von Q zur ipsissima vox Jesu zählt (vgl. a.a.O., 10, a.a.O., 10, Anm. 35).
Die Arbeiten von Dieter Lührmann, *Die Redaktion der Logienquelle,* und Paul Hoffmann, *Studien zur Theologie der Logienquelle,* wurden nur sekundär herangezogen. – Zur übergreifenden Diskussion der Frage nach dem historischen Jesus in der Gegenwart vgl. E. Käsemann, *Das Problem des historischen Jesus;* R. Bultmann, *Das Verhältnis der urchristlichen Christusbotschaft zum historischen Jesus;* K. Kertelge (Hrsg.), *Rückfrage nach Jesus;* W. Kasper, *Jesus der Christus,* 38–44.

Zwecke der Existenzsicherung selbst Gegenstand der Warnung Jesu: Die Menschen sollten sich vor dem fürchten, der nicht nur den Leib, sondern auch die Seele töten kann – oder wie Matthäus sagt: »der Seele und Leib in der Hölle verderben kann« (Mt 10, 28). Daß mit dieser gefährlichen Macht das Leben im Modus des Habens selbst gemeint ist, zeigt die anschließende Rede von den zwei Spatzen, die man für einen Pfennig kaufen kann – die also so gut wie keinen Kauf- und Handelswert haben, und dennoch nicht zur Erde fallen. Sie sind also viel wert, ohne einen Wert zu haben. Die gleiche Bedeutung hat der dann folgende Spruch, daß selbst die Haare auf dem Kopf gezählt sind. Und schließlich wird noch positiv gesagt, worauf es ankommt. Die Spruchsammlung endet mit dem Satz: »Fürchtet euch nicht! Ihr seid mehr wert als eine Menge Spatzen« (Lk 12, 7; vgl. Mt 10, 28–31)! Es kommt also nicht darauf an, welchen (Markt-)Wert ein Mensch hat, sondern allein darauf, daß er sich als Wert erfährt und lebt.

Für alle diese zur ältesten Überlieferungsschicht von Q gehörenden Logien kann als gemeinsamer Nenner der Verzicht auf das Haben und die Forderung zu sein konstatiert werden, so daß die Haben-Sein-Alternative tatsächlich als ein Schlüssel zum Verständnis dieser Sprüche gelten kann. Nun darf aber nicht übersehen werden, daß diese Gebote, Verbote und Warnungen an Größen gebunden sind, die nicht einfach »Modus des Seins« oder »Entfaltung der eigenen Kräfte der Vernunft und Liebe« heißen. Was den konkreten ethisch-religiösen Lebensvollzug angeht, realisiert sich zwar die prophetische Rede Jesu im einzelnen Menschen in gleicher Weise wie bei einem, der dem humanistischen Aufruf zu einem Leben im Modus des Seins folgt. Dennoch ist der Aufruf Jesu gebunden an das Bekenntnis zu ihm und zu Gott als einem Vater und zu seiner Botschaft vom Reich Gottes (bzw. vom Reich der Himmel – bei Matthäus) als einem auf Zukunft bezogenem Geschehen, das sich in der Nachfolge Jesu bereits realisiert.

Das Gebundensein des Aufrufs zum Verzicht auf ein Leben im Modus des Habens an die Reich-Gottes-Verkündigung durch Jesus bringt es mit sich, daß das Reich Gottes selbst (jetzt und in der Zukunft), das Bekenntnis zu Jesus oder zum Vater, die Nachfolge Jesu und andere zentrale Begriffe des Neuen Testaments zum Inbegriff und Symbol für ein Leben werden, das sich am Modus des Seins ausrichtet. Umgekehrt stehen für ein Leben im Modus des Habens Größen wie die Hölle, die Verdammung, die Pharisäer, der Teufel, die Dämonen. Die verschiedenen theologischen (und auch mythologischen) Begriffe und die Wirklichkeiten, die sie begreiflich machen wollen, können in ihrem Wahrheitsanspruch für den heutigen Menschen hier nicht untersucht werden.[97] Festzuhalten bleibt, daß die jesuanische Verkündigung zutiefst von der

---

97 Dies könnte nur eine gründliche Auseinandersetzung mit den Christologien leisten. Allerdings müßten sich die theologischen Dogmatiker und Systematiker die prinzipielle Anfrage gefallen lassen, ob nicht bereits das Erkenntnisinteresse einer Christologie a priori am historischen Jesus vorbeigeht. Es könnte ja sein, daß jede (christologische) Aussage und begriffliche Fassung in Titeln bereits der Versuchung Vorschub leistet, das religiöse Ethos in seiner Radikalität zu paralysieren.

Haben-Sein-Alternative bestimmt ist und daß in ihrem Mittelpunkt ein am Sein orientiertes Ethos steht, welches jedoch an einen theistischen Glaubensbezug gebunden bleibt. Ein Leben im Modus des Seins bedeutet nicht nur die optimale Entfaltung der dem Menschen eigenen produktiven Kräfte unter Verzicht auf alles Haben-Wollen. Im biblischen Sinne bleibt dieses Ethos an das religiöse Bekenntnis zur Person Jesu gebunden und realisiert sich nur in seiner Nachfolge.

Auf dem Hintergrund des spezifisch neutestamentlichen Verständnisses der Haben-Sein-Alternative werden auch die anderen, zur ältesten Schicht der Q-Überlieferung gezählten Texte plausibel. Das Prophetenwort vom Bekennen und Verleugnen Jesu (Mt 10, 32f.; Lk 12, 8f.) gilt gerade deshalb, weil Jesus ganz im Modus des Seins lebt. Die Seligpreisungen (Mt 5, 3f. 6; Lk 6, 20bf.) sprechen für sich, wenn es etwa heißt: »Selig ihr Armen, denn euch gehört das Reich Gottes« (Lk 6, 20b). Die Bitten des Vaterunsers (Mt 7, 7–11; Lk 11, 9–13) sind Ausdruck des Wissens um ein Leben im Modus des Seins, das sich aus der Gemeinschaft mit Gott ergibt. Schließlich bedürfen die antipharisäischen Wehesprüche (Mt 23, 25. 23. 6–7a. 27. 4. 29–31. 13; Lk 11, 39. 42–44. 46–48. 52) nach dem Gesagten keiner besonderen Erklärung: »Wehe euch, Schriftgelehrte und Pharisäer, ihr Heuchler! Außen reibt ihr den Becher und die Schüssel blank – doch innen starren sie von Raub und Willkür!« (Mt 23, 25). Die nekrophile Eigenart eines Lebens im Modus des Habens könnte kaum schärfer pointiert werden: »Wehe euch, Schriftgelehrte und Pharisäer, ihr Heuchler! Ihr gleicht weiß gekalkten Gräbern, die von außen schön aussehen, innen aber von Totengebeinen und allem möglichen Unrat starren« (Mt 23, 27). Die Nähe der jesuanischen Verkündigung zur Haben-Sein-Alternative kann nicht nur bei diesen ältesten Traditionen aufgezeigt werden, obwohl sie hier besonders deutlich ist. Hat man einmal die religiösen Vorstellungen und Aussageformen des biblischen Menschen in Bezug zur Haben-Sein-Alternative gebracht, so stellt man auf Schritt und Tritt fest, daß sich die Texte mit dieser Alternative aufschlüsseln lassen.[98] Die folgenden Erwähnungen sind deshalb als Beispiele gedacht.

Warum lehrt der historische Jesus keine Glaubensbekenntnisse, aber ein religiöses Ethos in Wort und Tat? Es stimmt wohl, daß der Glaubensinhalt »nicht anders erkannt werden (kann) als im Glaubensakt«; aber ist der Glaubensakt wirklich notwendig »sinnlos, wenn er sich nicht auf einen Glaubensinhalt richtet« (W. Kasper, *Jesus der Christus*, 25)? – Zur Problemstellung der gegenwärtigen Christologie vgl. a.a.O., 13–26. – Zur aufgeworfenen Frage christologischer Aussagen überhaupt vgl. auch die folgende Anmerkung.

98 Ein solches Verfahren macht beileibe nicht eine sorgfältige Exegese nach allen Regeln der historisch-kritischen Forschung entbehrlich, wenn diese auch hier unterbleibt. Die Haben-Sein-Alternative könnte aber für die theologisch-systematische Arbeit am Neuen Testament von Nutzen sein, weil jede systematische Arbeit mit bestimmten, bewußten oder nicht eingestandenen oder nicht reflektierten Vorstellungen an die exegetischen Daten herangeht. Die Haben-Sein-Alternative mag gerade zu dieser Aufgabe als Schlüssel und Raster taugen. Sie stellt nämlich nicht nur eine umfassende Plausibilität der Textaussagen sicher. Sie kommt auch der Annahme entgegen, daß Jesus als eine Jude, der essenischen Kreisen nahestand, eine Eschatologie vertritt, die ganz von einem radikalisierten und entschiedenen Ethos geprägt ist.

Unter den Gleichnissen und Gleichnisreden, die die Eigenart des Reiches Gottes veranschaulichen wollen, sind die Kontrastgleichnisse besonders kennzeichnend. Mit ihnen soll deutlich gemacht werden, daß das quantitativ völlig Unscheinbare dennoch zu nie geahnter qualitativer Fülle kommt, wenn man nur bereit ist, auf eine Orientierung am Quantitativen (= Meßbaren und Habbaren) zu verzichten und das Unscheinbare in sich zum Wachsen kommen zu lassen. Hierzu zählen das Sämannsgleichnis (Mk 4, 3–8; Mt 13, 3–8; Lk 8, 5–8), das Senfkorngleichnis (Mk 4, 30–32; Mt 13, 31f.; Lk 13, 18f.) und das Sauerteiggleichnis (Mt 13, 33; Lk 13, 20f.). Die Gleichnisse vom Schatz im Acker (Mt 13, 44) und von der kostbaren Perle (Mt 13, 45f.) zeigen besonders deutlich die Notwendigkeit des Verzichts auf das Viele um des Einen willen.

Das Mahl als Bild für den Modus des Seins wird in all seinen Aspekten ausgeschöpft: im Gleichnis vom Großen Abendmahl (Mt 22, 1–10; Lk 14, 16–24), in den Wundererzählungen der Brotvermehrung (Mk 6, 32–44; 8, 1–10; Mt 14, 13–21; 15, 32–39; Lk 9, 10b–17; Jo 6, 1–15), in der johanneischen

---

Die Frage, ob es legitim ist, die Haben-Sein-Alternative als gemeinsamen Nenner und deshalb als einen Raster bzw. Auslegungsschlüssel der Botschaft Jesu und seines Lebens zu verstehen und zu benützen, erfährt eine zustimmende Unterstützung durch die Erkenntnisse, die Herbert Braun in seinem Aufsatz *Der Sinn der neutestamentlichen Theologie* mitgeteilt hat. Er konstatiert eine durch alle Evangelien und durch die Paulusbriefe sich durchhaltende Konstante, nämlich eine Paradoxie, die »als typisch in das Leben des historischen Jesus« gehört: »Paradoxerweise steht . . . neben der radikalisierten Tora eine dem offiziellen wie dem häretischen Judentum gleicherweise anstößige radikalisierte Gnade« (a.a.O., 248). Jesus vertrat »die paradoxe, ereignishafte Einheit von radikalisierter Forderung und schrankenloser Annahme« (a.a.O., 249) im Sinne eines eschatologischen Geschehens: »So fordert und handelt Gott am Menschen in konkreter Individuierung . . . und dies sein Handeln ist ein endzeitliches Handeln« (a.a.O., 250f.). Die paradoxe Einheit ist »das wesentliche Christianum, die neutestamentliche Konstante des glaubenden Selbstverständnisses« (a.a.O., 276), das sich in den christologischen Aussagen und Titeln niederschlägt. (»Die Anthropologie ist . . . die Konstante; die Christologie dagegen ist die Variable« – a.a.O., 272.) Das glaubende Selbstverständnis wird aber weder historisch durch tradierte Formeln noch als eine »Idee« weitervermittelt. Das glaubende Selbstverständnis der paradoxen Einheit von radikalisierter Forderung und schrankenloser Annahme »gehört jener dritten Kategorie von Phänomenen an, . . . die sich begeben und erst in ihrem Sichbegeben gültig und bindend werden. . . . (Es) ist ein je und je sich vollziehendes Begebnis und Ereignis« (a.a.O., 277).
Auch wenn Herbert Braun seine Befunde im Sinne der reformatorischen Theologie deutet und deshalb die von ihm erkannte Konstante der paradoxen Einheit von Toraforderung und Gnade nicht unmittelbar auf die Haben-Sein-Alternative übertragen werden kann, so müssen doch die Parallelen gesehen werden: Es gibt eine Konstante; diese wird als paradoxe Einheit von Ethos und (gnadenhafter) Seinsfülle gesehen (die Paradoxie steht hierbei sowohl für den alternativen Charakter als auch für das Unerwartete der Relation Forderung – Annahme); und es wird die Eigenart der Paradoxie betont, daß man sie nur im Vollzug des Sich-Einlassens realisieren kann. Der entscheidende Unterschied beider Konstanten, der paradoxen Einheit und der Haben-Sein-Alternative, wird sichtbar, wo die neue Erfahrung verbalisiert wird. Für Erich Fromm ist die religiöse Erfahrung des Modus des Seins als mystische Erfahrung des EINEN die Totalitätserfahrung seines Menschseins und der mit diesem gegebenen Potentialitäten. Für den reformatorischen Theologen Herbert Braun ermöglicht das Sichbegeben ein Bekenntnis, bei dem der Bekennende »für sich Verlorenheit und Heil« bekennt, und zwar so, »daß ihm dies Selbstverständnis von außerhalb seiner zugekommen ist« (a.a.O., 282).

Brotrede (Jo 6, 26–59), in der Einsetzung des Herrenmahles vor Jesu Tod (Mk 14, 22–25; Mt 26, 26–29; Lk 22, 15–20).

Die harten Reden über den Reichtum bedürfen keiner weiteren Erklärung. Zu nennen sind: die Rede vom Schätzesammeln (Mt 6, 19–21; Lk 12, 33 f.), die Warnung vor Habsucht (»Habt acht und hütet euch vor aller Habsucht! Denn selbst wenn einer Überfluß hat, liegt sein Leben doch nicht an dem, was er besitzt.« (Lk 12, 15); das Gleichnis vom reichen Toren (Lk 12, 16–21); das Gleichnis vom reichen Mann und armen Lazarus (Lk 16, 19–31); der reiche Jüngling (Mk 10, 17–22; Mt 19, 16–22; Lk 18, 18–23); die Gefahr des Reichtums: »Leichter geht ein Kamel durch ein Nadelöhr, als daß ein Reicher in das Reich Gottes eingeht« (vgl. Mk 10, 23–31; Mt 19, 23–30; Lk 18, 24–30); das Wort vom Scherflein der Witwe (Mk 12, 41–44; Lk 21, 1–4).

In einer gewissen Nähe zur Frage des Reichtums steht eine andere, zum Genuin-Jesuanischen gezählte Eigenart der Verkündigung und des Lebens Jesu: seine Hinwendung zu den Armen, Verachteten, Verlorenen, Ausgestoßenen. Eine ganze Anzahl von Wundern erfolgt an solchen Menschen. Jesu Umgang mit öffentlichen Sündern, mit Zöllnern (vielleicht auch mit Samaritern und Heiden) und mit dem einfachen Volk, also mit religiös, kultisch und sozial Unbedeutenden ist nicht Ausfluß eines sozialrevolutionären Pathos oder eines politischen Umsturzwillens, sondern die Realisierung eines religiösen Ethos, das in den religiösen, kultischen und sozialen Klassifizierungen institutionalisierte Strukturen des Modus des Habens erkennt.

Von hier aus wird auch die eigenartig zwiespältige Stellung Jesu zum Gesetz verständlich. Einerseits bleibt das Gesetz bis zum kleinsten Jota in Kraft (Mt 5, 18; Lk 16, 17) oder wird gar verschärft bzw. auf seinen ursprünglichen Sinn gebracht wie etwa bei der Ehescheidungsfrage (Mk 10, 2–12; Mt 5, 27 f. 31 f.; 19, 3–12; Lk 16, 18); andererseits übt Jesus Gesetzeskritik und übertreten er und seine Jünger das Gesetz, etwa wenn Jesus am Sabbat heilt (die verdorrte Hand: Mk 3, 16; Mt 12, 9–14; Lk 6, 6–11; die gekrümmte Frau: Lk 13, 10–16 und den Wassersüchtigen: Lk 14, 1–6) oder wenn Jesus das Ährenraufen seiner Jünger am Sabbat zum Anlaß der prinzipiellen Gesetzeskritik nimmt: »Der Sabbat ist um des Menschen willen da, nicht der Mensch um des Sabbats willen (Mk 2, 27b). Das Paradoxon von Toraverschärfung bei gleichzeitiger Torakritik und -übertretung löst sich auf, wenn der Sinn der Toragebote jeweils von der Haben-Sein-Alternative als dem entscheidenden Kriterium bestimmt wird.

Die Entscheidung zwischen einem Leben im Modus des Habens oder des Seins wird in den mannigfachen Aufforderungen zur Nachfolge Jesu artikuliert. Es wird die Absage an die verschiedensten Bindungen und die Zusage zu einem Leben-für-andere nach dem Vorbild Jesu gefordert. Wer Jesus nachfolgt, muß Vater, Mutter, Sohn und Tochter verlassen (Mt 10, 37–39; Lk 14, 26 f.; vgl. Mk 3, 31–35; Mt 12, 46–50; Lk 8, 19–21) und den Bedingungen für die Nachfolge zustimmen (»Wer sein Leben retten will, wird es verlieren; wer aber sein Leben um meinetwillen verliert, wird es finden. Was nützt es dem Menschen, wenn er die ganze Welt gewinnt, es aber mit seinem Leben büßt? Oder was kann einer zum Tausch für sein Leben geben?« (Mt 16, 25 f.; vgl. Mk 8, 34–38; Lk 9, 23–26). Nachfolge bedeutet ein Leben der Wachsamkeit in statu viatoris nach dem Vorbild der Wüstenwanderung des Volkes Israel. Dies zeigt sich sowohl in Jesu eigenem Umherschweifen und in seiner Unerbittlichkeit gegenüber allem »Seßhaften«, als auch in den Anweisungen bei der Aussendung der Jünger: »Die Füchse haben Höhlen, die Vögel des Himmels Nester, des Menschen Sohn aber hat nichts, wohin er sein Haupt legen könnte . . . Laßt die Toten ihre Toten begraben, du aber geh hin und verkünde das Reich Gottes! . . . Niemand, der seine Hand an den Pflug gelegt hat und zurückblickt, ist tauglich für das Reich Gottes« (Lk 9, 58. 60. 62; vgl. Mt 8, 20–22). Die Jünger dürfen weder Tasche noch Schuhe haben; zu essen und zu trinken sollen sie sich erbitten, wo sie einkehren (Vgl. Lk 10, 3–12; Mt 10, 5–16; Mk 6, 7–13).

Schließlich schildern die Evangelisten die Vita Jesu selbst als ein Leben im Modus des Seins. So wird Jesus in der lukanischen Kindheitsgeschichte in einer Krippe – denn in der Herberge war kein Platz für sie! – geboren und von den Hirten (!) zuerst entdeckt (vgl. Lk 2, 4–20). Jesu Selbstverständnis wird in einer Versuchungserzählung verifiziert (vgl. Mt 4, 1–11; Mk 1, 12 f.; Lk 4, 1–13): Jesus soll dem Teufel (!) in der Wüste (!) nach vierzigtägigem Fasten (!) unter Beweis stellen, daß er jemand »ist«, weil er über die Natur Macht »hat«, die Macht nämlich, Steine zu Brot (!) werden zu lassen und die Schwerkraft (!) aufzuheben. Als Jesus darauf nicht eingeht, bietet ihm der Teufel die Macht über alle Menschen an, so daß er der Größte und Stärkste wäre, allerdings unter der Voraussetzung, daß Jesus sich dem Teufel unterwirft. Jesus lehnt das teuflische Angebot ab, dadurch zu »sein«, daß er Macht über den Menschen »hat«.

Die Realisierung eines Lebens im Modus des Seins unter Verzicht auf alles Haben-Wollen kommt in Jesu Leiden und Tod zu einem Höhepunkt. Er selbst versteht sich als ein Weizenkorn, das als Same stirbt, um Frucht zu bringen für die Vielen (vgl. Jo 12, 24). Der vollkommene Verzicht auf das Haben führt zum Ziel eines Lebens im Modus des Seins. Dies ist der Inhalt des Bekenntnisses seiner Auferstehung. Die Erzählungen über Begegnungen mit dem Auferstandenen legen deshalb Zeugnis ab von seinem Sein und Leben, betonen mit der Rede von seinem Geist-Sein aber zugleich, daß man ihm nicht mehr im Modus des Habens begegnen kann. Der Geist ist deshalb für den Christen der Inbegriff von Leben und Lebendigkeit, Vernunft und Liebe, Wirkmächtigkeit und Sein.

Die Apostelgeschichte und vor allem die paulinischen Briefe spiegeln je nach dem Adressaten und dem Sitz im Leben der Schriften die Haben-Sein-Alternative mehr oder weniger deutlich wider. Auch wenn der »frühchristliche Kommunismus« der Apostelgeschichte nicht so wörtlich zu nehmen ist, daß die Jerusalemer Gemeinde immer »ein Herz und eine Seele« war, so wird man dennoch nicht in Abrede stellen können, daß gerade die ersten Gemeindebildungen ganz von dem religiösen Ethos des Lebens und der Verkündigung Jesu geprägt waren und daß die Menschen zu einem umfassenden Verzicht auf alles Haben fähig waren. Dieser Verzicht war es, der sie alles Hab und Gut teilen und verteilen ließ, der sie als Wanderpropheten umherziehen und der sie auch zum Martyrium bereit sein ließ.[99] Die Radikalität in der Eigentumsfrage hält sich in der Geschichte der Kirche relativ lange durch, wie die Äußerungen mancher Kirchenväter zur Frage des Eigentums sowie die Entwicklung des Mönchtums und der Armutsbewegungen zeigen.

Besonders aufschlußreich für die Frage der Sensibilität des Menschen für die Haben-Sein-Alternative im hellenistischen und jüdisch-christlichen Kulturraum um die Zeitenwende ist der paulinische Umgang mit Traditionen, die nicht aus der Jesus-Überlieferung stammen. Neben den Tugend- und Lasterkatalogen, die den Modus des Seins und des Habens kennzeichnen, sind besonders die Aussagen über die Liebe in 1 Kor 13, 1–7 typisch. Was hier von der Liebe gesagt wird (etwa 1 Kor 13, 4: »Die Liebe ist langmütig, freundlich, ohne Neid, sie prahlt nicht und bläht sich nicht auf«) gilt genauso für ein Leben im Modus des Seins. Die Verse haben eine ganze Anzahl von griechischen und jüdischen Parallelen. Es läßt sich zeigen, daß Paulus sie der jüdischen Weisheitstradition entlehnt, die ihrerseits griechische Motive aufgenommen und in den Stil der jüdischen Weisheitslehre transformiert hat.[100] Wenn auch 1 Kor 13, 1–7 nicht der Jesus-Überlieferung entstammt, so kann doch nicht übersehen werden, daß die Aussagen der Parallelen und der Verse in 1 Kor 13 mit der religiös-ethischen Botschaft Jesu von einem Leben im Modus des Seins verwandt sind.

Eine andere Verwandtschaft zeigt sich in der Aufnahme gnostisierender und gnostischer Vorstellungen zur Verifizierung der religiös-ethischen Jesus-Tradition durch Johannes. Dies gilt sowohl für zentrale Begriffe des Johannes-Evangeliums (etwa: Licht, Welt, Pneuma) als auch für theologische Aussagen (etwa seine sog. präsentische Eschatologie hinsichtlich der Auferweckung der Toten und hinsichtlich des Gerichts, die das Problem der Zeitgebundenheit bzw. Zeitlosigkeit im Modus des Habens bzw. des Seins illustrieren) wie auch für die theologischen und religiös-ethischen Aussagen der Johannes-Briefe; »Keiner, der in Gott bleibt, sündigt – keiner, der sündigt, hat ihn gesehen, noch ihn erkannt. Wer aus Gott geboren ist, sündigt nicht; denn Gottes Lebenskraft bleibt in ihm, und er kann nicht sündigen, weil er aus Gott geboren ist . . . Wer

---

99 Dies gilt nicht nur für die lukanische Überlieferung. Für die matthäische Gemeinde gegen Ende des 1. Jahrhunderts konstatiert E. Schweizer, *Matthäus und seine Gemeinde*, 163: »Es muß also noch immer Menschen gegeben haben, die in wörtlich verstandener Nachfolge ihren Besitz aufgaben und als Wanderpropheten und Charismatiker das Gottesreich verkündeten.« Vgl. zur Frage den ganzen Abschnitt »Von Jesus zur Mönchsbewegung der katholischen Kirche«, a.a.O., 163–170; sowie: P. Hoffmann und V. Eid, *Jesus von Nazareth und eine christliche Moral*, 214–230, und die dort genannte Literatur.
100 Vgl. H. Conzelmann, *Der erste Brief an die Korinther*, 257, sowie den Exkurs zu den Parallelen bei Tyrtäus, Plato, Maximus von Tyrus und 3 Esr 4, 34–40, a.a.O., 258–260.

nicht liebt, verweilt im Tod; wer seinen Bruder haßt, ist ein Menschenmörder . . .« (1 Jo 3, 6. 9a. 14b. 15a). Die Liebe ist auch hier ein Wechselbegriff für Gott und in ihrer religiös-ethischen Relevanz mit der Typik eines Lebens im Modus des Seins identisch:»Die Liebe ist aus Gott, und wer liebt, ist aus Gott geboren und erkennt Gott. Wer nicht liebt, hat Gott nicht erkannt; denn Gott ist Liebe. . . . Angst ist nicht in der Liebe, sondern die vollkommene Liebe vertreibt die Angst. Denn Angst hat es mit Strafe zu tun; und wer Angst hat, ist in der Liebe nicht vollkommen« (1 Jo 4, 7b–8. 18).

Die Alternative von Haben und Sein als Inbegriff eines religiösen Ethos läßt sich in den Mystiken des Ostens wie des Westens nachweisen. Da die Bekanntschaft Erich Fromms mit *Meister Eckharts* Schriften nun schon Jahrzehnte währt, soll an dessen Mystik die Haben-Sein-Alternative beispielhaft vor Augen geführt werden. Was Meister Eckhart unter Sein und Haben versteht, wird in seiner Predigt über Mt 5, 13: »Selig sind die Armen im Geiste, denn das Himmelreich ist ihrer« deutlich.[101] Er fragt sich, was mit dieser Armut gemeint sein kann, und kommt zu dem Schluß:»Das ist ein armer Mensch, der nichts will und nichts weiß und nichts hat.«[102] Keinen Willen zu haben, kann sehr Verschiedenes bedeuten. Es heißt für Meister Eckhart weder, daß man willenlos oder schwach sein soll, noch daß man statt des eigenen den Willen Gottes erfüllen soll. Für ihn ist vielmehr »die Person, die nichts will, jene, die nach nichts gierig ist: dies ist das Wesen von Eckharts Begriff der Abgeschiedenheit (nonattachment)«[103].

Auch mit dem, der nichts weiß, ist weder ein Ungebildeter noch ein sonstwie Kulturloser gemeint. Denn unter Wissen versteht er gerade nicht den Gegenstand des Wissens, also das Wissen als Kenntnis-Haben, sondern den Akt der Abstraktion von allem Wissen: Einer der nichts weiß, »muß vielmehr so ledig sein alles Wissens, daß er nicht wisse noch erkenne noch empfinde, daß Gott in ihm lebt; mehr noch: er soll ledig sein alles Erkennens, das in ihm lebt.«[104] Es geht also um ein Vergessen dessen, daß man weiß. »Wissen im Modus des Seins ist nur der durchdringende Denkvorgang als solcher, ohne je zum Stillstehen einzuladen, um dadurch Sicherheit zu finden.«[105] Schließlich ist nur der Mensch wirklich im Geist arm, der nichts hat. Meister Eckhart radikalisiert diesen Gedanken anhand der Frage, ob der Mensch so arm sein soll, daß Gott in ihm nicht einmal mehr eine Stätte zum Wirken findet. Er antwortet in letzter Konsequenz und Identifikation des Gottes- und Seelenbegriffs: »das (nur) ist Armut im Geiste, wenn der Mensch so ledig Gottes und aller seiner Werke

---

101 Vgl. zum Folgenden: *Meister Eckhart, Die deutschen Werke,* Band II, 478–517 und 727–731.
102 A.a.O., 727; vgl. a.a.O., 488 und 507f. Anm. 10.
103 E. Fromm, *To Have or to Be* (76/1), 61; vgl. die Verweise auf Eckhart-Texte in: Meister Eckhart, *Die deutschen Predigten,* Band II, 528 Anm. 3, an denen von der »abgescheidenheit« als der Haupttugend und der Hauptvoraussetzung für das Erlebnis der unio mystica die Rede ist.
104 *Meister Eckhart, Die deutschen Werke,* Band II, 729; vgl. 494f.
105 E. Fromm, *To Have or to Be* (76/1), 62.

steht, daß Gott, dafern er in der Seele wirken wolle, selbst die Stätte sei, darin er wirken will . . .«[106] Und Eckhart fügt etwas später hinzu: »Darum bitte ich Gott, daß er mich ›Gottes‹ quitt mache.«[107]
Diese und ähnliche Formulierungen sind seit jeher Gegenstand kontroverser Eckhart-Interpretation. Die einen sehen in solchen Formulierungen ihre Annahme bestätigt, daß Meister Eckhart ein Atheist in religiöser Redeweise ist, andere interpretieren diese die Jenseitigkeit Gottes auflösenden Aussagen von seinem theologischen Interesse her und sehen in ihnen den radikalsten Ausdruck eines Glaubens an Gott. Dietmar Mieth[108] trifft mit seiner Deutung wohl den Kern des Eckhartschen Aussagewillens: »Die Gottessohnschaft des Menschen wird so ernst genommen, daß der Mensch in Gott wirklich Stellvertreter Gottes ist. Sein Wollen Gottes, sein Wissen von Gott, sein Haben Gottes nimmt die Gnade nicht ernst genug, weil es Gott sich zum Vorsatz macht, statt sich den Vorsatz Gottes, den Menschen, zu eigen zu machen.« – Wahrer Glaube an Gott und echtes Leben aus der Gnade Gottes werden nur dort realisiert, wo der Mensch auf Gott verzichtet; denn nur im Verzicht auf Gott kann er sich den Vorsatz Gottes, nämlich den vollendeten Menschen, zu eigen machen. Für Meister Eckhart ist die Unterstellung, er leugne Gott, ein Bekenntnis, durch das der Unterstellende nur seinen Unglauben – sein Haben-Wollen Gottes – beweist. Daß seine Argumentation stimmt, wird allerdings nur dem einleuchten, der um der Gnade Gottes willen – und das heißt für den Theologen Eckhart: um des vollendeten Menschen willen – auf jedes Wollen, Wissen und Haben Gottes verzichtet und deshalb arm ist. Weil die Wahrheit seines Gottglaubens ganz und gar von der realisierten Erfahrung solchen Glaubens abhängt, kann Meister Eckhart seine Predigt mit folgenden Worten schließen: »Wer diese Rede nicht versteht, der bekümmere sein Herz nicht damit. Denn solange der Mensch dieser Wahrheit nicht gleicht, solange wird er diese Rede nicht verstehen. Denn es ist eine unverhüllte Wahrheit, die da gekommen ist aus dem Herzen Gottes unmittelbar. Daß wir so leben mögen, daß wir es ewig erfahren, dazu helfe uns Gott. Amen.«[109]
Meister Eckhart erkennt in der Armut die Freiheit von jedem möglichen Gegenstand des Habens bis hin zum Gottesbegriff. Erst dort, wo der Mensch ganz arm ist, ist er er selbst und frei und eins mit allem. Erst wo er ganz frei von Gott ist, kann Gott ganz in ihm sein, sind er und Gott wirklich er und Gott und nur so sind sie eins.

---

106 Meister Eckhart, *Die deutschen Werke*, Band II, 730; vgl. 500f.
107 A.a.O., 730; vgl. 502.
108 D. Mieth, *Christus – das Soziale im Menschen*, 117f.
109 Meister Eckhart, *Die deutschen Werke*, Band II, 731.

8.3 Die Funktion der humanistischen Religion für die Begründung des humanistischen Menschenverständnisses

Meister Eckharts Applikation des Armutsgedankens auf den Gottesbegriff macht deutlich, daß erst durch die Haben-Sein-Alternative die Antwort der Mystik auf die Frage nach der innersten und letzten Bestimmung des Menschen plausibel wird. Und erst durch sie wird auch die Relevanz der humanistischen Religion für Erich Fromms Menschenverständnis offensichtlich. Wird der Modus des Seins als totaler Verzicht auf jede Form des Habens gefaßt, dann ist es eben dieser Modus des Seins, der eine mystische Erfahrung des EINEN bedingt und ermöglicht.

Für *das Selbstverständnis der humanistischen Religion* ergibt sich daraus, daß die Frage der Gültigkeit und dogmatischen Wahrheit des Gottesbegriffs irrelevant ist[110], weil sie noch im Modus des Habens, den es ja gerade zu überwinden gilt, beheimatet ist. Gotteserfahrung ist nur möglich unter Verzicht auf eine Unterscheidung zwischen Mensch (Seele) und Gott. Andererseits ist das eigene Selbst nur unter Verzicht auf jede Selbstbestimmung erfahrbar. Gott und Mensch (Seele) können nur eins werden und als eins erfahren werden unter dem gegenseitigen Verzicht aufeinander.[111] Wo es um Gott und um den Menschen geht und wo beide erkannt werden sollen, d. h. wo es um die Wahrheit von Religion und um die Wahrheit einer an der Empirie orientierten Menschenkenntnis geht, da ist Erkenntnis nur als Erfahrung des EINEN von Mensch und Gott zugleich möglich. Beide Bereiche der Wirklichkeit und Wahrheit müssen in ihren Wahrheitsgehalten negiert werden, um zu der beide verbindenden Wahrheit zu gelangen. Diese aber ist nur als mystische Erfahrung des EINEN wirklich.

Mystische Erfahrung des EINEN ist die Erfahrung eines Lebens ganz und gar im Modus des Seins. Weil sie »reine« Erfahrung ist, realisiert sie sich konkret nur unter Verzicht auf alle möglichen Erfahrungen von Haben. Solche Erfahrung des Seins wird zugänglich durch Atem-, Konzentrations- und Meditationsübungen[112], die alle nur das Ziel verfolgen, den Menschen jeder gegenständlichen Erfahrung ledig zu machen, um die Totalität von Mensch und Gott in einem, d. h. die Totalität des Menschen in seiner humanitas zu erfahren. Dieses Selbstverständnis von humanistischer Religion schafft den Zugang zum

---

110 Ob auch behauptet werden muß, daß die Frage der philosophischen Wahrheit des Gottesbegriffs irrelevant ist, kann hier nicht entschieden werden, da sich Metaphysik und Philosophie überhaupt bisweilen als negative Theologie verstehen. Vgl. zu diesem Problem bes. J. Möller, *Die Chance des Menschen – Gott genannt;* ders., *Glauben und Denken im Widerspruch.* – Literaturangaben zur neueren Fragestellung von seiten der Philosophie und Theologie finden sich bei H. Küng, *Christ sein,* 604–606.
111 Vgl. zur Frage des Selbstverständnisses von humanistischer Religion die Ausführungen zur »X-Erfahrung als Mystik des EINEN«, oben S. 157–168 und die Ausführungen zum Selbstverständnis von Mystik, oben S. 246f.
112 Vgl. hierzu oben S. 156f.

Verständnis der *Funktion der humanistischen Religion* bei der Letztbegründung von wissenschaftlicher Erkenntnis und von Sinn und Ziel des Menschen. Mit dem Postulat der mystischen Erfahrung des EINEN als einer Erfahrung des Lebens im Modus des Seins ist jener Grund gefunden, in dem sowohl die empirischen, anthropologischen und ethischen Erkenntnisse als auch die religiösen Aussagen letztlich gründen und von dem aus sie in ihrem Wahrheits- und Verbindlichkeitsanspruch begründet werden. Der Humanismus Erich Fromms in seinem Anspruch, sowohl Wissenschaft als auch Religion zu sein, hat in der Erfahrung des EINEN den beiden Ansprüchen gemeinsamen letzten Grund. Denn sowohl der Humanismus als wissenschaftlicher Humanismus, der auch für seine Letztbegründung einen theistischen Gottglauben ablehnt und deshalb eine theonome Begründung seines Autonomiebegriffs nicht nötig hat, als auch der religiöse Humanismus, der in jedem dogmatischen Gottesbegriff eine Form des Habens sieht und für den deshalb Religion mit der Erfahrung eines Lebens im Modus des Seins identisch ist – beide Verständnisse haben in der mystischen Erfahrung des EINEN ihren Garanten und ihre Legitimation.

Die Erfahrung des EINEN ist die Nahtstelle, an der beide Aspekte des Humanismusbegriffs, der empirische und der religiöse, verknüpft sind. Der charakterologische Befund lautet: Der Mensch gelangt zu einer optimalen Entfaltung, wenn er darauf ausgerichtet ist, auf alle Vergegenständlichung seiner Selbst- und Welterfahrung zu verzichten und statt der Ausrichtung am Haben seine ihm eigenen Kräfte der Vernunft und der Liebe zu entfalten. Die religionskritischen Überlegungen zeitigten die Forderung, jeden Gottesbegriff zu negieren, weil nur durch die dialektische Aufhebung jedes Unterschiedes von Gott und Mensch die Erfahrung des EINEN möglich wird. Bei beiden Aspekten lassen sich die Ergebnisse gleichermaßen formulieren: Die Erkenntnis des Menschen und seiner Zielbestimmung gründet in der Erfahrung seiner selbst, die in dem Maße total, d. h. die in dem Maße die Erfahrung des EINEN von Welt, Mensch und Gott ist, als der Mensch auf die Möglichkeit verzichtet, sein Sein durch eine Bestimmung des Habens zu vergegenständlichen.

Im Gegensatz zu philosophischen Versuchen, die Vernunft als letztes Prinzip des Seins zu bestimmen[113], und im Gegensatz zu theologischen und philosophischen Ansichten, Gott als Person und/oder als Vernunft zum Garanten der Wirklichkeit zu machen, muß in Erich Fromms Begründung eine weitere und andere »Lösung« gesehen werden, bei der die mystische Erfahrung des EINEN der letzte Grund für die Wirklichkeit der Welt und des Menschen und der letzte Garant für das Vertrauen in diese Wirklichkeit darstellt. Diese Lösung wird von den Vertretern der vorgenannten Positionen immer kritisiert werden, denn die mystische Erfahrung des EINEN läßt sich letztlich nicht ge-

---

113 Am treffendsten wohl bei Descartes mit dem »Cogito ergo sum« formuliert; gemeint ist jede Philosophie, die das Sein dadurch begründen will, daß der Mensch eine Sicherheit des Denkens, des Bewußtseins, des Erkennens, des Wissens usw. »hat«.

danklich vergegenständlichen und ist in ihrer Überzeugungskraft deshalb immer an die subjektive Erfahrung des EINEN gebunden (auch wenn sich die Vernünftigkeit dieser mystischen »Lösung« aufzeigen läßt). Andererseits wird jener, der die mystische Erfahrung des EINEN als einzigen wirklichen Garanten der Selbst- und Welterfahrung anerkennt, weil er sie so erfährt, jeden Versuch der Begründung des menschlichen Seins durch eine Größe, die den Menschen von außen bestimmt, ablehnen. Für den Mystiker behindert jede Religion und Philosophie, in deren Mittelpunkt Begriffe, Worte, Lehren, Glaubensbekenntnisse, logische Gesetze etc. stehen, eher die Erfahrung der Unmittelbarkeit des EINEN. Wo es dennoch solche Größen wie Gott, das Sein, die Kirche, den Verstand etc. gibt, müssen sie im Prozeß der Erfahrung des EINEN als Negationen des EINEN negiert werden, damit der Mensch von jedem Wissen, Wollen und Haben frei ist. Von positiver Bedeutung für die Erfahrung des EINEN selbst sind sie nicht.

Was sich über die unio mystica aussagen läßt, betrifft nicht sie selbst, sondern den Weg dorthin. Humanistische Religion als Erfahrung des EINEN hat es mit dem Weg, mit der Halacha, mit den 8 Pfaden, mit Mondo und Koan, mit Konzentrations- und Meditationsübungen zu tun. Sie alle bauen auf dem religiösen Ethos des Habenverzichts auf und zielen auf die Erfahrung der Totalität des Menschen.

Das Frommsche Postulat, menschliche Wirklichkeit in ihrem Wahrheits- und Verbindlichkeitsanspruch durch eine mystische Erfahrung zu begründen, bedeutet beileibe nicht, daß die Letztbegründung in der mystischen Erfahrung des EINEN weniger stringent wäre. Man muß vielmehr der mystischen Erfahrung des EINEN auch von der Position einer ausschließlich an der Vernunft orientierten Philosophie und/oder Religion her zugestehen, daß sie die Funktion einer Letztbegründung sowohl menschlichen Seins als auch menschlichen Sollens erfüllt. Freilich ist die Kommunikabilität dieses Postulats an die subjektive Erfahrung gebunden: Die mystische Erfahrung des EINEN kann nur für jenen menschliches Sein und Sollen letztlich begründen und darin einen objektiven Gültigkeitsanspruch erheben, der sich in gleicher Weise auf die mystische Erfahrung des EINEN einläßt. Die Stringenz und objektive Gültigkeit dieser Erfahrung hat Erich Fromm dadurch möglich gemacht, daß er die transempirische Erfahrung des EINEN – die unio mystica ist ja die Erfahrung der totalen Negation von Erfahrungsgegenständen, d. h. von empirischen Größen – zum Zielpunkt der durchaus empirisch faßbaren und mit empirischen Methoden nachweisbaren Erfahrung des Haben-Verzichts macht, so daß der Mensch in dem Maße ist, zur Entfaltung kommt, gesund und glücklich ist, als er auf das Haben als Mittel zur Existenzbestimmung verzichtet. Beide Arten der Erfahrung, die empirische der Welt- und Selbsterfahrung und die religiöse der mystischen Erfahrung des EINEN basieren auf der Haben-Sein-Alternative, die selbst ein Erfahrungswert ist, der sich empirisch und religiös ausweisen läßt. Damit wird offensichtlich, daß die mystische Erfahrung des EINEN in sich die Negation aller Erfahrungsgegenstände ist – also auf jedes mögliche Haben verzichtet – und darin sich selbst begründet und zum Grund für jede empirische Erfahrung der Haben-Sein-Alternative wird.

Wie im philosophischen Denken des Thomas von Aquin die Vernunft Gottes als der letzte Grund aller empirischen und sittlichen Vernunft erkannt wird und wie die gründende Vernunft Gottes und die gegründete Vernunft des Menschen und seiner Welt mit Hilfe des Gesetzesbegriffes in analoger Weise vermittelt werden[114], so dient bei der Frommschen »Lösung« die Haben-Sein-Alternative als »Auslegungsschlüssel«[115], um alle empirische und sittliche Erfahrung hinsichtlich ihrer Wahrheit, Geltung und Verbindlichkeit in der alles umfassenden mystischen Erfahrung des EINEN zu begründen. Damit, daß es nicht um die Vernunft des Menschen und um die sie begründende und transzendierende Vernunft Gottes geht, sondern um Erfahrungen, die in der mystischen Erfahrung des EINEN gründen, sind auch folgende Unterschiede gesetzt:

1. Erfahrungen des Seins, sofern sie Verzicht auf Haben bedeuten, entbehren zwar der objektiven – weil an die Gesetze der Logik geknüpften – Stringenz der Vernunft, dafür sind sie aber an ein subjektives Erlebnismoment gebunden, das aus sich heraus und unmittelbar überzeugt und wirksam ist; Erfahrungen haben in sich verändernde Kraft.

2. Die mystische Erfahrung des EINEN als letzter Grund der Erfahrung, daß allein dem Sein und nicht dem Haben von sich aus eine verändernde Kraft zukommt, ist nicht transzendent im Sinne von Jenseitigkeit, von der nur in Analogie gesprochen werden könnte. Es ist der konkrete und geschichtliche Mensch, der in sich seinen letzten Grund in der Erfahrung des EINEN wirkmächtig erfährt. Dieser letzte Grund wird aber nicht als Jenseitigkeit verstanden, von der dann analog gehandelt werden könnte, sondern ist der vom Menschen erfahrbare Zielpunkt der empirisch erfahrbaren Dialektik, daß der Mensch in dem Maße ist, als er seine Manifestationen des Wollens, Wissens und Habens als Negationen seines Menschseins negiert. Für eine Betrachtungsweise des Menschen, die sich am Haben orientiert, muß die Erfahrung des EINEN als etwas »Ganz-anderes« und als NICHTS erscheinen und deshalb als jenseitig. In Wirklichkeit ist sie die Erfahrung der Totalität des Menschen in voller Entfaltung seiner Vernunft und Liebe.

Die Erfahrung des EINEN begründet menschliches Sein in seinem Sinn und Sollen. Die Haben-Sein-Alternative figuriert hierbei als Auslegungsschlüssel des Gründungszusammenhangs von empirischer und mystischer Erfahrung. Das Verständnis der Haben-Sein-Alternative entspricht ganz und gar jener Dialektik, die in der oben so genannten Tradition des ekstatisch-kathartischen Vorstellungsmodells beheimatet ist. Wo das Bestehende zur Existenzsiche-

---

114 Vgl. die Ausführungen zum Lex-Modell bei Thomas von Aquin, oben S. 200f.
115 Zum Begriff »Auslegungsschlüssel« vgl. die Deutung des Lex-Modells durch W. Korff, *Norm und Sittlichkeit*, 49.

rung funktionalisiert wird, da wird diese Einstellung als Modus des Habens erkannt und als Negation eines »wahrhaften« oder »wirklichen« Menschseins bewertet. Die Forderung nach Verzicht auf den Modus des Habens und dadurch nach Dominanz des Modus des Seins ist nur einlösbar, wenn die Haben-Sein-Alternative im Sinne einer kritischen Theorie angewendet wird: Der Modus des Habens ist eine Negation menschlichen Seins und Seinkönnens und kann durch Negation aufgehoben werden. Die inhaltliche Bestimmung dieses dialektischen Prozesses lautet: Negation von allem, was der Mensch hat, zum Ziel und Zwecke der Erfahrung seiner Totalität in der mystischen Erfahrung des EINEN.

9 Der Humanismus Erich Fromms als Herausforderung für eine christliche Theologie

9.1 Überlegungen zu einem fruchtbaren Gespräch christlicher Theologen mit dem Humanisten Erich Fromm

Die Haben-Sein-Alternative führt die vormaligen Unterscheidungen »produktiv – nicht-produktiv« und »biophil – nekrophil« fort. Sie hat als charakterologischer Begriff im Bereich des empirisch Erfahrbaren Gültigkeit und sie ist der Inbegriff religiöser Erfahrung. Die umfassende Bedeutung der Erfahrung der Haben-Sein-Alternative ermöglicht das Postulat eines Gründungszusammenhangs menschlichen Seins und Sollens, bei dem die Erfahrung der Haben-Sein-Alternative selbst der Auslegungsschlüssel ist, mit dem der Mensch sich in seinem Sein und Sollen letztlich begründet. Die Begründung des Menschen in der mystischen Erfahrung des EINEN stellt für jede Theologie, die den Menschen theonom begründet, eine Provokation dar. Eine solche Herausforderung kann aber zu einem fruchtbaren Gespräch christlicher Theologen mit dem Humanisten Erich Fromm führen[1], wenn für ein solches

---

1 Erich Fromm selbst mißt dem Gespräch zwischen Humanisten und Christen eine wachsende Bedeutung zu: Für die »Bedeutung des Humanismus innerhalb der römisch-katholischen Kirche braucht man nur die Namen von solchen Männern wie Papst Johannes XXIII. und Teilhard de Chardin oder von Theologen wie Karl Rahner und Hans Küng erwähnen« (E. Fromm, *Afterword* [66/4] in [61/2], 261).
Das Gespräch ist freilich bisher vor allem im englischen Sprachraum geführt worden. Vgl. hierzu: R. Banks, *A Neo-Freudian Critique of Religion: Erich Fromm on the Judeo-Christian Tradition;* P. A. Bertocci und R. M. Millard, *Personality and the Good, Psychological and Ethical Perspectives;* R. B. Betz, *An Analysis of the Prophetic Character of the Dialectical Rhetoric of Erich Fromm;* A. M. Caligiuri, *The Concept of Freedom in the Writings of Erich Fromm;* O. B. Curtis, *The Role of Religion in Selfhood: An Examination of Humanist Psychoanalysis in Erich Fromm and Christian Selfhood in Wayne Oates;* M. C. Ebersole, *Christians Faith and Man's Religion;* J. J. Forsyth und J. M. Beniskos, *Biblical Faith and Erich Fromm's Theory of Personality;* J. S. Glen, *Erich Fromm: A Protestant Critique;* G. B. Hammond, *Man in Estrangement. A Comparison of the Thought of Paul Tillich and Erich Fromm;* S. Hiltner, *Psychotherapy and Christian Ethics. An Evaluation of the Ethical Thought of A. E. Taylor and Paul Tillich in the Light of Psychotherapeutic Contribution to Ethics by J. C. Fluegel and Erich Fromm;* V. A. Jensen, *Failure and Capability in Love. An Integrative Study of the Psychology of Erich Fromm and the Theology of Erich Brun-*

Gespräch gilt, was bei aller Herausforderung durch die modernen Humanismen gelten sollte: »Die herausfordernden modernen Humanismen sind selber herausgefordert.«[2]

Vorweg sind die jeweiligen *Selbstverständnisse der Gesprächspartner* zu klären. Für den Theologen, dem es um den vernünftigen Ausweis seiner Rede von Gott geht, ist es ungewohnt, Sein, Sinn und Sollen des Menschen in der Erfahrung gründen zu lassen, obwohl er weiß, daß seine Rede von Gott ebenfalls erst aufgrund der Erfahrung der Rede Gottes möglich wird und also in solcher Erfahrung gründet. Er weiß auch, daß Theologie erst dort zu ihrem Ziel gelangt, wo sie den Glauben fördert, daß der Mensch sein Leben, seinen Sinn und sein Sein als begründet erfährt. Theologie hat eine Vermittlerfunktion für religiöse Erfahrung, doch vermag sie selbst – soweit sie bei der Rede über Gott verbleibt – nicht Gotteserfahrung zu sein.

Anders die Mystik[3], der es um den Erfahrungswert selbst geht und die die Unfähigkeit der Theologie, unmittelbare religiöse Erfahrung zu sein, zumeist dadurch überwindet, daß sie eine negative Theologie vertritt. Diese resultiert aus der Einsicht, daß Denken über Gott mit dem Ziel einer materialen Erkenntnis Gottes prinzipiell mit der Gotteserfahrung selbst konfliktiert. Religiöse Erfahrung ist nur im Erfahren des eigenen Nicht-Wissens möglich. Jedes Wissen über Gott wird als Fremdbestimmung Gottes erkannt und muß deshalb aufgehoben werden. Theologie will freilich auch diese Position nochmals reflektieren und übergreifen, indem sie versucht, die Vernunft religiöser Erfahrung aufzuzeigen und zu begründen. Um die Vernunft religiöser Erfahrung begründen zu können, ist Theologie auf Transzendenz verwiesen. Sie erhebt mit ihrem Verweis auf Transzendenz zugleich den Anspruch, die Ebene der religiösen Erfahrung denkerisch zu transzendieren. Sie zielt auf einen letzten Grund jenseits des Menschen und postuliert eine theonome Begründung jeder menschlichen Wirklichkeit, also auch der religiösen Erfahrung des Mystikers. Diese Zielsetzung von Theologie widerspricht der der Mystik; denn die Mystik ist gerade nicht am Aufweis einer letzten Vernunft und an einer theonomen Begründung ihrer religiösen Erfahrung interessiert, sondern versteht sich als Vollzug der Letztbegründung, weil nur die Erfahrung des letzten Grundes ein letzter Grund sein kann.

So skizzenhaft und schematisierend Theologie und Mystik gezeichnet wurden,

---

ner; J. J. Petuchowski, *Erich Fromm's Midrash of Love. The Sacred and the Secular Forms;* Y. Suzuki, *An Examination of Doctrine of Man of Erich Fromm and Reinhold Niebuhr;* W. C. Tilley, *The Relationship of Self-Love for the Other with Special Reference to the Thought of R. Niebuhr and Erich Fromm.*

Für den deutschen Sprachraum ist besonders auf die Aufsätze von N. Greinacher, *Erich Fromm,* und G. Schneider-Flume, *Leben dürfen oder leben lassen. Die Bedeutung der humanistischen Psychoanalyse Erich Fromms für die theologische Anthropologie,* hinzuweisen. Mit Detailfragen setzen sich auseinander: Th. Pröpper, *Der Jesus der Philosophen und der Jesus des Glaubens,* 58–69; sowie A. Auer, *Gibt es eine Ethik ohne Religiosität?*

2 H. Küng, *Christ sein,* 28.

3 Siehe oben S. 246f. und 338f.

so ist doch der Aufweis der jeweiligen Selbstverständnisse und Zielsetzungen für eine Auseinandersetzung zwischen der christlichen Theologie und dem Humanismus Erich Fromms unerläßlich. Erich Fromms Fragestellung ist nämlich nicht jene, für die sich der (oben so gezeichnete) Theologe stark macht. Von seiner jüdischen Abkunft her und von der Art, wie er zeitlebens mit der religiösen Frage umgegangen ist, trifft für ihn eher die Bezeichnung »Mystiker« zu. Ihn interessiert die Frage des Theologen höchstens dort, wo Theologie zum Hemmschuh der mystischen Erfahrung werden könnte. Das heißt jedoch nicht, daß er der Theologie prinzipiell ihre Existenzberechtigung abstreiten will. Ob Theologie sein darf oder nicht, entscheidet sich für ihn an der Frage, ob Theologie für die mystische Erfahrung des EINEN förderlich ist. Worauf es ankommt, ist die religiöse Erfahrung, nicht der vernünftige Ausweis mit Hilfe komplizierter theologischer Reflexionen. Die Frage der Wahrheit entscheidet sich für ihn nicht am Bestehenkönnen einer Überzeugung vor der Vernunft, sondern in der Erfahrung von Wahrheit, die selbst Erfahrungswahrheit ist. Deshalb kann er auch behaupten, es sei von sekundärer Bedeutung, ob jemand an Gott glaube oder nicht. Theismus und Nicht-Theismus als Bekenntnisbezeichnungen sind für die religiöse Erfahrung selbst letztlich nicht ausschlaggebend. Die Erfahrung des EINEN als Negation allen Wissens, Wollens und Habens braucht nicht mit Hilfe des Vernunftdenkens ausgewiesen werden; sie ist in sich wahr und vernünftig.

Der besondere Beitrag Erich Fromms in der Auseinandersetzung zwischen Theologie und Mystik ist in dem eigenständigen Versuch zu sehen, *für seinen Humanismus einen Gründungszusammenhang in der Mystik* zu statuieren. Dadurch, daß er die mystische Erfahrung des EINEN mit dem charakterologischen Befund, daß Sein in dem Maße möglich wird und wirklich ist, als es von einer Bestimmung durch ein Haben frei ist, auslegt und plausibel macht, gibt er Antwort auf jene Fragen der Begründung des Religiösen, um die es sonst der Theologie geht. Die Haben-Sein-Alternative deckt hierbei die Bedingung der Möglichkeit religiöser Erfahrung überhaupt auf und schafft einen Gründungszusammenhang. Die Einheit von einerseits empirischer Erfahrung mit Hilfe der Charakterologie und andererseits religiöser Erfahrung in der Mystik des EINEN wird durch die für beide Erfahrungen gültige Haben-Sein-Alternative gewährleistet.

Der Gründungszusammenhang von empirischer und religiöser Erfahrung, den die Haben-Sein-Alternative ermöglicht, bestimmt den Humanismusbegriff Erich Fromms und mit ihm die Diskussion zwischen Christentum und Humanismus. Der Humanismus Erich Fromms verbindet nicht nur wissenschaftliche Erkenntnis mit religiöser Erfahrung, sondern vermag auch beide Begriffe so zu begründen, daß einerseits Wahrheit und Verbindlichkeit wissenschaftlicher Erkenntnis und Vertrauen in sie ihren letzten Grund in der religiösen Erfahrung haben und daß andererseits die religiöse Erfahrung ihren Grund in der durch die Wissenschaft ermöglichten empirischen Erfahrung hat. Die mystische Erfahrung des EINEN ist deshalb kein Sprung in eine Transzendenz oder

Irrationalität; sie ist auch keine Mystifizierung der Wirklichkeit – Mystik ist gerade das Gegenteil von Mystifizierung –, sondern stellt das konsequente (wenn auch nur punktuell mögliche) Realisieren der Erfahrung dar, daß der Mensch in dem Maße ist, als er die Bestimmung seines Lebens durch das, was er hat und haben kann, negiert. Die mystische Erfahrung des EINEN antwortet auf die Frage und auf die Fragwürdigkeit »Mensch«, ohne den Bereich des Humanen zu verlassen. Denn sie erfährt, daß mit der Negation aller möglichen Haben-Bestimmung menschlichen Seins die Einheit mit sich selbst und mit der natürlichen und menschlichen Umwelt möglich wird und daß erst in der Unabhängigkeit von aller Fremdbestimmung Vernunft und Liebe als Potentiale zur Entfaltung kommen.

Ein fruchtbares Gespräch zwischen christlichen Theologen und dem Humanisten Erich Fromm muß die Eigenart seines wissenschaftlichen und zugleich religiösen Humanismusbegriffs respektieren. Es muß anerkannt werden,

1. daß der wissenschaftliche Humanismus Erich Fromms in der mystischen Erfahrung des EINEN gründet;
2. daß menschliches Sein und Sollen in seiner Wahrheit und Verbindlichkeit mit Hilfe der Haben-Sein-Alternative in letzter Weise in der mystischen Erfahrung des EINEN begründet liegt;
3. daß dieses EINE eine menschliche Erfahrungsgröße ist; und
4. daß der Gründungszusammenhang, der durch mystische Erfahrung hergestellt wird, eine Eigenständigkeit gegenüber theologischen Versuchen der Begründung religiöser Erfahrung beansprucht.

Werden diese Implikate des Humanismusbegriffs Erich Fromms respektiert, dann kann der Auslegungsschlüssel »Haben-Sein-Alternative« als kritische Theorie für verschiedene Probleme und Fragen christlicher Theologie dienen. Aus der Sicht des Frommschen Humanismus ergibt sich für *die Frage der Begründung der Autonomie* menschlichen Seins und Sollens, daß eine christliche Theologie die Autonomie des Menschen durchaus theonom begründen kann, solange der Glaube an Gott keine Heteronomie bei der Bestimmung des Menschseins bedeutet. Für eine solche Möglichkeit der theonomen Begründung ist gerade der christliche Glaube offen: Je radikaler der »Gedanke« des Gott-Menschen als eines Menschensohnes gefaßt und realisiert wird, desto näher kommt die Antwort des christlichen Theologen und des christlichen Mystikers der Antwort des Humanisten. Die Erfahrung und die Bestimmung des Menschen, seines Seins und Sollens, ist dann an das Verständnis des Lebens Jesu und an die Nachfolge Jesu geknüpft, weil sich in Jesu totalem Menschsein das Wesen Gottes zeigt. Solche theonome Begründung der Autonomie des Menschen ist im Bereich der Theologie[4] z. B. in der Vater-Sohn-

---

4 Zur philosophischen Problematik dieser »Forderung des Gott-Menschlichen« vgl. J. Möller, *Die Chance des Menschen – Gott genannt*, bes. 286–324. Zur (ungelösten) Frage der Verhältnisbestimmung Philosophie – Mystik ist Anmerkung 23 (a.a.O. 321 f.) besonders aufschlußreich.

Relation des Johannes-Evangeliums, in den Theologien christlicher Mystiker und etwa auch in der Zuordnung von lex nova und lex naturalis bei Thomas von Aquin zu finden. All diese Theologen wollen die Autonomie menschlichen Seins und Sollens dergestalt theonom begründen, daß die Bedingung der Möglichkeit des Menschseins, nämlich Gott – der Wille, die Vernunft Gottes, wie im Leben Jesu offenbar geworden – mit den im Menschen gründenden Potentialen zur Entfaltung und Verwirklichung menschlicher Existenz korrespondiert.[5] Freilich ist die Realisierung eines solchen »gottgewollten« und in Gott gründenden Humanismus an einen existentiellen Bezug zum Leben Jesu gebunden. Denn in ihm liegt das Vertrauen in die eigene humanitas letztlich begründet, so daß die Autonomie und die Erfahrung der dem Menschen eigenen Kräfte relational sind: Ihre Gültigkeit wird durch die Erfahrung der Nachfolge Jesu in letzter Weise begründet und garantiert. Christliche Realisierung des Menschseins gründet ebenso wie der humanistische Versuch in der Erfahrung der dem Menschen eigenen Kräfte; doch für den Christen liegt die Möglichkeit dieser Erfahrung in der Nachfolge Jesu begründet, weil sich im Leben Jesu der Wille Gottes zur Zielgestalt des Menschen, d. h. zur eschatologischen humanitas für alle Zeiten gültig ausgesprochen hat.

Das Bemühen christlicher Theologen um eine theonome Begründung der Autonomie des Menschen (und des Sittlichen) impliziert weder notwendig einen heteronomen Anspruch bei der theologischen Bestimmung dessen, was der Mensch ist, kann und soll, noch schmälern eine solche theologische Reflexion und das Postulat der Nachfolge Jesu notwendig die Erfahrbarkeit und Realisierbarkeit der humanen und humanisierenden Potentiale. Diese Option für eine theonome Begründung menschlicher Autonomie gilt angesichts der Kritik, die Erich Fromms wissenschaftlicher und mystischer Humanismus beinhaltet, allerdings nur für solche christliche Theologien, die mit der theonomen Begründung menschlichen Seins und Sollens keine Heteronomie fordern. Daß christliche Theologie dieser Versuchung zur heteronomen Bestimmung des Menschen erliegt, und zwar besonders dann, wenn sie lehramtliche Theologie ist, soll hier nicht im einzelnen bewiesen werden müssen. Ein Glaube, der institutionell geschützt und getragen wird, hat immer damit zu kämpfen, daß die Institution die Wahrheit der religiösen Erfahrung an das Bekenntnis zur Institution knüpfen will, wodurch die Probleme des Selbsterhalts der Insitution Vorrang bekommen.

Unabhängig von diesem (für die theologische und kirchliche Praxis entscheidenden) Problem der Restriktion eines relationalen Autonomiebegriffs – sei es in Theologien, die Theonomie als Heteronomie auffassen, sei es durch entsprechende lehramtliche und kirchliche Autoritätsansprüche – stellt das Humanismusverständnis Erich Fromms eine *Infragestellung theologischen Den-*

5 Zur theologischen Problematik allgemein vgl. etwa H. Küng, *Christ sein*, 67–70, 526–529; zur speziell theologisch-ethischen Fragestellung siehe oben S. 198–204.

kens überhaupt dar. Zwar schließt er seinem humanistischen Verständnis zufolge die Möglichkeit einer theologischen Begründung menschlichen Seins nicht aus, solange dadurch den Menschen kein heteronomer Anspruch trifft,[6] dennoch optiert er für eine Begründung, die auf jede Theologie als Rede über Gott und als Reflexion über Theonomie verzichtet. Die Möglichkeit der mystischen Erfahrung des EINEN macht ein Bemühen auch um eine relationale Autonomie überflüssig. Seine kritische Anfrage kann so formuliert werden: Warum sollen Theologie und theologische Begründung der relationalen Autonomie des Humanen notwendig oder sinnvoll sein, wenn die Humanisierung des Menschen in der religiösen Erfahrung der (eschatologischen) humanitas erfolgt und wenn diese religiöse Erfahrung in konzentriertester Weise und am wirkmächtigsten in der mystischen Erfahrung geschieht?

Die Frage läßt sich wohl nicht mit Eindeutigkeit entscheiden, weil Denken und Reden über Gott (Theologie) und Erfahren Gottes bzw. des EINEN (Mystik) je eigene Möglichkeiten des Menschen sind, die sich nicht gegenseitig ausschließen müssen oder in letzter Schlüssigkeit gegenseitig unterordnen lassen. Theologie basiert zwar auf der Erfahrung der Rede Gottes und zielt auf die Erfahrung Gottes im Menschen, während Mystik, wie sie Erich Fromm versteht, beansprucht, durch die Negation jeder Art theologischen Wissens zu unmittelbarer religiöser Erfahrung zu gelangen und darum glaubt, auch ein Urteil über die Theologie fällen zu können. Doch auch dieser Anspruch der Mystik wird den Menschen nicht daran hindern können, seine religiös-mystische Erfahrung zu reflektieren und sprachlich kommunikabel zu machen. Eine solche Verbalisierung ist aber bereits Theologie; und sie ist es auch als negative Theologie.

Die Legitimierung von Theologie schafft die kritische Infragestellung jeder (christlichen) Theologie durch die Mystik und speziell durch die humanistische Mystik dennoch nicht aus der Welt. Außerdem reiht sich die Kritik der humanistischen Mystik hierbei in eine Tradition innerchristlicher Auseinandersetzung zwischen Theologie und Mystik ein. Der Kampf der Kirche und ihrer theologischen Autoritäten gegen angebliche Gnostiker bzw. Theosophen und gegen Mystiker, gegen Erweckungsbewegungen und Reformbewegungen ist nur zu oft ein Kampf derer (gewesen), die sich im Besitz (!) des Glaubens wähnen, gegen jene, die von der verändernden Kraft der religiösen und mystischen Erfahrung ergriffen waren bzw. sind. Inquisition und Häresieverdacht drohen jeder religiösen Erneuerung; und dort, wo es in der Geschichte der Kirche und Theologie zwischen religiöser Erfahrung und theologisch-kirchlicher Doktrin zu einem Arrangement kam, wurde die Reflexion und Verbalisierung der religiösen und mystischen Erfahrung zum Impuls für eine theologische und kirch-

---

6 Da »die menschliche Wirklichkeit ... in ihrer Fülle selbst unausdrückbar ist, ... kann sie in begrenztem Ausmaß in verschiedenen und sogar in sich widersprechenden Begriffen ausgedrückt werden« (E. Fromm, *Afterword* [66/4] in [61/2], 263).

liche Neubesinnung. Mystik ist Kritik und hat deshalb für Theologie nicht nur eine destruktive, sondern auch eine konstruktive Funktion.[7] Wenn auch die humanistische Mystik Erich Fromms jede Theologie in Frage stellt, so kann die religiöse Erfahrung der Haben-Sein-Alternative und ihre Begründung in der Charakterologie dennoch als kritische Theorie für eine christliche Theologie, zumal für eine kirchlich verwaltete Theologie, bedeutsam sein. Dies gilt um so mehr, als sich die Haben-Sein-Alternative auch als geeigneter Auslegungsschlüssel der religiös-ethischen Botschaft Jesu erwiesen hat, und eigenartigerweise gerade jener Teile der Verkündigung Jesu, die ansonsten nur schwer verstehbar sind und darum auch nur eine geringe Applikation gefunden haben. Eine christliche Theologie, die ihre Basis in den Bezeugungen der jesuanischen Verkündigung und des jesuanischen Ethos durch Jesus-Nachfolger hat und deren Ziel die Nachfolge Jesu heute ist, nimmt selbst eine kritische Funktion gegenüber anders begründeten Theologien in Geschichte und Gegenwart und gegenüber den Realisierungen der Nachfolge Jesu damals und heute wahr. Für diese kritische Aufgabe christlicher Theologie kann die Haben-Sein-Alternative zum einen das Verständnis der religiös-ethischen Botschaft Jesu erleichtern, indem sie die verschiedensten Aussagen und Forderungen in einen Verstehenshorizont bringt und die Kongruenz von Lehre und Leben Jesu aufzeigen kann; zum anderen wird es mit der deutenden Abstraktion der Inhalte von Jesu Lehre und Leben auf die Haben-Sein-Alternative möglich, die Haben-Sein-Alternative im Sinne einer kritischen Theorie für die kritische Funktion christlicher Theologie zu gebrauchen; weil schließlich die Haben-Sein-Alternative nicht nur der Inbegriff religiöser Erfahrung und der theologischen und ethischen Verbalisierungen dieser Erfahrung ist, sondern eine letzte Wertung von Grundorientierungen der Charakterstruktur darstellt und somit eine charakterologische Größe ist, können mit ihrer Hilfe alle möglichen Arten von theologischen, kirchlichen und religiösen Phänomenen auf deren humane und humanisierende Qualität hin beurteilt werden. Aus diesen Gründen sollte beim Gespräch christlicher Theologen mit dem Humanisten Erich Fromm bei aller Verschiedenheit des Ansatzes und bei aller Anerkenntnis der prinzipiellen Andersartigkeit des Gründungszusammenhangs menschlichen Seins und Sollens sein konstruktiver Beitrag nicht übersehen werden. Der durch die Haben-Sein-Alternative ermöglichte wissenschaftliche und zugleich religiöse Humanismus Erich Fromms trägt dazu bei, den religionskritischen, kirchenkritischen und theologiekritischen Impuls des christlichen Glaubens, sofern dieser in der Nachfolge das Jesuanische ergreift, zu realisieren.

Diese Option soll noch beispielhaft durch die *Frage nach dem spezifisch Christlichen einer theologischen Ethik* konkretisiert werden. Die Opposition gegen eine »autonome Moral im christlichen Kontext« von seiten der soge-

---

7 Vgl. die Abgrenzung von Theologie und Mystik oben S. 158f.

nannten »Glaubensethik«[8] möchte ein spezifisch Christliches auch für die materialen weltethischen Normierungen postulieren. Aus der Sicht einer »Glaubensethik« gibt es für den Christen vom jesuanischen Ethos her nicht nur einen spezifischen Horizont, der sein weltethisches Handeln in besonderer Weise motiviert (wie das auch eine »autonome Moral« annimmt); vielmehr sollen für den Christen inhaltliche Forderungen gelten, die sich nur aus dem gläubigen Vollzug der Nachfolge Jesu ergäben und die auch nur aus der Kraft des Glaubens erfüllt werden könnten.

Ein solcher Versuch der glaubensethischen Ausgrenzung und Abgrenzung des Christlichen gegenüber anderen Religionen und vor allem gegenüber den modernen Humanismen muß angesichts der humanistischen Ethik Erich Fromms als reichlich apologetisch und naiv beurteilt werden. Die Explikation des religiösen Ethos durch die Haben-Sein-Alternative hat gezeigt, daß auch eine humanistische Ethik die der jesuanischen Verkündigung eigene Radikalität ethischer Forderungen enthalten kann und daß sie die Verbindlichkeit und Realisierbarkeit eines solchen Ethos begründen kann. Aus humanistischer Sicht gründen die Inhalte des jesuanischen Ethos nicht notwendig in der Offenbarung und sind auch nicht nur aus dem Bekenntnis des Gott-Menschen verständlich und realisierbar. Die Haben-Sein-Alternative vermag die Vernunft des jesuanischen Ethos aus sich selbst zu erklären; sie kann, insofern sie eine charakterologische Größe ist, die Normativität in den charakterologischen, also in empirisch verifizierbaren Erkenntnissen begründen.

Wenn sich die Haben-Sein-Alternative als ein für alle jesuanischen Konkretionen passender Auslegungsschlüssel aufweisen läßt, dann muß gegen die Auffassung der Glaubensethiker hinsichtlich der Funktion des jesuanischen Ethos bei der Begründung einer theologischen Ethik festgehalten werden: Die ethische Verkündigung Jesu stellt kein Kompendium christlicher Normen dar; die einzelnen sittlichen Forderungen können vielmehr als Exemplifizierungen jener Ethosforderung verstanden werden, die der Reich-Gottes-Verkündigung eigen ist und die sich mit der Haben-Sein-Alternative plausibel machen läßt. Da die Haben-Sein-Alternative selbst keine Handlungsnorm darstellt, sondern eine Metanorm, hat sie eine wesentlich kritische Funktion gegenüber jedem normativen Verhalten.[9] Deshalb zielt z. B. Jesu Warnung vor dem Reichtum auf die Haltung, die Einstellung, den Habitus, den Modus, die Grundorientierung des Charakters, seine Existenz nicht am Reichtum abzusichern. Eine solche Forderung kann sich dann konkret im Verzicht auf den Reichtum realisieren; ihr unmittelbarer Gegenstand ist aber die Einstellung zu ihm. Wie sich die geforderte Einstellung optimal verwirklichen läßt, ent-

---

8 Vgl. oben S. 201–204.
9 Daß solche kritische Klarstellung nicht erst mit der Haben-Sein-Alternative als Schlüssel zum Verständnis der jesuanischen Forderungen möglich wird, zeigt B. Schüller, *Zur Diskussion über das Proprium einer christlichen Ethik*, bes. 332–334, überzeugend auf, indem er den paränetischen Charakter der Exemplifizierungen betont.

scheidet sich im Einzelfall am Stellenwert, den etwa der Reichtum für den einzelnen in seinem Leben hat.[10]

Im Unterschied zur »Glaubensethik« sieht die »autonome Moral« das christliche Proprium des Sittlichen »nicht in konkreten weltethischen Weisungen, die aus dem Glaubensverständnis heraus entwickelt werden«[11], sondern in einem spezifischen Sinnhorizont, der den Christen in seinem konkreten ethischen Handeln in besonderer Weise motiviert und darum zu einer anderen Einstellung gegenüber dem sittlich Geforderten anhält. Im Unterschied zur »autonomen Moral« behauptet eine humanistische Betrachtungsweise der religiössittlichen Botschaft Jesu, daß auch dieser spezifische Sinnhorizont keine anderen Effekte zeitigt als bei einer humanistischen Deutung der Reich-Gottes-Verkündigung Jesu. Ob der Sinnhorizont christlich und theistisch als Anbruch des Reiches Gottes in Jesus Christus und als geschenkhaftes Offenbarungsangebot oder ob er als Ethos des Haben-Verzichts begriffen wird, das seine befreiende und »gnadenhafte« Wirkung im Wagnis der Realisation des Haben-Verzichts selbst hat: Für den Humanisten Erich Fromm gilt, daß der Mensch im Verzicht auf den Modus des Habens eben jenes befreite und erlöste Menschsein erfährt, das er als ihm geschenkt, ihm transzendent und geoffenbart deuten kann, weil es kein Resultat seines Wissens, Wollens und Habens ist.

Gegen eine solche Deutung des spezifisch christlichen Sinnhorizontes wird sich der christliche Theologe zur Wehr setzen. Wenn die »autonome Moral« das christliche Proprium des Sittlichen in den kritisierenden, stimulierenden und integrierenden Effekten der Botschaft Jesu festmacht, so fordert sie als Spezifikum einen theistischen Sinnhorizont: das gnadenhafte Angebot eines göttlichen Heilswillens, der jedem menschlichen Tun vorausliegt. Läßt sich ein Christ auf den in Jesus Christus offenbar gewordenen Heilswillen Gottes ein, so wird er aufgrund dieses neuen Sinnhorizontes zu einer neuen ethischen Haltung veranlaßt. Da der neue Sinnhorizont in Jesus von Nazareth leibhaftige Gestalt angenommen hat, wird die ethische Relevanz dieses Sinnhorizontes in Jesu Leben und Lehre als jesuanisches Ethos erkennbar. Dieses jesuanische Ethos ist aber nicht selbst das christliche Proprium des Sittlichen, sondern eine Folge davon. Es läßt sich als Konsequenz des spezifisch christlichen Sinnhorizontes begreifen, muß aber nicht notwendig als eine solche begriffen werden. Die Deutung des jesuanischen Ethos mit Hilfe der Haben-Sein-Alternative hat gezeigt, daß das jesuanische Ethos seine Vernünftigkeit nicht notwendig in einem theistischen Sinnhorizont haben muß. Zwar ist der spezifisch christliche Sinnhorizont aus der theologischen Perspektive für das jesuanische Ethos konstitutiv, doch gründet bei der humanistischen Sehweise Erich Fromms die

---

10 Das Verständnis der jesuanischen Forderungen als Konkretionen einer Einstellungsforderung berührt zwar manche Anliegen der Gesinnungsethik und der Situationsethik, unterscheidet sich von ihnen aber doch in wesentlichen Punkten.

11 A. Auer, *Ein Modell theologisch-ethischer Argumentation: »Autonome Moral«*, 42.

Vernunft des jesuanischen Ethos in der Praxis des Haben-Verzichts selbst. Der letzte Grund für diese Praxis des Haben-Verzichts ist die mystische Erfahrung des EINEN.

Nach dieser Abgrenzung zur humanistischen Ethik und nach dem Aufweis der Haben-Sein-Alternative als Schlüssel zum Verständnis des jesuanischen Ethos muß bezüglich der Frage nach dem spezifisch Christlichen einer theologischen Ethik für das Verständnis der »autonomen Moral« plädiert werden. Denn nur sie gewährleistet mit der menschlichen Vernunft als dem Prinzip aller Moralität die Kommunikabilität und Verbindlichkeit von Normen. Dieses Anliegen trifft sich aber mit dem aufgezeigten Verständnis des jesuanischen Ethos, weil sich die Vernunft des jesuanischen Ethos mit Hilfe der Haben-Sein-Alternative als Ausdruck der Rationalität der Wirklichkeit verstehen läßt, vorausgesetzt, diese Wirklichkeit wird – wie dies der Humanist Erich Fromm tut – selbst mit Hilfe der Haben-Sein-Alternative gedeutet. Die eigentlich unterschiedlichen Ansichten bei der Normfindungsfrage ergeben sich deshalb nicht zwischen einer christlichen und einer so gearteten humanistischen Vernunft, wie Vertreter einer »Glaubensethik« meinen. Das Unterscheidende ist vielmehr dort zu suchen, wo sich eine Ethik den Erfordernissen einer am Haben orientierten Kultur und Gesellschaft anpaßt und darum eine Auffassung von Rationalität der Wirklichkeit und des Sittlichen vertritt, die nicht mehr jesuanisch oder humanistisch ist, weil sie nicht mehr der Vernunft der Haben-Sein-Alternative folgt. Christlicher Ethik ist ebenso wie humanistischer Ethik Frommscher Prägung gegenüber anderen Ethiken das Spezifikum zu eigen, in der Haben-Sein-Alternative ein Kriterium zu haben, das wie kein anderes dazu geeignet ist, ethische Normen zu finden, die human sind und einen humanisierenden Effekt haben.

Unabhängig von der Normfindungsfrage stellt der Frommsche Humanismus die Überzeugung (nicht nur der »Glaubensethiker«) in Frage, daß nur eine christliche Theologie in letzter Weise den Sinn von Normativität begründen und garantieren könne. Die mystische Erfahrung des EINEN muß als ein eigener und gültiger Versuch der Sinnbegründung menschlichen Sollens angesehen werden. Sie ist in sich wirkmächtiger religiöser Vollzug eines humanistischen Ethos, das im Verzicht auf alle Haben-Bestimmung die menschliche Zielgestalt unmittelbar in Erfahrung bringt, so daß die Erfahrung des EINEN das Ethos der Haben-Sein-Alternative in letzter Weise selbst begründet und garantiert. Das Ethos der Haben-Sein-Alternative ist also die Bedingung der Möglichkeit von religiöser Erfahrung des EINEN und zugleich religöser Vollzug der Erfahrung des EINEN. In der Erfahrung dieses religiösen Ethos gründet humanistische Ethik, denn humanistischer Ethik geht es um die Potenzierung einer Dominanz des Modus des Seins. Weil aber ein Leben im Modus des Seins nur ein Wechselbegriff für humanistisches Ethos ist, ist ein Leben im Modus des Seins eo ipso »ethisch«, d. h. sittlich gut. Humanistische Ethik zielt auf Praxis eines Seins-Ethos, das in letzter Weise in der mystischen Erfahrung des EINEN als der Negation aller Haben-Bestimmung gründet.

9.2 Fragen christlicher Theologen an den Humanisten Erich Fromm

Der Humanismus befruchtet eine christliche Theologie und stellt sie insgesamt sowie bezüglich verschiedener Aussagen in Frage. Die vorstehenden Überlegungen zu einem fruchtbaren Gespräch christlicher Theologen mit dem Humanisten Erich Fromm sollten vor allem dazu dienen, das Verständnis des Frommschen Humanismus zu vertiefen und einem vorschnellen Urteilen gerade von seiten einer selbstsicheren Theologie vorzubeugen. Solche Vorsicht hat ihren tieferen Grund im Anspruch des Frommschen Humanismus selbst: Er basiert auf Erfahrung, die auch als religiöse ihren Ausdruck im konkreten Ernstnehmen und Realisieren des Humanen findet und eben darin wahrnehmbar wird. Erich Fromm versucht diesen Humanismus selbst zu leben. Die Rede vom Sein aufgrund der Negation aller Haben-Bestimmung ist eine begriffliche Fassung seiner eigenen wissenschaftlichen und religiösen Erfahrung und seines täglich geübten religiösen Ethos. Die Ausstrahlungskraft seines gelebten Humanismus bedeutet nicht, daß es keine Fragen christlicher Theologen an Erich Fromm gäbe. Das Gespräch müßte aber, weil der Humanismus die religiöse Frage aufgreift und konsequent bis zu einer nicht-theistischen Mystik verfolgt, eine Richtung nehmen, bei der der Anspruch von Mystik im Gegenüber zur Theologie angefragt wird und bei der vor allem ein möglicher Anspruch der Theologie im Gegenüber zur Mystik aufzuzeigen wäre. Ausgangspunkte für eine derartige Orts- und Funktionsbestimmung von Theologie und Mystik lassen sich von der Beschäftigung mit dem Humanismus Erich Fromms etwa in folgenden Fragen und Problemen finden:
Wie können gelebtes religiöses Ethos und die hierbei gemachten Erfahrungen vermittelt werden, ohne daß die Verbalisierungen der Erfahrungen zum Ersatz der religiösen Erfahrung selbst werden? Warum entwickeln sich Mystiken zumeist als Gegenbewegung zu einem etablierten Glauben, der sich vorrangig oder ausschließlich am Bekenntnis zu Dogmen und kirchlichen Strukturen orientiert? Inwieweit hat Theologie ihre Legitimation in der Notwendigkeit, auf die Fragen des Lebens eine denkerische Antwort zu geben, zumal dann, wenn Theologie sich selbst als kommunikable Vernunftreflexion über empirische und religiöse Erfahrung versteht? Insbesondere: Rechtfertigen nicht die Erfahrungs-Tatsachen von Leid, Angst, Trauer, Schuld, Tod, Unglück, Krankheit das theologische Bedenken über die sicher zutreffende Beobachtung hinaus, daß vor allem die charakterliche Einstellung zu diesen Phänomenen über den existentiellen Stellenwert entscheidet und nicht das philosophische oder theologische Problembewußtsein?
Inwieweit macht das menschliche Bedürfnis nach Kommunikation und die Notwendigkeit der Kommunikabilität von Erfahrungen Theologie und ein durch Theologie definiertes und an kirchliche Gemeinschaft gebundenes Glaubensbekenntnis unerläßlich?
Läßt sich die Relation Theologie – Mystik tatsächlich in der Weise dialektisch fassen, daß religiöse Erfahrung nur durch Negation eines theologischen Wis-

sens, das in sich als Entfremdung religiöser Erfahrung gefaßt werden muß, erreicht werden kann? Oder muß nicht vielmehr der Theologie im Prozeß der religiösen Erfahrung ein konstruktiver Anteil zugebilligt werden, wenn mystische Erfahrung nur in der radikalen Realisierung eines religiösen Ethos möglich ist, dieses aber reflektiert, gelehrt und gelernt werden muß?

Wer nimmt die kritische Funktion der Scheidung zwischen orgiastischen Einheitserfahrungen und mystischer Erfahrung des EINEN wahr, wenn nicht die vernünftige Reflexion der religiösen Erfahrung und die religiös-ethische Forderung des Haben-Verzichts?

Wird nicht dort, wo Theologie nur als negative Theologie gesehen wird, übersehen, daß mystische Erfahrung immer nur punktuelle Erfahrung ist, deren Deutung und Verbalisierung selbst bereits wieder Theologie ist, so daß es notwendig einer gegenseitigen Stimulation und Kritik von Theologie und Mystik bedarf? Solange mystische Erfahrung nur punktuell möglich ist, ist da die Bewußtmachung und das Wissen um die Einheit in der religiösen Erfahrung, d. h. ist da nicht »positive« Theologie notwendig konstruktive Voraussetzung für eine mystische Erfahrung des EINEN? Auf die Frage des persönlichen Vollzugs und der psychologischen Voraussetzungen bezogen: Braucht nicht einer, der die mystische Erfahrung des EINEN als eine punktuelle Erfahrung seines Lebens ganz im Modus des Seins macht, diese Erfahrung, die er gemacht hat, als ein Wissen, das ihn zu neuer religiöser Erfahrung stimuliert, so daß die Reflexion der Erfahrung und ihre Deutung eine notwendige und positive Vermittlungsfunktion für religiöse Erfahrung wahrnehmen? Hängt deshalb religiöse Erfahrung nicht notwendig von Theologie ab und muß nicht theologischem Wissen und Reflektieren jene funktionale Bedeutung zuerkannt werden, die allen Gegenständen des Habens auch zukommen kann? Die Tatsache des Habens verrät ja noch nicht, ob dieses Haben funktionaler Art ist oder ob es ein Modus der Existenz ist. Gerade dort, wo Theologie eine Vermittlungsfunktion für religiöse Erfahrung wahrnimmt, bedeutet theologisches Wissen ein funktionales Haben.

Wird im Leugnen einer solchen Vermittlungsfunktion von Theologie nicht der Versuch gemacht, das Eingeständnis der Endlichkeit und die Anerkenntnis der notwendigen Mischung der Grundorientierungen des Seins und des Habens in der Charakterstruktur außer Betracht zu lassen, um nur noch die Möglichkeit der religiösen Erfahrung eines punktuellen Lebens ganz im Modus des Seins zu sehen? Vernachlässigt eine Anschauung, die sich ganz auf den Zielpunkt einer negativen Dialektik konzentriert und nur noch die punktuell mögliche Erfahrung dieses Zielpunktes in der mystischen Erfahrung des EINEN im Auge hat, die konkrete Wirklichkeitsbewältigung mit einer Charakterstruktur, die auch im Falle einer Dominanz des Modus des Seins immer auch vom Modus des Habens mitbestimmt ist? Erliegt man damit im Letzten nicht doch der Versuchung des Schwärmertums und mancher Gnostizismen, den Messianismus und die Eschatologie auf Kosten eines vernunftbestimmten und praktischen Realitätssinnes für bereits ganz gegenwärtig zu halten?

Wenn auf der Ebene der Charakterologie gilt, daß menschliche Existenz prinzipiell durch eine Mischung beider Modi ausgezeichnet ist, auch wenn punktuell die Erfahrung eines Lebens ganz im Modus des Seins möglich ist, warum soll die Eigenart, daß menschliches Leben grundsätzlich durch Haben vermittelt und bestimmt ist, nicht auch bei der Anwendung der Haben-Sein-Alternative auf die Frage der religiösen Erfahrung relevant sein? Warum soll für die mystische Erfahrung nicht wahr sein, was für das Leben des Menschen überhaupt gilt, nämlich daß die mystische Erfahrung der theologischen Reflexion bedarf, so daß das Religiöse – auch als religiöses Ethos – grundsätzlich durch ein theologisches Reflektieren und also bekenntnishaft vermittelt und bestimmt ist?

Wodurch könnte bewiesen werden, daß Theologie notwendig die religiös-mystische Erfahrung behindert oder verhindert, es sei denn, Theologie gäbe ihre funktionale Eigenart auf und ersetzte die religiöse Erfahrung? Aber warum soll »positive« Theologie a priori eine Haben-Bestimmung sein und deshalb eine religiöse Erfahrung behindern oder verhindern, wenn menschliches Leben grundsätzlich durch Haben vermittelt ist und damit ja auch nicht automatisch eine Haben-Dominanz postuliert wird?

Müßte nicht, gerade weil die religiöse Erfahrung punktuell und nicht einfach mit einem Leben im Modus des Seins identisch ist, die Notwendigkeit einer Vermittlung ernstgenommen werden und eine Vermittlung gefordert werden, deren Ziel die Unmittelbarkeitserfahrung ist?

Trotz all dieser Anfragen sollte folgende abschließende Überlegung beachtet werden: Mystische Erfahrung des EINEN ist die punktuelle Erfahrung eines Lebens ganz im Modus des Seins. Diese Erfahrung selbst ist un-mittelbar und eine Folge der Negation jeder Art von Vermittlung. Für diese Erfahrung gilt: Man for himself! In dieser Erfahrung gründet jeder Glaube, jede Hoffnung und jede Liebe zu sich, zum Menschen, zur Welt: zur humanitas. Sie setzt voraus, daß der Mensch sich total frei und unabhängig erfährt. Denn nur so können sein Leben, sein Tun, sein Lieben, seine Vernunft, sein Mitleiden, seine Opferbereitschaft, seine Selbstlosigkeit, sein Teilen, sein Vergeben, seine Freude usw. in ihm gründen. Und nur wenn sie in ihm gründen, ist er es, der liebt, denkt, arbeitet, teilt, trauert, sich freut.

Theistische Religion und mit ihr Theologie möchten vermitteln. Christliche Theologie bekennt sich zu einem Vermittler und fordert deshalb die Nachfolge Jesu. Die entscheidende Frage lautet: Was wird vermittelt und woraufhin wird vermittelt? Wenn das Ziel der erlöste Mensch ist, dann wird auch hier jene humanitas vermittelt, die als Fähigkeit des Menschen zur Unmittelbarkeit erfahren wird. Wenn Religion, Kirche und Theologie solche Unmittelbarkeitserfahrungen ermöglichen können, dann haben sie eine vermittelnde Funktion und bestimmen sich von der Aufgabe her, Unmittelbarkeit menschlichen Seins zu ermöglichen. Ob christliche Religion, Theologie und Kirche dieser Aufgabe gerecht geworden sind und werden, soll hier nicht entschieden werden.

Es kann aber gesagt werden, daß das jesuanische Leben nach dem Zeugnis der neutestamentlichen Schriften eine solche, auf Unmittelbarkeit der religiösen Erfahrung Gottes im Menschen zielende vermittelnde Funktion hat. Die Frage der Identität und Differenz von Christentum und Humanismus entscheidet sich unter diesen Voraussetzungen an der persönlichen Entscheidung, die Erfahrung der Unmittelbarkeit zu wagen. Jesuanisches und humanistisches Ethos haben diesbezüglich ein gleichlautendes Bekenntnis: Mut zum Menschen!

Nachwort von Erich Fromm:
Religion und Gesellschaft

Religion ist ein System von Ideen, Normen und Riten, die das in der menschlichen Existenz verwurzelte Bedürfnis nach einem System der Orientierung und einem Objekt der Hingabe befriedigt. Diese Definition gilt für alle Religionen, gleichgültig ob sie Idole oder einen unsichtbaren Gott anbeten oder ob sie, wie z. B. der Buddhismus, überhaupt keinen Begriff von einem »Gott« haben. Welche Vorstellung sich die Menschen von einem »heiligen« Wesen machen, hängt von der gesellschaftlichen Struktur und kulturellen Tradition ab. Die meisten Gesellschaften weisen eine Einheit zwischen Religion und gesellschaftlicher Struktur auf. Da der Charakter der Menschen von der gesellschaftlichen Struktur bestimmt ist (»Gesellschafts-Charakter«), ist ihre Religion, die ein Ausdruck ihrer in den Existenzbedingungen verankerten seelischen Bedürfnisse ist, eben auch gesellschaftlich bestimmt.

Die kapitalistische Industriegesellschaft (wie auch die »sozialistische« staatskapitalistische) ist im tiefsten unreligiös. Ihre Normen sind: maximale Produktion, rücksichtsloser Egoismus, Ausbeutung. Das »Heil« des Menschen besteht im maximalen materiellen Erfolg, seine Pflicht im guten »Funktionieren«.

Aber der Mensch kann nicht aufhören zu träumen; er sehnt sich nach einer Welt, die in der Liebe, Freiheit, Gerechtigkeit verwurzelt ist, und da diese nicht existiert, baut er sich neben der Gesellschaft eine separate Institution auf: die Religion. In ihr findet er Trost, Ermutigung, Hoffnung, allerdings auch viele Illusionen, die notwendig sind, weil die Religion mit der irreligiösen Gesellschaft ihren Frieden geschlossen hat; Gott und Mammon: jedem das Seine. Dieser Kompromiß und die von ihm erzeugten Illusionen können zwar für lange Zeit wirksam sein, aber immer wieder wacht der Mensch auf, bemerkt, daß er nur träumt, und verlangt das wirkliche Heil. Dieses Verlangen kann aber nur durch eine veränderte Wirklichkeit befriedigt werden, durch eine Gesellschaft, die in ihrer ganzen Struktur die Prinzipien der Liebe und menschlichen Autonomie verwirklicht. In einer solchen Gesellschaft bedarf es keiner separaten Religion mehr, da die Gesellschaft die religiösen Prinzipien in sich aufgenommen hat und sie damit als separate religiöse Prinzipien »aufgehoben« hat.

In den obigen Ausführungen ist auch im wesentlichen Karl Marx' Position zur Religion umrissen. Religion war für ihn Opium für den Menschen, weil sie seine tiefsten Bedürfnisse durch Illusionen zu befriedigen versucht, statt den Menschen die lebendige Blume selbst pflücken zu lassen. Marx war nicht antireligiös. Er war ein im tiefsten religiöser Mensch und gerade deshalb ein Feind der »Religion«.

Quellenverzeichnis

Gesamtverzeichnis der Schriften von Erich Fromm

Vorbemerkungen und Zeichenerklärungen:

1. Das Quellenverzeichnis will eine möglichst *umfassende Bibliographie der Schriften Erich Fromms* sein. Es enthält deshalb auch solche Titel, auf die innerhalb des Textes nicht verwiesen wird.
2. Alle Titel sind dem Datum und der Sprache ihrer Erstpublikation zufolge *chronologisch geordnet* und numeriert. Die *Nummern vor dem Titel* entsprechen den im Text und in den Anmerkungen in Klammern gesetzten Nummern.
3. Liegt ein Titel in mehreren Ausgaben vor, dann wird diejenige Ausgabe mit dem *Zeichen* + versehen, die benützt wird und auf die sich Verweise beziehen.
4. *Monographien und Sammelbände* sind dadurch gekennzeichnet, daß ihre Titel in Großbuchstaben geschrieben und kursiv gesetzt werden. Bei diesen Titeln wird auch versucht, Übersetzungen in andere Sprachen aufzuführen. Bei den Aufzählungen kann freilich nie Vollständigkeit erreicht werden.
5. *Aufsätze und Artikel,* die eigens als solche von Erich Fromm geschrieben wurden, sind kursiv gesetzt.
6. *Nicht kursiv gesetzt* werden Titelangaben dann, wenn es sich um einen Artikel handelt, der nur einen anderen Titel oder Teile daraus als Vorabdruck, Wiederabdruck o. ä. wiedergibt. Da in der Regel bei Neuerscheinungen eines Buches eine ganze Reihe von Teil-Abdrucken erfolgen, kann die Aufzählung in dieser Kategorie im Gegensatz zur Nennung der »echten« Aufsätze nie Vollständigkeit beanspruchen.
7. Folgende *Zeichen* sollen die Art des jeweiligen Titels näher erläutern:
   = bedeutet wörtliche Wiedergabe
   (=) bedeutet gekürzte oder veränderte Wiedergabe
   − bedeutet Übersetzung
8. Bibliographische Angaben von Artikeln Erich Fromms, die nicht eindeutig nachgewiesen und als Wiedergabe, Vorabdrucke etc. verifiziert werden können, *enthält die Bibliographie nicht.* Für ein vertieftes Verständnis der Erkenntnisse und Gedanken Erich Fromms dürften sie wohl kaum von Bedeutung sein.

22/1   *DAS JÜDISCHE GESETZ.* Ein Beitrag zur Soziologie des Dia-
        sporajudentums, maschinenschriftliche Dissertation, Heidel-
        berg 1922.

26/1   *Dauernde Nachwirkung eines Erziehungsfehlers,* in: Zeitschrift für
        Psychoanalytische Pädagogik 1 (1926/27) 372f.

27/1   + *Der Sabbath,* in: Imago. Zeitschrift für Anwendung der Psychoana-
        lyse auf die Natur- und Geisteswissenschaften 13 (1927)
        223–234.
        – (=) The Forgotten Language (51/1) 241–249.
        = in: Yorick Spiegel (Hrsg.), Psychoanalytische Interpretation
        biblischer Texte, München 1972, 174–184.

28/1   *Psychoanalyse und Soziologie,* in: Zeitschrift für Psychoanalytische
        Pädagogik 3 (1928/29) 269f.

30/1   *Die Entwicklung des Christusdogmas.* Eine psychoanalytische Stu-
        die zur sozialpsychologischen Funktion der Religion, in:
        Imago. Zeitschrift für Anwendung der Psychoanalyse auf die
        Natur- und Geisteswissenschaften 16 (1930) 305–373.
        – The Dogma of Christ (63/1) 1–70.
        + = Das Christusdogma und andere Essays (63/1) 9–91.

30/2   + *Der Staat als Erzieher.* Zur Psychologie der Strafjustiz, in: Zeit-
        schrift für Psychoanalytische Pädagogik 4 (1930) 5–9.
        = Almanach 1931, 119–125.
        = Raubdruck, Berlin 1970.

30/3   *Rezension* zu S. Bernfeld, Die Schulgemeinde, in: Zeitschrift für
        Psychoanalytische Pädagogik 4 (1930) 116f.

30/4   *Ödipus in Innsbruck.* Zum Halsmann-Prozeß, Vossische Zeitung,
        Januar 1930.
        + (=) Psychoanalytische Bewegung 2 (1930) 75–79.

31/1   *Zur Psychologie des Verbrechers und der strafenden Gesellschaft,* in:
        Imago. Zeitschrift für Anwendung der Psychoanalyse auf die
        Natur- und Geisteswissenschaften 17 (1931) 226–251.
        + = Analytische Sozialpsychologie und Gesellschaftstheorie (70/
        1) 115–144.

31/2   *Politik und Psychoanalyse,* in: Psychoanalytische Bewegung 3
        (1931) 440–447.
        = in: Infodruck: Psychoanalyse und Politik. Reich, Fromm,
        Horn, Köln 1971, 53.

32/1   + *Über Methode und Aufgabe einer Analytischen Sozialpsychologie:*
        Bemerkungen über Psychoanalyse und historischen Materia-

lismus, in: Zeitschrift für Sozialforschung 1 (1932) 28–54.

— The Method and Function of an Analytic Social Psychology, in: The Crisis of Psychoanalysis (70/1) 135–162.

= in: Analytische Sozialpsychologie und Gesellschaftstheorie (70/1) 9–40.

= in: Hans-Peter Gente (Hrsg.), Marxismus, Psychoanalyse, Sexpol, Band 1, Frankfurt 1970, 129–153.

32/2 + *Die psychoanalytische Charakterologie und ihre Bedeutung für die Sozialpsychologie,* in: Zeitschrift für Sozialforschung 1 (1932) 253–277.

= Analytische Sozialpsychologie und Gesellschaftstheorie (70/1) 41–70.

— Psychoanalytic Characterology and Its Relevance for Social Psychology, in: The Crisis of Psychoanalysis (70/1) 163–189.

33/1 *Rezension* zu Wilhelm Reich, Der Einbruch der Sexualmoral. Zur Geschichte der sexuellen Ökonomie, in: Zeitschrift für Sozialforschung 2 (1933) 119–122.

33/2 *Rezension* zu Fedor Vergin, Das unbewußte Europa. Psychoanalyse der europäischen Politik, in: Imago. Zeitschrift für Anwendung der Psychoanalyse auf die Natur- und Geisteswissenschaften 19 (1933) 142–144.

33/3 *Robert Briffaults Werk über das Mutterrecht,* in: Zeitschrift für Sozialforschung 2 (1933) 382–387.

34/1 + *Die sozialpsychologische Bedeutung der Mutterrechtstheorie,* in: Zeitschrift für Sozialforschung 3 (1934) 196–227.

= Analytische Sozialpsychologie und Gesellschaftstheorie (70/1) 77–114.

— The Theory of Mother Right and Its Relevance for Social Psychology, in: The Crisis of Psychoanalysis (70/1) 106–134.

35/1 *Die gesellschaftliche Bedingtheit der psychoanalytischen Therapie,* in: Zeitschrift für Sozialforschung 4 (1935) 365–397.

36/1 + *Sozialpsychologischer Teil,* in: Max Horkheimer (Hrsg.), Schriften des Instituts für Sozialforschung, Band V: Studien über Autorität und Familie. Forschungsberichte aus dem Institut für Sozialforschung, 1. Abteilung: Theoretische Entwürfe über Autorität und Familie, Paris 1936, 77–135.

= Autorität und Familie. Sozialpsychologischer Teil, in: Hans-Peter Gente (Hrsg.), Marxismus, Psychoanalyse, Sexpol, Band 1, Frankfurt 1970, 265–306.

= Autorität und Familie. Sozialpsychologischer Teil, in: Der

psychoanalytische Beitrag zur Erziehungswissenschaft, Darmstadt 1974, 386–457.
- Autorità e famiglia, in: Hans Peter Gente (Ed.), Sexpol. Marxismo, psicoanalisi e rivoluzione sessuale, Bologna 1971, 188–248.

36/2 + *Geschichte und Methoden der Erhebungen*, in: Max Horkheimer (Hrsg.), Schriften des Instituts für Sozialforschung (36/1) 231–238.
= Theoretische Entwürfe über Autorität und Familie, in: Spiro Simitis und Gisela Zenz (Hrsg.), Seminar: Familie und Familienrecht (= Suhrkamp Taschenbuch Wissenschaft 102/103) 2 Bände, Frankfurt 1975, Band 2: 57–65.

36/3 in Zusammenarbeit mit E. Schachtel, A. Hartoch-Schachtel, P. Lazarsfeld et al.,
The Authoritarian Character Structure of German Workers and Employees Before Hitler. Nichtveröffentlichte Studie aus dem Jahr 1936 im Besitz Erich Fromms.

37/1 *Zum Gefühl der Ohnmacht*, in: Zeitschrift für Sozialforschung 6 (1937) 95–119.

39/1 *The Social Philosophy of »Will Therapy«*, in: Psychiatry 2 (1939) 229–237.

39/2 *Selfishness and Self-Love*, in: Psychiatry 2 (1939) 507–523.
(=) Man for Himself (47/1) 119–141.
= in: Houston Peterson (Ed.), Essays in Philosophy, New York 1974, 402–420.

41/1 + *ESCAPE FROM FREEDOM*, New York 1941.
= The Fear of Freedom, London 1942, [8]1960.
- Die Furcht vor der Freiheit, Zürich 1945.
- De angst voor vrijheid, Utrecht 1952.
- El miedo a la libertad, Buenos Aires 1963.
- La Peur de la Liberté, Paris 1963.
- Bekstvo od slobode, Beograd 1964.
- La por a la Llibertat, Barcelona 1964.
- Vaarallinen vapaus, Helsinki 1962.
- Flukten fra friheten, Oslo 1965, [3]1972.
- Die Furcht vor der Freiheit, Frankfurt 1966.
- Fuga della libertà. Saggi di cultura contemporanea, Milano 1963, [3]1970.
- O Medo à Liberdade, Rio de Janeiro [9]1975.
- Ucieczka od wolnósci, Warschau 1970.
- Flykten fran Friheten, Stockholm [2]1975.

- Chay tran tu' do, Saigon 1974.
- (griechisch) Athen 1971.

42/1 + *Should We Hate Hitler?* in: Journal of Home Economies 34 (April 1942) 220–223.

42/2   *What Shall We Do with Germany?*, in: Saturday Review of Literature 26 (29. 5. 1942).

42/3 + *Faith as a Character Trait*, in: Psychiatry 5 (1942) 307–319.
    (=) Man for Himself (47/1) 197–210.

42/4   The Real Menace of Fascism (Condensed from two chapters of »Escape from Freedom« (41/1), in: Science Digest, Chicago, 12 (1942) 34–38.

43/1   *On the Problems of German Characterology*, in: Transactions of the New York Academy of Science 5 (1943) No. 4, 79–83.

43/2   *Sex and Character*, in: Psychiatry 6 (1943) 21–31.
   + =   in: Ruth Nanda Anshen (Ed.), The Family: Its Functions and Destiny, New York 1949, 375–392.
     =   The Dogma of Christ (63/1) 77–92.
     –   Geschlecht und Charakter, in: Das Christusdogma und andere Essays (63/1) 101–120.

44/1 + *Individual and Social Origins of Neurosis*, in: American Sociological Review 9 (1944) 380–384.
     =   in: C. Kluckhohn and H. Murray (Ed.), Personality in Nature, Society and Culture, New York 1948.
     =   in: A. M. Rose (Ed.), Mental Health and Mental Disorder, New York 1955, 284–290.
   (=) Man for Himself (47/1) 221–223.

47/1 + *MAN FOR HIMSELF.* An Inquiry into the Psychology of Ethics, New York 1947, [17]1964.
     =   Man for Himself, London 1949.
     –   Etica y Psicoanálisis, Mexico 1953.
     –   Psychoanalyse und Ethik, Zürich 1954.
     –   De zelfstandige mens, Utrecht 1955.
     –   Själsharmoni och moral, Stockholm 1962.
     –   Ihmisen osa, Raume/Finnland 1965.
     –   Análise do hominem, Rio de Janeiro 1966, [9]1974.
     –   L'homme pour Lui-même, Paris 1967.
     –   Človšk a psychoanalýza, Praha 1967.
     –   Čovjek za sebe, Zagreb 1966.
     –   Dalla Parte dell' Uomo, Roma 1971.

48/1   *Introduction*, in: Patrick Mullahy, Oedipus: Myth and Complex. A Review of Psychoanalytic Theory, New York 1948, I–VI.

48/2   *Sex and Character:* The Kinsey Report Viewed from the Standpoint of Psychoanalysis, in: Donald Peter Gedes and Enid Curie (Eds.), About the Kinsey Report, New York 1948, 47–58.

+ =   in: Jerome Himmelhoch and Sylvia Fava (Eds.), Sexual Behavior in American Society. An Appraisal of the First Two Kinsey Reports, New York 1955, 301–311.

49/1   + *The Nature of Dreams*, in: Scientific American 180 (1949) 44–47.

      – Das Wesen der Träume, in: Neue Auslese, München 4 (1949) Heft 8, 25–33.

49/2   + *The Oedipus Complex and the Oedipus Myth*, in: Ruth Nanda Anshen (Ed.), The Family: Its Functions and Destiny, New York 1949, 334–358.

     (=) Oedipus Myth, in: Scientific American 180 (1949) 22–27.

     (=) The Forgotten Language (51/1) 196–230.

49/3   *Psychoanalytic Characterology and its Application to the Understanding of Culture*, in: S. S. Sargent and M. W. Smith (Eds.), Culture and Personality, New York 1949, 1–12.

+ –   Über psychoanalytische Charakterkunde und ihre Anwendung zum Verständnis der Kultur, in: Psyche 8 (1954) 81–92.

50/1   + *PSYCHOANALYSIS AND RELIGION*, New Haven 1950.

     = Psychoanalysis and Religion, London 1951.

     – Psykanalys och religion, Stockholm 1952.

     – Psicanalisi e religione, Milano 1961.

     – Psicoanalisis y religion, Buenos Aires 1963.

     – Psychoanalyse und Religion, Zürich 1966.

     – Psychoanalyse et religion, Paris 1968.

     – Psykonalyse og religion, Oslo 1967.

     – Psychoanalyse en religie, Utrecht 1969, ³1973.

50/2   Freud and Jung, in: Pastoral Psychology 1 (1950) 11–15.

     = Psychoanalysis and Religion (50/1) 10–20.

51/1   + *THE FORGOTTEN LANGUAGE*. An Introduction to the Understanding of Dreams, Fairy Tales and Myths, New York 1951.

     = The Forgotten Language, London 1952.

     – Le langage oublié, Paris 1953.

     – Märchen, Mythen, Träume, Zürich 1956.

     – El lenguaje olvidado, Buenos Aires 1960.

     – Il linguaggio dimenticato, Milano 1962.

- Dromen, sprookjes, mythen, Utrecht 1967.
- Zaboravljeri jezik, Zagreb 1970.
- A Linguagen Esquecida, Rio de Janeiro ⁴1974.
- Det glömda spraket, Stockholm 1974.
- (Hebräisch), Jerusalem o. J.

51/2   *Man – Woman,* in: Margaret Mary Hughes (Ed.), The People in Your Life: Psychiatry and Personal Relations, New York 1951, 3–27.

52/1   *The Contribution of the Social Sciences to Mental Hygiene,* Proceedings of the Fourth Congress of Mental Health, Mexico City 1951, edited by A. Millan, Mexico 1952, 38–42.

52/2   The Art of Dream Interpretation, in: Pastoral Psychology 2 (1952) 17–25.
    =   The Forgotten Language (51/1) 3–10. 148–158. 175–178.

52/3   Conscience, in: Ruth Nanda Anshen (Ed.), Moral Principles of Action. Man's Ethical Imperative, New York 1952, 176–198.
    =   Man for Himself (47/1) 141–172.

54/1   *The Psychology of Normalcy,* in: Dissent 1 (Spring 1954) 139–143.
    (=)   The Sane Society (55/1) 12–21.

55/1 + *THE SANE SOCIETY,* New York 1955.
- Psicoanálisis de la sociedad contemporánea, Mexico ²1958.
- De gezonde samenleving, Utrecht 1958, ⁴1972.
- Der moderne Mensch und seine Zukunft. Eine sozialpsychologische Untersuchung, Frankfurt 1960, ⁷1974.
- Zdvava družba, Ljubljana 1963.
- Ett friskare samhälle, Stockholm 1959.
- Société aliéné et société saine. Du capitalisme au socialisme humaniste. Psychoanalyse de la société contemporaine, Paris 1967.
- Psicoanalisi della società contemporanea, Milano 1960, ⁴1970.
- Psicanálise da Sociedade Contemporanea, Rio de Janeiro ⁷1974.
- La Sociedad industrial contemporánea, Mexico ⁴1970.
- Terve yhteiskunta, Helsinki 1971.
- Det sunne samfunn, Oslo ³1972.
- La condición humana actual, Buenos Aires.
- (japanisch), Tokio 1974.
- Szkice z psychologii religii (Teile aus versch. Büchern Erich Fromms), Warschau 1966.
- Hürriyetten Kaçiş, Ankara 1972.

55/2   *The Human Implications of Instinctivistic »Radicalism«.* A Reply to Herbert Marcuse, in: Dissent 1955, 342–349.
       – Las implicaciones humanas del »radicalismo« instintivo, in: Revista Universidad de México 12 (1963) 28–31.
       = in: Voices of Dissent. A Collection of Articles from Dissent Magazine, New York 1958, 313–320.

55/3   Are We Sane?, in: Pastoral Psychology 6 (1955) 17–21.
       = in: W. D. Nunokawa, Readings in Abnormal Psychology: Human Values and Abnormal Behavior, Chicago 1965, 64–70.
       = The Sane Society (55/1) 3–11.

55/4 + *The Present Human Condition,* in: The American Scholar 25 (1955/56) 29–35.
       = The Dogma of Christ (63/1) 70–76.
       = in: Russel Nye (Ed.), Modern Essays, Chicago ³1963, 470–477.
       = Perspectives No. 16, Intercultural Publications, London 1956, 71–77.
       – Der gegenwärtige Zustand des Menschen, in: Das Christusdogma und andere Essays (63/1) 92–100.
       – La situacíon psicológia del hombre en el mundo moderno, in: Revista de Psicoanalisis, Psiquiatria y Psicologia, México 1967, No. 5, 6–16.

55/5   *Remarks in the Problem of Free Association,* in: Psychiatric Research Reports, American Psychiatric Associations, Washington, Vol. II (1956) 1–6.

55/6   *Psychoanalysis,* in: James R. Newman (Ed.), What Is Science? Twelve eminent scientists and philosophers explain their various fields to the layman, New York 1955, 362–380.

56/1   *THE ART OF LOVING,* New York 1956.
  + = The Art of Loving, Bantam Book Edition, New York ²⁹1970.
       = The Art of Loving, London 1962.
       – Kärlekens konst, Stockholm 1958.
       – Om kjaerlighet, Oslo 1960.
       – Rakkanden vaikea taito, Helsinki 1961.
       – Al arte de amar, Buenos Aires 1964.
       – L'art d'estimar, Barcelona 1966, ⁴1974.
       – Liefhebben, een Kunst, een Kundem, Utrecht 1962, ⁶1973.
       – L'Art d'aimer, Paris 1968.
       – Uměne milovat, Praha 1966.
       – Kunsten et elske, Kopenhagen ¹⁰1975.

- L'arte d'amare, Milano 1963.
- Die Kunst des Liebens (Ullstein Buch 258) Frankfurt 1971.
- Umijeće ljubavi, Zagreb 1965.
- O sztuce miłości, Warschau 1971.

56/2   What Is Happiness? (Condensed from a chapter of the book »The Sane Society« (55/1), in: Science Digest, Chicago, 39 (1956) 43–47.

56/3   Selfishness, Self-Love, and Self-Interest, in: Clark Eduard Mousta-kas (Ed.), The Self. Explorations in Personal Growth, New York 1956, 58–69.
= Man for Himself (47/1) 119–141.

56/4   *A Counter-Rebuttal to Herbert Marcuse,* in: Dissent 1956, 81–83.

56/5   Love and Its Desintegration, in: Pastoral Psychology 7 (1956) 37–44.
(=) The Art of Loving (56/1) 70–89.

56/6   *Bases Filosóficas del Psicoanálisis,* in: Revista Psicologia, México 1 (1956) No 2, 59–66.
= Bases Filosoficas del Psicoanalisis, Mskr. 1955 (Vortrag bei III. Semana Médica de Occidente 21. 12. 1955 in Guadala-jara) 1–4.
= La Bases Cientificas y Filosoficas del Psicoanalisis, in: Gaceta Medica de México, 87 (1957) No. 12, 927–934.

56/7   The Marketing Orientation, in: Alton C. Morris et al. (Eds.), Col-lege English. The First Year, New York 1956, ⁴1964, 156–160.
= Man for Himself (47/1) 67–82 passim.

57/1 + *Man Is Not a Thing,* in: Saturday Review 40 (16. 3. 1957) 9–11.
= in: H. P. Simonson, Cross Currents, New York 1959, 323–330.
= On the Limitations and Dangers of Psychology, in: W. Leib-recht (Ed.), Religion and Culture, Essays in Honor of Paul Tillich, New York 1959, 31–36.
= in: The Dogma of Christ (63/1) 133–140.
- Über die Grenzen und Gefahren der Psychologie, in: Das Christusdogma und andere Essays (63/1) 171–180.

57/2   Symbolic Language of Dreams, in: Ruth Nanda Anshen (Ed.), Language. An Inquiry into Its Meaning and Function, New York 1957, 188–200.
= The Forgotten Language (51/1) 12–20. 25–36.

58/1   *Freud, Friends, and Freuds.* Scientism or Fanatism?, in: The Satur-
        day Review, New York 41 (14. 6. 1958) 11–13. 55f.
    =   Psychoanalysis – Science or Party Line?, in: The Dogma of
        Christ (63/1) 93–102.
    −   Die Psychoanalyse – Wissenschaft oder Doktrin?, in: Das
        Christusdogma und andere Essays (63/1) 121–133.

58/2   *A Mike Wallace Interview with Erich Fromm,* The Fund for the Re-
        public, New York 1958, 3–14.

58/3   *Los factores sociales y su influencia en el desarrollo del niño,* in: La
        Prensa Médica Mexicana, México 23 (1958) 227–228.

58/4   *The Moral Responsibility of Modern Man,* in: Merrill-Palmer
        Quarterly of Behavior and Development, Detroit 5 (1958)
        3–14.

59/1 + *SIGMUND FREUD'S MISSION.* An Analysis of His Personality
        and Influence, New York 1959.
    −   Sigmund Freuds mission, Stockholm 1960.
    −   Il mondo di Sigmund Freud, Milano 1962.
    −   Sigmund Freuds Budskap, Oslo 1960, ²1965.
    −   Sigmund Freuds Sendung (Ullstein Buch 358) Frankfurt
        1967.
    −   La Mission de Sigmund Freud, Paris 1970.
    −   A Missao de Freud, Rio de Janeiro ²1975.
    −   La Missione di Sigmund Freud, Roma 1972.

59/2   *Values, Psychology, and Human Existence,* in: Abraham Harald
        Maslow (Ed.), New Knowledge in Human Values, New York
        1959, 151–164.

59/3   *The Creative Attitude,* in: Harold H. Anderson (Ed.), Creativity and
        Its Cultivation, New York 1959, 44–54.

59/4   *Love in America,* in: Huston Smith (Ed.), The Search for America,
        Englewood Cliffs 1959, 123–131.

59/5   Man for Himself, in: A. Koch (Ed.), A Philosophy for a Time of
        Crisis, New York 1959, 159–173.
    =   Man for Himself (47/1) passim.

60/1 + *PSYCHOANALYSIS AND ZEN BUDDHISM,* in: Daisetz T. Su-
        zuki, Erich Fromm and Richard de Martino (Eds.), Zen Bud-
        dhism and Psychoanalysis, New York 1960, 77–141.
   (=) in: Psychologia 2 (1959) 79–99.
    −   Budismo Zen y psicoanalisis, Mexico 1964, ⁵1975.
    −   Zen budizam i psihoanaliza, Beograd 1964.

- Zen-boeddisme en het Westen, Utrecht 1966, ^{3}1973.
- Bouddhisme Zen et Psychoanalyse, Paris 1971.
- Psychoanalyse und Zen-Buddhismus (Suhrkamp Taschenbuch 37) Frankfurt 1972, 101–179.
- Zen-Buddhismus und Psychoanalyse, München 1963.
- Psicoanalisi e Buddhismo Zen, Roma 1968.
- (chinesisch) 1973.

60/2   Productive Love, in: Aron M. Krich (Ed.), The Anatomy of Love. A Collection of Essays, New York 1960, 200–209.
=   The Sane Society (55/1) 27–36.

60/3   Let Man Prevail – A Socialist Manifesto and Program, The Call Association, New York, 4–36.
=   Socialist Manifesto and Program, in: The Review. An International Quarterly, Brussels 1960 (6. October) 33–54.

60/4   The Case for Unilateral Disarmament, in: Daedalus. Journal of the American Academy of Arts and Sciences, Cambridge (Mass.) 1960, 1015–1028.
=   in: Quincy Wright et al. (Eds.), Preventing World War III. Some Proposals, New York 1962, 178–191.

60/5   The Prophetic Concept of Peace, in: S. Yamaguchi (Ed.), Buddhism and Culture. A Festschrift in Honor of D. T. Suzuki, Kyoto 1960, 163–169.
+ =   in: Erich Fromm und Hans Herzfeld (Hrsg.), Der Friede. Idee und Verwirklichung. Festgabe für Adolf Leschnitzer, Heidelberg 1961, 19–25.
=   The Dogma of Christ (63/1) 141–148.
- Der prophetische Begriff des Friedens, in: Das Christusdogma und andere Essays (63/1) 181–189.

60/6   Foreword, in: Alexander Sutherland Neill, Summerhill – A Radical Approach to Child Rearing, New York 1960, I–XVI.
+ -   Vorwort, in: Alexander Sutherland Neill, Theorie und Praxis der antiautoritären Erziehung. Das Beispiel Summerhill (Rowohlt Taschenbuch 6707/8) Hamburg 1969, 11–18.

60/7   Foreword, in: Edward Bellamy, Looking Backward (2000–1887), New York 1960, V–XX.

60/8   The Basis of Socialist Humanism, in: The Socialist Call, New York 28 (1960) 6–11.

61/1 + MAY MAN PREVAIL? An Inquiry into the Facts and Fictions of Foreign Policy, New York 1961.
(=)   Is World Peace Still Possible? An Inquiry into the Facts and

Fictions of Foreign Policy, New York 1962.
- Podrá sobrevivir el hombre?, Buenos Aires 1962.
- Può l'uomo prevalere?, Milano 1963.
- A Sobrevivência da Humanidade, Rio de Janeiro ⁴1975.

61/2 *MARX'S CONCEPT OF MAN*. With a Translation from Marx's Economic and Philosophical Manuscripts by T. B. Bottomore, New York 1961, ²¹1974.
- Marx y su concepto del hombre, México 1962.
- Das Menschenbild bei Marx, Frankfurt 1963.
- Marx' visie op de mens, Utrecht ⁴1973.
- Conceito Marxista da Homem, Rio de Janeiro ⁵1974.

61/3 *Afterword*, in: George Orwell (Eric Blair), 1984, New York 1961, 257–267.

61/4 *Vorwort*, in: Erich Fromm und Hans Herzfeld (Hrsg.), Der Friede. Idee und Verwirklichung. Festgabe für Adolf Leschnitzer, Heidelberg 1961, 10–12.

61/5 *Sane Thinking in Foreign Policy*, in: Erich Fromm et al. (Eds.), Sane Comment, New York 1961, 2–3.

61/6 *Das neue kommunistische Programm*, in: Blätter für deutsche und internationale Politik, Köln 6 (1961) 942–946.

61/7 *Communism and Co-Existence*. The Nature of the Totalitarian Threat Today: An Analysis of the 81-Party Manifesto, in: Socialist Call, New York 28 (1961) 3–11.

61/8 The Pathology of the Cold War, in: Liberation, New York 6 (1961) 9–13.
=   May Man Prevail? (61/1) 17–30.

61/9 *Russia, Germany, China: Remarks on Foreign Policy*, Mskr. 1961, 1–5.

62/1 + *BEYOND THE CHAINS OF ILLUSION*. My Encounter with Marx and Freud, New York 1962.
- Jenseits der Illusionen, Zürich 1967.
- Marx e Freud, Milano 1968.
- Marx, Freud en de vrijheid, Utrecht 1970, ⁴1973.
- Men Encontro com Marx e Freud, Rio de Janeiro ⁶1975.

and Michael Maccoby:
62/2 + *A Debate on the Question of Civil Defense*, in: Commentary. A Jewish Review, New York 33 (1962) 11–23.
- Die Frage der Zivilverteidigung, in: Stimme der Gemeinde 15 (1963) 521–526.

=	The Question of Civil Defense: A Reply to Herman Kahn, in: Thomas Merton (Ed.), Breakthrough to Peace, Norfolk 1962, 59–81.
62/3	*The Philosophy Basic to Freud's Psychoanalysis*, in: Pastoral Psychology 13 (1962) 26–32.
62/4	Hitler and the Psychology of Nazism, in: Erwin R. Steinberg (Ed.), The Rule of Force, New York 1962, 53–64.
=	Escape from Freedom (41/1) 221–237.
62/5	Alienation under Capitalism, in: Eric and Mary Josephson (Eds.), Man Alone. Alienation in Modern Society, New York 1962, 56–73.
=	The Sane Society (55/1) 191–208.
63/1	+ *THE DOGMA OF CHRIST AND OTHER ESSAYS* on Religion, Psychology, and Culture, New York and London 1963.
–	Das Christusdogma und andere Essays, München 1965.
–	Kristus – fra opproerer til undertrykker, Oslo 1969.
–	El dogma de Christo, Buenos Aires.
–	O Dogma de Christo, Rio de Janeiro 1974.
–	Le dogme du Christ et autres essais, Paris 1975.
–	Dogmi, gregari e rivoluzionari, Milano 1973.
63/2	+ *The Revolutionary Character*, in: The Dogma of Christ (63/1) 103–117.
–	El carácter revolutionario, in: Revista de Psicoanálisis, Psiquiatria y Psicologia, México 3 (1966) 25–35.
–	Der revolutionäre Charakter, in: Das Christusdogma und andere Essays (63/1) 134–151.
63/3	+ *Medicine and the Ethical Problem of Modern Man*, in: The Dogma of Christ (63/1) 118–132.
–	Die Medizin und das ethische Problem des modernen Menschen, in: Das Christusdogma und andere Essays (63/1) 152–170.
63/4	*Disobedience as a Psychological and Moral Problem*, in: Clara Urquhart (Ed.), A Matter of Life, London 1963, 97–105.
63/5	*C. G. Jung: Prophet of the Unconscious.* A Discussion of Memories, Dreams, Reflexions by C. G. Jung. Recorded and edited by Aniella Jaffé, in: Scientific American, New York 209 (1963) 283–290.
63/6	*Humanismo y Psicoanálisis*, in: La Prensa Medica Mexicana, México 28 (1963) 120–126.

= in: Revista de Psicoanalisis, Psiquiatriá y Psicología, Mexico 1966, No. 2, 5–12.
− Humanism and Psychoanalysis, in: Contemporary Psychoanalysis 1964, 69–79; ebenso 11 (1975) 396–406.

63/7 *War Within Man.* A Psychological Inquiry into the Roots of Destructiveness. A Study and Commentary Comments by Jerome Frank and Others. Peace Literature Service of the American Friends Service Committee 1963.

64/1 + *THE HEART OF MAN.* Its Genius for Good and Evil, New York 1964.
− Il more dell'uomo, Roma 1965.
− Människohjärlat, Stockholm 1965.
− Hyrän ja pahan välillä, Helsinki 1966.
− Das Menschliche in uns. Die Wahl zwischen Gut und Böse, Zürich 1967.
− Lidské srdce − jeho madaní k dobru a zlu, Praha 1969.
− La Soledad del hombre, Caracas 1970.
− O Coraçâo do Hominem, Rio de Janeiro ⁴1975.

64/2 *Second Preface,* in: May Man Prevail (61/1), New York ²1964, IX–XVI.

64/3 May Man Prevail? (Excerpt), in: A. A. Kirch, Voices in Dissent, New York 1964, 377–381.
(=) May Man Prevail? (61/1)

64/4 *Our Way of Life Makes Us Miserable,* in: Saturday Evening Post, Philadelphia 237 (1964) No. 8, 8 and 10.
= in: Willoughby Johnson and Thomas M. Davis (Eds.), College Readings and College Writing, Glenview 1971, 443–447.

64/5 *Foreword,* in: Karl Marx, Selected Writings in Sociology and Social Philosophy, New York 1964, XIII–XVIII.

64/6 *Foreword,* in: Clara M. Thompson, Interpersonal Psychoanalysis. Selected Papers edited by Maurice R. Green, New York 1964, V–VI.

64/7 *Creators and Destroyers,* in: The Saturday Review (4. 1. 1964), 22–25.
(=) The Heart of Man (64/1) 37–61.

65/1 + *SOCIALIST HUMANISM.* An International Symposium. Edited by Erich Fromm, New York 1965.
= Socialist Humanism, London 1967.
= Humanismo socialista, Buenos Aires 1968.

- Demokratisk Socialisme, Oslo 1975.
- L'umanesimo socialista, Bari 1971.

65/2   *Introduction,* in: Socialist Humanism (65/1) VII–XII.

65/3   *The Application of Humanist Psychoanalysis to Marx's Theory,* in: Socialist Humanism (65/1) 207–222.

65/4   *Problems of Interpreting Marx,* in: Irving Louis Horowitz (Ed.), The New Sociology. Essays in Social Science and Social Theory in Honor of C. Wright Mills, New York 1965, 188–195.

65/5   *Preface,* in: A. Reza Arasteh, Rumi the Persian: Rebirth in Creativity and Love, Lahore (Pakistan) 1965, VII–X.

65/6   and Richard Heffner,
An Interview with Erich Fromm, in: McCalls, 92 (October 1965) 132–133. 213–219.

65/7   The Illusion of Individuality, in: Stanley A. Clayes and David G. Spencer (Eds.), Contexts for Composition, New York 1965, 134–140.
=   in: Readings for Rhetoric, Belmont 1969, 162–167.
=   Escape from Freedom (41/1) 240–256.

65/8   Alienated Man and the Affluent Society, in: Robert B. Dishman (Ed.), The State of the Union. Commentaries on American Democracy, New York 1965, 373–378.
=   The Sane Society (51/1) passim.

65/9   Meaning of the Sabbath, in: Rabbi Morris Adler (Ed.), Jewish Heritage Reader, New York 1965, 138–141.
(=)   The Forgotten Language (51/1) 241–249.

65/10   Conscience, Man's Recall to Himself, in: Donald R. Nickerson (Ed.), Contemporary Essays, Boston 1965, 375–396.
=   Man for Himself (47/1) 141–172.

65/11   *Different Forms of Violence,* Fellowship Publications New York 1965 (4 p.).

66/1 + *YOU SHALL BE AS GODS.* A Radical Interpretation of the Old Testament and Its Tradition, New York 1966.
=   You Shall Be as Gods, London 1967.
-    Die Herausforderung Gottes und des Menschen, Zürich 1970.
-    Y Sereis Como Dioses, Buenos Aires ⁴1974.
-    O Espírito de Liberdade, Rio de Janeiro ³1975.
-    (Hebräisch), Jerusalem 1975.
-    Gij zult zijn als goden, Utrecht 1975.

- Vous serez comme des Dieux, Paris 1975.
- Voi Sarete come Dei. Roma 1970.

66/2   *Die Grundpositionen der Psychoanalyse* (Vortrag 1961), in: Fort-
schritte der Psychoanalyse. Internationales Jahrbuch zur
Weiterentwicklung der Psychoanalyse, Band II, Göttingen
1966, 19–32.

66/3   *The Psychological Aspect of the Guaranteed Income*, in: Robert
Theobald (Ed.), The Guaranteed Income. Next Step in Economic Evolution?, New York 1966, 175–184.
=   in: The Forensic Quarterly 47 (August 1973) 425–432.

66/4   *Afterword*, in: Marx's Concept of Man (61/2) New York ²¹1974 (=
1966), 261–263.

66/5   *A Clinical View of the Problem of Human Rights*, in: American
Journal of Orthopsychiatry 36 (1966) 195–197.

66/6   and Richard I. Evans,
Dialogue with Erich Fromm, New York 1966.

66/7   *The Psychological Problem of Aging*, in: Journal of Rehabilitation,
Washington Sept./Oct. 1966, 10–12. 51–57.
=   in: Child and Family, St. Meinrad 6 (Spring 1967) 78–88.

66/8   *Is Germany on the March Again?*, in: War/Peace Report, March
1966, 3–4.

66/9   *A Global Philosophy of Man*, in: Humanist 26 (1966) 117–122.

66/10   Work in an Alienated Society, in: Charles Muscatine and Marlene
Griffith (Eds.), The Borzoi College Reader, New York 1966,
674–679.
=   The Sane Society (55/1) 177–184.

66/11   The Burdens of Freedom, in: Edgar Lill (Ed.), The Political Imagination, Glenview 1966, 80–85.
(=)   The Sane Society (55/1) 353–363.

66/12   *Marxismus, Psychoanalyse und »wirkliche Wirklichkeit«*, in: Tage-
buch. Monatshefte für Kultur, Politik, Wirtschaft, Wien 21
(1966) Nr. 9, 5–6.
(=)   Interview in: Literarni noviny, Prag.

66/13   et al.,
El compleji de Edipo: commentarios al »Análisis de la foloia de un
nĩño de cinco años«, in: Revista de Psicoanalisis, Psiquiatria
y Psicologia, Mexico 1966, No. 4, 26–33.
+ −   The Oedipus Complex: Comments on »The Case of Little

Hans«, in: Contemporary Psychoanalysis 4 (1968) 178–188.
   – in: The Crisis of Psychoanalysis (70/1) 88–99.

66/14   *Scientific Research in Psychoanalysis.* An Editorial, in: Contemporary Psychoanalysis 2 (1966) 168–170.

67/1   + *Memories of Dr. D. T. Suzuki,* in: The Eastern Buddhist, New Series Vol. II (August 1967) No. 1, 86–89.
    = in: Psychologia 10 (1967) 3–4.

67/2   *Prophets and Priests,* in: Ralf Schoenman (Ed.), Bertrand Russel. Philosopher of the Century: Essays in His Honor, London 1967, 67–79.

67/3   *Vorwort,* in: Heinz Brandt, Ein Traum der nicht entführbar ist. Mein Weg zwischen Ost und West, München 1967, 7–13.

67/4   + *The Present Crisis of Psychoanalysis,* in: Praxis. Philosophische Zeitschrift, Zagreb 3 (1967) 70–80.
    = in: Marianne L. Simmel (Ed.), The Reach of Mind. Essays in Memory of Kurt Goldstein, New York 1968, 231–242.
    – La crisis actual en el psicoanálisis, in: Revista de Psicoanalisis, Psiquiatria y Psicologia, México 1967, No. 7, 6–16.

67/5   *Do We Still Love Life?,* in: McCall's 94 (August 1967) 57. 108–110.

67/6   The Loving Human, in: Esther Kronovet and Evelyn Shirk (Eds.), In Pursuit of Awareness, New York 1967, 174–180.
    = The Art of Loving (56/1) 46–75 passim.

67/7   The Theory of Love, in: Williams R. Elkins et al. (Eds.), Literary Reflections, New York 1967, ³1976, 196–201.
    = The Art of Loving (56/1) 20–31.

67/8   The Human Situation, in: Floyd W. Matson (Ed.), Being. Becoming and Behavior. The Psychological Sciences, New York 1967, 211–218.
    = The Sane Society (55/1) 22–27.

68/1   + *THE REVOLUTION OF HOPE.* Toward a Humanized Technology, New York 1968.
    – Hoppets revolution, Stockholm 1969.
    – Toivon vallan Kumous, Helsinki 1969.
    – A Revoluçâo da Esperança, Rio de Janeiro.
    – Espoir et révolution, Paris 1970.
    – La revolución de la esperanza, México 1970.
    – Die Revolution der Hoffnung. Für eine humanisierte Technik, Stuttgart 1971.

— De revolutie van de hoop, Utrecht 1976.
— Cagimizin özgürlük sorunu, Ankara 1973.
— La rivoluzione della speranza, Milano 1969.

68/2   *The Condition of the American Spirit:* Are We Fully Alive?, in: Newsday 13. 1. 1968.

68/3   *In the Name of Life,* in: Psychiatry and Social Science Review, July 1968.

68/4   *Why Is America Violent?,* in: National Catholic Reporter 12. 6. 1968.

68/5   The Nonproductive Character Orientations, in: Leon Gorlow and Walter Katkovsky, Readings in the Psychology of Adjustment, New York ²1968, 340–347.
     =   Man for Himself (47/1) 62–73.

68/6   *On the Sources of Human Destructiveness,* in: Larry Ng (Ed.), Alternatives to Violence. A Stimulus to Dialogue, New York 1968, 11–17.

68/7   and Ramón Xirau,
     THE NATURE OF MAN. Readings selected, New York 1968.

68/8   *Introduction,* in: The Nature of Man (68/7) 3–24.

68/9   La teoría de la agresividad de Konrad Lorenz, in: Revista de Psicoanalisis, Psiquiatria y Psicologia, México 1968, No. 9, 5–16 y 1968, No. 10, 3–13.
     (=)   The Anatomy of Human Destructiveness (73/1) 16–32.

68/10   *Marx's Contribution to the Knowledge of Man,* in: Social Science Information VII. 3 (1968) 7–17.
     +   =   The Crisis of Psychoanalysis (70/1) 62–76.
     —   Marx's Beitrag zur Wissenschaft vom Menschen, in: Arnold Künzli (Hrsg.), Marx und die Revolution (Suhrkamp Taschenbuch 430), Frankfurt 1970, 122–142.
     —   Marxuv prînos k poznání človeka, in: Československá Psychiatrie 65 (1969) No. 3, 174–180.
     =   in: Marx and contemporary scientific thought. Marx et la pensée scientifique contemporaine, Paris o. J. 454–464.
     —   Marx' Beitrag zur Wissenschaft vom Menschen, in: Analytische Sozialpsychologie und Gesellschaftstheorie (70/1) 145–161.

69/1   Tâche et méthode d'une psychologie sociale analytique, in: L'homme et la société. Revue internationale de recherche et de synthèse sociologique, Paris 1969 No. 11, 19–36.

=   Social Character in a Mexican Village (70/11) 7–30.

69/2   Teoría freudiana de la agresividad y la destrutividad, in: Revista de Psicoanalisis, Psiquiatria y Psicologia, México 1969, No. 9, 19–48.
    (=) The Anatomy of Human Destructiveness (73/1) 439–478.

69/3   and Michael Maccoby,
    Conceptos y métodos de la psicología social psicoanalitica, in: Revista de Psicoanalisis, Psiquiatria y Psicologia, México 1969, No. 11, 3–24.
=   Social Character in a Mexican Village (70/11) 7–30.

69/4   *In the Name of Life*, in: Alexander Klein (Ed.), Natural Enemies? Youth and the Clash of Generations, New York 1969, 239–241.

69/5   Character and the Social Process, in: Leroy N. Rieselbach and George I. Balch (Eds.), Psychology and Politics. An Introductory Reader, New York 1969, 247–261.
=   Escape from Freedom (41/1) 277–299.

69/6   The Objects of Love, in: James K. Bowen (Ed.), Confrontations. Readings for Composition, 1969, 102–111.
=   The Art of Loving (56/1) 46–63.

70/1   *THE CRISIS OF PSYCHOANALYSIS*. Essays on Freud, Marx and Social Psychology, New York 1970.
+ =   The Crisis of Psychoanalysis, London 1971.
−   Analytische Sozialpsychologie und Gesellschaftstheorie (Suhrkamp Taschenbuch 425), Frankfurt 1970.
−   La Crisis del psicoanálisis, Buenos Aires.
−   A Crise da Psicoanálise, Rio de Janeiro 1971.
−   On Marx og Freud, Kopenhagen 1972.
−   La Crise de la psychoanalyse. Essais sur Freud, Marx et la psychologie sociale, Paris 1971.
−   Om Marx og Freud, Oslo 1972.
−   (Japanisch), Tokio 1974.
−   (Hebräisch), Jerusalem 1975.
−   La crisi della psicoanalisi, Milano 1971.

70/2   + *Freud's Model of Man and Its Social Determinants*, in: The Crisis of Psychoanalysis (70/1) 42–61.
−   Freuds Modell des Menschen und seine gesellschaftlichen Determinanten, in: Analytische Sozialpsychologie und Gesellschaftstheorie (70/1) 174–192.
−   Philosophische Anthropologie und Psychoanalyse. Das Men-

schenbild Sigmund Freuds, in: Roman Roček und Oskar Schatz (Hrsg.), Philosophische Anthropologie heute (= Beck'sche Schwarze Reihe 89) München 1972, 84–102.

— Le modèle de l'homme chez Freud et ses déterminants sociaux, in: L'homme et la société. Revue internationale de recherche et de synthèse sociologique, Paris 1969; No. 13, 111–126.

= in: Paul Roazen, Sigmund Freud, Englewood Cliffs 1973, 45–58.

70/3 *Epilogue,* in: The Crisis of Psychoanalysis (70/1) 190–192.
— Nachwort, in: Analytische Sozialpsychologie und Gesellschaftstheorie (70/1) 229–232.

70/4 *The Significance of the Theory of Mother Right for Today,* in: The Crisis of Psychoanalysis (70/1) 100–105.
— Die Bedeutung der Mutterrechtstheorie für die Gegenwart, in: Analytische Sozialpsychologie und Gesellschaftstheorie (70/1) 71–76.
— Die Bedeutung der Mutterrechtstheorie für die Gegenwart, in: Hans-Jürgen Heinrichs (Hrsg.), Materialien zu Bachofens »Das Mutterrecht« (suhrkamp taschenbuch wissenschaft 136), Frankfurt 1975, 424–429.

70/5 *The Crisis of Psychoanalysis,* in: The Crisis of Psychoanalysis (70/1) 9–41.
— Die Krise der Psychoanalyse, in: Analytische Sozialpsychologie und Gesellschaftstheorie (70/1) 193–228.

70/6 *Zur Theorie und Strategie des Friedens,* in: Oskar Schatz (Hrsg.), Der Friede im nuklearen Zeitalter. Eine Kontroverse zwischen Realisten und Utopisten (4. Salzburger Humanismusgespräch) München 1970, 19–33, sowie die Diskussion: 200. 227f. 241–245.

70/7 *Essay,* in: Summerhill: For and Against, New York 1970, 251–263.

70/8 *Konsumidiotismus,* in: Neues Forum. Internationale Zeitschrift für den Dialog, Wien 17 (1970) 91–93.

70/9 + *Introduction,* in: Ivan Illich, Celebration of Awareness. A Call for Institutional Revolution, New York 1970, 7–10.
— Einleitung, in: Ivan D. Illich, Almosen und Folter. Verfehlter Fortschritt in Lateinamerika, München 1970, 5–7.
— Einleitung, in: Ivan D. Illich, Schulen helfen nicht. Über das mythenbildende Ritual der Industriegesellschaft (Rowohlt Taschenbuch 6778), Reinbek 1972, 7–9.

70/10   *Introduction*, in: Adam Schaff, Marxism and the Human Individual, New York 1970, IX–XII.

70/11   and Michael Maccoby,
SOCIAL CHARACTER IN A MEXICAN VILLAGE. A Socio-psychoanalytic Study, Englewood Cliffs 1970.
–   Sociopsicoanálisis del campesino mexicano; estudio de la economía y la psicología de una comunidad rural, México 1973.
–   Carácter Social de Uma Aldeia, Rio de Janeiro.

70/12   *Humanistic Planning,* in: The Crisis of Psychoanalysis (70/1) 77–87.
=   in: Journal of the American Institute of Planners 38 (March 1972) 67–71.
–   Humanistische Planung, in: Analytische Sozialpsychologie und Gesellschaftstheorie (70/1) 162–173.

70/13   *Die psychologischen und geistigen Probleme des Überflusses*, in: Oskar Schatz (Hrsg.), Die erschreckende Zivilisation. Salzburger Humanismusgespräche, Wien 1970, 35–58.

70/14   Escape from Freedom: The Psychological Basis for Nazism, in: Harry J. Carroll et al. (Eds.), The Development of Civilization, book 3, revised ed., Glenview ³1970, 313–316.
=   Escape from Freedom (41/1) 207–229 passim.

70/15   The Nature of Love, in: Paul B. Weisz (Ed.), The Contemporary Scene. Readings, New York 1970, 155–163.
=   The Art of Loving (56/1) passim.

70/16   Religions East and West, in: Paul B. Weisz (Ed.), The Contemporary Scene. Readings, New York 1970, 244–251.
=   The Art of Loving (56/1) 61–69.

70/17   Hope, Faith, Fortitude, in: Whit Barnett (Ed.), This Is My Best, New York 1970, 945–954.
=   Revolution of Hope (68/1) 6–16.

71/1   *Vorwort zur deutschen Ausgabe* von The Revolution of Hope (68/1), Die Revolution der Hoffnung. Für eine humanisierte Technik, Stuttgart 1971, 7f.

71/2   Mother, in: Psychology Today 4 (1971) 74–77.
=   The Significance of the Theory of Mother Right for Today (70/4) in (70/1) 100–105.

71/3   The Ethics of Authority, in: Shankar A. Yelaja (Ed.), Authority and Social Work: Concept and Use, Toronto 1971, 12–16.
=   Man for Himself (47/1) 12–16.

71/4   Escape from Freedom, in: Gilbert Abcarian and Monte Palmer (Eds.) The Human Arena, New York 1971, 124–132.
=   Escape from Freedom (41/1) passim.

72/1   *Der Traum ist die Sprache des universalen Menschen*, in: Hans Jürgen Schultz (Hrsg.), Was weiß man von den Träumen, Stuttgart/Berlin 1972, 8–14.

72/2   *Einige post-marxsche und post-freudsche Gedanken über Religion und Religiosität*, in: Concilium. Internationale Zeitschrift für Theologie 8 (1972) 472–476.
–   Algumas Reflexôes pós-marxistas e pós-freudianas sobre a religiâo e la religiosidade, in: Concilium 8 (1972) 827–834.
–   Quelques idées post-marxiennes et post-freudiennes sur la religion et le sentiment religieux, in: Concilium 8 (1972) 139–145.
–   Some Post-Marxian and Post-Freudian Thoughts on Religion and Religiousness, in: Concilium 8 (1972) 146–154.
–   Enkele post-marxistische en post-freudiaanse ideeën over religie en religiositeit, in: Concilium 8 (1972) 143–151.
–   Alcune riflessiono post-marxiane e post-freudiane sulla religione e la religiosita', in: Concilium 8 (1972) 181–191.

72/3   Fuentes instintivas »versus« fuentes caracerológicas de la agresión humana, in: Revista de Psicoanalisis, Psiquiatria y Psicologia, México 1972, No. 2, 3–8.
=   The Anatomy of Human Destructiveness (73/1) 1–10.

72/4   The Erich Fromm Theory of Aggression, in: The New York Times Magazine, New York 1972 (February 27) 14f. 74. 76. 80f. 84. 86.
(=)   The Anatomy of Human Destructiveness (73/1).

72/5   Humanized Consumption, in: Paula Rothenberg Struhl and Karsten J. Struhl (Eds.), Philosophy Now. An Introductory Reader, New York 1972, ²1975, 264–268.
(=)   The Revolution of Hope (68/1) 116–122.

72/6   The Nature of Symbolic Language, in: Hazel G. Mohler and Elliot Roberts (Eds.), Bridges, Englewood Cliffs 1972, 94–99.
=   The Forgotten Language (51/1) 11–23.

73/1   + *THE ANATOMY OF HUMAN DESTRUCTIVENESS*, New York 1973.
–   Anatomie der menschlichen Destruktivität, Stuttgart 1974.
–   Anatomia Da Destrutividade Humana, Rio de Janeiro 1975.
–   Anatomía de la Destructividad Humana, México 1975.

- Anatomia della distruttività umana, Milano 1975.
- La Passion de Détruire. Anatomé de la destructivité humaine, Paris 1975.
- Anatomija ljudske destruktivnosti, 2. Vol., Zagreb 1975.
- Anatomie der menschlichen Destruktivität (rororo 7052) Reinbek 1977.

73/2   Revisión de la Teoría de Skinner, in: Revista de Psicoanálisis, Psiquiatria y Psicologia, México 1973, No. 1, 5–13.
=   The Anatomy of Human Destructiveness (73/1) 34–42.

73/3   La evolución del concepto de agresividad y destructividad en Freud, in: Revista de Psicoanalisis, Psiquiatria y Psicologia, México 1973, No. 1, 67–84 y 1973, No. 2–3, 3–19.
=   The Anatomy of Human Destructiveness (73/1) 439–478.

73/4   B. F. Skinner's Neo-Behaviorism, in: Tasso Borbé (Hrsg.), Der Mensch – Subjekt und Objekt. Festschrift für Adam Schaff, Wien 1973, 111–119.
=   The Anatomy of Human Destructiveness (73/1) 34–42.

73/5   Man Would as Soon Flee as Fight, in: Psychology Today 7 (1973) No. 3, 35–39. 41–45.
=   The Anatomy of Human Destructiveness (73/1) 95–97. 107–109. 120–125. 129–135.

73/6   The Art of Loving, in: Literary Cavalcade (Teachers Edition) 25 (1973) No. 7, 12–13.
=   The Art of Loving (56/1) 50–53.

73/7   The Question of Human Nature, in: Cross Currents, New York 23 (1973) No. 2, 129–139.
=   The Anatomy of Human Destructiveness (73/1) 219–230.

73/8   The Emergence of the Individual and the Ambiguity of Freedom, in: Philip Zimbardo and Christina Maslach (Eds.), Psychology for our Times. Readings, Glenview 1973, 216–221.
=   Escape from Freedom (41/1) 24–39.

73/9   L'uomo seconde Marx, in: Alberto Izzo (Ed.), Alienazione e Sociologia, Milano 1973, 108–131.
=   Marx's Concept of Man (61/2) 26–38.

73/10   Toward a Humanized Technology, in: Harold M. Hodges (Ed.), Conflict and Consensus, New York 1973, 535–539.
=   The Revolution of Hope (68/1) passim.

73/11   Is Love an Art?, in: Kim Flachmann (Ed.), Time In. A Guide to Communication Skill, California 1973, 277–281.

= in: Diane T. Callin et al. (Eds.), Perceptions and Reflexions. A College Reader, Dubuque 1973, 41–44.
= The Art of Loving (56/1) 1–5.

73/12 Productive Thinking, in: Fletcher Flynn and Thomas G. McGuire (Eds.), Design, Rhetoric and Anthology, Belmont ²1973, 282–285.
= Man for Himself (47/1) 102–107.

73/13 Man in Capitalist Society, in: William J. Chambliss (Ed.), Problems of Industrial Society, Reading 1973, 207–224.
= The Sane Society (55/1) 110–120.

73/14 The Nature of Symbolic Language, in: David J. Burrows et al. (Eds.), Myths and Motifs in Literature, New York 1973, 36–41.
= The Forgotten Language (51/1) 11–23.

74/1 *Einführung*, in: Hans Jürgen Schultz (Hrsg.), Psychologie für Nichtpsychologen Stuttgart 1974, 11–33.

74/2 *Im Namen des Lebens.* Ein Gespräch mit Hans Jürgen Schultz, Stuttgart 1974.
= in: Gerhard Rein (Hrsg.), Dienstagsgespräche mit Zeitgenossen, Stuttgart/Berlin 1976, 95–124.

74/3 *Hitler, wer war er und was heißt Widerstand gegen diesen Menschen?* Erich Fromm im freien Gespräch mit Hans Jürgen Schultz, in: Hans Jürgen Schultz (Hrsg.), Der zwanzigste Juli – Alternative zu Hitler? Stuttgart 1974, 8–24.

74/4 Lieber fliehen als kämpfen, in: Bild der Wissenschaft 11 (Oktober 1974) 52–58.
= The Anatomy of Human Destructiveness (73/1) 1–5. 95–97. 107–109. 120–125.

74/5 Antriebe zum menschlichen Handeln, in: Leistung zwischen Streß und Spiel. Brennpunkte 5 (1974) Nr. 6, 5–7.
= The Anatomy of Human Destructiveness (73/1) 239–241.

74/6 Aggressivität wurzelt im Charakter. Psychische Grundzüge unserer Gesellschaft, in: Evangelische Kommentare 7 (1974) 724–728.
(=) Aggression und Charakter (75/1).

74/7 Ambientalistas y Conductistas, in: Revista Interamericana Review, Puerto Rico Vol. IV (1974/75) No. 4, 468–483.
= The Anatomy of Human Destructiveness (73/1) 33–76.

74/8   The Revolution of Hope, in: Willis H. Truitt and T. W. Graham So-
        lomonis (Eds.), Science, Technology and Freedom, Boston
        1974, 15–27.
    =   The Revolution of Hope (68/1) 27–46.

74/9   Love of Death and Love of Life, in: Bernard A. Drabeck et al.
        (Eds.), Structures for Composition, Boston 1974, 193–198.
    =   The Heart of Man (64/1) 38–48 passim.

74/10   The Destructive Man, Tokyo 1974.
    =   The Anatomy of Human Destructiveness (73/1) passim.

74/11   Alternative per l'uomo, in: Città di Vita 1974, 43–48.

74/12   Die Anatomie der menschlichen Destruktivität, in: Psychologie
        heute 1 (Januar 1974) 18–25.
    =   The Anatomy of Human Destructiveness (73/1) passim.

74/13   Tâche et méthode d'une psychologie sociale analytique, in: Boris
        Fraenkel (Ed.), L'Homme et La Société. Freudo-marxisme et
        sociologie de l'aliénation, Paris 1974.
    =   Social Character in a Mexican Village (70/11) 7–30.

75/1   *Aggression und Charakter.* Ein Gespräch mit Adelbert Reif, Zürich
        1975.

75/2   Der Mensch ist zum reinen Instrument geworden, in: Der Gewerk-
        schafter 23 (1975) Nr. 8, 6–9.
    =   Aggression und Charakter (75/1).

75/3   *Die Zwiespältigkeit des Fortschritts.* (Zum 100. Geburtstag von Al-
        bert Schweitzer), in: Evangelische Kommentare 8 (1975)
        757f.

75/4   *Remarks on the Policy of Détente,* in: Déténte. Hearings before the
        Committee on Foreign Relations, United States Senate, 93rd
        Congress, Second Session, On United States Relations with
        Communist Countries, August-October 1974, Washington
        1975, 455–459.

75/7   *Die Aktualität der prophetischen Schriften,* in: Hans Jürgen Schultz
        (Hrsg.), Sie werden lachen – die Bibel. Überraschungen mit
        dem Buch, Stuttgart/Berlin 1975, 67–72.

75/6   *Fromm contra Auer.* Die Antwort Erich Fromms auf den Vortrag
        von Alfons Auer beim Symposium anläßlich des 75. Geburts-
        tags von Erich Fromm in Locarno 1975. Private Tonbandab-
        schrift.

75/7   Charakter und Aggression. Ein Gespräch mit Adelbert Reif, in:

Wissenschaft und Weltbild. Zeitschrift für Grundfragen der Forschung, Wien 28 (1975) 9–31.
= Aggression und Charakter (75/1).

75/8 On the Ambiguity of Hope, in: Christian Fenner und Bernhard Blanke (Hrsg.), Systemwandel und Demokratisierung. Festschrift für Ossip K. Flechtheim, Wien 1975, 76–80.
= The Anatomy of Human Destructiveness (73/1) 435–438.

75/9 Der Ödipus-Mythos, in: Reinhold Wolff (Hrsg.), Psychoanalytische Literaturkritik, München 1975, 130–140.
= The Forgotten Language (51/1) 196–231.

76/1 + *TO HAVE OR TO BE?* (= World Perspectives 50), New York 1976.
− Haben oder Sein. Die seelischen Grundlagen einer neuen Gesellschaft, Stuttgart 1976.

76/2 *Die Bedeutung des Ehrwürdigen Nyanaponika Mahathera für die westliche Welt,* in: Kurt Onken (Hrsg.), Des Geistes Gleichmaß. Festschrift zum 75. Geburtstag des Ehrwürdigen Nyanaponika Mahathera, Konstanz 1976, 35–38.

76/3 *The Will to Live,* in: Preventive Medicine. An International Journal devoted to Practice and Theory, New York 5 (1976) 518–521.

76/4 Warum Besitz nicht befreit, in: Psychologie heute 3 (Oktober 1976) 39–44.
= To Have or to Be (76/1) 1–2. 48–65.

76/5 Hast du was, dann bist du noch lange nichts, in: Psychologie heute 3 (November 1976) 43–51.
= To Have or to Be (76/1) 28–47.

76/6 Sein ist wie blaues Glas, in: Psychologie heute 3 (Dezember 1976) 53–58.
= To Have or to Be (76/1) 87–107 passim.

77/1 und Alfred A. Häsler,
Das Undenkbare denken und das Mögliche tun. Ein Gespräch mit Erich Fromm, in: ex libris, Zürich 32 (Mai 1977) 13–19.

77/2 Heidnische Helden und christliche `Märtyrer, in: Katechetische Blätter 102 (1977) 678f.
= To Have or to Be (76/7) 141f.

77/3 *Vita activa,* in: Hans J. Schultz, (Hrsg.), Was der Mensch braucht. Anregungen für eine neue Kunst zu leben, Stuttgart/Berlin 1975.

Literaturverzeichnis

Vorbemerkungen:

1. Titel, die sich direkt auf Erich Fromm beziehen, sind durch ein Zeichen am linken Rand erkennbar, und zwar bedeutet:
   M = Monographien und Dissertationen
   A = Aufsätze, Artikel und Abschnitte
   R = Rezensionen
   Die so gekennzeichneten Titel wurden nicht sämtlich eingesehen.
2. Lexikonartikel sind unter dem Autor des Artikels geführt.

A *Abril,* G. G., Erich Fromm y Gabriel Marcel. La esperanza frustrada y la esperanza absoluta, in: Estudio Agustiniano, Valladolid 9 (1974) 215–246.

Adorno, Theodor W., Die revidierte Psychoanalyse, in: Max Horkheimer und Theodor W. Adorno, Reden und Vorträge: Sociologica II, Frankfurt 1962, 94–112.
– u. a., Der Positivismusstreit in der deutschen Soziologie, Neuwied 1972.

Agus, Jacob B., The Evolution of Jewish Thought from Biblical Time to the Opening of the Modern Era, London/New York 1959.

M *Alsofrom,* Ann, A Factor Analysis of Erich Fromm's Nonproductive Orientations, Columbia University Dissertation 1972.

M *Amis,* William Daughety, Social Structure and Personality: The Contribution of Erich Fromm to Sociological Theory, The University of North Carolina Dissertation, Ann Arbor 1960.

A *Anshen,* Ruth Nanda, Authority and Power: Erich Fromm and Herbert Marcuse, in: Journal of Social Philosophy 5 (September 1974) 1–8.

A *Arlow,* Jacob A., Truth or Motivations? Toward a Definition of Psychoanalysis, in: The Saturday Review New York 41 (14. 6. 1958) 14 and 54.

Auer, Alfons, Autonome Moral und christlicher Glaube, Düsseldorf 1971.

A – Gibt es eine Ethik ohne Religiosität? Referat beim Symposium anläßlich des 75. Geburtstags von Erich Fromm am 25. Mai 1975 in Locarno. Privates Manuskript.

R – Rezension »Anatomie der menschlichen Destruktivität«, in: Herder Korrespondenz, Freiburg 1975, Heft 1, 32–35.

– Ein Modell theologisch-ethischer Argumentation: »Autonome Moral«, in: A. Auer, A. Biesinger und H. Gutschera (Hrsg.), Moralerziehung im Religionsunterricht, Freiburg/Basel/Wien 1975, 27–57.

– Die ethische Relevanz der Botschaft Jesu, in: A. Auer, A. Biesinger und H. Gutschera (Hrsg.), Moralerziehung im Religionsunterricht, Freiburg/Basel/Wien 1975, 58–90.

– Tendenzen heutiger theologischer Ethik, in: G. Bitter und G. Miller (Hrsg.), Konturen heutiger Theologie. Werkstattberichte, München 1976, 308–325.

– Autonome Moral und christlicher Glaube, in: Katechetische Blätter 102 (1977) 60–76; zit.: Autonome Moral und christlicher Glaube (1977).

– Die Bedeutung des Christlichen bei der Normfindung, in: Joseph Sauer (Hrsg.), Normen im Konflikt. Grundfragen einer erneuerten Ethik, Freiburg/Basel/Wien 1977, 29–54.

– Die Autonomie des Sittlichen nach Thomas von Aquin, in: K. Demmer und B. Schüller (Hrsg.), Christlich glauben und handeln. Fragen einer fundamentalen Moraltheologie in der Diskussion (Festschrift für Josef Fuchs), Düsseldorf 1977, 31–54.

Bachofen, Johann Jakob, Das Mutterrecht, Basel 1861.

Baeck, Leo, Das Wesen des Judentums, 6. Auflage, Frankfurt 1932.
– Der Sinn der Geschichte, Berlin 1946.
– Maimonides. Der Mann, sein Werk und seine Wirkung, Düsseldorf 1954.
– Dieses Volk. Jüdische Existenz, Frankfurt, Band I: 1955, Band II: 1957.

Leo Baeck Institut, Zur Geschichte der Juden in Deutschland im 19. und 20. Jahrhundert, Jerusalem 1971.

Baerwald, H. und *Adler*, S., Geschichte der Realschule der israelitischen Gemeinde (Philanthropin) zu Frankfurt am Main 1804–1904, Frankfurt/Main 1904.

A *Balmer*, Hans Peter, Befreiung von der Destruktivität? Erich Fromm in der Debatte um die menschliche Aggression, in: Politische Studien 29 (1976) 493–502.

Balthasar, Hans Urs von, Zur Ortsbestimmung christlicher Mystik, in: Beierwaltes u. a., Grundfragen der Mystik, Einsiedeln 1974, 37–71.

A *Banks,* Robert, A Neo-Freudian Critique of Religion: Erich Fromm on Judeo-Christian Tradition, in: Religion 5 (1975) 117–135.

Barta, Johannes, Jüdische Familienerziehung. Das jüdische Erziehungswesen im 19. und 20. Jahrhundert. Dissertation Zürich/Einsiedeln/Köln 1974.

M *Basabe Baracalá,* José, Síntesis del pensamiento de Fromm: individuacion, libertad y neurósis, Barcelona 1974.

Behari, Bankey: Mysticism in the Upanishads, Gorakhpur (Indien) 1940.

Beierwaltes, Werner, u. a., Grundfragen der Mystik, Einsiedeln 1974.

R *Benedict,* Ruth, Review »Escape from Freedom«, in: Psychiatry, Washington 5 (1942) 111–113.

A *Bertocci,* Peter Anthony and *Millard,* Richard Marion, Personality and the Good. Psychological and Ethical Perspectives, New York 1963, bes. 69–93.

M *Betz,* Richard Brian, An Analysis of the Prophetic Character of the Dialectical Rhetoric of Erich Fromm, Northwestern University Dissertation 1974.

A *Birnbach,* Martin, Neo-Freudian Social Philosophy, Stanford 1961.

R *Bittorf,* Wilhelm, Rezension »Anatomie der menschlichen Destruktivität«, in: Der Spiegel 28 (28. 10. 1974) Nr. 44, 190–193.

Bloch, Ernst, Das Prinzip Hoffnung, Gesamtausgabe Band 5, Frankfurt 1959.

Böckle, Franz, Was ist das Proprium einer christlichen Ethik? in: Zeitschrift für Evangelische Ethik 11 (1967) 148–159.
– Theonome Autonomie. Zur Aufgabenstellung einer fundamentalen Moraltheologie, in: J. Gründel u. a. (Hrsg.), Humanum. Moraltheologie im Dienste des Menschen (Festschrift Egenter), Düsseldorf 1972, 17–46.
– Unfehlbare Normen?, in: H. Küng (Hrsg.), Fehlbar? Zürich/Einsiedeln/Köln 1973, 180–304.
– Glaube und Handeln, in: Mysterium Salutis. Grundriß heilsgeschichtlicher Dogmatik, hrsg. von J. Feiner und M. Löhrer, Band V: Zwischenzeit und Vollendung der Heilsgeschichte, Zürich/Einsiedeln/Köln 1976, 21–115.

R *Boisen,* Anton T., Review »Escape from Freedom«, in: Psychiatry, Washington 5 (1942) 113–117.

M *Boivin,* Réne, Erich Fromm's Concept of Man, Dissertation, Selbstverlag Canada 1973.

R *Borkenau,* Franz, Rezension »Die Entwicklung des Christusdogmas«, in: Zeitschrift für Sozialforschung, Leipzig 1 (1932) 174f.

A *Boss,* Medard, Der Traum und seine Auslegung, Bern/Stuttgart 1953 (= 1974), bes. 67–70.

A *Brams,* Jerome, From Freud to Fromm, in: Psychology Today 1968, No. 1, 32–35. 64f.

Braun, Herbert, Der Sinn der neutestamentlichen Theologie, in: ders., Gesammelte Studien zum Neuen Testament und seiner Umwelt, 3. Auflage, Tübingen 1971, 243–282.

Briffault, Robert, The Mothers, New York 1927.

R *Briggs,* Asa: Review »The Sane Society«, in: The New Statesman and Nation. The Week-end Review, London 51 N. S. (23. 6. 1956) 739.

A *Brossard,* Chandler, Erich Fromm – Influential and Controversial Psychoanalyst, in: Look 5. 5. 1964, 50–52.

R *Brynes,* Asher, Review »Man for Himself«, in: The Saturday Review of Literature XXXI (7. 2. 1948) 25f.

Buber, Martin, Der große Maggid und seine Nachfolger, Frankfurt/Main 1922.
– Die chassidische Botschaft, Heidelberg 1952.
– Der Chassidismus und die Krise des abendländischen Menschen, in: Hans Jürgen Schultz (Hrsg.), Juden, Christen, Deutsche, Stuttgart/Olten/Freiburg 1961, 83–94.
– Der Weg des Menschen nach der chassidischen Lehre, 6. Auflage, Heidelberg 1972.

Bultman, Rudolf, Das Verhältnis der urchristlichen Christusbotschaft zum historischen Jesus, in: ders., Exegetica, hrsg. von E. Dinkler, Tübingen 1967, 445–469.

M *Caligiuri,* Angelo M., The Concept of Freedom in the Writings of Erich Fromm. An Exposition and Evaluation, Universitas Gregoriana Roma Dissertation 1966.

Calvez, Jean-Yves S. J., Karl Marx. Darstellung und Kritik seines Denkens, Olten/Freiburg 1964.

A *Campbell,* James Alexander, Freud and the Post-Freudians, Baltimore 1961, London 1963.

A *Caparrós Benedicto,* Antonio, El carácter social según Erich Fromm, in: Convivium 42 (1974) 3–27.
M – El caracter social según Erich Fromm. Estudio crítico de su obra, Salamanca 1975.

M *Catemario,* Armando, La società malata; saggio sulla filosofia di Fromm, Napoli 1962.

R *Clayre,* Alasdair, A Deadly Civilization. Review »The Anatomy of Human Destructiveness«, in: The Guardian Weekly, Vol. 110 No. 1 (5. 1. 1974) 26.

Cohen, Hermann, Ethik des reinen Willens, 2. Auflage, Berlin 1907.
– Charakteristik der Ethik Maimunis, in: Moses ben Maimon. Sein Leben, seine Werke und sein Einfluß, Band I, Leipzig 1908.
– Religion und Sittlichkeit. Eine Betrachtung zur Grundlegung der Religionsphilosophie, Berlin 1907.
– Der Begriff der Religion im System der Philosophie, Gießen 1915.
– Jüdische Schriften, Band 1: Ethische und religiöse Grundfragen, mit einer Einleitung von Franz Rosenzweig, Berlin 1924.
– Jüdische Schriften, Band 2: Zur jüdischen Zeitgeschichte, Berlin 1924.
– Jüdische Schriften, Band 3: Zur jüdischen Religionsphilosophie und ihrer Geschichte, Berlin 1924.
– Religion der Vernunft aus den Quellen des Judentums. Nach dem Manuskript des Verfassers neu durchgearbeitet und mit einem Nachwort versehen von Bruno Strauß, 2. Auflage, Frankfurt 1929.
– Der Nächste. Vier Abhandlungen über das Verhalten von Mensch zu Mensch nach der Lehre des Judentums. Mit einer Vorbemerkung von Martin Buber, Berlin 1935.

Conzelmann, Hans, Der erste Brief an die Korinther (Meyers Kommentar V), Göttingen 1969.

R *Cox,* Harvey, Review »You Shall Be as Gods«, in: New York Times Book Review (27. 11. 1966).

M *Curtis,* Oliver B., The Role of Religion in Selfhood: An Examination of Humanistic Psychoanalysis in Erich Fromm and Christian Selfhood in Wayne Oates, Baylor University Dissertation 1972.

Dahmer, Helmut, Psychoanalyse als kritische Theorie, in: ders., Politische Orientierungen, Frankfurt 1973, 252–259.
A – Libido und Gesellschaft. Studien über Freud und die Freudsche Linke, Frankfurt/Main 1973.

Demmer, Klaus und *Schüller,* Bruno (Hrsg.), Christlich glauben und handeln. Fragen einer fundamentalen Moraltheologie in der Diskussion (Festschrift für Josef Fuchs), Düsseldorf 1977.

M *Denbo,* Sheryl J., Synthesis of Liberation: Marx – Freud and the New Left. An Examination of the Work of Wilhelm Reich, Erich Fromm and Herbert Marcuse, Dissertation Rutgers University, New Jersey 1975.

Deussen, Paul, Allgemeine Geschichte der Philosophie unter besonderer Berücksichtigung der Religionen, Band 1, 1. und 2. Abteilung, Leipzig 1906/1907.

M *Devitis,* Joseph Liberatore, The Concept of Repression in the Social and Educational Thought of Erich Fromm and Herbert Marcuse, University of Illinois Dissertation 1972.

R *Dinnage,* Rosemary, The Necrophilous Type. Review »The Anatomy of Human Destructiveness«, in: Times Literary Supplement (27. 12. 1974) 1458.

R *Dissent,* Review »Sane Society«, in: Dissent, New York 1956, 84–89.

M *Dobren'kov,* Vladimir Ivanovich, Soziologitscheskaja Konzepzija Erika Fromma (Das soziologische Konzept Erich Fromms), Moskau 1969.

M – Kritika neofreidistskoi kontseptsii Erika Fromma (Kritik der neofreudianischen Konzeption von Erich Fromm), Moskau 1972.

M – Neofreidizim w poiskakh istiny; illiusu i sabluschdenia Erika Fromma (Neofreudianismus und die Suche nach der Wahrheit. Die Illusionen und Irrtümer von Erich Fromm), Moskau 1974.

A *Donzelli,* M., Una interpretatione radicale del Vecchio Testamento e della sua tradizione, in: Nuova rivista storica 1971, 675–687.

Dubnow, Simon, Weltgeschichte des jüdischen Volkes. Kurzgefaßte Ausgabe in 3 Bänden:
Band II: Die europäische Periode in der Geschichte des jüdischen Volkes. Von den Anfängen der abendländischen Diaspora bis zum Ausgang des 18. Jahrhunderts. In Verbindung mit dem Verfasser bearbeitet von Dr. A. Steinberg, 2. Auflage, Jerusalem 1971.
Band III: Neueste Geschichte (1789–1914). In Verbindung mit dem Verfasser bearbeitet von Dr. A. Steinberg, mit einem Epilog 1914–1928, 2. Auflage, Jerusalem 1971.
 – Geschichte des Chassidismus. 2 Bände, Berlin 1931.

Dux, Günter, Ursprung, Funktion und Gehalt der Religion, in: Internationales Jahrbuch für Religionssoziologie, hrsg. von Günter Dux, Thomas Luckmann und Joachim Matthes, Band VIII: Zur Theorie der Religion. Religion und Sprache, Opladen 1973, 7–67.

A *Ebersole,* Mark C., Christian's Faith and Man's Religion, New York 1961.

Meister *Eckhart,* Die deutschen Werke, hrsg. von Josef Quint, Band II, in: Josef Quint und Josef Koch (Hrsg.), Die deutschen und lateinischen Werke, Stuttgart 1971.

Eid, Volker, Tugend als Werthaltung, in: J. Gründel u. a. (Hrsg.), Humanum. Moraltheologie im Dienst des Menschen (Festschrift Egenter) Düsseldorf 1972, 66–83.

Enomiya-Lassalle, Hugo M., Zen unter Christen. Östliche Meditation und christliche Spiritualität, Graz/Wien/Köln 1973.

Ermecke, Gustav, Katholische Moraltheologie am Scheideweg, in: Münchener Theologische Zeitschrift 28 (1977) 47–54.

A *Eßbach-Kreuzer*, Uschi, Die Theorie des Sozialcharakters in den Arbeiten von Erich Fromm, in: Zeitschrift für psychosomatische Medizin 18 (1972) 171–191.

R *Eysenck*, H. J., Utopia in Dreamland. Review »The Anatomy of Human Destructiveness«, in: The Spectator, Vol. 233 (26. 10. 1974) 535.

M *Fairbairn*, James Ronald, The Achievement of Human Existence: A Critique of Erich Fromm's Philosophical Anthropology, Duke University Dissertation 1973.

R *Fenichel*, Otto, Review »Escape from Freedom«, in: Psychoanalytic Review 31 (1944) 133–152; ebenso in: Collected Papers of Otto Fenichel, 2nd Series. Collected and Edited by Hanna Fenichel and David Rapaport, London 1955, 260–277.

Feuerbach, Ludwig, Das Wesen des Christentums. Sämtliche Werke, neu herausgegeben von Wilhelm Bolin und Friedrich Jodl, 2. Auflage, Stuttgart-Bad Cannstatt 1960, Band 6.

Fischer, Heribert, Meister Eckhart. Einführung in sein philosophisches Denken, Freiburg/München 1974.

R *Flad-Schnorrenberg*, Beatrice, Rezension »Anatomie der menschlichen Destruktivität«, in: Frankfurter Allgemeine Zeitung Nr. 233 (8. 10. 1974) 13 L.

A *Forsyth*, James J. and *Beniskos*, J. M., Biblical Faith and Erich Fromm's Theory of Personality, in: Revue de l'Université d'Ottawa, Ottawa 40 (1970) 69–91.

M *Franck*, Isaac, The Concept of Human Nature. A Philosophical Analysis of the Concept of Human Nature in the Writings of G. W. Allport, S. E. Asch, Erich Fromm, A. H. Maslow, and C. R. Rogers, University of Maryland Dissertation 1966.

Frese, J., Artikel »Dialektik« bei Marx, in: Historisches Wörterbuch der Philosophie, hrsg. von Joachim Ritter, Band 2, Darmstadt/Basel 1972, Sp. 198–205.

Freud, Sigmund, Gesammelte Werke, London. Wiederabgedruckt durch den S. Fischer Verlag Frankfurt, Bände IX, XI, XIII und XV, London 1940; Band X London 1946; Band XIV London 1948.

A *Friedenberg,* Edgar Z., Neo-Freudianism & Erich Fromm, in: Commentary. A Jewish Review, New York 34 (1962) 305–313.

Friedländer, Michael, Die jüdische Religion, Basel 1936/1971.

Fritzhand, Marek, Marx's Ideal of Man, in: Erich Fromm (Ed.), Socialist Humanism, New York 1965, 157–165.

Fromm-Reichmann, Frieda, Psychoanalytische Trieblehre, in: Zeitschrift für Psychoanalytische Pädagogik 3 (1929) 266–268.

Fuchs, Josef, Gibt es eine spezifisch christliche Moral?, in: Stimmen der Zeit 95 (1970) 99–112.

A *Fuente-Muniz,* Ramón de la, Fromm's Approach to the Study of Personality, in: Psychiatric Research Report, Washington, Vol. II (1956) 7–14.

A *Funk,* Rainer, Zu Erich Fromm – Leben und Werk, in: Wissenschaft und Weltbild 28 (1975) 154–156.

A – Der Fluch, kein Mann zu sein. Psychoanalyse im Widerstreit, in: Academia 28 (März/April 1977) 20–22.

A – Frömmigkeit zwischen Haben und Sein. Religionspsychologische Anfragen an die »Bewegung Lefèbvre«, Zürich/Einsiedeln/Köln 1977.

Furger, Franz, Zur Begründung eines christlichen Ethos – Forschungstendenzen in der katholischen Moraltheologie, in: Theologische Berichte IV, hrsg. von Josef Pfammatter und Franz Furger, Zürich/Einsiedeln/Köln 1974, 11–87.
– Katholische Moraltheologie in der Schweiz. Diskussion und Schwerpunkte, in: Zeitschrift für Evangelische Ethik 20 (1976) 219–231.

A *Gedö,* Andraś, Der entfremdete Marx. Zur existentialistisch-»humanistischen« Marxismus-Deutung, Berlin 1971.

Gehlen, Arnold, Der Mensch. Seine Natur und seine Stellung in der Welt, 10. Auflage, Frankfurt 1974.
– Anthropologische Forschung (= rowohlts deutsche enzyklopädie 138), Reinbek bei Hamburg 1974.

R *Gewirth,* Alan, Review »The Sane Society«, in: Ethics. An International Journal of Social, Political and Legal Philosophy, Chicago 66 (1955/56) 289–292.

R *Gill,* Thomas Harvey, Review »Escape from Freedom«, in: Psychiatry, Washington 5 (1942) 109–111.

Glasenapp, Helmuth von, Vorwort, in: Upanishaden. Altindische Weisheit aus Brahmanas und Upanishaden, übertragen und eingeleitet von Alfred Hillebrandt, Zürich 1973.

M *Glen*, J. Stanley, Erich Fromm: A Protestant Critique, Philadelphia, Dissertation 1966.

Gollwitzer, Helmut, Die marxistische Religionskritik und der christliche Glaube (Siebenstern Taschenbuch 33), 5. Auflage, Hamburg 1974.

A *Gotesky*, R., Personality: The Need for Liberty and Rights, New York 1967.

Graupe, Heinz Mosche, Die Entstehung des modernen Judentums. Geistesgeschichte der deutschen Juden 1650–1942, Hamburg 1969.

A *Green*, Arnold W., Sociological Analysis of Horney and Fromm, in: The American Journal of Sociology 51 (1945/46) 533–540.

Green, Maurice R., Her Life, in: Clara M. Thompson, Interpersonal Psychoanalysis. Selected Papers, New York/London 1964, 347–377.

A *Greinacher*, Norbert, Erich Fromm, in: Wilhelm Schmidt (Hrsg.), Die Religion der Religionskritik, München 1972, 28–37.

Grimm, Georg, Die Lehre des Buddha. Die Religion der Vernunft, 6. bis 8. Auflage, München 1920.
– Die Wissenschaft des Buddhismus, Leipzig 1923.

Gründel, Johannes, Ethik ohne Normen? Zur Begründung und Struktur christlicher Ethik, in: Johannes Gründel und Hendryk van Oyen (Hrsg.), Ethik ohne Normen? Zu den Weisungen des Evangeliums, Freiburg 1970, 9–88.
– *Rauh*, Fritz und *Eid*, Volker (Hrsg.), Humanum. Moraltheologie im Dienste des Menschen (Festschrift Egenter), Düsseldorf 1972.

Gulkowitsch, Lazar, Der Hasidismus, religionswissenschaftlich untersucht, Leipzig 1927.

M *Gutiérrez*, José, El método psicoanalítico de Erich Fromm, Bogotá 1961.

Guttmann, Julius, Religion und Wissenschaft im mittelalterlichen und modernen Denken, in: Festschrift zum 50-jährigen Bestehen der Hochschule für die Wissenschaft des Judentums in Berlin, Berlin 1922, 145–216.
– Die Philosophie des Judentums (= Geschichte der Philosophie in Einzeldarstellungen, Abteilung I: Das Weltbild der Primitiven und die Philosophie des Morgenlandes, Band 3) München 1933.

M *Hammond*, Guyton Bowers, Man in Estrangement. A Comparison of the Thought of Paul Tillich and Erich Fromm (= The Idea of Self-Estrangement in the Thought of Erich Fromm and Paul Tillich, Vanderbilt University Dissertation 1962) 2. Auflage, Charlotte 1967.

R *Hadley*, Ernest E., Review »Escape from Freedom«, in: Psychiatry, Washington 5 (1942) 131–134.

R *Hathaway*, Richard O., Analyzing Aggression. Review »The Anatomy of Human Destructiveness«, in: The Christian Century (13. 3. 1974) 297.

M *Hausdorff*, Don, Erich Fromm, New York 1972.

Hegel, Georg Wilhelm Friedrich, Sämtliche Werke, herausgegeben von Hermann Glockner (Jubiläumsausgabe), 20 Bände, Stuttgart 1927.

A *Heigl*, Franz, Die humanistische Psychoanalyse Erich Fromms, in: Zeitschrift für psychosomatische Medizin 7 (1961) 77–84. 153–161. 235–249.

Heinrichs, Hans-Jürgen (Hrsg.), Materialien zu Bachofens »Das Mutterrecht« (suhrkamp taschenbuch wissenschaft 136), Frankfurt 1975.

Heller, Agnes, Aufklärung und Radikalismus-Kritik der psychologischen Anthropologie Fromms, in: dies., Instinkt, Aggression, Charakter. Einleitung zu einer marxistischen Sozialanthropologie, Hamburg 1977, 7–53.

A *Herberg*, Will, Freud, the Revisionists, and Social Reality, in: Benjamin Nelson (Ed.), Freud and the 20th Century, London 1958 (= New York 1957) 141–160.

Herrigel, Eugen (Bungaku Hakushi), Zen in der Kunst des Bogenschießens, Konstanz 1948.

R *Hill*, Lewis B., Review »Escape from Freedom«, in: Psychiatry, Washington 5 (1942) 117–118.

Hillebrandt, Alfred, Upanishaden. Altindische Weisheit aus Brahmanas und Upanishaden. Übertragen und eingeleitet von Alfred Hillebrandt (Diederichs Taschenausgabe 13), Düsseldorf/Köln 1958.

M *Hiltner*, Seward, Psychotherapy and Christian Ethics. An Evaluation of the Ethical Thought of A. E. Taylor and Paul Tillich in the Light of Psychotherapeutic Contributions to Ethics by J. C. Fluegel and Erich Fromm, University of Chicago Dissertation 1953.

A – Erich Fromm and Pastoral Psychology, in: Pastoral Psychology, New York 6 (1955) 11–12.

Hoffmann, Paul, Studien zur Theologie der Logienquelle (= Neutestamentliche Abhandlungen, herausgegeben von Joachim Gnilka, NF Band 8), Münster 1972.

– und *Eid,* Volker, Jesus von Nazareth und eine christliche Moral. Sittliche Perspektiven der Verkündigung Jesu (= Quaestiones Disputatae 66), Freiburg/Basel/Wien 1975.

Horkheimer, Max, Verwaltete Welt. Gespräch zwischen Max Horkheimer und Oskar Hersche, Zürich 1970.

R   *Horney Eckhart,* Marianne, L'Chayim. Review »Bernhard Landis and Edward S. Tauber, In the Name of Life. Essays in Honor of Erich Fromm«, in: Contemporary Psychoanalysis 9 (1972) 106–111.
    = in: Contemporary Psychoanalysis 11 (1975) 465–470.

Horodezky, S. A., Religiöse Strömungen im Judentum. Mit besonderer Berücksichtigung des Chassidismus, Bern/Leipzig 1920.

M   *Howard,* A. R. and *James,* Walter T., A Study of Karen Horney and Erich Fromm in Relation to Alfred Adler, Carlish 1947.

Hurwitz, Siegmund, Archetypische Motive in der chassidischen Mystik, in: Zeitlose Dokumente der Seele, Studien aus dem C. G. Jung-Institut Zürich, Band II, hrsg. von C. A. Meier, Zürich 1952.

A   *Illich,* Ivan, The Dawn of Epimethean Man. A Paper prepared for a symposium in honor of Erich Fromm. Centro Intercultural de Documentación, Cuernavaca 1972, No. 75, 227/1–16.

Imschoot, Paul von, Artikel »Name«, in: Herbert Haag (Hrsg.), Bibel-Lexikon, Einsiedeln/Zürich/Köln [2]1968, Sp. 1215 f.

Israel, Joachim, Der Begriff Entfremdung. Makrosoziologische Untersuchung von Marx bis zur Soziologie der Gegenwart, (rowohlts deutsche enzyklopädie 359) Hamburg 1972.

Jacobs, Louis, Principles of the Jewish Faith. An Analytic Study, London 1964.

Jay, Martin, The Dialectical Imagination. A History of the Frankfurt School and the Institute of Social Research 1923–1950, London 1973.

M   *Jensen,* Vern Arthur, Failure and Capability in Love. An Integrative Study of the Psychology of Erich Fromm and the Theology of Erich Brunner, Dissertation 1966.

Jodl, Friedrich, Geschichte der Ethik in der neueren Philosophie, Band I: Bis zum Ende des 18. Jahrhunderts, mit einer Einleitung über die antike und christliche Ethik, Stuttgart 1882.
– Ethik und Moralpädagogik gegen Ende des 19. Jahrhunderts. Sonderdruck aus »Geschichte der Ethik als philosophischer Wissenschaft«, Band II, 2. Auflage, Stuttgart/Berlin 1913.

Johnston, William, Der ruhende Punkt. Zen und christliche Mystik, Freiburg/Basel/Wien 1974.

Jonas, Hans, Gnosis und spätantiker Geist, Band I, Göttingen 1934.

A *Jungk*, Robert, Ein Gespräch mit Erich Fromm, in: Bild der Wissenschaft 11 (Oktober 1974) 59–62.

Käsemann, Ernst, Das Problem des historischen Jesus, in: ders., Exegetische Versuche und Besinnungen, Band 1, Göttingen 1964, 187–214.

Kasper, Walter, Jesus der Christus, Mainz 1974.

Kaufmann, David, Geschichte der Attributenlehre in der jüdischen Religionsphilosophie des Mittelalters von Saadja bis Maimuni, Gotha 1877.

R *Kecskemeti*, Paul, Review »The Sane Society«, in: Commentary, New York 21 (1956, 1) 176–179.

Keilbach, Wilhelm, Artikel »Theismus«, in: Lexikon für Theologie und Kirche, Band X, Freiburg 1965, Sp. 16–18.

M *Kennedy*, William Martin, Implications for Counseling from Erich Fromm's View of Man's Ethical Responsibility, East Texas State University Dissertation 1973.

Kertelge, Karl (Hrsg.), Rückfrage nach Jesus (Quaestiones Disputatae 63), Freiburg/Basel/Wien 1974.

Klausner, Joseph, The Messianic Idea in Israel. From Its Beginning to the Completion of the Mishnah, New York 1955.
– Die messianischen Vorstellungen des jüdischen Volkes im Zeitalter der Tannaiten, kritisch untersucht und im Rahmen der Zeitgeschichte dargestellt, Berlin 1904.

Kranzler, Gershon, Rabbi Shneur Zalman of Ladi. A brief presentation of his life, the work, and the basic teachings of the founder of Chabad Chassidism, New York 1948.

Kluxen, Wolfgang, Philosophische Ethik bei Thomas von Aquin, Mainz 1964.

R *Knight*, Frank H., Review »Escape from Freedom«, in: The American Journal of Sociology 48 (1942/43) 299.

Köhler, Hans, Die Wirkung des Judentums auf das abendländische Geistesleben, Berlin 1952.

Kohlenberger, H. K., Artikel »Dialektik« bei Hegel, in: Historisches Wörterbuch der Philosophie, hrsg. von Joachim Ritter, Band 2, Basel/Darmstadt 1972, Sp. 189–193.

Korff, Wilhelm, Norm und Sittlichkeit. Untersuchungen zur Logik der normativen Vernunft (= Tübinger Theologische Studien 1), Mainz 1973.

– Theologische Ethik. Eine Einführung. Unter Mitarbeit von Walter Fürst und Josef Torggler, Freiburg/Basel/Wien 1975.

R *Krieger*, Hans, Rezension »Anatomie der menschlichen Destruktivität«, in: Die Zeit (2. 1. 1975).

Küng, Hans, Christ sein, Zürich 1976 (= München 1974).

A *Kwawer*, Jay S., A Case Seminar with Erich Fromm, in: Contemporary Psychoanalysis 11 (1975) 453–455.

A *Landis*, Bernhard, Fromm's Theory of Biophilia – Necrophilia. Its Implications for Psychoanalytic Practice, in: Contemporary Psychoanalysis 11 (1975) 418–434.

– and *Tauber*, Edward S. (Eds.), In the Name of Life. Essays in Honor of Erich Fromm, New York 1971.

– and *Tauber*, Edward S., On Erich Fromm, in: In the Name of Life. Essays in Honor of Erich Fromm, New York 1971, 1–11.
= in: Contemporary Psychoanalysis 11 (1975) 407–417.

M *Lang*, Virgil Robert, A Comparison of Aspects of the Riesman, Fromm and Morris Typologies Relevant to Self-Concept, St. John's University Dissertation 1968.

Langer, Georg M., Neun Tore. Das Geheimnis der Chassidim. Einleitung von Gershom Scholem, München-Planegg 1959.

Lazarus, Moritz, Die Ethik des Judentums, Band 1: Frankfurt/Main 1898; Band 2 aus dem handschriftlichen Nachlaß des Verfassers herausgegeben von J. Winter und August Wünsche, Frankfurt/Main 1911.

Laun, A., Zur Frage einer spezifisch christlichen Ethik, in: Spiritualität in Moral (Festschrift Hörmann), hrsg. von G. Virth, Wien 1975, 33–58.

M *Lee*, Lester C., An Investigation of Erich Fromm's Theory of Authoritarianism, Claremont Graduate School Dissertation 1963.

Leisegang, Hans, Denkformen, 2. Auflage, Berlin 1951.

Lepenies, Wolf, Schwierigkeiten einer anthropologischen Begründung der Ethik, in: Concilium. Internationale Zeitschrift für Theologie 8 (1972) 318–327.

Leschnitzer, Adolf, Saul und David. Die Problematik der deutsch-jüdischen Lebensgemeinschaft, Heidelberg 1954.

M *Lessin*, Edward John, Aspects of Structure in Fromm's Marketing Orientation, Michigan State University Dissertation 1968.

399

Levertoff, Paul, Die religiöse Denkweise der Chassidim nach den Quellen dargestellt, Leipzig 1918.

A *Lipset*, Seymour M., World Peace and Russian Realities. Some Questions raised by Dr. Fromm's Analysis, in: Socialist Call 28 (Summer 1961) No. 4, 11–13.

Lorenz, Konrad, Das sogenannte Böse. Zur Naturgeschichte der Aggression, Wien 1963.

Lührmann, Dieter, Die Redaktion der Logienquelle, mit einem Anhang: Zur weiteren Überlieferung der Logienquelle, Neukirchen-Vluyn 1970.

A *Mandolini Guardo*, Ricardo C., De Freud a Fromm. Historia general del psicoanálisis, Buenos Aires ²1965, bes. 418–466.

Marcel, Gabriel, Sein und Haben (Etre et avoir). Übersetzung und Nachwort von Ernst Behler, Paderborn 1954.

Marck, W. van der, Grundzüge einer christlichen Ethik, Düsseldorf 1967.

A *Marcuse*, Herbert, Eros and Civilisation, Boston 1955.
= Triebstruktur und Gesellschaft. Ein philosophischer Beitrag zu Sigmund Freud. Darin: Epilog. Kritik des Neo-Freudianischen Revisionismus 234–269, Frankfurt 1970.

A *Marković*, Mihailo, The Possibilities for Radical Humanism, in: B. Landis and E. S. Tauber (Eds.), In the Name of Life. Essays in Honor of Erich Fromm, New York 1971, 275–287.

Marx, Karl, Die Frühschriften, herausgegeben von Siegfried Landshut (= Kröners Taschenausgabe 209), Stuttgart 1971.
– Das Kapital. Kritik der politischen Ökonomie. Institut für Marxismus-Leninismus beim ZK der SED. Nach der 4., von Friedrich Engels durchgesehenen und herausgegebenen Auflage, Hamburg 1890, Band I–III, Berlin 1972.
– Grundrisse der Kritik der politischen Ökonomie (Rohentwurf 1857–1858), Berlin ²1974.
– und *Engels*, Friedrich, Historisch-kritische Gesamtausgabe (= MEGA). Werke-Schriften-Briefe, im Auftrag des Marx-Engels-Lenin-Instituts Moskau herausgegeben von V. Adoratskij.
Erste Abteilung: Sämtliche Werke und Schriften mit Ausnahme des Kapitals, 6 Bände, zitiert: I 1 bis 6.
Zweite Abteilung: Das »Kapital« mit Vorarbeiten.
Dritte Abteilung: Briefwechsel.
Vierte Abteilung: Generalregister.
Alle Ausgaben und Abteilungen Berlin 1932.
– Werke, hrsg. vom Institut für Marxismus-Leninismus beim ZK der SED, Band 13: Zur Kritik der Politischen Ökonomie, Berlin 1961.

Massiczek, Albert, Der menschliche Mensch. Karl Marx' jüdischer Humanismus, Wien/Frankfurt/Zürich 1968.

R *Mattingly*, Garrett, Review »Escape from Freedom«, in: The Saturday Review of Literature 24 (30. 8. 1941) 6.

M *McGrath*, Michael, An Examination of Erich Fromm's Ethics with Implications for Philosophy of Education, University of Kentucky Dissertation 1968.

M – Fromm: Ethics and Education, Lexington 1969.

Mead, George Herbert, Geist, Identität und Gesellschaft aus der Sicht des Sozialbehaviorismus. Mit einer Einleitung herausgegeben von Charles W. Morris (= Mind, Self and Society, Chicago 1934), Frankfurt 1968.

Mieth, Dietmar, Christus – das Soziale im Menschen. Texterschließungen zu Meister Eckhart (Topos Taschenbücher 4), Düsseldorf 1972.
– Autonome Moral im christlichen Kontext. Zu einem Grundlagenstreit der theologischen Ethik, in: Orientierung, Zürich 40 (15. 2. 1976) 31–34.

Mindel, Nissan, Rabbi Schneur Zalman of Liadi, Volume I: Biography, New York 1969.
– Introduction, in: Rabbi Schneur Zalman of Liadi, Likutei Amarim (Tanya), Vol. I, 5. rev. Edition, New York 1975, XIII–XXXII.
– Glossary and Notes, in: Rabbi Schneur Zalman of Liadi, Likutei Amarim (Tanya), Volume I, 5. rev. Edition, New 1975, 337–350.

Möller, Joseph, Glauben und Denken im Widerspruch? Philosophische Fragen an die Theologie der Gegenwart, München/Freiburg 1969.
– Die Chance des Menschen – Gott genannt. Was Vernunft und Erfahrung heute von Gott sagen können, Zürich 1975.

R *Montagu*, M. F. Ashley, Review »Escape from Freedom«, in: Psychiatry, Washington 5 (1942) 122–129.

Morgan, L. H., Systems of Sanguinity and Affinity of the Human Family, Washington 1870.
– Ancient Society, Chicago 1877.

Moses ben Maimon, Führer der Unschlüssigen. Übersetzung und Kommentar von Adolf Weiss. Mit einer Einleitung von Johann Maier, Band I (Erstes Buch), Band II (Zweites und Drittes Buch), Hamburg 1972.

R *Mullahey*, Patrick, Review »Escape from Freedom«, in: Psychiatry, Washington 5 (1942) 118–122.
– Oedipus Myth and Complex. A Review of Psychoanalytic Theory. Introduction by Erich Fromm, New York 1948.

R – Review »The Sane Society«, in: Psychiatry, Washington 18 (1955) 399–409.

A *Munzinger-Archiv*, Internationales Biographisches Archiv, Artikel »Erich Fromm«, Lieferung 3/1975 und 3/1976.

Nambara, Minoru, Die Idee des absoluten Nichts in der deutschen Mystik und ihre Entsprechungen im Buddhismus, in: Archiv für Begriffsgeschichte. Bausteine zu einem historischen Wörterbuch der Philosophie, herausgegeben von Erich Rothacker, Band 6, Bonn 1960, 143–277.

M *Neill*, R. B., Character, Society, and the Politics of Hope: A Comparative Look at the Theories of Wilhelm Reich, Erich Fromm, and Herbert Marcuse, Dissertation Simon Fraser University, British Columbia 1975.

M *Neufeld*, Elmer, Psychoanalysis, Science and Morality. A Critique of the Ethical Theory of Erich Fromm in Some Comparison to Lewis Feuer and Karen Horney, University of Chicago Dissertation 1973.

A *Nischk*, Peter, Kursbuch für die Seele. Nutzen und Elend der Psychotherapie, München 1976.

Nobel, Nehemia A., Kriegspredigten, gehalten in der Gemeinde-Synagoge am Börneplatz (Frankfurt/Main), Frankfurt/Main 1914.

A *Norell*, Margit u. a., Reminiscences of Supervision with Erich Fromm, in: Contemporary Psychoanalysis 11 (1975) 456–464.

M *Nuermberger*, Robert Mansfield, The Nature of Man and Guilt. Implications for Counseling Derived from an Analysis of the Philosophies of Cornelius van Til and Erich Fromm, Michigan State University Dissertation 1967.

Nyanaponika Thera, Der einzige Weg. Buddhistische Texte zur Geistesschulung in rechter Achtsamkeit, Konstanz 1956.
– Geistestraining durch Achtsamkeit. Die buddhistische Satipatthana-Methode, Konstanz ²1975.

Oberndorf, C. P., A History of Psychoanalysis in America, New York 1953.

M *O'Brien*, Kenneth, The Humanist Perspective, in Social Science: The Case of Erich Fromm, Simon Fraser University Dissertation, Canada 1972.

Oeing-Hanhoff, Ludger, Der Mensch: Natur oder Geschichte? Die Grundlagen und Kriterien sittlicher Normen im Lichte der philosophischen Tradition, in: Franz Henrich (Hrsg.), Naturgesetz und christliche Ethik (= Münchner Akademie-Schriften 55), München 1970, 11–47.
– Thomas von Aquin und die gegenwärtige katholische Theologie, in: Willehad Paul Eckert (Hrsg.), Thomas von Aquino. Interpretation und Rezeption, Mainz 1974, 245–306.

– Mensch und Recht nach Thomas von Aquin. Historischer Überblick und geschichtliche Perspektiven, in: Philosophisches Jahrbuch 82 (1975) 10–30.

Ohasama, Schuej, Zen. Der lebendige Buddhismus in Japan. Ausgewählte Stücke des Zen-Textes, übersetzt und eingeleitet von Schuej Ohasama, herausgegeben von August Faust, mit einem Geleitwort von Rudolf Otto, Gotha/Stuttgart 1925/1967.

Oldenberg, Hermann, Die Lehre der Upanishaden und die Anfänge des Buddhismus, 2. Auflage, Göttingen 1923.

Otto, Rudolf, Geleitwort, in: Schuej Ohasama, Zen. Der lebendige Buddhismus in Japan, Gotha/Stuttgart 1925/1967.

Oyen, Hendrik van, Hermann Cohen, in: Hans Jürgen Schultz (Hrsg.), Juden, Christen, Deutsche, Stuttgart/Olten/Freiburg 1961, 345–352.

A *Pawlow*, Dejan, Erich Fromm und die Marxistische Philosophie des Menschen, in: Dieter Berger u. a. (Hrsg.), Die philosophische Lehre von Karl Marx und ihre aktuelle Bedeutung. Philosophischer Kongreß der DDR 1968, Berlin 1968, 170–178.

A *Petrović*, Gajo, Humanism and Revolution, in: B. Landis and E. S. Tauber (Eds.), In the Name of Life. Essays in Honor of Erich Fromm, New York 1971, 288–298.

A *Petuchowski*, Jakob J., Erich Fromm's Midrash of Love. The Sacred and the Secular Forms, in: Commentary 22 (1956) 543–549.

Philipson, David, Artikel »Reform Judaism«, in: Isaac Landman (Ed.), Universal Jewish Encyclopedia, Vol. VI, New York 1942, 240–243.

Popitz, Heinrich, Der entfremdete Mensch. Zeitkritik und Geschichtsphilosophie des jungen Marx, Basel 1953.

Popper, Karl R., Was ist Dialektik?, in: Ernst Topitsch (Hrsg.), Logik der Sozialwissenschaften (= Neue wissenschaftliche Bibliothek 6), Köln/ Berlin 1965, 262-290.
– Logik der Forschung, 4. Auflage, Tübingen 1971.

Post, Werner, Kritik der Religion bei Karl Marx, München 1969.

A *Pröpper*, Thomas, Der Jesus der Philosophen und der Jesus des Glaubens. Ein theologisches Gespräch mit Jaspers, Bloch, Kolakowski, Gardavsky, Machovec, Fromm, Ben-Chorin, Mainz 1976.

R *Pruyser*, Paul W., Review of »The Anatomy of Human Destructiveness«, in: Theology Today, Princeton N. J. 31 (1974/75) 256–260.

Rabinowitsch, Wolf, Der Karliner Chassidismus. Seine Geschichte und Lehre. Mit einem Geleitwort von Simon Dubnow, Tel Aviv 1935.

Rattner, Josef, Psychologie der zwischenmenschlichen Beziehungen. Eine Einführung in die neopsychoanalytische Sozialpsychologie von H. S. Sullivan, Zürich 1969.
— Aggression und menschliche Natur. Individual- und Sozialpsychologie der Feindseligkeiten und Destruktivität des Menschen, Olten/Freiburg 1970.

Ratzinger, Joseph, Kirchliches Lehramt – Glaube – Moral, in: ders., Prinzipien christlicher Moral, Einsiedeln 1975, 43–66.

Rauh, Fritz, Die Funktion der vergleichenden Verhaltensforschung für das Humanum, in: J. Gründel u. a. (Hrsg.), Humanum. Moraltheologie im Dienste des Menschen (Festschrift Egenter), Düsseldorf 1972, 142–157.

A *Reimann,* Bruno W., Psychoanalyse und Gesellschaftstheorie, Darmstadt und Neuwied 1973, bes. 93–113.

Rich, A., Die kryptoreligiösen Motive in den Frühschriften von Karl Marx, in: Theologische Zeitschrift, Basel 7 (1951, 3) 192–209.

Rief, Josef, Normen und Normenfindung, in: Mitteilungen, hrsg. von der Hauptabteilung Schule/Hochschule im Erzbischöflichen Generalvikariat Köln, Köln 1976, Heft 2, 2–35.

Riesman, David, Psychological Types and National Character: An Informal Commentary, in: American Quarterly 5 (1953) 325–343.
— Individualism Reconsidered and Other Essays, London 1954.
— Die einsame Masse. Eine Untersuchung der Wandlungen des amerikanischen Charakters. Mit einer Einführung in die deutsche Ausgabe von Helmut Schelsky (= The Lonely Crowd), Neuwied 1956.

Ritter, Joachim (Hrsg.), Historisches Wörterbuch der Philosophie, Band 2: D–F, Basel/Darmstadt 1972.

Roberts, David E., Theological and Psychiatric Interpretation of Human Nature, in: Christianity and Crisis. A Bi-Weekly Journal of Christian Opinion, New York 7 (3. 2. 1947) 3–7.

Rolfes, Helmuth, Der Sinn des Lebens im marxistischen Denken. Eine kritische Darstellung. Mit einem Vorwort von J. B. Metz, Dissertation, Düsseldorf 1971.

Rosenzweig, Franz, Einleitung, in: Hermann Cohen, Jüdische Schriften, Band 1: Ethische und religiöse Grundfragen, Berlin 1924, I–LXIV.

Rotenstreich, Nathan, Humanism in the Contemporary Era, Den Haag 1963.

Ruben, Walter, Die Philosophie der Upanishaden, Bern 1947.

Ruf, Ambrosius Karl, Grundkurs Moraltheologie, Band I: Gesetz und Norm, Freiburg/Basel/Wien 1975.

Rzepkowski, Horst SVD, Das Menschenbild bei Daisetz Teitaro Suzuki. Gedanken zur Anthropologie des Zen Buddhismus (= Studia Instituti Missiologici Societas Verbi Divini 12), St. Augustin 1971.

Sacharek, Joseph, Faith and Reason. The Conflict over the Rationalism of Maimonides, New York 1935/1970.

Sadler, William A., On the Verge of a Lonely Life, in: Humanitas 10 (November 1974) 255–276.

M *Sahlin,* Clarence Joseph, An Analysis of the Writings of Erich Fromm and Their Implications for Adult Education, Indiana University Dissertation 1970.

M *Santos,* Maria Pires dos., Liberdade, amor, responsabilidade; a propósito de Erich Fromm, Belo Horizonte 1972.

A *Sarlos,* Beatrice, Alienation as Symptom: Diagnostic Perspectives on a Concept, in: Proceedings of Philosophy of Education 30 (1974) 88–100.

M *Schaar,* John Homer, Escape from Authority. The Perspectives of Erich Fromm, New York 1961.

A *Schacht,* Richard, Alienation. With an Introductionary Essay by Walter Kaufmann, London 1971.

R *Schachtel,* Ernest G., Review »Escape from Freedom«, in: Zeitschrift für Sozialforschung 9 (1941) 491–495.

Schaeffler, Richard, Die Religionskritik sucht ihren Partner. Thesen zu einer erneuerten Apologetik (= Reihe Theol. Seminar), Freiburg 1974.
– Religion und kritisches Bewußtsein, Freiburg/München 1973.

Schaff, Adam, Marxism and the Philosophy of Man, in: Erich Fromm (Ed.), Socialist Humanism, New York 1965, 129–137.
– Marxismus und das menschliche Individuum, Wien 1965.
– What Does It Mean to »Be a Marxist«?, in: B. Landis and E. S. Tauber (Eds.), In the Name of Life. Essays in Honor of Erich Fromm, New York 1971, 299–312.

405

Schecter, David E., Of Human Bonds and Bondage, in: B. Landis and E. S. Tauber (Eds.), In the Name of Life. Essays in Honor of Erich Fromm, New York 1971, 84–89.
= in: Contemporary Psychoanalysis 11 (1975) 435–452.

Scheffczyk, Leo, Die Theologie und das Ethos der Wissenschaften, in: Münchener Theologische Zeitschrift 25 (1974) 336–358.

Schmid, Michael, Leerformeln und Ideologiekritik (= Heidelberger Sociologica 11), Dissertation, Tübingen 1972.

Schmidt, Alfred, Der Begriff der Natur in der Lehre von Marx, Dissertation, Frankfurt 1962.
A – Die »Zeitschrift für Sozialforschung«. Geschichte und gegenwärtige Bedeutung, in: Nachdruck »Zeitschrift für Sozialforschung«, Band I, München 1970, 5+–63+.

A *Schneider-Flume*, Gunda, Leben dürfen oder leben müssen. Die Bedeutung der humanistischen Psychoanalyse Erich Fromms für die theologische Anthropologie, in: Dieter Henke u. a. (Hrsg.), Der Wirklichkeitsanspruch von Theologie und Religion. Die sozialethische Herausforderung. Ernst Steinbach zum 70. Geburtstag, Tübingen 1976, 207–229.

Schneur Zalman, Rabbi of Liadi, Likutei Amarim (Tanya), Vol. I, translated from the Hebrew with an Introduction by Nissan Mindel, 5. Edition, New York 1975.

A *Schoenfeld*, C. G., Erich Fromm's Attack upon the Oedipus Complex – A Brief Critique, in: The Journal of Nervous and Mental Disease. An Educational Journal of Neuropsychiatry 141 (1965, 5) 580–585.

Schoeps, Hans Joachim, Geschichte der jüdischen Religionsphilosophie in der Neuzeit, Band I, Berlin 1935.

Scholem, Gershom, Kabbalah und Mythos, in: Olga Fröbe-Kapteyn (Hrsg.), Der Mensch und die mythische Welt, Eranos Jahrbuch 1949, Band XVII, Zürich 1950, 287–334.
– Zur Entwicklungsgeschichte der kabbalistischen Konzeption der Schechinah, in: Olga Fröbe-Kapteyn (Hrsg.), Mensch und Energie, Eranos Jahrbuch 1952, Band XXI, Zürich 1953, 45–107.
– Die Lehre vom »Gerechten« in der jüdischen Mystik, in: Olga Fröbe-Kapteyn (Hrsg.), Mensch und Frieden, Eranos Jahrbuch 1958, Band XXVII, Zürich 1959, 237–297.
– Gut und Böse in der Kabbala, in: Olga Fröbe-Kapteyn (Hrsg.), Der Mensch im Spannungsfeld der Ordnungen, Eranos Jahrbuch 1961, Band XXX, Zürich 1962, 29–67.

- Ursprünge und Anfänge der Kabbala (= Studia Judaica. Forschungen zur Wissenschaft des Judentums, herausgegeben von E. L. Ehrlich, Band III) Berlin 1962.
- Die jüdische Mystik in ihren Hauptströmungen, Frankfurt 1967.
- Über einige Grundbegriffe des Judentums (Edition Suhrkamp 414) Frankfurt am Main 1970.
- Die Krise der Tradition im jüdischen Messianismus, in: Adolf Portmann und Rudolf Ritsema (Hrsg.), Tradition und Gegenwart, Eranos Jahrbuch 1968, Band XXXVII, Zürich 1970, 9–44.
- The Messianic Idea in Judaism and Other Essays on Jewish Spirituality, New York 1971.

Schüller, Bruno, Die Begründung sittlicher Urteile. Typen ethischer Argumentation in der katholischen Moraltheologie, Düsseldorf 1973.
- Neuere Beiträge zum Thema »Begründung sittlicher Normen«, in: Josef Pfammatter und Franz Furger (Hrsg.), Theologische Berichte IV, Einsiedeln/Zürich/Köln 1974, 109–181.
- Zur Diskussion über das Proprium einer christlichen Ethik, in: Theologie und Philosophie 51 (1976) 321–343.
- Rezension zu J. Ratzinger, Prinzipien christlicher Moral, in: Theologische Revue 73 (1977) 143f.

A *Schultz*, Hans Jürgen, Humanist ohne Illusionen. Zu Werk und Person von Erich Fromm, in: Evangelische Kommentare 9 (1976) 36–38.
R - Radikaler Humanismus. Rezension »Revolution der Hoffnung«, in: Evangelische Kommentare 5 (1972) 178f.

Schulz, Siegfried, Q. Die Spruchquelle der Evangelien, Zürich 1972.
- Der historische Jesus. Bilanz der Fragen und Lösungen, in: Georg Strecker (Hrsg.), Jesus Christus in Historie und Theologie. Neutestamentliche Festschrift für Hans Conzelmann zum 60. Geburtstag, Tübingen 1975, 3–25.

Schweizer, Eduard, Matthäus und seine Gemeinde (= Stuttgarter Bibelstudien 71), Stuttgart 1974.

Sekiguchi, Shindai, Zen. A Manual for Westeners, San Francisco 1970.

Seligmann, Caesar, Geschichte der jüdischen Reformbewegung von Mendelssohn bis zur Gegenwart, Frankfurt/Main 1922.

M *Shell*, Kurt Leo, Erich Fromm's »Escape from Freedom«. A Critical Commentary, New York 1967.

Silver, Abba Hillel, A History of Messianic Speculation in Israel. From the First through the Seventeenth Centuries. With a New Preface by the Author, Boston 1927/1959.

Silver, Daniel Jeremy, Maimonidean Criticism and the Maimonidean Controversy 1180–1240, Leiden 1965.

Simmel, Georg, Hauptprobleme der Philosophie, 6. Auflage, Berlin 1927.

R *Singer,* Milton, Review »Man for Himself«, in: Ethics. An International Journal of Social, Political, and Legal Philosophy, Chicago 57 (1947/ 48) 220–222.

M *Smith,* William Aloysius, The Writings of Erich Fromms. A Detailed Critique and In-depth Evaluation, New York 1970.

Social Sciences Citation Index, Philadelphia 1970 ff.

R *Sonntag,* Werner, Rezension »Anatomie der menschlichen Destruktivität, in: Stuttgarter Zeitung 235 (10. 10. 1974) 35.

A *Sowa,* Julia, Sur certaines définitions de la santé psychique, une analyse critique des idées de E. Fromm et de K. Horney, in: Moralność i spoleczenstwo, Ksiega jubilenszowa dla Marii Ossowskiej (Moral und Gesellschaft. Festschrift für Marie Ossowska), Warschau 1969.

Staehelin, Balthasar, Haben und Sein, Zürich 1969.

Steinbüchel, Theodor, Karl Marx. Gestalt – Werk – Ethos, in: ders., Sozialismus, herausgegeben von Alfons Auer, Tübingen 1950, 1–35.
– Zur philosophischen Grundlegung des marxistischen Sozialismus, in: ders., Sozialismus, herausgegeben von Alfons Auer, Tübingen 1950, 36–68.
– Zur Ethik des marxistischen Sozialismus, in: ders., Sozialismus, herausgegeben von Alfons Auer, Tübingen 1950, 69–98.

Steiner, Hans Friedrich, Marxisten-Leninisten über den Sinn des Lebens. Eine Studie zum kommunistischen Menschenbild, Essen 1970.

Stoeckle, Bernhard, Grenzen der autonomen Moral, München 1974.
– Handeln aus dem Glauben. Moraltheologie konkret, Freiburg/Basel/ Wien 1977.
– Christlicher Glaube und Ethos der Zukunft, in: Joseph Sauer (Hrsg.), Normen im Konflikt. Grundfragen einer erneuerten Ethik, Freiburg/ Basel/Wien 1977, 125–144.

M *Stoev,* Stoiu, Chovek, neofroidizum, marksizum. Kritika na konschtschepziite na Osb'ri, From i Markuse sa choveka i integriraneto an neofreudisma c marksizma, Sofia 1972.

Suzuki, Daisetz Teitaro, Die große Befreiung. Einführung in den Zen-Buddhismus. Geleitwort von Dr. C. G. Jung, Leipzig 1939.
– Zen und die Kultur Japans. Übertragen und eingeleitet von Otto Fischer, Stuttgart/Berlin 1941.

- Leben aus Zen, München-Planegg 1955.
- Studies in Zen, Vol. I, London 1955.
- Mysticism: Christian and Buddhist, London 1957.
- Der Weg zur Erleuchtung. Die Übung des Koan als Mittel, Satori zu erlangen, Baden-Baden 1957.
- Die Zen-Lehre vom Nicht-Bewußten. Die Bedeutung des Sutra von Hui-neng (Wei-Lang), München-Planegg 1957.
- Vorwort, in: Eugen Herrigel, Zen in der Kunst des Bogenschießens, Konstanz 1948.
- Lectures on Zen Buddhism, in: Erich Fromm (Ed.), Zen Buddhism and Psychoanalysis, New York 1960, 1–76.
- The Essentials of Zen Buddhism. Selected from the Writings of Daisetz T. Suzuki, edited and with an Introduction by Bernard Philips, Connecticut 1973.
- Amida. Der Buddha der Liebe (= Shin Buddhism), Bern/München/Wien 1974.

M *Suzuki*, Yugo, An Examination of Doctrine of Man of Erich Fromm and Reinhold Niebuhr, University of Virginia Dissertation 1971.

R *Swanson*, Guy E., Review »The Anatomy of Human Destructiveness«, in: American Journal of Sociology 80 (1975) 1243–1245.

R *Tarbert*, Gary C. (Ed.), Book Review Index, Detroit 1968 ff.

A *Tauber*, Edward S., Some Biographical Notes, in: B. Landis and E. S. Tauber, In the Name of Life. Essays in Honor of Erich Fromm, New York 1971, X–XIV.
   = in: Contemporary Psychoanalysis 11 (1975) 390–395.
A - The Role of Immediate Experience for Dynamic Psychiatry. The Sense of Immediacy in Fromm's Conceptions, in: American Handbook of Psychiatry, New York 1959, 1811–1815.

   Taubes, Jakob, Abendländische Eschatologie (= Beiträge zur Soziologie und Sozialphilosophie 3), Bern 1947.

R *Teschitz*, Karl, Rezension zu Erich Fromm, Autorität und Familie, in: Zeitschrift für Politische Psychologie und Sexualökonomie 3 (1936) 176–178.
   = in: Hans-Peter Gente (Hrsg.), Marxismus, Psychoanalyse, Sexpol (Bücher des Wissens, Fischer 6056), Band 1, Frankfurt 1970, 307–309.

A *Thompson*, Clara M., Psychoanalysis. Its Evolution and Development, New York 1950.
   = Die Psychoanalyse. Ihre Entstehung und Entwicklung, Zürich 1952.
- Interpersonal Psychoanalysis. The Selected Papers of Clara M. Thompson, ed. by Maurice R. Green, Foreword by Erich Fromm, London 1964.

M *Tilley*, William Clyde, The Relationship of Self-Love for the Other with Special Reference to the Thought of R. Niebuhr and Erich Fromm, Dissertation 1966.

R *Tillich*, Paul, Review »The Sane Society«, in: Pastoral Psychology 6 (1955) 13–16.
- Ist eine Wissenschaft von Werten möglich?, in: Ges. Werke Band III, Stuttgart 1965, 100–106.
- Christentum und Marxismus, in: Ges. Werke Band III, Stuttgart 1965, 170–177.
- Der Mensch im Marxismus und Christentum, in: Ges. Werke Band III, Stuttgart 1965, 194–209.
- Entfremdung und Versöhnung im modernen Denken, in: Ges. Werke Band IV, Stuttgart 1961, 183–199.
- Autorität und Offenbarung, in: Ges. Werke Band VIII, Stuttgart 1970, 304–315.
- Der Mut zum Sein, in: Ges. Werke Band XI, Stuttgart 1969, 13–139.
- Wieviel Wahrheit findet sich bei Karl Marx?, in: Ges. Werke Band XII, Stuttgart 1971, 265–272.

R - Psychoanalyse und Religion, in: Ges. Werke Band XII, Stuttgart 1971, 333–336.

R *Time*, Review of E. Fromm, Sigmund Freud's Mission, in: Time. The Weekly Newsmagazine 9. 2. 1959, 49.

A *Titarenko*, A. I., Erich Fromm in the Chains of Illusion, in: Science and Sociology 29 (1965) 319–329.

Tomberg, Friedrich, Der Begriff der Entfremdung in den »Grundrissen« von Karl Marx, in: ders., Basis und Überbau. Sozialphilosophische Studien, Neuwied 1974, 147–207.

Topitsch, Ernst, Sozialphilosophie zwischen Ideologie und Wissenschaft (= Soziologische Texte 10), Neuwied 1961.
- Die Sozialphilosophie Hegels als Heilslehre und Herrschaftsideologie, Neuwied 1967.
- Vom Ursprung und Ende der Metaphysik. Eine Studie zur Weltanschauungskritik, Wien 1958.
- Über Leerformeln. Zur Pragmatik des Sprachgebrauchs in Philosophie und politischer Theorie, in: ders. (Hrsg.), Probleme der Wissenschaftstheorie, Festschrift für Viktor Kraft, Wien 1960, 233–264.
- Marxismus und Gnosis, in: ders., Sozialphilosophie zwischen Ideologie und Wissenschaft (= Soziologische Texte 10) Neuwied 1961, 235–270.
- Seelenglaube und Selbstinterpretation, in: Sozialphilosophie zwischen Ideologie und Wissenschaft (= Soziologische Texte 10), Neuwied 1961, 155–199.

- Atheismus und Naturrecht, in: ders., Mythos – Philosophie – Politik. Zur Naturgeschichte der Illusion, Freiburg 1969, 121–141.

M *Torres*, Mauro, El Irracionalismo en Erich Fromm, Mexico o. J.

M *Tschepnenko*, W. A., Polititscheskaja philosophija i ekonomitscheskije bsgljage Erika Fromma (Politische Philosophie und ökonomische Ansichten Erich Fromms) Moskau 1969.

Turel, Adrien, Bachofen – Freud. Zur Emanzipation des Mannes vom Reich der Mütter (= Bücher des Werdenden, hrsg. von Paul Federn und Heinrich Meng, 11), Bern 1939.

Underhill, Evelyn, A Book of Contemplation the which Is Called »The Cloud of Unknowing«, edited by Evelyn Underhill, 6. Auflage, London 1956.

R *Vayhinger*, John M., Review »The Heart of Man«, in: Contemporary Psychoanalysis 11 (1966) 24–26.

Vorgrimmler, Herbert, Artikel »Negative Theologie«, in: Lexikon für Theologie und Kirche, Band VII, Freiburg 1963, 864 f.

A *Vranicki*, Predrag, Geschichte des Marxismus, 2 Bände, Frankfurt 1974, bes. Band 2, 865–877.

Weiss, Andreas von, Neomarxismus. Die Problemdiskussion im Nachfolgemarxismus der Jahre 1945 bis 1970, Freiburg/München 1970.

M *Wertschenow*, L. H., Kritika sozialnoi teorii Erika Fromma (Kritik der Gesellschaftstheorie Erich Fromms), Moskau 1969.

A *Wickler*, Wolfgang u. a., Antworten auf Fromm, in: Bild der Wissenschaft, Stuttgart 11 (1974) 98–109.

A *Wieczorek*, Zbigniew, Humanizm Ericha Fromma: potizeby ludzkie, mitość, rzeczywistość i wizje przyszlości (Der Humanismus Erich Fromms: Menschliche Bedürfnisse, Liebe, Realität und Vision der Zukunft), in: Studia Filizoficzne (Suppl.), Warschau 1969, 259–278.

A *Wiegand*, Ronald, Psychoanalyse und Gesellschaft bei Erich Fromm, in: Psychologische Menschenkenntnis, Zürich 6 (1970) 257–273.
A – Gesellschaft und Charakter. Soziologische Implikationen der Neopsychoanalyse. Von Erich Fromm über Karen Horney zu Harry Stack Sullivan (= Kindler Taschenbuch »Geist und Psyche« 2098), München 1973.

A *Wiesenhütter*, Eckart, Freud und seine Kritiker (= Erträge der Forschung 24), Darmstadt 1974.

Wilhelm, Kurt, Religiöse Weltanschauungen im neuzeitlichen Judentum, in: Hans Jürgen Schultz (Hrsg.), Juden, Christen, Deutsche, Stuttgart/ Olten/Freiburg 1961, 66–75.

R   *Winthrop,* Henry, Review »The Sane Society«, in: The Journal of Social Psychology 45 (1957) 125–134.

R   *Wirth,* Louis, Review »Escape from Freedom«, in: Psychiatry, Washington 5 (1942) 129–131.

A   *Witenberg,* Earl G., On Erich Fromm's 75th Year, in: Contemporary Psychoanalysis 11 (1975) 389.

A   *Wyss,* Dieter, Die tiefenpsychologischen Schulen von den Anfängen bis zur Gegenwart. Entwicklung, Probleme, Krisen, 4. erweiterte Auflage Göttingen 1972, bes. 188–195.

A   *Xirau,* Ramon, Erich Fromm: What Is Man's Struggle?, in: B. Landis and E. S. Tauber (Eds.), In the Name of Life. Essays in Honor of Erich Fromm, New York 1971, 150–160.

M   *Yonker,* Nicholas Junior, Ambiguitier of Love. An Inquiry into the Psychology of Erich Fromm, New York 1961.

   Zima, Pierre Vaćlav, L'Ecole de Francfort, Paris 1974.

   Zimmer, Heinrich, Philosophie und Religion Indiens (= Suhrkamps Taschenbuch Wissenschaft 26), Frankfurt 1973.

R   *Zuger,* Bernard, Review »Man for Himself«, in: American Journal of Psychoanalysis 8 (1948) 63–65.

Gesamtregister

Zeichenerklärung: → = siehe ↗ = siehe auch

A

Aaron 102
Abgeschiedenheit 157, 338
Abhängigkeit ↗ Autorität 61, 63–66, 72, 80, 90, 123–125, 134, 157, 181, 299
– autoritäre 63–66, 123f, 134, 155f, 171, 303
– symbiotische ↗ Symbiose, inzestuöse 93, 124
– totale 124
Abraham 98, 144f, 329
Abraham Abulafia 101
Abril, G. 310, 387
Abtreibung 69
Achtung 73f
activism → Aktivismus
activity → Aktivität, → Tätigkeit
actualitas → Wirklichkeit
Adam 97, 134, 254
Adler, A. 123
Adler, S. 388
Adorno, Th. W. 21, 282, 387
Adrion, M. 16
Affekt 87
Affinität
– der Charakter-Orientierungen 74–76
– zum Lebendigen ↗ Biophilie 77
– zum Toten ↗ Nekrophilie 49, 77
Adaption, instinktive ↗ Anpassung 54
Agentur, psychische 32, 42, 54, 181f, 208
Aggression ↗ Destruktivität 49, 172, 184f

– defensive ↗ Aggression, reaktive 68f, 184, 186
– destruktive ↗ Destruktivität 47, 184
– und Drohung 184–186
– und Frustration 185
– und Interessen, vitale 186f
– menschliche 183–185
– intraspezifische 184
– neurophysiologisch 91, 185
– reaktive 49, 68f, 77, 185–187
– und Stimulus 184f, 187
– tierische 186
Aggressionstheorie 54, 68f
– und Ethik, humanistische 185, 187, 296
– nach Lorenz 183f
Aggressionstrieb 49, 69, 184f
– Definition 184
Agus, J. B. 387
Ägypten 98, 329
Akt, religiöser ↗ Erfahrung 321
Aktivismus 60f, 313f, 318
Aktivität ↗ Tätigkeit 60f, 73, 124, 313f
– und Passivität, Alternative 214, 314
– spontane 60f
alienation → Entfremdung
Alkohol 56
Alleinsein 69
Alsofrom, A. 387
Alter 160, 319f
Alternative ↗ Dialektik, ↗ Grundorientierung, ↗ Wertung 190, 215, 219, 221

– von Aktivität und Passivität 214, 314
– von Biophilie und Nekrophilie 18, 49, 77f, 81, 179f, 214, 219, 309–311, 345
– von Haben und Sein 26, 59, 81, 214, 308–345
– von Krankheit und Gesundheit 96, 179, 214
– von produktiv und nicht-produktiv 59–62, 72, 75f, 89, 179f, 214, 219, 225–227, 259, 294f, 399–311, 330, 345
– von Progression und Regression 180–183
– von schöpferisch und unschöpferisch 330
– von Wachstums- und Verfallssyndrom 62, 76–81, 114, 179f, 214, 259, 302, 309f
Alternativismus 187–190, 219, 259
Altes Testament ↗ Bibel 142, 144, 231, 244, 274, 328
– und Haben-Sein-Alternative 329f
Altizer 150
Altruismus 46
American Association for the Advancement of Psychoanalysis 22
Amerikanische Sozialistische Partei 22
Amis, W. D. 387
Amos 18, 100
Amt 323

413

Johannes XXIII 345
Johnston, W. 148, 162, 398
Jonas, H. 284, 398
joy → Freude
Judentum ↗ Messianismus
100, 142, 145, 161, 165,
178, 231, 239f, 244,
258
- und Attributenlehre, negative 86, 231f, 243,
247, 253, 266, 272, 292,
299
- und Fromm 18, 161, 258,
347
- und Marx 261f, 275
- und Theologie, negative
231
Jung, C. G. 38, 62, 123
Jungk, R. 398
Juros, H. 197

K

Kabbala 165, 231, 247–252,
256, 258f, 285, 289,
291f
- christliche 285, 291
- lurjanische 250, 253, 290f
Kairos 320
Kaiser 13, 120, 156
Kanaan 329
Kannibalismus 57
Kant, I. 158, 238, 240,
243f
Kapitalismus 57, 110, 212,
218f, 264, 266, 316
- und Haben-Modus 316f
Karaim 19, 330
Kardinalsünde 192
Kardinaltugend 192
Kardiner, A. 21
Käsemann, E. 331, 398
Kasper, W. 331, 333, 398
Kasuistik 210f, 221
Katechese 213
Katharsis ↗ Erlösung 283f,
290–292
Kaufmann, D. 231, 233, 398
Kawwana 249f
Kecskemeti, P. 398
Keilbach, W. 141, 398
Kelipa 253, 256–258
Kelipot noga 256, 259
Kennedy, W. M. 398
Kern
- des Charakters 53

- der Natur des Menschen
83, 174, 176, 193
Kertelge, K. 331, 398
Kind 66, 78, 215, 315, 319f,
32⁻
Kindheit und Charakterge-
nese 42f, 50, 54, 78
Kirche 67, 79, 132, 142,
154, 271, 274, 277, 323,
337, 342, 345, 350f, 355,
357
Klan 79, 93, 133f
Klan-Identität 68
Klasse 129
- arbeitende 261
- soziale 42, 71, 93, 104
Klassenbildung 126
Klassengesellschaft 264, 316
Klassenkampf 104, 137, 316
Klausner, J. 100, 398
Kleidung 331
Kleinbürgertum 57
Kleptomanie 57
Klima 41
Kluxen, W. 201, 398
Knight, F. H. 398
Knorr von Rosenroth 285
knowledge → Verstehen,
wissendes
Koan 158, 342
Köhler, H. 398
Kohlenberger, H. K. 285f,
398
Kommunikation 39, 78,
355
Kommunismus 261, 265f
- frühchristlicher 336
Kompetenz ↗ Autorität, ra-
tionale 122–125, 133
Komplex, matrizentrischer 34
Komplex, patrizentrischer 34
Kompromiß 133
Konflikt 91
- existentieller ↗ Dichoto-
mie, ↗ Grundkonflikt 89
Konformismus 24, 63, 66–68,
70, 93, 122, 130
- Rationalisierungen des –
68
- totaler 122
König 99, 165
Konstante und Variable 83
Konstitution und Charakter
50, 181
Konsum 108, 261, 316
Konsumieren 56, 312
Kontemplation 289

Kontrolle ↗ Macht 140, 324
Konvention 320
Konvergenz von Wachstums-
und Verfallssyndrom 80f,
399
Konzentrationsübung 156,
314, 340, 342
Koppel Hecht 285
Korff, W. 195–197, 200f,
204–207, 209, 217, 226,
282, 343, 399
- Perichorese 204, 206f,
217
Körper 71, 314, 325
Korrelation 236, 241–245
- von Wachstums- und Ver-
fallssyndrom 80f
Korsch, K. 19
Kosmogonie 249–251, 256,
259, 291, 295
Kosmologie 281, 295
Kot 58
Kräfte ↗ Vernunft und Liebe
61, 96, 98, 108f, 118f,
124f, 141f, 150–154,
156f, 159, 175, 180, 182f,
188–190, 245, 253, 295,
315, 332f, 349f
- abstrakte 188
- bewußte 111
- höchste ↗ Liebe, ↗ Ver-
nunft 151
- irrationale 125
- leidenschaftliche ↗ Charakterzüge, ↗ Leiden-
schaften, ↗ Strebungen,
leidenschaftliche 38
- libidinöse ↗ Strebungen,
libidinöse 38
- menschliche 86, 106f, 109,
112, 115f, 140–143, 150
bis 154, 180, 237, 319,
341
- - und Ethik 170, 176–178
- - und Gottes Attribute
140–143, 145–148, 234
bis 237
- ökonomische ↗ Verhält-
nisse, ↗ Bedingungen 116
- produktive 115f, 122, 133,
154, 192–194, 259f
- psychische 87, 98, 104,
237
- unbewußte 111, 190
Krankheit 59, 64, 69, 71, 100,
186, 193, 214, 218, 302,
315, 355

429

433

443

Z

Zaddikim 248, 251f, 257
Zaddikismus 248, 251
Zärtlichkeit 38, 45, 89
Zeit 320f
– messianische ↗ Messianismus 96, 98–101, 132, 245, 3ì9
Zeitgebundenheit und Haben-Modus 320f, 337
Zeitlosigkeit und Sein-Modus 320–322, 337
Zen 162f
Zen-Buddhismus ↗ Buddhismus 19, 25, 62, 142, 151, 158, 160–165, 168, 274, 292f, 328
– und das EINE 161–168
Zeremoniell 320f
Zerstörungsstreben ↗ De-

struktionstrieb 24, 47, 49, 58f, 69, 95, 184, 187
Ziel
– der Autoritätsbeziehung 123
– der Ethik, humanistischen 183, 296
– der Geschichte 96–101, 104f, 146–149, 265, 269
– – und Gottesvorstellung 147–149
– höchstes ↗ EINE, ↗ Gott, ↗ Prinzip 144, 146–148
– – als Gott 146–148
– des Lebens 175
– des Menschen ↗ Mensch, universaler, ↗ Sinn, ↗ Vollendungsgestalt 119, 147f, 183
– – und Gottesvorstellung 146–149

Zielgestalt → Vollendungsgestalt → Mensch, universaler
Zigaretten 56
Zima, P. V. 20, 412
Zimmer, H. 160, 412
Zimzum-Lehre 256
Zionismus 101f
Zivilisation 132, 218
– und Haben-Modus 326
– und Triebtheorie 46
Zone, erogene und Charakterstruktur 37f, 47
Zoon politikon 83
Züchtigung 128, 192
Zuger, B. 412
Zukunft 85, 320–322
Zwangsidee 64
Zwangsneurose 314
Zweifel 120, 151
Zynismus 57

Stimmen zu Büchern von Erich Fromm

Anatomie der menschlichen Destruktivität

»In seinen sämtlichen Schriften fordert und fördert Erich Fromm unter Verzicht auf Illusionen einen radikalen Humanismus. Dieser Humanismus ist alles andere als eine mehr oder weniger abseitige akademische Gedankenwelt; er ist eine Haltung, eine Einstellung, ein Tun: nicht Lehrsatz, sondern Einsatz, bei dem Tod und Leben auf dem Spiele stehen. Was alle betrifft, kann nur von allen gelöst werden. Deswegen ist Fromms ›Anatomie der menschlichen Destruktivität‹ viel mehr als ein für Bibliotheken geschriebenes wissenschaftliches Werk von vorbildlicher empirischer Sorgfalt und theoretischer Originalität – es ist ein vehementer, die Schulhorizonte sprengender Appell, der die, die er erreicht, nicht lassen kann, wie sie sind.«   *Norddeutscher Rundfunk, Hamburg*

Haben oder Sein
Die seelischen Grundlagen einer neuen Gesellschaft

»Sind wir überhaupt noch fähig, uns ein Leben außerhalb der Besitz-Kategorien auch nur vorzustellen? Schwer genug ist es geworden; Fromm zeigt das nicht nur im psychologischen Teil seines Buches, der die Infiltration unserer gesamten Erlebnis- und Denkstrukturen durch die Kategorien des Habens analysiert, sondern auch an der Hartnäckigkeit des doch vielfach widerlegten Vorurteils, anders als durch die Aussicht auf materiellen Gewinn sei der Mensch quasi von Natur aus nicht zum Handeln zu motivieren.

Wenn wir von einem Denker nicht erwarten, daß er fertige Lösungen bietet, sondern daß er Phantasie und Denken in Bewegung setzt, dann ist dies ein wichtiges Buch. Das Kernproblem kann klarer kaum erfaßt werden: Es gilt einen Ausweg aus einer Situation zu finden, ›in der eine gesunde Wirtschaft nur um den Preis kranker Menschen möglich ist.‹«   *Hans Krieger, DIE ZEIT*